高等学校“十一五”规划教材

证券投资学

主编　王丽颖

合肥工业大学出版社

图书在版编目(CIP)数据

证券投资学/王丽颖主编．—合肥：合肥工业大学出版社，2009.5

ISBN 978-7-81093-959-1

Ⅰ．证…　Ⅱ．王…　Ⅲ．证券投资　Ⅳ．F830.91

中国版本图书馆 CIP 数据核字(2009)第 074232 号

证券投资学

主编　王丽颖　　责任编辑　疏利民　　特约编辑　许日春

出　版	合肥工业大学出版社	版　次	2009 年 5 月第 1 版
地　址	合肥市屯溪路 193 号	印　次	2011 年 9 月第 2 次印刷
邮　编	230009	开　本	787 毫米×1092 毫米　1/16
电　话	总编室：0551—2903038	印　张	32
	发行部：0551—2903198	字　数	778 千字
网　址	www.hfutpress.com.cn	印　刷	合肥工业大学印刷厂
E-mail	press@hfutpress.com.cn	发　行	全国新华书店

ISBN 978-7-81093-959-1　　定价：48.00 元

前　言

PREFACE

改革开发30年来，中国经济持续快速发展，金融业改革取得了巨大的成功，中国证券市场从无到有，发展至今已发生了深刻的制度变革，法律法规进一步完善，证券市场在社会经济生活中的地位日益提高，证券投资几乎渗入每一个公民的生活之中。伴随着中国股票市场的几起几落的腾挪跌宕，证券投资的相关知识也随之更新，证券投资学已经成为高等院校财经管理类专业的必修课程，即使在非财经管理类专业中也占有一席之地。由此，为顺应时代发展的需要和体现学科建设的成果，我们出版了这本证券投资学教材，希望能够有利于金融人才的培育工作，满足广大投资者普及证券投资知识的需求，推动中国证券市场投资理念的完善，促进证券业健康持续稳定发展。

本书的编写者绝大多数具有博士学位且从事一线教学工作的教师。在编写过程中，将证券投资学的基本理论与丰富、新鲜的证券市场实践联系起来，力求反映证券市场最新理论成果与成熟的市场经验，把对证券投资问题的研究同现实经济运行结合起来，既注重提高理论分析的高度，又能够体现经济学作为致用之学的特性，使学生在系统掌握证券投资学基本理论的同时，亦有助于提高证券投资的分析水平。

本书紧密结合证券投资研究的最新成果与中国证券投资的实践，全面阐述证券投资基本理论、基础知识和基本操作，具有全面系统性、前沿性及实践性的特点。

全书共分7篇18章，结构体系安排如下：

第一篇是基础知识篇，即第1章，主要对投资、证券投资的基本问题进行介绍。

第二篇是投资工具篇，即第2章，详细阐述了股票、债券、证券投资基金及金融衍生工具等证券投资工具。

第三篇是市场运行篇，包括第3、第4、第5、第6、第7章，对证券市场及其类型、证券价格及价格指数作了介绍。

第四篇是证券投资分析篇，包括第8、第9、第10、第11、第12章，着重介绍了证券投资的宏观分析、行业分析、公司分析及技术分析。

第五篇是组合管理篇，包括第13、第14章，较为系统地介绍了投资组合理论以及现代证券投资组合理论的发展概况。

第六篇是证券投资实务篇，包括第15、第16、第17章，这里主要从实践层面对证券投资收益与风险、证券投资的风险管理与防范、证券投资方法与技巧以及证券投资业绩评价等进行了探讨。

第七篇是市场监管篇，包括第18章，主要内容是关于证券市场监管理论及在中国的实践。

为方便读者使用，每章在开始之前都设有"本章学习重点"，每章在结束之前都设有"本章小结"、"关键概念"及"本章思考题"等栏目，书中在适当的地方还设有"专栏"、"案例"，以供读者延伸阅读之需要。

本书由王丽颖起草写作大纲并担任主编，齐美东参与了写作大纲的商讨。全书由王丽颖、伍旭中、齐美东、朱良全、杜鹃、吴佩飞、王妮分工合作完成。最后由王丽颖对此书作了适当修改和完善。

本书适合作为各级各类高等院校财经管理类专业课程教材，也可供政府机关、企事业单位相关人员学习证券投资知识的参考书，还可以作为广大投资者提高自身证券投资理论素养的基础材料。

本书的出版，得到了合肥工业大学出版社的积极支持，特别是得到了马国锋社长和总编辑钟玉海先生的高度重视。责任编辑疏利民先生也热情相助，并付出了辛勤的劳动。在此，全体编写人员表示衷心的谢意。

本书在写作过程中，参考借鉴了有关证券市场、证券投资方面的大量资料。在此，对相关作者的劳动表示诚挚的尊重与感谢。由于作者水平有限，书中难免有不妥之处，甚至有遗漏乃至错误，衷心期望得到各位专家、学者的指导和帮助，以便我们再版时得以提高和完善。

作　者

2009年6月28日

目 录

第一篇 基础知识篇

第二篇 投资工具篇

第三篇 市场运行篇

第四篇
证券投资分析篇

第五篇
组合管理篇

第六篇 证券投资实务篇

第七篇 市场监管篇

Part One

第一篇 基础知识篇

第一章
证券投资概论

本章学习重点

证券的性质和特征；证券的分类；投资的特点；证券投资的功能。

证券一词在日常生活中被广泛使用，但其内涵常常被人们误解，如人们通常将狭义的有价证券即资本证券直接称为证券。为了对证券有一个较为全面的把握，首先必须弄清楚证券的准确定义、构成要素、类别和特征等。

第一节　证券理论概述

一、证券的含义和产生

（一）证券的含义

证券是指各类记载并代表了一定权利的法律凭证，它用以证明持有人有权按其所持凭证记载的内容而取得应有的权益。从一般意义上来说，证券是指用以证明或设定权利而形成的书面凭证，它表明证券持有人或第三者有权取得该证券拥有的特定权益，或证明其曾经发生过的行为。

（二）证券的产生

证券首先是一种信用凭证或金融工具，它是商品经济和信用经济发展的产物。例如，债券就是一种信用凭证，无论是企业债券、金融债券，还是国债，都是经济主体为筹措资金而向投资者出具的承诺到期还本付息的债权、债务凭证。例如股票，它就是股份有限公司发行的用以证明股东的身份和权益，并据以行使对股份公司所有权的凭证。

从筹资的角度看，股份制是一种特殊的信用形式，即通过信用将分散的资金集中起来有效地使用。没有信用的发展，就难有大规模的集资，也不会有股票的发行与交易，股份制就难以确立。

基金证券是同时具有股票和债券某些特征的证券。投资基金本身就是集资的一种形式，是将分散的资金集中起来创设一个基金，然后委托专门的基金管理人从事能保证投资人收益的组合投资，证券持有人则对基金拥有财产所有权、收益分配权和剩余财产分配权。这些作为资本信用手段的证券能定期领取利息或到期收回本金，且具有买卖价格，可以在证券市场上进行转让和流通。

除此之外，还有作为货币证券的商业票据。在商品经济和生产社会化发展的过程中，企业为了追求利润最大化，必然要加速资本流通，缩短周转周期，尽量节约资本的使用，为此便产生了商业信用和作为商业信用手段的商业票据，如汇票、支票及本票等。这些商业票据不仅仅是一种信用工具，而且还可以在一定范围内周转流通，发挥流通手段和支付手段等部分货币职能。

二、证券的分类

根据不同的标准，我们可以将证券分为不同的种类，以下介绍四种分类方式：

1. 货物证券、货币证券和资本证券

根据证券构成内容的不同，可以将证券分为货物证券、货币证券和资本证券。

货物证券是对一定量的商品拥有索取权的凭证，如货物提单、货运单等。

货币证券是对一定量的货币拥有索取权的凭证，如支票、汇票等。

资本证券是有价证券的主要形式，它是对一定量的资本拥有所有权和对一定量的收益分配拥有索取权的凭证，如债券、股票等。

狭义的有价证券通常是指资本证券。

2. 政府证券、金融证券和公司证券

根据证券发行主体不同，可以将证券分为政府证券、金融证券和公司证券。

政府证券即国债券、政府债券，是指政府财政部门或其他代理机构为筹集资金，以政府名义发行的证券，包括中央政府债券（即国家债券）和地方政府债券。

金融证券是指银行、保险公司、投资公司等金融机构为筹集经营资金而发行的、承诺支付一定利息并到期偿还本金的债务凭证，包括金融债券、大额可转让存单等。

公司证券是指公司、企业等经济法人为筹集投资资金或与此直接相关的行为而发行的证券，主要有股票、公司债券等。

3. 上市证券和非上市证券

根据证券上市与否，可以将证券分为上市证券和非上市证券。

上市证券又称挂牌证券，是指经证券主管机关批准，并向证券交易所注册登记，获得在交易所内公开买卖资格的证券。

非上市证券也称非挂牌证券、场外证券，是指未申请上市或不符合在证券交易所挂牌交易条件的证券。

4. 固定收益证券和变动收益证券

按有价证券收益是否固定，有价证券又可分为固定收益证券和变动收益证券。

前者指证券收益率预先知道，证券持有人可以在特定的时间内获得固定的收益，如一般债券和优先股股票。后者指证券的收益率事先无法知道，而是随公司的盈利情况和盈利分配政策等因素的变化而变化，普通股股票和浮动利率债券就属于此类证券。

5. 公募证券和私募证券

按照有价证券的发行方式和发行范围，有价证券可分为公募证券和私募证券。

公募证券是指公开向社会投资者发行的证券，发行者应具有较高的社会声誉和知名度，符合证券主管部门规定的条件，经申报批准后委托证券交易机构向不特定的投资者推销。私募证券是指由发行者向特定投资者直接出售的证券，因投资者多与发行者有密切的关系，了解发行者的资信，且发行额较小，因此事先不必提供企业财务资料，也不必向证券主管部门申报批准，发行手续简单，但不能公开上市交易。

6. 无价证券与有价证券

根据证券持有人的收益性不同，可以将证券分为无价证券和有价证券。无价证券也是一种表明对某项财物或利益拥有所有权的凭证。由于政府或国家法律限制这类证券在市场上广泛流通，并不得通过流通转让来增加证券持有者的收益，因而无价证券事实上是一种单纯的证明文件，如收据、发票等证据证券，它只表示一种交易的证明。此类证券一般在流通上受到限制，不能通过转让来增加收益（除部分规定可以转让的存单外），所以这类证券在经济上缺乏实际的投资价值。

有价证券是指标有票面金额，证明持有人有权按期取得一定收入并可自由转让和买卖的所有权或债权凭证。它是虚拟资本的一种形式。这类证券本身没有价值，但由于它代表着一定量的财产权利，持有人可凭该证券直接取得一定量的商品、货币，或是取得利息、股息收入，因而可以在证券市场上买卖和流通，客观上具有交易价格。

有价证券与无价证券最为明显的区别是它的流通性。有价证券可以在相应的范围内广泛的流通，并且在转让过程中产生权益的增减。有价证券按其在经济运行中所体现的内容，可以分为商品证券、货币证券和资本证券三类。通常，狭义的证券指的是有价证券，人们通常所说的证券就是指有价证券。本书除非特别说明，所说证券均是指有价证券。

除上述分类外，有价证券还可以按流动性大小分为适销证券和不适销证券；按发行地点可分为国内证券和国际证券等。

三、有价证券的特征

证券必须同时具备两个最基本的特征：一是法律特征，即它反映的是某种法律行为的结果，本身必须具有合法性，同时它所包含的特定内容具有法律效力；二是书面特征，即必须采取书面形式或与书面形式有同等效力的形式，并且必须按照特定的格式进行书写或制作，载明有关法规规定的全部必要事项。

鉴于本书主要研究的是有价证券，下面重点谈谈有价证券的特征。

1. 产权性

有价证券记载着权利人的财产权内容，代表着一定的财产所有权。虽然证券的持有人并不实际占有财产，但可以通过持有证券，拥有有关财产的所有权，即财产的占有、使用、收益和处置的权利。

2. 收益性

收益性是指证券持有人凭借证券所获得的报酬，它是证券投资者的基本权益。证券收益一般由当前收益和资本利得两部分构成。以股息、红利或利息所表示的收益称为当前收益；由证券价格上升或下跌而产生的收益或亏损，称为资本利得或差价收益。净收益与最初投资额的比例称为收益率，它是衡量收益状况的基本指标。通常股票的收益率主要取决于股票的市价和股息的高低，但最终由股份公司的经济效益所决定。债券收益取决于利息的高低、债券的偿还期限、市价等。有价证券的收益都受市场供求关系的影响。

3. 流通性

证券的流通性又称变现性，是指证券持有人可按自己的需要灵活地转让证券以换取现金。流通性不仅使证券持有人随时把证券转换成现金，而且还使证券持有人根据自己的偏好选择有价证券的种类。证券的流通是通过承兑、贴现、交易实现的。证券流通性的强弱受宏观经济状况、市场价格、证券期限、利率水平及计息方式、信用度、知名度、市场便利程度等多种因素的影响。

4. 风险性

证券的风险性是指证券持有者面临着预期投资收益不能实现，甚至使本金也受到损失的可能。这是由未来经济环境状况的不确定性所致。在现有的社会生产条件下，对于未来经济的发展变化，有些是投资者可以预测的，而有些是无法预测的。因此，投资者难以确定他所持有的证券将来能否取得收益或能获得多少收益，从而使持有证券具有某种风险，这种风险可能包括利率风险、购买力风险、经营风险、市场风险和流通性风险等。

第二节　投资的产生和分类

一、投资的一般含义及特征

在经济生活中，人们经常会碰到或用到“投资”这一名词，那么什么是投资呢？

西方投资学家威廉·夏普在其所著《投资学》一书中将投资概念表述为：投资就是为获得可能的不确定的未来值而作出的确定的现值牺牲。

徐文通所著《现代西方投资学》将投资定义为：投资是指经济主体为了获得未来的预期收益，预先垫付一定量的货币或实物以经营某项事业的经济行为。①

在大不列颠百科全书中，投资（Investment）被定义为：“process of exchanging income during one period of time for an asset that is expected to produce earnings in future periods. Thus consumption in the current period is foregone in order to obtain a greater return in the future”。即投资，是经济主体（国家、企业、个人）为了获得未来的预期收益，预先垫付一定量的货币或实物以经营某项业务的经济行为。

从投资的定义可以看出，投资具有以下几个方面的特征：

1. 投资是一种有目的的经济行为

投资的目的在于得到报酬（即收益）。经济主体是为了获得未来的货币或收益而投资，并不是为了投资而投资，投资只是手段而不是目的。投资活动是以牺牲现在价值为手段，以赚取未来价值为目标。未来价值超过现在价值，投资者方能得到正报酬。投资的报酬可以是各种形式的收入，如利息、股息，可以是价格变动的资本利得，也可以是本金的增值，还可以是各种财富的保值或权利的获得。

2. 投资具有一个行为过程

这一过程是指从现在垫支到将来获得报酬，要经过一定的时间间隔。这表明投资是一

① 徐文通：《现代西方投资学》，中国金融出版社 1991 年版，第 2 页。

个行为过程，这个过程越长，发生不可预测事件的可能性就越大，未来报酬的获得越不稳定，风险就越大。

3. 投资是为了获得未来报酬而采取的经济行为

从静态的角度看，投资是现在垫支一定量的资金；从动态的角度看，投资则是为了获得未来的报酬而采取的经济行为。因此，它是一个价值回收和增值的过程，是一种不断运动的动态经济活动。

4. 投资具有时间性

即投入的价值和牺牲的消费是现在的，而获得的价值或消费是将来的。从现在的投入到将来获得报酬，在时间上要经过一定的间隔。

5. 投资具有风险性，即不稳定性

现在投入的价值是确定的，而未来的可能获得的收益是不确定的。这种收益的不确定性，即为投资的风险。

由于收入是未来的价值，而未来的世界受政治、经济、社会、科技、心理等诸多因素的影响，充满不可预知性。因此投资收益很难事先确定，风险是投资过程中不可避免的。风险的大小与投资的时间长短有关，时间越长，不确定性越大；风险也和投资的预期报酬有关，预期收益越高，所含风险越大。风险与收益往往呈现相同的趋势，即高收益往往隐含着高风险，而高风险又会给投资者带来高收益。但是，收益和风险之间关系复杂，两者不一定成正比关系。因此，对于投资者而言，投资的基本目标，是在一定的限制条件下，取得最大可能的收益。因此就必须尽可能地将风险置于控制之下，这就需要在证券投资的实务中，采取一系列措施，使风险降低到最低程度，即在风险相同的条件下，追求收益的最大化，或者在收益既定的情况下，寻求风险最低的投资。

总之，投资是个人或机构对自己现有资金的一种运用，其来源或是延期消费，或为暂时闲置，用以购买实际资产和金融资产或取得的这些资产的权利，为的是在一定时期内预期获得与风险成正比例的适当收入和本金的升值，或者是为了保持现有财富的价值。

二、投资的产生和过程

（一）投资的产生

投资并不是从人类社会一产生就存在，它是随着生产力的发展，在人类社会发展到一定阶段时才产生的，因此它是一个历史范畴。

在人类社会早期，或者说在货币产生以前的物物交换的时代，资本是以剩余产品即实物形式出现的，而且物物交换的目的主要是为了满足生存和消费的需要，交换量很小，投资基本无从谈起。随着剩余产品的增多和交换的发展，货币产生了。人类社会从此进入了货币经济时代。代表投资的社会财富不再以实物产品为主要形式，而是以货币形式为主要形式。伴随着货币的普遍使用和商品经济的发展，投资活动也频繁起来，但人们进行投资还只是一种下意识的事情，而且投资的形式主要是实际投资和直接投资，投资者也只是某个封建主、教主或者富商及其家族。

18 世纪末 19 世纪初，英国工业革命发生以后，情况发生了显著的变化。机器的发明为提高社会生产力创造了条件，但需要大量资金，建造和购置厂房、机器设备、原材料及雇佣工人等以从事大规模生产，这是单个资本力所不及的。因而建立在海外掠夺性贸易基础上的股份公司在工业领域蓬勃发展起来，此时股份经济制度作为资本主义社会的一个特征得到确立。股份制度的发展，加速了股票等证券业的发展，证券制度成为现代资本主义社会的一个明显特征。投资已不再仅仅是实际投资、直接投资，金融投资已成为投资的主要方式。投资也已不再是个别资本家和富人的事情，众多的中小资本家甚至一般的工人都可以购买股票成为股东。在当今的资本主义社会“人人都是股东”已成现实。

总之，投资走过了从下意识到有意识、从实际投资到金融投资、从小规模投资到大规模投资、从少量投资者到多数投资者、从国内投资到全球投资这样一条发展道路。

（二）投资过程

投资是一门需要认真研究的学问，要想取得理想的回报，对投资过程，需经过 5 个阶段或步骤才能作出恰当的选择，同时其中还涉及投资管理问题。

1. 投资准备阶段

投资准备包括心理准备、基本的投资知识准备和投资资金准备。投资者在准备投资时，必须有承担风险的心理准备，因为市场变化莫测、风险与收益并存。只有做好充分的心理准备，才能在市场的顺境和逆境中镇定自若。掌握一些投资知识，减少投资的盲目性，对于投资者，尤其是初次进入证券市场的投资者来说十分必要。投资需要资金，其一般来源分为两个部分：一部分是自有资金，另一部分是借入资金。对于自有资金，需要精心筹划，如用于消费的比例是多少，进行投资的比例是多少，这样就不会影响到正常的日常生活，充分发挥资金效益，尽可能减少风险或增加收益；借入资金用于再投资，要非常谨慎，认真考虑投资成本和风险问题，如果再投资收益不抵支付借贷利息，就会亏本；如果到期不能偿还借入资金本息，就有可能破产。对于固定的中小投资者来说，最好不要借入资金进行投资。

2. 投资了解阶段

投资者进行投资，首先要了解整个市场状况、投资环境及证券本身的状况；其次既要了解证券发行情况，又要了解证券交易情况。证券发行市场上主要了解发行人和承销商的情况，要选择资信好、实力强的发行人所发行的证券。证券交易市场上主要了解证券的流动性、上市交易情况。此外还要了解证券公司的情况及有关证券投资的法律、法规和税收情况等。

3. 投资分析阶段

投资者了解市场情况后就进入分析阶段，主要分析证券内在价值和外在影响因素。例如分析证券的理论价值、账面价值和交易价格，以及价格的波动趋势。价格是由价值决定的，所以分析某种证券的理论价值和账面价值是非常重要的。当然，影响证券市场价格的因素很多。因此，分析证券市场行情的变化趋势，从价格变化中掌握证券价格与价值的关系，把握入市时机、及时买入和卖出证券是非常重要的。另外还需要掌握一定的分析工具、方法和技巧。

4. 投资组合构建阶段

投资者可以在投资分析的基础上，选择与投资目标和投资政策相协调的投资组合战略，一般包括消极和积极两种战略。消极投资组合战略（Passive Portfolio Strategy）是假设市场上证券的价格已经反映了所有可得信息，市场定价是有效率的，不存在错误定价的证券，进行积极的择时（Market Timing）和择券（Security Selection）是徒劳的，因此只需要简单地模仿市场指数分散投资即可实现预期的投资目标。积极投资组合战略（Active Portfolio Strategy）则认为市场是低效的，存在被市场错误定价的证券，通过积极择时和择券的努力就能跑赢大市，获得超额绩效。

在积极的和消极的两种极端战略之间存在若干将两种战略搭配而成的混合形式，如机构投资者对投资组合中的核心资产进行消极的管理，对剩余资产进行积极的管理。

5. 投资管理阶段

投资者购买证券、构建投资组合后，便进入投资管理阶段。对投资者而言，特别需要注意以下 4 个方面的问题。

（1）对投资组合进行适时的修正。随着时间的推移，投资者会改变投资目标，从而使当前的资产组合不再为最优，为此需要卖出现有组合中的一些证券并买进一些新的证券以形成新的组合，也就是投资目标变了，投资战略就需要随之调整，结果就是对投资组合的修正。

（2）保持长期投资和短期投资的恰当比例，现货交易和期货交易结合。长期投资收益率相对高，资金周转相对慢，不够灵活。现货交易的价格变化较大，风险也大。期货交易则是减少或降低风险的一种形式。因此，在允许的情况下，投资者应既做现货交易，又做期货交易以进行对冲，这样可以通过套期保值，把风险降到最低限度。

（3）保持自有资金和借入资金的恰当比例。一般投资者尽量用自有资金或不用借入资金，用借入资金投资应尽量投资风险小或固定收入证券。但对于机构投资者或投资大户来说，完全不用借入资金是不现实的。对证券经纪商来说，他们也需要通过信用交易，扩大业务收取贷款利息和佣金。

（4）评价投资绩效。投资绩效包括风险和收益两个方面，投资绩效的评价就是将投资组合的收益、风险与基金的收益、风险相比较，从而评价绩效、分析风险原因。

总之，投资过程实际上是一个动态的、持续的和循环往复的过程。

三、投资分类

按不同的标准，投资可以划分为很多种不同的类型。

（一）狭义投资和广义投资

广义的投资是指为了获得报酬或收益而预先垫支资本及货币的各种经济行为。如开办工厂、开发矿山、开垦农场，以及购买股票、债券、期货等。

狭义的投资则仅指投资各种有价证券，进行有价证券的买卖，也称证券投资，如购买期货、债券等。很显然，本书对投资的阐述主要是从狭义的角度进行的，即证券投资。

（二）直接投资和间接投资

按照投资行为的直接程度，投资可以分为直接投资和间接投资。

直接投资是指投资者将货币资金直接投入投资项目，形成实物资产或者购买现有企业的投资。通过直接投资，投资者便可以拥有全部或者一定数量的企业资产及经营的所有权，直接进行或参与投资的经营管理，从而对投资企业具有全部或较大的控制力。直接投资包括对现金、厂房、机器、设备、交通运输工具、通讯、土地或土地使用权等各种有形资产的投资和专利、商标、技术秘诀、咨询服务等无形资产的投资。

间接投资是指投资者以其资本购买公债、公司债券、金融债券或公司股票等，以期获得一定收益的投资。由于间接投资形式主要是购买各种各样的有价证券，因此也被称为证券投资。与直接投资相比，间接投资者除股票投资外，一般只享有定期获得一定收益的权利，而无权干涉被投资对象对这部分投资的具体运用及其经营管理决策；间接投资的资本运用比较灵活，可以随时调用或转卖，更换其他资产，谋求更大收益；可以减少政治经济形势变化而承担的投资损失的风险；也可以作为中央银行平衡银行松紧而采取公开市场业务时收买或抛售的筹码。

（三）实际投资和金融投资

按照投资对象的不同，投资可以分为实际投资和金融投资。

实际投资是指投资于具有实物形态的资产，如黄金、房地产、厂房、机器设备、文物古玩等。一般说来，实际投资所涉及的是人与物、自然界的关系，而且实际资产能看、能摸、能用，用途广泛，价值稳定，投资收益也不低。

金融投资则是指投资于以货币价值形态表示的金融领域的资产，如股票、债券、银行存款、外汇等。金融投资不涉及人与自然界的关系，只涉及人与人之间的财务交易，而且金融资产也是一种无形的抽象的资产，具有投资收益高、风险大、价值不稳定的特点。

（四）国家投资、企业投资和个人投资

按照投资主体不同，投资可分为国家投资、企业投资和个人投资。

国家投资是指中央或地方政府所进行的投资，通常表现为财政投资，它可由国家直接拨款来安排，无偿使用，也可以委托管理投资的专业银行或投资公司实行贷款，有偿使用。

企业投资是指企业作为投资主体所进行的投资。这里的企业包括国有、集体、民营、外资等各种类型的企业，其投资范围涉及社会生产和社会生活的各个方面。

个人投资的主体是自然人，是指个人凭持有的资金购买投资证券充作金融资产借以获利。这里的个人不是个体企业，企业是法人，应将两者分开。

（五）生产性投资和非生产性投资

投资按其投入的领域可分为生产性投资和非生产性投资。

生产性投资是指投入到生产、建设等物质生产领域的投资，其最终成果是各种生产性资产，由于企业的生产性资产分为固定资产和流动资产，因此，生产性投资又分为固定资产投资和流动资产投资，两者要保持适当比例。

非生产性投资是指投入到非物质生产领域中的投资，其最终成果是各种非生产性资产，主要用于满足人们可持续的物质文化生活需要。非生产性投资又可以分为两个部分：一部分是纯消费性投资，没有盈利，投资不能收回，其再投资依靠社会的积累，如对学校、国防安全、社会福利设施的投资；另一部分是可转化为无形商品的投资，有盈利，可收回投资，甚至可实现增值和积累，如对影剧院、电视台、信息咨询公司等的投资。

（六）盈利性投资和政策性投资

按经营目标的不同，投资可分为盈利性投资和政策性投资。

盈利性投资又称经济性投资，在西方也常称为商业性投资，是指为了通过生产经营而获取盈利所进行的投资，一般主要投入生产或流通领域。盈利性投资能带来盈利，担负着促进生产发展和社会进步的重要职能，同时也承担着一定的风险。

政策性投资又称为非盈利性投资，是指用于保证社会发展和群众生活需要而不能或允许不能带来经济盈利的投资。政策性投资不一定能带来经济效益，却能带来社会效益，随着客观条件的变化，非盈利性投资可转变为盈利性投资。

（七）国内投资和国外投资

按照投资来源的不同，投资可分为国内投资和国外投资。

国内投资是指本国政府、企业、个人等在本国境内所进行的投资。国内投资总量代表了一个国家经济发展水平的高低、积累能力的大小和经济实力的强弱。

国外投资分为外国政府、企业、个人以各种形式直接进入本国境内投资和本国筹资者到境外发行债券和股票募集资本带回本国境内使用两大类型。国外投资的实质就是利用外资、国际经济资源，包括先进的技术、设备，举借债务投资经营发展本国经济。

一个国家，尤其是发展中国家，应处理好国内投资和国外投资的关系，根据本国情况，确定吸收国外投资的规模、内容和形式，在充分依靠本国力量的前提下，最大限度地利用本国资本。

四、投资的主要形式

1. 固定资产投资

固定资产投资是指企业购置或建造固定资产的投资，既包括基本建设投资（新建、扩建工程的投资），也包括对现有固定资产进行更新改造的投资。其特点是：投资金额较大、投资回收期较长、投资的风险较大。

2. 房地产投资

房地产投资是为了获得未来收益或避免资金贬值而投资建造或购买房地产以便出卖、出租的活动。房地产包括房产和地产两部分。

房产包括土地附属的生产性厂房、仓库设施、生活用住宅、商店、旅馆、办公用房等建筑设施以及由之衍生的所有权和使用权。

地产是指土地、部分土地改良物及由之衍生的所有权和使用权。

房地产投资的特点是：①房地产投资对环境的依赖性很强；②房地产投资需要考虑房地产本身的经济寿命；③房地产投资需要巨额资金，且周转缓慢、流动性差；④房地产市场的供给调节缓慢；⑤房地产的价值稳定，在通货膨胀时还可获得较大的增殖，同时可用于抵押，比较容易取得大额贷款。

3. 有价证券投资

有价证券投资简称证券投资，即所谓的狭义的投资，它是指投资者将资金投向于股票、债券等各种有价证券，进行有价证券的买卖，从而获取收益的一种投资行为。包括股票投资、债券投资、基金投资、衍生工具投资等。

本书所说的投资即是指有价证券投资，也即证券投资。

4. 信托投资

信托投资，从受托人的角度说，是指信托企业以投资者的身份直接从事各种投资活动，这是信托投资公司的基本业务；从委托人的角度说，是指委托人以投资者的身份将财产交付受托人并指定用于投资活动，这是委托人的一种投资方式。

5. 保险投资

保险投资是指投资者通过参加保险来抵补风险损失或获取收益的一种投资方式。保险投资的特点主要有：①从投资动机来看，保险投资主要是为了补偿损失而不是增加收益；②运用保险投资的方法来补偿意外事故损失比自行积累损失准备金有利；③进行保险投资可使投资者获得某种安全感，并且在保险公司的帮助下也可较好地防范和降低风险。

五、投资与投机的联系与区别

投资与投机是一对“孪生姊妹”。以现代社会的“经济”标准来判断，投机实际上就是一种投资，是一种承担特殊风险获取特殊收益的行为，是投资的一种特殊形式。在西方，一般将短期的投资称为投机。俗话说，一项良好的投资，就是一次成功的投机。投资是稳健的投资，投机是冒险的投资。

不管是证券投资活动还是投机活动，都是买卖证券的交易活动，二者往往难以明确区分，相同之处表现在：首先，两者都是以获得未来货币的增殖或收益为目的而预先投入货币的行为，从本质上来讲，这两者没有区别；其次，两者的未来收益都带有不确定性，都包含有风险因素，都要承担本金损失的危险。

投资与投机的区别主要有：

1. 对风险的态度不同

投资者希望回避风险，希望将风险降低到最低程度，他们购买证券一般限于预期收入较稳定、本金又相对安全的证券；投机者希望从价格的涨跌中牟取暴利，可以说是风险喜爱者，往往买高风险的证券。

2. 行为期限的长短不同

投资者着眼于长远利益，买入证券往往长期持有，坐享其股息收入和资本增值收益；投机者则热衷于交易的快速周转，从买卖中获取差价收益。

3. 交易方式不同

投资者一般从事现货交易并实际交割；投机者则往往从事信用交易，买空卖空，或不进行现货交割。

4. 分析方法不同

投资者注重对证券的内在价值进行分析和评价，常用基本分析法；投机者不注重对证券本身进行评估，而是关心市场价格的变动，多用技术分析法。

尽管证券投资者和证券投机者存在诸多差异，但实际上很难把二者截然分开，他们在一定情况下会相互转化。长期投资者购买证券后，一旦证券市场突变，出现某种证券价格持续上扬和自己持有的证券价格暴跌时，便会抛出手中证券，转而购买价格仍在上涨的证券或另外选择资金利用方式，以求得更多的差价收益和避免更大的损失，这时投资者就变成投机者；相反，投机者在购入证券后，如捕捉不到好的销售时机，也可能继续持有证券成为长期投资者。

总之，投资是一门科学，投机是一门艺术。从经济学的角度来看，投机几乎是投资的同义反复。投机是寻找和掌握市场中的投资机会，它是投资的一种手段或方式。投资和投机共同作用，才能形成市场的均衡价格和平均利润。一般而言，如果主要关注长期投资价值，可以称之为投资；如果追求短期的投资回报，则认为是投机。

第三节　证券投资的内涵与特点

一、证券投资的内涵

如前所述，证券投资即狭义的投资，它是资本市场最主要和基本的投资方式，是指投资者对有价证券的购买，借以获取在证券持有期内获得与其所承担的风险相称的收益行为，是一种金融投资或间接投资。

二级市场的证券投资不会增加社会资本总量，而仅仅是在证券持有者之间进行再分配。证券资本不是投入生产进行不断活动的功能资本，它不直接增加社会资本存量。但证券投资能使社会上闲置的货币资金转化为长期投资资金，最终用于对实物资产的投资，因此证券投资又是社会财富增殖的一种方法。

二、证券投资的基本要素

收益、风险及时间是构成证券投资的三个基本要素。

(1) 收益是指证券投资收入或报酬，包括当前收入和由证券价格的增值（或贬值）所带来的资本利得（或损失）两部分。获得收益是证券投资的最终目的。

(2) 风险是指证券投资的风险。一般而言，风险与收益是成正比例变化的，收益越高风险越大，但高风险并不一定意味着高收益；相反，高收益也并不一定产生高风险。

(3) 时间是指证券投资者进行投资的时间，是证券投资的重要组成部分。在投资中，时间长短与收益多少、风险大小高度相关。一般来说，投资时间越长，收益就越高，风险也就越大。

三、证券投资的特点

证券投资作为投资的一种基本类型，它具有投资的一般特征：一是首先要投入一定量的资金；二是投资目的是为取得预期收益，即实现价值增值；三是同样包括资金投入、资产增值、收回资本金三个过程。但证券投资又是一种特殊的投资活动，具有不同于一般投资的自身特点，主要表现为以下四个方面：

（一）高收益性

证券投资属于风险投资，作为风险补偿，有价证券的收益率通常要高于同期银行存款的利率，因而同一笔资金投资于证券能够获得较高的收益。此外，证券投资还具有其他方面的收益，一是随着公司股本规模的不断扩张，投资者能够获得公司送配股的收益，通过股子股孙的不断繁衍，实现资产的迅速增值；二是随着证券价格的波动，投资者可以获得证券价格上涨的价差收益，这种收益随着时间的推移，其收益额甚至会超过投资额的几倍、几十倍乃至几百倍，给投资者带来超出想象的惊人利润，因而具有高度的“市场力”。

（二）高风险性

高收益必然伴随着高风险。证券投资追求的预期收益，在未来市场发展过程中，由于受各种主客观因素的影响，具有极大的不确定性，特别是证券市场对各种因素影响的高度敏感性，往往导致证券价格剧烈波动。一旦投资失败，不仅得不到预期收益，甚至有可能血本无归。尤其是对于政府和投资者同样缺乏经验的发展中国家的新兴市场，其风险则更大。

（三）可流通性

一般金融活动诸如银行信贷、信托保险、企业及民间信用等，其当事者之间一对一的特定交易关系，使其缺乏公开性和流通性，对于投资者很不方便。相比之下，证券投资的流通性则不受任何限制，任何投资者都可以随时随意自由地出售转让证券并收回本金。

（四）社会性和广泛性

证券投资的出现，把投资这一原本只局限于少数富人的"专利"活动，变成了广大社会公众普遍参与的活动，这是其较之其他投资活动最大的历史特征。之所以能够形成社会公众的普遍参与，是因为：

（1）证券面值的小额化，使投资者不受资金拥有量的限制，可以根据自己的财力随意投资，从而能够满足中小投资者的要求。

（2）高流动性可以使投资者随时变现，十分方便。交易网点的普及又消除了地域障碍，适合分散居民的投资。

（3）没有规定条件的限制，尽管要取得成功需要具备一定的素质，但在进入市场时却没有资历、文凭、职业、年龄、性别等任何限制，任何人都可以进入市场。这些特点把证券带入千家万户，成为家庭理财的重要工具。据资料统计，目前发达国家90%的家庭持有股票，个人股票持有量占全国股票总额的70%以上。我国证券市场的历史虽然较短，但投资者的数量却急剧增长。截至2009年6月19日，沪深两市共有A股账户12773.72万户，B股账户242.74万户；有效账户10974.49万户。基金账户数2926.84万户。

第四节　证券投资的功能与原则

一、证券投资的功能

证券投资在西方国家得到了广泛发展，目前已经成为最基本、最重要的投资形式，也成为我国建立社会主义市场经济发展过程中一个不可或缺的重要机制。证券投资之所以能够成为一种极为普遍和引人注目的经济活动方式，并在现代经济生活中占有重要地位，是因为它具有以下四个突出的功能。

（一）实现价值增值

对于证券投资主体来说，证券投资最重要的功能，就是能够实现价值增值，即投入一定数量的货币或其他财富后，有可能在将来获得超过投入价值量的增值收益。在现代经济社会中，一定时期内总是存在着大量未用于现实消费的资金。这些闲置资金可以以银行存款的方式获得储蓄利息，但银行储蓄利率相对来说总是单一的，且通常是固定不变的，由此获利水平也是有限的；而当存在严重通货膨胀时，实际利率就可能是负的。此外，各类经济主体当然也可以选择实物投资方式来实现价值增值，但在许多情况下，市场上却可能缺乏前景乐观的投资方向（经济衰退时期就是如此），况且许多经济主体特别是个人的闲置货币持有量数目不多，这些分散、零星的闲置资金在缺乏有效的集中机制的背景下，也不可能按规模经济要求进行实物投资。显然，要使这部分资金能够充分地流通周转，发挥其价值增值作用，就需要在银行存款和实物投资之外设置其他具有补充意义的投资渠道，而证券投资正是这样的投资渠道。它可以在社会资金相对充裕，而储蓄利率等其他获利渠道的收益水平不理想，实物投资又缺乏有吸引力的方向或不能被普遍采用时，为某些不能或不会自愿介入储蓄及实物投资领域的货币资金提供获利途径，以满足闲置货币资金的价值增值要求，从而使社会总收入水平有效提高。

（二）支撑社会融资

从经济增长与发展的宏观意义上说，证券投资最重要的功能之一，是它能起到支撑社会融资的作用。在现代经济社会中，任何一个生产经营单位的正常运转，都会经常性地面临融资需求。企业要求得生存与发展，就必须不断地扩大生产经营规模，拓展经营领域，提高竞争力，这就需要不断地进行投资；而投资进行的前提是有效的规模化的社会化融资。不仅是企业，作为社会组织者与管理者的国家包括各级政府，要有效地履行其职能，也总是会面临巨大的资金需求，而这仅仅依靠国家的常规性收入（税收）是不够的，由此也需要不断地向社会融资。社会化融资最重要、最有效的途径之一，就是在证券市场上发行有价证券。例如股份制企业在证券市场上发行公司股票和公司债券，各级政府在证券市场上发行公债等。而在证券市场上大规模发行有价证券的前提，是这一市场上存在着大量的证券投资者，或者说是证券投资行为的普遍化。很简单，如果没有人作为原始证券的认购者，没有活跃的证券发行市场上的投资活动，有价证券的发行就无法实现。不仅如此，有价证券发行后还必须实现流通，即能够自由地、无限次地进行流通转让，否则就会使原始证券的认购者面临巨大的持有风险，从而使证券发行活动难以维系，而这又要求存在大量的对已流通证券的投资行为。换言之，没有相对普遍的、持续性的证券投资活动，就没有进行持续性证券发行这类融资活动的基础条件。因此，尽管证券投资者的行为本身只是为了追逐个体的获利目标，客观上却起着支撑社会融资的重要作用。

（三）化解供求压力、稳定经济运行

证券投资作为一种经济活动，本身也是一种资金运动过程。我们知道，在一定时期内，社会中总是会存在一定的闲置资金，当这部分资金缺乏实物投资方向时，常常会转化为消费资金。在经济具有短缺特征或存在结构性供给缺陷时，其结果便会构成某种程度的消费压力，甚至导致通货膨胀的加剧，而通过证券市场引导这部分资金进行证券投资，则可以有效地缓解消费需求的压力。同时，在二级市场上流动的社会资金，也有助于在实物投资规模膨胀时压缩其需求。此外，证券投资对社会融资的支撑作用不仅体现在扩大融资数量上，也体现在通过这种公众选择过程促进优化融资结构上，由此就可以有效地促进证券市场的正常运行，充分发挥证券市场在资源配置方面的积极功能，其结果则将有助于扩大产业规模、完善产业结构，从而大大提高社会供给能力，释放供给不足或结构扭曲对社会经济正常运行所造成的压力。反过来说，在市场需求相对不足，失业率提高，经济出现衰退，同时人们储蓄意识过强时，通过鼓励证券投资，并采取某些政策保护投资者，活跃证券市场上的投资交易活动，则一方面可以使社会储蓄向投资转化的比例大幅度提高，直接带动投资需求，增加就业机会；另一方面又可以提高投资者在证券市场上的获利水平，并使这种获利部分转化为可作消费的现金支出，从而在某种程度上扩张消费需求，最终起到缓解投资、消费需求不足的积极作用。

（四）传递经济信息

证券投资活动的广泛进行可以有效地增加经济信息供给渠道，扩大经济信息流量，并加速经济信息的传递。证券投资的复杂性，客观上会强化这一过程对各种相关信息的依赖程度。从某种意义上甚至可以说，证券投资的过程就是一个不断处理各类经济信息的过程。这一特征决定了围绕证券投资需要并通过证券投资过程而逐步形成的经济信息系统格外发达，信息流量极为庞大，信息内容十分全面和深入，信息流动的速度也格外快捷。而利用和处理好证券投资过程中集中传递的这些经济信息，有助于人们对企业、行业、部门、市场乃至整个国民经济的发展态势进行及时的评估和判断，并进而为进行各种决策提供重要的依据。

证券投资中所传递的信息，主要是来自证券市场。而在证券市场上流动的信息中，最有价值的信息是上市公司等企业所代表的国民经济各部门的经营信息，以及证券市场交易信息。以证券交易所为例，按照证券市场交易"公开、公平、公正"原则的要求，在证券交易所挂牌交易其证券的所有公司，都必须及时披露其重要的经营信息，如公司的中期和年度财务数据，公司重要投资与生产经营信息等。由于上市公司基本上都是各行各业具有代表性的企业，因而对众多上市公司的生产经营信息进行分析，就能够使人们对国民经济各部门的发展现状与趋势作出较为准确可靠的判断。而在证券投资过程中人们在追逐投资对象上体现的差别，作为一个公众选择过程，本身也反映着经济体系中不同局部的发展态势。总之，证券投资过程需要且必然产生其他经济过程难以比拟的、巨大而迅捷的信息流，仅从这个意义上说，其存在和发展的价值也是相当突出的。

二、证券投资的原则

证券投资的主要目的在于获取收益。但在获取收益的同时，不可避免地存在一定程度的风险。不同投资者对证券投资的不同态度以及采取的不同对策，实际上就是人们对收益与风险大小的不同权衡。有些人倾向于高收益、高风险的投资，有些人却宁愿选择低风险、低收益的投资，还有些人则介于两者之间。但无论哪一种投资者，其共同点都是在预期收益一定的前提下，尽可能地利用各种方法和手段降低甚至避免证券投资风险；或者是在投资风险预期一定的前提下，尽可能提高投资收益率。为了达到上述目的，必须遵循以下几个原则。

（一）收益与风险最佳组合原则

在证券投资中，收益与风险形影相随，是一对相伴而生的矛盾。要想获得收益，就必须冒风险。解决这一矛盾的办法是：在已定的风险条件下，尽可能使投资收益最优化；在已定的收益条件下，尽可能使风险减小到最低程度，在风险与收益之间寻求最佳的平衡点。这是投资者必须遵循的基本原则，它要求投资者首先必须明确自己的目标，恰当地把握自己的投资能力，不断培养自己驾驭和承受风险的能力及应付各种情况的基本素质；要求投资者在证券投资的过程中，尽力保护本金，增加收益，减少损失。必须看到，证券投资是一项非常复杂的经济活动，预测失误的事屡见不鲜，这就要求投资者不断总结经验，分析失败的原因，才能获得最后的成功。

（二）分散投资原则

西方有句谚语："不要把所有的鸡蛋都放在一个篮子里"，中国也有句谚语："不要吊死在一棵树上"，说的都是分散风险的问题。证券投资是风险投资，它可能给投资者带来很高的收益，也可能使投资者遭受巨大的损失。为了尽量地减少风险，必须进行分散投资。

分散投资可以从两个方面着手：一是对多种证券进行投资。这样，即使其中的一种或几种证券得不到收益，而其他的证券收益较好，也可以得到补偿，不至于血本无归。二是在进行多种证券投资时，应把握投资方向，将投资分为进攻性和防御性两部分，前者主要指普通股票，后者主要指债券和优先股。因为投资普通股收益高但风险大，而债券和优先股相对较安全。将资金一分为二，即使投资于普通股的部分亏了本，还有债券和优先股部分，不至于全盘皆输，无反击之力。而对于普通股的投资，也可以进行公司、行业和时间等方面的分散。

（三）理智投资原则

证券市场由于受到各方面因素的影响而处于不断变化之中，谁也无法准确预测到行情的变化。这就要求投资者在进行投资时，不能感情用事，而应该冷静而慎重。要善于控制自己的情绪，不要过多地受各种传言的影响。要对各种证券加以细心地比较，最后才决定投资的对象。不然，在情绪冲动下进行投资，往往是要失败的。许多人在股市发生变动时，往往受报纸、广播或其他投资者的影响，不对各种证券行市涨落的因果或趋势进行细心分析比较，心血来潮，感情用事，在情绪冲动下进行投资决策，结果导致本来可以避免的损失。还有一些缺乏经验的投资者，看到自己要买的股票价格略有上涨时，就急不可耐，唯恐买不到这种股票，便匆忙提出市价买进委托，结果很可能是高价购进该种股票。因此，投资者应随时保持冷静和理智的头脑，做到"众人皆醉唯我独醒"。有时，股市在一片叫好声中，往往已处于暴跌的前夜；而在股市最萧条的时候，正是黎明前的黑暗，股市复苏的曙光就在眼前。在这种情况下，投资者若能采取与其他人相反的操作策略，必将获得极大的好处。理智投资是建立在对证券的客观认识基础上的，要经过细密、冷静分析比较之后采取的行动。理智投资具有客观性、周密性和可控性等特点。

（四）责任自负原则

在进行证券投资时，适当借助于他人的力量，如接受他人的建议或劝告是必要的，但不能完全依赖别人，而必须坚持独立思考、自主判断的原则。这是因为证券投资是一种自觉的、主动的行为，所有投资的赔赚都要由自己承担。尽管有的证券公司业务员对客户保证"绝对赚钱"，从职业道德上讲，他们也是希望投资者能获得收益，但他们的主要目的是扩大财源，增加委托手续费，为其公司赚钱。另外，在证券市场上，任何人都不会比自己更认真去考虑自己的事情。所以，投资者不应轻信或完全依赖他们。那种把投资成功归于自己的判断，而把投资失败归罪于他人的做法是没有道理的。证券投资的成败完全是投资者自己的责任，不具备这一认识的人，可以说就不具备投资者的资格。

（五）剩余资金投资原则

与储蓄存款不同，证券投资的资金必须是家庭较长时间闲置不用的剩余资金，更不能借钱来进行投资。这是因为证券投资是一种风险较大的经济活动，赚钱和亏本的机会同时存在，如果把全部资金都投入证券，一旦发生亏损，就会危及家庭收支计划，从而给正常的生活带来极大的困难。国外有些人因参与证券投资而倾家荡产，往往就是因为大量借钱来从事投资活动。所以，妥善可靠的做法是把全部资金进行合理分配，留足家庭生活的必备资金。只有剩余的长时间有可能闲置的资金，才能用来进行证券投资。投资者应该在估计全部资产和风险承受能力的基础上，才决定是否进行证券投资和用多少资金进行证券投资。

（六）时间充裕原则

证券交易尤其是股票交易主要是在证券交易所里进行的，而交易所的交易活动是有严格的交易时间的。如果进行长期投资，时间因素似乎不成问题；但如果进行短期投资，不能坐享其成，而必须经常花费时间来研究投资事务，因此时间因素就十分重要了。职业投资者有充裕的时间来进行证券买卖活动，但大部分投资者是业余从事证券投资的，他们有自己的本职工作，想买卖证券时，也许是工作最繁忙的时候，这样，经常会失去许多很好的获利机会。同时，在工作时间买卖证券，总难一心二用，很难抓住最佳的投资时机，也会影响本职工作。因此，业余投资者进行短期投资是较困难的。现在，越来越多的退休者和家庭妇女参与证券投资，一个重要原因就是他们拥有较充裕的时间。投资者如果自己没有时间或能力，可以委托专门的机构或人员来管理自己的投资，也可以参与各种基金的投资。

（七）能力充实原则

每个投资者都应该不断培养自身的证券投资能力，而这种能力的基础就是投资知识和经验。掌握投资知识是从事投资的重要条件，没有知识的投资是盲目的投资，十有八九是要失败的。证券投资知识包括各类证券的基本特征、证券市场的构成、证券交易的程序、怎样分析证券的行情、证券投资的法律法规等。投资者要获得证券投资知识，主要有两条渠道：一是通过向书本学习、向别人请教以获得间接经验；二是通过自己的实践以获得直接经验。证券投资经验包括成功的经验和失败的经验，投资者要不断积累经验，尤其是要准确地把握证券行情，需要长期的经验积累。

本章小结

本章讲述了证券（主要是有价证券）和证券投资的一般性基础知识，包括证券的定义、产生和基本类型；投资和证券投资的定义、产生、功能和过程以及证券投资关系的构成等。证券投资过程包括一系列活动，其中心是证券的买卖。因为只有进行证券的买卖，投资者才能获得足以补偿其所承受风险的收益。这里需要说明的是，储蓄是证券投资的先决条件，没有可供运用的资金，证券投资便无从谈起。对于大多数人来说，用于投资的资金，只能是来源于收入超过支出的剩余部分。有些投资者也可用借款的方式来买卖证券，这需要考虑自己的承受能力，一旦投资失利，必须有偿还借款的财产。买进证券并不意味着证券投资的结束，完整的证券投资过程还包括证券资产的管理。投资者买进证券后，应随时根据证券市场的变动情况，对自己购买的证券进行分析和检验，判明购买这些证券是否合适、是否明智。如果投资效果达到了预期目标，说明此项投资是成功的，否则就是不成功的。投资者应根据证券行情、上市公司经营状况和国民经济形势等情况适时地进行证券调整，使整个证券投资过程更趋完善。

关键概念

证券　　有价证券　　投资　　证券投资　　投机

本章思考题

1. 简述有价证券的种类和特征。
2. 简述投资的内涵和特点。
3. 简述证券投资的特点。
4. 简述证券投资的原则与功能。

Part Two

第二篇 投资工具篇

第二章

证券投资工具

本章学习重点

债券及其分类；股票及其特征；普通股和优先股的特征及其区别；债券与股票的区别；开放式基金和封闭式基金的区别；证券投资基金和股票、债券的区别；金融衍生工具的类型；金融衍生工具的功能及风险。

第一节 债 券

一、债券的含义与特征

（一）债券（Bond）的含义

债券是社会各类经济主体为筹措资金依照法定程序发行，承诺在一定期限内还本付息的有价证券。它表示的是一种借贷关系，表明债券持有者在一定期限内取得利息和本金的权利。债券是反映发行者和投资者之间的债权债务关系的法律凭证，其中发行者是资金的借入主体即债务人，投资者是资金的借出主体即债权人。

（二）债券的性质

债券的性质是债权凭证，它是社会各类经济主体为筹措资金而向债券投资者出具的并且承诺按一定利率定期支付利息和到期还本金的债权债务凭证，反映了筹资者和投资者之间的债权债务关系，是有价证券的重要组成部分。债券与一般的借款合同不同，它不是发行人对某个特定个人或法人所负的债务，而是发行人对全体应募者统一的债务，而且它保持着可以转手出售的证券形态。由于债券的利息通常是事先确定的，所以债券又被称为固定利息证券。

（三）债券的一般特征

债券既具有证券的共性，又具有自身的特点，其特征表现如下：

1. 债券的偿还性

偿还性，是指债券有明确的偿还期限，债务人必须按期向债权人支付利息、偿还本金。债券一般在发行时就确定偿还期限，到期由发行人偿还本金和利息，若提前偿还或展期偿还，则在发行时就有明确规定。这一特征与股票的永久性有很大的区别。债券的期限结构多种多样，市场上既有3个月期的短期债券，也有30～40年的长期债券。在历史上，债券的偿还性也有例外，曾有国家发行过永久性公债。英国的统一公债、法国的年金公债和德国的国债是永久性公债。这种公债无固定偿还期，持有者不能要求政府清偿，只能按期取息，但这只是个别现象，不能因此而否定债券具有偿还性的一般特征。

2. 债券的收益性

债券持有者可以按规定的利率定期获取利息收益，并有可能因市场利率下降等因素导致债券价格上升而获取债券升值收益。债券的利率固定，利息支付与发行债券企业的业绩无直接关系，投资者在一定时期内可取得稳定的利息收入。债券的这种收益是债券的时间价值和风险价值的反映，是对债券持有者暂时让渡资金使用权和承担投资风险的反映。

通常，国债的利率低于储蓄利率，企业债券的利率一般高于储蓄存款利率。因为企业债券的风险大于银行储蓄，因而利率较高。但在购买债券时，不能仅看票面利率，还要考虑买入债券的价格、买入后持有至债券期满前的时间长短以及未来利率的变动趋势。

债券收益可以表现为两种：一种是投资者购买债券后将债券一直保持到到期日所获得的利息；另一种是投资者在债券期满之前将其转让，有可能获得的超过购入时债券价格的差价。由于债券的票面利率是相对固定的，债券的价格与市场利率呈反向相关，当市场利率下跃时，债券的市场价格就上升；当市场利率上升时，债券的市场价格则下跌。所以，债券持有者能否获得转让价差或转让价差的多少，主要取决于当时的市场情况。

3. 债券的风险性（安全性）

安全性，一方面是指债券持有人的收益相对稳定，不随发行者经营绩效的变动而变动，可按期收回本金；另一方面是指在企业破产清算时，债券持有者享有优先于股票持有者对企业剩余资产的索取权。一般地，流动性较高的债权安全性也较高。一般债券的安全性略低于银行存款、国家公债。地方政府债券有国家和地方政府的信誉做担保，因此安全性也较高。公司债券的安全性较低，但利率较高。

债券的发行人通常是政府、政府机构、银行和大企业，债券发行人的资信度好，本利收回有保证，债券的本金必须在期满时按照票面金额全额偿还，为了保障其实现，各国还制定了相应的法律规定。有些发行人还建立偿债基金；债券的利息不受发行后市场利率水平变动的影响，即使是浮动利率债券，一般也有一个预定的最低利率，保障投资者在市场利率下降时免遭损失。

债券投资不能收回有两种情况：第一，债务人不履行债务，即债务人不能充分和按时履行约定的利息支付或者本金偿还；第二，市场风险，即债券在市场上转让时因价格下跌而蒙受损失。

4. 债券的流动性

证券的流动性是指证券的变现能力，即持有人具有不受损失或仅受很小损失的情况下将证券转变为现金的能力，不会在价值上蒙受较大损失。它主要取决于市场对转让所提供的便利程度。

债券是一种流动性较强的证券。在二级市场较为发达的情况下，债券持有者若临时需要资金，可以随时在市场上出售证券。债券期满后，债券持有人可以按规定向发行人一次性收回本金和利息。在到期前，持有者可以随时到证券市场上向第三者出售转让，转让完成后，债券的权利也随之转让。证券市场愈发达，债券的流动性越强。

债券的流动性、收益性、安全性和偿还性等特点不可能同时兼顾，它们之间有一种相互替代的关系。一般说，期限长的债券收益高，但安全性、流动性较差；期限短的债券，流动性、安全性较好，但收益较低。因此，投资者只能在这几种特性中经权衡后有所侧重地加以选择。

二、债券的构成要素

债券作为证明债权债务关系的凭证，一般用具有一定格式的票面形式来表现。通常，债券票面上的基本要素包括以下内容：

1. 债券的票面价值和发行总额

在债券的票面价值中，首先要规定票面价值的币种，即以何种货币作为债券价值的计量标准。确定币种主要考虑债券的发行对象。一般来说，在国内发行的债券通常以本币为计量单位；在国际金融市场筹资，则通常以债券发行地所在国或地区的货币或以国际上通用的货币为计量标准。此外，确定币种还应考虑债券发行者本身对币种的需要。币种确定后，还要规定债券的票面金额。

票面金额大小不同，可以适应不同的投资对象，同时还会产生不同的发行成本。票面金额定得较小，有利于小额投资者购买，持有者分布面广，但债券本身的印刷及发行工作量大，费用增加；票面金额定得较大，有利于少数大额投资者认购，且印刷费用等也会相应减少，但却使小额投资者无法参与。因此，要根据债券的发行对象、市场资金供给状况及债券发行费用等综合因素确定债券票面价值。同时，在发行时还需要确定债券的发行总额。

2. 债券的利率

债券利率是债券利息与债券面值的比率。债券利息对于债务人来说是筹资成本，利率高则负担重，利率低则负担轻；反过来，债券利息对于债权人来说是其投资收益，利率高则收益大，利率低则收益小。因此，利率是债券票面要素中不可缺少的内容。债券的利率受债券的性质、信用级别、发行规模、期限及市场利率等因素的影响。

3. 债券的还本期限和付息方式

债券偿还期限是指债券从发行之日起至结清本息之日止的时间。各种债券有不同的偿还期限，短则几个月，长则几年、十几年甚至几十年。因此，可以将债券分为短期债券、中期债券和长期债券。发行人在确定债券期限时，要考虑多种因素的影响，主要包括资金用途、市场利率、债券变现能力、发行规模等。

债券付息方式分为一次付息（期满付息）与分期付息两大类。一次付息有三种方式：单利计息、复利计息和贴现计息。分期付息一般采取按年付息、半年付息和按季付息三种方式。

4. 债券名称和发行单位

债券发行者名称明确了该债券的债务主体，也为债权人到期追索本金和利息提供了依据。

5. 债券是否记名和流通

债券发行者要在债券上注明该债券是否记名，以及是否可以流通。

6. 其他事项

上述要素中，前三个是基本要素，这三方面都是在债券发行时事先确定的，到期将还本付息。

三、债券的分类

债券可以按照不同的标准进行分类，主要分为如下几类。

（一）按债券发行主体不同分类

按债券发行主体不同，可分为政府债券、金融债券和公司债券等。

1. 政府债券

政府债券是政府或政府代理机构为弥补赤字、筹集建设资金及归还旧债本息而发行的债券。

（1）国家债券即国债。它是政府筹集资金的一种方式，是国家信用的主要形式。它是中央政府为筹集财政资金而发行的，承诺在一定时期支付利息和到期偿还本金的债务凭证，由中央政府或财政部门发行。

发行政府债券的主要目的是解决由政府投资的公共设施或重点建设项目的资金需要和弥补国家财政赤字。根据举借国债对筹集资金使用方向的规定，可将国债分为赤字国债、建设国债、战争国债和特种国债。国家债券由中央政府承担还本付息义务。由于中央政府有征税权，又有货币发行权，所以国债有最高的信用度，一般没有信用风险，又称“金边债券”。这种债券一般可享受税收优惠，其利息收入可免缴所得税。

国家债券根据期限长短又分 3 种，期限在 1 年以下的为国库券（短期、货币市场工具）（Treasury Bill）（多为 3 个月、6 个月、12 个月），期限在 1～5 年（或 7 年）的为中期国债（Treasury Note），期限在 5 年（或 7 年）以上的为长期国债（Treasury Bond）（可采用一次偿还或分期偿还），但各国的划分标准不尽相同。

（2）政府机构债券。由中央政府担保的准国债，它不以国家为发行机构，而是由其所属机构发行。

（3）地方政府债券。又叫市政债券（Municipal Bond），由地方公共机关为进行经济开发、公共设施建设等发行的债券。包括普通债券（用于地方公用事业、清偿来源于地方税收等）、收益债券（如以基建工程收益为担保、用于公路、飞机场、桥梁、煤气及水电系统等建设的债券）、有限责任公债（以特定税负收入支付利息，如美国的高速公路债券由州汽油税支付）、地方公营企业债券（城市建设债券，主要用于城市改造工程）、住宅公债（地方政府为集资兴建住宅区而发行，以销售收入和租金收入作保证）等。

地方政府债券的信用度仅低于国债，在债券市场上流通量较小。流通区域也有限，不像中央政府债券那样容易转让。地方政府债券也享有免税待遇，因而收益率较高。地方政府债券有本金安全、收益稳定和税收优惠的投资特征，因此很受须缴较高所得税的企业和个人的欢迎。

【专栏 2-1】　我国曾发行过的政府债券

(1) 国家重点建设债券：为能源、交通、原材料等重点建设项目筹集资金。

(2) 国家建设债券：是为前一种追加资金。

(3) 财政债券：弥补财政赤字而发行，主要发行对象是金融机构。

(4) 保值公债：1989—1996 年发行，期限三年，为筹集建设资金发行。

(5) 特种国债：1989 年后，从国库券中分化出来，对单位团体发行，期限五年。

(6) 基本建设债券：不是以国家为发行机构，而是所属机构发行，如国家能源投资公司、国家原材料投资公司等，主要用于重点建设，在 1988 年、1989 年、1992 年发行，期限三年，不能进入市场。

(7) 国库券：我国自 1981 年开始发行，目的是为了筹集社会资金，国库券发行采取承购包销、认购等方式，利息在偿还本金时一次付给，不计复利，利息收入享受免税待遇，国库券可以转让，但是应当在国家批准的交易场所办理，目前有记账式和凭证式两种，前者可以在证券交易所买卖，后者在银行柜台买卖。

2. 金融债券（Financial Bond）

它是银行或非银行金融机构为筹集中长期信用资金而向社会发行的一种债务凭证，是金融机构传统的融资工具。一般来说，银行等金融机构的资金有三个来源，即吸收存款、向其他机构借款和发行债券。由于银行等金融机构一般有雄厚的资金实力在一国经济中占有比较特殊的地位，政府对它们的运营又有严格的监管。因此，金融债券往往也有良好的信誉。其资信通常高于其他非金融机构债券，违约风险相对较小，具有较高的安全性。所以，金融债券的利率通常低于企业债券，但高于国债和银行储蓄存款利率。

金融债券一般分为全国性的和地方性的两种：全国性金融债券是由全国性金融机构在全国范围内发行的债券，其安全性较强、流动性较高。地方性金融债券由地方性金融机构在本地区发行，其安全性和流动性低于全国性金融债券。

金融债券还可以分为附息金融债券和贴现金融债券，普通金融债券和累进利息金融债券，短期债券、中期债券和长期债券，记名债券和不记名债券，信用债券和担保债券，可提前赎回债券和不可提前赎回债券，固定利率债券、浮动利率债券和累进利率债券等。

通过发行债券扩大资金来源是国外银行通行的一种筹资方式，也是银行资产负债管理的重要手段，能够较有效地解决银行等金融机构的资金来源不足和期限不匹配的矛盾。由于债券在到期之前一般不能提前兑换，只能在市场上转让，从而保证了所筹集资金的稳定性。同时，金融机构发行债券时可以灵活规定期限，比如为了一些长期投资项目，可以发行期限较长的债券。因此，发行金融债券可以使金融机构筹措到稳定且期限灵活的资金，从而有利于优化资产结构，扩大长期投资业务。

金融债券近几年在我国也迅速发展起来。我国于 1985 年首次发行金融债券，发行金融债券所筹资金全部用于发放特种贷款，主要用于解决部分企业自有流动资金不足和国家计划内的、经济效益好的项目建成后所需的流动资金。1987 年金融债券首次流通。我国发行的金融债券种类有：

(1) 普通金融债券。定期存单式债券，利率略高于同期定期存款，不能流通抵押，到期一次偿还。

(2) 贴水金融债券。折价发行，到期按票面额偿还。不记名、不挂失、可转让，一般为1～3年。

(3) 累进利息金融债券。浮动期限和利率的债券，一般1～5年，可随时到银行兑现，期限越长利息越高。

3. 公司债券（Corporate Bond）

又称企业债券。它是公司为筹措资金而发行的债务凭证。企业发行公司债券，用于筹措长期资金、扩大生产经营规模，故期限较长。

由于公司债券的发行者主要以其经营利润作为还本付息的保证，因此，公司债券的风险与公司本身的经营状况直接相关。如果发行债券后，公司经营状况不佳，连续出现亏损，可能无力支付投资者本息，投资者将面临受损失的风险。从这个意义上来说，公司债券是一种风险较大的债券。所以，在公司发行债券时，主管部门和金融监管当局一般要对发债公司进行严格的资格审查或要求发行公司有财产抵押，以保护投资者利益。

公司债券虽然风险较高，但发行债券一般是业绩较好的一流的公司，且经过严格的审查和财产抵押，有些跨国公司的资信度极好，安全性也可以得到保障。但一般的公司债券信用度不及政府债券和金融债券，所以利率通常也就高于国债和地方政府债券。

公司债券的种类很多，有下列主要的几种：

(1) 信用公司债券，又称无抵押公司债券。它是指完全凭公司的信誉，不提供任何抵押品或担保人而发行的公司债券。由于无抵押担保，所以发行这种债券的企业，须具有较好的声誉，并且必须遵守一系列的规定和限制，以提高债券的可靠性。

(2) 抵押公司债券，又称不动产抵押债券。它是指以土地、房屋等不动产作抵押而发行的一种公司债券。若债券到期不能偿还，持券人可依法处理抵押品受偿。

(3) 保证公司债券。它是指债务的偿还由第三者，通常是母公司或银行作担保而发行的债券，担保人在背面“背书”或担保全部本息，或仅担保利息。

(4) 证券抵押信托公司债券。它是指以股票、债券或其他证券为担保的公司债券。发行人主要是控股公司，用作抵押的证券可以是它持有的子公司的股票或债券、其他公司的股票或债券，也可以是公司自身的股票或债券。

(5) 设备信托公司债券。它是指公司为筹资购买设备并以该设备作为抵押品而发行的公司债券。这类债券常为铁路、航空等交通运输公司所使用。

(6) 参与公司债券，又称分红公司债券。这类公司债券除支付固定的债息外，还可以参与公司若干红利的分配。公司发行这种债券一般是因其信誉不好、经营不佳而导致发行困难，只能以股东们放弃部分红利为条件，吸引投资者。这类债券在美国不普遍，在欧洲却被广泛利用。

(7) 通知公司债券，又称可提前偿还的公司债券。它是指发行公司可以在债券到期之前随时通知偿还债券的一部分或全部的公司债券。

(8) 可转换公司债券，又称转股债券、可兑换债券、可更换债券。它是指在规定期间内，债券持有者可依照一定价格，向发行公司请求调换为一定数量普通股票的公司债券。由于这种公司债券具有转换权，市场价格常常随普通股票行情同方向变化，因此较受投资者欢迎。可转换公司债券最早出现在英国，目前美国很多公司也发行这种公司债券。

除此以外，还有记名公司债券与不记名公司债券、可提前赎回公司债券与不可提前赎回公司债券、偿还基金公司债券、改组公司债券、利息公司债券与延期公司债券、分期公司债券、附认股权证公司债券、附有选择权的公司债券与未附选择权的公司债券等。

（二）按偿还期限划分

根据偿还期限的长短，可分为短期债券、中期债券和长期债券。

1. 短期债券

还本付息的期限在一年以下的债券。通常有 3 个月、6 个月、12 个月等。

2. 中期债券

还本付息时间在一年以上，十年以下的债券。也有人认为偿还期在 2～5 年（或 2～7 年）的债券。

3. 长期债券

还本付息时间在十年以上的债券。与中期债券相对应，也有人认为偿还期在 5 年（或 7 年）以上的债券。

（三）按计息方式划分

按照利息支付方式的不同，可以将债券分为下列类型。

（1）单利债券（Simple Interest Bond）。它是指在计算利息时，不论期限长短，仅按本金计息，所生利息不再加入本金计算下期利息，到期一次还本付息的债券。单利债券的利息总收入与期限划分长短无关。

（2）复利债券（Compound Interest Bond）。它是指计算利息时，按一定期限将所生利息加入本金再计算利息，逐期滚算的债券。复利债券的利息包含了货币的时间价值。另外，在名义利率相同的情况下，复利债券的实得利息要多于单利债券。复利是假定每年的利息再投资，并假定再投资的利率是一样的。复利债券的利息总收入与期限划分长短密切相关，期限划分越短，计算利息的次数越多，投资者获得的利息总收入越高；反之，则越低。

（3）贴现债券（Discount Bond），又称贴水债券或贴息债券。它是指债券上不附息票（票面上不含利率），发行时按规定的折扣率，以低于债券面值的价格发行，到期按面值支付本息的债券。

贴现债券属于折价方式发行的债券。发行价格与偿还价格之间的差价即为利息，短期债券常用贴现方式发行。贴现债券与单利债券及复利债券的重要区别在于，前者是在发行时将利息预先扣除，而后者是在债券发行后才按期支付利息。美国的短期国库券和日本的贴现国债，都是较为典型的贴现债券。我国 1996 年开始发行贴现国债，期限分别为 3 个月、6 个月和 1 年。

（4）定息债券，又叫附息债券（Coupon Bond）。它是在债券券面上附有息票，按照债券票面载明的利率及支付方式支付利息的债券。也有不附息票但仍按照约定的利率定期支付利息的定息债券，定息债券发行时规定的利率固定不变。

（5）浮动利率债券（Floating Rate Bond）。这种债券不规定固定的利率，而是以事先确定的某一市场利率为参考指标，随参考利率的变化而变化。这种债券也称为“指数债券”，在通货膨胀严重时较为流行。

（6）累进利率债券。是指以利率逐年累进方法计息的债券。这种债券的利率不固定，按投资者投资同一债券期限延长而累进计息，期限越长，利率越高。

单利债券和复利债券，其利率在偿付期内是固定不变的，而累进利率债券的利率随着时间的推移，后期利率将比前期利率更高，呈累进状态。而且，这种债券的期限往往是浮动的，但有最短持有期和最长持有期。

（7）零息债券（Zero-Coupon Bond），又称无息债券。它很像长期汇票，期限超过1年，不支付利息，但发行价格远远低于面额。零息债券到期按面值偿还，投资者的收益来自资本盈利。这笔盈利分配到债券有效期内，表示为一种年度利率。例如某零息债券的发行价为50元，7年后偿还100元，对将债券持有至到期的投资者来说，债券提供大约为10.4%的年度利率。

（四）按债券有无担保划分

按债券有无担保，可分为无担保债券和有担保债券两大类。

（1）信用债券。仅凭债券发行者的信用作保证而发行的债券。一般信誉较高的企业可以发行，但对发行企业有很多约束，如债券未偿清前股东分红受限等。

（2）抵押债券。一般以土地、设备、房屋等不动产为抵押品或者以自己拥有的其他单位的债券或股票为抵押品作为保证的债券。

（3）担保债券。是由第三者担保偿还本息的债券。

（五）按债券是否记名分类

根据债券是否记名，可分为记名债券、无记名债券与注册债券。

（1）记名债券。它是指在券面注明债权人姓名，同时在发行公司的债权人姓名上作同样登记的债券。

（2）无记名债券。它指券面上不注明债权人姓名，也不在公司登记债权人姓名的债券。

（3）注册债券，也称登记债券。它是指在注册机构（一般为发行公司委托的金融机构，如证券公司）登记注册的债券。注册机构发给债权人注册证书以代替发行债券本身。

（六）按债券募集方式分类

按债券募集方式，可分为公募债券和私募债券。

（1）公募债券。公募债券是指按法定手续，经证券主管机构批准在市场上公开发行的债券。

它是以不特定多数投资者为对象而广泛募集的债券。发行者一般有较高的信誉，而发行公募债券又有助于提高发行者的信用度。除政府机构、地方公共团体外，一般私营企业必须符合规定的条件才能发行公募债券。由于发行对象是不特定的广泛分散的投资者，因而要求发行者必须遵守信息公开制度，向投资者提供各种财务报表和资料，并向证券主管部门提交有价证券申报书，以保护投资者的利益。各国法律对公募发行都有较严格的规定。公募债券因属多数投资者所有，可以二级市场公开买卖。

（2）私募债券。私募债券是“公募债券”的对称。发行时不面向一般的投资者，只向与发行人有特定关系的投资人发售的债券。二级市场上进行买卖，流动性较差，私募债券的发行范围很小，一般只限于与发行人有密切关系的银行、保险公司、信托投资公司等少数机构投资者。它不采用公开呈报制度，手续简便，筹款迅速。发行私募债券通常采用记名形式，一般不需印制债券。投资者认购和募集债券的目的不是为了转让，而是为了持有债券获得利息。私募债券由于缺乏流动性，其债券利率一般比公募债券高。

（七）按发行期分类

（1）新发行债券，又称募集债券。即规定在一定时期内（如1～3个月）募集到资金的债券，是处于发行阶段的债券。

（2）已发行债券。即已经发行并交付给投资者的债券。到发行日为止是新发行债券，过了发行日则为已发行债券。

（八）按市场所在地和债券面额货币分类

（1）国内债券（Domestic Bond）。它是指在本国境内发行，以本国货币为面额的债券。

（2）国际债券（International Bond）。它是指一国政府、地方团体、金融机构、工商企业及国际组织为筹集资金而在国外发行的债券。国际债券的特点是举债人属于一个国家，债券发行在另一个国家，债券不以举债人所在国货币计值。国际债券又可分为两种：

① 外国债券（Cross-Border Bond）。它是指发行人在外国证券市场发行的，以市场所在国货币为面值的债券。例如外国筹资者在美国发行的美元债券，又称“扬基债券”，在日本发行的日元债券，又称“武士债券”。发行这类债券一般要求发行地国家的政局比较稳定，资本市场上的资本较充足，以利于债券的发行和销售。同时，还要有比较健全活跃的证券流通市场、稳定的币值、宽松的外汇管理制度、健全的法律体系和监管制度，以利于债券的流通和转让。目前主要有美国、瑞士、德国和日本四大外国债券市场。

② 欧洲债券（Euro Bonds）。它是指发行人在外国证券市场发行的、以市场所在国以外的第三国的货币为面值的债券，又叫境外债券、欧洲货币债券。其发行除须经举债人所在国政府批准外，不受发行市场所在国以及债券面值货币国有关法律约束。这类债券最大特点是其游离于任何国家的货币金融管制之外，筹集的资金是一种比较自由的离岸货币。

（九）按债券债权记载分类

按照我国国债的债权记载形式，可分为以下几种：

（1）无记名（实物）国债券。实物债券是一种具有标准格式和实物券面的债券。在标准格式的债券券面上，一般印有债券面额、债券利率、债券期限、债券发行人、还本付息方式等内容。有时，债券利率、债券期限等要素也可以通过公告向社会公布，而不在债券券面上注明。发行期内，投资者可直接在指定的销售点购买，发行期结束后，实物券持有者可在柜台转让，也可将实物券交证券交易所托管，再通过交易系统卖出。我国发行的无记名国债就属于实物债券，它以实物券的形式记录债权、面值等，不记名、不挂失，可以上市流通。因其发行成本高，目前已不再采用。

（2）凭证式国债券。它是一种国家储蓄债，是一种债权人认购债券的收款凭证。该债券券面上不印制票面金额（而是根据认购者的认购额填写实际的缴款金额），可记名、挂失，以“凭证式国债收款凭证”记录债权，不能上市流通，从购买之日起计息。在持有期内，持券人如果遇到特殊情况，需要提取现金，可以到购买网点提前兑取。提前兑取时，除偿还本金外，利息按实际持有天数及相应的利率档次计算。我国从 1994 年开始通过银行系统发行的凭证式国债即属凭证式债券。

（3）记账式国债券。记账式债券是没有实物形态的票券，只在电脑账户中以记账形式，通过证券交易所的交易系统发行和交易，可以记名、挂失。投资者进行记账式国债买卖，必须在证券交易所设立账户。由于记账式债券的发行和交易均无纸化，所以效率高、成本低、交易安全。从 1994 年开始，我国通过沪、深交易所的交易系统发行和交易的记账式国债就属于记账式债券。

（十）根据利率是否固定分类

根据利率是否固定，债券可以分为固定利率债券和浮动利率债券。

1. 固定利率债券

固定利率债券，是指在发行时规定利率在整个偿还期内不变的债券。固定利率债券不考虑市场变化因素，因而其筹资成本和投资收效可以事先预计，不确定性较小，但这种债券有可能为债券发行者和持有者带来风险。当偿还期内的市场利率上升且超过债券票面利率时，对发行者而言，其筹资成本相对降低，但债券持有者就要承担利率相对降低的风险；相反，在偿还期内如果利率下降且低于债券票面利率，发行者的筹资成本则相对增加，债券持有者则获得了由于利率下降而带来的额外利益。

2. 浮动利率债券

浮动利率债券，是指发行时规定债券利率随市场利率定期浮动的债券，亦即债券利率在偿还期内可以进行变动和调整。浮动利率债券往往是中长期债券。由于债券利率随市场利率浮动，采取浮动利率债券形式可以避免债券的实际收益率与市场收益率之间出现重大偏差。当市场利率上升时，债券的利率也相应上涨；反之，当市场利率下降时，债券的利率就相应下调。这样，浮动利率债券就可以有效地避免因市场利率波动面产生的风险。

除此以外还有参与债券、收益债券、免税债券、附新股认购全债券、可转换债券、交换债券等。

第二节 股 票

一、股票的含义与性质

（一）股票（Stock）的含义

股票是由股份公司发行的证明投资者资本所有权和收益权的证书。它是股份有限公司公开发行的用以证明投资者的股东身份和权益，并据以获得股息和红利的可以流通转让的有价证券。股票包括三个基本要素：发行主体（股份有限公司）、股份、持有人（股东）。

股份有限公司依照公司法的规定，为筹集资金向社会发行股票。股份有限公司的全部资本被分成许多等值的单位，叫做“股份”。它是股份司资本的基本单位和股东法律地位的计量单位，占有一个单位，就称占有一股份。每一股份代表对公司的资产占有一定的份额。将“股份”印制成一定的书面形式，记载表明其价值的事项及有关股权等条件的说明，就是股票。股票与股份，前者是形式，后者是内容。股票的持有人就是公司的投资者，即股东。股票是投资入股，拥有股份所有权的书面证明。拥有某种股票，就证明该股东对该公司的净资产占有一定份额的所有权。例如，某公司发行了1000万股股票，则每一股代表公司净资产的1/1000万，若某股东持有其中的100股，则他拥有该公司的10万分之一股权。

公司发行的股票有多种形式，而在证券市场流通交易的则是普通股，它往往是公司发行股票的主体部分，股票投资主要是指证券市场上普通股的投资。股票是证券市场上最为重要的交易品种，是最主要的投资工具。

股票一经发行，持有者即为发行股票的公司的股东，有权参与公司的决策，分享公司的利益，同时也要分担公司的责任和经营风险。股票虽然是所有权证书，但股东的权力是有限制的，股东无权处置公司的资产，股票一经认购，持有者不能以任何理由要求退还股本，只能通过证券市场处置持有的股票。

（二）股票的性质①

作为交易对象和抵押品，股票业已成为金融市场上主要的、长期的信用工具。但实质上，股票不同于商品证券和货币证券，只是代表股份资本所有权的证书，是代表对一定经济利益分配请求权的资本证券。它本身并没有任何价值，不是真实的资本，而是一种独立于实际资本之外的虚拟资本。

1. 股票是有价证券

有价证券是财产价值和财产权利的统一表现形式。持有有价证券，一方面表明持有人拥有一定价值量的财产，另一方面也表明有价证券持有人可以行使该证券所代表的权利。从这一点来看，股票是有价证券的一种，是资本市场上流通的一种有价证券。第一，虽然股票本身没有价值，但其包含着股东要求股份公司按规定分配股息和红利的请求权，同时代表着拥有股份公司一定价值量的资产；第二，股票与其代表的股东权利有不可分割的关系，两者合为一体。

2. 股票是要式证券

股票应记载一定的事项，其内容应全面真实，这些事项往往通过法律形式加以规定。在我国，股票应具备我国《公司法》规定的有关内容，如果缺少规定的要件，股票就无法律效力。而且股票的制作和发行须经证券主管机关的审核和批准，任何个人或团体不得擅自印制、发行股票。

3. 股票是证权证券

证券可以分为设权证券和证权证券。设权证券是指证券所代表的权利本来不存在，而是随着证券的制作而产生，即权利的发生是以证券的制作和存在为条件。而证权证券是指证券是权利的一种物化的外在形式，它是权利的载体，权利是已经存在的。股票代表的是股东权利，它的发行是以股份的存在为条件，股票只是把已经存在的股东权利表现为证券的形式，它的作用不是创造股东的权利，而是证明股东的权利。股东权利可以不随股票的损毁、遗失而消失。若股票损毁、遗失，股东可以依照法定程序要求公司补发新的股票。因此，股票是证权证券。

---

① 参见中国证券从业资格考试委员会办公室：《证券市场基础知识》，上海财经大学出版社2001年版。

4. 股票是资本证券

股份公司发行股票是一种吸引认购者投资以筹措资金的重要手段。对于股票认购者而言，购买股票是一种投资行为。因此，股票是投入股份公司的资本份额的证券化，属于资本证券。但是，股票又不是一种现实的财富，股份公司通过发行股票筹措的资金，是公司用于营运的真实资本。股票独立于真实资本之外，只是凭借其所代表的资本额和股东权益在股票市场进行独立的价值运动，是一种虚拟资本。

5. 股票是综合权利证券

股票不属于物权证券，也不属于债权证券。股票持有者作为股份公司的股东，享有独立的股东权利。股东权利是一种综合权利，包括出席股东大会、投票表决、分配股息和红利等。股东虽然是公司财产的所有人，享有种种权利，但对于公司的财产不能直接支配处置，而对财产的直接支配处置是物权证券的特征，所以股票不是物权证券。另外，一旦投资者购买了公司股票，他即成为公司部分财产的所有人，但该所有人在性质上是公司内部的构成分子，而不是与公司对立的债权人，所以股票也不是债权证券。

二、股票的特征

（一）责任上的有限性

股东只负有限连带清偿责任，即股东仅以其所持股份为限对公司承担责任，公司以其全部资产对公司的债务承担责任。一旦公司破产倒闭，除了股东认购的股金外，对公司所欠债务没有连带清偿责任。换句话说，股东承担的风险只限于股东购买股票所作的投资，这是股份公司能在社会公众中广泛募集资金的重要特征。

（二）期限上的永久性

股票没有期限，没有约定的到期日，投资者购买了股票就不能退股。股份公司不对股东偿还本金，股东也无权提出退股索回股本的要求，只能到二级市场进行转让。因此，股票是一种无期限的法律凭证。股票的有效期与股份公司的存续期间相联系，两者是并存的关系。这种关系实质上反映了股东与股份公司之间比较稳定的经济关系。股票代表着股东的永久性投资。而对于股份公司来说，由于股东不能要求公司退股，所以通过发行股票筹集到的资金，在公司存续期间是一笔稳定的自有资本。

股东若想收回投资，只能将股票转卖他人，但这种转卖不涉及公司资本的增减，只改变了公司资本的所有者。股份公司在破产、清偿或因故解散的情况下，依据法定程序宣布结束，但这不能理解为股票到期，股东得到的清偿也不一定等于其投入的本金。

了解股票永久性还应注意两点：其一，购买股票虽然属于永久性投资，但从流动性特征可以看到，股票持有者可以出售股票而转让其股东身份；其二，一旦股份公司不再存在，其发行的股票也就分文不值。

（三）决策上的参与性

参与性是指股票持有人有参与公司重大决策的权利。股票是代表股份资本所有权的证书，是投资入股的凭证。股票持有者是股份公司的股东，拥有相应的权利和义务。股票代表的所有权是一种综合权利。股东的权利有很多内容，很重要的一条是可以参与公司的经营决策（如股东有权参加股东大会，听取董事会提出的工作报告和财务报告，并提出自己的意见和建议；股东有权对公司重大经营决策投票赞成或反对，以此参与公司的经营管理决策；普通股票持有人据其拥有的股份有权选举和被选举为公司的董事或监事）。股东通过行使各项权力参与公司的经营管理决策。这种参与不一定是亲自作出决议或者指挥经营，有其一定的途径，基本方式是有权出席股东大会，通过选举公司董事会来实现其参与权。不过，股东参与公司经营决策的权利大小取决于其持有股票份额的多少。就法律性质而言，除优先股票外，每一股份所具有的权利原则上是相等的。因此，在公司总股本一定的条件下，拥有股票数越多，所占股权比例越大。在实践中，若某股东持有的股票数额达到决策所需的有效多数时，就有实际的最大决策权，就能实质性地影响公司的经营方针。

（四）收益上的剩余性

投资者购买股票的目的在于获取收益。投资于股票可能得到的收益分成三类。

第一类来自股份公司。认购股票后，持有者对发行股票的公司就享有经济权益，这种经济权益的实现形式是从公司领取股息和分享公司的红利，股息红利的大小取决于股份公司的经营状况和盈利水平。公司的利润首先要偿还公司债务，兑付债权人对投资报酬的索取权，还要上缴所得税，并按法律规定和股东大会决定从税后利润中提留法定公积金、法定公益金和任意公积金，余下的净利润才能作为股本的报酬按股东持有股份的比例分给股东。所剩的净利越多，股息分得越多，如果剩余无几，股东则可能一无所得。

第二类来自股票流通。股票持有者可以持股票到市场上进行交易，当股票的市场价格上涨到高于当初投资的买入价格时，卖出股票就可以赚取差价收益，这种差价收益称为资本利得。

第三类来自清偿收益。当公司破产或解散，所有债务均需偿还时，对股本的偿还则视公司的清偿能力而定。按照公司法规定和清偿惯例，股份有限公司宣布清偿时要按法定顺序支付清算费用、职工工资和劳动保险费用、缴纳所欠税款、清偿公司债务。只有在上述一系列债权人的债务分别清偿完毕后，法律才允许公司变卖剩下的固定资产和其他有形资产来偿还股东的股本金。

（五）价格上的波动性

波动性是指股票交易价格经常变化，或者说与股票票面价值经常不一致。股票在交易市场上作为交易对象，同其他商品一样，也有自己的市场行情和交易价格。股票价格的高低不仅与公司的经营状况和盈利水平密切相关，而且与股票收益与市场利率的对比关系紧密相连。此外，还受到国内外经济、政治、社会以及投资者心理和一些突发性事件等诸多因素的影响。因此，股票的市场价格是不断波动的，与一般商品的市场价格变动不尽相同，它可能小幅升降，也可能大起大落，形成涨跌波动的特征。

（六）交易上的流动性

流动性是指股票持有人可按自己的需要和市场情况，灵活地转让股票，可以在证券交易所或柜台市场上出售，使股票成为流动性很强的投资工具。正是这一特征弥补了股票期限上永久性的不足，也是股份公司能在社会公众中广泛募集资金的一个重要原因。在股票转让时，转让者收回投资（可能大于或小于原出资），将股票所代表的股东身份及其各种权益让渡给受让者。许多国家不仅在法律上承认股票的可转让性，而且还允许通过有组织的市场来进行股票的买卖活动。股票持有者虽然不能直接向股份公司退股，但可以在股票交易市场上很方便地卖出股票来兑现。一般来说，可流通股数越多，成交量越大，价格对成交量的敏感程度越低，股票的流通性就越好；反之就越差，通过股票的流通和股价的变动，可以看出人们对于相关行业和上市公司的发展前景和盈利能力的判断。一个国家或地区的证券市场越发达，股票的流动性就越强。所以，股票是流动性很高的证券，也因为这一点，在会计上称股票为流动资产。不过，股票的转让及随之而来的股东变更，并不改变股份公司的资本额，也不影响股份公司的稳定性。

（七）投资上的风险性

证券投资风险的内涵是预期收益的不确定性，导致经济利益损失的特性。股票是一种高风险的投资工具，这是由股票报酬上的剩余性、清偿上的附属性和股票价格的波动性所决定的。股票尽管可能给股票持有者带来收益，但这种收益是不确定的，认购了股票就必须承担一定的风险。股东能否获得预期的股息红利收益，完全取决于公司的盈利情况，利大多分，利小少分，无利可以不分，亏损承担责任，破产时可能连本金都保不住。股票的市场价格也会随公司的盈利情况况及相关的政治、经济、社会、心理等因素的影响，波动剧烈。如果股价下跌，股票持有者会因股票贬值而蒙受损失。由此可见，股票风险性与收益性不仅并存而且是对称的，从理论上讲，股票收益的大小与风险大小成正比。

（八）权益上的同一性

同一种类的每一股票在权力和收益上是相同的，体现了投资的公平和公正。股东参与公司经营管理的决策权取决于他持有股份的多少，股东持有一个公司的股份越多，其参与经营决策的权力越大。公司在分配剩余利润时也按股份计算，股份持有人凭每一股份获得的公司剩余利润称为股息。普通股票承诺分配的股息并不是事先确定的，它随公司剩余利润的多少而变动，因此股息水平不是用百分率表示，而是用每股普通股票分得的股息货币额表示的，如每股1元。正因为股票的这一特征决定了股票的价值完全不取决于谁持有股票，股票才因此成为一种非个人性的投资工具，才可能在不同投资者之间转让。

三、股票的分类

股票的种类很多，从不同的标准出发，可划分为不同的种类，主要分类如下。

（一）按股东的权益分类

按股东的权利来划分，可分为普通股、优先股、后配股、有议决权股、无议决权股、否决权股等。其中最主要的是普通股与优先股。

1. 普通股票（Common Stock）

普通股票是指没有特别权益的股票，是股票中最普遍的一种形式，是股份公司最重要的股份，是构成公司资本的基础。普通股票是风险最大的股票，又是主要的受益股票，也是市场上流通最广泛、交易最活跃的股票。普通股票的持有人是公司的基本股东，享有多项权益。普通股的股利完全随公司盈利的高低而变化，在公司盈利和剩余财产的分配顺序上列在债权人和优先股股东之后，故其承担的风险也相应较高。

（1）普通股股权特点

① 公司经营决策的参与权。普通股票股东有权参加股东大会以及表决权、选举权和被选举权，从而间接地参与公司的经营，如果股东因故不能参加股东大会，还可以委托代

理人参加行使其股东权利。普通股票股东通过参加股东大会体现其作为公司所有者的地位，并参与公司的经营决策。在股东大会上可以就公司的财务报表和经营状况进行审议，对公司的投资计划和经营决策有发言权、建议权，有权选举董事和监事，对公司的财务预决算方案、利润分配方案、增资减资决议、合并、解散及修改公司章程等具有广泛的表决权。

绝大多数股份公司普通股票的投票方式采取“一股一票制”，即普通股票股东每持有一股便有一个投票权，以体现股权的同一性。投票的方法有两种：一是多数投票制，二是累积投票制。多数投票制，又称普通投票制、直接投票制。在选举董事会时，股东每持有一股便有一个投票权，而且必须对每位董事的空缺进行分散投票。例如，一位股东持有100股，那么每个董事的空缺他都可投100票，由于每位董事候选人都必须得到选票总数的半数以上才能当选，因此，这种办法使少数派股东无法当选为董事，而掌握大部分投票权的大股东可以垄断全部董事会人选。累积投票制，是针对多数投票制的弊端，为保障多数小股东的利益而采用的投票方式。在累积投票制下，每一个股东可以把投票权累积起来，集中投选某一位候选人。他可投的总票数，等于所持有的股数乘以所要选出的董事数。这样，小股东们可集中推选某一位董事，或根据需要适当分散投票，选出能代表小股东利益和意愿的董事人选。例如上述那位股东持有100股股票，本次股东大会要选出董事12人，那么这位股东总共可投1200票（100×12），他可用这1200票来选举他认为合适的一位或数位董事人选。

现代股份公司，由于股东人数众多，股权分散，许多股东自动放弃投票权，从而使少数大股东控股比例远低于51%，通常只要10%～20%，甚至5%就可以实现控股。例如美国洛克菲勒财团只拥有大通曼哈顿银行5%的股票，就控制了该银行。

② 优先认股权（Pre-eptive Right）。它是指公司现有股东有权保持对公司所有权的持有比例。如果公司需要再筹集资金而增发普通股股票时，现有股东有权按低于市价的某一特定价格及其持股比例购买一定数量的新发行的股票，以维持其在公司的权益。

给股东优先认股权是出于两个方面的考虑：一是保证老股东的持股比例，当出售新股而使总股数增加后，老股东的股权在总额中所占的比例仍旧不变，不会减少原来享有的各种权利，不会削弱对公司原来的控股程度，同时，也可以引起老股东购买新股票的兴趣；二是保护老股东的利益。规定的配股价格之所以低于市价，除了吸引投资者外，还在于大多数公司通过出售股票而募集的新资本，不可能立即产生利润，而且在短期内可能发生每股净利被稀释的现象，公司为了弥补老股东的这一损失，把优先认股权价格定得较低，作为对老股东的补偿。

具有优先认股权的股东有三种选择：其一，可以行使认股权，认购新发行的股票；其二，可以出售认股权，在一些证券市场认股权可以出售转让，有交易和行情，它的价格随着股价的涨跌而升降；其三，当股东认为新发行的普通股无利可图时，可以放弃认购新股的权利，听任优先认股权过期失效（优先认股权的有效期一般为2周到1个月，最多为2个月）。这种情况只有在股东认为购买新股无利可图时，才会发生。

③ 盈余分配权。普通股票股东可以从公司的利润分配中得到股息（Dividend）。普通股股东必须在优先股股东取得固定股息之后才有权享受股息分配权。普通股票的股息收益是不确定的，股息的多少完全取决于公司盈利的多少及其分配政策。若公司经营较好，股

利分配可能较丰厚；如果亏损就得不到股利。一般说，公司经营好，盈利多，股息就高；反之，股息就低。如果公司发生亏损，普通股票的股息甚至分文皆无。在特殊情况下，按公司章程规定，为维护公司信誉可以在特设的公积金中来补欠，调剂盈余。正常情况下，公司不愿降低股息，更不愿停发股息，而是希望能逐步提高股息，以表明公司财务状况良好，促使公司股票的市价上升。

公司发放股息是由董事会决定的。其分配程序为：从获得的营业收入中减去各项成本和费用支出、应偿还的债务、应缴纳的所得税，余下的为税后净利，再提取法定公积金、法定公益金后，剩下的部分先按固定股息率分配给优先股票股东，再提取任意公积金，然后再按持股比例分配给普通股票股东。股息的分配应按照以下原则进行：第一，纳税优先原则。第二，公积金优先原则。公司的净利润只有在提取公积金和弥补亏损后才能用于分配股利。第三，无盈余无股利原则。公司当年没有盈余，就不得分配股利，但如果公司的法定公积金超过了规定数额，经董事会决定，超过部分也可当作股票股利来源进行分配。第四，同股同利，股东平等原则。股息分配制度有：定额股息分配制度、定额股息与额外股息并行分配制度以及不规则股息分配制度。股息的种类很多，大致有以下五种：

一是现金股息（Cash Dividend）。它是以现金形式支付的股息和红利，是最普遍、最基本的股息形式。由于股息是从盈利中支付的，所以股息数额的多寡，与公司的税后利润相联系。在公司可分配盈余一定的情况下，现金股息分发的多少取决于董事会对影响公司发展的诸多因素的权衡。一般说，股东更偏重于目前利益，希望得到比其他投资形式更高的投资收益。而董事会更注重于公司的财务状况和长远发展，希望保留足够的现金投资于新的项目或扩大公司规模。但是由于股东对股息的追求，股息的高低又会直接影响公司股票的市价，而公司股票市价的涨跌又关系到公司本身信誉的高低及筹资能力的大小，所以董事会在权衡公司的长远利益和股东近期利益后，会作出较为合理的现金股息发放方案。一般会在纯利中确定一个比例，即“支付比例”，按这个既定的比例从利润中发放股息给普通股股东。这个比例大小对于不同的行业、不同的企业以及不同的时间都不一定相同，即使是同一企业在不同年度也不一定相同，要视具体情况及股利发放政策而定。

二是股票股息（Stock Dividend）。它是股份公司用增发股票的方式来支付的股息。股票股息原则上是按公司现有股东的持股比例进行分配的，通常采用增发普通股票发放给普通股票股东的形式。采用股票股息的形式，实际上是一部分收益的资本化，它增加了公司的股本，相应地减少了公司的当年可分配盈余。也就是说，股票股息仅仅是股东权益账户中不同项目之间的转移，因此，发放股票股息对公司的资产、负债和股东权益总额毫无影响，对得到股票股息的股东所占权益的份额也不产生影响，仅仅是股东持有的股票数比原来多了。由于股票股息的发放无须公司支付现金，从而可以为公司扩展业务留下现金。同时，股票股息是在不减少公司现金的条件下，使公司的股东能分享公司利润增长且又不影响其变现的两全其美的方法，而且大多数西方国家以股票方式支付股息可使股东免缴个人所得税，所以这种方法受到股东的欢迎。

三是财产股息。它是公司以现金以外的财产支付的股息。最常见的财产股息是公司以其他公司的有价证券，包括子公司的股票、债券；公司购买的其他公司的股票、债券；公司自己的债权作为股息支付给股东。用作支付财产股息的有价证券的作价应以市价为标准。

四是负债股息。它是指公司通过建立一定的负债来抵付的股息。负债股息一般以应付票据的形式来抵付股息，这种票据有的带息，有的不带息，有的规定到期日，有的不规定到期日，有的甚至用临时借条方式分派股息。这种以应付票据形式分派的股息也叫票据股息。还有一种负债股息是以公司债的形式发放股息，叫债券股息，它比票据股息的期限长，是公司的中长期负债。一般很少用中长期债券抵补股息。负债股息通常是在已宣布并须立即发放股息，但面临现金流量不足，难以支付的情况下不得已而采取的权宜之计。这种情况并不多见，如果董事会已作出股息分派的决定，同时又预见到负债股息出现的可能性，董事会往往会宣布推迟股息发放日期。

五是建业股息，或称建设股息。它是指以铁路、港口、公路、水电等为主营业务的股份公司，由于其建设周期长，不可能在短期内正常经营并获得盈利，为了筹集到所需资金，在公司章程明确规定和得到监管机构批准后，公司可以将一部分股本作为派发股息的资金来源而支付的股息。建业股息不同于其他股息。它不是来自于公司的盈利，而是对公司未来盈利的预分，实质上是一种负债分配，也是无盈利无股息原则的一个例外。建业股息的发放有严格的法律限制，并在公司开业后在分配盈余前扣抵或逐年扣抵冲销，以充实公司的股本。

此外，股息也可以分成正常的或额外的两种，正常的称为股息，额外的称为红利。正常股息指按规定时间（大多数公司通常按每季度）支付一定数目的股息。额外红利指当正常股息支付后，公司到年底发现本年盈利较多，故再宣布发一次额外红利。所以，红利发不发，全视盈利多寡而定。

④ 剩余资产分配权。当公司经营不善，破产或清算时，如果公司的资产在偿付债权人和优先股票股东的求偿权后还有剩余，普通股票股东有按股份比例取得剩余资产的权利。在一般情况下，普通股票股东对该权利兴趣不大，因为投资者购买股票的目的在于公司的获利能力，而不是公司剩余资产的清偿。同时，一旦公司宣告破产清算，往往已是负债累累，资不抵债，现有资产大为贬值，在债权人和优先股票分配后，已所剩无几，轮到普通股分配资产的可能性很小，甚至留给普通股东的只是手上已成为废纸的股票。

（2）普通股的种类

① 蓝筹股（Blue Chip）。最佳股票。一般是大公司发行的红利丰厚的热门股股票，业绩优良，稳定成熟。

② 成长股。是指销售额和收益额迅速增长的公司股票，但其净利往往用于公司的扩大再生产，所以股息红利较少，但由于公司成长，所以股票价格上涨。

③ 循环股。收益随经济周期性波动而波动的公司的股票，如房地产业。

④ 抵抗股。经济形势的变化对其影响不大，收益稳定，如公用事业、水电、煤气等。

⑤ 收益股。能够支付较高收益的股票，生意稳定，扩展机会不大，所以其净利润转化为较高的收益发放股利。

⑥ 投机股。公司前景不确定，价格波动较大的股票，一般是由从事开发性或冒险性事业的公司发行。如我国的ST、PT股票。

2. 优先股票（Preferred Stock）

优先股票是公司在筹集资本时在公司收益和剩余财产分配上给予投资者某些优惠特权的股票。这种优先权主要表现在股息分配优先和公司破产清算或结业清算时获得剩余资产优先两项权利上。优先股源于欧洲，英国在16世纪就已发行过优先股。优先股票是在普通股票基础上发展起来的一种股票，与普通股票相同，它代表持股人对公司财产的所有权。优先股票同样可以买卖和自由转让，与普通股票同属于股东权益的一部分。但它并不完全具备人们通常定义的股票的一般特征，公司在发行优先股时一般规定固定股息，因此优先股属于混合型证券，是具有股票与债券某些共同特点的证券。

公司发行优先股主要出于以下考虑：清偿公司债务；帮助公司渡过财政难关；既增加公司资产，又不影响普通股股东的控制权。一些国家的公司法规定，优先股只能在公司增募新股或清理债务等特殊情况下才能发行。我国目前还没有发行过优先股。

(1) 优先股股权的特征

第一，优先分配股息。公司在付给普通股票股息之前，必须先按约定固定股息率付给优先股票股息，即使公司财务状况不佳，只要董事会决定分配股息，优先股股东总是先于普通股股东取得股息。因为股息率是以面值的百分比表示的，所以优先股票面值的大小很重要。无面值的优先股票股息常以固定的金额表示。优先股票股息稳定且优先，而普通股票股息不稳定且靠后。当然，优先股股东分配利润的优先权仍是有风险的，公司能否支付优先股股东应得的股息，得看公司是否有营业利润，当利润不足以付息时，优先股股东便得不到应得的股息。

第二，剩余资产分配优先权。在公司解散或破产时，优先股票有权在公司偿还债务后按照票面价值先于普通股票从拍卖所得的资金中得到补偿。按照清算偿债顺序，公司资产在清偿对外债务之后有剩余资产时，优先股才具有剩余资产分配权，才能先于普通股分配。但实际上，优先股对公司资产的优先分配权一般是徒有虚名的，这是因为公司在倒闭破产时其剩余财产已所剩不多，即便有也大都成为公司债务的抵押品，能分到股东手中的实在是寥寥无几。

第三，表决权受到限制。优先股票股东一般没有表决权，从而不能参加公司的经营决策，只有在直接关系优先股票股东利益的表决时，如公司连续若干年（各国规定不同，一般为3～4年）未支付优先股股息，或要将一般优先股转为可转换优先股时，优先股也可获得相应的表决权，才能行使表决权，或是在对优先股票股利积欠达到一定数额后，可以投票选举一定人数的董事。优先股与普通股相比较，虽然收益和决策参与权有限，但风险较小。

第四，固定股息率，无权分享公司利润增长的收益。因为优先股票股息是固定的，不管剩余利润多少，都要按约定的股息率向优先股股东支付股息。如果没有剩余利润或剩余利润不足以按固定股息率派发股息，则按公司章程的规定或不派发股息（对非累积优先股），或累积到以后年度补发（对累积优先股）。因此，当公司经营有效，盈利连续增长时，优先股股东不能参加分红，优先股票的股息不因公司获利而提高，此时优先股票的股息可能会远远低于普通股票所得的股息。

优先股票的优越性只有在公司获利不多的情况下，才能充分显示出来，才对保护优先股票的股东具有实际意义。

第五，股票可赎回或转换成普通股。

(2) 优先股的作用

第一，对投资者来说，优先股票比普通股票安全、风险小，收入稳定且又比债券收益高，因此对稳健的投资者颇有吸引力。

第二，公司发行优先股票可以在不增加投票权、不分散对公司控制权的情况下进行筹资。优先股票股本也是公司的股本，公司可以长期使用；优先股票也可溢价发行，所以公司发行优先股票可筹集低成本的长期资金；优先股票属于公司股权资本的一部分，能提高公司的价值，有利于改善公司的发债条件，而且优先股票不像债券那样，对公司构成破产依据，若付不出股息，可以积欠，因此在资金短缺时不失为一种较好的筹资手段。

第三，优先股票具有财务杠杆作用。在一家公司中有没有优先股票及优先股票的多少，对普通股票的收益影响很大，这种影响称为杠杆作用。股息的来源是公司利润，而公司利润是由公司总资本即普通股票、优先股票、债券、贷款等的增值而赚得的。因为优先股票、债券收益固定，资本利润率若有提高，则增加的部分由普通股票独享。具体地说，当优先股票股息率、贷款利率、债券利率小于公司的资本利润率时，则普通股票股息率可高于资本利润率（不考虑公积金等因素）。或者说，当总的资本利润率提高时，杠杆作用可使普通股票股息增长率大于资本利润率增长率，使普通股票股息收入有很大增加；当总资本利润率下降时，杠杆作用又会使普通股票收益的下降幅度大于没有优先股票、债券时的下降幅度。

(3) 优先股票的种类

优先股种类较多，主要类别如下：

① 累积优先股票和非累积优先股票。累积优先股票（Cumulative Preferred Stock）是根据公司章程中累积性条款而发行的优先股票。按累积性条款规定，公司某个经营年度内未支付的股息可累积下来，待以后年度一并支付。换言之，不论发行公司是否获利，优先股票均保留分配股利的权利。同时，公司只有将积欠的累积优先股票股息支付以后，才能支付普通股票股息。累积优先股票是一种最常见、发行比较广泛的优先股票。非累积优先股票（Non-cumulative Preferred Stock）与累积优先股票相对应，其股息只能在当年的净利润中分配发放，对于未发或未发足的股息部分以后不再补发，由股东自己承担这种损失。由于它不利于投资者，所以认购者少，发行量也小。显然，累积优先股比非累积优完股更有利，对投资者更有吸引力。

② 参与优先股票和非参与优先股票。参与优先股票（Participating Preferred Stock）是指除按规定可获得固定的股息外，在公司利润增加时，还可以和普通股票一样参与公司盈利分配的优先股票。非参与优先股票（Non-Participating Preferred Stock）是在优先分得事先规定的股息外，不再参与剩余利润的分配。由于参与优先股票对普通股票股东的利益有很大影响，所以大多数优先股票属于非参与优先股票。

③ 可转换优先股票和不可转换优先股票。可转换优先股票（Convertible Preferred Stock）是在公司章程规定的年限内，可以在特定的条件下，允许股东以一定的比例，将优先股票转换成该公司的其他证券（通常是普通股或公司债券）。公司在发行这种优先股时，就已经附以“转换”条款。一般地，这类股票都规定了转换的条件和转换的比例。由于可转换优先股票与普通股票有转换关系，所以它的价格比一般优先股票更易于波动。持有这类股票的股东可以根据公司的经营状况和公司普通股股票或债券的价格自行决定是否

将其转换成普通股股票或公司债券。不可转换优先股票（Non-Convertible Preferred Stock）不能被转换成普通股票，始终以优先股票形态存在。

④ 可赎回优先股票和不可赎回优先股票。可赎回优先股票（Callable Preferred Stock）是指股份公司发行的、可在一定时期内按按规定价格收回股票注销。大多数优先股股票是可赎回的。一般赎回价格要略高于票面价值。赎回股票的目的主要是为了减轻利息负担。所以，公司往往在能够以股息较低的股票取代已发行的优先股股票时予以赎回。虽然公司有权收回可赎回优先股股票，但是否赎回，最终由公司决定。这种优先股票一般是在公司经营不利的条件下，一时急需资金并且预计今后某一时期有能力也有必要用公司收益偿还股本的情况下发行的。没有制定可赎回条款的优先股票为不可赎回优先股票（Non-Callable Preferred Stock）。

⑤ 可调息优先股和不可调息优先股。前者是指为保护股东利益，股息率是浮动的，可调整股息；后者不能。由于国际金融市场动荡不定，各种有价证券价格和银行存款利率变化很大。为了适应这种情况，有的公司发行了股息率可调整的优先股票，其目的在于保护股东的权益，扩大公司的股票发行量。这种优先股票的特点是，股息率不固定，定期随其他证券或存款利率的变化而调整。不过，股息率的变化是随其他证券价格或存款利率的变化而进行调整，与公司的经营状况无关，但一般规定股息率的上下限。

3. 后配股

又称劣后股、后分股。它是在普通股票分配股息之后才有权分配股息的一种股票。当公司破产或解散时，资产变现清偿全部债务，后配股在普通股票之后分配公司剩余财产。按照风险与利益对等原则，当公司盈利很多时，后配股将得到更多收益。后配股发行量很小，只有少数国家的法律认可此种股份。有的国家的公司法还规定后配股只能向企业发起人发行，有的公司的后配股由股份公司赠予发起人或管理人。

4. 混合股

它是在股息分配上比普通股票具有优先权而在剩余财产分配上处于劣后地位的股票，它具有优先股票和劣后股的某些特点。

（二）按股票按有无面值分类

按股票按有无面值，可分为面额股票（Par Value Stock）和无面额股票（Non-Par Value Stock）。

1. 面额股票

面额股票，也称面值股票，是指在股票票面上记载一定金额的股票。记载的票面金额叫票面价值或股票面值。股票票面金额的计算方法是用资本总额除以股份数，而实际上很多国家通过法规予以直接规定，而且一般是限定了这类股票的最低票面金额。另外，同次发行的面额股票，其每股票面金额是等同的。

面额股票的作用是可以确定每股所代表的股权比例。由于股票面额总和是一个相对稳定的数额，而公司实际资产却在经常地增减变化之中，因而股票面额往往不能真实地反映它所代表的公司实际资产的价值。又由于股票面额是一个不变的量，而股票在流通市场的价格却是一个跌宕起伏的变量，随着时间推移，股票市价与面额的关系逐渐偏离，股票面额的存在意义已渐缩小，它现在的唯一作用是规定公司对股东支付股息不能使公司股票的每股净值减少到低于股票面值。

大多数国家的股票都是有面额股票。我国《公司法》规定，股票的发行价格可以和票面金额相等，也可以超过票面金额，但不得低于票面金额。这样，有面额股票的票面金额就成为发行价格的最低界限。

2. 无面额股票

无面额股票，又称份额股票，是指股票票面不记载金额，只注明它是股本总额若干分之几的股票，故又称比例股。无面额股票没有票面价值，但有账面价值，其价值反映在股票发行公司的账面上。对于发行公司来说，发行无面额股票既可在股票发行时灵活掌握发行价格，又便于今后对股票进行分割，以提高股票的流动性。这种股票的价值随公司的财产的增减而增减。

无面额股票与有面额股票的差别仅在表现形式上，两者的股东享有同等的股东权利。目前，世界上很多国家的公司法规定不允许发行无面额股票。

（三）按是否记名分类

按是否记名，股票可分为记名股和无记名股。

1. 记名股

记名股票（Registered Stock）是在股票和股份公司股东名册上注明持有人姓名的股票。发行记名股票的，应当置备股东名册，记载下列事项：股东的姓名或者名称及住所、各股东所持股份数、各股东所持股票的编号、各股东取得股份的日期。记名股票有如下特点：第一，股东权利归属于记名股东；第二，转让相对复杂或受限制；第三，便于挂失，相对安全。

2. 无记名股

无记名股票（Non-Registered Stock）则是在票面上不记载股东姓名的股票，可以任意转让的股票，占有了股票就等于占有了股票的所有权。不记名股票有如下特点：第一，股东权利归属股票的持有人；第二，认购股票时要求缴足股款；第三，转让相对简便；第四，安全性较差。

记名股票与无记名股票在股东权利的内容上没有差异，不同的是记载方法、权力使用方法、对股东的通知方法等。一般说，无记名股票可以请求改换为记名股票，但记名股票不能改换为无记名股票，也可用公司章程禁止转换。同时，记名股票不得私自转让，在转让时必须到股票的发行公司办理变更股东名册记载手续（过户），否则不能行使股东权利。由于无记名股票有一定的弊端，因此有的国家不允许发行无记名股票。从实际情况看，美、英、日曾多发行记名股票，德国发行无记名股票较多。

我国《公司法》规定：[①] 股份有限公司对社会公众发行的股票，可以为记名股票，也可以为无记名股票。发行无记名股票的，公司应当记载其股票数量、编号及发行日期；发行记名股票的，应当置备股东名册，记载股东的姓名或者名称及住所、股份数量、编号及发行日期。

（四）按股票载体形式分类

按股票载体形式，股票可以分为实体股票和记账股票。实体股票，是指股份公司给股

① 《中华人民共和国公司法》，http://：www.gdgs.gov.cn.

东发放纸制的票券作为其持有股份的表现形式。记账股票，是指不发行股票实体，只作股东名册登记的股票。记账股票仅限于记名股票使用。在现代证券市场上，很多交易所都借助大型计算机网络进行股份登记和股票交易，股票不再具有纸制票券的形式，而以电子符号的形式存在，人们称之为电子股票。

（五）按投资主体分类

我国的有关法规对股份有限公司的股份按投资主体的性质不同，将股票分为以下几种：

1. 国家股票[①]

国家股票即国有股，指有权代表国家投资的部门或机构以国有资产向公司投资形成的股份，包括以公司现有国有资产折算成的股份。在我国企业的股份制改造中，原本一些全民所有制企业改组为股份公司。从性质上讲，这些全民所有制企业的资产属于国家所有，因此折成国家股票。另外，国家对新组建的股份公司进行投资，也构成国家股票。国家股票由国务院授权的部门或机构持有，或由地方人民政府授权的部门或机构持有，并委派股权代表。

2. 法人股票

法人股票即法人股，是指企业法人或具有法人资格的事业单位和社会团体以其依法可经营的资产向公司非上市流通股权部门投资所形成的股份。根据法人股票认购的对象，可将法人股票进一步分为境内发起法人股票、募集法人股票和外资法人股票三部分。

作为发起人的企业法人或具有法人资格的事业单位和社会团体，在认购股份时，可以用货币出资，也可以用其他形式的资产，如实物、工业产权、非专利技术、土地使用权作价出资。但对其他形式的资产必须进行评估作价、核实财产，不得高估或者低估作价。

3. 社会公众股

公众股是指股份公司采用募集设立方式设立时向社会公众募集的可上市流通的股份。在社会募集方式情况下，股份公司发行的股份除了由发起人认购一部分外，其余部分应该向社会公众公开发行。因此，个人认购的股份，就构成了社会公众股。根据我国《公司法》的规定：向社会公开发行的股份，其数量不应少于公司股份总数的25%；公司股本总额超过人民币4亿元的，向社会公开发行股份的比例为15%以上。

4. 外资股

外资股为外国和我国香港、澳门、台湾地区投资者以购买人民币特种股票形式向公司投资形成的股份。外资股又可分为境内上市外资股和境外上市外资股。

【专栏2-2】 我国的股权分置改革与大小非

一、什么叫股权分置？

所谓股权分置，是指上市公司的一部分股份上市流通，另一部分暂不上市流通。股权分置问题是由于我国证券市场建立初期，改革不配套和制度设计上的局限所形成的制度性

---

① 参见中国证监会从业资格考试委员会办公室：《证券市场基础知识》，上海财经大学出版社2001年版。

缺陷。股权分置造成上市公司的股权结构极不合理、不规范，表现为：上市公司股权被人为地割裂为非流通股和流通股两部分，非流通股股东持股比例较高，约为2/3，并且通常处于控股地位。其结果是，同股不同权，上市公司治理结构存在严重缺陷，容易产生"一股独大"、甚至"一股独霸"现象，使流通股股东特别是中小股东的合法权益遭受损害。截至2004年底，我国上市公司总股本为7149亿股，其中非流通股份4543亿股，占上市公司总股本的63.55%；国有股份占非流通股份的74%，占总股本的47%。（海通证券 陈峥嵘/每日经济新闻）

二、股权分置问题的由来和发展是怎样的?

股权分置的由来和发展可以分为以下三个阶段：

第一阶段：股权分置问题的形成。我国证券市场在设立之初，对国有股流通问题总体上采取搁置的办法，在事实上形成了股权分置的格局。

第二阶段：通过国有股变现解决国企改革和发展资金需求的尝试，开始触动股权分置问题。1998年下半年到1999年上半年，为了解决推进国有企业改革发展的资金需求和完善社会保障机制，开始进行国有股减持的探索性尝试。但由于实施方案与市场预期存在差距，试点很快被停止。2001年6月12日，国务院颁布《减持国有股筹集社会保障资金管理暂行办法》也是该思路的延续，同样由于市场效果不理想，于当年10月22日宣布暂停。

第三阶段：作为推进资本市场改革开放和稳定发展的一项制度性变革，解决股权分置问题正式被提上日程。2004年1月31日，国务院发布《国务院关于推进资本市场改革开放和稳定发展的若干意见》（以下简称《若干意见》），明确提出"积极稳妥解决股权分置问题"。（海通证券 陈峥嵘/每日经济新闻）

三、解决股权分置的本质是什么？总体要求是什么?

作为资本市场一项基本制度的改革，解决股权分置重在解决非流通股股东流通权的取得问题，目标在于真正实现同股同权。

解决股权分置本质上是推动资本市场的机制转换，消除非流通股与流通股的流通制度差异，强化市场对上市公司的约束机制，而不是解决包括国有股在内的非流通股减持变现问题。

现有的非流通股转为可流通后是不是实际进入流通，不仅取决于股东的策略选择，而且要受到相关制度的约束。

2004年1月31日国务院发布的《若干意见》明确指出："积极稳妥解决股权分置问题"，"在解决这一问题时要尊重市场规律，有利于市场的稳定和发展，切实保护投资者特别是公众投资者的合法权益"。这是对解决股权分置问题提出的总体要求。（海通证券 陈峥嵘/每日经济新闻）

四、股改中的"大小非"

1. 大小非含义

非是指非流通股（Non-Tradable Share），即限售股，或叫限售A股。小即小部分。

小非即小部分禁止上市流通的股票（即股改后，对股改前占比例较小的非流通股。限售流通股占总股本比例小于5%，在股改一年后方可流通，一年以后也不是大规模的抛售，而是有限度的抛售一小部分，为的是不对二级市场造成大的冲击。而相对较多的一部分就是大非）。反之叫大非（即股改后，对股改前占比例较大的非流通股。限售流通股占总股本5%以上者在股改两年以上方可流通，因为大非一般都是公司的大股东，战略投资者，一般不会抛）。解禁：由于股改使非流通股可以流通，即解禁（解除禁止）。“大小非”解禁：增加市场的流通股数，非流通股完全变成了流通股。

非流通股可以流通后，他们就会抛出来套现，就叫减持。通常来说大小非解禁股价应下跌，因为会增加卖盘打压股价；但假如大小非解禁之后，其解禁的股份不一定会立刻抛出来而且如果市场上的资金非常充裕，那么某只股票有大量解禁股票抛出，反而会吸引部分资金的关注，比如氯碱化工2007年初的时候有大量大小非解禁股份上市，从解禁当日开始连续放量上涨。

关于占股比例多少和限售时间并没有明确的确定，只是业内一种通俗的说法。限售股上市流通将意味着有大量持股的人可能要抛售股票，空方力量增加，原来持有的股票可能会贬值，此时要当心。最大的“庄家”既不是公募基金，也不是私募基金，而是以低成本获得非流通股的大小股东，也就是所谓的“大非”、“小非”。其中作为市场最有发言权的则是控股大股东——他们对自己企业的经营状况最为了解，但股改之前大股东及其他法人股东的股份不能流通，所以他们对公司股价既不关心，也无动力经营好上市公司。

不过，经历2007年的股改洗礼，越来越多的“大非”、“小非”已经或即将解禁流通，这些大股东们增持还是减持公司股票，能相当程度地反映公司是否具有投资价值。

2. 大小非解禁的影响

大小非解禁有利于解决股权分置问题、抑制股市的过度投机，使股价与国际接轨，使股市成熟，使股市的投资理念建立，使各方参与者成熟。

大小非解禁对好公司的股票长期向上趋势的影响有限，而对绩差公司的股票则是毁灭性的，从而有助于上市公司的优胜劣汰，达到优化资源配置，促进中国经济结构的转型。

同时，大小非解禁也存在一定的负面影响。分析人士认为，解禁潮是否会影响股市关键要看市场总体趋势，一旦股指上涨过快，再加上周边市场尤其是美国经济走势并不乐观，大小非解禁的负面影响会被放大。

尽管“大小非”经历了股改送股的成本付出，但其购入成本仍然极低，即便按照暴跌后的市价套现，依旧能获得暴利。因此市场很难准确估量解禁后的套利冲动。

对2009年而言，“大小非”解禁对A股市场阶段性的资金供求面可能会产生一定程度影响。总体而言，不会对资金供求面的总体格局产生根本性影响。若市场正处于平衡格局或偏弱格局，则可能给市场阶段性走势产生负面影响。对个股而言，获得流通权既可能带来投资机会，又可能带来回调风险，投资者应区别对待。在市场总体趋势向好时，若公司基本面较优秀，则限售股很可能带来投资机会。这是因为在限售股解禁前期，因投资者心理压力，股价往往会出现调整。而一旦解禁之后，优质的基本面容易吸引更多的资金关注，股价可能被推高；若市场总体运行趋势偏淡，且公司基本面乏善可陈，则限售股解禁很可能带来显著回调风险。“大小非”解禁的压力远远超出了市场早先的预期，成为击垮牛市的主要利空之一。统计显示，2008至2009年间，A股可流通股比例将从现有的28%

猛增至74%。2009年情况请见表2-1。

表2-1　2007—2009年解禁高峰期统计[①]

时间	本期开始流通市值（亿元）	总流通市值	总市值
2007—10—31	4689.8	81745.8	258731.2
2008—02—29	3842.5	85908.0	264926.3
2008—03—31	3861.0	75565.7	225560.3
2008—08—31	3657.8	85662.7	228935.2
2009—02—28	3222.4	98592.0	231879.4
2009—03—31	4483.4	103165.0	232476.1
2009—04—30	34356.0	106708.6	232808.4
2009—05—31	3993.7	110764.5	232959.8
2009—07—31	10400.7	123294.9	233014.0
2009—08—31	4445.1	127804.8	233188.0
2009—10—31	22380.3	151280.3	233230.5

（六）按上市地点和投资者不同分类

（1）A股。A股的正式名称是人民币普通股票。它是由我国境内的公司发行，供境内机构、组织或个人（不含台、港、澳投资者）以人民币认购和交易的普通股股票。

（2）B股。B股的正式名称是人民币特种股票，为境内上市外资股，它是以人民币标明面值，以外币认购和买卖，在境内（上海、深圳）证券交易所上市交易的普通股股票。它的投资人限于外国的自然人、法人和其他组织，香港、澳门、台湾地区的自然人、法人和其他组织，定居在国外的中国公民，中国证监会规定的其他投资人。现阶段B股的投资人，主要是上述几类中的机构投资者。B股公司的注册地和上市地都在境内。只不过投资者在境外或在中国香港、澳门及台湾。自从2001年2月发布境内居民可投资B股的决定后，境内居民个人可从事B股投资，B股的“外资股”性质也发生了变化。

（3）H股、N股、S股。这类股票属境外上市外资股，它是指股份有限公司向境外投资者发行并在境外上市的股份。它也采取记名形式，以人民币标明面值，外币认购。在境

① 来源于华夏证券学习网，http：//www.zqxuexi.com/zqzx/2008/0403/article_81.html

外上市时，可以采取境外委托凭证或股票的其他形式。其中，H股指注册地在境内、上市地在香港的外资股，因香港的英文是Hong Kong，取其字首，将在港上市的外资股称为H股。依此类推，在纽约上市的外资股称为N股，在新加坡上市的外资股称为S股。1993年在港发行青岛啤酒H股，之后，上海石化、镇海化工、庆铃汽车、北京大唐电力、南方航空、中国建设银行等相继在港上市。2006年9月22日招行H股在香港联交所挂牌交易，交易代码为3968。招行此次发行22亿H股，路演过程中就获得了97%的订单率，机构投资者超额认购50倍，散户超额认购倍数高达265倍，均创下6年来香港新股首发的纪录。招行发行价为8.55港元，有香港市场消息称，其暗盘价最高已升至10港元以上，较招股价8.55港元涨了17%。招行H股上市后，按照10%的超额配售增发2.2亿H股，募集资金将高达26.6亿美元。

此外，按股款的付清与否，可划分为股票有付清股与未付清股；按股票的发行与否，可分有发行股和未发行股。

四、股票与债券的区别

1. 代表的法律关系不同

股票与债券作为有价证券，分别代表着各自的法律关系，即发行者与投资者间有一定的权利义务关系。股票是所有权凭证，代表一定的所有权关系。股票持有者作为公司的股东，享有经营管理权、收益分配权和剩余财产分配权等一系列权利。债券是债权凭证，代表一定的债权债务关系。债券持有者即债权人，享有债券契约规定的到期收回本金、取得利息的权利，在发行人破产时，其对剩余财产的分配权优于股票持有者。

2. 期限不同

股票是股东投入的股本的证明，为了保证公司经营的稳定性，股本可以由公司永久使用，除非公司停业清理或解散。股票无期限，债券有期限。债券发行者和持有者的债权债务关系随债券的发行而产生，随债券本息的偿还而结束。一般债券都在发行时即确定期限，投资者据此确定其投资行为。

3. 发行主体的资格和范围不同

股票的发行主体只能是股份有限公司。由于债券是表明一种规范化的债权、债务关系，其发行人可以是政府、金融机构、企业。

4. 收益的稳定性不同

股票的收益随公司的经营业绩、股利政策等不同而变化，而公司经营业绩又受宏观经济形势、行业走势、公司经营情况等因素的影响，股票的收益不确定性较大。债券的收益主要是利息收益，不受公司经营状况的影响，收益有保障。此外，在公司破产时，债券的持有人可以先于股东分配公司的剩余财产。所以，债券的收益比股票的收益更有保障。

5. 风险不同

股票反映筹资者与投资者之间的所有权关系，债券反映发行者与投资者之间的债权债务关系，股票投资没有到期日且投资收益随公司经营状况、分配政策等的变动而变动；而债券投资有到期日、票面利率，收益相对稳定。因此，债券风险相对较小，而股票风险则较大。

第三节　证券投资基金

一、证券投资基金的定义与特征

（一）证券投资基金的含义

证券投资基金（Securities Investment Fund，简称投资基金）是一种利益共享、风险共担的集合证券投资方式，是它通过发行基金单位（或称为基金券、基金份额，即基金受益凭证），集中不确定多数投资者的资金，由基金托管人托管，由专业性投资机构（基金管理人）管理，投资机构根据与客户商定的最佳投资收益目标和最小风险，把集中的资金再适度并主要投资于各种有价证券和其他金融工具，以获得投资收益和实现资本增值。获得收益后由原投资者按出资比例分享，而投资机构本身则作为资金管理者获得一笔服务费用。

投资基金在不同国家或地区有不同称谓，美国称为“共同基金”，英国和中国香港称为“单位信托基金”，日本和中国台湾称为“证券投资信托基金”。

投资基金既是一种大众化的信托投资工具，也是一种积少成多的组合投资方式，即投资者将资金委托给具有丰富的证券投资知识和经验的专家经营管理，进行分散投资、趋利避险，以达到分散投资风险并兼顾资金的流动性和安全性而获利的目的。对于那些资金不多，或没有时间和精力，或缺少证券投资专门知识的投资者而言，投资基金不失为一种很好的投资选择。

（二）证券投资基金的性质

证券投资基金属于金融信托的一种，是金融市场的媒介，属于有价证券范围。它反映了投资者与基金管理人、基金托管人之间的委托代理关系。

1. *证券投资基金是一种金融信托形式*

证券投资基金与一般金融信托关系一样，主要有委托人、受托人、受益人三个基本当事人，其中受托人与委托人之间订有信托契约。但证券基金作为金融信托业务的一种形式，又有自己的特点，如主要从事有价证券投资；主要当事人中还有一个不可缺少的托管机构，它不能与受托人（基金管理公司）由同一机构担任，而且基金托管人一般是法人，基金管理人并不对每个投资者的资金分别加以运用，而是将其集中起来再加以运用。

2. *证券投资基金属于有价证券的范畴*

证券投资基金发行的凭证即基金券与股票、债券共同构成有价证券的三大品种。但证券投资基金具有特殊性，在证券市场上具有多重身份。首先，它是投资客体，供投资者选择，并以此为手段获取收益；其次，它是投资主体，参与证券投资，购买股票、债券，成为证券市场上重要的机构投资者；再次，它又是专业的投资中介，即由专门的机构代客理财。它接受投资者的委托，代理证券投资事宜、并取得相应费用，成为连接社会公众投资者和筹资者的桥梁。

3. *证券投资基金是金融市场的重要媒介*

证券投资基金存在于投资者与投资对象之间，起着把投资者的资金转换成金融资产，通过专门机构在金融市场上再投资，从而使货币资产得到增值的作用。证券投资基金的管理者对投资者所投入的资金负有经营、管理的职责，而且必须按照合同（或契约）的要求确定资金的投向，保证投资者的资金安全和收益最大化。

（三）证券投资基金的特征

1. 专家理财，回报率高

证券投资基金主要投资于证券市场并由专业的基金管理公司负责资金的运作和管理。基金管理公司拥有掌握投资分析和投资组合理论并具有丰富投资经验的专业人员，还具备先进的研究手段，有能力对巨额投资资金进行有效管理，能够获得较高的投资回报。

2. 组合投资，分散风险

证券投资基金有特定的投资目标、投资范围、投资组合和投资限制，具有组合投资分散风险的优势。通过汇集中小投资者的资金，证券投资基金形成了雄厚的资金实力，可以分散投资于不同种类、不同行业、不同地区、不同公司的证券，以分散投资风险，有利于降低投资成本，获取投资的规模效益。

3. 制衡机制，基金资产保管与运作安全性高

基金资产保管与运作分别有不同的机构承担，投资人、管理人和托管人之间相互监督、相互制约，能够有效保证基金资产的安全。

4. 品种繁多，选择性强

证券投资基金品种较多，具有投资额小、费用低、流动性强、买卖手续简便的优点，可以满足中小投资者不同的投资需要。

5. 运作透明度高，外部监管力度强

法律要求投资基金实行严格的信息披露制度，定期、充分披露与基金运作有关的信息，以充分发挥公众的监督作用。

二、证券投资基金的类型

可以依据不同的标准对证券投资基金进行分类，主要分类如下。

（一）根据法律基础及组织形态的不同分类

根据法律基础及组织形态的不同，可以分为公司型与契约型投资基金。

1. 公司型投资基金（Corporate Investment Fund）

以股份公司形式建立，通过发行基金股份将集中起来的资金投资于各种有价证券。投资者即是股东，基金公司注册为法人。

它是依据公司法组成的以盈利为目的并投资于特定对象的股份制投资公司。基金公司通过发行股份的方式筹集资金，是具有法人资格的经济实体。一般投资者则为认购基金而购买该公司的股份，也就成为该公司的股东，凭其持有的股份依法享有投资收益。公司型基金成立以后，通常委托基金管理公司运作并管理基金资产，并委托另一金融机构保管基金资产并执行基金管理人指令，二者职权分明，相互监督。公司型基金的设立要在工商管理部门和证券交易委员会注册，同时还要在股票发行的交易所的所在地登记。

公司型投资基金又可分为封闭型和开放型两种。以公司形式组建的封闭型投资基金，又称不可赎回股份的投资公司、定额投资公司、投资信托公司。这类投资公司在组建时一

次募集普通股票，一旦达到预定的发行计划就封闭起来，不再追加发行。在以后需要扩大投资时，可以发行债券或优先股票，也可向银行贷款。由于该类投资基金同时存在普通股票、优先股票和公司债，因此具有资产杠杆作用和收益杠杆作用。以公司形式组建的开放型投资基金，又称可赎回股份的投资公司、共同基金或互助基金。这类投资公司的股份是可以追加发行的、不封闭的，因此，通常只发行普通股票，不发行优先股票和公司债，一般也不向银行贷款。就总体而言，这类投资公司不具有杠杆作用。

2. 契约型投资基金（Contract Investment Fund）

又称信托型投资基金。它是根据一定的信托契约原理，由基金发起人和基金管理人、基金托管人订立契约、通过发行受益凭证而组建的投资基金。一般由基金管理公司、托管人、投资者三方当事人订立信托契约。基金管理公司是基金的发起人，负责发起设立基金并募集资金，通过发行受益凭证将资金筹集起来组成信托财产，基金管理人依据法律、法规和基金契约负责基金的经营和管理操作。基金托管公司作为基金资产的名义持有人，负责基金资产保管和处置，对基金管理人的运作实行监督，执行管理人的有关指令，办理基金名下的资金往来。投资者是受益凭证的持有人，通过购买受益凭证，参与基金投资，分享投资收益。

契约型基金起源于英国，后在日本、新加坡、印度尼西亚、中国香港等国家和地区十分流行。契约型基金是基于契约原理而组织起来的代理投资行为，没有基金章程，也没有公司董事会，而是通过基金契约来规范各方当事人的行为。

契约型投资基金按具体经营方式又可分为单位型和基金型两种。① 单位型证券基金。单位型的设定是以某一特定资本总额为限筹集资金组成单独的基金，一旦筹集额满，就不再筹集资金。它往往有一固定期限，收益每年分配一次，到期停止，信托契约也就解除，退回本金与收益。期限未满时，一般不得追加投资，也不得要求退回本金。具体的做法一般是由证券商组成信托公司，从证券发行人那里购入证券，与银行、保险公司等组成的受托人签订"信托契约"，然后由委托人、受托人将上述证券向投资者出售以吸收社会资金。单位型证券基金在运用、决算和收益的分配上，分别按每个基金财产独立地进行。② 基金型证券基金。基金型的规模和期限都不固定，一般没有期限限制，可以有资本总额限制，也可以没有限制。基金单位价格由单位基金资产净值、管理费及手续费等构成，投资者可以以买价将受益凭证卖给代理投资机构，以解除信托契约收回资金，也可以以卖价从代理投资机构买入基金单位进行投资，建立信托契约。

实际中，还存在一种介于单位型和基金型投资基金之间的半封闭型基金。如在日本，有些信托基金种类在信托期限结束前的某个时间内，允许投资者将部分投资额予以解约，取回资金；超过这一期限，则不允许解约。

契约型投资基金按创设方式可分为现金型（先集资后投资）、证券充当型（发起人出资购买证券后集资）。

3. 公司型投资基金与契约型投资基金的主要区别

（1）基金设立的法律依据不同。公司型基金依据公司法组建，基金公司及其股东之间的权利义务以及基金的运用必须遵守公司法的规定。公司型基金除了两个当事人，即基金公司及其股东外，其他当事人之间的关系与契约型基金相同。而契约型基金依据基金契约组建，信托法是它设立的依据。

（2）基金具有的法人资格不同。公司型基金本身就是具有法人资格的股份有限公司，契约型基金不具有法人资格。

（3）章程契约不同。公司型基金经营信托财产凭借的是公司章程、委托管理契约和委托保管契约等文件。契约型基金则是凭借信托契约来经营信托财产。

（4）投资者的地位不同。公司型基金的投资者是公司的股东，有权对公司的重大投资决策发表意见，进行表决。契约型基金的投资者是信托契约规定的受益人，对基金的投资决策一般没有发言权和表决权。

（5）基金发行的凭证不同。公司型基金组织公司的信托财产是通过发行普通股票筹集起来的。契约型基金组织信托财产是通过发行受益凭证筹集起来的。前者既是一种所有权凭证，又是一种信托关系；后者反映的仅仅是一种信托关系。

（6）融资渠道不同。公司型基金因具有法人资格，在需要扩大投资时可向银行借款。契约型基金因不具有法人资格，一般不通过向银行借款来扩大基金规模。

（7）基金期限不同。公司型基金作为股份投资公司，除非依据公司法进入破产、清算阶段，一般都具有永久性；契约型基金依据基金契约建立、运作，契约期满，基金营运也就终止。

（8）基金投资营运的依据不同。公司型基金依据公司章程投资于限定的投资对象并营运公司财产，契约型基金依据信托契约决定投资方向并经营基金资产。

（9）基金具体运作不同。公司型基金在募集资金、发售证券方面有很多优势，可以迅速将股票销售完毕。这当然要对承销商和经销商支付一定费用。投资者办理分配移交手续后即成为股东。对于契约型基金而言，投资者只要向基金管理公司购买受益凭证，即可成为该基金的受益人。在基金运营中，公司型基金同一般股份公司一样，除非到了破产清算阶段，一放情况下基金公司都具有永久性，有利于公司稳定经营。从宏观经济角度看，基金公司不得随意成立和终止，这有利于一个国家证券市场的稳定和国民经济的平稳发展。由于契约型基金依据信托契约建立和运作，随着契约期满，基金运营也就终止，这不利于基金的长期经营，也不利于证券市场的稳定。

公司型基金和契约型基金各有优点。公司型基金的优点主要在于它具有永久存续性，无须面临解散的压力，经营较为稳定；契约型基金的优点主要是基金存续期间可事先决定，基金无法人资格，可以免缴所得税。美国的投资基金多为公司型基金，而英国、日本、韩国和我国的香港、台湾地区多为契约型基金。

就两类基金的共性而言，无论是公司型基金还是契约型基金，都涉及四方面的当事人：基金受益人或基金投资人（公司型基金的投资人包括基金公司的投资人和基金公司两个层次）、基金管理人即基金管理公司（有的基金公司本身即是管理公司）、基金托管人即基金保管公司，以及基金代理人即承销公司。它们通称为基金组织的四要素，在基金的运用过程中发挥着不同的作用。

从世界基金业的发展趋势看，公司型基金除了比契约型基金多了一层基金公司组织外，其他各方面都有与契约型基金趋同化的倾向。

（二）按基金可否赎回分类

根据基金是否可赎回，可以分为封闭型基金和开放型基金。

1. 封闭型基金（Closed-End Fund）

它是指设立基金时限定基金的发行总额，在初次发行达到预定的发行计划后，基金宣告成立，并加以封闭，在封闭期内基金单位总数不变，不接受新的投资，基金上市后投资者可以通过证券市场转让、买卖基金单位的一种基金。由于封闭型投资基金的股票及受益凭证不能被追加、认购或赎回，投资者只能通过证券经纪商在证券交易所进行基金的买卖。因此，也可以将封闭式基金称为公开交易共同基金。封闭型投资基金的单位价格虽然以基金净资产价值为基础，但更多地随证券市场供求关系的变化而变化。

封闭型基金特点有：① 基金总额有限，固定不变；② 在封闭期内基金单位不可赎回，只能出卖或转让；③ 发行结束后一般在证券交易所交易，交易在投资者之间进行。基金单位净值和投资组合定期公布，一般每季度公布一次。

2. 开放型基金（Open-End Fund）

它是指基金发行总额不固定，基金单位总数随时增减。在基金按规定成立后，投资者可以在规定的场所和开放的时间内向基金管理人申购或赎回基金单位的基金。由于这种投资基金的基金单位可以随时追加，又称为追加型投资基金。开放式基金的买卖价格是由基金的净资产价值加一定手续费确定的。

开放型基金特点为：① 基金总量单位不固定，随基金的收益高低变动；② 可赎回性和非流通性。即基金持有人不能在交易所买卖，只能在指定地点购买和赎回，交易在投资者和基金管理人之间进行；③ 开放式基金的价格由其每单位净资产决定；④ 开放式基金至少每周一次向投资者公布基金净资产值和申购、赎回价格。

在当今世界上，开放式基金正在成为投资基金的主流。以投资基金发展较为成熟的美国为例，在 20 世纪 30 年代之前，其证券投资基金以封闭式为主，但开放式基金资产总额在 1944 年就超过了封闭式基金。其后，开放式基金迅猛发展，到 1999 年，开放式基金达到了 7791 家，资产总额升至 68460 亿美元。截至 2003 年 7 月，美国共同基金（开放式基金）约有 8300 只，资产净值达到 6870 亿美元，其中 70%以上的资产为个人投资者持有。美国家庭对共同基金的投资自 1990 年以来稳步增长。根据投资公司协会 2002 年 5 月的统计数据，有 5420 万户家庭（共计 9490 万名个人投资者）持有共同基金，约占美国家庭户数的一半。而 1990 年，参与共同基金投资的家庭为 2340 万户，所占比重为 25%。如此的变动趋势是与开放式基金相对于封闭式基金的优越性分不开的。2001 年 9 月 11 日，中国首只开放式基金华安创新证券投资基金（50 亿份基金单位、认购费率 1.5%）获中国证监会批复同意设立，基金管理人为华安基金管理有限公司，基金托管人为交通银行，基金类型为契约型开放式。同年 9 月 19 日南方稳健成长基金（80 亿、费率 1%）、11 月华夏成长证券投资基金、2002 年国泰金鹰增长、鹏华行业成长、富国动态平衡（零费率）、南方宝元债券型基金、易方达平稳增长基金等相继设立。

3. 封闭型基金和开放型基金的主要区别

（1）期限不同。封闭型基金均有明确的存续期限，一般为 5～15 年，在我国不得少于 5 年，经受益人大会通过并经主管机关同意，期限可以适当延长。在此期间，已发行的基金单位不能要求赎回；开放型投资基金一般没有明确的期限，在基金发行期满上市以后，投资者可随时向基金管理人赎回基金单位，基金处于“开放”状态。

（2）发展历史不同。封闭式基金早于开放式基金。在证券投资基金初创阶段，人们总是希望基金运作更具稳定性，加上缺乏良好的市场环境，因此封闭式基金最先出现。到了20世纪20年代，证券市场上投机活动日益强化，许多封闭式基金也竞相参与投机活动。1929年经济大危机中，许多封闭式基金纷纷倒闭，此后开放式基金在证券市场上逐渐取得主导地位。

（3）规模的可变性不同。封闭型基金规模固定，未经法定程序批准，不再增加发行；开放型基金没有法定的规模限制，投资者可随时提出认购或赎回申请，基金规模经常发生变化。

（4）交易方式不同。封闭型基金在发行结束后，一般在证券交易所挂牌交易，投资者可委托证券经纪商买卖；开放型基金在首次发行结束的一段时间后（通常为3个月）可以随时直接向基金管理公司或通过经销商在柜台市场购买或赎回，一般不在证券交易所上市。因此，开放型基金的流动性要高于封闭型基金，可以随时变现或买入，更有利于投资者。

（5）基金单位交易价格的决定方式不同。封闭型基金的交易价格既受每份基金单位净资产的制约，也受市场供求关系的影响，当供大于求时，交易价格低于基金单位资产净值，当供小于求时，交易价格高于基金单位资产净值，基金经常处于折价或溢价状态；开放型基金的交易价格是以基金单位资产净值为基础加减申购费或赎回费计算的，不受供求关系影响。就交易费用而言，封闭型基金需在交易价格以外付出一定的证券交易税和手续费，开放型基金的相关费用已包含在基金价格之中，交易费用相对较低。

（6）投资策略不同。封闭型投资基金因期限、规模固定，不存在投资者要求赎回的压力，基金管理人可充分利用筹措的资金进行投资，其资产可全部用于投资，这样基金管理公司可制定较大比例的长期的投资策略，取得长期经营绩效。但是，当基金发展的前景看好时，由于基金不能随时追加资本、扩大规模，从而影响基金绩效的扩张。开放型基金则因投资者有随时赎回的权力而需注意资产的流动性，不能把全部资金用来进行长线投资，通常需要保持一定数量的现金和流动性较强的金融资产，从而影响它投资的充分性和长期性。在基金的经营绩效上，由于开放式投资基金多限于在流动性很强的投资方向上进行选择，加上基金不能全部用于投资，都会影响到基金的长期绩效。

（7）风险不同。封闭式基金的投资风险相对大一些。开放式基金的交易价格直接反映其净资产价值，其申购价一般是基金单位净资产值加一定的申购费，赎回价是基金单位净资产值扣除一定的赎回费，不直接受市场供求的影响。投资者投资于此类基金至少可以保持其净资产价值，这就大大降低了投资风险。

（8）信息披露要求不同。我国现行法规要求，封闭型基金每周公布基金单位资产净值，每季公布资产组合；开放型基金每个开放日公布基金单位净值，每季度公布资产组合。

（9）市场环境不同。封闭型基金对市场环境的要求不高，较适合于市场规模较小、开放程度不高、新兴的证券市场；开放型基金因允许投资者随时申购或赎回，随着证券行情的涨跌，有可能面临申购或赎回压力、并对市场产生助涨或杀跌作用，因而需要相应的保值手段，对基金管理人的要求较高，对基金的监管难度也较大，适合于规模较大、开放程度较高、较成熟的证券市场。

上述两类基金相比，开放型基金可随时按每股资产净值兑现，流动性强，投资风险小，安全、便利、收益较高。在证券市场比较发达、证券投资基金已有相当基础的国家和地区，如美国、中国香港等，开放型投资基金的数量远远越过封闭型投资基金。但在证券市场刚起步的发展中国家，由于各项金融制度和法规体系还不很完善，同时为了防止短期外来资金涌入或大量流出而对正在发展中的资本市场造成破坏，因此一般先发展封闭型基金。

（三）按收费与否分类

按收费与否分为收费基金和不收费基金。

（1）收费基金。发行价由净资产价值加手续费构成。例如在上述华安创新基金中，认购费用按投资额的1.5%计算，

认购费用＝10000×1.5%＝150元

净认购金额＝10000－150＝9850元

可认购份额＝9850元/单位面值1元＝9850份

（2）不收费基金。按净资产价值出售给投资者，不收取手续费。

（四）按投资对象分类

按投资对象，可以划分为股票基金、债券基金、货币基金和衍生基金等。

1. 股票基金

将资产大部分投资于股票。它是以股票为投资对象的证券投资基金，是投资基金的主要种类。股票基金的优点是资本成长潜力较大，投资者不仅可以获得资本利得，而且还可以通过该基金使得较少的资本能够分散投资于各类普通股票。股票基金可以提供不同的风险类型供投资者选择，而且可以克服股票市场普遍存在的区域性投资限制的弱点；此外，股票基金还具有变现性强、流动性强等优点。

股票基金按投资对象可分为优先股票基金和普通股票基金，前者可获取稳定的收益，风险较小，后者以追求资本利得和长期资本增值为目的，风险比优先股票基金大。按基金投资分散化分类，可分为一般普通股票基金和专门化基金，前者是将基金资产分散投资于各类普通股票上，后者是将基金资产投资于某些特定行业股票上，风险较大，但可能具有较好的潜在收益。

由于股票投资基金聚集了巨额资金，几只甚至一只基金就可以引发股市动荡，所以，各国政府对股票基金的监管都十分严格，不同程度地规定了基金购买某一家上市公司的股票总额不得超过基金资产净值的一定比例，以防基金过度投机和操纵股市。

2. 债券基金

它是以债券为对象的证券投资基金，通常集中投资者的资金，对债券进行组合投资，寻求较为稳定的收益。由于债券是一种获利稳定、风险较小的有价证券，因而投资于债券的基金可以保证投资者获得稳定的投资收益，而且面临的风险小，适合想获取稳定收入的投资者。债券基金的收益受市场利率的影响，当市场利率下降时，其收益会上升；反之，若市场利率上升，则基金收益率将降低。除此之外，汇率也会影响基金的收益。

按所投资的债券种类不同，债券基金可分为以下四种：政府债券基金，主要投资于国库券等由政府发行的债券；市政债券基金，主要投资于地方政府发行的公债；公司债券基金，主要投资于各公司发行的债券；国际债券基金，主要投资于国际金融市场上发行的各

种债券。目前有美元债券基金、日元债券基金、英镑债券基金。

3. 货币市场基金

它是以货币市场上短期有价证券，如国库券、商业票据、可转让大面额定期存单、承兑汇票、同业拆借及回购协议为主要投资对象的投资基金。因风险小，被称为停泊基金(Parking Fund)。货币市场基金于1972年创设于美国。美国的货币市场基金还可分为国库券货币市场基金、多样化货币市场基金和免税货币市场基金三种。货币市场基金的特点是单位基金的资产净值固定不变，但投资者可利用收益再投资，从而增加所持基金份额；衡量货币市场基金的标准是收益率而非资产净值；不收取赎回费用，管理费用也较低；货币市场基金均为开放型基金。由于货币市场基金安全性高、流动性好、风险小，清偿力有保证、周转量大、投资收益较高，所以很受投资者欢迎。

4. 贵金属基金

它是主要投资于黄金、白银及其他与贵金属有关的证券和黄金期货的投资基金，其中典型的是投资于生产成本低、开采期限长、管理较好的金矿公司的股票。黄金具有保值作用，尤其在美元贬值时黄金基金有很大的成长潜力，投资黄金基金又比直接购买黄金具有流动性强、投资分散的好处，所以对投资者颇具吸引力。

5. 房地产基金

它是主要投资于房地产或与房地产抵押有关公司股票的投资基金。按其是否直接投资于房地产又可分为两类：一类直接投资于房地产公司发行的股票；另一类通过投资房地产抵押市场而间接投资于房地产，又称房地产抵押基金。

6. 衍生工具基金

衍生证券投资基金是指以衍生证券（期货、期权等）为投资对象的基金。主要投资于期货、期权、期货合约等。衍生证券一般是高风险的投资品种，投资这种基金的风险较大，但也有可能获得很高的投资回报。

（1）期货基金。它是以期货合约为主要投资对象的投资基金。

（2）期权基金。它是以期权作为主要投资对象的投资基金。

（3）认股权证基金。它是以认股权证作为主要投资对象的基金。认股权证是一种金融票据，持有人有权在指定的期间按预定的价格购买发行公司一定数量的股份。由于认股权证具有较强的资本增值能力，很多投资者乐意购买，只是因其风险过大，投资者不敢贸然涉入。为满足这部分投资者的需要，一些基金管理公司就创设了认股权证基金。认股权证基金较之个人购买认股权证的优点是，基金通过购买多种认股权证，可将风险降到最低点。基金通过对认股权证的买卖，以获取资本利得。

7. 雨伞基金（Umbrella Funds）

雨伞基金是指在一个母基金之下再设立若干个子基金，各子基金独立进行投资决策。雨伞基金的主要特点在于在基金内部可以为投资者提供多种投资选择。由于市场处于不断的变化之中，投资者的需求也在不断变化，如果投资者在不同的基金之间进行重新选择，就需要支付很多销售费用。而雨伞基金的投资者可以随时根据自己的需求转换基金类型，而不需要支付转换费。雨伞基金能够在低成本的情况下为投资者提供较大的选择余地。严格说来，雨伞基金并不是一种基金，只是在一组基金（称为“母基金”）之下再组成若干个“子基金”，以方便和吸引投资者在其中自由选择和低成本转换。

8. 对冲基金（Hedge Funds）与套利基金

对冲基金，又称套期保值基金，是在金融市场上进行套期保值交易，利用现货市场和衍生市场对冲的基金，这种基金能最大限度地避免和降低风险，因而也称避险基金。套利基金（Arbitrage Fund）是在不同金融市场上利用其价格差异低买高卖进行套利的基金，也属低风险稳回报基金。

9. 基金中的基金（Funds of Funds）

基金中的基金是以本身或其他基金单位为投资对象的基金，其选择面比雨伞基金更广，风险也进一步分散降低。

10. 指数基金

指数基金是指以某种证券市场的价格指数为投资对象的投资基金。指数基金的特点是费用低廉、分散和防范风险、延迟纳税、监控较少，因而受到稳健投资者的欢迎。

它是 20 世纪 70 年代出现的新的基金品种，指数基金的收益随当期的某种价格指数上下波动，当某价格指数上升时，基金收益也增加；反之，基金收益则减少，使投资者获得与市场平均收益相近的投资回报，其收益不会过高，也不会过低，风险能被有效分散。

（五）按投资收益目标分类

以投资目标来区分，可分为成长型基金、收入型基金、平衡型基金等。

1. 成长型基金（Growth Funds）

其主要投资目标在于追求较高的资本增值，经常收入不是考虑的重要因素。通常将基金的资产投资于有高成长潜力的股票或其他证券，如新兴的行业、刚创建的公司、兼并重组中的公司或一时陷入困境的公司的股票等。

成长型基金以追求长期资本利得为主，股利分配占投资收益的比重小，常比收入型基金少，投资者期望的是基金股份股票价格的上升。因此，成长型基金的风险比收入型基金大，价格的起伏也较大。虽然所有的成长型基金都追求资本的长期成长，但是，为了达到这个目标的投资策略都有差异。因此，投资者选择基金时，应仔细阅读公开说明书，以确定某些（或某个）成长型基金的投资目标是否与自己的投资目标相吻合。

2. 收入型基金（Income Funds）

收入型基金是指以能为投资者带来高水平的当期收入为目的的投资基金。它以获取最大的经常性收入为目标，投资对象通常为能带来稳定收入的各种有价证券，如股息分配稳定的普通股票、优先股票、政府债券以及公司债券。

收入型基金的资产成长潜力较小，损失本金的风险也相对较低。因此，收入型投资基金一般较适合于保守型投资者或退休人员。这是因为这类投资者承受风险的能力较低或无力承受，只想快投资快见效，并且还希望保住本金。收入型基金一般可分为固定收入型基金和权益收入型基金。

成长型与收入型基金的主要区别如下：收入型投资基金的投资目标是强调基金单位价格的上升，以增加收益；成长型投资基金则往往注重资本增长，为投资者带来经常性收益。收入型投资基金多投资于资本成长有限的市场，如有息证券、优先股、可兑换债券、公司及政府债券等；成长型投资基金则多投资于风险较大的股票市场上。收入型投资基金的投资策略是在其资产分布上现金持有量所占比重较大，投资对象或投资区域多元化，形成不同种类的投资组合，以分散投资风险；成长型投资基金的投资策略是现金持有量少，资本大部分投在资本市场上，特别是在股价趋升时，其甚至向银行借款进行投资，以扩大投资额。收入型投资基金的收益使用是按时将股息分配给投资者，成为投资者投资于基金的固定收入来源；成长型投资基金为促使基金价格不断上升，以取得未来经营性收入，往往不直接派息给投资者，而是将股息用作再投资的资本，重新投放到市场上。收入型投资基金所承担的风险应尽可能小些，以确保资产获取当前收入，故而基金的资产运作多趋向稳定；成长型投资基金为取得长期的资本收入，宁可承担较大的投资风险，故而基金资产运作可能会处于不稳定状态，特别是在资本市场价格波动剧烈时，可能会使资产遭受损失。从这两类基金的发展状况看，在金融市场发达的国家，成长型投资基金在整个金融市场中居主导地位，而且该类基金发展也较快；在发展中国家，由于经济发展水平较低，金融市场也刚刚起步，金融环境尚不成熟，故而投资基金在起步阶段多以收入型基金为主。

3. 平衡型基金（Balanced Funds）

平衡型投资基金是指以支付当期收入和追求资本的长期成长为目的的投资基金。其投资目标为追求基金资产净值的稳定、可观的经常收入和适度的长期成长。为兼顾以上三项目标，平衡型基金采取普通股票、优先股票、债券分散投资方式。该类基金的优点是满足投资者的双重投资目标，既追求当期收入又注重资本成长，这就大大降低了损失本金的风险。但该类基金的资本成长潜力却不如成长型投资基金等。

（六）按基金资本来源和运用地域分类

1. 国内基金

它是基金募集的资金来源于国内并投资于国内金融市场的投资基金。一般而言，国内基金在一国基金市场上应占主导地位。

2. 国际基金

它是基金资金来源于国内但投资于境外金融市场的投资基金。由于各国经济和金融市场发展的不平衡性，因而在不同国家会有不同的投资回报，通过国际基金的跨国投资，可以为本国投资者带来更多的投资机会以及在更大范围内分散投资风险，但国际基金的投资成本和费用一般也较高。国际基金有国际股票基金、国际债券基金和全球商品基金等种类。

3. 离岸基金

它是基金资金从国外筹集并投资于国外金融市场的基金。离岸基金的特点是两头在外。离岸基金的资产注册登记不在母国，为了吸引全球投资者的资金，离岸基金一般都在素有“避税天堂”之称的地方注册，如卢森堡、开曼群岛、百慕大群岛等，因为这些国家和地区对个人投资的资本利得、利息和股息收入都不收税。

4. 海外基金

它是指从国外筹集资金并投资于国内金融市场的基金。利用海外基金通过发行受益凭证，把筹集到的资金交由指定的投资机构集中投资于特定国家的股票和债券，把所得收益作为再投资或作为红利分配给投资者，它所发行的受益凭证则在国际著名的证券市场挂牌上市。海外基金已成为发展中国家利用外资的一种较为理想的形式，一些资本市场没有对外开放或实行严格外汇管制的国家可以利用海外基金。

（七）其他类别的基金

1. ETF 基金与 LOF 基金

ETF（Exchange Traded Fund）即交易所交易基金，又称交易型开放式指数基金。它是 20 世纪 90 年代初新出现的一种指数投资衍生品种。从本质上讲，ETF 是开放式基金的一种特殊类型，投资者既可以向基金管理公司申购或赎回基金份额，同时又可以像封闭式基金一样在证券市场上按市场价格买卖 ETF 份额。不过，申购赎回必须以一篮子股票换取基金份额或者以基金份额换回一篮子股票，这是 ETF 有别于其他开放式基金的主要特征之一。由于同时存在证券市场交易和申购赎回机制，投资者可以在 ETF 市场价格与基金单位净值之间存在差价时进行套利交易。由于 ETF 简单易懂，市场接纳度高，自从 1993 年美国推出第一个 ETF 产品以来，ETF 在全球范围内发展迅猛，全球共有 12 个国家（地区）相继推出了 280 多只 ETF，2003 年 ETF 管理的资产规模高达 2100 多亿美元。2004 年 12 月，上海证券交易所推出我国首只交易型开放式指数基金——上证 50 成分股可转换 ETF 基金。

LOF（Listed Open-Ended Fund）也称上市型开放式基金。它是一种既可以在交易所上市交易，又可以通过基金管理人或其委托的销售机构以基金净值进行申购、赎回的开放式证券投资基金。不过，投资者如果在交易所网上买进的基金份额想要在指定网点赎回，必须办理一定的转托管手续；同样，如果投资者在指定网点申购的基金份额想要上网抛出，同样需要办理一定的转托管手续。2004 年 9 月深交所发行了我国首只上市型开放式基金（LOF）——南方积极配置基金，基金首发规模达 35.36 亿元。

LOF、ETF 基金具有以下优点：第一，LOF、ETF 基金综合了封闭式基金和开放式基金的优点，改变了封闭式基金只能在二级市场交易，开放式基金只能在一级市场赎回的局面，其带来的套利机制使其在二级市场的价格与基金净值非常接近，不仅弥补了封闭式基金大幅折价的缺憾，同时解决了开放式基金销售成本高的问题。第二，ETF 基金是一种跟踪“标的指数”变化，采用一篮子组合证券进行申购和赎回，并在证券交易所上市的基金。它代表一篮子股票的所有权，可以连续发售和用一篮子股票赎回，避免其他形式的开放式基金在被赎回时形成的短期股票套现压力。LOF 基金使用现金交易，相对 ETF 基金使用股票买进赎回简单一些。第三，LOF 基金交易方式不仅可以用于被动投资的基金产品，也可以用于积极投资的基金。

2. 保本基金

保本基金是一种创新的基金品种。它指在一定的投资期内，一方面通过投资低风险的固定收益类金融产品，为投资者提供一定比例的本金安全保证；另一方面通过其他的一些高收益金融工具（股票、衍生证券等）的投资，为投资者提供额外回报。保本基金为风险承受能力较高，同时又希望获取高于银行存款利息回报，并且以中长线投资为目标的投资者，提供了一种低风险同时又具有升值潜力的投资工具。

除了上述几种类型的基金，证券投资基金还可按投资货币种类不同分为美元基金、英镑基金、欧元基金及日元基金等；按投资计划可变更性分为固定型基金、半固定型基金、融通型基金；还有专门支持高科技企业、中小企业的风险基金；因交易技巧而著称的对冲基金以及投资于其他基金的基金中基金等等。

三、证券投资基金与股票、债券的区别与联系

1. 证券投资基金与股票、债券的区别

（1）投资基金与股票、债券反映的经济关系不同。股票投资体现的是所有权关系，债券投资体现的是债权债务关系，而基金受益凭证（基金单位）体现的是金融信托关系。

（2）投资基金与股票、债券的投资工具性质不同。股票和债券募集的资金投向实业，是投资者进行直接投资的工具；而基金募集的资金投资于有价证券，是投资者通过购买基金份额把资金交给专门投资机构，间接投资于证券市场，基金的投资者不再直接参与有价证券的买卖活动，不直接承担投资风险，而是由专家具体负责投资方向的确定、投资对象的选择，由其将资金在金融市场上进行再投资。与直接投资于股票、债券相比，证券投资基金投资者不与发行人建立所有权关系或债权债务关系，也不直接取得股息红利或债息收益，而是通过证券投资基金间接参与投资收益分配。因此，投资基金是一种间接投资工具。

（3）投资基金与股票、债券的投资者地位不同。股票持有人是公司的股东，具有法定的股东权利和义务；债券的持有人是债券发行人的债权人，享有到期收回本息的权利；基金受益凭证的持有人是基金的委托人和受益人，体现的是信托关系，是基金资产的最终所有人，其主要权利为本金受偿权、收益分配权及参与投资人大会表决权等。

（4）投资基金与股票、债券的风险不同。股票的收益取决于发行公司的经营状况，其收益是不固定的，投资风险较大。一般情况下，股票的风险大于基金，对中小投资者而言，由于受可支配资产总量的限制，只能直接投资于少数几只股票，这就犯了“把所有鸡蛋放在一个篮子里”的投资禁忌，当其所投资的股票因股市下跌或企业财务状况恶化时，投资者将面临很大风险。基金的基本原则是组合投资，分散风险，通过集合大量个人投资者的零星资金，进行一揽子证券投资，把资金按不同的比例分别投于不同期限、不同种类的有价证券，有可能获得比债券更高的收益，同时又避免了股票所具有的高风险，从而把风险降至最低程度。债券是一种债权债务凭证，债券的票面利率通常是预先确定的，到期还本付息，收益相对固定，风险比基金要小。

（5）投资基金与股票、债券的投资的适应性不同。在市场应用上，基金与债券、股票不同。基金只适合于中长线投资，不能像股票、外汇那样来回炒作，投机性较小。

（6）证券投资基金与股票、债券收益情况不同。基金和股票的收益是不确定的，而债券的收益是确定的。一般情况下，基金收益比债券高。

（7）证券投资基金与股票、债券价格取向不同。在宏观政治、经济环境一致的情况下，基金的价格主要决定于资产净值；而影响债券价格的主要因素是利率；股票的价格则受供求关系的影响巨大。

（8）证券投资基金与股票、债券投资回收方式不同。债券投资是有一定期限的，期满后收回本金。股票投资是无限期的，除非公司破产、进入清算，投资者不得从公司收回投资，如要收回，只能在证券二级市场上转让变现。投资基金则视所持有的基金形态不同而有区别：封闭型基金有一定的期限，期满后，投资者可按持有的份额分得相应的剩余资产，在封闭期内还可以在二级市场上变现；开放型基金一般没有期限，但投资者可随时向基金管理人要求赎回。

2. 证券投资基金与股票、债券的联系

虽然证券投资基金与股票、债券有以上不同之处，但彼此间也存在不少联系：基金、股票、债券都是有价证券，对其投资均属于证券投资。基金份额的划分类似于股票，股票是按“股”划分，计算其总资产；基金资产则划分为若干个“基金单位”，投资者按持有基金单位的份额分享基金的增值收益。契约型封闭基金与债券情况相似，在契约期满后一次收回投资。另外，股票、债券是证券投资基金的投资对象，有专门以股票、债券为投资对象的股票基金和债券基金。

四、证券投资基金的功能

1. 证券投资基金为中小投资者拓展了投资渠道

对中小投资者来说，存款或购买债券较为安全，但收益率较低。投资于股票有可能获得较高收益，但对于资金有限、投资经验不足的中小投资者来说，投资股市又存在很多障碍。一方面，购买股票需要一定的资金量，小额资金入市较难；另一方面，在资金量有限的情况下，很难做到组合投资、分散风险。

此外，股市变幻莫测，中小投资者缺乏投资经验，加上资讯条件的限制，难以在股市中获得很好的投资收益。证券投资基金作为一种新型的投资工具，通过把众多投资者的小额资金汇集起来进行组合投资，由专家来管理和运作，经营稳定，收益可观，可以说是专门为中小投资者设计的间接投资工具，大大拓宽了中小投资者的投资渠道。

2. 证券投资基金通过把储蓄转化为投资，有力地促进了产业发展和经济增长

投资基金通过吸收社会上的闲散资金，为企业在证券市场上筹集资金创造了很好的融资环境，实际上起到了把储蓄资金转化为生产资金的作用。这种把储蓄转化为投资的机制为产业发展和经济增长提供了重要的资金来源，而且随着基金的发展壮大，这种作用将越来越大。

3. 证券投资基金对证券市场的发展具有重要意义

第一，投资基金的发展有利于证券市场的稳定。证券市场的稳定与否，同市场的投资者结构密切相关。投资基金的出现和发展，能有效地改善证券市场的投资者结构，成为稳定市场的重要力量。投资基金由专家来经营管理，他们精通专业知识，投资经验丰富，信息资料齐备，分析手段先进，投资行为相对理性，客观上能起到稳定市场的作用。同时，基金一般注重资本的长期增长，多采取长期的投资行为，不会在证券市场上频繁进出，能减少证券市场的被动。

第二，投资基金作为一种主要投资于证券的金融工具，它的出现和发展增加了证券市场的投资品种，扩大了证券市场的交易规模，起到了丰富和活跃证券市场的作用。随着投资基金的发展壮大，它已成为推动证券市场发展的重要动力。

4. 证券投资基金促进了证券市场的国际化

很多发展中国家对开放本国证券市场持谨慎态度，在这种情况下，和外国合作组建投资基金，逐步、有序地引进外国资本投资于本国证券市场，不失为一个明智的选择。与直接向投资者开放证券市场相比，这种方式使监管当局能控制好利用外资的规模和市场开放程度。

五、证券投资基金的运作和管理

（一）证券投资基金的设立

1. 设立程序

基金的设立程序随各国、各地区基金种类的不同而不同，存在一定的差异。但国际上通用的基金设立一般都包括以下几方面的工作：

（1）确立基金的性质。组建基金，首先要确定组建什么性质的基金，是开放型的还是封闭型的，是公司型的还是契约型的。这需要由基金的发起人根据发行时的市场资金供求状况、计划的投资方向、基金的发行量等条件进行综合考虑。

（2）制定基金文件，选择基金的信托人或保管人。基金文件是指构成基金组建计划的主要文件。如果是契约型基金，则包括基金的章程、信托契约和公开说明书；如果是公司型基金，则包括公司章程和重大文件及协议书。这些文件规定了基金管理人、信托人或托管人及投资者之间的权利、义务和责任，以及基金的投资方向、投资策略、投资目的和收益分配等。制定了基金文件后，就可选择一家基金信托人或基金保管人，并签订“信托契约”或“保管协议”。随后正式发起设立基金。

（3）申请成立投资基金。设立基金要向证券主管部门提出设立申请。申请时，应填写正式的设立基金申请书，并附上基金章程、保管协议等文件。

（4）公布基金公开说明书，发行基金受益证券，正式组建基金。经主管部门批准后，即可公布基金说明书，在银行开设专门账户，对外发行基金证券，募集资金，正式组建基金。

2. 基金证券的发行方式

（1）私募发行。私募发行是指基金证券发行只在特定的范围内，向特定的投资者发行，通常是由一些关系机构、个人来认购，由于不公开向社会发行，故不必刊登发行说明书或招募章程，也不必进行广告宣传，节省了一笔广告费用。投资者人数不同类别的基金各国规定各不相同，在英国，认购人数在 50 人以下可算私募，超过 50 人则必为公募。而美国，对冲基金的投资者不超过 100 人。

（2）公募发行。公募发行即公开发行，范围为全社会，对象是社会公众，其发行方式有三种形式：包销、代销和直销。直销是由基金发起人自己直接销售，不通过中介机构；包销和代销则要通过一定的中间组织。中间人可以是银行，也可以是经纪人。如果是经纪人，则经纪人要与发起人签订经销合同，明确双方的权利和责任。如果合同规定经销方式为包销，则意味着经纪人要用自己的资金将基金证券悉数买下，然后按照定好的发行价格向投资者出售。如果基金证券未能全部售出，剩余部分就要由经纪人自己认购，因此，对经纪人存在一定的销售风险。在这种方式下，由于经纪人承担的风险大，因而收取的佣金也高。如果合同规定经销方式为代销，则经纪人只需尽最大努力销售基金证券，售出多少算多少，无须对剩余部分负责。如果预测销售量达不到一定规模，就只能取消发行。

（二）基金的交易

基金发行结束后，经过一定的时间就要进行交易，以方便基金凭证持有者套现和新投资者购买，并提高基金的流动性。

1. 封闭型基金的交易

封闭型基金成立后即封闭起来，基金单位不再变化，基金证券持有人变现或者转让通常在二级市场上进行，与股票交易相似。具体而言，① 要选择交易场所，决定是在证券交易所上市交易，还是进行柜台交易；② 在交易所上市的封闭型基金的交易价格由市场竞争决定，基金的交易也采用“公正、公平、公开”的“三公原则’”和“价格优先、时间优先、委托优先”的“三优先”原则；③ 以标准数量为单位进行交易；④ 封闭型基金的价格以基金单位的净资产为基础，受市场供求关系的影响而波动。

2. 开放型基金的交易

按照国际惯例，开放型基金正式成立 3 个月后，基金经理公司都会自行或委托证券商开设专柜进行基金受益凭证的交易。如投资者要买入某家开放型基金的受益凭证，只需到基金经理公司或其委托的证券商处填写一份买进申请表。申请表上详细列明了该基金券的价格、买入数量、购买费用等。基金经理公司在收到申请书及付款后，将其转给托管人核实、经核实无误后，托管人便会在持有人名册上增加新投资者的记录，并发给投资者基金受益凭证，投资者便成为该基金单位的持有人。如果投资者想退出该基金，可将手中的基金受益凭证按当天的报价全部或部分地卖回给基金经理公司，即由基金经理公司赎回。全部卖出时，持有人只需在持有证上“背书”并将证书交还给基金经理公司就可以了。若部分赎回，基金经理公司在持有证上注明基金单位余额即可。基金经理公司在接受赎回之日起 5 天内将款项交付给投资受益人，同时扣除一定的交易费用。

开放型基金的交易一般是每天报价，且每天只有一个买入报价和卖出报价。投资者可以直接到基金经理公司或其指定的营业网点去买卖。如果投资者对基金不熟悉，也可委托专业投资顾问公司，根据投资者的投资意愿、要求和经济能力，帮助投资者制定合理的投资组合和挑选适宜的基金，并代办买卖基金券的一切手续。

（三）证券投资基金的运作机构

1. 基金发起人

基金发起人是指以基金设立为目的，并采取一定步骤和必要措施来达到设立基金目的的人。发起人在基金设立过程中的行为称为发起行为，发起人是完成筹办基金法定程序的执行者和代表者，发起人行为构成基金的设立行为。如果基金设立成功，因发起人行为而产生的权利和义务转为基金投资人承担；如果基金未建成，发起人行为所引起的权利和义务则由发起人自己承担。

基金发起人通常指法人而不是自然人。各国基金管理法规对基金发起人资格都有较严格规定。国外基金发起人大多数为有实力的金融机构。我国《证券投资基金管理暂行办法》规定，基金的主要发起人为按照国家有关规定设立的证券公司、信托投资公司及基金管理公司，基金发起人的数目为 2 个以上。

2. 基金管理人

基金管理人是指凭借专门的知识与经验，根据法律、法规及基金章程或基金契约的规定，运作所管理基金的资产、谋求所管理的基金资产不断增值，实现基金持有人利益最大化的专业金融机构。基金管理人对契约型基金而言也叫基金经理公司，是基金的经营机构。一个基金管理公司的实权往往掌握在公司的创办机构手中，创办机构可以是投资银行、投资顾问公司、证券经纪商或保险公司。有时，基金管理公司也聘请其他经理公司来操作自己管理的基金，基金管理公司通常不负责基金资金的保管，按照投资和保管分开的原则，基金的财产由专业的金融机构如商业银行、信托公司等来保管。

基金管理人的基本职责是运用和管理基金资产。其主要职责是依据信托契约（契约型基金）或委托管理契约（公司型基金），运用基金资产投资并管理基金资产，指示保管机构按照其投资决策处理基金资产，监督基金托管人不得违反有关契约规定，向基金持有人支付基金收益，办理与基金有关的信息披露等。基金管理人作为受托人，它的目标是使受益人利益最大化，同时，管理人按基金资产净值的一定比率提取管理费，并按净资产增长比率累进收取业绩报酬。

基金管理人是基金资产的管理者和运用者，基金收益的好坏取决于基金管理人管理运用基金资产的水平，因此必须对基金管理人的任职资格作出严格限定，才能保护投资者利益。各个国家和地区对基金管理人的任职资格有不同规定，我国《证券投资基金法》对基金管理人的职责、条件等作了规定。截止到2009年5月，我国共有61家基金管理公司。

3. 基金托管人

基金托管人是基金资产的名义持有人与受托保管人。为了保证基金资产的安全，防止基金资产被挪用，基金应按照资产管理和保管分开的原则进行运作，并委托一个专门的基金托管机构，即基金托管人来保管基金资产。基金托管人的主要职责是：安全保管全部基金资产，执行基金管理人的投资指令，监督基金管理人的投资运作，对基金管理人计算的基金资产净值和编制的财务报表进行复核。为履行职责，基金托管人必须为基金开设独立的银行存款账户并负责账户的管理，即负责基金银行账户款项收付及资金划拨，以及有关证券交易以后的资金清算。

对基金托管人的要求主要在于安全、公正及信誉好。在国外，基金托管人一般由兼营信托业务的金融机构担任，包括商业银行、储蓄银行、专业银行及信托投资公司等。我国《证券投资基金法》规定，基金托管人由具有一定规模的商业银行担当，并对基金托管人的职责和条件作了规定。截止到2009年5月，我国共有15家基金托管银行。

基金管理人与基金保管人之间的关系在于管理人与保管人的关系是经营与监管的关系。基金管理人负责基金资产的经营，由专家理财，本身并不实际接触和拥有基金资产；保管人负责基金资产的保管，依据基金管理机构的指令处置基金资产，并监督管理人的投资运作是否合法合规，通常由主管机关认可的金融机构担任。对基金管理人而言，处理有价证券、现金收付的具体事务交由基金保管人办理，自己就可以专心从事资产的运用和投资决策。基金管理人和基金保管人均对基金持有人负责。他们的权利和义务在基金契约或基金公司章程中已经界定清楚，任何一方有违规之处，对方都应当监督并及时制止，直至请求更换违规方。这种相互制衡的运行机制，极大地保证了基金信托财产的安全和基金运用的高效。但是，这种制衡机制的作用得以有效发挥的前提是基金保管人与基金管理人必须严格分开，由不具有任何关联的不同机构或公司担任，两者在财务上、人事上以及法律地位上应该完全独立，双方高级管理人员不能在对方兼任职务，以便于相互制约和相互监督。总之，基金托管人与基金管理人之间是一种既相互协作又相互监督的关系，这种相互制衡结构的设计体现了保护投资人利益的内在要求。

4. 基金承销人

基金承销人是作为基金管理人的代理人，从事发行和销售基金受益凭证，向认购基金的投资人募集资金的机构。基金承销机构一般由证券经营机构担任。基金证券的募集和销售，一般先由承销人承销，然后再分配给零售商，再由零售商分售给投资者。承销人还履行向投资者发放基金投资收益和对开放型基金投资者要求赎回本金的支付等职责。截止到2009年5月，基金代销机构有108家。

5. 投资顾问

基金管理人在营运基金时，由于自身条件限制，如经验不足，或对投资环境、投资状况缺乏了解等，有时需要聘请有经验的各类专家、声誉卓著的投资机构或金融财团参与管理，以获取更高的投资收益，并减少投资风险。经签订顾问契约后，这些专家或机构就成为基金的投资顾问。

投资顾问虽然不是投资基金不可缺少的组成要素，但随着基金市场的发展，在基金交易中发挥着越来越大的作用。作为投资顾问，通常对国内外经济金融形势、产业发展、市场动态及上市公司业绩有深入的调研能力，并在证券投资、基金管理、财务咨询及融资服务等方面极具经验与声誉，从而为基金管理提供以有价证券为主的专业性管理咨询服务。鉴于投资顾问在金融市场上扮演着重要的中介角色，金融管理当局除了要求投资顾问必须独立于任何商业机构外，还要求他们具备一定的学历、资历和资产条件等。如在中国香港，投资顾问必须在证监会注册登记。

（四）基金的投资政策

基金的投资政策是指基金投资何种证券、投资比例多少、投资目的和投资策略等一系列经营方针。各类基金为实现其设立的宗旨，往往制定不同的投资政策，选择其认为最能取得基金投资利益的证券组合及经营方式。不同的投资政策是不同类别基金相互区别的主要标志，投资政策体现在以下几方面：

1. 基金投资的目标

基金投资各有不同的目标，投资目标表达了投资者对投资风险的承受能力和对收益的期望。投资者有的注重短期收益，有的看重长期资本增长。前者体现低风险、低收益，追求证券的正常收入和资本保值；后者体现高风险、高收益，追求证券的资本升值。还有一些基金采取折中的办法，对各种不同性质的证券进行适当的搭配，这样，既能取得一部分现时收入，又能使一部分资本升值，风险控制在追求现时收入和资本升值的风险程度之间。

2. 基金的投资组合

基金投资组合是指基于某种投资政策而将基金投资于各种金融资产，如票据、债券、股票等的组合。在股票和债券的投资组合上，一般有规定的比例，收入保守型的投资组合一般股票占30%，债券占60%，现金占10%；积极风险型的投资组合一般股票占60%，债券占40%。一般说来，高等级证券组合或由各类证券组合的基金，比全部由普通股所组成的基金较看重于收入和价格的稳定性。

3. 证券分散程度

基金组合投资的目的就是通过分散投资不同的金融工具降低风险，衡量基金分散化程度的指标是基金所持发行公司的证券数以及基金证券总值中不同发行公司所占的百分比。各个基金分散化政策各不相同，注重收入稳定性的基金，多采取分散化程度较高的投资政策，而那些只投资某一部门普通股或具有特殊要求的基金，其分散化的程度较低。

【专栏2-3】 中国证券投资基金发展历程

1868年英国创立了世界上第一个基金机构，即“海外和殖民地政府信托组织”。1924年美国第一个共同基金，即“马萨诸塞投资信托基金”在波士顿设立。目前，全球约有30万亿美元的基金资产。

中国的金融业分为银行、保险、信托、证券和基金，基金行业作为一个年轻的行业，在国内的发展才刚刚开始。我国证券投资基金业务产生于20世纪80年代后期，1987年，中国银行和中国国际信托投资公司等涉足投资基金业务。1991年武汉证券公司设立了“武汉证券投资基金”，接着“淄博乡镇企业投资基金”成立。之后，我国出现了投资基金热潮，沈阳、大连、上海、广东等27个省市、自治区、直辖市和计划单列市设立了多种不同类型的基金。1992年10月国内首家专业性基金管理公司——深圳投资基金管理公司成立。1991—1993年出现发展的小高潮，此后由于国家规定停止基金的审批设立，基金的发展停滞不前。

到1995年初，全国有10只基金在深圳证券交易所挂牌交易，有15只基金在上海证券交易所挂牌交易，还有一部分基金在全国各地的证券交易中心进行交易。截止1997年年底，全国共审批了75只基金，实际发行了73只，共募集约50亿元。这一时期设立的基金，我们通称为“老基金”，这些“老基金”主要是以封闭型基金为主，以契约型基金为主，以投资对象全能型为主，以基金规模较小型为主，由人民银行管理。当时没有全国性的基金法规规范基金的发行、募集、运作，对基金的审批机构也没有明确的规定，缺乏规范的运营和统一的管理，现在已经全部清理整顿结束。这一阶段对于中国基金业是教训多于经验。

1997年10月7日，国务院原则通过了《证券投资基金管理暂行办法》，该办法对基金的设立、管理、运作和交易按照国际惯例进行了全面的规定，成为我国基金管理重要的法律规范，标志着我国证券投资基金发展进入了一个新的时期。

1998—1999年证券市场非常好，基金收益很高，基金发展速度很快。1998年，第一批基金管理公司设立，即国泰、南方、华夏三家基金管理公司。从1998年4月开始的一年时间里，中国证监会批准了10只证券投资基金，按《证券投资基金管理暂行办法》设立的基金我们通称为“新基金”，10家“新基金”均为契约型基金，发行规模为20亿，市场认购资金达1000多亿元，认购资金超过发行额50多倍。随着我国证券市场的进一步发展，新的证券投资基金家数将不断增加，基金规模将会逐步扩大。证券投资基金作为我国证券市场上重要的机构投资者，在促进证券市场持续稳定与健康发展方面将发挥越来越大的作用。

第四节　金融衍生工具

一、金融衍生工具的含义

所谓金融衍生工具就是从股票、债券或其他标准金融基础工具派生出来的、高度复杂的金融投资工具。其特点是不能以自己的形式独立存在，而是由一些基本的金融投资工具派生出来。其交易主要是通过预测利率、汇率、股价等走势，以支付小额保证金来签订大额远期合同进行互换、掉期或买空卖空金融商品来进行的，具有较大的获利性和风险性，有时能引发金融市场的剧烈震荡。

二、金融衍生工具的产生

经济活动的日益复杂化是金融工具产生和发展的最终动力，但金融创新的推进是直接动力，主要原因是转嫁风险和规避监管。

金融工具的产生是生产力水平发展到一定阶段的必然产物。社会分工不断细化使交换行为的频度大为提高，形式日渐复杂。社会交换促使货币这个一般等价物诞生。信用的介入催生了金融工具，使之取代了实物货币成为媒介现代社会经济活动的主体。金融工具产生于信用活动之中，它是一种能够证明金融交易的金额、期限及价格的书面文件，对于债权债务双方的权利和义务具有法律上的约束意义。金融工具一般应具备流动性、风险性和收益率等基本特征。

衍生工具，尤其是金融衍生工具最大的特点就是它的风险转嫁功能。汇率、利率、股票价格的波动使一项跨国的或长周期的经济活动的结果变得难以预料。商业银行、投资银行和大公司都需要某种新型的金融工具以使其以很小的代价锁定自己的收益，各种衍生工具便应运而生。在完善的交易规则和稳固的清算体系下，套期保值者只要以很小的代价就可以锁定自己的收益，而将价格波动的风险转嫁给投机者。

规避监管是金融衍生工具创新的又一动力。1929 年大危机之后，以美国为代表的西方各国都对金融业的经营施行了极其严格的管理和限制。随着时间的推移，许多法规变得陈旧落后，阻碍了金融企业的业务拓展。在竞争的压力和利益的驱使下，极富智慧和创造力的金融专家利用金融电子化、计算机网络技术进步所带来的便利，在金融理论的最新成果指导下，积极推出各种新的业务形式是以绕开监管并在不违法的前提下满足客户的需求。

三、金融衍生工具的基本类型

国际上金融衍生产品种类繁多，活跃的金融创新活动接连不断地推出新的衍生产品，金融衍生产品市场规模不断扩大，整体上呈高速扩大的趋势。根据产品形态分类，可以分为期货、远期、期权和掉期。

（一）期货（Futures）

1. 含义

期货是指在固定的场所交易未来执行的标准化合约行为。买卖双方支付一定数量的保证金，通过期货交易所进行的以将来的特定日作为交割日，按约定价格卖出或买进证券的交易方式。

期货的英文为 Futures，是由“未来”一词演化而来，其含义是：交易双方不必在买卖发生的初期就交收实货，而是共同约定在未来的某一时候交收实货，因此，中国人就称其为“期货”。

2. 期货的产生

历史上最早的期货市场是江户幕府时代的日本。期货交易是商品生产者为规避风险，从现货交易中的远期合同交易发展而来的。起初交易商一对一签订远期供需商品的合同来回避时间带来的价格波动风险，后来出现专门的商品期货交易所供交易商集中活动，并交易方便的标准化的合同。在远期合同交易中，交易者集中到商品交易场所交流市场行情，寻找交易伙伴，通过拍卖或双方协商的方式来签订远期合同，等合同到期，交易双方以实物交割来了结义务。交易者在频繁的远期合同交易中发现，由于价格、利率或汇率波动，合同本身就具有价差或利益差，因此完全可以通过买卖合同来获利，而不必等到实物交割时再获利。为适应这种业务的发展，期货交易应运而生。

广义的期货概念还包括了交易所交易的期权合约。大多数期货交易所同时上市期货与期权品种。

3. 特点

(1) 以小博大。期货交易只需交纳5%～10%的履约保证金就能完成数倍乃至数十倍的合约交易。由于期货交易保证金制度的杠杆效应，使之具有“以小博大”的特点，交易者可以用少量的资金进行大宗的买卖，节省大量的流动资金。

(2) 双向交易。期货市场中可以先买后卖，也可以先卖后买，投资方式灵活。

(3) 不必担心履约问题。所有期货交易都通过期货交易所进行结算，且交易所成为任何一个买者或卖者的交易对方，为每笔交易做担保。所以交易者不必担心交易的履约问题。

(4) 市场透明。交易信息完全公开，且交易采取公开竞价方式进行，使交易者可在平等的条件下公开竞争。

(5) 组织严密，效率高。期货交易是一种规范化的交易，有固定的交易程序和规则，环环相扣，高效运作，一笔交易通常在几秒钟内即可完成。

(6) 期货交易的标的具有双重性，即可以是证券，也可以是期货合同。

(7) 期货交易中，对冲交易多，实物交易少，一般进行交割的只占2%～3%。

4. 期货合约的标准化条款

(1) 交易数量和单位条款。每种商品的期货合约规定了统一的、标准化的数量和数量单位，统称“交易单位”。例如，美国芝加哥期货交易所规定小麦期货合约的交易单位为5000蒲式耳（每蒲式耳小麦约为27.24公斤），每张小麦期货合约都是如此。如果交易者在该交易所买进一张（也称一手）小麦期货合约，就意味着在合约到期日需买进5000蒲式耳小麦。

(2) 质量和等级条款。商品期货合约规定了统一的、标准化的质量等级，一般采用被国际上普遍认可的商品质量等级标准。例如，由于我国黄豆在国际贸易中所占的比例比较大，所以在日本名古屋谷物交易所就以我国产黄豆为该交易所黄豆质量等级的标准品。

(3) 交割地点条款。期货合约为期货交易的实物交割指定了标准化的、统一的实物商品的交割仓库，以保证实物交割的正常进行。

(4) 交割期条款。商品期货合约对进行实物交割的月份作了规定，一般规定几个交割月份，由交易者自行选择。例如，美国芝加哥期货交易所为小麦期货合约规定的交割月份就有7月、9月、12月，以及下一年的3月和5月，交易者可自行选择交易月份进行交易。如果交易者买进7月份的合约，要么7月前平仓了结交易，要么7月份进行实物交割。

(5) 最小变动价位条款。指期货交易时买卖双方报价所允许的最小变动幅度，每次报价时价格的变动必须是这个最小变动价位的整数倍。

(6) 每口价格最大波动幅度限制条款。指交易日期货合约的成交价格不能高于或低于该合约上一交易日结算价的一定幅度。达到该幅度则暂停该合约的交易。例如，芝加哥期货交易所小麦合约的每日价格最大波动幅度为每蒲式耳不高于或不低于上一交易日结算价20美分（每张合约为1000美元）。

(7) 最后交易日条款。指期货合约停止买卖的最后截止日期。每种期货合约都有一定的月份限制，到了合约月份的一定日期，就要停止合约的买卖，准备进行实物交割。例如，芝加哥期货交易所规定，玉米，大豆、豆粕，豆油、小麦期货的最后交易日为交割月最后营业日往回数的第七个营业日。

除此之外，期货合约还包括交割方式、违约及违约处罚等条款。

5. 期货上市品种

期货上市品种，指期货合约交易的标的物。并不是所有的商品都适合做期货交易。在众多的实物商品中，一般而言只有具备下列属性的商品才能作为期货合约的上市品种：

(1) 价格波动大。只有商品的价格波动较大，意图回避价格风险的交易者才需要利用远期价格先把价格确定下来。如果商品价格基本不变，比如，商品实行的是垄断价格或计划价格，商品经营者就没有必要利用期货交易固定价格或锁定成本。

(2) 供需量大。期货市场功能的发挥是以商品供需双方广泛参加交易为前提的，只有现货供需量大的商品才能在大范围进行充分竞争，形成权威价格。

(3) 易于分级和标准化。期货合约事先规定了交割商品的质量标准，因此，期货品种必须是质量稳定的商品，否则，就难以进行标准化。

(4) 易于储存、运输。商品期货一般都是远期交割的商品，这就要求这些商品易于储存、不易变质、便于运输，保证期货实物交割的顺利进行。

6. 分类

根据交易品种，期货交易可分为两大类：商品期货和金融期货。以实物商品，如玉米、小麦、铜、铝等作为期货品种的属商品期货。以金融产品，如汇率、利率、股票指数等作为期货品种的属于金融期货。金融期货品种一般不存在质量问题，交割也大都采用差价结算的现金交割方式。我国禁止金融期货交易，只进行商品期货交易，上市品种主要有铜、铝、大豆、小麦和天然橡胶等。

7. 期货市场基本制度

(1) 保证金制度。在期货交易中，任何交易者必须按照其所买卖期货合约价值的一定比例（通常为5%～10%）缴纳资金，作为其履行期货合约的财力担保，然后才能参与期货合约的买卖，并视价格变动情况确定是否追加资金。这种制度就是保证金制度，所交的资金就是保证金。保证金制度既体现了期货交易特有的“杠杆效应”，同时也成为交易所控制期货交易风险的一种重要手段。

(2) 每日结算制度。期货交易的结算是由交易所统一组织进行的。期货交易所实行每日无负债结算制度，又称“逐日盯市”，是指每日交易结束后，交易所按当日结算价结算所有合约的盈亏、交易保证金及手续费、税金等费用，对应收应付的款项同时划转，相应增加或减少会员的结算准备金。期货交易的结算实行分级结算，即交易所对其会员进行结算，期货经纪公司对其客户进行结算。

（3）涨跌停板制度。涨跌停板制度又称每日价格最大波动限制，即指期货合约在一个交易日中的交易价格波动不得高于或低于规定的涨跌幅度，超过该涨跌幅度的报价将被视为无效，不能成交。

（4）持仓限额制度。持仓限额制度是指期货交易所为了防范操纵市场价格的行为和防止期货市场风险过度集中于少数投资者，对会员及客户的持仓数量进行限制的制度。超过限额，交易所可按规定强行平仓或提高保证金比例。

（5）大户报告制度。大户报告制度是指当会员或客户某品种持仓合约的投机头寸达到交易所对其规定的头寸持仓限量80%以上（含本数）时，会员或客户应向交易所报告其资金情况、头寸情况等，客户须通过经纪会员报告。大户报告制度是与持仓限额制度紧密相关的又一个防范大户操纵市场价格、控制市场风险的制度。

（6）实物交割制度。实物交割制度是指交易所制定的、当期货合约到期时，交易双方将期货合约所载商品的所有权按规定进行转移，了结未平仓合约的制度。

（7）强行平仓制度。强行平仓制度，是指当会员或客户的交易保证金不足并未在规定的时间内补足，或者当会员或客户的持仓量超出规定的限额时，或者当会员或客户违规时，交易所为了防止风险进一步扩大，实行强行平仓的制度。简单地说就是交易所对违规者的有关持仓实行平仓的一种强制措施。

（二）远期（Forward ）

远期合约是买卖双方约定在未来某一时刻按约定的价格买卖约定数量的金融资产。远期合约使资产的买卖双方能够消除未来资产交易的不确定性。远期合约规定了将来交换的资产、交换的日期、交换的价格和数量，合约条款因合约双方的需要不同而不同。

远期合约是20世纪80年代初兴起的一种保值工具，它是一种交易双方约定在未来的某一确定时间，以确定的价格买卖一定数量的某种金融资产的合约。合约中要规定交易的标的物、有效期和交割时的执行价格等项内容。远期合约是必须履行的协议，不像可选择不行使权利（即放弃交割）的期权。

在远期市场中，如果即期价格低于远期价格，市场状况被描述为正向市场或溢价(Contango)；如果即期价格高于远期价格，市场状况被描述为反向市场或差价（Backwardation)。

远期合约和期货合约都是交易双方约定在某一特定时间以某一特定价格买卖某一特定数量和质量资产的交易形式。远期合约与期货的主要区别如下：

（1）交易场所不同。期货合约在交易所内交易，具有公开性，而远期合约在场外(OTC）进行交易。

（2）流动性不同。期货合约是期货交易所制定的标准化合约，对合约到期日及其买卖的资产的种类、数量、质量做出了统一的规定。远期合约是根据买卖双方的特殊需求由买卖双方自行签订的合约。因此，期货交易流动性较高，远期交易流动性较低。

（3）合约的规范性不同。期货合约是标准化合约，除了价格，合约的品种、规格、质量、交货地点、结算方式等内容者有统一规定。远期合约的所有事项都要由交易双方一一协商确定，谈判复杂，但适应性强。

（4）交易风险不同。期货合约的结算通过专门的结算公司，这是独立于买卖双方的第三方，投资者无须对对方负责，不存在信用风险，而只有价格变动的风险。远期合约须到期才交割实物，货款早就谈妥不再变动，故无价格风险，它的风险来自届时对方是否真的前来履约，实物交割后是否有能力付款等，即存在信用风险。

(5) 保证金制度不同。期货合约交易双方按规定比例缴纳保证金，而远期合约因不是标准化，存在信用风险，保证金或称定金是否要付，付多少，也都由交易双方确定，无统一性。

(6) 履约责任不同。期货合约具备对冲机制、履约回旋余地较大，实物交割比例极低，交易价格受最小价格变动单位限定和日交易振幅限定。远期合约如要中途取消，必须双方同意，任何单方面意愿是无法取消合约的，其实物交割比例极高。

远期合约主要有远期利率协议、远期外汇合约、远期股票合约等。

(三) 期权 (Options)

1973 年芝加哥期权交易所首次把期权引入有组织的交易所交易，此后期权以其独特的魅力获得了迅猛的发展。

1. 含义

期权又称选择权交易，是指证券投资者事先支付一定费用（权利金或保险费）取得一种可按既定价格买卖某种证券的权利，无论该种证券此时的价格已升高或降低，对期权购买者来说，合约赋予他的是权利，而不是义务。期权交易的对象是权利，可在合同期内任何一天执行合同，属于单向合同。期权交易的优点在于可以限制风险并获得较大的收益。

2. 种类

期权一般分为买进期权和卖出期权。

(1) 买进期权。又称敲进或看涨期权，属于买权。投资者预测证券价格将上涨，签订买进的合约，有权在某一时间内以确定的价格买进某种证券。

(2) 卖出期权。又称敲出或看跌期权，是卖权。投资者预测证券价格将下跌，签订卖出的合约，有权在某一时间内以确定的价格卖出某种证券。

期权还可分为美式期权和欧式期权。美式期权是指买方可以在期权的有效期内的任何时间行使权利。欧式期权是只能在到期日执行的期权。

3. 期权交易与期货交易的区别

(1) 投资者权利与义务的对称性不同。期货合约的双方都被赋予相应的权利和义务，除非用相反的合约抵消，这种权利和义务在到期日必须行使，也只能在到期日行使，期货的空方甚至还拥有在交割月选择在哪一天交割的权利。而期权合约只赋予买方权利，卖方则无任何权利，他只有在对方履约时进行对应买卖标的物的义务。特别是美式期权的买者可在约定期限内的任何时间执行权利，也可以不行使这种权利；期权的卖者则须准备随时履行相应的义务。

(2) 标的物不同。期货交易的标的物是商品或期货合约；而期权交易的标的物则是一种商品或期货合约选择权的买卖权利。

(3) 合约形式要求不同。期货合约都是标准化的，因为它都是在交易所中交易的，而期权合约则不一定。在美国，场外交易的现货期权是非标准化的，但在交易所交易的现货期权和所有的期货期权则是标准化的。

(4) 买卖匹配。期货合约的买方到期必须买入标的资产，而期权合约的买方在到期日或到期前则有买入（看涨期权）或卖出（看跌期权）标的资产的权利。期货合约的卖方到期必须卖出标的资产，而期权合约的卖方在到期日或到期前则有根据买方意愿相应卖出（看涨期权）或买入（看跌期权）标的资产的义务。

(5) 履约保证不同。期货合约的买卖双方都要交纳一定数额的履约保证金；而在期权交易中，买方不需交纳履约保证金，只要求卖方交纳履约保证金，以表明他具有相应的履行期权合约的财力。

(6) 盈亏的特点不同。期货的交易双方都面临着无限的盈利和无止境的亏损。期权买方的收益随市场价格的变化而波动，是不固定的，其亏损则只限于购买期权的保险费；卖方的收益只是出售期权的保险费，其亏损则是不固定的。

(7) 套期保值效果不同。运用期货进行的套期保值，在把不利风险转移出去的同时，也把有利风险转移出去。而运用期权进行的套期保值时，只把不利风险转移出去而把有利风险留给自己。

(8) 现金流转不同。期权交易中，买方要向卖方支付保险费，这是期权的价格，大约为交易商品或期货合约价格的5%～10%；期权合约可以流通，其保险费则要根据交易商品或期货合约市场价格的变化而变化。在期货交易中，买卖双方都要交纳期货合约面值5%～10%的初始保证金，在交易期间还要根据价格变动对亏损方收取追加保证金；盈利方则可提取多余保证金。

(四) 掉期（Swap）

掉期合约又称互换合约，是一种由交易双方在未来某一期间内相互交换他们认为具有相等经济价值的某种资产的合约。

较为常见的是利率掉期合约和货币掉期合约。利率掉期合约是指合约中规定交换的货币是同种货币。货币掉期合约是指合约中规定交换的货币是异质货币。

四、金融衍生工具的其他类型

(一) 按照原生资产进行分类

按照原生资产的不同，金融衍生工具可分为以下几类：

1. 股票类

股票类是指由股票标准基础金融工具派生出来的金融投资工具，包括股票和由股票组合形成的股票指数。

2. 利率类

利率类是指由利率标准基础金融工具派生出来的金融投资工具，包括以短期存款利率为代表的短期利率和以长期债券利率为代表的长期利率。

3. 汇率类

汇率类是指由汇率派生出来的金融投资工具，包括各种不同货币之间的比值。

4. 商品类

商品类是指由实物商品派生出来的金融投资工具，包括各类大宗实物商品。

(二) 金融衍生工具的其他分类

1. 认股权证

认股权证是指持有者可以在规定的时间内按照特定的价格认购股票的凭证，包括认购数量、认股价格、认股期限和赎回权等内容，其实质上相当于公司发行的一种股票买入期权。认股权证是允许它的持有者在规定的有效期内以特定的价格购买一定数量普通股票的看涨期权。表面上看，认股权证类似于优先认股权，但它们之间有很大不同。认股权证产生于公司在发行债券或优先股时，为吸引投资者购买本公司的收益较大的债券或优先股，按债券、优先股的面额同时奉送若干认股权证，使它的持有者今后有按较优惠价格购买股票的机会和选择。另外，公司也借这一办法为将来推销本公司的普通股票寻找潜在投资者，而不是普通股股东的优惠权。认股权证过去一般与业绩不佳的投机性公司相联系，而且其本身也具有投机性。

认股权证的有效期很长，一般为5～10年，有的公司甚至发行永久性认股权证，即没有到期日，持有者可以在任何时间按规定价格和比例购买公司的普通股票。

认股权证规定的购买价格可称为执行价格。执行价格一般均高于认股权证发行时的公司普通股票的市场价格，所以认股权证在发行时并不具有价值。它的价值取决于普通股票的市场价格变化，当公司股票的市场价格高于执行价格时，认股权证方有价值。认股权证的有效期长短，也是决定其价值的因素之一，有效期越长，其价值越大。投资者，特别是投机者进行认股权证交易就是为了等待这种机会。由于认股权证的有效期很长，这种情况完全有可能出现。

认股权证可以连在债券、优先股上，称为“不可分的认股权证”，也可与债券等分开，称为“可分开认股权证”。认股权证可以单独在市场交易，投资者持有认股权证同样可以有多种选择机会，可以单独买卖，可以按认股权证规定的执行价格买进普通股持有或将其出售，也可以在市场看涨继续持有认股权证等待更好机会。

2. 可转换债券

可转换债券是指在将来某个时间可以按事先约定的转换条件转换成普通股票的一种公司债券。

公司发行可转换债券的主要原因是为了增强证券对投资者的吸引力，能以较低的成本筹集到所需要的资金。对公司来说，可转换债券的利息率或股息率较低，不仅筹资成本低，而且可以提供财务杠杆作用。而今后可转换债券一旦转换成普通股，则能使公司将原来筹集的期限有限的资金转化成长期稳定的股本，不仅不需要还本金，还可省却申请发行的复杂手续和可观的发行费用。对投资者来说可转换债券的吸引力在于，在普通股票市场疲软或发行公司财务状况不佳股价低迷时，可以得到稳定的债券利息收入并有本金安全的法律保障（或是得到固定的优先股股息）；当股票市场趋于好转或是公司经营状况有所改观、股价上扬时，又可享受普通股股东的丰厚股息和资本利得。所以当投资者对公司普通股票的升值抱有希望时，愿意以接受略低的利率为代价购买可转换债券。

3. 存托凭证

存托凭证（Depository Receipts，DR），又称存券收据或存股证，是指在一国证券市场流通的代表外国公司有价证券的可转让凭证。我国已有部分B股上市公司和H股上市公司在美国发行了存托凭证。

美国存托凭证（ADR）是面向美国投资者发行并在美国证券市场交易的存托凭证。美国存托凭证可在纽约股票交易所、美国股票交易所或纳斯达克交易所挂牌上市。

中国存托凭证（Chinese Depository Receipt，CDR）是指在境外（包括中国香港）上市公司将部分已发行上市的股票托管在当地保管银行，由中国境内的存托银行发行、在境内A股市场上市、以人民币交易结算、供国内投资者买卖的投资凭证，从而实现股票的异地买卖。

它是在美国存托凭证（American Depository Receipts，简称ADR）的启发下而推出的一个金融创新品种。CDR最早是由于1997年亚洲金融危机后，大量在香港上市的“红筹股”公司强烈的内地融资需求的情况下提出来的，香港政府及中国证监会都也作出了积极反应。而自2001年以来，理论界陷入了激烈的争论之中，对是否推行CDR也有着不同的观点。

从1993年起，中国企业陆续在纽约证交所上市，2003年中国人寿保险公司在美国上市格外引人注目，这个项目的融资总额高达35亿美元，为当年世上最大的上市项目。中国人寿保险的股票就是以摩根大通创立的存托凭证形式提供给了美国投资者。摩根大通存托凭证业务亚太区主管谢国良说，存托凭证是协助世界各国进入国际资本市场的高效主流工具。

五、金融衍生工具的基本特征与功能

（一）金融衍生工具的基本特征

金融衍生产品的共同特征是保证金交易，即只要交付一定比例的保证金就可进行全额交易，不需要实际上的本金转移，合约的了结一般也采用现金差价结算的方式进行，只有到期日以实物交割方式履约的合约才需要买方交足货款。因此金融衍生产品交易具有杠杆效应。保证金越低，杠杆效应越大，风险也就越大。其特征主要有：

1. 未来性

未来性是指衍生金融工具在现在时间对金融基础工具未来可能产生的结果进行交易的特性，即交易是在现在发生而结果要到未来某一约定时刻才能产生。

2. 契约性

契约性是指衍生金融工具所交易的对象，是以契约形式存在的金融基础工具在未来各种条件下进行处置的权利和义务。如期权的买权和卖权、互换的债务交换的义务等。

3. 杠杆性

杠杆性是指衍生金融工具具有“以小博大”的特性，即交易时只需交纳少量的保证金就能达到原来需要用大量现金才能达到的目标。

4. 组合性

组合性是指衍生金融工具具有可以把不同的时间、不同的金融工具、不同现金流量的各种工具组合成不同的产品的特性。这些产品常常通过建立各种数学模型来表示。

5. 虚拟性

虚拟性是指衍生金融工具具有独立于现实资本之外，并能给持有者带来一定收益的特性。如以股票、股价指数等虚拟资本为衍生基础时，其所依赖的基础就是股价运行的轨迹。

6. 风险性

风险性是指衍生金融工具具有高风险的特性。其风险主要由市场风险、违约风险、流动性风险、操作性风险和法律风险等组成。

（二）金融衍生工具的功能

1. 转移价格风险

现货市场的价格常常短促多变，处于不断的波动之中，这给投资者带来了价格波动的风险。以期货交易为代表的衍生工具的产生，就为投资者找到了一条比较理想的转移现货市场上价格风险的渠道。衍生工具的一个基本经济功能就是转移价格风险，这是通过套期保值来实现的，即利用现货市场和期货市场的价格差异，在现货市场上买进或卖出基础资产的同时或前后，在期货市场上卖出或买进相同数量的该商品的期货合约，从而在两个市场之间建立起一种互相对冲的机制，进而达到保值的目的。正是衍生工具市场具有转移价格波动风险的功能，才吸引了越来越多的投资者，这也是其生命力之所在。

2. 形成权威性价格

在市场经济中，价格信号应当真实、准确，如果价格信号失真，必然影响经营者的主动性和决策的正确性，打击投资者的积极性。现货市场的价格真实度较低，如果仅仅根据现货市场价格进行决策，则很难把握未来价格变动的方向。期货市场的建立和完善，可形成一种比较完善的价格形成机制，这是因为期货交易是在专门的期货交易所进行的。期货交易所作为一种有组织的正规化的统一市场，聚集了众多的买方和卖方，所有买方和卖方都能充分表达自己的愿望，所有的期货交易都是通过竞争的方式达成，从而使期货市场成为一个公开的自由竞争的市场，影响价格变化的各种因素都能在该市场上得到体现，由此形成的价格就能比较准确地反映基础资产的真实价格。在期货价格和即期价格之间存在比较稳定的“资产存置费用”价格差异，这笔存置费用包括储存成本、利息支出、折旧费用等，通过资产存置费用就可以从期货价格观察即期市场价格。

3. 提高资产管理质量

就投资者来讲，为了提高资产管理的质量，降低风险，提高收益，就必须进行资产组合管理。衍生工具的出现，为投资者提供了更多的选择机会和对象。同时，工商企业也可利用衍生工具达到优化资产组合的目的。例如，通过利率互换业务，就会使企业降低贷款成本，以实现资产组合最优化。

4. 提高资信度

在衍生市场的交易中，交易对方的资信状况是交易成败的关键之一。资信评级为AA级或A级的公司很难找到愿意与它们交易的机构。但是，并非只有少数大公司才可进入衍生工具市场，因为该市场提供了制造“复合资信”（Synthetic Credit Worthiness）的机制，即由母公司对子公司的一切借款予以担保，再经过评估机构的参与，子公司的资信级别会得到提高。此外，还有许多中小公司通过与大公司的互换等交易，无形中提高了自己的信誉等级。

5. 调控价格水平

期货交易价格能准确地反映市场价格水平，对未来市场供求变动具有预警作用。如果某一工具价格下跌，则反映其在市场上需求疲软；反之，则反映该工具的市场需求旺盛。投资者可根据不同工具的市场价格水平变化，选择自己的投资策略。同时，管理部门也可根据期货市场价格的变化，选择自己的调控策略。

6. 可使收入存量和流量发生转换

收入存量是指人们拥有财富的数量，而收入流量是指财富给人们带来的定期的收入或支出。收入的存量和流量给人们带来的效用是不同的。一般来讲，中年人对额外的收入流量的需要程度很低，而老年人则对收入的存量需要不高。从存量和流量的关系看，虽然有了存量才有流量，但两者却可以分离。黄金储蓄只有存量无流量。英国的永久性公债仅有流量而无存量，因而永远不还本付息，当然，如果将其在二级市场抛售，则流量可重新转为存量。

能够提供流量和存量之间转换的衍生金融工具是除息债券，它的基础资产是长期国债。除息债券将本金索取权和利息索取权一分为二，投资者既可保留利息索取权，又可出售本金索取权，这对老年人来讲是一个很好的投资选择。

六、金融衍生工具的风险

金融衍生工具虽然是为规避投资风险和强化风险管理目的而设计并发展的，但由于发展时间较短和金融衍生工具自身具有的某些特性，导致金融衍生工具的大量运用对社会金融经济发展存在潜在的负面影响，有成为新的巨大风险源的可能性。因此，金融衍生工具犹如一把双刃剑，在规避和转移风险的同时却产生了新的金融风险。

（一）金融衍生工具风险的内涵

金融衍生工具的风险是指在金融市场活动中，由于不确定性因素的影响，在一定时间内发生始料未及的变动，致使金融活动的主体实际收益与预期收益发生背离，从而蒙受资产损失的可能性。它存在于金融市场活动的全过程，由于追求盈利的最大化就决定着这个行为存在着不同程度的风险，且收益的大小和风险的大小是正比例的，即收益的期望值越大，遭受风险损失的可能性也越大，反之则亦然。

金融衍生工具风险的风险因素，是国际金融市场中的风险事故赖以发生的客观条件，也是金融市场风险的必要条件。无论那种风险，其风险结果都是直接由风险事故的发生导致的。任何风险事故只有具备一定的条件和环境才能发生，这种客观条件就是风险因素。

金融衍生工具的风险事故，是导致金融市场风险结果的直接原因，也是金融衍生工具风险的充分条件。金融衍生工具风险的风险事故在市场上占据核心地位，它是连接金融衍生工具风险的风险因素与风险结果的桥梁，是由起初的可能最终转化为现实的媒介。这是因为风险因素为风险事故的发生提供了条件，从而使金融衍生工具的风险发生成为可能。

金融衍生工具的风险结果，是由风险事故给金融衍生工具的主体带来的直接影响，是其主体的实际收益与预期收益发生背离，从而蒙受的经济损失。表现为其主体非故意、非计划和非预期的经济价值的丧失，具有两个不可分割的性质，即不是主观上想要实现的，而是客观因素外在地强加给主体的；这种经济损失是一定经济价值量的丧失，是可以用一定数额的某种货币单位予以测量和反映的。

金融衍生工具风险的时间性是指其与时间因素密不可分的经济范畴。因为金融衍生工具是在一定时间内所特有的价格伴随着时间的推移才发生变动的，其主体所蒙受的经济损失是在一定时间内出现并累积，到一定时间终了时才完全体现出来的。因此，金融衍生工具风险的风险因素、风险事故和风险结果无一不同时间因素相联系。

金融衍生工具风险的实质在于它是一种可能性。金融衍生工具风险的风险因素、风险事故和风险结果是构成其风险的基本要素。受险时间是其风险存在的时间条件，而作为一种风险，其实质是一种可能性。以可能性界定金融衍生工具风险的实质表明这样一个客观事实：在整个受险时间内，其风险的风险事故既可能发生，也可能不发生。其风险的风险结果既可能出现，也可能不出现。在金融衍生工具风险的风险事故和风险结果未发生之前，它们都是一种可能性。

（二）金融衍生工具的风险分类

关于对金融衍生工具风险的分类有很多，30 人研究小组（Group of Thirty）在关于衍生品的研究报告中把衍生交易的风险分为市场风险、信用风险、营运风险和法律风险。而 1994 年国际证券事务委员会及巴塞尔委员会对衍生工具涉及的风险则分为 6 类：市场风险、信用风险、流动性风险、操作风险、结算风险、法律风险。我们按照以下 5 种风险形态进行分析。

1. 市场风险

市场风险是指因为原生金融产品（如股票指数、利率、汇率、商品）的价格发生变化，从而为衍生产品交易商带来损失的一种风险。它首先是由原生资产的价格波动引起的。其次，由于交易大多是保证金交易，这种投机工具极易加剧市场风险。第三，金融衍生工具用作套期保值，其风险和现货资产的风险具有相关性。由于它的“派生性”特征，其本身的价格受多种因素制约，从而使衍生工具的定价成为一大难点，定价的不合理也会引起市场风险。理论上的许多定价模型与实际出入很大，尤其是场外交易的客户并非是金融专家，很难对衍生合约作出正确的估价，因而很难避免市场风险。不同的金融衍生产品的市场风险各不相同。期货类产品和互换类产品，对于交易双方都存在着大量的市场风险，原生金融产品价格的不同变化也直接影响到交易双方的盈亏。期权类产品对于期权买方来说亏损有限而收益无限；对于期权卖方来说，收益有限而亏损无限。因此期权类产品的市场风险是单方面的。而远期类产品因为事先锁定了交易价格，使得交易双方只是失去了获益的机会，并不存在因为市场价格的变化而发生损失的可能，因此远期类产品不存在市场风险。对于套期保值者来说风险相对较小，因为其交易的目的就是避免市场风险。而对于投机者来说风险则较大，这是因为其交易的目的就是通过承担市场风险来赚取利润。

2. 信用风险

信用风险是指在衍生交易过程中衍生合约的对方出现违约所引起的风险。它要产生损失必须具备两个条件：一是交易对方因财务危机出现违约，二是合约剩余期限内，违约方的合约价值为负，即合约处于盈利部位。只有这样，违约方不履行合约才会给对方造成损失。信用风险与合约的期限有着密切的关系，期限越长信用风险越大。对于同一合约来说它的风险随着时间的推移也还会发生不断的变化。不同产品的信用风险也存在差别，如远期类、期货类衍生工具，其合约的持有方有履行合约的义务，而合约的价值变化是随机的。因此，双方都面临信用风险。相反，对于期权类衍生合约，因为买方有权选择是否履约，只有期权的卖方有违约的可能，这类合约的信用风险是单向的。信用风险主要源于场外交易，引起的风险具有明显的递减速效应和扩散效应，因此，场外衍生交易中对交易双方的信用等级都非常高。由于衍生交易信用风险在合约期限内具有变动不确定性的特征，这种风险的产生取决于交易对手的违约概率和信用风险暴露的变动，这对信用风险的管理增加了难度。

3. 流动性风险

流动性风险是指金融衍生产品在金融交易过程中的市场流动性风险和资金流动性风险，由于缺乏合约对手而无法变现或平仓的风险。有些新的金融产品，参与交易者少且市场上的广度和深度不够，一遇到市场剧烈的波动，难以寻找到交易的对手，因此，急需现金时或需要退出这一产品的交易领域时，并不能够实现预期操作，只能眼见损失不断扩大而无法制止。对于那些专门为某个客户特殊需要设计的非标准化产品，如远期、场外交易的互换等，就更难找到交易对手，市场流动性风险更大。在遇到资金流动性紧张时，尽管可能会导致出现大量资产流失的可能，交易方还是可能会大量抛售手中的资产以套取现金；同时交易方为了筹措资金，往往不惜成本融资，促使交易方进一步陷入困境。市场流动性风险的大小取决于合约标准化的程度、市场交易规模和市场环境的变化。

4. 营运风险

营运风险一般包括两大类。一是在日常经营过程中，由于各种自然灾害或意外事故为整个金融机构带来损失的风险；二是由于经营管理上的漏洞，使交易员在交易决策中出现故意的错误或非故意的失误而为整个金融机构带来损失的风险。对于第一类风险它属于一种纯粹风险，一般只能通过保险的方式进行转嫁，它为经营带来损失的风险通常是有限的；而对于第二类风险则属于一种投机风险，不能通过保险的方式转嫁，并且会为金融机构带来巨大的风险损失。经营管理上的漏洞，会使交易员在决策上出现故意的错误，使得金融衍生产品交易损失的规模急剧扩大，为整个金融机构带来的风险往往是一家机构无法避免、无法转嫁也无法承担的，这也成为各个比较典型突出的衍生交易风险事件的共有特征。

5. 法律风险

法律风险是指因为法律或法规不够明确，在交易的过程中不受法律保护，从而使合约的无法履行为交易商带来损失的风险。由于金融衍生产品属于新型的技术工具，在金融领域的各项法律法规都不是很健全，无法可依和无先例可循的情况会时常发生。据有关资料统计，在过去10年中因为金融衍生工具而发生的亏损大约有半数以上来自法律的风险。法律风险的形成，一是衍生合约确认文件不充分，交易对手不具有法律授权或超越授权，合约不符合某些法律规定而致使合约无效；二是交易对方因破产等原因不具清偿能力，对破产方的未清偿合约不能依法进行对冲平仓，从而加大了风险暴露。

金融衍生工具在金融市场交易过程中，市场风险关注的是合约市值的变动以及对冲策略的合理性，信用风险主要是考察风险的暴露以及关注对方违约的概率，营运风险关注的是主观因素造成的风险，而法律风险关心的是合约是否具有实施的保证。在金融活动中，风险的出现通常是多种风险因素共同作用的结果，最终使得金融衍生产品的交易风险不断升级，致使金融活动主体的损失后果极其惨重。价格是金融市场的核心，因而由价格起着主导作用的市场风险在整个风险体系中具有基础性的重要作用。其他风险则是由这种风险引起的结果。市场风险是产生营业风险的直接原因之一，在很大的程度上，正是因为有了市场风险，才出现了流动性风险和信用风险。一般说来，市场风险越大，交易对手的正常资金流量就越容易受到影响，出现流动性困难和不能进行正常支付的可能性就越大。流动性困难会迫使交易对手变卖资产或者高息借贷，从而进一步影响支付能力使违约的可能性增大，信用风险加剧。流动性出现困难和信用风险的增加，又会引起价格产生大幅度的波动，进而扩大市场风险。

对风险的内涵本质特征的认识和对金融衍生工具风险的各种相关因素以及市场风险形态、相互关系的分析研究将有助于揭示金融衍生工具风险的规律，进而提出防范金融衍生工具风险的内部控制和外部监管策略。

（三）金融衍生工具的缺陷

金融衍生工具种类繁多，衍生迅速，据英国《国际银行业专题》在1998年所作的统计，从1972年至1999年27年间，国际金融市场上已知的金融衍生工具已达1200余种。实践已经证明，金融衍生工具的产生、发展和运用，为一些经济发达国家带来了巨大的财富，同样也有大量的事实证明，如果不能正确的驾驭金融衍生工具，控制金融衍生工具的风险，它给人们带来的教训也是十分惨痛的。如1995年英国巴林银行倒闭事件，日本大和银行与住友商社巨亏事件，以及1995年我国上海证券交易所发生的“3.27”国债期货交易事件等。这些事实告诉我们，把握金融衍生工具的内涵，研究金融衍生工具的风险特征，寻求规避其风险的方法，将是摆在我们广大经济工作者面前的一项长期而艰巨的任务。金融衍生工具的风险之所以产生，原因较多，但其自身也存在着先天的缺陷。

首先，金融衍生工具的杠杆效应对基础证券价格变动极为敏感，基础证券的轻微价格变动会在金融衍生工具上形成放大效应。

其次，许多金融衍生工具设计上实用性较差，不完善特性明显，投资者难以理解和把握，存在操作失误的可能性。

第三，金融衍生工具集中度过高，影响面较大，一旦某一环节出现危机会形成影响全局的“多米诺骨牌效应”。

【专栏2-4】　节选《信息不对称与金融衍生工具风险形成》

尽管金融衍生产品的品种和种类纷繁芜杂、琳琅满目，但是，它们都是虚拟资本的表现形式。金融衍生交易是一种以契约为基础的交易，这种交易是以信用制度的发展为前提的。现代经济学的研究表明，在这种契约关系中普遍存在着逆向选择和道德风险等信息不对称问题。通过分析，这里认为在衍生交易中主要存在着四个方面的信息不对称问题：

1. 衍生工具交易公司内部所有者和经理层之间存在的信息不对称问题

这种信息不对称一方面意味着股东雇佣的经理或交易员可能并不像他们自己声称的那样有才能，经理和交易员的真实才能只有他们自己才清楚；另一方面意味着经理和交易员会以自己利益最大化作为行动标准，而不是把股东利益作为最高准绳。

因而衍生交易公司的经理或交易员能力上的不胜任和行为目标的偏离可能带来衍生交易的巨大风险。

值得注意的是，随着衍生品市场的发展，金融衍生品日益复杂，尤其是在场外交易市场（OTC）上，一些大型金融机构应客户的特殊需要专门设计的金融衍生品，技术的复杂化、交易的非公开化使得道德风险更难以控制和消除。

在我国金融衍生交易试点过程中，投机活动极为猖獗，并直接导致了部分试点工作的被迫终止。这其中固然与市场制度和规则不健全、监管乏力有关，更为关键的原因在于我国参与衍生交易的机构内部存在严重的道德风险倾向。我国的国有企业、集体企业以及部分股份制企业的现代企业制度建设不到位，产权关系不明晰，存在明显的“内部人控制”现象。当国有企业或集体企业进入金融衍生市场时，代理问题突出表现在企业过度的风险承担行为。由于企业资产的所有者和资产的使用者，以及资产使用者和交易操作者之间存在着信息不对称问题，企业资产使用者和交易操作者便会出现道德风险问题。把正常的衍生交易转变为过度投机行为成为企业经营者的理性选择。如果投机成功，企业经营者（经理和职工）可以从中得到极大的好处，比如奖金的增加或者地位的升迁等；如果投机失败，他们可以将失败的原因归结为市场不景气等客观因素而溜之大吉。

2. 衍生工具交易者之间存在的信息不对称问题

交易者之间的信息不对称问题也有两种情况：一种是双方签约前一方交易者不具备从事衍生交易的资格或者不具备相应的信用等级，但是它却声称自己具备交易的条件，这种隐藏信息的行为也就是衍生交易者之间的逆向选择问题。另一种是在双方签约以后，一方从事风险过高的投资或投机行为导致亏损，从而使全部或部分合约无法得以履行，这是衍生交易者之间的道德风险问题。衍生交易者之间的信息不对称问题使交易者面临严重的信用风险（Credit Risk），或者称对手风险（Counterparty Risk）。

交易所衍生产品（包括期权、期货等）是在交易所内以标准化合约的形式进行交易的衍生工具。由结算公司充当所有投资者的交易对手，而结算中心通过一套严密的制度安排大大降低了衍生交易的信用风险。然而，这种制度安排本身又引发了另一方面的风险。在这种交易中，结算公司充当所有买者的卖者和所有卖者的买者，投资者在风险防范方面便会出现搭便车行为，会忽视对对手的信用评估和调查，使所有的信用风险全部集中到结算公司。一旦结算公司出现问题，势必危及整个衍生交易体系的安全。投资者在风险防范方面的搭便车行为就其实质来看也是一种道德风险行为。场外衍生产品不在交易所内进行，交易双方都必须对对手的信用情况进行调查和评估，并且自担信用风险。这种交易的信用风险明显大于交易所衍生产品的信用风险。

在金融衍生市场上，机构交易者拥有雄厚的资金、高智商的人才和先进的信息收集与分析工具，在信息收集和分析等方面比散户投资者具有明显的优势。机构交易者必然会利用自身的信息垄断地位，一方面隐藏自身拥有的真实信息，并利用这一信息优势获利；另一方面采取各种措施散布虚假信息，引诱散户投资者上当受骗，从金融衍生工具价格的反常波动中牟取暴利。

3. 经纪机构与衍生工具交易者之间的信息不对称问题

经纪机构对自身的交易设施、员工素质、资信水平及服务规程等方面的情况了解得更为全面；而交易者则无法低成本地得知上述各个方面的信息。在经纪机构和衍生交易者之间便会出现所谓的“柠檬问题”。交易者不能确切知道经纪机构真实的服务质量（这里的“服务质量”用以代指经纪机构的交易设施、员工素质、资信水平及服务规程等方面综合水平），只能凭借经验知道经纪机构服务质量的分布函数，进而推知所有经纪机构的平均服务质量。交易者便用这个平均服务质量代表它所面对的任何一个经纪公司的服务质量，并愿意按平均服务质量支付佣金（经纪公司的服务费）。这样一来，低质量的经纪机构愿意提供经纪服务，而高质量的经纪机构因为不能获得平均利润只得退出这一行业，或者主动降低自身的服务质量。经纪行业里剩下的经纪机构都是低质量的公司，这将使交易者进一步降低对经纪机构服务质量的预期。直至最后，经纪行业里只能剩下服务质量最差的经纪公司，出现了“劣币驱逐良币”的现象。

4. 交易者、经纪机构与衍生交易监管者之间的信息不对称问题

交易者对自身的行为和信用状况的信息肯定多于监管者所拥有的信息。监管者要想使交易者吐露自己的私人信息必须支付一定的成本。监督成本的存在意味着监督是不完全的，而且总是事后的。经纪机构为了吸引客户，会放松对客户的要求和管理，甚至与客户合谋从事过度投机行为，违反监管机构的有关规定。

当衍生产品公司的经理人和公司所有者的目标不一致时，从事衍生交易的机构便有着过度承担风险的道德风险的激励。

如果冒险成功风险资产为经理人挣得更多的收益。如果失败公司所有者承担全部损失。如果衍生产品公司所有者获取公司风险活动的信息很容易，他们在公司过度冒险时会对经理人的行为进行约束，经理人很可能减少其风险活动。但是获取公司经营活动的准确信息是一项艰难的事情，因此大多数所有者没有能力强加那些用于防止衍生产品公司从事风险活动的限制到经理人身上。金融衍生市场是一个创新思想不断涌现的市场，新的衍生产品层出不穷，这些新的产品很多是为了规避现有的金融制度和管制安排。因而衍生市场的监管难度就更大，因监管不力而导致的倒闭事件和风险问题不胜枚举。

（作者为南京大学商学院孙宁华、经济学博士，http：//www.788111.com/html/news1/2005—09—26/00000000100010mnft.html）

【案例2－1】　金融衍生交易案例分析——“中航油事件”

（一）“中航油事件”回顾

2003年下半年：中国航油公司（新加坡）（以下简称“中航油”）开始交易石油期权（Option），最初涉及200万桶石油，中航油在交易中获利。

2004年一季度：油价攀升导致公司潜亏580万美元，公司决定延期交割合同，期望油价能回跌；交易量也随之增加。

2004年二季度：随着油价持续升高，公司的账面亏损额增加到3000万美元左右。公司因而决定再延后到2005年和2006年才交割；交易量再次增加。

2004年10月：油价再创新高，公司此时的交易盘口达5200万桶石油；账面亏损再度大增。

10月10日：面对严重资金周转问题的中航油，首次向母公司呈报交易和账面亏损。为了补加交易商追加的保证金，公司已耗尽近2600万美元的营运资本、1.2亿美元银团贷款和6800万元应收账款资金。账面亏损高达1.8亿美元，另外已支付8000万美元的额外保证金。

10月20日：母公司提前配售15%的股票，将所得的1.08亿美元资金贷款给中航油。

10月26日和28日：公司因无法补加一些合同的保证金而遭逼仓，蒙受1.32亿美元实际亏损。

11月8日到25日：公司的衍生商品合同继续遭逼仓，截至25日的实际亏损达3.81亿美元。

12月1日，在亏损5.5亿美元后，中航油宣布向法庭申请破产保护令。

（二）案例剖析——分析风险形成

中航油（新加坡）在这场腥风血雨中其实从一开始就种下了毁灭的种子，因为其从事的期权交易所面临的风险敞口是巨大的。就期权买方而言，由于风险一次性锁定，最大损失不过是业已付出的期权费，但收益却可能很大（在看跌期权中）甚至是无限量（在看涨期权中）。相反，对于期权卖方收益被一次确定了，最大收益限于收取买方的期权费，然而其承担的损失却可能很大（在看跌期权中），以致无限量（在看涨期权中）。至于在信用风险与流动性风险等方面期权合约与期货合约大致相似，只是期权风险可能还会涉及更多的法律风险与难度更大的操作风险。中航油（新加坡）却恰恰选择了风险最大的做空期权。

期权交易本身的高风险性使没有任何实践经验的中航油暴露在市场风险极高的国际衍生交易市场中。国际上，期权的卖方一般是具有很强市场判断能力和风险管理能力的大型商业银行和证券机构，而中航油（新加坡）显然不具备这种能力。由于中航油（新加坡）公司从事的是场外期权交易（即OTC交易），交易双方都必须承担比交易所衍生品交易更大的信用风险，然而中航油（新加坡）的交易对手却是在信息收集和分析技术方面占绝对优势的机构交易者，其必然会充分利用自身的信息垄断地位来获利，几乎将信用风险全部转嫁到中航油（新加坡）身上。加上中航油所雇用的交易员竟全是外籍交易员，机密全部暴露，营运风险加剧，在这种强势对手面前，公司无疑处于绝对劣势地位。总裁陈久霖的贪婪心理导致了公司严重违规操作面临一系列的法律风险，因为其从事的石油期权投机是我国政府当时命令禁止的。1999年6月，国务院发布的《期货交易管理暂行条例》规定："期货交易必须在期货交易所内进行。禁止不通过期货交易所的场外期货交易。""国有企业从事期货交易，限于从事套期保值业务，期货交易总量应当与其同期现货交易量总量相适应。"2001年10月，证监会发布的《国有企业境外期货套期保值业务管理制度指导意见》规定："获得境外期货业务许可证的企业在境外期货市场只能从事套期保值交易，不得进行投机交易。"中航油的期权交易远远超过远期套期保值的需要，属于纯粹的博弈投机行为。

（三）深层原因分析——总结经验教训

一个因成功进行海外收购曾被称为"买来个石油帝国"的企业，却因从事投机交易而造成5.54亿美元的巨额亏损而倒闭；一个被评为2004年新加坡最具透明度的上市公司，其总裁却被新加坡警方拘捕，接受管理部门的调查；中国苦心打造的海外石油旗舰遭遇重创，中国实施"走出去"战略受到延误……造成这一切美梦破灭的原因到底是什么？联系前面提出的观点，可以将此次事件归结为以下三点。

1. 管理层风险意识淡薄

企业没有建立起防火墙机制，即在遇到巨大的金融投资风险时，仍没有及时采取措施，进行对冲交易来规避风险，而是在石油价格居高不下的情况下采用挪盘的形式，继续坐等购买入行使买权，使风险敞口无限量扩大直至被逼仓。正如前面所提到的，公司财务部在面临这种风险威胁时应当发挥其作用，必需获得独立监控金融业务部门资金出入和头寸盈亏的权力，在亏损突破止损限额后直接向董事会报告，并停止为亏损头寸追加保证金，在风险已经显露时及时筑起一道防火墙，规避市场风险。另外，事实上公司是建立起了由安永会计事务所设计的风控机制来预防流动、营运风险的，但因为总裁的独断专行使得当公司在市场上“血流不止”的时候，该机制完全没有启动，造成制定制度的人却忘了制度对自己的约束的局面，那么就有必要加强对企业高层决策权的有效监控，保障风控机制的有效实施。

2. 企业内部治理结构存在不合理现象

此次惨痛损失“归功”于一人，那就是中航油总裁，曾被《世界经济论坛》评选为“亚洲经济新领袖”的陈久霖，原因在于手中权力过大，绕过交易员私自操盘，发生损失也不向上级报告，长期投机违规操作酿成苦果。而在“一人集权”的表象下也同时反映了公司内部监管存在重大缺陷。中航油新加坡公司有内部风险管理委员会，其风险控制的基本结构是：实施交易员—风险控制委员会—审计部—CEO—董事会，层层上报，交叉控制，每名交易员亏损20万美元时，要向风险控制委员会汇报，亏损37.5万美元时，要向CEO汇报，亏损达50万美元时，必须平仓，抽身退出。从上述架构中可以看出，中航油（新加坡）的风险管理系统从表面上看确实非常科学，可事实并非如此，公司风险管理体系的虚设导致对陈久霖的权利缺乏有效的制约机制。

另外，在信息披露方面，中航油集团也没有向投资者披露公司所面临的真实的财务风险。这次实际操作中，损失直达5亿多美元时，中航油（新加坡）才向集团报告，而批准中航油（新加坡）套期保值业务的集团，在事发后私下将15%股权折价配售给机构投资者，名义是购买新加坡石油公司的股权，事实上这笔1.08亿美元的资金却贷给了中航油（新加坡）用于补仓。令人惊讶的是，中航油（新加坡）在2004年11月公布的第三季度财务状况中依然作出下列判断：“公司确信2004年的盈利将超过2003年，达到历史新高。”此行为不仅没有“亡羊补牢”，反而用一个新错误去填补了一个旧错误。

3. 外部监管失效

至2004年10月10号，中航油已经纸包不住火，不得不向集团开口之前，它所从事的巨额赔本交易都从未公开向投资者披露过，上市公司的信息披露义务已然成了可有可无的粉饰手段，使得外部监管层面的风险控制体系也成为一种摆设。1998年国务院曾颁布《国有企业境外期货套期保值业务管理办法》，其中规定，相关企业不但需要申请套期保值的资金额度以及头寸，每月还必须向证监会以及外管局详细汇报期货交易的头寸、方向以及资金情况。显然，中航油并没有这样做。中国证监会作为金融期货业的业务监管部门对国企的境外期货交易负有监管责任，那么，在内控制度缺失的情况下，作为最后一道防线，外部监管的重要性是不言而喻的，但中航油连续数月进行的投机业务竟然没有任何监管和警示，也暴露出当时国内金融衍生工具交易监管的空白。此外，国际金融监管加强合作也是一种趋势，若此次事件中，中国和新加坡两国监管部门可以密切及时地合作，相信至少也能将损失控制在最低范围内了。

从以上案例不难看出，金融衍生工具交易中形成的风险足以给一个庞大的机构造成致命的冲击。中航油整起事件与他的内部控制制度不健全，高层管理者严重越权违规操作，公司内部监管和审查机制都没有发挥应有的作用不无关系。因此，结合案例我们可以发现，由于衍生工具本身的复杂和创新性使得任何单方面的风险控制措施都不能有效的降低交易风险，所以针对不同工具事先做好风险监控、建立一个全面有效的内控机制、再加大加强政府外部监督监管措施，对于金融衍生交易市场能够正常运作、防范个体风险影响整个市场是十分必要的。

本章小结

本章主要对债券、股票、基金、金融衍生工具等进行了较为详尽的阐述。债券是社会各类经济主体为筹措资金依照法定程序发行，承诺在一定期限内还本付息的有价证券。即证明债券持有者在一定期限内取得利息和本金的权利，它表示的是一种借贷关系。债券是反映发行者和投资者之间的债权债务关系的法律凭证，其中发行者是资金的借入主体即债务人，投资者是资金的借出主体即债权人。股票是由股份公司发行的证明投资者资本所有权和收益权的证书。它是股份有限公司公开发行的用以证明投资者的股东身份和权益，并据以获得股息和红利的可以流通转让的有价证券。股票包括三个基本要素：发行主体（股份有限公司）、股份、持有人（股东）。证券投资基金（Securities Investment Fund，简称投资基金）是一种利益共享、风险共担的集合证券投资方式，是它通过发行基金单位（或称为基金券、基金份额，即基金受益凭证），集中不确定多数投资者的资金，由基金托管人托管，由专业性投资机构（基金管理人）管理，投资机构根据与客户商定的最佳投资收益目标和最小风险，把集中的资金再适度并主要投资于各种有价证券和其他金融工具，以获得投资收益和实现资本增值。金融衍生工具的产生是生产力水平发展到一定阶段的必然产物。社会分工不断细化使交换行为的频度大为提高，形式日渐复杂。

关键概念

证券　货币证券　商品证券　资本证券　有价证券　政府债券　金融债券　股票　证券投资基金　契约型基金　公司型基金　封闭式基金　开放式基金　金融衍生工具

本章思考题

1. 有价证券的特征有哪些？
2. 债券包括哪些基本要素？
3. 债券的特征有哪些？
4. 简述股票的性质。
5. 股票具有哪些特征？
6. 普通股持有者拥有的基本权利有哪些？
7. 优先股的优先权表现在哪些方面？
8. 证券投资基金与股票、债券的关系如何？
9. 简析投资基金的功能。
10. 证券投资基金具有哪些属性？
11. 封闭式基金和开放式基金有哪些区别？
12. 金融衍生工具含义及其风险。

Part Three

第三篇 市场运行篇

- 第三章　证券市场概论
- 第四章　证券发行市场
- 第五章　证券交易市场
- 第六章　证券价格的决定
- 第七章　证券价格与价格指数

第三章

证券市场概论

本章学习重点

证券市场的含义、基本特征与功能；证券市场的分类。

在发达的市场经济中，证券市场是完整的市场体系的重要组成部分，是资本市场的基础和主体，它不仅反映和调节货币资金的运动，而且对整个经济的运行具有重要影响。

第一节　证券市场的含义与功能

一、证券市场的含义与基本特征

证券市场是指有价证券的发行与流通以及与此相适应的组织与管理方式的总称。证券市场作为资本市场的基础和主体，通常包括证券发行市场和证券流通市场。证券市场使得各种证券投资客体具有流通性和变现性，满足了筹资者与不同投资者的不同需要，是资金供求的中心。

证券市场与一般商品市场相比，具有以下基本特征：

(1) 证券市场的交易对象与一般商品市场不同。证券市场的交易对象是股票、债券等有价证券，它们本质上是价值的一种直接表现形式；而一般商品市场的交易对象是各种具有不同使用价值的商品，是价值的间接表现。股票、债券等有价证券作为证券市场的交易对象具有筹资、投资、保值等多重市场职能；而一般商品市场上的交易对象则只能用于满足人们的某种特定需要。

(2) 证券市场的交易价格与一般商品市场不同。证券市场实际上是财产权利的直接交换场所，其实质是所有权让渡的市场评估，或者说是预期收益的市场货币价格，与市场利率关系密切；而一般商品市场的商品价格，其实质是商品价值的货币表现，它取决于生产商品的社会必要劳动时间。

(3) 证券市场的风险与一般市场不同。首先有价证券在转让收益权的同时也把该证券所特有的风险转让出去，证券市场是一个风险交换的场所，所以证券市场的风险较大，具有波动性和不可预期性；而一般商品市场的风险很小，波动较小，市场前景具有较大的可测性。

二、证券市场的兴起与发展

证券市场是市场经济不断发展的产物，形成于自由资本主义时期，信用制度的深化和股份公司的产生，是证券市场形成的基础。

股份公司通过发行股票向社会公开募集资金，建立起规模庞大的企业。股票在社会上的发行和流通，为证券市场的诞生、发育和发展奠定了基础。证券市场的出现，除有赖于股份公司的存在外，还有赖于信用制度的发展。

产生于17世纪晚期的证券市场，到19世纪末在一些主要资本主义国家已初具规模。

在20世纪头30年，证券市场处在高速发展阶段，证券发行量剧增，1921—1930年全世界有价证券的发行额比1890—1900年增加近五倍。这一时期，有价证券结构也起了变化，占主要地位的已经不是政府发行的公债，而是股票和公司债券。据统计，1900—1913年发行的有价证券中，政府公债占证券发行总额的40%，而企业股票和公司债券60%。1929—1933年，资本主义世界爆发了最严重的经济危机，危机的前兆是股市暴跌，大企业纷纷向银行挤兑现金，使大批银行破产，接踵而至的是全面的经济危机。之后，整个资本主义经济又经历了近九年的大萧条，严重影响了证券市场发展。危机过后，证券市场一直处在萧条中。在第二次世界大战及战后恢复时期，各国除公债大量发行外，证券业一直不见生机。

进入20世纪50年代后，证券市场开始复苏，并再度获得了令世人瞩目的发展。证券市场出现了高度繁荣的局面，证券市场的规模不断扩大，证券交易也越来越活跃。

二战后迄今，证券市场也出现了一些新的趋势，主要表现在：

1. 证券工具和业务内容的丰富化

在金融创新的推动下，证券投资工具不断花样翻新，股票和债券的种类、名目不断增加。如出现了投资者可以分期付款的“分期股票”、“分期债券”，利率可以调整的“浮动利率债券”；可以按一定价格购买一定股票的“附认股权债券”；还有的“复合证券”、“综合证券”、“指数证券”、“期权交易”等。这些新证券商品问世的历史背景是20世纪70年代国际固定汇率体制的崩溃和浮动汇率体制的确立，西方主要国家通货膨胀加剧，市场利率急剧上升，金融业和证券业竞争日益激烈，以及市场管制的放松和金融交易的国际化、自由化。在国际金融形势发生变化的条件下，投资者对证券资产的需求大大膨胀的。他们需要获得具备各种不同职能的新证券工具，或者能减少风险，或者能保值。筹资者为了吸引顾客，降低成本，扩大交易，减少风险，增加收益，将五花八门、迎合不同口味、满足不同需要的新证券不断推出，从而提高了经营的灵活性、应变性，增强了证券市场的活力。

2. 管理手段现代化

随着新技术革命的发展，证券市场形成了建立在信息技术基础上的高度网络化系统，突出体现为电子计算机在证券业务处理中普及应用。目前世界上主要的金融中心都已用电脑、卫星通信和电讯网络相联系，手工操作基本由现代化手段代替，证券交易也经由互联网完成。现代化手段的普及应用，大大提高了证券交易的范围、数量、速度和准确性。

3. 证券市场国际化

各国证券交易组织之间业务往来与协作关系日益密切，一国企业早已迈出国门在另一个国家的证券市场上融资，投资者的投资眼光也开始放眼世界。

4. 证券市场活动出现自由化

这一点在 20 世纪 70 年代以来体现得尤为充分，集中反映在政府对证券市场的某些传统限制被取消，如允许一般商业银行经营某些证券业务，取消委托手续费最低限额制，更多地强调证券组织的自律管理而弱化行政干预等。

三、证券市场的地位与功能

（一）证券市场的地位

首先，证券市场是金融市场的一部分，因此也是社会主义市场体系中的重要组成部分。作为金融市场的重要组成部分（见图 3－1），证券市场在金融市场体系中居于重要地位。在不同的社会制度、经济基础和文化传统背景下，证券市场在金融市场中的地位不同。在发达国家，股票和债券是金融市场上最主要、最活跃的金融资产，证券市场的交易覆盖了整个金融市场，是金融市场最重要的组成部分。但是，中国的金融市场有其独特的形成与发展模式，在中国金融市场从萌芽到初步形成的阶段，证券市场并没有充当首要角色，而是以银行同业拆借市场为主，证券市场、票据贴现市场、外汇调剂市场为辅。同时，与发达国家金融市场所不同的是，金融市场的四大子市场——货币市场、资本市场、外汇市场和黄金市场都各自服务于某一特定的领域，有着不可替代的作用。因此，中国证券市场不可能覆盖社会经济的各个方面。在中国未来的金融市场模式中，证券市场只能与其他市场同步协调发展。

- 金融市场
  - 货币市场
    - 承兑贴现市场
    - 拆借市场
    - 短期政府债券市场
  - 资本市场
    - 储蓄市场
    - 证券市场
      - 发行市场（一级市场）
      - 交易市场（二级市场）
    - 长期信贷市场
    - 保险市场
    - 融资租赁市场
  - 外汇市场
  - 黄金市场

图 3－1　金融市场体系

其次，作为直接融资市场，证券市场是国民经济发展中的重要环节。1998 年，江泽民在为《证券知识读本》作批语时明确指出：“实行社会主义市场经济，必然会有证券市场。建立发展健康、秩序良好、运行安全的证券市场，对我国优化资源配置、调整经济结构、筹集更多的社会资金、促进国民经济的发展具有重要作用。”在过去的十几年里，证券市场为国民经济建设筹集了大量资金，对推动国有企业改革、建立现代企业制度、促进经济结构的调整、支持国民经济的增长起到了重要的作用，是国民经济发展中的重要环节之一。

(二) 证券市场的功能

证券市场是市场经济中一种高级的市场组织形态，是市场经济条件下资源合理配置的重要机制。证券市场的产生与发展适应了社会化商品经济发展的需要，同时也促进了社会化大生产的发展。它不仅可以推动本国经济的迅速发展，而且对国际经济一体化具有深远的影响。世界上不少证券市场已发展成为国际著名的金融中心。

1. 证券市场是筹集资金的重要渠道

筹集资金是证券市场的首要功能。证券市场为资本所有者自由选择投资方向和投资对象提供了十分便利的活动舞台，而资金需求者也冲破了自有资金的束缚和对银行等金融机构的绝对依赖，有可能在社会范围内广泛筹集资金。发行有价证券，建立证券市场，通过直接信用方式筹集资金成为最有效的运行机制。

证券市场为资金需求者和资金供给者提供了一种良好的机制和场所，可在较短时间内迅速筹集到巨额资金，符合市场经济运行的需要。资金盈余者在证券市场上进行证券投资，一般都能获得高于储蓄存款利息的收益。对于证券发行的经济主体来说，通过证券市场可以筹集到一笔可观的资金，弥补了自有资金的短缺，有利于迅速增强公司实力。

2. 证券市场是资源合理配置的有效场所

证券市场的资本配置功能是指通过证券价格引导资本的流动方向而实现资本合理配置的功能。在证券市场上，证券价格的高低是由该证券所能提供的预期报酬率的高低来决定的。一般来说，能提供高报酬率的证券来自于那些经营状况好、发展潜力巨大的企业，或是来自于新兴行业的企业。由于这些证券的预期报酬率高，因而其市场价格也相应较高，从而其筹资能力就强。这样，证券市场就通过价格机制引导资本流向能产生高报酬率的企业或行业，从而使资本发挥尽可能高的效率，实现资本的合理配置。

随着证券市场的完善和发展，其对产业结构调整的作用大大加强；同时得到发展的产业结构又成为证券市场的组织结构、交易结构及规模结构的经济载体，促进了证券市场的发展。

3. 推动产业结构调整

从动态上讲，产业结构的变动，表现为部门的产值比重和就业比重的变化。一些产业部门的产值比重增大了，另一些产业部门的产值比重缩小了；一些部门的就业比重增大了，另一些部门的就业比重缩小了。如果从产业发展的角度讲，那么产业结构变动还表现为一些新产业部门的产生，并由此引起的产业间的产值比重和就业比重的变化。但在这些产业结构变动形态的背后，实质上是生产要素在部门间流动的问题。正是由于生产要素的部门间转移和流动，改变了产业间的生产能力结构，才使部门的产值比重和就业比重发生变化。因此，产业结构变动实质上是生产要素部门配置结构和部门生产能力结构的变动。产业结构变动的核心问题，就是生产要素的部门转移（包括增量和存量转移）和重新结合。然而，生产要素（特别是资产）的部门转移往往会受到两方面的障碍：一方面是资产实物形态的部门转移障碍，由于各部门生产的产品不同，其生产技术和生产工艺以及与此相适应的生产装备也不同，因而除了少数通用设备外，大部分专业性生产装备难以在部门间转移；另一方面是资产部门转移的进入障碍。这两方面的障碍大大降低了资产的流动性，影响了生产要素在部门间的转移和重组，从而对产业结构变动起着制约作用。

证券市场的出现，在很大程度上削弱了生产要素部门间转移的障碍。因为在证券市场中，企业产权已商品化、货币化、证券化，资产采取了有价证券的形式，可以在证券市场上自由买卖。这就打破了实物资产的凝固和封闭状态，使资产具有最大的流动性。一些效益好、有发展前途的企业可根据社会需要，通过控股、参股方式实行兼并和重组，发展资产一体化企业集团，开辟新的经营领域。另外，在证券市场上，通过发行债券和股票广泛吸收社会资金，其资金来源不受个别资本数额的限制。这就打破了个别资本有限难以进入一些产业部门的障碍，有条件也有可能筹措到进入某一产业部门最低限度的资金数额。

因此，在市场经济的社会系统中，生产要素部门间的转移和重组，其核心问题是资金的流动性。资金在部门间的流动和重新积聚，带动其他生产要素的部门转移和重组。如果资金流动性差，其生产要素的部门转移就比较困难。然而，资金流动性在很大程度上取决于融资渠道。证券市场作为一种直接融资渠道，大大提高了资金流动性，为资金流动带动其他生产要素部门转移提供了广阔的可能性空间。可见，证券市场与产业结构调整的关系，就在于它使资产证券化，从而有助于生产要素在部门间的转移和重组。

4. 证券市场是一国实施宏观调控的场所

从宏观经济角度看，证券市场不仅可以有效地筹集资金，而且还有资金“蓄水池”的作用和功能，这种“蓄水池”是可调的。各国中央银行正是通过证券市场这种“蓄水池”的功能来实现其对货币流通量的宏观调节，以实现货币政策目标。

当社会投资规模过大，经济过热，货币供给量大大超过市场客观需要的货币量时，中央银行可以通过在证券市场上卖出有价证券（主要是政府债券），以回笼货币，紧缩投资，平衡市场货币流通量，稳定币值；而当经济衰退，投资不足，市场流通因货币供给不足而呈现出萎缩状态时，中央银行则通过在证券市场上买进有价证券（主要是政府债券），以增加货币投放，扩大投资，刺激经济增长。

5. 分散转移投资风险

资金和风险经常是“捆绑”在一起，同时通过金融体系转移的，所以资金通过证券市场转移的同时，风险也在转移。证券市场上还有一些金融产品，本身不是为了转移资金而更主要地是为了转移风险而设计，例如期货、期权等衍生金融产品。证券市场具备强大的信息处理和资产定价功能，其交易的产品又具备良好的流动性、较低的交易成本、很高的财务杠杆、资金容量大等特性，可以很方便地构造各种投资组合，达到特定的风险管理目标。如果投资组合现金流是用来对冲原有资产风险暴露的现金流，构成的就是风险对冲组合；如果投资组合现金流进一步加大了原有资产的风险暴露，则构成的就是投机交易组合。由此，将风险通过市场进行分散，并转移出去。

6. 证券市场有利于证券价格的统一和定价的合理

证券交易价格是在证券市场上通过证券需求者和证券供给者的竞争所反映的证券供求状况所最终决定的。证券商的买卖活动不仅由其本身沟通使买卖双方成交，而且通过证券商的互相联系，构成一个紧密相连的活动网，使整个证券市场不但成交迅速，而且价格统一，使资金需求者所需要的资金与资金供给者提供的资金迅速找到出路。证券市场中买卖双方的竞争，易于获得均衡价格，这比场外个别私下成交公平得多。证券的价格统一、定价合理，是保障买卖双方合法权益的重要条件。

7. 证券市场有利于国有企业转变机制

（1）企业产权结构的变化。在传统经济体制下，国有企业的经济运行具有行政权、所有权和经营权“三权”合一，高度集中、产权结构单一化的特点，企业产权关系没有理顺，企业产权主体不明确，缺乏人格化的所有权代表，从而企业也没有真正的经营自主权，难以从根本上解决搞活企业的问题。

证券市场建立和发展以后，企业介入证券市场，从各方筹集资金，必须要触及企业的产权关系，突破过去“三权”合一、高度集中和企业产权结构单一化的状况。在明确企业作为产权主体及其产权关系的基础上，严格界定企业的责、权、利以形成企业自主经营机制，从根本上解决政企职责不分和企业发展中的财产、利益约束问题。现代企业制度明确规定拥有全部法人财产权，实行现代企业制度的企业，应该是出资者（及其代表）、经营者、生产者主要以产权关系为纽带而有机结合的完整经济实体。企业以全部法人财产独立享有民事权利，承担民事责任，依法自主经营、自负盈亏，对出资者承担资产保值增值的责任。国有资产的出资者及其他出资者，均按持股比例依法享有股东权益，包括资产受益、重大决策和选择管理者等权利，以出资额为限对企业债务承担有限责任。

企业作为法人财产权代表介入证券市场，通过证券市场发行企业债券和股票，从本企业职工和企业外的社会直接筹集资金，改变了过去企业资金靠财政拨款和银行贷款的来源结构，既减少了企业吃国家财政和银行“大锅饭”的依赖，又可以促进企业自主经营机制的形成。尤其是改组后的股份制企业，是一种不同于计划经济下的产权组织形式，它促进了“三权”分离和企业自主经营，实现产权的人格化和多元化。

（2）企业经营决策权的变化。企业介入证券市场，尤其是企业发行股票进行股份制改造，必然会促使原始产权和企业法人产权的分离，确立企业法人制度。企业法人制度就是企业对所支配、运营的资产拥有占有权，赋予企业以占有和支配主体的地位，使企业形成责权利完整统一的独立产权。它是企业享有自主经营权的物质基础，其目的是使企业不再是上级决策的被动执行者，而成为自主经营、自负盈亏的商品生产经营者，成为面向市场的产权主体。企业法人制度的确立，使企业能根据提高资产经营效益的需要，自主决定经营资产的出让、更新、技术改造，调整资产的实物形态和结构，实现资产的最优组合。

对于企业来说，发行证券和介入证券市场，是一种筹集资金和转变经营机制的行为，企业必然要经历筹资决策与投资决策的全过程。企业通过筹资决策和投资决策，采取最为科学有效的方法，在证券吸引力与筹资成本之间寻求一种合理的均衡；在经营风险与经济利益之间寻求一种合理的均衡。这就是说，企业通过经营决策，寻求最优的资金结构，在保证证券能售出而及时筹足所需资金的前提下，尽量减少企业的筹资成本和经营风险，获取最大的经济利益。

（3）企业规模和重组的变化。证券市场的发展，拓宽了企业的筹资渠道，企业通过发行债券和股票，以直接融资形式去筹集资金，由于债券的投资者不能在债券到期前向企业索回本金，股票的投资者不能退股，因而比银行贷款更具有长期性和稳定性的特点。同时，在证券市场上，企业直接筹集到的社会闲散资金，有利于弥补企业资金不足的缺陷，解决企业资金分散占有与集中需要的矛盾。由于它不受社会财富增长的限制，只是改变社会资金各个组成部分的组合；同时，它不受资金所有者资金数量的限制，既可吸收大额资金，也可吸收一般职工的小额资金，并且不受资金所有者身份的限制，不论是自然人还是法人，不论是企业还是其他各种社会团体，不论是本地的还是外地的、本国的还是外国的，都可以购买证券，因而能迅速地筹集到大笔资金，以满足新建企业和重大成套项目的资金需要。尤其是用股票集资，具有“用内资不举内债”、“用外资不举外债”的功效，可以满足社会经济效益好的企业技术改造和经营规模扩展的资金需要。特别是一些社会效益好的企业，通过组建股份制企业和向证券市场投资，向其他企业控股或参股，可支配比自身资产更大的资产，取得资金运用上的放大效应和整体效应。因为这类企业聚集和发挥了多家企业的资金、技术、人才和设备的群体优势，通过内部的规划协调和专业化分化，围绕市场需要，发展名特优产品，迅速地扩大生产能力，进行大批量专业化生产，达到适度的规模经济，降低了成本，从而提高了规模经济效益。同时，这类企业还可以通过技术、物资、信息的合作交流，增强技术改造、技术开发和配套能力，加快产品升级换代，扩大产品出口，参与国际市场竞争，扩展国外市场阵地，增加出口创汇，实现企业自身和群体的更大经济效益。

证券市场的发展，还使所有权采取有价证券的方式进入市场，使企业产权货币化和商品化，不仅在技术上解决了实物形式资产转让中的各种困难，而且可以打破所有制、地区和行政隶属关系的界限，按照生产社会化的要求实现生产要素的合理流动，达到生产要素和企业的优化配置、互补组合的需要。具体地说，证券市场的发展，股票在证券市场上流通，可以打破资产的凝固状态，使资产运动起来，形成一种合理调整资产和使生产要素重组的机制。因为证券市场的发展和产权的商品化，资产双重形式的存在，使得企业能够转让资产的实物形式或者贷出资产的价值形式。在这个过程中，仅仅是实物形式资产在不同产权主体之间的转移，而不发生价值形式资产的流失。所以，证券市场的发展，能促进资产存量的调整和重组。同时，企业盈利现状和前景会在证券市场的股票价格上较快地反映出来，为资源合理流动和重组提供了指示器，从而有助于资产由经济效益低的企业向经济效益高的企业转移，有助于产业结构趋于合理，有助于使企业能在经济利益协调的基础上实现转让、合并、改组和重建。

（4）企业产权约束的变化。股票投资由于投资主体不同，如国家、法人单位、个人作为投资主体，形成国家股、法人股、个人股，从而形成对企业多层次的约束。这种多层次的约束机制，是建立在各投资主体对企业行为和利益的关联性之上的。也就是说，各投资主体约束企业行为的内在动因是基于对自身经济利益的维护。这种约束机制的作用表现在：投资主体重视和维护自身利益，使它们密切关注企业行为和经营效果；各投资主体直接代表了各方的利益，各层次的相互约束能形成一个有机统一的制衡整体，并通过合理的权力分配和利益分配使各方处于平等地位；由于各投资主体的约束权限直接产生于其持有股票的数量，因而各投资主体对企业行为的制约能力与其股票额基本相适应，既有利于体现各投资主体的约束能力，又有助于强化它们实施约束行为的责任，防止不正当的制约。

国有资产管理机构和投资经营机构代表国家行使所有权，是对企业起重大制约作用乃至决定性作用的主要约束力量。这一机构约束企业行为的出发点，主要是保证企业国有资产的增值，保证国家股股利收入和财政收入的稳定增长。同时，这一机构在执行国有资产所有者的职能和约束企业行为的过程中，还要考虑到宏观调控、产业结构调整和资源优化配置的要求。

企业之外的其他股票持有者对企业也有约束作用。广泛分散于社会的股东，包括法人单位股和个人股的股东，不仅可采取用“手”投票的方式，而且可更多地采取用“脚”投票的方式，即通过证券市场买卖股票的方式，影响股票价格涨落，对企业行为产生不可低估的约束作用。股份制企业职工购买本企业股票，确认了对企业资产拥有了与其股份额相应的部分所有权，使职工依此分享企业的经营利润，从而使自己股份收益的切身利益与企业的经营盈利状况直接相关，加深了职工同企业相互依存的密切关系，也增强了职工的主人翁责任感和对企业经营行为约束的意识，职工追求股票收益的愿望会转化为提高企业经营管理水平的行动。

四、中国证券市场的兴起

中国证券市场的萌芽出现在清代末期。19 世纪 70 年代后，清政府洋务派兴办了一些股份制企业。随着这些企业的出现，股票应运而生，为便利这些股票的转让交易，证券市场亦随之产生。

我国最早的证券交易市场创立于光绪末年上海外商组织的“上海股份公所”和“上海众业公所”。在这两个交易所买卖的证券，主要是外国企业股票、公司债券、南洋一带的橡胶股票、中国政府的金币公债以及外国设在上海的行政机构发行的债券等，特别是其中的外国企业股票和橡胶股票交易占了很大的份额。

中国人自己创办的交易所在辛亥革命前还不多见。1912 年以后，中国证券交易规模逐渐扩大。1919 年，北京成立了证券交易所，这是全国第一家专营证券业务的交易所，上海则成立了上海华商证券交易所。

新中国成立后，证券交易所被取消。1990 年 12 月 1 日，深圳证券交易所开始试营业。1990 年 12 月 19 日，新中国第一家证券交易所——上海证券交易所正式挂牌营业。1991 年 7 月 3 日，在试营业了 7 个月之后，深圳证券交易所正式营业。1998 年 12 月 29 日，第九届全国人民代表大会常务委员会第六次会议通过《中华人民共和国证券法》，1999 年 7 月 1 日正式实施。2003 年 10 月 28 日，第十届全国人民代表大会常务委员会第五次会议通过《中华人民共和国证券投资基金法》，该法于 2004 年 6 月 1 日起正式施行。

第二节　证券市场的分类

证券市场作为经营股票、公司债券、国家公债等有价证券的场所，种类很多，最常见的有三大类。

一、按交易对象划分

按照交易的对象来划分，证券市场可分为债券市场、股票市场和基金市场及这些证券的衍生产品市场。

债券市场是进行各种债券发行和买卖交易的场所。债券市场按其基本职能来划分，也可分为债券发行市场和债券交易市场，二者也是紧密联系、相互依存、相互作用的。发行市场是交易市场的存在基础，发行市场的债券条件及发行方式影响交易市场债券的价格及流动性。同样，交易市场又能促进发行市场的发展，为发行市场所发行的债券提供了变现的场所，保证了债券的流动性。交易市场的债券价格及流动性，直接影响发行市场新债券的发行规模、条件等。债券市场又可进一步分为国库券市场、金融债券市场和公司（企业）债券市场。

股票市场是进行各种股票发行和买卖交易的场所。股票市场按其基本职能划分，又可分为股票发行市场和股票交易市场，二者在职能上是互补的。股票交易市场主要是进行集中交易，大量的交易在证券市场内办理，少量的交易在柜台交易市场完成。

基金市场是指进行基金证券自由买卖和转让的市场。由于投资基金是一种利益共享、风险共担的集合投资制度，它通过发行基金证券，集中投资者的资金，交由基金托管人托管，由基金管理人管理，主要从事股票、债券等金融工具的投资。因此，在证券市场上，基金证券作为一种投资工具，可以自由买卖和转让，从而也就形成了投资基金的发行和流通市场。

随着证券衍生产品的不断创新，衍生品市场也得到了发展。

二、按组织形式划分

按照组织形式的不同，证券市场可分为场内市场和场外市场。

场内市场是指证券交易所。交易所是最主要的证券交易场所，它是交易市场的核心。交易所交易必须根据国家有关证券法律规定，有组织地、规范化地进行证券买卖。证券交易所交易与一般商品交易不同，在时间和场所上通常集中于某一个固定的场所进行交易。一般在商业或金融中心设有交易所并配有现代化的电脑、电话等设备，规定交易的开盘和收盘时间。在交易的方式上，采用公平合理、持续的双向性拍卖。既有买者之间的竞争，又有卖者之间的竞争，是一种公开竞价的交易。在管理上，具有严密的组织管理机构，只有交易所的会员经纪人才能在交易市场从事交易活动，公众则通过经纪人进行证券交易。在交易所上市交易的证券必须符合有关条件，并经严格审查批准。此外，交易所还提供各项服务，为投资者提供有参考价值的信息，交易所交易作为证券流通市场的中心，起着重要作用。

场外市场通常是指柜台市场以及第三市场、第四市场，它是指在证券交易所形式之外的证券交易市场。柜台交易一般是通过证券交易商来进行的，采用协议价格成交。这种协商大多数在交易商之间进行，有时也在交易商与证券投资者之间进行。在柜台交易方式中交易的证券，有上市证券，也有一部分未上市证券。

第三市场是指非证券交易所成员在交易所之外买卖挂牌上市证券的场所。它的出现，形成了对证券交易所市场的巨大冲击，增强了证券业务的竞争，促使证券交易所也要采取相应措施来吸引顾客。

第四市场则是由大企业、大公司、大金融机构等团体投资者绕开通常的证券经纪人，彼此之间直接买卖或交换大宗股票而形成的场外交易市场。在这种市场上进行证券买卖，不仅可使交易过程大大简化，而且交易费用也会大幅降低。

三、按运行职能划分

按照证券市场的职能不同，证券市场分为证券发行市场（一级市场、初级市场）和证券交易市场或流通市场（二级市场、次级市场）。

证券发行市场由证券发行主体、认购者和经纪人构成。发行主体有本国及外国的中央政府、地方政府、金融机构、企业等，它们一般都是规模巨大的主体。认购者包括国内外广大投资者、大型机构的投资者。经纪人在连接发行主体和认购者之间的过程中，发挥很大的作用，他们不仅要对即将发行的证券的投资价值作出的分析、评价，而且还要对发行条件、发行额等进行具体的分析，并对发行时的金融、证券市场等进行预测，同时根据分析预测结果进行综合判断。经纪人的这种综合分析判断能力，是其长期经验积累所形成的专门技能。

证券交易市场是买卖已发行证券的市场，即将在发行市场上发行的证券，通过在流通市场上出售转让给第三者，从而收回投资。证券交易市场的中心功能是根据市场利率决定的股息、利息等收入形成虚拟资本价格，并保证按这一价格变换现金。在证券交易市场中，证券交易所具有中心市场的性质。在全国的证券交易所中，证券交易往往具有集中到一国金融中心甚至国际金融中心的倾向。

证券发行市场和证券流通市场是证券市场的基本架构，两者既有联系，又有区别。证券发行市场是证券流通市场存在的前提和基础，证券流通市场上流通交易的证券都是证券发行市场发行的，证券发行市场发行证券的规模和数量决定证券流通市场的规模和数量；而如果没有流通市场，证券的流动性就难以体现出来，证券的作用也将无法充分发挥。同时，证券发行市场通过发行新的证券会使证券市场上的证券绝对数量增加，而证券流通不会增加证券的绝对数量，但会改变证券的所有权人。证券发行市场和证券流通市场相互依赖、相辅相依，构成一个统一的完整的证券市场。

第三节 证券市场的参与者

证券市场的最重要的组成要素是证券市场的参与者，这些参与者包括投资者、发行人、中介机构、监管机构和自律组织等构成。证券市场的各种现象都是证券市场参与者的决策和活动的结果。

一、证券市场的主体

（一）证券发行人

证券发行人是指为筹措资金而发行债券、股票等证券的政府及其机构、金融机构、公司和企业等经济实体。证券发行人是证券发行的主体，如果没有证券发行人，证券发行及其后的证券交易就无从展开，证券市场也就不可能存在。证券市场上的发行人主要有三大类。

1. 政府，包括中央政府和地方政府

政府发行债券的目的是为了弥补财政赤字或筹措经济建设所需资金，实施宏观调控等。政府债券包括中央政府债券和地方政府债券。中央政府债券，又称为国债，发行人是财政部，其发行是以国家信用作保证的。地方政府为本地方公用事业的建设可发行地方政府债券。在我国，地方政府目前还没有发行债券，但 2009 年 3 月开始了中央政府代理地方政府发行债券，以弥补扩大内需的资金缺口。这次发行国债方案的具体做法是，地方政府债由财政部以记账式国债发行方式代理发行，实行年度发行额管理，2009 年总规模控制在 2000 亿元以内，还本付息和支付发行费也由财政部代办。但地方政府承担还本付息责任，及时向财政部上交本息、发行费等资金。与老办法相比，中央政府的角色由“转贷”变为“代理”，而地方政府则成为“债务人”。转贷是 1998 年采用的方式，即中央政府发行国债筹资，再通过商业银行以高于国债的利率贷给地方政府，由地方逐年归还。所有资金不计入财政赤字。国家采取转贷方式发行国债，由于是以高利率贷给地方政府，加大了它们的财政负担，不利于地方政府发挥财政的效用。而这种代理发行方式的利率低于国债的利率，可以缓解地方政府的负担。国家代理发行债券，既避免了和《预算法》关于不允许地方发行债券的规定相违背，又缓解了地方政府资金压力，让地方政府有钱去做事。虽然地方政府的信用高于企业，国民对政府债券易于接受，但是这次债券的发行是以各个地方政府的税收收入作为支撑的，债券信用的高低取决于税收收入水平的高低。

【专栏 3－1】　中国首期地方债券 2009 年在上证所上市

作为首期地方政府债券，2009 年新疆维吾尔自治区政府债券（一期）于 2009 年 3 月 30 日至 2009 年 4 月 1 日在上证所发行，2009 年 4 月 3 日上市。本期债券为固定利率债券，票面年利率为 1.61%，期限 3 年，利息每年支付一次。本期债券起息日为 2009 年 3 月 30 日，每年 3 月 30 日（逢节假日顺延，下同）支付利息，2012 年 3 月 30 日偿还本金并支付最后一年利息。

本期债券采用场内挂牌和场外签订分销合同的方式分销。挂牌分销为承销商在上证所交易系统挂牌卖出；协议分销为承销商同其他机构或个人投资者签订分销协议进行分销认购。

本期债券分销认购的承销商申报代码为“751＊＊＊”，申报数量以手为单位（1 手为 1000 元面值）。

采用协议分销的承销商，须在 2009 年 4 月 1 日前向上证所发出分销申请，以便上证所及时进行债权登记，上证所将于 2009 年 4 月 2 日将债权一次性转入分销证券账户。

本期债券于 2009 年 4 月 3 日在上证所竞价系统和固定收益证券综合电子平台上市交易，证券简称为“09 新疆 01”，证券代码为“130000”，交易数量以手为单位（1 手＝1000 元面值）.

本期债券交易方式为现券和新质押式回购，新质押式回购对应的质押券申报和转回代码为“106000”。（本文来源：新华网 作者：潘清）

2. 金融机构

金融机构发行证券的主要形式是金融债券，它筹集资金的目的是向其他资金需求者提供资金，因此是资金供求双方的中介。金融机构通过发行金融债券筹集资金，然后通过贷款、投资等形式，投放资金并获得利差收益。由于多数金融机构的资金实力雄厚，信用等级高，所以金融债券的发行利率一般低于普通企业债券。近年来，政策性银行发行的金融债券主要为重点建设项目和进出口政策性贷款筹集资金，如1994年我国国家开发银行向国家商业银行发行650亿元的金融债券。

3. 企业（公司）

企业发行的证券包括股票和企业债券，其目的是筹集企业生产经营所需资金。有限责任公司和国有独资公司只能发行公司债券来筹集资金。1994年7月1日《中华人民共和国公司法》（以下简称《公司法》）生效后，按《公司法》的规定，国有独资公司和两个以上的国有企业，或其他两个以上的国有投资主体投资设立的有限责任公司，可以发行公司债募集资金。发行资格规定：1）有限责任公司的净资产额不低于人民币6000万元；2）累计债券总额不超过公司净资产额的40%；3）最近3年平均可分配利润足以支付公司债券1年的利息；4）筹集的资金投向符合国家产业政策；5）债券的利率不得超过国务院限定的利率水平。满足上述条件的有限责任公司和国有独资公司可以申请发行公司债。

股份有限公司既可以发行股票，也可以发行公司债券。股份有限公司是以投资入股的方式把分散的属于不同所有者的资本集中起来，统一经营使用、自负盈亏、论股分利的企业组织制度。按照《公司法》规定，股份有限公司可以发行股票，股票可以流通，股东所持的股份可以自由转让；同时，股份有限公司也可以发行公司债筹集资金。可以看出，股份有限公司募集新资本的渠道比较宽。

比较而言，企业通过发行股票所筹集的资金，作为企业的资本金，无需还本付息，但可能会失去一部分经营管理的权利，股利的分配也必须在税后进行；而通过发行债券所筹集的资金，必须还本付息，但有利于维护原股东对企业的所有权，而且利息支出可以计入成本，冲减企业利润，从而减少企业的所得税支出。

（二）证券投资者

证券投资者是指通过证券而进行投资的各类机构法人和自然人，他们是证券市场的资金供给者，也是金融工具的购买者。各投资者的目的也各不相同，有些意在长期投资，以获取高于银行利息的收益，或意在参与股份公司的经营管理；有些则企图投机，通过买卖证券时机的选择，以赚取市场价差。证券投资人的数量多少和资金实力的大小都制约着证券发行市场的规模。投资者是最重要的市场主体，包括个人投资者和机构投资者。

1. 个人投资者

个人投资者是指从事证券买卖的居民个人，其目的是对其剩余、闲置的货币资金加以运用，实现保值和增值的目的。个人投资者是证券市场最广泛的投资者，其特点是：具有分散性和流动性。不论男女老幼，也不分文化职业，只要有起码的购买能力和投资欲望，都可在证券市场上一试身手。由于个人投资者的目的是为了获利，所以任何投资者都可根据市场变化状况及自己的需要变换证券种类。虽然每个个人投资者因资金主要来源于储蓄，资金量一般较小，投资能力受限，单个投资额不可能很大，但由于社会公众的广泛性，其集合总额却是比较可观的。

在国外发达国家，个人投资者一般通过证券经纪人或购买投资基金间接参与证券市场，这有利于集中分散资金，降低交易成本，防范交易风险。另外，国外的个人投资者还可以从证券公司、商业银行得到贷款用于证券投资。目前，我国的个人投资者多数直接参与证券市场交易，与此同时，采用个人贷款进行投资的方式由于具有很大的投机性和风险性在我国被明令禁止。

2. 机构投资者

机构投资者，广义上是指用自有资金或者从分散的公众手中筹集的资金专门进行有价证券投资活动的法人机构。在西方国家，以有价证券收益为其主要收入来源的证券公司、投资公司、保险公司、各种福利基金、养老基金及金融财团等，一般称为机构投资者。其中最典型的机构投资者是专门从事有价证券投资的共同基金（投资基金）。在中国，机构投资者目前主要是指非金融企业、金融机构和政府部门等。与个人投资者相比，其资金实力雄厚，投资分析和决策能力强，有较强的抗风险能力，对证券市场的影响力较大。

（1）非金融企业（公司）。非金融企业不仅是证券发行者，同时也是证券投资者，投资目的是资金的保值增值、参股控股或兼并收购等。特别是当一个股份公司意欲吞并或控制其他股份公司时，就会购进其他公司的股票，这样，该股份公司就成了另一家或另几家发行公司的股票投资者或股东。同样，企业也可以成为债券的投资者。由于企业具有较大的购买力，所以单个企业（股份公司）的投资量远远大于个人的投资量。我国对国有企业和上市公司进行股票投资作了必要的限制。

（2）各类金融机构。无论是商业银行，还是各种非银行金融机构，作为专门从事于金融业务的特殊企业，都想并能够从购买证券中获取利润。由于各类金融机构因其资金实力和特殊的经营性质决定了它在证券市场中举足轻重的地位，成为发行市场上的主要需求者。商业银行通常只投资于政府债券和信用等级高的企业债券，要求有较高的安全性和流动性，投资目的是为了保持银行资产的流动性和分散风险；基金投资者是成熟证券市场上的最主要的机构投资者之一，但出于保障投资者的利益和证券市场稳定性的考虑，各国法律对于基金的投资范围、投资比例、利润分配等都有严格的规定；证券公司、信托投资公司证券部等证券专门经营机构，既可进行股票和债券的代理买卖，也可进行股票和债券的自营买卖；保险公司的证券投资对流动性的要求不高，主要考虑安全性和收益性，一般投资于期限长、收益率高的政府债券和公司债券。

（3）政府部门。政府部门进行证券投资的目的不是为了获取利息、股息等投资收益，而是为了调剂资金余缺和实施宏观经济政策，尤其是中央银行，它通过在国债市场上进行投资，调节货币供给量，控制通货膨胀，稳定币值，实现货币政策目标。

（4）各种社会基金。证券市场为社会上各种公共基金提供了值得选择的投资场所。信托基金、退休基金、养老基金、年金基金等社会福利团体虽是非营利性的，但这些基金可以通过购买证券主要是政府债券以达到保值、增值的目的。

（5）外国投资者。随着经济全球化趋势的不断发展，证券的发行与买卖已超出了国界限制。外国公司、外国金融机构、外国人等可以购买别国发行的证券；或者某国发行公司通过跨国公司在境外发行证券，向外国个人或团体募集资金。目前我国有三种股票可供境外投资者认购：（1）B股。它是我国股份公司发行的以人民币标明面值，供境外投资者用外币认购的，在境内上市的普通股股票。（2）H股。它是境内公司发行的以人民币标明面值，供境外投资者用外币认购，在香港联合交易所上市的股票。H股的发行和交易由境内和香港证券管理部门双重监管。(3) N股。它是以人民币标明面值，供境外投资者用外币认购，获纽约证交所批准上市的股票。目前几乎所有的外国公司（即非美国公司，但不包括加拿大公司）都采用存股证（ADR，美国存托凭证）形式，而非普通股的方式进入美国市场。存股证是一种以证书形式发行的可转让证券，通常代表一家外国公司的已发行股票。中国在美国成功发行的山东华能和华能国际股票，即是以N股ADR的方式在纽约证交所挂牌交易的股票。

目前，我国正在积极开拓国外市场，与澳大利亚、新加坡、英国等都签署了联合监管备忘录，为外国投资者投资于中国的证券提供了日益丰富的品种和各种渠道。2002年11月7日，中国证监会公布《合格境外投资者境内证券投资管理暂行办法》，该办法自2002年12月1日起施行，这标志着中国证券市场正式引入了QFII（合格境外机构投资者）制度。

【专栏3-2】 QFII制度简介

QFII是Qualified Foreign Institutional Investors（合格的境外机构投资者）的简称，QFII机制是指外国专业投资机构到境内投资的资格认定制度。

作为一种过渡性制度安排，QFII制度是在资本项目尚未完全开放的国家和地区，实现有序、稳妥开放证券市场的特殊通道。包括韩国、中国台湾、印度和巴西等市场的经验表明，在货币未自由兑换时，QFII不失为一种通过资本市场稳健引进外资的方式。在该制度下，QFII将被允许把一定额度的外汇资金汇入并兑换为当地货币，通过严格监督管理的专门账户投资当地证券市场，包括股息及买卖价差等在内各种资本所得经审核后可转换为外汇汇出，实际上就是对外资有限度地开放本国的证券市场。

QFII制度的实质是一种有创意的资本管制。在这一机制下，任何打算投资境内资本市场的人士必须分别通过合格机构进行证券买卖，以便政府进行外汇监管和宏观调控，目的是减少资本流动尤其是短期"游资"对国内经济和证券市场的冲击。而通过QFII制度，管理层可以对外资进入进行必要的限制和引导，使之与本国的经济发展和证券市场发展相适应，控制外来资本对本国经济独立性的影响，抑制境外投机性游资对本国经济的冲击，推动资本市场国际化，促进资本市场健康发展。

2002年12月1日起施行的《合格境外机构投资者境内证券投资管理暂行办法》规定每个合格投资者可分别在上海、深圳证券交易所委托三家境内证券公司进行证券交易，改变了每个QFII只能分别在沪深证券交易所委托一家境内证券公司进行证券交易使得投资运作风险过于集中的问题。

证监会网站公布的信息显示，从2003年5月23日瑞士银行获得的第一家QFII资格以来，2008年3月，QFII资格审批重新开闸，2008年拿到资格的机构达到24家。截至2009年5月底共有82家外资机构获得了QFII资格，其中5月份就批准了3家QFII资格，2009年以来证监会已经批准了7家QFII资格，详见表3-1。

表 3-1　QFII 名录（2009 年 5 月）

序号	QFII 中文全称	QFII 外文全称	资格批准时间
1	瑞士银行	UBS AG	2003—05—23
2	野村证券株式会社	Nomura Securities Co.，Ltd.	2003—05—23
3	摩根斯丹利国际有限公司	Morgan Stanley & Co.，International Limited	2003—06—05
4	花旗环球金融有限公司	Citigroup Global Markets Limited	2003—06—05
5	高盛公司	Goldman，Sachs & Co.	2003—07—04
6	德意志银行	Deutsche Bank AG 或 Deutsche Bank Aktiengesellschaft	2003—07—30
7	香港上海汇丰银行有限公司	The Hongkong and Shanghai Banking Corporation Limited	2003—08—04
8	荷兰商业银行	ING Bank N. V.	2003—09—10
9	摩根大通银行	Jpmorgan Chase Bank	2003—09—30
10	瑞士信贷（香港）有限公司	Credit Suisse（HongKong）Limited	2003—10—24
11	渣打银行香港分行	Standard Chartered Bank（HongKong）Limited	2003—12—11
12	日兴资产管理有限公司	Nikko Asset Management Co.，Ltd.	2003—12—11
13	美林国际	Merrill Lynch International	2004—04—30
14	恒生银行有限公司	Hangseng Bank	2004—05—10
15	大和证券 SMBC 株式会社	Daiwa Securities SMBC Co.，Ltd.	2004—05—10
16	雷曼兄弟国际（欧洲）公司	Lehman Brothers International (Europe)	2004—07—06
17	比尔及梅林达盖茨基金会	Bill & Melinda Gates Foundation	2004—07—19
18	景顺资产管理有限公司	INVESCO Asset Management Limited	2004—08—04
19	荷兰银行有限公司	ABN AMRO Bank N. V.	2004—09—02
20	法国兴业银行	Société Générale	2004—09—02
21	巴克莱银行	Barclays Bank PLC	2004—09—15
22	德雷斯登银行股份公司	Dresdner Bank Aktiengesellschaft	2004—09—27
23	富通银行	Fortis Bank SA/NV	2004—09—29
24	法国巴黎银行	BNP Paribas	2004—09—29
25	加拿大鲍尔公司	Power Corporation of Canada	2004—10—15
26	东方汇理银行	Calyon S. A.	2004—10—15
27	高盛国际资产管理公司	Goldman Sachs Asset Management International	2005—05—09

（续表）

序号	QFII中文全称	QFII外文全称	资格批准时间
28	马丁可利投资管理有限公司	Martin Currie Investment Management Ltd	2005－10－25
29	新加坡政府投资有限公司	Government of Singapore Investment Corporation Pte Ltd	2005－10－25
30	美国国际集团	AIG Global Investment Corp	2005－11－14
31	淡马锡富敦投资有限公司	Temasek Fullerton Alpha Investments Pte Ltd	2005－11－15
32	怡富资产管理有限公司	JF Asset Management Limited	2005－12－28
33	日本第一生命保险相互会社	The Dai－ichi Mutual Life Insurance Company	2005－12－28
34	新加坡星展银行	DBS Bank Ltd.	2006－02－13
35	安保资本投资有限公司	AMP Capital Investors Ltd.	2006－04－10
36	加拿大丰业银行	Scotia Bank 或 The Bank of Nova Scotia	2006－04－10
37	比联金融产品英国有限公司	KBC Financial Products UK Limited	2006－04－10
38	法国爱德蒙得洛希尔银行	La Compagnie FinancierrEdmond de Rothschild Banque	2006－04－10
39	耶鲁大学	Yale University	2006－04－14
40	摩根斯丹利投资管理公司	Morgan Stanley Investment Management Inc.	2006－07－07
41	英国保诚资产管理（香港）有限公司	Prudential Asset Management (Hongkong) Limited	2006－07－07
42	斯坦福大学	Stanford University	2006－08－05
43	通用资产管理公司	GE Asset Management Incorporated	2006－08－05
44	大华银行有限公司	United Overseas Bank Limited	2006－08－05
45	施罗德投资管理有限公司	Schroder Investment Mangement Limited	2006－08－29
46	汇丰投资管理（香港）有限公司	HSBC Investments (Hongkong) Limited	2006－09－05
47	新光证券株式会社	Shinko Securities Co. Ltd	2006－09－05
48	瑞银环球资产管理（新加坡）有限公司	UBS Global Asset Management (Singapore) Ltd	2006－09－25

（续表）

序号	QFII中文全称	QFII外文全称	资格批准时间
49	三井住友资产管理株式会社	Sumitomo Mitsui Asset Management Company，Limited	2006—09—25
50	挪威中央银行	Norges Bank	2006—10—24
51	百达资产管理有限公司	Pictet Asset Management Limited	2006—10—25
52	哥伦比亚大学	The Trustees of Columbia University in the City of New York	2008—03—12
53	保德信资产运用株式会社	Prudential Asset Management Co.，Ltd.	2008—04—07
54	荷宝基金管理公司	Robeco Institutional Asset management B. V.	2008—05—05
55	道富环球投资管理亚洲有限公司	State Street Global Advisors Asia Limited	2008—05—16
56	铂金投资管理有限公司	Platinum Investment Company Limited	2008—06—02
57	比利时联合资产管理有限公司	KBC Asset Management N. V.	2008—06—02
58	未来资产基金管理公司	Mirae Asset Investment Management Co.，Ltd	2008—07—25
59	安达国际控股有限公司	ACE INA International Holdings，Ltd.	2008—08—05
60	魁北克储蓄投资集团	Caisse de dép? t et placement du Québec	2008—08—22
61	哈佛大学	President and Fellows of Harvard College	2008—08—22
62	三星投资信托运用株式会社	Samsung Investment Trust Management Co.，Ltd.	2008—08—25
63	联博有限公司	AllianceBernstein Limited	2008—08—28
64	华侨银行有限公司	Oversea—Chinese Banking Corporation Limited	2008—08—28
65	首域投资管理（英国）有限公司	First State Investment Management (UK) Limited	2008—09—11
66	大和证券投资信托委托株式会社	DAIWA Asset Management Co.	2008—09—11
67	壳牌资产管理有限公司	Shell Asset Manafement Company B. V	2008—09—12
68	普信国际公司	T. Rowe Price International，Inc.	2008—09—12
69	法国兴业资产管理有限公司	Société Générale Asset Management SA	2008—10—14

（续表）

序号	QFII 中文全称	QFII 外文全称	资格批准时间
70	瑞士信贷	Credit Suisse	2008－10－14
71	大华投资管理有限公司	UOB Asset Management LTD	2008－11－28
72	阿布达比投资局	ABU Dhabi Investment Authority	2008－12－03
73	德盛安联资产管理卢森堡	Allianz Global Investors Luxembourg S. A.	2008－12－16
74	资金国际公司	Capital International，inc.	2008－12－18
75	三菱日联证券股份有限公司	Mitsubishi UFJ Securities Co.，Ltd.	2008－12－29
76	韩华投资信托管理株式会社	Hanwha Investment Trust Management Co.，Ltd	2009－02－05
77	新兴市场管理有限公司	Emerging Markets Management，L. L. C.	2009－02－10
78	德意志资产管理有限公司	DWS Investment S. A.	2009－02－24
79	韩国产业银行	The Korea Development Bank	2009－04－23
80	韩国友利银行股份有限公司	Woori Bank Co.，Ltd	2009－05－04
81	马来西亚国家银行	Bank Negara Malaysia	2009－05－19
82	罗祖儒投资管理（香港）有限公司	Lloyd George Management （Hong Kong）Limited	2009－05－27

注：证监会 2009 年 6 月 10 日发布。

二、证券市场中介机构

证券市场上的中介机构主要包括证券经营机构和证券服务机构两大类。

（一）证券经营机构

证券经营机构是经证券监管机构批准成立的，在证券市场上经营证券业务的金融机构，其业务范围比较广泛，包括代理证券发行、代理证券买卖或自营证券买卖、兼并收购业务、研究咨询服务、金融创新以及其他相关业务。

按业务范围划分，证券经营机构可以分为证券承销商、证券经纪商和证券自营商。证券承销商是依照协议包销或代销发行人发行的有价证券的证券经营机构，是证券一级市场上发行人与投资者之间的媒介，其作用是受发行人的委托，寻找潜在的投资公众，并通过广泛的公关活动，将潜在的投资人引导成为真正的投资者，从而使发行人募集到所需要的资金。证券经纪商是指接受客户委托，代客户买卖证券并以此收取佣金的证券经营机构。证券经纪商的主要职能是为投资者供信息咨询、开立账户、接受委托代理买卖证券以及证券过户、保管、清算、交割等。证券自营商是指自行买卖证券，从中获取差价收益，并独立承担风险的证券经营机构。一家证券经营机构可以具有一个或同时具有多个职能。

证券经营机构在各国的业务范围有所差别，对证券经营机构的称谓也不尽相同。在美国，人们把经营证券业务的非银行金融机构，特别是从事发行承销业务和兼并收购业务的金融机构统称为投资银行，以区别于经营存贷业务的商业银行，而经营经纪业务的证券经营机构则被称为证券公司。日本的证券经营机构称为证券公司，英国称为“商人银行”，而在德国等允许银证合业经营的国家则称之为“全能银行”。

我国实行银行和证券分业经营的原则，商业银行只能参与除股票以外的其他证券业务，而经国务院证券监管机构批准成立的证券公司则实行分类管理，确定相应的业务范围。综合类的证券公司可以从事证券经纪、自营、承销和证券监管机构核定的其他证券业务，经纪类的证券公司只允许专门从事证券经纪业务。截至 2008 年 12 月 31 日，我国共有证券公司 107 家。截至 2007 年 12 月 31 日，外国证券类机构驻华代表处 107 家。

（二）证券服务机构

证券服务机构是除了证券经营机构外，在证券市场上为各类市场参与者提供服务的机构，包括从事证券业务的会计师事务所、律师事务所、资信评估机构、登记清算机构、证券投资咨询公司、证券金融公司等，还包括提供证券交易场所的交易所。

中介机构是连接证券投资人与筹资人的桥梁，是证券市场运行的组织系统。证券市场功能的发挥，很大程度上取决于证券中介机构的活动。通过这些中介机构的经营服务活动，沟通了证券需求者与证券供应者之间的联系，不仅保证了各种证券的发行和交易，还起到了维持证券市场秩序的作用。

根据我国的证券法规和许多国家的证券法规则，在证券发行中，相关的律师事务所、会计师事务所和资产评估机构也是法定的中介机构。此类中介机构的义务和责任在于：①它们根据委托关系，负有以专业技能协助完成证券发行的准备工作和股改工作之义务；②根据法定规则，它们负有以专业人员应有的注意，完成尽职审查的义务；③根据法定规则，它们负有公正客观地出具结论性意见，并以之作为招募说明书根据或附件之义务；④此类中介机构对于经其确认的法律文件和由其出具的结论性意见之真实性、合法性和完整性负有持续的法律责任。由上可见，此类中介机构具有不同于证券承销人的非商业交易人的身份。它们的中介作用，对于保障证券发行的合法顺利进行，对于有效确定证券交易条件，对于减小证券承销风险及避免可能发生的纠纷，都是非常必要的。事实上，由于我国股份公司股票与债券的发行多以企业股份制改组过程为基础，这就使得此类中介机构的专业服务作用变得极为重要。

证券交易所是依据国家有关法律，经政府证券主管机关批准设立的集中进行证券交易的有组织的有形场所。最早的是 1613 年成立的荷兰阿姆斯特丹证券交易所。中国最早的是 1905 年设立的“上海众业公所”。新中国成立后，一度取消证券交易。1990 年至 1991 年，上海和深圳相继设立证券交易所。

《证券法》对证券登记结算机构和证券交易服务机构作了明确规定资格认定、管理办法、业务范围、收费标准和法律责任等各个方面。

目前，我国证券登记公司共 3 家，即中国证券登记结算有限责任公司、中国证券登记结算有限责任公司上海分公司、中国证券登记结算有限责任公司深圳分公司。截至 2005 年 10 月 20 日，具有证券、期货相关业务许可证的会计师事务所 73 家。截至 2008 年 12 月 31 日，我国共有证券投资咨询机构 100 家，从事证券市场资信评级业务的资信评级机构 5 家（中诚信证券评估有限公司、上海新世纪资信评估投资服务有限公司、鹏元资信评估有限公司、大公国际资信评估有限公司、天津中诚资信评估有限公司），截至2009年6月22日，从事证券期货业务资产评估机构67家。

三、自律性组织

自律性组织一般是指行业协会。它们是资本市场监管体系中不可或缺的一个重要组成部分，它们根据证券法规和行业规定，履行法定职责，实施自我监管。它发挥政府与证券经营机构之间的桥梁和纽带作用，促进证券业的发展，维护投资者和会员的合法权益，完善证券市场体系。

自律组织有两种形式，即社会性的监督组织和行业自律。社会性监督组织包括注册会计师及会计师事务所、律师及律师事务所、审计师及审计师事务所等证券业中介服务机构。它们在中国证监会确认从事证券相关业务的资格后，依据国家的法律法规对证券发行企业的财务报告、资产评估报告、招股说明书和法律意见书进行审核签证，实施社会监督并承担相应的责任。

行业自律包括两方面：其一，证券交易所的场内自律。证券交易所对其会员在交易所内的交易实施监管，同时对上市公司和证券商会员的监管也起着重要的作用。其二，场外交易的自律。目前，我国的证券行业自律性组织主要有上海证券交易所、深圳证券交易所和中国证券业协会及中国国债协会。“中国证券业协会”是经中国人民银行批准成立的，随后又由证监会给予资格认定，并经民政部核准登记的全国性证券业自律管理组织，通过制定和执行行业性的自律制度，监管证券场外交易，保证场外交易的公平与规范。

四、证券监管机构

证券监管机构是证券市场的重要组成部分，它根据证券法规对证券发行和交易以及各类市场主体的市场行为实施监督与管理，以维护市场秩序，促进证券市场的有序运行和健康发展。

由于各国的证券市场监管模式不同，证券监管机构的设置也不尽相同。现在世界各国证券监管体制中的机构设置，可分为专管证券的管理机构和兼管证券的管理机构两种形式，都具有对证券市场进行管理和监督的职能。

美国采取设立专门管理证券机构，实行集中立法管理的证券管理体制。实行专门管理证券机构体制或类似这种体制的国家，还有加拿大、日本、菲律宾等国，但这些国家都结合本国的具体情况进行了不同程度的修改和变通。

以英国为代表的一些国家则采取自律管理模式。有的国家还采取政府机构（如财政部、中央银行等）为主体的监管机构体系。

在我国，对证券市场进行监管的机构主要是中国证券监督管理委员会。

【专栏3-3】 我国证券市场的发展历程

1978年，中共十一届三中全会确立了改革开放的大政方针，由此开启了中国经济快速发展的新局面。在中国经济发展与快速增长的情况下，中国当代证券市场适应我国市场经济发展的需求应运而生。1981年财政部首次发行国库券，揭开了新时期中国证券市场新发展的序幕。

20世纪80年代，随着国民经济发展对社会资金的巨大需求，国家开始了股份制改革试点工作，并率先在上海、深圳等地展开。改革开放后国内第一只股票——上海飞乐音响于1984年11月诞生。1986年9月26日，新中国第一家代理和转让股票的证券公司——中国工商银行上海信托投资公司静安证券业务部宣告营业，从此恢复了我国中断了30多年的证券交易业务，开始上海股票的柜台交易。1988年，深圳特区尝试对一些企业进行股份制改革，选择了5家企业作为股票发行上市的试点，其中包括一家由深圳几家农村信用社改组而成的股份制银行——深圳发展银行，由此产生了经人民银行批准公开发行上市的中国第一只股票。同年，深圳经济特区证券公司成立，开始了深圳股票的柜台交易。与此同时，全国各地也开始仿效上海和深圳进行股份制改革试点，并相继设立证券公司或交易部进行柜台交易，提供证券交易服务。

由于投资者对股票的需求旺盛，所以交易非常活跃。但是当时的交易很原始，极为不规范，没有交易记录，没有成交确认制度，没有过户交割机制，没有交易监控制度，没有信息披露制度等等，市场极为混乱，纠纷不断，于是尽快成立规范的证券交易所就迫在眉睫。1990年，国务院批复上海浦东新区开发政策，同意在上海设立证券交易所。同年11月，上海证券交易所经国务院授权，人民银行批准，正式宣告成立。第二年，即1991年4月，深圳证券交易所得到批准正式成立。沪深交易所成立后，本地发行的股票开始进场交易，这就是所谓的上海“老八股”和深圳“老五股”。之后国内其他地方发行的公司股票开始陆续在沪深两个证券交易所上市交易，国内证券交易开始逐步规范化。

刚开始，上海交易所对股票的交易价格进行管制，将股票交易的涨跌幅严格限制在1%以内。1992年1月20日，邓小平南巡，肯定股票试点作用，造就了国内证券市场一轮大行情。由于股票供不应求，市场迅速上升，而股市的上升带来的“财富效应”进一步刺激了投资大众对股票的需求，于是国家开始加大股票供给，以发行股票认购证进行摇号抽签的形式发行新股，沪深股票市场规模开始迅速扩大。1992年5月21日，上海证券交易所全面放开股价，实行自由竞价交易，大盘开始快速上涨，沪深股市上涨超过200%。

1992年8月10日，是中国证券市场发展史上一个重要的日子。当时在“邓小平南巡讲话”的激励下，中国证券市场的合法地位正式确立，沪深股票市场走出了一轮气势磅礴的牛市行情，其中深圳股市涨幅超过2倍，股票供不应求。为平抑股价，增加供给，8月7日深圳市宣布当年发行5亿股公众股，发售500万张抽签表，中签率为10%，每张抽签表可以购1,000股。但是当时市场极度热烈，对股票的需求量及其巨大，5亿股股票无疑是杯水车薪，于是出现了百万人争购抽签表的局面，并且引发了内部人营私舞弊暗中套购认购表的行为，结果多数人因为没有买到中签表而到市政府示威，从而引发了震惊全国的“810事件”。该事件的爆发使得国家管理高层极度震惊，引发了对社会稳定的担忧，并触发了公众投资者对证券市场存废问题的忧虑，导致沪深股市深幅狂泻，上海市场三天之内暴跌400余点。

“327国债事件”是中国证券市场又一个重要的历史事件。1993年，为抑制经济过热和通货膨胀，国家开始进行宏观调控，沪深股票市场开始反复走低，投资者关注的重点开始转移到国债期货市场。国债期货市场是上交所于1992年12月建立，开始只允许部分券商进行自营买卖。1993年10月25日，上交所向个人投资者开放了国债期货交易，国债期货交易日渐活跃。到了1994年秋天，国债期货发展的政策环境出现了重大的变化，面对高达两位数的通货膨胀率，央行出台储蓄保值贴补政策，国债的固定利率也变成了浮动利率，国债期货的价格波动加大，全国各地投资者趋之若鹜，成交额明显放大，交易所国债期货清算保证金高达140亿元。与此同时，上交所管理层对经济与政策环境变化后的风险扩大缺乏足够的认识，没有作出相应的调整，终于在1995年2月发生了“327国债期货事件”。

“327”是1992年发行的3年期国库券的代号，240亿元的327国债1995年6月到期，它的9.5%的票面利息加上保值补贴率，每百元债券到期应兑付132元。但是，“327”国债的价格却一直在148元上下波动，因为市场认为与同期银行储蓄存款利率12.24%相比，“327”的回报太低，财政部可能到时会提高利率，以148元的面值兑付。1995年2月23日，财政部发布提高“327”国债利率的消息，多方趁此逼空。当时空方主力万国证券在148.5价格封盘失败后，在交易最后8分钟大量透支操作，用700万手价值1400亿的空单，直接把价格打到147.5元收盘。“327”合约价格暴跌3.8元，当日开仓的空头全部爆仓。最终上交所宣布当日最后8分钟的交易无效。“327”事件之后，国债期货市场仍是动荡不安，5月17日，中国证监会暂停国债期货交易试点。

开展国债期货交易是我国进行金融衍生产品创新的一次重要的开拓性尝试，极大地提高了国债在投资者心中的地位，促进了我国国债市场的发展，改变了以往国债乏人问津的局面。虽然这次创新最终以失败而告终，但它作为我国开展金融衍生产品创新的第一次实验，为我们提供了重要的研究样本，为今后开展金融衍生产品创新业务时如何进行风险控制提供了很好的借鉴作用。

与此同时，在1994—1995年，国家采取各种政治、经济措施反通货膨胀并取得重要成果。到1995年下半年，物价逐步稳定并慢慢回落至正常水平。市场开始预期宏观调控将要结束，央行将采取降息等措施以刺激经济发展，于是在1996年第二季度沪深证券市场开始恢复性上涨。到12月中旬，在9个月的时间内沪深股市累计上涨300%以上，涨幅惊人。由于担心股市过快上涨冲击实体经济危害社会安全与稳定，12月14日《人民日报》发表题为《正确认识当前股票市场》的特约评论员文章批评股市存在的严重过度投机，同时沪深交易所开始实行涨跌幅限制，导致沪深股市暴跌，部分投机者损失惨重。其后股票开始一轮又一轮冲高与回落，周而复始。

2001年6月14日，国务院出台减持国有股筹集社会保障资金管理办法引发了投资者对股票市场股权分置等内在结构性缺陷的担忧，由此引发股市下跌，结束了长达5年的牛市。在其后的4年中沪深股市进入漫漫熊途，受企业经营业绩下滑、大股东或实际控制人占款甚至侵害上市公司利益、股权分置等众多不利因素的影响，上证指数一度击穿1000点的整数关口，一些公司的股票价格大幅下降到不到前期高点的十分之一，证券市场极为萧条，投资融资功能遭受了极大的破坏。一些投资者信心遭受严重打击，投资者甚至喊出了“远离毒品、远离股市”的口号，证券市场投融资等基本功能几乎丧失殆尽。

在这种情况下，为促进证券市场的健康发展，国务院发布了《关于推进资本市场改革开放和稳定发展的若干意见》，大力发展资本市场。2005年5月，在经过全面讨论与广泛认证之后，股权分置改革工作终于全面推出。三一重工、清华同方等纳入第一批股改试点范围。在股改对价、证监会加强上市公司监管提高清欠力度、贸易资本双顺差而导致的流动性过剩、人民币升值、上市公司业绩提升等一系列利好因素的影响下，中国证券市场开始步入新一轮牛市。截止 2007 年 5 月，沪深股市累计升幅达到 300%以上，部分个股更是上升 10 倍以上。一些缺乏业绩支撑的股票在所谓整体上市、资产注入、重组等题材的刺激下大幅上升，涨幅惊人。由于短期升幅过大，证券市场已经累积了不少风险，投资者应注意采取措施加以防范，不要盲目追涨杀跌，以免遭受经济损失。

2008 年发生了暴雪、拉萨、地震、暴雨、毒奶、金融危机等许多不确定利空因素，中国股市风险显现无遗：在大小非全流通的“摊薄”冲击下，中国股市的各项指标全面暴跌，熊市特征暴露无遗。其中沪指暴跌 65.39%，深市综指暴跌 61.76%，深证成指暴跌 63.36%。这是自 1990 年沪深两所成立以来暴跌最惨烈的一年。

2008 年，股民期待的奥运会等题材行情未能如愿。中国股市先后受暴雪、平安融资、地震、大小非全流通等影响，从年初跌到年底，暴跌持续了整整一年。这是 1990 年沪深两所成立以来的第一次。

2008 年全年仅有 31 只个股累计上涨，1543 只个股累计下跌。全年跌幅超过 80%的个股有 48 只，跌幅超过 50%的个股达 1214 只。此种情景也是 1990 年沪深两所成立以来的第一次。

96.33%的股民亏损，其中亏损 50%以上的达到 65.23%，其余为不同的亏损；盈利的仅有 3.67%。此情况是 1990 年沪深两所成立以来股民亏损最多最惨的一次。

面对股市持续暴跌，管理层可谓煞费苦心，先后出台了降低印花税率、单边征收印花税、汇金入市买入金融股、新股发行变相停止等举措。但股市我行我素，一路暴挫到年底。中国股市这种一路暴挫的惨相为 1990 年以来的历史之最。2008 年股市流行的最经典对联是“去年 6100，今年 1600，横批：非常 6＋1”，再次证明中国股市总是走不出一个怪圈，即暴涨暴跌。[①] 目前，中国经济自改革开放以来经历了长达 30 年的快速增长，因此我国证券市场走出目前的大牛市也不足为奇。2008 年 11 以来，中国股市又开始上了缓慢的上升趋势。长期来看，由于我国是一个新兴市场，经济发展潜力巨大，因此证券市场发展前景十分广阔。然而，投资者也不能因此掉以轻心，应时刻注意防范风险。

纵观国内外证券市场的发展历史，我们可以得出三点结论。第一，在证券市场的发展过程中，繁荣与危机总是相生相伴的，市场的暴涨和暴跌总是如影随形，既没有只涨不跌的市场，也没有只跌不涨的市场。第二，虽然存在许许多多的波折，但证券市场发展的总体趋势是健康向上的，“前途是光明的，道路是曲折的”，因此长期来看，只有那些坚定持有具有长期投资价值的公司股票的投资者，才能获利成为市场最终的胜利者。第三，每一次的经济大发展与大繁荣，都会带来证券市场的大发展与大繁荣。美国飞扬的“二十年代”造就了 1920—1929 年的十年大牛市，从而也为 1929 年的市场崩溃埋下了祸根。二战之后世界经济的飞速发展创造了美国证券市场长达 20 年的大牛市，也导致了 1973 年的石油危机与股市危机。

---

① 李幛喆：《2008 中国股市发展报告》，《中国证券报》，2009－5－3。http：//www.c－cnc.com/yule/article.asp? id＝26183＃

本章小结

本章在给出证券市场定义的基础上，详细讲解了证券市场的功能和分类，并对证券市场的参与者做了介绍。筹集资金是证券市场的首要功能。在经济运行过程中，不同的经济单位都会出现收支不等的情况。收入大于支出的资金盈余者盼望能有投资渠道，同时收入小于支出的资金短缺者也盼望筹集资金来满足经济和政治活动的需要。传统的筹资方式通常是把闲置资金以存款或储蓄的形式存入银行以获取利息收入，银行再将这些集中起来的资金以贷款的形式贷给企业或其他经济主体，以银行为中介。这种间接信用是最常见、最基本的筹资方式。但是，随着生产的不断发展和企业组织形式的变化，这种间接信用的方式在效率、获利等方面已不能充分满足经济发展的需要，必须开拓新的筹资方式和渠道。发行有价证券，建立证券市场，通过直接信用方式筹集资金成为最有效的运行机制。证券市场可以按照不同的标准进行分类，通常分为证券发行市场和证券交易市场。证券市场上有众多的参与者，证券市场的各种现象都是证券市场参与者的决策和活动的结果。

关键概念

证券市场　证券发行人　机构投资者　证券发行市场　证券交易市场　场内交易市场　场外交易市场　第三市场　第四市场

本章思考题

1. 简述证券市场的功能。
2. 证券市场的参与者有哪些？
3. 证券市场的特征有哪些？
4. 证券市场的基本架构是什么？
5. 简述证券市场按照交易方式可分为哪两种市场。
6. 简述证券市场发行人有哪些。
7. 简述证券市场投资人包括哪几个类别。
8. 谈谈你对证券市场的认识和感受。

第四章
证券发行市场

本章学习重点

证券发行市场的功能；股票发行程序；股票、债券发行价格确定机制。

第一节　证券发行市场概述

一、证券发行市场的含义与特点

证券发行市场是指证券发行人进行证券募集，以证券形式吸收闲散资金，使之转化为生产资本的场所。这里的证券包括政府或企业发行债券或股票等有价证券。由于证券市场是在发行市场上首次作为商品进入流通领域的，所以理论上通常将证券发行市场称为“初级市场”或“一级市场”。

证券发行市场有以下特点：

首先，证券发行市场没有固定场所。证券发行市场是一个抽象市场，其买卖活动并非局限在一个既定的地方，因此不存在具体的固定场所。发行人可以在投资银行、信托投资公司和证券公司等处发行，也可以在市场上公开出售。

其次，证券发行市场没有统一的发行时间。一般由证券发行者根据自己的需要和市场行情趋势自行决定发行时间。

最后，投资者以同一价格购买证券。发行是一次性的行为，其价格由发行公司决定，并经过有关部门核准。一般说来，发行价格接近票面价值。

二、证券发行市场的构成

证券发行市场基本运营过程是，证券发行人直接或者通过中介人向社会进行招募，而认购人购买其证券的交易行为即构成证券发行市场。由此可见，证券发行市场由发行人、投资人和中介人等要素构成。

证券发行人是指符合发行条件并且正在从事证券发行或者准备进行证券发行的政府组织、金融机构或者商业组织，它是构成证券发行市场的首要因素。证券发行市场中的投资人是指根据发行人的招募要约，已经认购证券或者将要认购证券的个人或社团组织，它是构成证券发行市场的另一基本要素。

投资人一般分为个人投资者和机构投资者。

在证券发行市场上，中介人包括证券承销人，具有证券从业资格的会计、审计服务机构、律师事务所、资产评估机构、资信评估机构、证券投资咨询机构等。这些介于证券发行人和投资人之间的机构，在保证证券发行市场的公平、公正方面有不可替代的作用。

我们通常所说的中介人是狭义的概念，主要是指媒介证券发行人与投资人交易的证券承销人，实践中又称之为金融中介人、投资中介人、证券承销商等，它通常是负担承销义务的投资银行、证券公司或信托投资公司。证券承销人也是证券发行市场中重要的构成要素。在现代社会的证券发行中，发行人一般并非把证券直接销售给投资人，而是由证券承销人首先承诺全部或部分包销，即使是在发行人直接销售证券的情况下，往往也需要获得中介人的协助。证券发行过程首先是发行人与证券承销人之间的某种非标准化交易，只是在这一交易条件确定的基础上，才可能由证券承销人将标准化的证券分售给社会投资人。证券承销人作为经营证券的中介机构，在证券市场上起着沟通买卖、连接供求的重要的不可替代的桥梁作用。我国现行法律明确规定，股票与企业债券的公开发行应当由证券经营机构承销。证券承销人虽然不一定是证券中权利义务关系的当事人，但根据法律规则和商业利益，它负有对发行人经营状况的尽职审查义务，并且对其承销证券的招募说明书的真实性、准确性和完整性负有连带性责任。

作为监管机构，证券管理机关是非市场力量参与到证券发行市场上的特殊而又十分重要的角色。证券管理机关是为了证券市场管理而设置的组织，或者是对于证券市场负有监督管理责任的政府机构。证券的发行必须取得证券主管机构的审核批准，符合既定条件的公司才能进入证券市场筹措资金。我国证券管理机关是证监会。

三、证券发行市场的功能

证券发行市场的基本功能就在于将分散于社会各方面的零星资金汇集起来，使其成为巨额生产或经营资金，满足资金供求双方的双向需要。

（一）筹资功能

证券发行市场的筹资功能，表现在通过发行证券将闲散资金转化为生产资金。发行人可以根据各类证券的期限、预期收益、风险性和发行成本等的不同，根据各自的需要和可能选择、确定发行证券的种类、数量和价格。

在市场经济运行过程中，货币在社会经济体系中的运动，实际上是货币在国民经济各部门之间的循环与流动。在这种循环与运动中，任何一个时期不同类型的货币收支单位的货币收支，不可能都完全相等。在现实生活中，无论是企业、居民、部门，都常会发生资金闲置或资金不足的情况。在证券市场上，资金的需求者和供给者运用证券信用的方式，通过发行证券来筹资，以便将储蓄转化为投资。证券发行市场与证券交易市场的区别在于，证券发行市场的筹资是生产者向投资者直接筹资，将资金运用于生产；而证券交易市场则是投资者之间的相互融通资金。中国证券市场的筹资情况见表 4-1。

表 4-1 中国证券市场的筹资情况一览

	境内外筹资合计（亿元）	境内筹资合计（亿元）	首发筹资			再筹备资			
			A股（亿元）	B股（亿美元）	H股（亿美元）	A股（亿元）			H股（亿美元）
						增发	配股	可转债	
2007年累计	8680.17	7722.99	4590.62	0.00	95.30	2850.09	227.68	54.60	30.34
2008—01	787.63	787.64	308.13	0.00	0.00	462.94	16.57	0.00	0.00
2008—02	325.82	325.81	234.48	0.00	0.00	91.33	0.00	0.00	0.00
2008—03	372.07	167.38	3.7	0.00	25.96	111.43	52.25	0.00	2.84
2008—04	326.45	324.87	215.75	0.00	0.23	81.12	0.00	28	0
2008—05	428.75	404.52	90.52	0.00	0.00	276.56	37.44	0.00	3.49
2008—06	209.28	169.64	53.44	0.00	5.78	96.54	19.66	0.00	0.00
2008—07	191.07	191.08	35.75	0.00	0.00	155.33	0.00	0.00	0.00
2008—08	294.95	253.08	82.41	0.00	6.13	117.43	25.64	27.6	0.00
2008—09	32.5	32.51	12.35	0.00	0.00	20.16	0	0	0
2008—10	138.7	138.70	0.00	0.00	0.00	138.7	0	0	0
2008—11	264.92	264.92	0.00	0.00	0.00	264.92	0	0	0
2008—12	284.57	276.26	0.00	0.00	0.00	276.26	0	0	1.22
2008年累计	3656.7	3336.41	1036.52	0.00	38.09	2092.71	151.57	55.6	7.54

资料来源：中国证监会网站，2009年1月20日。

（二）产权复合功能

证券发行市场使货币转化为生产资本，将货币的所有者转化为资本的所有者，也即为生产资料的所有者提供了可能，这尤其突出地表现在股票市场上。证券发行市场为产权的分割、融合与重组创造了条件。在没有证券市场的情况下，人们积累的货币资产向投资的转化，不可能导致产权的分割。证券发行市场使投资者通过购买股票，首先占有或取得金融资产，借以间接占有物质资产，以获取股息、红利等收益，形成股票所有者共同的复合产权结构，从而引起产权制度方面的深刻变化。与证券交易市场相区别，证券发行市场使产权分割的复合形式得以产生；证券交易市场则使产权复合不断重组，使产权的复合得以持续。

（三）为政府实施宏观调控政策提供依托的功能

证券发行市场是筹集资金的重要场所，政府发行证券的种类、期限长短以及数量多少都影响着所筹集的资金的使用，影响着建设投资的规模或财政支收的平衡。政府利用证券发行市场适时发行政府证券，实施相应的宏观调控政策，对经济运行会产生调控作用，证券发行市场则成为政府实施宏观调控政策的一个重要依托。

四、证券发行方式

按发行对象不同和有无中介机构介入进行分类是证券发行最基本的、共有的分类方法，也是发行主体选择证券发行方式时首先要面对的问题。

1. 按发行对象划分

按发行对象划分，可以分为以下几种：

(1) 公募发行。它又称为公开发行，是指发行人向不特定的社会公众投资者发售证券。在公募发行的情况下，任何合法的投资者都可以认购。采用公募发行的有利之处在于：首先，以众多投资者为发行对象，证券发行的数量多，筹集资金的潜力大；其次，投资者范围广，可避免发行的证券过于集中或被少数人操纵；再次，只有公开发行的证券可申请在证券交易所上市，公开发行可增强证券的流动性，有利于提高发行人的社会信誉。公募发行的不足之处在于发行程序过于复杂，登记核准的时间较长，发行费用较高。为了保障投资人的利益，一般对公募发行的要求比较严格，只有具有较高信用、经营状况良好并经证券主管部门核准的发行人才能进行公募发行。

(2) 私募发行。它又称不公开发行或私下发行、内部发行，是指以特定少数投资者为对象的发行。私募发行的对象有两类：一类是公司的老股东和发行人的员工，一类是投资基金、社会保险基金、保险公司、商业银行等金融机构以及与发行人有密切往来关系的企业等机构投资者。私募发行有确定的投资者，发行手续简单，可以节省发行时间和发行费用。其不足之处是投资者数量有限，证券流通性较差，而且不利于提高发行人的社会信誉。

公募发行和私募发行各有优劣。公募发行是证券发行中最常见、最基本的发行方式，适合于证券发行数量多、筹资额大、准备申请证券上市的发行人。然而在西方成熟的证券市场中，随着投资基金、养老基金、保险公司等机构投资者的增加，私募发行也呈逐年增长的趋势。

2. 按有无发行中介划分

按有无发行中介划分，可分为直接发行和间接发行。

(1) 直接发行，即发行人直接向投资者推销出售证券。这种发行方式的好处是可以节省向发行中介机构交纳的手续费，降低发行成本。不利之处是如果发行额较大，由于缺乏专门业务知识和广泛发行网点，发行者自身要负担较大的发行风险。一旦认购申请额低于发行额，就会使发行归于失败。因此，这种方式只适用于有既定发行对象和发行人知名度高、发行数量少、风险低的证券。如大银行发行金融债券往往采取直接发行。

(2) 间接发行，是由发行公司委托投资银行、证券公司等证券中介机构代理出售证券的发行方式。根据受托机构对证券发行责任的不同，又可分为承购包销发行、代销发行和助销发行。采用间接发行方式可在较短时间内筹集到所需资金，而且对发行人来说比较便利、风险较小；但须支付一定手续费，并按受托发行机构的要求，提供证券发行所需的有关资料。

直接发行和间接发行各有利弊。一般情况下，间接发行是最基本、常见的方式，特别是公募发行，大多采用间接发行；而私募发行则以直接发行为主。根据我国《公司法》的规定，公司向社会公开发行股票，不论是筹集设立时的首次发行股票还是设立后再次发行新股，均应当由依法设立的证券经营机构承销，即采用间接发行方式。具体而言，证券承销商承销证券的业务主要有代销和包销方式。证券代销是指证券承销商代发行人发售证券，在承销期结束时，将未售出的证券归还发行人，发行风险由发行公司自己承担。证券包销则是指证券承销商将发行人的证券按照协议全部购入，或者在承销期结束时将售后剩余证券全部自行购入的承销方式。包销方式可以使得发行人不承担发行风险，但不利之处是实际付出的发行费用通常较高。

第二节　股票发行市场

一、股票发行的目的

证券的首要职能是为生产者提供了筹资的可能，为投资者提供了投资机会，所以股票的发行必然有筹资的功能，同时证券发行市场的参与人又有各自的发行需要，据此将股票发行的目的分为一般目的和特定目的两大类别。

（一）股票发行的一般目的

股票发行的一般目的是为股份公司筹集资金。公司为筹集资金的目的发行股票有三种情形。

第一种情形是已设立的股份公司为了进一步发展而发行新股票，扩大注册资本规模。发行股票筹集资金可以让公司扩大经营规模，增加对外投资，从而开拓新的经济增长点，提高市场竞争力。

第二种情形是为建立新的股份公司而发行股票。新的股份公司通常有两种建立方式：发起设立和募集设立。发起设立主要是由公司发起人发起设立时全额认购首次发行的全部股票，这种方式不需要向社会发行股票募集股本。募集设立是由公司发起人认购部分股票，其余部分则向社会公开募集，以达到预定的注册资本额。这类公司一般规模较大，所筹资金需要公开募集，但发起人最初至少要认购股份总数的一定比例，并且只有在筹到必要股份后才能设立公司，所以自发起到设立需要相当长的时间。

第三种情形由于是在公司未成立时发行股票，存在风险，为规范股票发行工作，提高上市公司质量，一般要求新设立的股份公司先以发起方式设立，运作一段时间，符合一定要求之后，才允许公开向社会募集资本。

（二）股票发行的特定目的

股份公司为了满足相关需要，达到特定目的而发行的股票，主要有以下情形：

（1）为扩大经营而向特定投资者发行股票。与股票发行的一般目的不同，虽然也是已设立的股份公司为了提高市场竞争力，增加投资而发行股票，但面对的是与公司未来经营相关的投资者，这些特定的投资者一般是作为战略投资者持有股份公司增发的股票，持有股票时间较长，同时可以为股份公司提供市场网络、技术力量等，有利于提高股份公司的市场竞争力。

（2）为老股东的利益而发行股票。股份公司根据法律规定和公司运作情况提留法定公积金和盈余公积金，可以将这部分积累的资金转入公司资本金，并按照增加的资本金发行股票，按比例无偿的交付给原有股东。一些股份公司根据公司长远发展和现金流量状况，在股利分配时不进行现金股利发放，而是以发放新股票代替现金股利给予老股东。以上述方式增加老股东持有的股份数额，一般不增加老股东的额外支付，也不改变原有控股股东的控股地位。此外，由于股份的增多，也增加了其他投资者在证券交易市场收购该股份公司的难度，对老股东的利益起到了一定的保护作用。

(3) 为调整公司财务结构、保持合理的资产负债比例而发行股票。股份公司财务结构的状况会影响股份公司的营运成本，影响股份公司的经营效率。自有资本在资金来源中所占比率的高低是衡量该公司财务结构和实力的重要标志。公司的负债比率取决于负债和股本加借入资本之比，这个比率通常反映股份公司经营好坏。过高的负债水平会影响公司的对外形象，因为如果股份公司的债务负担过重，公司盈利会受负面影响，并且公司有资不抵债之虞。在资产规模一定的条件下，自有资本的多少也影响股份公司的资产负债比例。为了保持股份公司合理的资产负债比例，提高股份公司的信誉和安全运作程度，可以通过发行新股票来提高自有资本的比例，同时也可以利用所筹资金来改善公司的财务结构，提高股份公司的经济效益。此外，增加自有资本还有利于扩大股份公司的负债规模，进一步拓展股份公司的业务。

(4) 为满足股份公司的股票上市标准而发行股票。各国证券交易所都对股票上市作出严格的规定，如最低的股本数额、最低的公众持股比例、符合要求的业绩记录等。只有符合标准的股票才有可能获准挂牌上市。而一个公司股票上市与否，是判定该公司经营状况与信誉的主要标准之一。作为股份公司，其股票在证券交易所上市的条件之一是股份公司的注册资本或流通股本达到一定的规模。股份公司为了使自己的股票能够在证券交易所挂牌上市，就要通过发行新股票的办法来扩大公司的注册资本和流通股本，满足公司股票上市的标准。

(5) 巩固本公司经营权，增加资本。这种发行是出于两方面的考虑：一是维护公司经营支配权，防止被其他公司兼并；二是为本公司经营前景考虑，谋求与其他公司合并，以股权交换方式实现资产重组，达到减少竞争对手、扩大市场份额、引进其他公司的先进生产技术等目的。

(6) 其他目的。股份公司发行股票还可能有其他目的。比如，股份公司发行的可转换公司债券在转换请求生效后，股份公司必须按照事先的承诺，办理发行新股票兑换可转换公司债券。另外，为了争取更多投资者而降低每股股票价格并进行股票分割，或为了便利业务处理而对面额过低的股票进行股票合并，以及在公司减资时，都需要发行新股票来替换原来发行的老股票。在电子交易的形式下，往往并不需要增加纸制的股票票券，而只需要改变公司股东权益账户的记载、股权登记和股东账户的记载。

二、股票发行方式

(一) 股票发行方式分类

股票发行方式按目的不同，可分为初次发行和增资发行两大类。

1. *初次发行*

初次发行是指新组建股份公司时或原非股份制企业改制为股份公司时或原私人持股公司要转为公众持股公司时，公司首次发行股票。前两种情形又称设立发行，后一种发行又称首次公开发行 (Initial Public Offering, IPO)。首次公开发行是指非上市企业首次在证券市场发行股票公开募集资金的行为。初次发行一般都是发行人在满足发行人必须具备的条件，并经证券主管部门审核批准或注册后，通过证券承销机构面向社会公众公开发行股票。通过初次发行，发行人不仅募捐到所需资金，而且完成了股份有限公司的设立或转制。

2. 增资发行

增资发行（Seasoned Offering）是指随着公司的发展，业务的扩大，为达到增加资本金的目的而发行股票的行为。股票增资发行，按照取得股票时是否缴纳股金来划分，可分为有偿增资发行、无偿增资发行和有偿无偿搭配增资发行。

(1) 有偿增资发行。它是指股份公司通过增发股票吸收新股份的办法增资，认购者必须按股票的某种发行价格支付现款方获取股票的发行方式。采用这种方式发行股票，可以直接从外部募集股本，增加股份公司的资本金。具体方式有：①股东配股。简称配股，又称股东分摊，是公司按股东的持股比例向原股东分配该公司的新股认股权，准其优先认购增资的方式，即按旧股一股摊配若干新股，以保护原股东的权益及其对公司的控制权。这种新股发行价格往往低于市场价格，实际上是对原股东的一种优惠，一般股东都乐于认购。原股东对公司的配股，没有必须应募的义务，他可以放弃新股认购权，也可以把认购权转让他人，从而形成了认购权的交易；②公募增资。简称增发，它是股份公司以向社会公开发售新股票而实现的增资方式。公募增资的目的是扩大股东人数，分散股权，增强股份的流通性，并可避免股票过分集中。公募增资的股票价格大都以市场价格为基础，是社会上最常用的增资方式；③私人配售。也称非公开发行股票，也称第三者配股，是指股份公司向特定对象或第三者分摊新股购买权的增资方式。特定对象一般包括公司控股股东、实际控制人及其控制的企业、董事、职员、贸易伙伴以及与公司业务有关的第三者——公司顾问、往来银行等，证券公司信托公司等金融机构。认购者可在特定的时间内，按规定的优惠价格优先购买一定数额的股票。这种发行方式一般在以下情形下采用：当增资金额不足，需要完成增资总额时；当需要稳定的交易关系和金融关系，应吸收第三者入股时；当考虑到为防止股权垄断而希望第三者参与，从而使公司股权分散时。这种增资方式会直接影响公司原股东利益，需经股东大会特别批准。

(2) 无偿增资发行。它是指公司原股东不必缴纳现金就可无代价地获得新股的发行方式，发行对象仅限于原股东。它用这种方式发行股票，主要是依靠公司的盈余结存、公积金和资产重估增资等增加资本金，目的是为了使股东获益以增强股东信心和公司信誉，或为了调整资本结构。无偿增资发行分为三种类型：①公积金转增资。它也称累积转增资，无偿支付。它是将法定公积金和任意公积金转为资本金，按原股东持股比例转给原股东，使股东无偿取得新发行的股票。公积金转增资可以进一步明确产权关系，有助于使投资者正确认识股票投资的价值所在，提高股东对公司长期发展和积累的信心，从而形成企业积累的内在动力机制。公积金转增资应遵循国家有关法律的规定，公司的积累基金应首先用于弥补历年亏损。为了使公司留有应付亏损的余地，法定公积金的金额必须达到注册资本的50%时，才可将其中不超过一半的数额转为增资，任意公积金则可由股东大会决定全部或部分转为增资；②红利增资。它又称股票分红、股票股息或送红股，即将应分派给股东的现金股息红利转为增资，用新发行的股票代替准备派发的股息红利。这种无偿增资的方式使现金派息应流出的现金保留在公司内部，将当年的股息红利开支转化为生产经营性资金。公司股东既取得了参与盈余分配的同样效果，又可免交个人所得税（大多数国家规定将收入作再投资免交所得税），而且派息的股票有将来增加股息收入的希望。从宏观上讲，这有助于将消费转化为投资；③股票分割和股票合并。股票分割又称股票拆细，是将原有的大面额股票细分为小面额股票。股票分割的结果只是增加股份公司的股份总额，而资本额并不发生变化。股票分割的目的在于降低股票价格，便于小投资者购买，以利于扩大股票发行量和增强流动性。股票合并是将原有的若干小面值股票、市场价格低于净值或面值的股票合并为一股大面值股票。股票合并的结果只是减少股份公司的股份总数，而资本额并不发生变化。其目的在于抬高股票价格，提升公司市场形象，减少交易成本。

(3) 有偿无偿混合增资发行。它是指公司对原股东发行新股票时，按一定比例同时进行有偿无偿搭配。在这种增资方式下，公司对增发的新股票一部分由公司在公积金转增资，这部分增资是无偿的；一部分由原股东以现金认购，这部分增资是有偿的，增资分配按原股东的持股比例进行。这种发行方式一方面可促使股东认购新股，迅速完成增资计划，另一方面也是对原有股东的优惠，使他们对公司的前途充满信心。

混合增资发行又可分为两种方式：①有偿无偿并行发行。它是按股东的持股比例同时进行股票的有偿发行和无偿发行，而且有偿无偿两部分是相互独立的，股东既使放弃有偿新股的认购权也能获得无偿新股的分配。通常是既送又配，送配互不影响；②有偿无偿搭配发行。它是按股东的持股比例同时进行股票的有偿发行和无偿发行，但有偿无偿两部分不可分割，股东若不支付购买有偿部分的现金，就不能得到增发的新股，也就丧失了无偿发行部分的收益。通常是先配后送，因配股后持股数量增加，相应地可得到较多的送股。

（二）我国的股票发行方式

我国的股票发行市场，基本上采取公募间接发行方式。自从我国证券市场诞生以来，我国新股发行方式经历了多次改革。早期公开发行曾尝试类似私募和推销的方式，然后经历了从认购证抽签发行、认购证按比例配售、存单抽签发行、全额预缴比例配售，到上网竞价发行、上网定价发行，再到 2000 年向证券交易市场投资者按市值配售等，每一次发行方式的改变都引起了市场的广泛关注。从 2001 年 3 月 17 日开始，新股发行方式再次变革，主要措施为发行价格不封顶，推动了市场化进程。这是继 2000 年实施证券交易市场股票市值进入证券发行市场配售申购新股之后的又一重大举措。同时，证监会对股票发行的监管模式也发生了重大变化，由从前的审批制转向了核准制。

全国人大常委会 2004 年 8 月 28 日审议通过的公司法修正案、证券法修正案均已删除了新股发行价格须经监管机构核准的规定。按照规定，股票溢价发行将无需再经国务院证券监管机构批准，股票发行价格应主要通过市场机制形成。2004 年 12 月 10 日，中国证监会发布了《关于首次发行股票试行询价制度按问题的通知》，新股 IPO 询价制度于 2005 年 1 月 1 日启动，这标志着我国股票发行制度的市场化变革迈出了坚实的一步。

根据我国现行的有关规定和股票发行的实际操作，我国近年来采用的股票发行方式主要有上网定价发行、与上网发行相结合的法人配售、询价配售。

1. 上网定价发行

所谓上网发行，是指主承销商利用证券交易所的交易系统，由主承销商作为唯一“卖方”，投资者在指定的时间内，按现行委托买入股票的方式进行申购的发行方式。“上网定价”方式从 1994 年使用以来，在实践中被证实是最为方便、高效和公平的一种方式，后来为大多数企业所采用，并且长期以来几乎成为唯一的发行方式。

2. 与上网发行相结合的法人配售

证监会于 1999 年 7 月 28 日发布了《通知》，对公司股本总额在 4 亿元以下的公司，仍按照《关于股票发行与认购方式的暂行规定》，采用上网定价、全额预缴款或与储蓄存款挂钩的方式发行股票；对公司股本总额在 4 亿元以上的公司，可以采取对一般投资者上网发行和对法人配售相结合的方式发行股票。

2000 年 4 月，为进一步扩大对一般投资者上网发行和对法人配售相结合的发行方式的适用范围，使发行股票公司能够根据市场情况和自身条件选择适当的发行方式，证监会发布了《通知》，法人配售不再受总股本和规模比例的限制，促使更多机构投资者加入到新股配售行列中来，有效缓解了当时市场扩容的压力。

3. 询价发行

(1) 路演寻价。在 2000 年以后的一段时间内，中国股市开始试点通过"路演"向机构投资者征寻股票发行价格的方式。路演寻价（包括网上路演和现场路演），是发行人向机构投资者询价的发行方式，利用各种市场机制来制定发行价格。路演寻价是国际资本市场中普遍选择的股票发行方式，它有利于发现新股的真实价格，提高机构投资者在股票市场中的地位和作用。然而，在 2002 年 5 月恢复证券交易市场配售以后，尽管就个股而言也还有选择在一定程度上实行路演寻价方式的，但就总量而言，80%以上的新股发行选择的是直接定价配售。

(2) 新股 IPO 询价制度。新股 IPO 询价制，是指首次公开发行股票的发行人及其保荐机构，应通过向询价对象询价的方式确定股票发行价格。

2004 年 12 月 10 日，中国证监会发布了《关于首次公开发行股票试行询价制度若干问题的通知》及配套文件《股票发行审核标准备忘录第 18 号——对首次公开发行股票询价对象条件和行为的监管要求》，标志着备受各界人士所关注的新股 IPO 询价制正式出台。首次公开发行股票试行询价制度于 2005 年 1 月 1 日正式施行。

与定价发行不同，询价发行方式给申购的投资者一个询价区间（申购价格上限和下限），然后根据投资者对该询价区间占大多数的价格认同来确定发行价格，再以该价格进行配售。按照规定，发行申请经证监会核准后，发行人应公告招股意向书，开始进行推介和询价。询价分为初步询价和累计投标询价两个阶段。发行人及其保荐机构应通过初步询价确定发行价格区间，通过累计投标询价确定发行价格。按照中国证监会的规定，询价对象是指符合证监会规定条件的证券投资基金管理公司、证券公司、信托投资公司、财务公司、保险机构投资者和合格境外机构投资者（QFII），以及其他经证监会认可的机构投资者。社会公众投资者不适用于 2005 年 1 月 1 日开始实施的首次公开发行股票试行询价制度。规定指出，发行人及其保荐机构应向不少于 20 家询价对象进行初步询价，并根据询价对象的报价结果确定发行价格区间及相应的市盈率区间。公开发行股数在 4 亿股以上的，参与初步询价的询价对象应不少于 50 家。按照规定，发行人及其保荐机构应向参与累计投标询价的询价对象配售股票：公开发行数量在 4 亿股以下的，配售数量应不超过本次发行总量的 20%；公开发行数量在 4 亿股以上的，配售数量应不超过本次发行总量的 50%。经证监会同意，发行人及其保荐机构可以根据市场情况对上述比例进行调整。

首次公开发行股票的发行人及其保荐机构通过向各证券投资基金管理公司、证券公司、信托投资公司、财务公司、保险机构投资人及QFII等询价对象询价的方式来确定股票发行价格，这是我国新股发行方式的又一次重大改革。新股IPO询价制度的出台体现了市场发展的要求，它标志着我国首次公开发行股票市场化定价机制的初步建立，这对提高市场配置资源效率、推动资本市场稳定发展发挥着重要而积极的作用。

三、股票发行的条件

股票发行分为两种情况：一是股份公司初次发行，二是股份公司上市后向社会公众的再发行。其中股份公司上市后向社会再次公开发行新股，是指向原股东配售股票和向全体社会公众发售股票。

（一）初次发行条件

所谓初次发行，是指以募集方式设立股份有限公司时公开募集股份或已设立公司首次公开发行股票。根据《公司法》、《中华人民共和国证券法》等法律、行政法规、部门规章的规定，发行人申请公开发行股票时，应符合以下条件：①股票发行人必须是具有股票发行资格的股份有限公司，包括已经成立的股份有限公司和经批准拟成立的股份有限公司。②其生产经营符合国家产业政策。③其发行的普通股限于一种，同次发行的股票，每股的发行条件和发行价格相同，同股同权。④发行人认购的股本数额不少于公司拟发行的股本总额的35%。⑤公司股本总额不少于人民币5000万元。⑥向社会公众发行的部分不少于公司拟发行的股本总额的25%。拟发行股本超过4亿元的，可酌情降低向社会公众发行部分的比例，但最低不少于公司拟发行股本总额的15%。⑦发起人在近3年内没有重大违法行为。⑧近3年连续盈利等规定的其他条件。⑨原有国有企业改组设立股份有限公司申请公开发行股票，还需要符合条件：发行前1年末，净资产在总资产中所占比例不低于30%，无形资产（不含土地使用权）占其所折股本数的比例不得低于20%。

（二）配股的条件

向原股东配售股票简称配股，配股发行是增资发行的一种，是指上市公司在获得有关部门的批准后，向其现有股东提出配股建议，使现有股东可按其所持股份的比例认购配售股份的行为。配股发行是上市公司发行新股的一种方式，具有实施时间短、操作简单、成本较低等优点，同时也是上市公司改善资本结构的一种手段。根据中国证监会2001年3月28日发布的《上市公司新股发行管理办法》和其他相关法规，上市公司必须符合下列基本条件方可公开发行新股：①具有完善的法人治理结构，与对其具有实际控制权的法人或其他组织及其他关联企业在人员、资产、财务上分开，保证上市公司的人员、财务独立以及资产完整。②本次新股发行募集资金的用途必须符合国家产业政策的规定。③本次新股发行募集资金的数额原则上不超过公司股东大会批准的拟投资项目的资金需要数额。④不存在资金、资产被具有实际控制权的个人、法人或其他组织及其关联人占用的情形或其他损害公司利益的重大关联交易。⑤公司有重大购买或出售资产行为的，应当符合中国证监会的有关规定。⑥经注册会计师核验，公司最近3个会计年度加权平均净资产收益率不低于6%。⑦公司一次配股发行股份总数，原则上不超过前次发行并募足股份后股本总额的30%；如果公司具有实际控制股权的股东全额认购所配售的股份，不受上述比例限制。⑧前一次发行的股份已经募足，募集资金使用效果良好，本次配股距离前次发行的时间间隔不少于1个完整的会计年度。⑨公司在最近3年内财务会计文件无虚假记载或重大遗漏。

（三）增发的条件

根据《上市公司新股发行管理办法》的规定，股份有限公司申请增发新股，除符合初次发行条件外，还必须具备以下条件：①前一次公开发行的股份已募足，且募集资金的使用与其招股说明书所述的用途相符，资金使用效益良好。②距前一次公开发行股票的时间在1年以上。③公司在最近3年内连续盈利，并可向股东支付股利。④公司在最近3年内财务会计文件无虚假记载。⑤公司预期利润率可达同期银行存款利率。⑥经注册会计师核验，公司最近3个会计年度加权平均净资产收益率平均不低于6%，且预测本次发行完成当年加权平均净资产收益率不低于6%；设立不满3个会计年度的，按设立后的会计年度计算。⑦经注册会计师核验，如果公司最近3个会计年度加权平均净资产收益率低于6%，还应符合下列条件：第一，公司及主承销商应当充分说明公司具有良好的经营能力和发展前景，新股发行时，主承销商应向投资者提供分析报告；第二，公司发行完成当年加权平均净资产收益率不低于发行前一年水平，并应在招股文件中进行分析论证；第三，公司在招股文件中应当认真做好管理层关于公司财务状况和经营成果的讨论分析。

四、股票发行价格的确定

（一）发行价格的种类及基本规定

股票发行价格指股份有限公司将股票公开卖售给特定或非特定投资者所采用的价格。根据我国《公司法》的规定，股票不能以低于股票票面金额的价格发行。根据发行价与票面金额的不同差异，发行价格可以分为面值发行与溢价发行。

根据证监会《关于股票发行工作若干规定的通知》，为了使公司股票发行定价更加客观、公正、合理，切实维护投资者的利益，1996年新股发行定价不再以盈利率为依据，改为按过去3年已实现每股税后利润算术平均值为依据。对于由国有企业依法改组新设立的公司，可按主要发起人改制当年经评估确认的净资产所折股数，模拟计算改制前后各年度的每股税后利润作为定价依据。一般而言，在确定股票发行价格时应综合考虑公司的盈利水平、公司潜力、发行数量、行业特点以及股市状态等影响股价的基本因素。

股票发行价格的确定是股票发行计划中最基础和最重要的内容，它关系到发行人与投资者的根本利益及股票上市后的表现。若发行价过低，将难以满足发行人的筹资需求，甚至会损害原有股东的利益；而发行价太高，又将增大投资者的风险，增大承销机构的发行风险和发行难度，抑制投资者的认购热情，并会影响股票上市后的市场表现。因此，发行公司及承销商必须对公司的利润及其增长率、行业因素、二级市场的股价水平等因素进行综合考虑，然后确定合理的发行价格。

从各国股票发行市场的经验看，股票发行定价最常用的方式有累积订单方式、固定价格方式以及累积订单和固定价格相结合的方式。累积订单方式是美国证券市场经常采用的方式。其一般做法是，承销团先与发行人商定一个定价区间，再通过市场促销征集在各个价位上的需求量。在分析需求数量后，由承销商与发行人确定最终发行价格。固定价格方式是英国、日本、香港等证券市场通常采用的方式。基本做法是承销商与发行人在公开发行前商定一个固定的价格、然后根据此价格进行公开发售。累积订单和固定价格相结合的方式主要适用于国际筹资，一般是在进行国际推荐的同时，在主要发行地进行公开募集，投资者的认购价格为推荐价格区间的上限，待国际推荐结束、最终价格确定之后，再将多余的认购款退还给投资者。

（二）股票发行价格的确定方法

股票发行价格的确定通常有三种方法：市盈率法（Price to Earnings Ratio，P/E）、净资产倍率法和竞价确定法。

1. 市盈率法

市盈率法又称本益比，是股票市场价格与每股税后利润的比率，它也是确定发行价格的重要因素。发行公司在确定市盈率时，应考虑所属行业的发展前景、同行业公司在股市上的表现以及近期二级市场的规模供求关系和总体走势等因素，以利于一、二级市场之间的有效衔接和平衡发展。目前，我国股票的发行市盈率一般在 13 至 15 倍之间。计算公式为：

$$\text{市盈率}=\frac{\text{股票市价}}{\text{每股净盈利}}$$

$$\text{每股净盈利}=\frac{\text{税后利润}}{\text{股份总额}}$$

每股税后利润的计算通常有两种方法：一种为完全摊薄法，即用发行当年预测全部税后利润处以总股本，直接得出每股税后利润；另一种是加权平均法。不同的方法得到不同的发行价格，每股税后利润确定采用加权平均法较为合理，因为股票发行的时间不同，资金实际到位的先后将对企业效益产生较大影响，同时投资者只有在购股后才应享受应有的权益。

加权平均法的计算公式为：

$$\text{每股年税后利润}=\text{新股发行后的每股月利润}\times 12$$

$$\text{每股发行后利润}=\frac{\text{新股发行后的税后利润}}{\text{新股发行后当年剩余的月份}\times\text{新股发行后的公司股本总额}}$$

通过市盈率法确定股票发行价格，首先应根据专业会计师审核后的盈利预测计算出发行人的每股净盈利；其次可根据证券交易市场的平均市盈率、发行人的行业情况（同类营业公司的股票市盈率）、发行人的经营状况及其成长性等拟定发行市盈率；最后依发行市盈率与每股净盈利的乘积决定发行价格。

这样，发行价格的计算公式为：

$$\text{发行价格}=\text{每股净盈利}\times\text{发行市盈率}$$

2. 净资产倍率法

净资产倍率法又称资产现值法，指通过资产评估（物业评估）和相关会计手段确定发行人拟募股资产的净现值和每股净资产值，然后根据证券市场的状况将每股净资产值乘以一定的倍率或一定折扣，以此确定股票发行价格的方法。

这种方法常用于房地产公司或资产现值有重要商业利益的公司的股票发行。以此种方式确定每股发行价格不仅应考虑公司市值，而且还须考虑市场所能接受的溢价倍数或折扣倍率。计算公式为：

发行价格＝每股净资产值×溢价倍率

3. 竞价确定法

竞价确定法是指投资者在指定时间内通过交易柜台或者证券交易所交易网络，以不低于发行底价的价格并按限购比例或数量进行认购委托，申购期满后，由交易所的交易系统将所有有效申购按照价格优先、同价位申报按照时间优先的原则，将投资者的认购委托由高价位向低价位排队，并由高价位到低价位累计有效认购数量，当累计数量恰好达到或超过本次发行数量的价格，即为本次发行的价格。

如果在发行底价上仍不能满足本次发行股票的数量，则以竞价的底价为发行价。

发行底价也可由发行人和承销商根据发行人的经营业绩、盈利预测、投资规模、市盈率、发行市场与股票交易市场上同类股票的价格及影响发行价格的其他因素，共同研究协商确定。

第三节 债券发行市场

债券发行市场是债券发行人初次出售新债券的市场。债券发行的主体有中央政府、地方政府、金融机构、公司。

一、债券发行的目的

债券发行主体不同，其发行债券的目的也不同。一般来说，政府发行债券的目的主要是为了弥补财政赤字和扩大公共事业投资；地方政府发行债券的目的是为了筹集建设资金；金融机构发行债券的目的主要是为了扩大投融资的规模，增加其资金的流动性。企业发行债券的目的比较复杂，有以下几个方面：

（一）扩大资金来源的渠道，降低筹资风险

企业的资金来源渠道既可以是本身盈利的积累、金融机构的贷款，也可以是发行股票，还可以通过发行债券这一渠道。多种筹资方式扩大了资金来源，并且使各种筹资方式的副作用得以抵消或受到有效的限制，降低了筹资风险。同时，企业债券的存在增加了证券市场投资人的选择余地，也满足了某些投资者的需要，还能弥补有的投资者由于法规上的规定不能直接投资股票而丧失参与证券市场投资机会的遗憾。

（二）筹集长期稳定、低成本的资金

公司在生产经营过程中，可能会因为种种原因需要补充大量资金，通常公司可以通过发行股票、发行债券和向银行借款等方式对外筹资。发行股票的实际筹资成本低，而且不用偿还，不会形成的债务负担，但股票发行手续复杂，定期公布财务报告，受到的制约多，还会导致股权稀释，影响现有股东利益和对公司的控制权。向银行借款通常较为方便，能较快满足公司的资金需求，但借款期限一般较短，资金的使用范围往往受到严格限制，有时还负有一定的附加条件，而且在公司经营状况不佳时，银行往往不愿意提供贷款。相比之下，发行债券筹集的资金期限较长，资金使用自由，在债券到期前没有还本的

压力，又由于债权风险小于股票，发行人可将债权利息定在低于股息的水平上。因此，发行债券可以筹集到期限稳定，成本相对较低的资金，在一定程度上弥补了股票筹资和向银行借款方式的不足。

（三）保持对公司的控制

公司发行债券可以取得资金，获得经济方面的好处，又不会削弱公司股东对公司的控制力。这是因为股票是一种所有权证书，表明持有者作为股东对公司拥有一定的权益，公司发行股票，存在着股权进一步分散、股权结构变化、原有股东对公司的控制权削弱的风险，而发行债券则无此风险，因为债券的持有者与公司之间只存在债权债务关系，债权人无权参与公司经营管理，无论债券发行多少、持有者结构如何，都不会分散原有股东对公司的控制权，公司控股股东仍然能够维持对公司的控制。

（四）发挥自由资金的财务杠杆作用，实现最佳资本结构

公司债券的发行，使企业获得了债务资金。企业可以利用少量的自有资金，吸引较多的外来债券资金的投入，增强了企业的经济实力，在企业进行投资的报酬率大于债务成本率水平的情况下，将产生正的财务杠杆作用，从而会使企业盈利增加。同时，举债筹资也增强了企业对借债需求的风险约束，促使企业更好的安排债务资金的运作，优化资本结构，发挥自己拥有资金的财务杠杆作用，增强企业按期偿还债权本金和利息的能力和自觉性。

（五）转移通货膨胀风险，减少税收支出

在通货膨胀严重的时候，如果企业采用发行股票方式筹资，为了保持每期股息的实际价值大致相当，必须大幅度提高股息的水平，但这会增加企业的负担。而如果企业以发行债券的方式来筹资，一般是按照券面金额还本付息，在通货膨胀情况下，不会增加企业的压力和负担，等于把通货膨胀的风险转移给债券投资者。与此同时，发行债券时，企业所指出的债券利息一般在税前列支，而股票的股息通常作为企业利润的一部分，必须在企业所得税后列支，这样企业发行债券就比发行股票少了一项税收支出。

二、债券发行的条件和管理

（一）债券发行的条件

债券发行条件是指债券发行者在以债券形式筹集资金时所必须考虑的有关因素。债券发行条件包括发行金额、期限、偿还方式、票面利率、付息方式、发行价格、收益率、发行费用、税收效应以及有无担保等 10 项内容。发行人必须考虑全面，才可以降低发行成本。此外，债券的面值、发行方式、是否记名、债券选择权也都是发行债券应该考虑的问题。

1. 发行金额

债券的发行额是根据发行人所需资金的数量、资金市场供给情况、发行人的偿债能力和信誉、债券的种类以及该种证券对市场的吸引力来决定的。如果发行金额过高，会造成销售困难，发行后债券转让价格也受到不利的影响。一般来说，发行金额主要由承销机构根据自己的专业知识向发行人提供建议。

2. 期限

债券的期限是指从债券的发行日起到偿清本息止的这段时间。债券的期限根据发行人资金需求的性质、未来市场利率水平的发展趋势、流通市场的发达程度、物价的变动趋势、债券市场上其他债券的期限构成以及投资者的投资偏好等因素来确定。如果企业发放债券是用于长期投资，经济大环境中未来市场利率有上升趋势，流通市场也比较发达，物价变动平稳，就可以发放长期债券。

3. 债券的偿还方式

偿还方式中需要规定偿还金额、偿还日期以及偿还形式等。按照偿还日期，偿还方式可以分为期满偿还、期中偿还和延期偿还三种；按照偿还形式，可以分为货币偿还、债券偿还和股票偿还三种。偿还方式会直接影响到债券的收益高低和风险大小。

4. 票面利率

债券的票面利率是指发行人 1 年向投资人支付的利息占票面金额的比率。票面利率的高低直接影响债券发行人的筹资成本。在确定票面利率时，一般要考虑债券期限的长短、市场利率水平的高低、债券的信用等级、利息支付方式以及证券管理当局对票面利率的管理和指导等因素。一般来说，债券期限长，利率则应该高；债券信用等级高，利率则应该低；到期一次付息的利率应高于按年付息的票面利率；在收益率一定的情况下，单利的票面利率应高于按复利计算的票面利率；市场利率较高时发行的债券券面利率应高于市场利率较低时的债券。发行者应综合各种因素，在法律法规许可的前提下，确定投资者与发行者都可接受的合理的券面利率，尽可能做到既保证债券顺利发行，又减轻利息负担。

5. 付息方式

债券的付息方式是指发行人在债券的有效期内，一次或按一定的时间间隔分次向债券持有人支付利息的方式。债券的付息方式一般都有一次性付息和分期付息两类，而一次性付息又可分为利随本清方式与利息预扣方式两种。发行人应考虑把降低筹资成本和增加债券对投资人的吸引力结合起来，再选择债券付息方式。

6. 发行价格

债券的发行价格，是指债券投资者认购新发行的债券时实际支付的价格。债券发行价格的高低取决于投资人要求的回报率和市场环境。债券的发行价格可以分为以下三种：①平价发行，即债券的发行价格与面值相等；②折价发行，即债券以低于面值的价格发行；③溢价发行，即债券以高于面值的价格发行。

7. 收益率

债券收益率是指投资人获得的收益占投资总额的比率。决定债券收益率的因素主要有利率、期限和购买价格。收益率是投资人在购买债券时首要考虑的因素。

8. 发行费用

发行费用是指债券发行人在债券发行过程中，支付给有关债券发行中介人及服务机构的各种费用，包括最初费用和期中费用。最初费用包括手续费、登记费、印刷费、评级费、担保费、广告费、律师费、上市费等。期中费用包括支付利息手续费、每年的上市费、本金偿还支付手续费等。债券发行费用的高低会直接影响发行成本的高低。

9. 债券的税收效应

债券的税收效应主要是指对债券的收益是否征税。设计债券收益的税收有利息预扣税和资本税。利息预扣税也叫收入所得税，是支付利息的人在向债券持有人支付利息时就扣除债券持有人应向政府交纳的税款，并将这部分税款集中上缴当地税务部门。通常情况下，政府债券免征利息预扣税。资本税是针对自然人征收的，是出售债券时对卖出价格（或持有到期时偿还价格）与买入价格之间的差额收益所征收的资本收益税。

债券的税收效应直接影响债券的收益率。投资人考虑的是债券投资所获得的扣除税款后的收益净额。因此，投资者在购买债券时，要把纳税债券与不纳税债券的收益率进行折算比较，判定收益率的高低。

10. 有无担保

有无担保是指有无信誉卓著的第三者担保或用发行人的财产做抵押担保。有无担保是债券发行的必要条件之一，有担保证券有助于增加债券的安全性，减少投资风险。一般来说，政府、金融机构发行证券是无担保债券，而那些信誉等级稍差的中小企业一般多发行有担保的债券。

总之，在确定发行条件时，要将上述因素综合起来考虑，经多方面权衡后方可决定。通常限定利率和期限，因为它们最明显地反映着投资者的获利大小和让度资金的时间长短，再根据市场利率确定发行价格。而投资者在进行债券投资时，除了看发行条件外，还要考虑发行者的信用度，所以大多数国家一般都对发行者定有不同的发行等级，级别越低的发行者越需要以较高的发行条件（如高利率）来发行。

（二）我国政府对债券发行的管理

我国政府对债券发行的管理，包括发行额管理、审批管理、利率管理、资金来源及运用的管理等。每年各种债券发行规模的确定，由财政部提出国家债券的发行规模，国家发展与改革委员会（简称发改委）提出国家专业投资公司债券的发行规模，中国人民银行提出金融债券、企业债券的发行规模，再由国家发改委进行综合平衡后，报国务院批准。国家对各种债券发行的管理各有特点。

1. 国家债券

国家债券包括国库券、特种国债、国家重点建设债券、财政债券、国家建设债券、保值公债等。其发行条件、发行对象、发行额度、认购方式和资金用途等，由国务院发布条例加以确定。国家专业投资公司债券包括基本建设债券和重点企业债券，由中国人民银行和国家发改委对债券发行的有关事宜作出具体规定，通过国务院下发通知的形式予以确认。

2. 金融债券和大额可转让定期存单

金融债券和大额可转让定期存单由人民银行根据金融政策确定，由国有商业银行、政策性银行以及其他金融机构发行。金融债券的发行由专业银行向中国人民银行总行提出发行计划和发行方法，由中国人民银行总行在国务院确定的额度内进行平衡，分别核定各专业银行的发行额度，并审批各专业银行的发行额度，由专业银行分支机构在其总行核定的额度内向中国人民银行各省、市、自治区和计划单列市分行申请发行。

3. 企业债券

企业债券是指公司依照法定程序发行、约定在一定期限还本付息的有价证券，它代表着发债企业和投资者之间的一种债权债务关系。根据目前深、沪证券交易所关于上市企业债券的规定，企业债券发行的主体可以是股份公司，也可以是有限责任公司。申请上市的企业债券必须符合有关法规所规定的条件。按照规定，企业债券的发行人，必须是在中华人民共和国境内注册并具有法人资格的企业。发行和购买企业债券，应当遵循自愿、互利、有偿的原则，禁止以摊派方式发放。企业债券的总面额，不得超过企业自有资产的净值。发行债券的票面利率，不得高于银行同期居民储蓄定期存款利率的40%。债券票面利率应在发行前确定，发行后不得随意调整。如果企业为固定资产投资发行债券，其投资项目必须经有关部门审查批准，纳入国家控制的固定资产投资规模。企业一般在自批准发行之日起3个月内完成债券的发行工作，逾期不得再发行，并向批准机关报告实际发行情况。

三、债券发行方式

按照发行对象不同，债券的发行方式分为私募发行与公募发行。

（一）私募发行

私募发行又称定向发行或私下发行，是指发行人仅向少数特定投资人发行债券的一种方式。其发行对象一般是与发行者有密切关系的投资者，一般分为两类：一是个人投资人，如发行单位的职员或经常使用本单位产品的用户；二是机构投资人，如与发行人有密切业务往来的企业、公司、金融机构等。我国的国家重点建设债券、财政国债、特种国债等国债均采取定向发售方式。

私募发行手续简便、发行时间短、效率高，投资者往往已事先确定，不必担心发行失败，因而对债券发行人比较有利。但私募发行的债券流动性比较差，所以投资者一般要求对其提供比公募债券更高的收益率。

（二）公募发行

公募发行又称公开发行，是指发行人公开向范围广泛的不特定投资者发行债券的一种方式。为了保护一般投资人的投资安全，公募发行一般要有较高的信用等级。在公募发行范围内又有三种发行方式：

1. 募集发行

募集发行需要发行人事先将发行额度、发行日、申报时间、利率、发行价格等发行条件确定下来，而认购债券的投资人则要在申报时间内明确表明认购意向。

2. 出售发行

债券的发行额在发行前是不确定的，而是以某一发售时期被购的总额作为发行额的发行方法。出售发行这种方式目前仅限于一部分贴现金融债券和附息金融债券。

3. 招标发行

即预先确定一个发行额，由承销人通过投标决定利率或发行价格的一种发行方式。根据标的物的不同，招标发行又可分为缴款期招标、价格招标和收益率招标三种形式。

（1）缴款期招标。它是指在债券的票面利率和发行价格已经确定的条件下，按照承销机构向财政部交款的先后顺序获得中标权利，直至满足预定发行额为止。这一招标形式是我国的创新，曾在国债发行中运用。根据中标规则不同，可分为荷兰式招标和美式招标，前者是各中标商均以单一的最迟缴款日期为中标缴款期，后者是各中标商以各自投标的缴款期为中标缴款期。

（2）价格招标。主要用于贴现债券的发行。根据中标规则的不同，又可分为荷兰式招标和美国式招标两种。荷兰式招标是指按招标人所报买价从高向低的顺序中标，直至满足预定发行额为止，中标人以所有中标价格中的最低价格认购中标的债券数额。美国式招标的过程与荷兰式相似，但是投标人在中标后，分别以各自出价来认购债券。两者的区别是，荷兰式招标是所有中标人以单一价格认购，美国式招标是中标人以多种价格认购。我国的短期贴现国债曾以荷兰式价格招标方式发行。

（3）收益率招标。它主要用于附息债券发行，它同样可以分为荷兰式招标和美国式招标两种形式。债券的票面利率由投资者以招标方式进行竞争，按照投标人所报的收益率由低到高依次中标，直到满足预定发行额为止。荷兰式招标的中标人以所有中标收益率中的最高收益率认购中标额，美国式招标则以中标人各自报出的收益率认购中标额，并均以各中标人投标收益率的加权平均值作为债券的票面利率。我国的中长期附息国债曾采用美国式收益率招标方式发行。

此外，按照是否通过中介发行，债券的发行方式分为直接发行与间接发行。这与股票发行类似。以公募方式发行的公司债，一般也采取间接发行方式。有的国家建立国债一级自营商制度，具备一定资格条件经批准的国债一级自营商，有责任包销每次国债发行量的一定比例，再通过各自的市场销售网络开展分销与零售业务。目前我国的国债发行以国债一级自营商承购包销方式为主。无记名实物国债（现已取消这种形式）以银行、证券公司、信托投资公司和财政证券公司担任一级自营商，采取承购包销方式发行。凭证式国债主要由商业银行承销并利用银行营业网点分销。记账式国债则由证券承销商通过证券交易所发行。

四、债券偿还方式

债券到期必须偿还本金，但偿还的方式各有不同，不同的偿还方式影响着发行者和投资者的利益，因此在债券发行时就应公开说明偿还方式。债券偿还方式主要有以下几种：

1. 到期偿还、期中偿还和展期偿还

（1）到期偿还是在最终偿还期到来时一次全部偿还本金，收回债券。这是目前较为常见的偿还方式。

（2）期中偿还是在债券到期前，全部或部分偿还本金的偿还方式。采用这种方式偿还的目的在于：一是为了吸引投资者；二是为了减轻发行者到期还本的负担。各国对其中偿还的宽限期和偿还比率有不同规定。

（3）展期偿还，又称延期售回，即规定在债券到期后，投资者有权按原定利率延长偿还期至某一个指定日期。当市场利率低于债券利率时，这种偿还方式对投资者较为有利。

2. 全额偿还和部分偿还

（1）全额偿还是在债券到期前全部偿还本金的偿还方式。采用这种方式的原因：一是债券发行后，当出现资金过剩现象时，用这一偿还方式，可避免不必要的利息负担；二是债券发行后，若市场利率下降，发行债券时所确定的利率显得过高，于是就提前偿还全部债券，发行低利率债券来降低筹资成本。这种方式可能会损害投资者利益，所以很少采用。采用全额偿还，发行者必须事先在发行债券的说明书上注明。

（2）部分偿还是在债券到期之前偿还部分本金的方式，目的在于减轻发行者到期时的还本负担。

3. 定期偿还和随时偿还

（1）定期偿还是在债券到期前，分次在规定的日期按一定偿还率偿还的方式。一般是在宽限期后的每次利息支付日（半年或一年）连同利息一并向持券人偿还。定期偿还的偿还日期、偿还率、具体偿还方式是在债券发行时就确定的。

（2）随时偿还，也称任意偿还，即发行者可以在宽限期以后、债券到期前的任意时间偿还的部分或全部债券。这种偿还方式对发行者有利，发行者可以根据自己的资金需求状况和市场利率变动情况，随时调整其债务结构，减轻其债务负担。如果市场利率下降时，发行者可以发行低利率的新债以偿还旧债。对投资者来说，这种方法很不利，投资者不但将在利率下降时失去继续持有该债券以获取高利率的权利，而且自己的投资计划可能被打乱，所以在实际中很少使用或用加息（加价）的方式对投资者给予补偿。

4. 抽签偿还和买入注销

（1）抽签偿还是按抽签办法决定债券偿还号码的偿还方式这种。这种方式最符合债权者平等原则，多用于定期偿还。但这也是一种强迫性偿还，中签者必须持债券去赎回本金，否则中签后的利息债务人不予支付。

（2）买入注销是债券发行者在债券二级市场上以市价购回自己发行的债券并予以注销以免除到期还本付息责任的偿还方式。买入注销遵循买卖自由原则，在发行者与投资者相互协议的基础上达到返还本金的目的，对投资者没有强制力。因此，这种方式较受投资者的欢迎。发行者采用这种方式可简单迅速地完成债券的偿还。但买入注销偿还要以发达的流通市场为前提，要受到债券流通市场上债券价格和供应量的限制。

五、债券发行价格的确定

债券的发行价格，是债券投资者认购新发行的债券时实际支付的价格。一般来说债券的发行价格需要考虑两个因素。

第一，新发行债券的定价决定于债券的质量。在国外，大多数债券发行要经过评级，债券的价格也就根据级别的高低确定。对于不经过评级的债券，发行人的声誉、过去发行的记录、发行规模，以及发行人获得债券标价货币的能力就成为影响发行价格的重要因素。

第二，债券投资者认购新发行债券时实际支付的价格为债券发行价格。发行债券时，通常先决定年限和利率，然后再根据当时的市场利率水平进行微调，决定实际的发行价格。市场利率变化，债券利率随之发生变化。但是，债券票面利率一经确定，在到期之前便不能变动，而市场利率则是不断变动的，于是，债券票面利率便可能与市场利率不一致，从而使债券的实际价格与其发行价格也不一致。如果仍按票面值发行债券就会使投资者得到的实际收益率与市场收益率不相等。因此，需要调整债券发行价格，以使投资者得到的实际收益率与市场收益率相等。把到期偿还的债券面值以市场利率换算成现值，再根据债券票面利率各期所发放的利息总额以市场利率换算成现值，将两个现值加总起来，所得金额便为债券的实际价格。这个价格就是确定债券发行价格的依据。

债券发行价格的计算公式随利息支付方式的不同而不同。如果按照单利计算，按年付息的方式，则债券发行价格的计算公式为：

$$债券发行价格=A\sum_{t=1}^{N}\frac{1}{(1+市场收益率)^t}+\frac{面值}{(1+市场收益率)^N}$$

其中，N为债券有效期限，A为年利息。

如果按照复利计算，计算公式为：

$$债券发行价格=\sum_{i=1}^{n}\frac{i*D}{(1+r)^t}+\frac{D}{(1+r)^n}=\left(\frac{1}{r}1-\frac{1}{(1+r)^n}\right)iD+\frac{D}{(1+r)^n}$$

其中，D为债券面值，i为债券票面利率，r为市场利率，n为债券的期限。

$\sum_{i=1}^{n}\frac{1}{(1+r)^t}=\frac{1}{r}\left(1-\frac{1}{(1+r)^n}\right)$为复利现值系数。

由于市场利率与债务利率不同，通过计算得出的债券实际价格有平价、溢价和折价三种情况。通过上面公式得出的债券价格并不就是发行价格，只是作为一种参考。

从前面债券发行价格的确定公式可以看出，债券的发行价格与其利率直接相关。比如溢价发行就在于该种债券的票面利率较高，即使其发行价格高于面额，潜在的投资者也乐于购买。相反，如果某种债券以面额价格或折价发行，肯定其利率要低一些。因此，债券利率与发行价格相互制约。

债券利率除受发行价格制约以外，还取决于以下一些因素：①债券期限的长短。这主要因为债券期限不同，投资人承担的风险也不同，故期限越长其债券利率则越高，以作为投资风险增大的补偿。②金融市场状况。其主要是指同期银行储蓄存款利率、债券所得税率、未来的物价指数、证券市场上债券的供求状况、债券的流动性等。③发行人的信誉。④债券发行的附加条件，如抽签换奖，若有附加条件利率，定价可低一些。

六、债券的信用评级

在债券发行时候需要对发行人的信誉等进行评价，这就涉及债券的信用评级。所谓债券的信用评级就是将债券发行人的信誉及其偿债的可靠程度公之于投资者，使投资者尽量避免由于掌握的信息不足或判断不准而造成损失，以保护投资者的利益。债券信用评级的主要内容是评价债券的发行质量、发行人的资信状况和投资者所承担的投资风险等，而不评价该种债券的市场价格、市场销路和债券投资收益等内容。因此，信用评级机构对投资者负有道义上的义务，但并不承担任何法律上的责任，它们作出的资信评级只是一种客观公正的评价，以帮助投资者在对比分析的基础上作出投资决策，而不具有向投资者推荐这些债券的含义。

（一）信用评级的目的

投资者在做出债券投资的决策时，需要及时掌握有关投资债券的发行质量、发行人的资信状况和自己将要承担的投资风险等各种信息。虽然《证券法》规定了债券发行人公布与债券发行有关的信息，但是由于所公布的信息内容较多、专业性较强，一般投资者还不能够根据公布的信息就能准确判断发行人的偿债能力及其相应的投资风险。因此，除了信誉很高的政府债券之外，其他债券在市场上往往不易被广大的投资者所接受。债券发行人为了顺利发行债券，一般都自愿向证券评级机构申请评级。证券评级机构依据债券发行人的要求，使用简单易懂的符号，如 AAA、BB 等，评定其所发行债券的信用等级，向投资者提供有关债券风险性的实质信息，以供投资者做出债券投资的决定。所以，在债券的公募发行之初，发行人首先要请专门的证券评级机构对即将发行的债券进行信用等级评定。

（二）信用评级的依据

针对债券信用评级的内容，证券评级机构在对债券进行评级的过程中，主要的根据是：

（1）债券发行人的偿债能力，包括考察发行人的预期盈利、负债比例等，以判断其是否具有按期还本付息的能力；

（2）债券发行人的资信状况，包括考察发行人在金融市场上的信誉和历次偿债情况，以判断其如期偿还债务的可能性；

（3）投资者承担的风险水平，主要分析发行人破产的可能性以及发行人一旦发生破产或其他意外时，投资者依法所能受到的保护程度和所能得到的投资补偿程度。

表 4-2　三家公司债券风险评级分类表

风险程度	机构名称及等级分类		
	穆迪	标准—普尔	上海远东
还本付息能力极强，有可靠保证，承担风险最小。	Aaa	AAA	AAA
还本付息能力很强，但风险性比前者略高。	Aa1 Aa2 Aa3	AA+ AA AA−	AA
安全性良好，还本付息能力一般，有潜在的导致风险恶化的可能性。	A1 A2 A3	A+ A A−	A
安全性中等，短期内还本付息无问题，但在经济不景气时风险增大。	Baa1 Baa2 Baa3	BBB+ BBB BBB−	BBB
有投机因素，不能确保投资安全，情况变化时还本付息能力波动大，不可靠。	Ba1 Ba2 Ba3	BB+ BB BB−	BB
不适合作为投资对象，在还本付息及遵守契约条件方面都不可靠。	B1 B2 B3	B+ B B−	B
安全性极低，随时有无法还本付息的危险。	Caa	CCC	CCC
极具投机性，目前正在违约状态中，或有严重缺陷。	Ca	CC	CC
最低等级，完全投机性。	C	C	C

（三）债券信用级别的划分

不同的证券评级机构对债券等级的评定有不同的标准。一般而言，AAA 为最高等级的债券，依次为AA级、A级。A级以后的标准则有所不同。

长期以来，我国的债券评级一直处于空白状态，投资者无法正确评价公司债券的信用程度，严重影响了公司债券的发展。1998年10月，中国人民银行下发了《1998年企业债券审批问题的通知》，明确规定了公司债券的发行必须进行债券信用评级，债券利率与评级挂钩。这标志着我国债券评级的启动。表4－2是穆迪、标准—普尔、上海远东三家资信评估公司对长期债券风险评估的等级分类。

（四）信用评级的程序

1. 提出申请

首先由债券发行人或其代理人向证券评级机构提出评级申请，并根据评级机构的要求提供详细的书面材料。

2. 会面询问

提出申请后，证券评级机构与发行单位的主要负责人会面，就书面材料中值得进一步调查的问题和其他有关情况提出询问。

3. 调查分析

在掌握了相关资料后，证券评级机构就该对申请评级单位的各方面情况进行调查分析，主要内容包括：发行人的经营管理情况、内部审计体制、资本构成的安全性和偿付本息的能力；合同中规定的财务限制条款和债券的优先顺序；对发行人所属国家或地区作出评价，分析其政治风险和经济风险；分析发行人在国家政治经济中的重要性和国家与发行人的关系等。

4. 确定级别

在调查分析的基础上，证券评级机构通过投票的方式决定发行人的信用级别，并与发行人联系，征求其对评级结果的意见。如果发行人同意，即可最后决定信用级别。如果发行人不同意，可提交书面理由和提供追加资料，申请变更信用级别，评级机构根据追加的资料再次进行讨论，重新决定信用级别。这种变更申请只能进行一次。

5. 通知公告

债券信用级别评定后，证券评级机构一方面要正式通知评级申请人，另一方面要将评级结果汇编成册，公告于众。

6. 定期调整

证券评级机构还要依据申请评级单位财务和经营活动的变化情况，对债券的质量进行分析，定期调整过去评定过的债券信用级别，并定期发布最新的债券评级结果。

【专栏4－1】证券信誉评级机构

成熟的金融市场上，对债券投资风险进行分析与评估，大多由专业证券信誉评级机构来进行。评级机构的信用评定工作是建立在占有详尽资料并进行深入细致地分析，保持独立的决策程序并严守被评定者机密的基础上的。

最早对债券进行评级的是美国人亨利·普尔和约翰·穆迪。普尔在1860年出版的一本名为《美国铁路运输史》的书中，收录了美国最有代表性的120家企业的经营状况。穆迪在1909年出版的《穆迪关于铁路投资的分析》一书中，用分级的方法对各种铁路债券的优劣进行了评估，并以确定的符号表示风险的高低，划分出不同等级的债券。在此以后，两人分别成立了专业公司，先后推出商业性评级业务。1941 年，标准统计公司和普尔公司合并，在美国形成了以穆迪公司和标准—普尔公司为首的一整套证券风险评级系统，以后陆续传入西方其他国家。主要有英国的国际银行业和信贷分析公司（IBCA）、日本的日本公司债券研究所（JBRI）、日本投资家服务公司（NIS）、日本评级研究所（JCB）、加拿大债券评级公司（CBRS）、多米宁债券评级公司（DBRS）等这些信用评级机构大都是独立的私人企业，不受政府控制，也独立于证券交易所、证券业之外。评级机构必须对自己的信誉负责，如果评出的级别不准确公正，不能被大众接受，那么级别机构的声誉将受到致命打击，不仅无法取得盈利，甚至无法继续生存。

20 世纪 80 年代后期，我国金融市场的运行逐步走向正轨，投资活动日益广泛，与此相对应，投资风险评级机构也开始出现。1987 年，成立了我国第一家资信评估机构——吉林省资信评估公司。1992 年 10 月，第一家有限责任公司性质的全国性独立的证券评级机构——中国诚信证券评估有限公司成立。此后，各种类型的评级机构相继出现。

在美国，对企业债券进行评级时，主要依赖于对企业的基本资料，从质和量两个方面来判断，共有 18 项因素须列入分析范围。它们是负债与资产的比率、利息保障倍数、固定费用保障系数、流动资金比率、抵押条件、从属条款、保证条款、偿还基金、到期期限、发行债券公司销售与盈余的稳定性、管制、反托拉斯、海外营运、环境因素、退休金负债、劳工问题、可利用资源、会计政策。

在实际的评级过程中，最终结果是评级机构根据对各个具体考核项目评估的结果汇总而来的。具体做法如下：评级机构先按照事先确定的评级内容逐项进行审查，然后给每项审查结果打分，打分的标准是人为确定的，考虑到不同项目在决定发行公司偿债能力或债券风险中所起的作用不一样，对各项得分还得进行加权处理。

第四节　证券发行程序

证券发行者必须符合国家一系列的规定，满足作为发行人的资格，才能发行证券。在证券发行过程中，发行者必须按一定的程序进行发行工作。

一、证券发行的一般程序

（一）证券发行报批前的准备工作

发行前的准备工作对于证券能否取得发行资格、能否顺利发行有着重要意义，主要包括以下几个方面：

1. 聘请中介人

这里的中介人主要是证券承销商，其次还包括具有从事证券相关业务资格的律师事务所、会计审计机构、资产评估机构等其他法定中介人。选择中介机构应当综合考虑中介机构的实力、业绩、人员素质等情况。

2. 进行财产重估和资信评审

新建股份有限公司必须经国家有关部门批准，现有企业改制成股份有限公司必须经国家有关部门批准，并进行财产重估，合理核定企业资产的价值。我国采用资产评估的方法主要有收益现值法、重置成本法、现行市价法和清算价格法。

3. 围绕证券发行审批的要求准备好各项文件资料

（二）证券发行人向有关部门提交申请文件

发行人完成了各项文件资料的准备工作后，便可向有关政府部门递交发行证券申请报告及其他所要求的文件资料。

（三）证券发行的审批

有关证券管理部门接到发行人的申报后，即进入审查批复阶段，经过对申报资料的审核，有关部门会出具书面反馈意见，发行人和中介机构需按照反馈意见修改和补充资料。一般要经过两级审查，经过中国证监会发行部初审和发行审核委员会复审后，即可公开发行股票。

（四）实施发行阶段

发行人在获得证券发行审批部门同意其公开发行证券的批复后，即可按照批准的发行方案发行股票，一般步骤为：

（1）刊登发行公告。

（2）披露招募说明书并备案。招募说明书是发行人向特定的或不特定的投资人发出销售某种证券的书面邀约。发行人向社会公开发行证券，必须公告招募说明书，并承担相应的法律责任。

（3）发行证券。发行人通过证券承销机构按照一定的发行方式向公众发行证券。

（4）验资。发行的证券价款缴足后，须经法定的验资机构验资并出具证明。

（5）证券托管。证券托管是指投资者将其所持有的记名证券存放在集中存管处的行为。对于持有上市公司原始股票和其他原始证券的投资者，若要在交易所转让股票和其他证券，首先需要办理证券（股票）的托管手续。证券托管可以使证券交易的安全性得以提高，同时减少交易过程的操作手续和成本。证券商为持有者保管证券账户并接受买卖委托，而后向委托人签发证券（股票）存折，买卖行为发生只带来清算系统内各证券商名下和投资者名下头寸增减而不发生实物证券流动。对股东而言，若要进入清算系统，股东须将实物股票托管，换取股票存折。

（6）发行结束。

二、股票的发行程序

各国对股票发行都有严格的法律程序。由于股票发行目的、发行方式不同，其发行程序也有所差异。一般可分为首次公募发行的程序和增发股票的程序。

1. 首次公募发行程序

公司决定了公募发行股票的意愿后，一般要经过以下几个阶段才能发行成功：

（1）准备阶段。发行公司拟定了资金使用计划和新股发行计划后，需要聘请一家证券承销商负责此次发行事宜，并由承销商负责组织一个包括律师、会计师、资产评估师等组成的专家小组，负责对发行公司的尽职调查和发行前的准备工作。准备工作主要包括：①对发行公司进行改造，重组整合成适于公开发行及随后上市的公司；②对发行公司进行评估，准备招股说明书等申请文件。

（2）申请阶段。主承销商会同发行公司将申请书、招股说明书、承销协议等申请文件送交证券管理机关，申请公开招股。各国公开发行新股票的审核制度分为注册制和核准制两种。注册制在生效期后发行公司可销售股票，核准制只有在申请被批准后发行公司才能销售股票。

（3）推介（促销）阶段。在提出发行申请到发行申请被批准或注册生效之间的时间内，发行公司与主承销商可以推介或促销拟发行的证券，包括提前通知市场有关新股发行情况，大致确定目标投资群体，通过巡回展示和其他推介形式创造对新股的需求，引起投资者的购买兴趣。

（4）发售阶段。在注册期满或申请被批准后，发行公司须提交并公开招股说明书的最后文本，同时要与主承销商正式签署承销协议，并由主承销商负责组织承销团。承销团成立后，便可以在公开发行日向投资者发售了。股票全部发售完毕，主承销商负责公布认购结果并将所筹资金转交发行公司，办理股份登记。如果发行公司想成为上市公司，主承销商还要负责上市事宜及上市后的市场维持。

我国新股的发行程序与上述过程基本相同，要经过发行准备、上报审批、签订承销协议、组织承销团、公布招股文件、组织销售几个阶段。

2. 增发股票的程序

增发股票主要是向原股东配股，大致程序如下：①制定新股发行计划，召开董事会形成增资配股决议，并经股东大会讨论通过；②公告配股日期，停止公司股东名册记载事项的变更；③提出增资配股申请文件；④向股东发送配股通知书、认购申请书、配股说明书；⑤办理配股认购申请事务；⑥确定或处理失权股企业为增加资金在实行有偿增资的时候，会先向原有股东分配股份。若原有股东放弃要约，该股份称之为失权股或转配事宜；⑦股东支付配股认购款；⑧交付股票，发行公司办理股份变更登记。

三、债券发行程序

依照我国公司法的规定，公司发行公司债券应按下列程序进行。

1. 作出发行决议或决定

股份有限公司、有限责任公司发行公司债券，要由董事会制订发行公司债券的方案，提交股东会审议作出决议。国有独资公司发行公司债券，由国家授权投资的机构或者国家授权的部门作出决定。

2. 提出申请

公司应当向国务院证券管理部门提出发行公司债券的申请，并提交下列文件：①公司登记证明；②公司章程；③公司债券募集办法；④资产评估报告和验资报告。

3. 审批

经主管部门批准。国务院证券管理部门对公司提交的发行公司债券的申请进行审查，对符合公司法规定的，予以批准；对不符合规定的不予批准。

4. 签订承销协议

选择承销商，与证券商签订承销协议。

5. 公告公司债券募集方法

发行公司债券的申请批准后，应当公告公司债券募集办法。公司债券募集办法应当载明下列主要事项：①公司名称，②债券总额和债券的票面金额，③债券的利率，④还本付息的期限和方式，⑤债券发行的起止日期，⑥公司净资产额，⑦已发行的尚未到期的公司债券总额，⑧公司债券的承销机构。发行公告上还应载明公司债券的发行价格和发行地点。

6. 向投资者进行宣传，介绍相关情况

7. 投资者认购公司债券

社会公众认购公司债券的行为称为应募，应募的方式可以是先填写应募书，而后履行按期缴清价款的义务，也可以是当场以现金支付购买。当认购人缴足价款时，发行人负有在价款收讫时交付公司债券的义务。

第五节 证券发行价格的影响因素

一、内部因素

内部因素就是发行人内部经营管理对发行价格制定的影响因素。这些影响因素包括公司当前的盈利水平及未来的盈利前景、财务状况、生产技术水平、成本控制、员工素质、管理水平等，其中盈利水平最为重要。盈利水平可以分为当前盈利水平和未来盈利水平。在正常状况下，发行价格和盈利水平成正向变化，承销商在确定发行价格时，应以利润为核心，并从主营业务入手对利润进行分析和预测。一般情况下，利润水平与投资意愿有着正相关的关系，而发行价格则与投资意愿有着负相关的关系。对未来的利润的合理逾期也至关重要，因为买股票就是买未来。根据内部因素，制定发行价格时应注意以下几点：发行人主营业务发展前景，产品价格有无上升的潜在空间，管理费用与经济规模性，投资项目的投产预期和盈利预期。

二、外部因素

外部因素主要包括三个方面：证券市场状况、行业发展状况和经济政策状况。

（一）证券市场状况

证券交易市场关系到证券市场的发行价格。一般情况下，股市处于通常所说的牛市阶段时，证券价格可以适当偏高，因为在这种情况下投资者一般有资本利得，价格若低的话，就会降低发行人和承销机构的收益。股市处于熊市时，价格宜偏低，因为此事如果价格较高，会拒投资者于门外，二相对增加发行困难和成效机构的风险，甚至有可能导致整个发行人筹资计划的失败。

（二）行业发展状况

发行人所处的行业发行人的盈利能力和水平有直接的影响。就行业因素而言，不但应考虑本行业所处的发展阶段，如是成长期还是衰退期等，还应进行行业间的横向比较和考虑不同行业的技术经济特点。在行业内也要进行横向比较分析，如把发行人与同行业的其他公司相比，找出优势，特别是和同行业的其他上市公司相比，得出总体的价格参考水平。同时，行业的技术经济特点也不容忽视，如有的行业具有垄断性，有的行业市场稳定，有的行业投资周期长，见效慢等，都必须加以详细分析，以确定其对发行价格的影响程度。

（三）经济政策状况

经济政策通常要考虑税负水平和利息率两个方面。税负水平直接影响发行人的盈利水平，因而是直接决定发行价格的因素。对于利率问题，当利率水平降低时，每股的利润水平提高，从而股票的发行价格就可以相应提高，有一个基本的原则，就是由发行价格决定的逾期收益率水平不能低于同期的利息率水平。另外，国家有关的扶持与支持政策对发行价格也是一个重要的影响因素。在制定股票发行价格时，考虑国家的相关产业政策也是至关重要的。

决定股票发行价格的因素还有发行人知名度、品牌。发行人的知名度高，品牌具有良好的公众基础，就会对投资者产生较大的响应度，产生较大的市场购买需求，因而发行价格可以适度提升；反之亦然。股票发行规模较大，则在一定程度上影响股票的销售，增加发行风险，因而可以适度调低价格。当然，若规模较小，在其他条件较优时，则价格也可以适度提升。

【专栏 4－2】　我国国库券发行历程

十一届三中全会以后，我国国民收入分配格局发生了根本性改变。当年有这样一条新闻：1980 年 8 月 30 日召开的第五届全国人民代表大会第三次会议上，财政部部长王丙乾给全国人大代表们算了一笔账：尽管 1979 年之后农业前所未有地丰收，可 1979 年和 1980 年的财政赤字合计高达 298.1 亿元，大大超出了“三年困难时期”，是新中国成立以后历史上的最高纪录。

为了弥补国库空虚，中央政府开始筹划发行国债，向老百姓“借钱搞建设”，国家恢复发行国债实物券，并借鉴了美国国债的名字，正式定名“国库券”。确定从 1981 年 1 月开始，颁布《中华人民共和国国库券条例》，发行中华人民共和国国库券。第一次发行总额是 40 亿元，10 年还本付息，年息 4 厘，要求全民所有制单位和集体所有制单位购买 20 亿元，城乡人民购买 20 亿元。后来，中央发布消息说，第一次发行国库券实际认购交款 46.65 亿元，超额完成了任务。

1981 年国库券计划发行采取 3 种不同方式：对国营企业、集体所有制企业、企业主管部门和地方政府采取“分配发行”；对机关团体、部队、事业单位和农村富裕社采取“适当认购”；对个人采取“自愿选购”。当时，国有单位都有购买国库券的任务，每年年初，单位的领导都带头认购，职工也按照规定主动买一些。最初购买国库券完全是爱国行动，毫无投资获利意识。工资改革后，家庭经济宽松了，而且银行存钱不如购买国库券获利多，慢慢也就偏向于购买国库券。

58 岁的廉良琴退休前是天津市南开物资经营公司的总会计师。与财务打了半辈子交道，廉良琴在自己的会计岗位上，通过一个个数字见证了 30 年来的变迁。而让她记忆最深的，是一张发行于 1981 年、面值 5 元的国库券。她说，最初国家规定，国库券不得当作货币流通，不得自由买卖。但很多人把国库券很便宜地卖了。“尤其是年轻人，常常在买后不久，就把国库券以五折甚至更低的价格贱卖。”

廉良琴介绍，国库券比同期银行存款利率要高，所以一些会计也习惯称它是“金边债券”。只不过普通百姓弄不懂宏观经济政策的走向，存进国库券上的钱无法满足眼前的生活需求，他们自然会将要等几年才能换成钱的国库券尽快兑换出去。

“因为规定国库券不得当作货币流通，不得自由买卖，为防止黑市交易，为此，财政部、人民银行、国家工商总局和公安部还联合发出通知，坚决取缔国库券黑市，打击票贩子，声势浩大。”廉良琴回忆说。

1981 年至 1987 年，国库券的年均发行规模为 59.5 亿元，我国通过运用国家信用发行国债，集中了社会资金，有力地支持了经济发展。“1981 年国库券的发行，表明国家与公民已经重振信心与团结，开始尝试在经济中建立新的互信关系。国库券的发行确实在当时解决了国家建设的经济困难，也为日后居民个人理财方式的变化奠定了基础”，廉良琴最后道出了国库券发行的意义。

1988 年，国家先后分两批在 61 个城市进行国债流通转让试点，从此个人可以直接将国库券卖给银行。在此之前，很多百姓因为急需用钱，把国库券便宜出卖。

直到 1994 年财政部第一次发行半年期、一年期和两年期国库券，实现了国库券期限品种的多样化。由于投资渠道的多元化以及信息的透明化，早期倒卖国库券的情形一去不返。

在 1997 年之前，国债交易基本上都是现货交易。1997 年银行间债券开展质押式回购业务。在国债市场上，质押式回购量一直大于现券买卖量，质押式回购为投资者短期融资提供了一个很好的途径。2004 年，我国又推出买断式回购。这一方式有助于债券的流通，也有助于在市场中实现套利，进而有利于债券的定价。

1998 年 5 月，中国人民银行恢复了公开市场业务，有力地促进了银行间债券市场的发展。央行通过公开市场操作，来调控和引导一级交易商在市场的交易，并传递和影响银行间债券市场债券交易结算业务。央行公开市场操作的债券回购利率，成为银行同业间债券回购利率的指导性利率。

2000 年 4 月，全国银行间债券市场债券交易管理办法出台，下列机构可成为全国银行间债券市场参与者，从事债券交易业务：①在中国境内具有法人资格的商业银行及其授权分支机构；②在中国境内具有法人资格的非银行金融机构和非金融机构；③经中国人民银行批准经营人民币业务的外国银行分行。

2002 年，一种期限为 30 年的固定利率长期国债在我国首次发行，利息半年一付，利率为 2.9%。当年，引起了一场抢购狂潮。同年国库券交易机制也有了更进一步的发展。

2002 年 4 月 15 日将银行间债券的准入制度由审批制改为备案制。实行准入备案制，向所有可以投资国债和金融债的金融机构以及各类投资资金开放了全国银行间债券市场，在一定程度上解决了银行间债市交易主体成分不够的问题。2002 年 6 月 17 日起，商业银行柜台记账式国债交易开始试点，将个人投资者纳入银行间市场。2002 年 10 月 29 日，银行间债券市场向非金融机构开放。2004 年 2 月 16 日，银行间债券市场向外资银行开放。在总体上看，投资者的类别相当广泛，基本覆盖了几乎所有种类的投资者群体。

经过 30 年的发展，我国的国库券有了翻天覆地的变化。国库券发行大事记：

1981 年 1 月 16 日我国恢复国债发行，正式命名为“中华人民共和国国库券”，属实物券，发行对象为国有企业。

1982 年发行首张 1 元面额的国库券，这是首套面向社会公众发行的国库券。

1988 年先后分两批在 61 个城市进行国债流通转让试点，形成了国债的场外交易市场。

1990年国债开始在交易所交易，形成场内交易市场，构成场内和场外交易并存的市场格局。

1991年我国首次进行了以承购包销方式发行国债的试验，并获得成功。这标志着我国国债一级市场机制开始形成。

1992年开始发行少量的凭证式国库券。

1994年进行国债无纸化发行的尝试。

1994年证券交易所开辟了国债期货交易。

1995年在无纸化发行取得成功的基础上，引进招标发行方式，以记账形式成功地发行了一年期国债。

1995年8月国家正式停止一切场外债券市场，证券交易所变成了中国唯一合法的债券市场。

1996年记账式国债开始在上海、深圳证券交易所大量发行。随着债券回购交易的展开，初步形成了交易所债券市场体系。

1998年取消实物券，代之以凭证式和记账式债券。

2003年财政部第一次按年公布国债发行计划。此前，财政部按季度公布在银行间债券市场发行国债的计划，不公布证券交易所的国债发行计划。

2009年开始中央政府代理地方政府发行债券。

本章小结

证券发行市场是指证券发行人进行证券募集，以证券形式吸收闲散资金，使之转化为生产资本的场所。股票的发行必然有筹资的功能，同时证券发行市场的参与人又有各自的发行需要，据此将股票发行的目的分为一般目的和特定目的两大类别。债券发行市场是债券发行人初次出售新债券的市场。债券发行的主体有中央政府、地方政府、金融机构、公司。债券发行的目的多种多样。本章首先介绍了证券发行市场的理论基础，在此基础上引出了证券发行市场的定义及基本知识，并详细讲解了股票发行市场和债券发行市场，结合中国证券发行市场的实际，系统介绍了股票、债券的发行程序以及发行价格确定机制。

关键概念

证券发行市场　市盈率　MM理论　私募发行　公募发行　债券发行市场

本章思考题

1. 简述证券发行市场的功能。
2. 股票和债券发行的目的是什么？列举股票发行方式。
3. 试述股票发行价格的确定方法以及应考虑的基本因素。
4. 试述股票发行价格的确定方法以及应考虑的基本因素。
5. 列举债券发行方式。
6. 证券发行的一般程序是什么？
7. 股票和债券发行经历哪些程序？
8. 影响证券发行价格的主要因素有哪些？

第五章

证券交易市场

本章学习重点

证券交易所的制度和功能；证券交易所交易与场外交易的区别；证券交易程序。

第一节　证券交易市场概述

证券交易市场的存在为投资者提供了灵活方便地变现场所，是投资者放心地参与证券交易的场所，对证券的发行者有积极的推动作用。同时，证券交易市场的变化是国民经济发展趋势的晴雨表，是政府宏观经济政策及金融政策调整的依据之一，在市场经济的发展过程中起着越来越重要的作用。证券发行市场和证券流通市场紧密联系，相辅相成，共同构成了一个完整的证券市场。

一、证券交易市场的定义

证券交易市场也称证券流通市场、二级市场、次级市场，是指对已经发行的证券进行买卖、转让和流通的市场。在二级市场上销售证券的收入属于出售证券的投资者，而不属于发行该证券的公司。各类有价证券在二级市场上的顺利流通，有利于形成一个公平合理的价格，实现货币资本与证券资本的相互转换。

依照证券交易市场的组成及存在形式，又可将证券交易市场再分为场内交易市场和场外交易市场。

场内交易市场指有组织的有固定的交易场所和交易活动时间的证券集中交易的市场。场内交易市场就是证券交易所，它是证券市场的主体与核心，在多数国家它还是全国唯一的证券交易场所，因此是全国最重要、最集中的证券交易市场。证券交易所接受和办理符合有关法令规定的证券上市买卖，投资者则通过证券商在证券交易所进行证券买卖。

证券交易所不仅是买卖双方公开交易的场所，而且为投资者提供多种服务，交易所随时向投资者提供关于在交易所挂牌上市的证券交易情况，如成交价格和数量等；提供发行证券企业公布的财务情况，供投资者参考。交易所制定各种规则，对参加交易的经纪人和自营商进行严格管理，对证券交易活动进行监督，防止操纵市场、内幕交易、欺诈客户等违法犯罪行为的发生。交易所还要不断完善各种制度和设施，以保证正常交易活动持续、高效地进行。

场外交易市场就是在证券交易所以外的各证券公司柜台上进行证券买卖的市场。它是一个分散的、非组织化的交易市场，是证券交易所的必要补充，是在交易所外由证券买卖双方当面议价成交的市场，它没有固定的场所，其交易主要利用电话进行，交易的证券以不在交易所上市的证券为主，在某些情况下也对在证券交易所上市的证券进行场外交易。场外交易市场中的证券商兼具证券自营商和代理商的双重身份。作为自营商，他可以把自己持有的证券卖给顾客或者买进顾客的证券，赚取买卖价差；作为代理商，又可以客户代理人的身份向别的自营商买进卖出证券。近年来，国外一些场外交易市场发生很大变化，它们大量采用先进的电子化交易技术，使市场覆盖面更加广阔，市场效率有很大提高。这方面，以美国的纳斯达克市场为典型代表。

此外，还有第三市场、第四市场，但实际上仍属于场外交易市场。

二、证券交易市场的特点与功能

（一）证券交易市场的特点

证券交易市场有如下几个特点。

首先，证券交易市场以证券投资者为主要参与者，它主要是证券持有人以及准备购买证券的货币持有人。此外，证券发行人和证券中介机构也是证券交易市场的参与者，但其职责在于辅助投资者进行和完成交易，而不是证券交易活动的独立参加者。作为例外情况，证券中介机构也可能会充当投资者。

其次，证券交易市场主要采取有形市场形式，也存在少数无形市场。证券交易所是典型的有形市场，它有固定的场所、设施、设备和专业人员；场外交易市场如柜台交易市场，往往采用分散交易的形式，但一般也要借助证券公司柜台和交易网络才能完成。

最后，证券交易市场与证券发行市场相互依赖。证券交易市场对证券发行市场的依赖性，一方面是因为证券交易市场以已发行证券为交易对象。证券交易市场的交易对象是已发行在外的证券，而不是尚未发行的证券。在这个意义上，证券发行市场是证券交易市场的前提。另一方面，我国目前股票公开发行多数借助证券交易所的交易网络，采取“网上发行方式”，这使得证券发行市场对证券交易市场也存在依赖。证券发行市场与交易市场的关系异常复杂，无论是所发行证券的种类、价格、数量及规模等因素，均在一定程度上受制于证券交易市场情况。我国《证券法》允许证券发行人与证券公司协商定价，导致发行市场价格与交易市场价格的逐渐接轨，两个市场之间的联系变得更加密切。可以说，证券发行市场和交易市场之间是互动作用。

（二）证券交易市场的功能

1. 为证券的流动性提供条件

证券作为一种金融资产，只有具有在市场上可以随时转让出售的功能，才能体现出证券所固有的流动性特性。投资者在需要资金的时候，可以随时在证券交易市场上出售所持有的证券，收回其投资于证券的资金。如果没有证券交易市场，证券就不能够流通，对投资者而言，证券就失去了它的吸引力，发行者就难以筹集到资金。只有证券交易市场的存在，才能够保障投资者进行证券投资的权益，才能够保证证券发行者筹集到资金。

2. 为合理的证券价格的形成创造条件

证券交易市场可以为证券流通的各方提供公开的服务，使证券交易各方能够在一个公开的市场上进行买卖，证券的供求关系也能够在证券交易市场上充分体现出来，尤其是在大规模的公开竞争的条件下形成的价格，一般是比较公平的、合理的，体现了买卖各方的利益。

3. 为资金合理流动起导向作用

证券交易市场的存在使投资者可以随时投资，也可以随时卖出所持有的证券而收回资金，证券交易市场证券供求的多少决定证券价格的高低。投资者一般愿意投资经营良好、市场前景看好的公司所发行的证券，当一种证券在证券交易市场上被竞相争购时，就表明投资者愿意对发行这种证券的公司和产业进行投资，形成资金的流向，引导社会资金的合理流动。

4. 为制定经济政策提供依据

证券交易市场是一个体现经济发展的晴雨表，它能够及时反映一个国家经济生活，当证券交易市场的价格波动异常时，这个国家的经济政策和经济状况就可能存在着某些问题。这就需要一个国家的宏观经济管理部门及时根据市场情况制定有利于经济发展的政策。

【专栏 5－1】 中国证券市场发展概况一览

	2007 年	2008 年 12 月	比 2007 年底增加％
境内上市公司数（A、B股）（家）	1550	1625	4.84
境内上市外资股（B股）（家）	109	109	0.00
境外上市公司数（H股）（家）	148	153	3.38
股票总发行股本（亿股）	22416.85	24522.85	9.39
其中：流通股本（亿股）	10331.52	12578.91	21.75
股票市价总值（亿元）	327140.89	121366.44	－62.90
其中：股票流通市值（亿元）	93064.35	45213.9	－51.42
股票成交金额（亿元）	460556.22	23588.14	－94.88
日均股票成交金额（亿元）	1903.12	1025.57	－46.11
上证综合指数（收盘）	5261.56	1820.81	－65.39
深证综合指数（收盘）	1447.02	553.3	－61.76
股票有效账户数（万户）	9280.59	10449.69	12.60
平均市盈率（静态）			
上海	59.24	14.86	－74.92
深圳	72.11	17.13	－76.24
证券投资基金只数（只）	346	439	26.88
交易所上市证券投资基金成交金额（亿元）	8620.1	483.99	NA

资料来源：中国证监会网站，2009 年 1 月 20 日。

5. 为证券成为银行贷款质押品创造条件

证券交易市场的存在使证券的变现变得容易。银行以证券作为质押品发放贷款是比较安全的，一旦借款人不能够如期偿还贷款，银行就可以依照法律行使质押权，在证券交易市场上出售所质押的证券，从而避免或减少经济损失。

三、证券上市制度

（一）证券上市

证券上市包含两层含义：一是指证券经过证券管理机构批准，向社会公开发行，叫发行上市；二是发行的证券经过证券交易所批准在交易所内公开挂牌买卖，称交易上市。交易上市的证券必须是发行上市的证券，但发行上市的证券不一定都能上市交易。政府债券不必经过证券交易所和证券主管部门审核便可直接上市发行并交易，公司债券只需达到一定数额，经过交易所登记批准即可上市，所以证券上市主要是指股票上市。股票要进入证券交易所交易必须由发行公司提出申请，经证券交易所和证券主管机构审批后，方可在证券交易所公开买卖。所以，证券上市制度就是证券交易所和证券监管机构制定的有关证券上市的规则。

（二）证券上市的作用

1. 对于上市公司的积极作用

可以提高公司声誉、实现资本大众化和股权分散化、提高证券流动性、有利于增资扩股、约束经营者、有利于实现存量资产重组和资本经营。

（1）有利于推动发行公司建立完善、规范的公司治理结构。股票上市后，公司成为公众公司，公司的股票成为大众的投资对象，有利于实现公司资本大众化和股权的分散化。上市公司必须充分、及时地披露信息，按时公布公司的经营业绩和财务状况，接受股东和社会监督，促使公司完善法人治理结构，并有利于经营者以市场为导向自主运作，不断提高运行质量。

（2）有利于提高发行公司的声誉和影响。各国对股票上市都制定了明确的标准，股票上市前须经过证券交易所和证券监管机构的严格审查，所以股票上市本身就说明公司的经营管理、发展前景得到了管理机构和市场的认可。同时，股票上市后，交易信息和公司的有关信息通过报纸、广播、电视等媒介不断向公众发布报道，有利于提高公司的知名度和市场影响力，提高公司的竞争力。

（3）有利于发行公司进入资本快速、连续扩张的通道。股票上市提高了股票的流动性，上市以后股票价格的变动，形成对公司业绩的市场评价机制。尤其是那些业绩优良、成长性好的公司的股票价格一直保持在较高的水平上，使公司能以较低成本继续筹集大量资金，不断扩大经营规模，进一步壮大公司的竞争实力，增强公司的发展潜力和发展后劲。

2. 证券上市对投资者的作用

对于投资者来说，证券上市提供了买卖便利，有利于形成交公平合理价格，同时，信息披露公开规范，有利于投资者获取相关信息。

（1）买卖便利。投资者可以随时委托证券经纪人买进和卖出其所需的各种股票，以迅速成交。

(2) 成交价格公平合理。上市股票的买卖，须经买卖双方公开竞价，只有买卖双方报价一致时方可成交，因此，交易所内的股票成交价格远比场外市场的成交价格公平合理。

(3) 行情公布迅速、规范。证券交易所利用各种传播媒介迅速公布上市股票的成交行情，这样能使投资者迅速了解行情变化，便于作出投资决策。

(4) 券商佣金统一标准。证券交易所规定证券经纪商按统一标准向客户收取佣金，老少无欺。

(5) 投资风险相对较小。由于上市公司的经营状况和财务状况有符合交易所的上市标准要求，而且上市后，须定期公布公司相关财务报表，所以能大大减少投资者的投资风险，避免盲目投资。

(三) 证券上市条件

申请上市的证券必须满足证券交易所规定的条件，方可批准挂牌上市。各国对证券上市的条件与具体标准有不同的规定。即使同一国家的不同证券交易所，上市标准也各有不同。但是，上市条件的标准大致相同，主要包括以下几个方面：①公司设立达到一定年限(如5年)，而且具有维持以后营业的连续性；②公司具有经济效益和社会效益，能够在同行业中具有较高的地位，并能保持其稳定性；③公司的股本总额和向社会公开发行的股份达到一定的数额；④股权分散良好，股东人数达一定数量；⑤资产净值达到一定数额；⑥净收益和股息达到一定标准，获利能力强；⑦无正当理由，不得任意撤回已上市证券。

根据我国《公司法》、《证券法》、《股票发行与交易管理暂行条例》的有关规定，股份有限公司申请股票上市必须符合下列条件：①股票经国务院证券管理部门批准已向社会公开发行；②公司股本总额不少于人民币5000万元；③公司最近3年连续盈利，原国有企业改组设立为股份有限公司，或者公司主要发起人为国有大中型企业的，可连续计算；④持有股票面值达人民币1000元以上的股东人数不少于1000人，向社会公开发行的股份达公司股份总数的25%以上(如公司股本总额超过人民币4亿元的，向社会公开发行股份的比例可以适当降低，最低可为15%)；⑤公司在最近3年内无重大违法行为，财务会计报告无虚假记载；⑥国务院规定的其他条件。

公司申请上市批准后，需向交易所交纳上市费用，包括初上市时付的费用和以后每年付的费用。

(四) 证券上市程序

根据我国《公司法》、《证券法》和有关法规的规定，我国证券上市采取以下程序。

1. 股票上市的一般程序

股票上市的一般程序为：公司上市申请；证交所上市委员会审批；订立上市协议；股东名称送证交所或登记公司备案；上市公告书披露；挂牌交易。

2. 债券上市的一般程序

各国对于债券上市都有一定的标准，上市过程也就是各有关机构对其债券审查是否达到标准的过程。综合各国债券上市的实际操作，一般债券上市的程序为：发行公司提出上市申请；证券交易所初审；证券管理委员会核定；订立上市契约；发行公司交纳上市费；确定上市日期；挂牌买卖。

（五）终止上市

公司证券的上市资格并不是永久的，当不能满足证券交易所关于证券上市的条件时，他的上市资格将被取消，交易所将停止该公司的股票交易，叫终止上市或停牌或摘牌。证券交易所对证券终止上市的处理是减速、认真和谨慎地，一般在停牌前先给予暂停上市处理，以示警告，对在规定期限内未能解决存在问题的，才能作出终止上市决定。即使对已决定停牌的股票，为了给股东以兑现机会，证券交易所仍允许股东在一定期限内，在特别设定的“特殊位置”上进行买卖，最后使其退出证券交易所。暂停上市、终止上市规定是一项对上市公司的淘汰制度，是防范和化解证券市场风险、保护投资者利益的重要措施。

2001 年 4 月 23 日，PT 水仙股票停止上市交易，PT 水仙成为新中国证券市场建立以来第一支被终止上市的股票，这标志着我国证券市场退出机制正式建立。

第二节　场内交易市场

场内交易市场即证券交易所。证券交易所是依据国家有关法律，经政府证券主管机关批准设立的证券集中竞价交易的有形场所。各类有价证券，凡符合规定的都能在证券交易所挂牌上市，由证券经纪商进场买卖。它为证券投资者提供了一个稳定的、公开交易的高效率市场。证券交易所是法人，它本身并不参与证券买卖，只提供交易场所和服务，是一个公开的有组织的有价证券拍卖市场，同时也兼有管理证券交易的职能。

一、证券交易所的发展简介

证券交易所是商品经济高度发展的产物，是社会化大生产的必然结果，也是商品信用制度发展、商品交换内在矛盾运动的必然趋势。世界上最早的证券交易所是 1613 年在荷兰的阿姆斯特丹建立的证券交易所。巴黎证券交易所正式建立于 1724 年，其后 1773 年英国伦敦证券交易所成立，1792 年美国纽约证券交易所成立，1879 年日本东京股票交易所创建。早期的证券交易所的业务主要是债券交易，19 世纪 70 年代后，由于股份公司的广泛发展，股票才称为证券交易所的主要交易对象。当今世界上影响最大的证券交易所是纽约证券交易所，以及东京、伦敦、巴黎、法兰克福、苏黎世等地的证券交易所。

中国第一个证券交易所是 1918 年成立的北京证券交易所，上海华商证券交易所是 1920 年由上海股票商业公会改组而成的。汉口、天津等地的证券交易所是 1934—1935 年间设立的，这些证券交易所成立的时间都不长。香港的股票交易所是 1891 年创办的，1980 年四家交易所合并成立香港联合证券交易所，在国际股票市场上有较大的影响。

二、证券交易所的功能

从股票交易实践可以看出，证券交易所有助于保证股票市场运行的连续性，实现资金的有效配置，形成合理的价格，减少证券投资的风险。

（一）证券交易所的积极功能

1. 保证证券市场运行的连续性，实现资金的有效配置

在证券交易所里，既有大宗的卖出，也有大宗的买进。由于供求高度集中且又直接见

面，在交易所开市期间，大宗交易可迅速成交，每日的成交价格也不会涨落过大，这便是所谓证券市场的连续性。市场的连续性与证券市场的能力是紧密相关的，凡买卖迅速且能在某一价格变动范围内完成大量交易者，就是市场能力较强的证券。由于证券交易所是各种股票和债券转让、买卖的集中地，工商企业可通过它发行和出售股票以筹集生产资金，社会各阶层成员可通过买卖证券获得收益，因而不仅能满足储蓄与投资双方的需要，而且能把社会各阶层的闲散资金广泛动员起来用于长期投资，引导资金流向，实现资金的有效配置。另外，在交易所内，交易者对价格极为敏感，当某些企业盈利甚多时，会导致资金大量流入，从而促进企业高速成长；而经营不善、利润下降的企业，股价则出现下跌情况。此外，由于交易者还特别关注企业盈利潜力和前景，因此当某些新兴产业出现后，其良好的发展前途和盈利前景会吸引大量资金，从而加速这些新兴产业的发展。

2. 能够较准确地反映出股票的供求关系

股票交易集中在交易所内进行，股票的价格便能在很大程度上显示各种股票的优劣。如果股票交易是分散在不同的地点、不同的时间里进行的，那么，各种偶然因素必然扭曲股票的优劣表现。因此，资金的流动也就不可能正确地反映社会的需求。由于证券交易所有能够维持证券的市场能力，创造连续市场，因而在充分竞争条件下，通过买者和卖者之间的竞争，证券交易所可以形成公平合理的价格。同时，由于证券交易所的经纪商熟悉证券的收益能力，可以避免一般投资者因不熟悉投资业务而盲目买卖所造成的证券价格与真实价值偏离的状况。

3. 减少证券投资风险

证券交易所是和整个信用制度密切联系的。各种有价证券的发行，可以使短期的信用资金投入到有价证券，即转成了长期的信用资金。投资人就会乐意通过购买有价证券，把他的资本投入到国家和企业的生产建设上。这样就可以把原来分散的短期资金集中为大量的长期资金，并通过证券交易所分配给国民经济各部门和国家财政使用。由于证券交易所为证券持有者在需要时随时投资或收回其资金提供了便利，因此减少了投资者投资证券的风险。

4. 证券交易所是调节资金市场的一种有效机制，是反映市场经济运行状态的晴雨表

（1）人们购买股票主要是考虑股票所带来的收益，而股票收益好坏则由企业的经营状况决定。一家公司要集资就必须把本公司的资产、业绩和盈利前景公布于众。如果一种股票的收益高，人们就会大量购买；反之则无人购买，生产难以为继。某一企业经营的好坏、社会公众对该企业前景的判断、经济领域内任何其他风吹草动及政治谣言、自然灾害等等，都能很快从证券交易所价格的涨跌反映出来。

（2）证券交易所能直接或间接反映出一国货币供给量的变动。尤其当一国出现货币紧缩或松动时，证券交易所的价格就会剧烈波动，因而它又是一国金融形势的灵敏温度计。

（二）证券交易所可能产生的消极功能

1. 扰乱金融价格

由于证券交易所中很大一部分交易仅是转卖和买回，因此，在证券交易所中，证券买卖周转量很大，但是，实际交割并不大。而且，由于这类交易其实并非代表真实金融资产的买卖，其供求形式在很大程度上不能反映实际情况，有可能在一定程度上扰乱金融价格。

2. 易受虚假消息影响

证券交易所对各类消息都特别敏感。因此，只要有人故意传播不实消息，或者谎报企业财务状况，或者散布虚有的政治动向，等等。都可能造成交易所价格变动剧烈，部分投机者就会蒙受重大损失，而另一些人则可能大获其利。

3. 从事不正当交易

不正当交易主要包括相配交易、虚抛交易和搭伙交易。相配交易是指交易者通过多种途径，分别委托两个经纪人，按其限定价格由一方买进、一方卖出同种数量的证券，以抬高或压低该证券的正常价格。虚抛交易是指交易者故意以高价将证券抛出，同时预嘱另一经纪人进行收购，并约定一切损失仍归卖者负担，结果是可能造成该证券的虚假繁荣。搭伙交易是指由两人以上结伙以操纵价格，一旦目的达成后，搭伙者即告解散，包括交易搭伙（搭伙者或者在公开市场暗中买进其所感兴趣的证券以免这些证券的价格抬高，或者通过散布而对公司不利的消息压低其欲购进的股票价格）和期权搭伙（投资者按有利的价格购买证券，这通常是通过打通公司董事会而获得，一般是从获利中的一部分私下返回给董事）。

4. 内幕人士操纵股市

由于各公司的管理大权均掌握在大股东手中，所以这些人有可能通过散布公司的盈利、发放红利及扩展计划、收购、合并等消息操纵公司股票的价格；或者直接利用内幕消息牟利，如在公司宣布有利于公司股票价格上升的消息之前先暗中买入，等宣布时高价抛出；若公司将宣布不利消息，则在宣布之前暗中抛出，宣布之后再以低价买入。

5. 股票经纪商和交易所工作人员作弊

在证券交易所进行交易时，股票经纪商的作弊行为可能有倒腾（即代客户一会儿买入一会儿卖出，或故意紧张地劝说客户赶快买入或卖出，以便其从每笔交易中都可获佣金）、侵占交易佣金、虚报市价、擅自进行买卖从而以客户的资金为自己谋利、或者虚报客户违约情况从而赚取交易赔偿金。交易所工作人员的作弊方式可能有：自身在暗中非法进行股票买卖、同股票经纪商串通作弊或同股票经纪商秘密地共同从事股票交易。

三、证券交易所的组织形式及成员

证券交易所是证券市场的核心。证券交易所以何种形式设立，对于发挥它的功能作用是非常重要的。从西方各国证券交易所创建以来的历史和演进过程来看，有两种基本组织形式：一是股份制公司交易所，就是按股份有限公司组织形式成立的证券交易所；二是会员制交易所，就是以会员协会组织形式成立的证券交易所。目前，世界上多数国家的证券交易所都采取会员制的单一组织结构，少数国家和地区也允许根据证券交易所的具体情况，分别采取会员制和公司制组织结构。这两种证券交易所均可以是政府或公共团体出资经营（称为公营制证券交易所），也可以是私人出资经营（称为民营制证券交易所），还可以是政府与私人共同出资经营（称为公私合营的证券交易所）。公司制和会员制证券交易所各有利弊，现分别加以介绍。

（一）公司制证券交易所

公司制证券交易所是指以营利为目的，为证券商提供证券交易所需的交易场地、交易设备和服务人员，以便利证券商独立进行证券买卖的证券交易所形式。从股票交易实践可以看出，这种证券交易所要收取发行公司的上市费与证券成交的佣金，其主要收入来自买卖成交额的一定比例。交易所的股东可以是银行、证券公司、投资信托机构及各类其他公司。交易所的股东不一定参加证券交易所的证券交易。

1. 公司制证券交易所的特点

公司制证券交易所一般是按照《公司法》和《证券交易法》的规定设立的，具有如下特点：

(1) 证券交易所是独立的法律主体，虽然证券交易所可以由证券商投资兴办，但在法律上与证券商的地位相互独立。

(2) 证券交易所是独立的经济实体，它只为证券商从事证券交易活动提供所需的物质条件和服务，保证证券交易的顺利进行。证券交易所的职员不参与具体的证券交易活动。

(3) 只有经过注册的证券商才能进入证券交易大厅直接参加证券买卖。证券商要与证券交易所签订合同，并交纳营业保证金。

(4) 证券交易所有权向证券发行公司索取证券上市费，并向证券商收取证券成交的其他费用，具体收费比例按照证券交易所的规定执行，亦可以采取合同方式约定。

2. 公司制证券交易所的组织结构

由于证券交易所是以向证券商提供服务为主要业务的经济实体，故此组织结构与股份公司极其类似，通常都必须设有股东大会、董事会、监事会、董事长和总经理等机构和职位。同时，因为证券交易所的特殊业务要求，其机构设置也要反映证券交易活动的实际需要，常设有业务部、财务部、仲裁部、研究部和文秘部，分别提供与证券交易有关的各环节服务。其中股东大会是证券交易所的最高决策机构，主要确定证券交易所的长期发展规划，决定董事会人选以及其他有关重大事宜。董事会是证券交易所的常设机构，其主要职责是审定重要业务和财务方针，拟定预决算及盈余分派计划，核定证券商名单，核定收取费用的数额，核议证券交易人员的资格并办理有关登记手续，审定向股东大会提出的议案和各项报告，高级职员的选聘和解聘，以及决定其他依照证券交易所章程应予决定的事项。监事及其所组成的监事会，是由股东大会选举产生的常设监督机构，其主要职责是监督董事会执行股东大会决议，具体包括审查年度决算报告，监督证券交易所业务，检查交易活动所涉及账目等。经理机构包括总经理，是由董事会聘请产生的、负责证券交易所日常业务活动的机构，直接对董事会负责。

3. 公司制证券交易所的优点

(1) 公司制证券交易所在证券交易过程中处于中立地位，有助于保证交易的公平。按照有关规定，公司制证券交易所因其本身不直接参与证券买卖，公司制证券交易所要对证券交易所内的证券交易负有担保等责任，因而必须向国库交纳营业保证金。如果交易中由于一方违约而给另一方造成损失，交易所要给予赔偿。这种担保责任及营业保证金制度，对证券买卖双方来说，都是十分有利的。

(2) 有利于国家进行宏观调控。国家只要拥有该证券交易所的一定股份，就可以选派代表作为交易所的股东，参与交易所的管理与控制，使交易所成为贯彻国家经济政策与金融政策的场所。

但是，公司制证券交易所也具有某些缺点。由于公司制证券交易所的收入主要来自于买卖双方的证券交易成交额，证券交易额的多少与交易所利益直接相关，从而使证券交易所难以成为独立于证券买卖双方以外的第三人。证券交易所为了增加收入，可能会人为地推动某些证券交易活动，容易形成在证券交易所影响下的证券投机，进而影响证券交易市场的正常运行。与此同时，有的证券交易参加者为了避开公司制证券交易所的昂贵上市费用和佣金，可能会将上市证券转入场外交易市场去交易。

（二）会员制证券交易所

会员制证券交易所是不以营利为目的，由会员自治自律、互相约束，参与经营的会员可以参加股票交易中的股票买卖与交割的交易所。这种交易所的佣金和上市费用较低，从而在一定程度上可以防止上市股票的场外交易。目前，世界上许多著名的证券交易所都采取会员制证券交易所形式。但是，由于经营交易所的会员本身就是股票交易的参加者，因而在股票交易中难免出现交易的不公正性。同时，因为参与交易的买卖方只限于证券交易所的会员，新会员的加入一般要经过原会员的一致同意，这就形成了一种事实上的垄断，不利于提高服务质量和降低收费标准。

1. 会员制证券交易所的特点

（1）会员制证券交易所是非营利的事业法人。这种证券交易所虽然也起到媒介证券交易的作用，但证券交易所不向证券交易各方收取相当于成交额一定比例的佣金。为了维持证券交易所的日常营业，证券交易所只向证券交易所会员收取会费。会费的数额和缴纳由证券交易所以章程形式确定。例如东京证券交易所的会员就分为定额会费和浮动会费两种。

（2）会员制证券交易所由证券商组成。证券商实际上就是各种依法成立的证券公司。如依照日本证券交易所立法，设立证券交易所必须是取得大藏大臣颁发的营业许可的证券公司。这样，证券公司既是证券交易所的会员，也是媒介证券交易活动的证券商，同时具备两种身份。非证券公司既不能充当证券商，也不能作为证券交易所的会员。

（3）会员制证券交易所强调自律性原则的管理方式。所谓“自律”是指证券交易所通过自行确定规则的方式实现对证券交易所的管理，立法机关和政府多不加干预。采取“自律自治”的管理方式曾经是英国证券交易所的重要特点。但在 20 世纪 30 年代初，由于发生多起证券交易丑闻以及单位信托的发展，以“自律自治”为主的传统封闭性管理体制逐渐变化，形成以自律自治和国家干预的双轨制管理体制。虽然政府对证券交易所的行政管理有所加强，但与公司制证券交易所相比较，会员制证券交易所仍具有自律自治的特点。

2. 会员制证券交易所的组织结构

会员制证券交易所因其在组织形式上不同于公司制证券交易所，故在组织结构上也有别于公司制证券交易所。由于会员制证券交易所的成员并非投资者或股东，其最高权力机关通常称为会员大会而非股东大会，证券交易所的执行机构则称为理事会而非董事会。除此之外，会员制证券交易所和公司制证券交易所的组织结构基本相同。

会员大会为证券交易所的最高权力机构，每年至少召开一次。会员大会的职权主要有制定证券交易所章程，选举和罢免理事，审议、通过理事会、总经理的工作报告，审议、通过证券交易所财务预算、决算报告，决定证券交易所的其他重大事项。

理事会对会员大会负责，是证券交易所的决策机构，每届任期 3 年。理事会的职责主要包括执行会员大会的决议；拟定、修改证券交易所的业务规则；聘任总经理和根据总经理的提名聘任副总经理；审定总经理提出的工作计划，财务预算及决算方案；审定对会员的接纳与处分；根据需要决定专门委员会的设置等。证券交易所设总经理1人，副总经理1至3人；总经理与副总经理的任期为3年。总经理在理事会的领导下负责证券交易所的日常管理工作，是证券交易所法定代表人。总经理因故不能履行职责时，由副总经理代其履行职责。

专门委员会主要有上市委员会和监察委员会。上市委员会由13名委员组成（律师、注册会计师、证券交易所所在地会员和外地会员代表各2人，中国证券监督管理委员会和证券交易所所在地人民政府授权的机构各派1人，证券交易所理事长、总经理，证券交易所其他理事1人），其职责主要有审批股票的上市及拟定上市规定和提出修改上市规则的建议。监察委员会由9名委员组成（证券交易所所在地会员2人，外地会员4人、律师注册会计师各1名；理事1名），每届任期3年，其主要职责有监察理事、总经理等高级管理人员执行会员大会、理事会决议的情况，监察理事、总经理及其他工作人员遵守法律、法规和证券交易所章程、业务规则的情况，监察证券交易所的财务情况等。

毫无疑问，公司制和会员制证券交易所各有利弊，接受任何形式的证券交易所也就意味着同时接受此种证券交易所优点和缺点。从世界范围来看，早期成立的证券交易所大多数采取了公司制形式，而目前多数国家和地区的证券交易所逐渐采取了会员制形式，只有少数国家和地区的证券交易所立法允许采取公司制形式。这种趋势是与各国经济生活的快速发展和变化相适应的。经济生活的迅速变化在客观上要求加快证券交易的速度，会员制形式可以在一定程度上克服公司制证券交易所凭借其独立地位而影响和阻断证券交易的弊端，从而减少了交易环节并降低了交易成本，实现了证券交易的高效率。同时，各国证券交易所立法还同时改革了会员制的某些传统特点，从而使会员制更具生命力。

我国现有的上海证券交易所和深圳证券交易所都是按照会员制事业法人的方式设立的。

（三）证券交易所的成员

不论是公司制的交易所还是会员制的交易所，其参加者都是证券经纪人和自营商。

1. 会员

会员包括股票经纪人、证券自营商及专业会员。

股票经纪人主要是指佣金经纪人，即专门替客户买卖股票并收取佣金的经纪人。交易所规定只有会员才能进入大厅进行股票交易。因此，非会员投资者若想在交易所买卖股票，就必须通过经纪人（经纪商）。最具代表性的纽约证券交易所内的经纪商主要有以下几种：

（1）佣金经纪商（Commission Broker）即接受客户委托，在交易所中代理客户买卖证券并收取一定的佣金的经纪商。他们是场内交易的主要成员，这些经纪商大多是以证券公司的名义在证券交易所取得席位，大证券公司可取得多个席位办理委托业务。其主要业务是通过电话、电传等通讯手段，与他们代表的公司取得联系，并按指令在场内进行交易活动。在委托买卖成交后，证券交易商按成交金额一定比例收取佣金，作为收入。为了多获得佣金，他们一般都尽可能多地完成交易量，因此，在整个证券市场中，佣金经纪商最活跃，人数最多，交易量也最大。

（2）场内经纪商（Floor Broker），又称次级经纪商，当交易所中佣金经纪商业务繁多，对较多不同类型、不同委托条件的买卖指令无法及时完成时，便需要场内经纪商。其主要业务是在交易所中接受佣金经纪商的再委托代为买卖证券，撮合其他证券经纪商之间的证券交易，从其交易成交金额中收取一定比例的佣金。按规定，场内经纪商只能接受佣金经纪商的委托，而自己不能单独接受交易所之外一般客户的买卖委托。因过去纽约证券交易所规定这些经纪人代客买卖100股股票，收取佣金2美元，故又有“两美元经纪商”之称。

(3) 专业经纪商（Specialist），又称特种经纪商，专业经纪商是纽约证券交易所内特殊的证券商。他们一般在固定的柜组旁专门从事某一行业的某几种股票交易。由于他们对固定交易股票的历史背景、市场表现有专门的研究，掌握着交易价格和数量变化的重要信息，对股票交易有专业的知识和经验，又有一定的资金实力，因此称为专业经纪商。

专业经纪商具有双重身份，他们既可以接受交易所内佣金经纪商或自营商的委托进行证券代理买卖，又可作为自营商自行进行证券交易，但他们仍以委托买卖为主，因此仍称之为经纪商。专业经纪商一般不与客户发生直接的委托——代理关系，他们主要是在佣金经纪商接受了客户过多的委托而无法完成或是接受了某些客户的特殊委托时，转请专业经纪商代理完成。此时专业经纪商充当经纪商的经纪商，并接受佣金经纪商支付的手续费。当佣金经纪商客户的某些委托因没有交易对手而无法及时完成时，专业经纪商可以就他所负责的几种股票进行自营交易，当没有买方时可充当买方，没有卖方时充当卖方，用自己的资金买入股票或是出售自己持有的股票，促使交易完成。此时专业经纪商以自营商身份出现，赚取买卖差价而不再收取手续费。

(4) 债券经纪人，在债券交易厅中代理客户买卖债券并从中收取佣金。

我国的证券经纪业务可分为两大类：一类是A股、基金及债券代理买卖业务，所有证券经营机构依法设立的证券营业部都可以经营此项业务；另一类是B股代理买卖业务，由B股特许证券商代理。B股特许证券商又分为境内B股特许证券商和境外特许证券商两种。

国际上对从事经纪业务资格的证券公司采取两种管理方法：一是以美国为代表的登记制度，二是以日本为代表的特许制度。我国实行特许制度。

股票自营商是指不是为顾客买卖股票，而为自己买卖股票的证券公司，根据其业务范围可以分为直接经营人和零数交易商。直接经营人是指在交易所注册的、可直接在交易所买卖股票的会员，这种会员不需支付佣金，其利润来源于短期股票价格的变动。零数交易商是指专门从事零数交易的交易商（零数交易是指不够一单位所包含的股数的交易），这种交易商不能收取佣金，其收入主要来源于以低于整份交易的价格从证券公司客户手中购入证券，然后以高于整份交易的价格卖给零数股票的购买者所赚取的差价。

专业会员是指在交易所大厅专门买卖一种或多种股票的交易所会员，其职责是就有关股票保持一个自由的、连续的市场。专业会员的交易对象是其他经纪人，按规定不能直接同公众买卖证券。在股票交易实践，专业会员既可以经纪人身份、也可以自营商身份参与股票的买卖业务，但他不能同时身兼二职参加股票买卖。

2. 交易人

交易人进入交易所后，就被分为特种经纪人和场内经纪人。

特种经纪人是交易所大厅的中心人物，每位特种经纪人都身兼数职，主要有：充当其他股票经纪人的代理人；直接参加交易，以轧平买卖双方的价格差距，促成交易；在大宗股票交易中扮演拍卖人的角色，负责对其他经纪人的出价和开价进行评估，确定一个公平的价格；负责本区域交易，促其成交；向其他经纪人提供各种信息。

场内经纪人主要有佣金经纪人和独立经纪人。佣金经纪人上文有述，此外不再作介绍。独立经纪人主要是指一些独立的个体企业家。一个公司如果没有自己的经纪人，就可以成为独立经纪人的客户，每做一笔交易，公司须付一笔佣金。在实践中，独立经纪人都会竭力按公司要求进行股票买卖，以获取良好信誉和丰厚报酬。

3. 客户和经纪人之间的关系

在股票投资于交易活动中，客户与经纪人是相互依赖的关系，主要表现在下列四方面：

(1) 授权人与代理人的关系。客户作为授权人，经纪人作为代理人，经纪人必须为客户着想，为其利益提供帮助。经纪人所得收益为佣金。

(2) 债务人与债权人的关系。这是在保证金信用交易中客户与经纪人之间关系的表现。客户在保证金交易方式下购买股票时，仅支付保证金若干，不足之数向经纪人借款。不管该项借款是由经纪人贷出或由商业银行垫付，这时的经纪人均为债权人，客户均为债务人。

(3) 抵押关系。客户在需要款项时，须持股票向经纪人作抵押借款，客户为抵押人，经纪人为被抵押人，等以后股票售出时，经纪人可从其款项中扣除借款数目。在经纪人本身无力贷款的情况下，可以客户的股票向商业银行进行再抵押。

(4) 信托关系。客户将金钱和证券交由经纪人保存，经纪人为客户的准信托人。经纪人在信托关系中不得使用客户的财产为自身谋利。客户若想从事股票买卖，须先在股票经纪人公司开立账户，以便获得各种必要资料，然后再行委托；而经纪人则不得违抗或变动客户的委托。

四、证券交易所的特征

证券交易所不仅是买卖双方公开交易的场所，而且为投资者提供多种服务。交易所随时向投资者提供关于在交易所挂牌上市的证券交易情况，如成交价格和数量等；提供发行证券企业公布的财务情况，供投资者参考。交易所制定各种规则，对参加交易的经纪人和自营商进行管理，对证券交易活动进行监督，防止操纵市场、内幕交易、欺诈客户等违法犯罪行为的发生。交易所还要不断完善各种制度和设施，以保证正常交易活动持续、高效地进行。综合各国关于证券交易所的立法规定，可以看出证券交易所具有以下特征。

(一) 证券交易所仅以证券作为交易对象

证券交易所是交易所的一种具体形式，主要用来促进大规模证券交易的实现。但是在市场经济高度发达的现代社会，大规模交易活动绝非仅以证券为对象，某些商品交易同样要借助类似于证券交易所的交易市场，从而导致统一的交易所概念的出现。一般来说，交易所是指依法设立，并用于买卖有价证券或依照标准物买卖商品的各类市场。按照交易所交易活动对象的不同，交易所分为证券交易所和商品交易所两种。其中，证券交易所是进行有价证券买卖的市场，商品交易所则是进行某些商品大宗交易的场所。

有价证券是一种资本证券，与普通商品（包括依照标准物确定的商品）在表现形式和所反映的权利属性等方面均存在差别，这也在客观上导致了有价证券和普通商品在交易环节上的区别。因此，证券交易所和商品交易所在交易对象上明显不同，证券交易所不能进行商品交易，商品交易所同样也不能进行证券交易。

（二）证券交易所拥有固定的交易场所

证券交易所是证券交易市场的重要组成部分，但与同属证券交易市场的店头交易市场等场外交易市场相比较，却有明显的区别。场外交易市场可以泛指除证券交易所外进行证券交易活动的市场，它可以没有交易大厅，没有交易柜台，也可以没有现代证券交易所惯常采用的电话、电脑等设备。但证券交易所却必须具备相应的物质条件。以伦敦证券交易所为例，该交易所位于百老汇大街和斯鲁莫斯顿街之间，设在伦敦金融城的一栋26层的大楼内。大楼底层是交易大厅，大厅内设有16个六角形平顶交易台，交易台配有一大排电脑终端设备，交易台里面的证券商每人身边都有10余部电话。

证券交易所有固定的场所和完备的设施，不仅是为了保证证券交易活动安全、合理和迅捷地完成，而且也是有关法律如《公司法》的强制性要求。因此，拥有固定的交易场所是证券交易所的基本特征之一。

（三）证券交易所具有公开性特点

为便于投资者做出投资选择和证券持有者对证券转移作出决定，以及为交易者随时掌握证券行情，证券交易所对证券发行者的信息披露做出了一定的要求，即要求他们进行初始信息披露和持续信息披露。所谓初始信息披露是指证券交易所要求所有申请上市的发行者必须真实公布其经营情况和财务状况，并符合上市标准，才允许在交易所内挂牌，进行公开买卖。持续信息披露指证券交易所要求已经上市的公司必须继续提供公司的经营信息，交易所对公司所披露的信息的充分性和及时性都作出了一定的规定。

定期与不定期的信息披露也是信息披露的一个重要方面。证券交易所会经常公布各种证券行情状况的统计表，即时传送证券行情，提供公开的信息。在交易所市场中，除了交易所定期与不定期进行信息披露之外，证券交易所还要求上市公司定期与不定期进行信息披露。定期信息披露是指上市公司必须定期发布年报、半年报和季报，公布公司的经营信息。不定期的信息披露是指上市公司在发布年报、半年报和季报之外，还不定期地向市场公布一些突发事件。因此，证券交易所是买卖完全公开的。

（四）证券交易所是高度组织化的证券交易市场

证券交易市场有场内交易市场（证券交易所）和场外交易市场之分。两种交易市场所遵循的交易规则存在重大差别。例如，证券交易所所遵循的“时间优先”规则就不能适用于场外交易市场。场外交易市场的交易规则通常就是普通的合同法规则，交易活动参加者的权利义务可直接依照相互达成的合同确立，每项交易成交的合同内容以及签订都会有所差别。证券交易所的交易规则却在相当程度上区别于依照《合同法》进行的证券交易。一方面，证券交易所的活动必须遵守国家统一确立的交易规则，证券交易所的设立须经国家的批准，证券交易所无权修改或拒不执行法定规则；另一方面，证券交易所的活动必须遵守证券交易所或有关行业协会确定的“自律规范”，不得违反自律规范而参与证券交易活动。否则，行为人将受到严厉的惩罚。

（五）证券交易所是一种特殊的法律主体

证券交易所作为证券交易市场的重要组成部分，无疑具有经济学理论上“市场”的一般属性。但是，证券交易所绝不单纯是市场的一种具体表现方式，同时也是一种特殊的法律主体。现代西方国家设立的证券交易所，大多数分别采用公司制和会员制两种组织形式。根据我国台湾《证券交易所法》第五条规定，证券交易所可根据设立地的商业情况以及买卖物品的种类，分别采取股份有限公司形式或者同业员组织形式。无论采取哪一种具体的组织形式，证券交易所都将在法律上享有权利和承担义务，具备作为法律主体的主要特征，并以法律主体的身份参与证券交易活动。正是由于证券交易所是法律主体，它才可能媒介证券交易各方的交易活动，才可能在相当程度上起到调整证券交易关系的实际作用。构成股票交易的会员都是证券公司，其中有正式会员，也有非正式会员。证券交易所的决策机构是会员大会（股东大会）及理事会（董事会）。其中，会员大会（股东大会）是最高权力机构，决定证券交易所基本方针；理事会是由理事长及理事若干名组成的协议机构，制定为执行会员大会决定的基本方针所必需的具体方法，制定各种规章制度。证券交易所的执行机构有理事长及常任理事。

简言之，证券交易所是有组织地进行证券交易的固定市场，同时具有经济学和法学上的双重性质。

五、证券交易所的管理

在我国，证券交易所由所在地市的人民政府管理，中国证券监督管理委员会监督。证券交易所的管理主要包括下列内容：

（一）证券交易所的设立和解散

在一个国家或地区设立证券交易所，必须具备以下条件：①有足够种类和数量的、能够上市交易的股票和债券；②有相当数量的投资者和筹资者；③有一定数量的、在职业道德和业务能力方面均训练有素的中介经纪人；④有相当数量的社会闲散资金，并允许资金自由流动；⑤具有一定规模应装备先进计算和通讯设备的场地和设施；⑥要有较成熟的管理机构、管理人才和较完备的有关证券的法规。只有具备上述条件，并获得政府和有关管理部门的批准后，方可设立证券交易所。

在我国设立证券交易所，由证券主管部门审核，报国务院批准。在实践中，申请设立证券交易所应当向证券主管部门提交下列文件：申请书，章程和主要业务规则草案，拟加入委员会名单，理事会候选人名单及简历，场地、设备及资金情况说明，拟任用管理人员的情况说明等。其中，证券交易所章程的事项主要有设立目的；名称；主要办公及交易场所和设施所在地，职能范围；会员资格和加入、退出程序；会员的权利和义务；对会员的纪律处分；组织机构及其职权；高级管理人员的产生、任免及其职责；资本和财务事项；解散的条件和程序等。

如果证券交易所出现章程规定的解散事由，由会员决议解散的，经证券主管部门审核同意后，报国务院批准解散。如果证券交易所有严重违法行为，则由证券主管部门作出解散决定，报国务院批准解散。

（二）证券交易所的职责

证券交易所应当创造公开、公平的市场环境，提供便利条件从而保证股票交易的正常运行。证券交易所的职责主要包括提供证券交易的场所和设施，制定证券交易所的业务规则，审核批准证券的上市申请，组织、监督证券交易活动，提供和管理证券交易所的市场信息等。

1. 证券交易所的业务规则

证券交易所的业务规则包括上市规则、交易规则及其他与股票交易活动有关的规则。具体地说，应当包括下列事项：股票上市的条件、申请程序以及上市协议的内容及格式，上市公告书的内容及格式，交易股票的种类和期限，股票的交易方式和操作程序，交易纠纷的解决，交易保证金的交存，上市股票的暂停、恢复和取消交易，证券交易所的休市及关闭，上市费用、交易手续费的收取，该证券交易所股票市场信息的提供和管理，对违反证券交易所业务规则行为的处理等。

2. 证券交易所对股票交易的监管

证券交易所对股票交易活动的监管主要包括下列内容：

(1) 证券交易所应当即时公布行情，并按日制作股票行情表，记载并以适当方式公布下列事项：上市股票的名称，开市、最高、最低、及收市价格，与前一交易日收市价比较后的涨跌情况，成交量的分计及合计，股票指数及其涨跌情况等。

(2) 证券交易所应当就市场内的成交情况编制日报表、周报表、月报表和年报表，并及时向社会公布。

(3) 证券交易所应当监督上市公司按照规定披露信息。

(4) 证券交易所应当与上市公司订立上市协议，以确定相互间的权利义务关系。

(5) 证券交易所应建立上市推荐人制度，以保证上市公司符合上市要求。

(6) 证券交易所应当依照股票法规和证券交易所的上市规则、上市协议的规定，或者根据中国证券监督管理委员会的要求，对上市股票作出暂停、恢复或者取消其交易的决定。

(7) 证券交易所应当设立上市公司的档案资料，并对上市公司的董事、监事及高级管理人员持有上市股票的情况进行统计，并监督其变动情况。

(8) 证券交易所的会员应当遵守证券交易所的章程、业务规则，依照章程、业务规则的有关规定向证券交易所缴纳席位费、手续费等费用，并缴存交易保证金。

(9) 证券交易所的会员应当向证券交易所和中国证券监督管理委员会提供季度、中期及年度报告，并主动报告有关情况；证券交易所有权要求会员提供有关报表、账册、交易记录及其他文件。

3. 对证券交易所的管理与监督

(1) 证券交易所不得以任何方式转让其依照股票交易法规取得的设立及业务许可。

(2) 证券交易所的非会员理事及其他工作人员不得以任何形式在证券交易所会员公司兼职。

(3) 证券交易所的理事、总经理、副总经理及其他工作人员不得以任何方式泄露或者利用内幕信息，不得以任何方式从证券交易所的会员、上市公司获取利益。

(4) 证券交易所的高级管理人员及其他工作人员在履行职责时，凡有与本人有亲属关系或者其他利害关系情形时，应当回避。

(5) 证券交易所应当建立符合股票监督管理和实施监控要求的系统，并根据证券交易所所在地人民政府和中国证券监督管理委员会的要求，向其提供股票市场信息。

(6) 证券交易所所在地人民政府授权机构和中国证券监督管理委员会有权要求证券交易所提供会员和上市公司的有关材料。

(7) 证券交易所应当于每一年财政年度终了后三个月内，编制经具有股票从业独立核算资格的会计师事务所审计的财务报告，报证券交易所所在地人民政府授权机构备案，同时抄报中国证券监督管理委员会。

(8) 证券交易所遇不可预料的偶发事件导致停市，或者为维护证券交易所正常秩序采取技术性停市措施必须立即向证券交易所所在地人民政府和中国证券监督管理委员会报告。

(9) 证券交易所所在地人民政府授权机构和中国证券监督管理委员会有权要求证券交易所提供有关业务、财务等方面的报告和材料，并有权派员检查证券交易所的业务、财务状况以及会计账簿和其他有关资料。

(10) 证券交易所应当按照国家有关规定将其会员缴存的交易保证金存入银行专门账户，不得擅自使用。

(11) 证券交易所、证券交易所会员涉及诉讼，以及这些单位的高级管理人员因履行职责涉及诉讼或者依照股票法规应当受到解除职务的处分时，证券交易所应当及时向证券交易所所在地人民政府授权机构和中国证券监督管理委员会报告。

(三) 证券交易所的时间、空间组织

证券交易所作为有价证券常设的有组织的中心交易市场，是繁忙、喧嚣而有序的。为使交易迅速而有序的进行，它有严格的时间组织和科学完备的空间设置及设备。

从证券交易所的时间组织上看，开市和闭市也很严格。交易所一般开市叫做开盘，闭市叫做收盘。每天第一笔交易称开盘，最后一笔交易称收盘，一天两盘，早市和晚市。如上海证券交易所每周一至周五开市，每日分前、后市，上午 9 点 30 分到 11 点 30 分为前市，下午 13 点到 15 点为后市。法定假日不开市。证券交易所如遇特殊情况可以关市暂停营业，如 1987 年 10 月 19 日的黑色星期一，世界股市价格狂跌，一片惊恐，中国香港证券交易所为防止狂跌风潮袭击的危害，决定关市 3 天以避风险。

在空间环境组织和设备上，一般有宽敞的交易大厅，厅内设有许多交易柜台，有的按行业、产业分类专项设置股票、债券交易柜台，日本东京证券交易所有 14 个分类交易柜台，纽约证券交易所有 19 个。交易大厅四周上空是完备灵通的电视电传网络系统，能及时地把场内交易情报传出和把外面的信息传入。总之，证券交易所是一个空间组织设置的非常科学、紧凑、严密，设备齐全、效率高的证券交易的中心市场。

(四) 证券交易所的运行系统

现代证券交易所的运作普遍实现了高度的无形化和电脑化，建立起了安全、高效的电脑运行系统。该系统通常包括交易系统、结算系统、信息系统和监察系统。

1. 交易系统

电子化交易是世界各国证券交易的发展方向，现在证券交易所均不同程度已建立起高度自动化的电脑交易系统。交易系统通常由撮合主机、通信网络和柜台终端三部分组成。

(1) 撮合主机。出货主机和交易主机是整个交易系统的核心，它将通信网络传来的买卖委托读入计算机内存进行撮合配对，并将成交结果和行情通过通信网络传回证券商

柜台。

（2）通信网络。通信网络是连接证券商柜台终端、交易席位和撮合主机的通信线路及设备，如单向卫星、双向卫星和地面数据专线等，用于传递委托、成交及行情的信息。

不同的交易席位需要使用不同的通信方式。传统的交易席位制证券交易所交易大厅中的座位，座位上有电话、传真等通信设备，可以和证券商柜台传递委托与成交的信息。证券商在取得会员资格后，有权在交易所购买交易席位。拥有交易席位也就拥有了在交易大厅内进行证券交易的权利。随着交易过程的电子化和通信技术的现代化，很多交易所的交易方式由传统的手工竞价发展为电脑自动撮合。

我国上海、深圳证券交易所为证券商提供的交易席位有有形席位和无形席位两种。有形席位指交易所交易大厅内与撮合主机联网的报盘终端。其交易方式和通信方式是，证券商柜台业务员通过热线电话将投资者的委托口述给交易大厅内的出市代表，即“红马甲”，出市代表用席位上的报盘终端再将委托指令输入撮合主机参与交易，证券商柜台利用单向卫星系统接收行情和成交数据。无形席位指证券商利用通信网络将委托传送到交易所撮合主机参与交易，并通过通信网络接收行情和成交数据。

（3）柜台终端。证券商柜台中的系统用于证券商管理客户证券账户和资金账户、传送委托、接收成交、显示行情。

2. 结算系统

结算系统是指对证券交易进行结算、交收和过户的系统。世界各国的证券交易市场都有专门机构进行证券的存管和结算，在每个交易日结束后对证券和资金进行清算、交收和过户，使买入者得到证券、卖出者得到相应的资金。

3. 信息系统

信息系统负责对每日证券交易的行情信息和市场信息进行实时发布。信息系统发布网络可由以下渠道组成：

（1）交易通信网。通过卫星、地面通信线路等交易系统的通信网络发布证券交易的实时行情、股价指数和重大信息公告。

（2）信息服务网。向新闻媒介、会员、咨询机构等发布收市行情、成交统计和非实时信息公告。

（3）证券报刊。通过证券监管机构指定的信息披露报刊，发布收市行情、成交统计及上市公司公告和信息。

（4）因特网。通过互联网向国内外提供证券市场信息、资料和数据。

4. 监察系统

监察系统负责证券交易所对市场进行实时监控的职责。日常监控包括对以下 4 方面的监控：

（1）行情监控。对交易行情进行实时监控，观察股票价格、股价指数、成交量等的变化情况，如果出现异常波动，监控人员可立即掌握情况，作出判断。

（2）交易监控。对异常交易进行跟踪调查，如果是由违规者引起，则对违规者进行处罚。

（3）证券监控。对证券卖出情况进行监控，若出现违规卖空，则对相应证券商进行处罚。

（4）资金监控。对证券交易和新股发行的资金进行监控。若证券商未及时补足清算头寸，监控系统可及时发现，作出判断。

（五）交易原则和交易规则

证券交易所内的证券交易又称场内交易，即证券买卖双方是在证券交易所内成交的。场内交易采用经纪制方式进行，投资者必须委托具有会员资格的证券经纪商在交易所内代理买卖证券，经纪商通过公开竞价形成证券价格，达成交易。为了保证场内证券交易的公开、公平、公正，使其高效有序地进行，证券交易所制订了交易原则和交易规则。

1. 交易原则

证券交易通常都必须遵循价格优先原则和时间优先原则。

（1）价格优先原则。价格最高的买方报价与价格最低的卖方报价优先于其他一切报价而成交。即指较高买入价申报比较低买入价申报具有优先权；较低卖出价申报比较高卖出价申报具有优先权。

（2）时间优先原则。即在买卖一方报价价格相同时，在时间序列上，按报价先后顺序依次成交。在具体申报时，申报在先的委托排列在前，申报在后的委托排列在后。在较原始的唱报竞价时代，场内经纪人提交申报严格按照时间顺序排队，以保证成交秩序。在中介经纪商接受柜面客户委托时，则按接柜时间先后决定申报进场的顺序。在成交时，若出现同一价位有两位以上的申报者，申报时间在先者优先。

此外，若交易所内有专业经纪人或有经纪商兼自营商，应遵循客户优先原则，即应优先执行客户的委托指令，再进行自营交易。特别是在价格有利的情况下，更要防止经纪人先己后人侵害客户利益。

2. 交易规则

交易规则看似平常，正是这些交易规则组织起每日巨额的证券交易，保证了证券交易的高效有序进行。尤其是公开集中竞价规则，不仅能形成公平价格，而且表达了市场对上市公司的客观评价以及显示了投资者对宏观经济运行前景的预期。正因为如此，证券交易所克服了个别交易、局部市场的缺陷，成为资本市场的核心，成为市场体系中高级形态的市场。

（1）交易时间。交易所有严格的交易时间，在规定的时间内开始和结束的集中交易活动。各国证券交易所根据本国工作日和工作时间确定交易时间。有的交易所开前后两市，午前营业时间为前市，午后营业时间称为后市，有的交易所则只开一市。具体请见前述。

（2）交易单位。交易所规定每次申报和成交的交易数量单位，一个交易单位俗称“一手”，委托买卖的数量通常为一手或一手的整倍数，数量不足一手的证券称为零股。不同的交易所对交易单位和零股交易有不同的规定，我国上海、深圳证券交易所规定A股、B股、基金单位为每100股和100基金单位为一手，债券（含国债、企业债券、国债回购）以100元面值为一张，10张即1000元面值为一手；零股可一次性卖出，但不得买入。规定交易单位不仅为了便于计算，而且可以提高成交概率和成交速度。

（3）价位。它是指证券交易所规定的每次报价的价格最小变动单位。各证券交易所规定的价位不尽相同，我国上海、深圳证券交易所规定，A股债券的价格最小变动单位为0.01元人民币，基金、权证交易为0.001元人民币，上海证券交易所的B股价格变化为0.001美元，深圳证券交易所为0.01港元，国债回购为0.01%。

（4）报价方式。传统的证券交易所用口头叫价的方式并辅之以手势作为补充。澳大利亚及东南亚一些国家和地区的证券交易所曾采用牌板报价方式。现代证券交易所多采用电脑报价方式，即证券经纪商将委托指令输入计算机终端，再通过通信网络将指令传送到交易所撮合主机参与交易。

（5）价格决定。证券交易所按连续、公开竞价方式形成证券价格，当买卖双方在价格和交易数量上一致时，便立即成交并形成成交价格。我国上海、深圳证券交易所的价格决定采取集合竞价和连续竞价方式。

集合竞价是每个交易日前市开市前，电脑撮合系统对接收的全部有效委托进行一次集中撮合处理的过程。

连续竞价是在集合竞价以后，电脑撮合系统对投资者的申购委托进行逐笔撮合处理的竞价方式。

（6）涨跌幅限制与涨跌停板制。为了保护投资者利益，防止股价暴涨暴跌和投机盛行，证券交易所可根据需要对每日股票价格的涨跌幅度予以适当的限制，若当日价格升至或降至规定的上限或下限时委托将失效。当日市价的最高上限为涨停板，最低下限为跌停板。涨跌停板制指一种股价和整个股价指数涨跌到一定幅度就暂停该种股票或整个股市的交易。目前，我国上海、深圳证券交易所对交易的股票（A 股、B 股）、基金类证券实行交易价格涨跌停板制。在一个交易日内，除首日上市证券外，每只股票和基金的交易价格相对于上一交易日收市价的涨跌幅度不得超过 10%，ST、*ST 股票价格涨跌幅度不超过 5%。

（六）证券行情表阅读

证券交易所的行情，一般都在交易大厅的电子显示屏上实时显示。当证券买卖成交后，立即通过通信网络将交易结果反映到交易大厅的大型电子显示屏上，证券交易行情便由此产生了。同时，通过通信网络将场内交易结果直接传送至全国各地的证券商柜台电脑终端。

1. 开盘价（Open）和收盘价（Close）

开盘价是指某种证券在每个交易日开市后的第一笔买卖成交价格。若分前市和后市，则有前市开盘价和后市开盘价。开盘价的决定可有多种方式，可按交易原则竞价成交，也可以集合竞价方式成交，若开市后半小时内无成交，则以前一日收盘价为当日开盘价，或由交易所的中介经纪人提出指导价促使其成交后作为开盘价。

收盘价是证券交易所每个交易日某种证券的最后一笔买卖成交价格。若分前市和后市，则有前市收盘价和后市收盘价。若当市没有成交价，可采用前一日收盘价。世界上大多数证券交易所都采用成交量最大原则来确定开盘价，并以后市收盘价作为当日收盘价。

根据我国现行的交易规则，上海、深圳证券交易所的开盘价为当日该证券的第一笔成交价，开盘价通过集合竞价方式产生。上海证券交易所证券交易的收盘价为当日该证券最后一笔交易前 1 分钟所有交易的成交量加权平均价（含最后一笔交易）。深圳证券交易所的证券收盘价通过集合竞价方式产生。

2. 最高价（High）与最低价（Low）、最新价（the Last Price）

最高价是某一特定期限内（当日、一周、一个月、一年）某种上市证券在交易所内成交的最高价格。最低价格则为同一期限内的最低成交价格。最新价即为某种上市证券的上一笔成交价。最高价与最低价相差大，说明行情波动大；反之则说明行情平稳。

3. 与上日价格差（Price Change）

它是指某种证券当日收盘价与上一交易日收盘价相比后的增减数，若价格上升则用“+”号，价格下跌则用“—”号。

4. 成交量（Volume）与成交额

成交量是指一定时期内证券成交的数量，采用单向计算方法。成交量的统计单位，股票以成交股数计，债券以成交面值数计。成交额是指在一定时期内，证券交易按实际成交价格计算的成交金额总和，同样采用单向计算方法。

5. 市价总额（Market Capitalization）

它是指在某一特定时期内，在证券交易所上市证券按当时价格计算的价值总额。其计算方法为：

$$市价总额 = P_1S_1 + P_2S_2 + \cdots\cdots + P_nS_n = \sum_{i=1}^{n} P_iS_i$$

式中，P 表示当日以成交量为权数的加权平均价格或收盘价格，S 表示证券发行量，n 表示上市证券的种类。

市价总额是证券市场各类相关信息综合反映的结果，是描述证券市场规模大小的重要标志。证券上市种类多，每种证券的发行量大、成交价稳中有升，市价总额较大；反之，证券上市种类少，每种证券的发行量少、成交价趋于下降，则市价总额较小。

6. 上市证券数和上市总额

上市证券数是指经批准在证券交易所挂牌交易的股票、债券的种类数。上市总额是指在证券交易所上市的证券按面值计算的总金额。其计算方法为：

$$上市总额 = F_1S_1 + F_2S_2 + \cdots\cdots + F_nS_n = \sum_{i=1}^{n} F_iS_i$$

式中，F 表示证券的面值，S 表示证券的发行量，n 表示上市证券的种类。

六、我国的证券交易所

我国的证券交易所在大陆、香港、台湾地区都有分布。

1. 上海证券交易所

经中国人民银行批准上海证券交易所于 1990 年 11 月 26 日宣告成立，并于同年 12 月 19 日正式营业。上海证券交易所的宗旨是完善证券交易制度，加强证券市场的管理，促进我国证券业的发展，维护国家、企业和社会公众的合法权益，为社会主义现代化建设服务。

上海证券交易所是会员制、非盈利的事业法人，其会员限于经人民银行批准设立并具备规定条件的证券经营机构。交易所的组织结构分为会员大会、理事会、监事会、总经理及各职能部门。上证所的主要业务是：提供证券集中交易的场所；管理上市证券的买卖；办理上市证券交易的清算交割；提供上市证券的过户和保管服务；提供证券市场的信息服务等。

上证所主要采用现货交易方式，对部分金融商品也曾开办过期货业务，如国债。在现货交易中按照价格优先、时间优先的原则组织成交。交易主要采用口头申报竞价和电脑申报竞价相结合的方式，必要时辅之以书面申报竞价方式。买卖成交后，交易所将成交信息反馈给买卖双方，并通过大型电子显示屏公布行情，同时通过电脑终端传送至会员所在地的营业场所。清算交割由交易所采用净额交收原则，即每一营业日闭市时计算出各证券商应收、应付数量相抵后的净额后，集中办理证券和价款的清算交割。

2. 深圳证券交易所

深圳证券交易所自 1990 年 12 月 1 日开始集中交易，于 1991 年 7 月经中国人民银行批准正式营业。深交所的宗旨是：发展完善深圳金融市场，为深化企业体制改革创造市场条件，引导社会资金流向，优化经济结构。

当日集中交易收市后，各出市代表与交易所对账，交易所的交收部进行一级交收，并打出交收清单。各证券公司按交收单于成交的次日上午 10 时前，与交易所通过划账完成一级交收，然后在规定的时间内各证券公司与自己的客户进行二级清算过户。

第三节　场外交易市场

一、场外交易市场的定义

场外交易市场又称柜台交易或店头交易市场（OTC），指在交易所外由证券买卖双方当面议价成交的市场，它没有固定的场所，其交易主要利用电话进行，交易的证券以不在交易所上市的证券为主，在某些情况下也对在证券交易所上市的证券进行场外交易。场外交易市场中的证券商兼具证券自营商和代理商的双重身份。作为自营商，他可以把自己持有的证券卖给顾客或者买进顾客的证券，赚取买卖价差；作为代理商，又可以客户代理人的身份向别的自营商买进卖出证券。近年来，国外一些场外交易市场发生很大变化，它们大量采用先进的电子化交易技术，使市场覆盖面更加广阔，市场效率有很大提高。场外交易市场实际上是由千万家证券商行组成的抽象的证券买卖市场。这方面，以美国的纳斯达克市场为典型代表。

场外交易市场在证券交易市场的地位，并不是在所有的国家都一样，场外交易市场在美国比在任何国家都发达。其主要原因是，美国的证券交易委员会对证券在交易所挂牌上市的要求非常高。一般的中小企业无法达到。许多企业的证券不可能甚至不愿意在交易所挂牌流通，它们的证券往往依靠场外交易市场，所以比其他国家的都要发达得多。欧洲国家，如英国，则有所不同，其场外交易市场远不如美国场外交易市场那样发达。原因很简单，就是交易所非常发达，在交易所交易的股票不仅包括所有上市的股票，也包括许多非上市的中小企业的股票。成熟市场国家通常都有着规模庞大的 OTC 市场。以 OTC 市场历史最久、最发达的美国为例，目前它的 OTC 市场包括 NASDAQ 全国市场、NASDAQ 小型市场、OTCBB 市场和粉纸交易市场四个层次。

二、场外交易市场的功能

（一）场外交易市场是证券发行的重要场所

新证券的发行时间集中、数量较大，需要众多的销售网点和灵活的交易时间。场外交易市场是一个广泛的无形市场，能满足证券发行要求，既能方便投资者购买，又可加速证券发行，减少承销商风险。例如，美国的证券发行主要通过场外市场进行，我国的凭证式国债也在场外市场发行。

（二）场外交易市场为特殊证券提供交易机会

场外交易市场为已发行又未上市的证券提供流通转让的机会。场外交易市场是政府债券、地方政府债券、公司债券转手交易的主要场所；为具有发展潜力而目前尚不具备上市条件的新兴企业、小企业的股票提供了交易的渠道；为那些经营困难、股价下跌、被终止交易的股票提供变现的机会；为开放型投资基金提供认购和赎回的途径。

（三）场外交易市场是证券交易所的必要补充

场外交易市场是二级市场的重要组成部分，多层次的证券市场是与多样化的投、融资需求相适应的，主板市场门槛较高，融资成本也较高，适合那些规模较大、盈利表现较佳、管理相对成熟的企业；而OTC市场则为那些规模较小、目前盈利不高的、情况千差万别的中小企业提供较灵活的筹资手段。场外交易市场在交易证券的种类、数量、交易方式、交易时间等方面弥补了证券交易所的不足，与证券交易所共同组成了证券流通市场。

三、场外交易市场的特征

（一）场外交易市场是一个分散无固定交易场所的无形市场

场外交易是各证券商的店头交易，而证券商又分散于全国许多地区或一个城市的许多不同地域，且场外交易又是在各证券商之间进行的，所以它具有分散性。

场外交易市场没有像证券交易所那样设立的集中市场；但它实际上遍布于各地，通过电讯、邮政系统等联结起来。场外交易业务的大部分是通过证券商之间的电讯联系进行的，通过营业厅的柜台直接与客户交易只是其一小部分。所以，就整个交易市场而言，相对于证券交易所来说，场外交易是无形的。

（二）场外交易市场是一个投资者可直接参与证券交易过程的“开放性”市场

场外交易市场区别于证券交易所的最大特征在于不采用经纪制方式，而是采用自营制方式进行交易。投资者买进卖出证券不一定要通过经纪人，而是可以直接和证券经营机构进行交易，证券公司通过自营买卖，实行证券的交易转让，因此其市场组织方式基本上是自营制的。

（三）场外交易市场拥有众多证券种类，具有较高的风险

证券交易所交易的证券必须是经过批准登记的证券，交易所每年对这些证券进行评定，未批准上市的证券不得在证券交易所内交易。柜台交易的证券大量的是未在交易所登记上市的证券，少量上市的证券也可在柜台交易进行买卖。在场外交易市场上交易的证券大大多于在交易所交易的证券。

场外交易市场交易的证券种类多也带来了风险。尽管有些场外交易市场经营也很好，红利也丰厚。但尚未在交易所挂牌的股票很多是不被允许在交易所上市的质量较差的股票。这些股票的发行公司或太小、或经营不佳、或利润较薄。总之信誉不如挂牌股票的发行公司好，所以经营这种股票可能会冒较大的风险。

另外，还由于场外交易的非集中竞价、信息阻塞等原因，造成场外交易的不公平，从

而增加交易的风险。

（四）场外交易的证券交易价格有特殊性

这主要体现在以下几个方面。首先是证券交易的数额单位。证券交易所交易的证券必须以一定的数额为一个单位，即最低交易额，而且必须是整数。柜台交易中没有起点和单位限制。

其次，证券交易所的价格和行市是采用拍卖方式得出来的，经纪人不断报出买进和卖出价格，随着情况的变化，价格不断变动。柜台交易则用协议价格，交易双方通过协商决定价格，形成行市。而且同一时间交易存在差价。由于交易的分散进行，各证券商的买卖价格报价不一，客户就可能在各证券商报出的价格之间进行对比选择，所以在场外交易市场上，成交的价格总会出现差异。

最后，场外交易的价格不像交易所挂牌的证券价格那样每小时都有波动。交易所集中竞价由于时间的先后，成交的价格时刻都在波动；而场外交易，特别是证券的自营买卖，总是在一定时间内（一般为一天）确定一个买卖价格，并在一天内相对不动，所以其波动就不像交易所内的价格那么频繁。报价与询价之间的时间间隔也较长。由于场外交易的分散性，使交易不能集中竞价，只能通过个别议价来进行，所以时间间隔较长。

因此，场外市场证券交易价格不是以竞价方式确定的，而是由证券公司同时挂出同种证券的买进价与卖出价，并根据投资人是否接受加以调整而形成的。

（五）场外交易市场管理比较宽松

场外市场分散，缺乏统一的组织和章程，不易管理和监督，其交易效率也不及交易所市场。

四、场外交易市场的参与者和交易对象

（一）场外交易市场的参与者

场外交易市场的参与者与证券交易所的参与者不同。在证券交易所内，只允许交易所会员从事证券交易。场外交易市场的参与者，包括投资者、证券商和代理银行三者。

1. 投资者

投资者包括团体投资者和个人。团体投资者，包括银行、信托公司、保险公司、基金会投资银行及企业公司等等，有各自的投资目的和投资计划，有庞大的资金，如遗产信托基金、退休金、互助基金等等，是场外市场最重要的投资力量。

2. 证券商

场外交易市场的证券买卖需要证券经营机构起组织作用。在场外证券交易中，证券交易商先行垫入一笔资金买入一些证券作为库存，在建立了足够的库存后，证券交易商再开始对外挂牌，不断地向公众投资者报出某些特定证券的买卖价格，并在该价位上接受投资者的买卖要求，以其自有资金和证券与投资者进行证券交易，从中赚取差价。证券交易商的加价幅度一般都受到限制，在多数国家里规定不得超过5%。与证券交易商作为经纪人不垫资金的代理行为相区别，证券交易商这种用自己的资金为卖而买，为买而卖，从而沟通投资者之间证券转让活动的交易方式，称为自营方式。

在场外交易市场上，证券交易商既是证券场外交易市场的组织者，又是直接参与者，

他们通过参与市场交易来组织市场活动，维持市场的流动性，满足公众投资者的投资需求。因此，证券交易商被称为是做市商，柜台交易组织形式又称为做市商制度。

场外交易市场的证券商规模很大，它们可以分为以下几种：

（1）自营商（包括自营经纪商）。一般来说，这类商号既是交易所的会员，又直接参加场外交易。因为自营商从事两类业务，即新发行证券的成批购进（分销）和销售，旧证券的买进或卖出。两种活动均系短期投资。由于风险较大，若证券市场稍有波动，就会遭受损失，故自营商除了在交易所参加交易外，还自设营业处所从事场外交易。由于它买卖各种证券，又与同业金融机构、客户和其他证券商等保持着密切的往来，多不愿保持大量存货，所以是店头市场的主要参与者。

（2）店头证券商。即非证券交易所会员，但经过批准设立的证券营业机构，以买卖未上市证券（小企业的证券）及公债券为主要业务。

（3）自营银行和证券承销商。前者不是交易所会员，只从事债券的买卖业务，不买卖股票；后者专门承购推销新发行的证券，它既上市推销，也在场外推销。

（4）证券交易所会员经纪商。此类经纪商以在证券交易所交易为主，但也设立独立机构经营店头市场业务，收取佣金。

（5）政府债券商。这类证券商专门买卖政府债券，包括中央和地方政府债券。

（6）地方共同团体债券商。这类证券商专门买卖地方共同团体债券。

3. 投资银行和代理银行

投资银行代理股票和公司债券的承销发行事宜，同时也从事场外证券交易，且交易额很大。代理银行主要指商业银行和信托银行。

参加店头市场交易所得的店头收入包括承销报酬、股息、利息、佣金以及差价利润等项目。凡是承销新发行的证券者，以较低价格承购，以较高价格推销，获得承销报酬。凡购买了证券不再卖出者，获得股息或红利；凡代客户买卖者，获得佣金；凡以较低价买进、以较高价卖出者获得自营差价利润。

（二）场外交易市场的交易对象

场外交易市场经营的证券范围很广，规模很大，种类繁多。在场外市场进行交易的有小规模无名气的公司的证券，也有在交易所挂牌的大公司的证券。场外交易市场交易的证券主要有以下几种：

（1）债券。包括国债、地方政府债券、公司债等各类债券。由于这些债券种类多、发行量大、替代性大、投机性小、有的期限很短，没有必要、也不可能全部在证券交易所上市交易。这类债券价格较平稳，流通性不强，适宜在场外进行交易。

（2）新发行的各类证券。主要在场外市场承销、代销。

（3）符合在证券交易所上市标准而没有上市的证券。主要有金融机构或大公司的零股股票和债券、上市交易后因故停牌的股票、上市公司的零股股票。当其发行量少时，常不办理上市手续，而在场外交易。由于金融机构的证券是高级证券，故其吸引力较大，多为团体投资者购买，一般不需要进入证券交易所交易，而在场外交易。

（4）不符合证交所上市标准的证券。主要有规模较小的小公司股票、具有发展潜力的新公司的股票（通常先在场外交易后再进入证券交易所）和因业绩不佳而不符合上市标准的风险大、流动性差的股票等。这类证券在证券交易所很少有人购买，于是只有在场外寻求出路。其发行者一般处在危难之中，是风险较大、获利又少的证券。

（5）开放型投资基金的股份或受益凭证。

（6）买卖双方愿意按净值来交易的证券。即不考虑其价格波动，愿意以其净值成交。

此外在有组织的交易所内，交易采用公开竞价方式决定价格，而场外交易价格是协商决定的。在交易所中不易成交的债券因为在交易所讨价还价，差距很大，很难成交。因此，只有通过店头市场进行交易。

场外交易市场的交易对象以债券为主，股票交易主要是在证券交易所进行，而债券流通的90%是在场外交易市场进行。目前我国场外交易市场主要的交易对象是债券和投资基金券。

五、场外交易市场的类型

根据场外交易市场交易方式、交易对象和交易主体的不同，场外交易市场可以分为不同的类型。

（一）柜台交易市场

1. 柜台交易市场的定义

柜台交易或称“店头市场”。在二级市场上，不少证券交易并不是在证券交易所完成的，而是在许多分布广泛的证券中介机构，如证券公司中进行的。很多证券公司设有专门的证券柜台，通过柜台进行证券交易就是柜台交易市场。柜台交易市场是证券流通最早形成的市场。

2. 柜台交易市场的优势

柜台交易市场比证券交易所的历史悠久得多。在证券交易所产生并迅速发展后，柜台交易市场依然能够存在并进一步发展，主要优势在于：

（1）证券交易所的交易容量有限，而且存在严格的上市条件，使许多证券不能进入证券交易所内买卖。但客观上，这些证券需要流通，需要有可以进行流通的交易场所，这就要求柜台交易市场作为证券交易所的一种补充而存在。

（2）柜台交易市场的交易比较简便、灵活，既没有交易所那样繁琐的上市程序，也不需填写复杂的委托书，而且可以随时在众多的证券交易柜台网点进行证券买卖，这在很大程度上弥补了证券交易所市场的不足，满足了投资者的需要。

（3）随着现代技术的发展，柜台交易市场的交易方式、交易设备、交易程序也在不断改进，其交易效率与证券交易所不相上下。

3. 与证券交易所相比，柜台交易市场的特点

（1）交易对象不同。柜台交易市场主要交易对象是未上市的证券，而证券交易所则以挂牌上市的证券为交易对象。

（2）交易对象的分散程度不同。柜台交易活动不是由一个或少数几个统一的机构来组织，而是由很多各自独立经营的公司分别进行的。因此，这些交易活动分散于各家证券公司，而无一个集中交易的场所，其证券交易不是在固定的场所和固定的时间内进行，而是主要通过电话成交。

（3）交易价格的方式不同。柜台交易市场采用协议价格成交，即参加交易双方的经纪人或自营商，或是客户与自营商之间直接讨价还价，先报价、后还价，协商定价，而证券

交易所的证券价格则是公开拍卖的结果。

（二）第三市场

第三市场是指在柜台市场上从事已在交易所挂牌上市的证券交易。近年来，由于这部分交易量增大，特别是其中的债券交易量增加更多，其地位日益提高。严格地讲，第三市场既是场外交易市场的一部分，又是证券交易所市场的一部分，准确地说，它是“已上市证券的场外交易市场”。

第三市场的出现是与证券交易所固定佣金制密切相关的。固定佣金制使证券交易的成本非常昂贵，而交易所之外的证券商则不受证券交易所佣金制的约束，因而导致大量证券交易都在交易所之外的第三市场上进行。机构投资者买卖证券的数量巨大，如果将这些证券的买卖由交易所的经纪人代理，这些机构投资者就必须按交易所的规定支付相当数量的标准佣金。而第三市场并无固定交易场所，场外交易商收取的佣金是通过磋商来确定的，因而使同样的股票在第三市场交易比在股票交易所交易的佣金要便宜得多，所以机构投资者为了减低投资的费用，更倾向于交易所以外的柜台市场。同时，一些非交易所会员的证券商为了招揽业务，常以较低廉的费用吸引机构投资者，在柜台市场大量买卖交易所挂牌上市的证券。这些都使得第三市场充分发展。第三市场的交易价格，原则上是以交易所的收盘价为准。

（三）第四市场

第四市场是指投资者和筹资者不经过证券商直接进行的证券交易。第四市场目前只在美国有所发展，其他一些国家正在尝试和刚刚开始出现这种市场。

1. 第四市场的交易程序

第四市场的交易程序如下：用电子计算机将各大公司股票的买进或卖出价格输入储存系统，机构交易双方通过租赁的电话与机构网络的中央主机联系，当任何会员将拟买进或卖出的委托储存在计算机记录上以后，在委托有效期间，如有其他会员的卖出或买进的委托与之相匹配，交易即可成交，并由主机立即发出成交证实，在交易双方的终端上显示并打印出来。

2. 第四市场的主要优势

（1）交易成本低。这是因为买卖双方直接交易而不需要中间人。有时即使需要中间人，通过第三者来安排，佣金也要比其他市场少得多。据统计，在美国利用这种方式进行场外交易，比在交易所进行交易可节省佣金70%。

（2）有利于保持交易的秘密性。由于第四市场是买卖双方通过电讯手段成交的，没有采取公开方式，因此不易暴露目标。

（3）由于双方直接谈判，所以可望获得双方满意的价格。

（4）不冲击股票市场。由于第四市场所进行的一般都是大宗证券的买卖交易，如果在证券交易所市场公开进行，可能会给证券交易市场的价格造成很大的影响，不利于证券市场的稳定。

（5）信息灵敏，成交迅速。第四市场充分利用了电子技术，可以广泛搜集和储存大量信息。通过电子计算机的自动报价系统，把分散的场外交易行情集中地反映出来，有利于客户的选择决策，一旦合意便可迅速成交。

六、创业板市场（第二板市场）

随着现代科学技术的发展，证券交易市场也出现了一些新的变化。从西方主要发达国家证券交易市场的发展情况看，创业板市场是场外交易市场的一个重要组成部分。严格地说，创业板市场是与主板市场相对的概念，它与场外交易市场并没有必然的联系。但是，在创业板市场的发展过程中，大多数国家的创业板市场都采用了场外市场的交易模式。

创业板市场又称另类股票市场。在国外，对创业板市场尚没有规范的定义。就其广义来说，凡属与针对大型成熟公司的主板市场相对应，面向中小公司的证券市场都是创业板市场。就其狭义来说，则仅指针对中小型公司和新型企业，协助高增值成长公司及科技型公司集资的市场。

创业板市场是给创业型企业上市融资的股票市场，创业板市场是多层次资本市场体系的重要组成部分。相对于现在的证券市场（主板市场）而言，主板市场在上市公司数量，单个上市公司规模以及对上市公司条件的要求上都要高于创业板，所以创业板市场的性质属于第二板市场（Second-board Market）。

（一）创业板市场的特征

狭义的创业板市场，具有如下四个特征。

1. 前瞻性市场

创业板市场对公司历史业绩要求不严，过去的表现不是融资的决定性因素，关键是公司是否有发展前景和成长空间，是否有较好的战略计划与明确的主题概念，市场认同的也是公司的独特概念与它的高成长性。从这个意义来讲，创业板市场并非只是主板市场之外的一个市场，它具有很强的针对性，主要是吸纳那些能提供新产品与新服务，或公司运作有创意，具有较大增长潜力的公司。

2. 上市标准低

因为创业板市场是前瞻性市场，因此其上市的规模与盈利条件都较低，大多对盈利不作较高要求。例如中国香港创业板仅要求公众持股的最低量为 3000 万港元，并且均不要求有盈利记录。NASDAQ 市场的上市费用，上市标准也低于研究和开发性的高科技公司，只要有 1200 百万美元的净资产，即使亏损也能上市。NASDAQ 小型资本市场的上市标准更为宽松，更有利于一些小型公司上市。在 NASDAQ 上市的公司所在行业包括农业、采掘业、建筑业、制造业、交通、商业、保险等，但它最主要还是一个新兴高科技公司的市场，是一个支持创新的市场，是美国风险资本套现和高科技公司发展壮大的场所。

3. 高风险市场

创业板市场是高风险市场。与主板市场相比，创业板市场上公司规模小、业务属于橱窗时期，有关企业业务属于新型行业，缺乏盈利业绩，面临技术风险、市场风险、经营风险以及内幕交易和操纵市场风险都很大，上市公司破产倒闭的概率比主板要高。

4. 针对熟悉投资的个人投资者与机构投资者

创业板市场主要针对寻求高回报、愿意承担高风险、熟悉投资技巧的机构和个人投资者，包括专项基金，如小盘股基金、高科技、电信或生物科技等行业基金、创业投资公司、共同基金等，以及有经验的私人投资者。

（二）创业板市场的组织模式

国际上创业板市场的运作通常采用非独立的附属市场和独立两种模式。

1. 非独立的附属市场模式

即创业板市场作为主板市场的补充，与主板市场一起共同运作，使用共同的组织管理系统和交易系统，甚至采用相同的市场监管标准，所不同的是上市标准的差异。

2. 独立模式

即创业板市场与主板市场分别独立运作，拥有独立的组织管理系统和交易系统，并且大多数采用不同的上市标准，采用的监管标准也有所不同。

（三）创业板市场与主板市场的主要区别

创业板市场与主板市场的区别主要有四点。

1. 主体资格的区别

与主板市场向比较，创业板市场上市公司除了要符合《公司法》和《证券法》的相关要求外，公司章程还必须要符合创业板上市规则的有关要求。

2. 股本规模的区别

创业板市场上市公司一般处于初创阶段，资本金规模较小，所以对其股本规模要求比主板上市公司低，以便为企业资本规模的扩大和业绩的增长留下空间；另一方面，由于创业板上市公司成长迅速，对融资的频率要求高，因此可能缩短其再次发行的时间间隔，有助于保证股本与业绩的同步良性增长。

3. 经营记录的区别

由于营运记录对于投资者分析企业状况、预测发展前景来说是必不可少的。主板市场上市条件中，要求申请上市的企业有三年以上的经营记录。而创业板上市的公司通常创立时间短、营运记录有限，因此对创业板市场上市公司的经营记录一般为两年。创业板市场选择上市时更侧重于公司的发展潜力，而不同于主板市场所要求的经营现状。中国香港创业板对上市公司盈利没有要求，正是考虑到新兴企业在创业初期少有或几乎没有盈利的实际情况。此外，公司主营业务应突出，不宜多元化经营。与主板市场相比较，创业板市场上市公司要求有高度集中的业务范围、严密的业务发展计划、完整清晰的业务发展战略和较大的业务增长潜力。

4. 股权结构的区别

由于创业板市场上市公司规模相对较小，对发起人数量及持股比例不必像主板市场那样严格。例如美国 NASDAQ 等海外创业板市场对夯实公司发起人数量不作明确限定，中国香港创业板市场只要求社会公众股东比例不低于 15%。这就使得创业板市场股份集中度相对较高。股份集中度提高形成三方面的市场影响：第一是市场炒作变得容易，提高了市场的投机成分，第二是企业并购更为方便，资本运作空间大；第三是企业的退出难度下降，一旦丧失上市资格，摘牌的后果对市场影响较小。

（四）NASDAQ 市场

20 世纪 70 年代以来，随着世界经济的发展，各国证券市场均发生了显著的变化，第二板市场作为与主板市场相对应的新兴证券市场在各国和蓬勃发展，如美国的 NASDAQ 市场、伦敦 AIM 市场、欧洲 EASDAQ 市场、欧洲 EURONM 市场、新加坡 SESDAQ 市场、台湾地区报备市场、吉隆坡 KLSE 市场等，其中尤以美国的 NASDAQ 市场运行最为成功。

NASDAQ 市场成立于 1971 年，是美国成长最快的市场，也是世界上第一个电子化的股票市场。NASDAQ 市场由全国证券交易商协会（NASD）的全资子公司 NASDAQ 证券市场公司负责运作。NASD 是全美最大的自律性组织，几乎美国所有的证券经纪商和自营商都是它的会员，它还负责监管美国的 OTC 市场。NASDAQ 市场本身分为两部分：NASDAQ 全国市场和 NASDAQ 小型资本市场。通常，具有一定规模公司的证券在 NASDAQ 全国市场进行交易，而规模较小的新兴公司的证券则在小型资本市场进行交易。

NASDAQ 是一个报价驱动型的市场，并采用多个做市商制度。在 NASDAQ 市场上市的股票有少至十几家多至几十家做市商为其造市。做市商随时买卖 NASDAQ 上市的股票，通过电子终端相互竞争性的报出买价和卖价，定期发表他们负责做市股票的研究报告，向投资者推荐。这种做市商制度有利于保持上市股票交易的连续性和确定公平合理的交易价格，并使市场不断地扩张发展。

NASDAQ 市场同时也是电子化的市场。它通过在世界各地装置的几十万台计算机终端传递上市股票的报价和最新交易的信息。美国以外的证券经纪人和交易商需要电话通知在美国的全国证券交易商协会会员公司进行有关的交易。1998 年 3 月，NASDAQ 市场与美国证券交易所合并，并开发了更新的电子交易系统。

正因为 NASDAQ 具有现代化的电子交易系统、做市商的支持、较低的上市标准和良好的服务，使它成为硅谷高科技公司上市的首选之地，而 NASDAQ 市场自身也因此而成为支持新兴高科技公司的证券市场并取得了飞速的发展。NASDAQ 市场自 1971 年运作以来，经过 30 多年的发展，其股票交易额已连年超出纽约证券交易所的股票交易总额，成为世界上交易和最大的证券市场和上市公司最多的证券市场，并且是美国国内新股发行和非美国上市公司最多的证券市场。从产业结构来看，计算机、生物科技、电子通信、医药类上市公司的市值在 NASDAQ 市场中占绝大比重。截至 1997 年底，美国所有高科技公司中，96%的互联网公司、92%的计算机公司、82%的计算机制造公司和 81%的电子通信和生物技术公司在 NASDAQ 上市，如微软、英特尔、戴尔、爱立信等公司均在此上市。NASDAQ 的成功为世界各国提供了宝贵经验。同时，第二板市场也因在培育发展中小高科技企业方面所具有的特殊功能和优势而获得“高科技企业摇篮”的美誉。

（五）中国创业板市场

2009 年 3 月 31 日，中国证监会正式发布《首次公开发行股票并在创业板上市管理暂行办法》，该办法自 2009 年 5 月 1 日起实施。这意味着筹备十余年之久的中国创业板于 2009 年 5 月 1 日推出，从而为中小企业开辟了融资的新渠道。办法共分为 6 章 58 条，对拟到创业板上市企业的发行条件、发行程序、信息披露、监督管理和法律责任等方面进行了详细规定。根据规定，到创业板上市的企业应当是依法设立且持续经营三年以上的股份有限公司，最近两年连续盈利，最近两年净利润累计不少于 1000 万元，且持续增长；或者最近一年盈利，且净利润不少于 500 万元，最近一年营业收入不少于 5000 万元，最近两年营业收入增长率均不低于 30%。企业发行后的股本总额不少于 3000 万元。关于创业板上市与主板上市条件的比较见表 5－1。

表5-1 中国创业板与主板上市条件比较

条件	A股主板	创业板IPO办法
主体资格	依法设立且合法存续的股份有限公司	依法设立且持续经营三年以上的股份有限公司
盈利要求	(1) 最近3个会计年度净利润均为正数且累计超过人民币3000万元，净利润以扣除非经常性损益前后较低者为计算依据； (2) 最近3个会计年度经营活动产生的现金流量净额累计超过人民币5000万元；或者最近3个会计年度营业收入累计超过人民币3亿元； (3) 最近一期不存在未弥补亏损	最近两年连续盈利，最近两年净利润累计不少于1000万元，且持续增长；或者最近一年盈利，且净利润不少于500万元，最近一年营业收入不少于5000万元，最近两年营业收入增长率均不低于30%。 净利润以扣除非经常性损益前后孰低者为计算依据 (注：上述要求为选择性标准，符合其中一条即可)
资产要求	最近一期末无形资产（扣除土地使用权、水面养殖权和采矿权等后）占净资产的比例不高于20%	最近一期末净资产不少于两千万元
股本要求	发行前股本总额不少于人民币3000万元	企业发行后的股本总额不少于3000万元
主营业务要求	最近3年内主营业务没有发生重大变化	发行人应当主营业务突出。同时，要求募集资金只能用于发展主营业务
董事及管理层	最近3年内没有发生重大变化	最近2年内未发生重大变化
实际控制人	最近3年内实际控制人未发生变更	最近2年内实际控制人未发生变更
同业竞争	发行人的业务与控股股东、实际控制人及其控制的其他企业间不得有同业竞争	发行人与控股股东、实际控制人及其控制的其他企业间不存在同业竞争
发审委	设主板发行审核委员会（25人）	设创业板发行审核委员会，加大行业专家委员的比例，委员与主板发审委委员不互相兼任。
初审征求意见	征求省级人民政府、国家发改委意见	无

资料来源：新浪财经，http：//finance. sina. com. cn/stock/opengem/

创业板推出的主要目的是促进自主创新企业及其他成长型创业企业的发展，是落实自主创新国家战略及支持处于成长期的创业企业的重要平台。推出创业板也是完善中国资本市场层次与结构、拓展资本市场深度与广度的重要举措，能够为数量众多的自主创新和成长型创业企业提供资本市场服务，同时通过资本市场的示范效应，发挥拉动民间投资、推动产业结构升级、以创业促就业的重要作用，有利于更好地发挥资本市场在资源配置中的基础性功能，强化资本市场对国民经济发展的支持，推动创新型国家建设。

【专栏5-2】 中国创业板市场大事记

1998年1月，李鹏主持召开国家科技领导小组第四次会议，会议决定由国家科委组织有关部门研究建立高新技术企业的风险投资机制总体方案，进行试点。

1999年1月，深交所向中国证监会正式呈送《深圳证券交易所关于进行成长板市场的方案研究的立项报告》，并附送实施方案。3月，中国证监会第一次明确提出“可以考虑在沪深证券交易所内设立科技企业板块”。

2000年4月，周小川表示，中国证监会对设立二板市场已做了充分准备，一旦立法和技术条件成熟，我国将尽快成立二板市场。

2003年10月，党的十六届二中全会通过《中共中央关于完善社会主义市场经济体制若干问题的决定》指出，推进风险投资和创业板市场建设。

2004年1月31日，国务院发布《关于推进资本市场改革开放和稳定发展的若干意见》指出：分步推进创业板市场建设，完善风险投资机制，拓展中小企业融资渠道。

2007年8月，国务院批复以创业板市场为重点的多层次资本市场体系建设方案。

2008年3月5日，国务院总理温家宝指出，建立创业板市场，加快发展债券市场，稳步发展期货市场。

2008年3月17日，证监会主席尚福林表示，2008年将加快推出创业板，争取在今年上半年推出创业板。

2008年3月22日，证监会正式发布《首次公开发行股票并在创业板上市管理办法》，就创业板规则和创业板发行管理办法向社会公开征求意见。

2009年3月31日，证监会发布《首次公开发行股票并在创业板上市管理暂行办法》，办法自2009年5月1日起实施。这意味着筹备十余年之久的创业板终于5月1日起正式开启。

（新浪财经，http：//www.sina.com.cn，2009年03月31日，

http：//finance.sina.com.cn/stock/cngem/gemschool/20090331/03296044404.shtml）

第四节 证券交易方式

证券交易方式主要有现货交易、信用交易、期货交易和期权交易四种。目前我国仅实行现货交易方式，随着我国金融市场的发展与完善，将会有越来越多的交易方式供投资者选择。

一、现货交易

现货交易（Spot Trade）是指证券买卖成交后，按成交价格及时进行实物交收和资金清算的交易方式。这是一种钱货两讫的交易方式，成交和交割基本上同时完成，一般在成交的当日、次日、或交易所指定的例行交割日交割清算。由于在交割时必须支付现金，所以被称为现金现货交易。这是证券交易所采用的最基本最常用的交易方式。

二、信用交易

信用交易（Credit Trade）又称保证金交易（Margin Trading）、融资融券交易、垫头交易，是指投资者在经纪商处开立保证金账户，从而取得经纪商提供的融资或融券，即由经纪人垫付一定的资金或证券，并以此进行证券交易的一种交易方式。具体有保证金买空（Buy Shot）和卖空（Sell Shot）两种形式。

保证金买空是指投资者预期证券行市将上涨并准备在当前价格较低时买进一定数量证券，但因资金不足，可通过向证券经纪商交付一定比率保证金而取得经纪商贷款并委托经纪商代理买入这种证券的交易方式。如果证券商资金不足，可用代理客户买入的证券作为抵押品向商业银行取得贷款。待证券价格上升，投资者委托证券商卖出该证券，证券商扣除买卖手续费和对投资者的贷款及利息，余下即为投资者的本金和投资收益。做保证金买空的投资者叫“多头”。

保证金卖空是指投资者如果预期证券行情下跌，准备做某一证券的卖出投机，但由于手中没有该种证券，可通过向经纪商交付一定比率保证金后从经纪人处借入一定数量证券并委托经纪人卖出。如果该证券日后果真下跌，再按市场价格买入相同种类相同数量的证券归还给经纪人并支付证券应付的利息和买卖手续费，买卖差额扣除一定费用后即为投资者的收益。做保证金卖空的人叫“空头”。

三、期货交易

期货交易（Futures Trading）是买卖双方约定在将来某个日期前按成交双方商定的条件交货的一种交易方式。期货交易要签订期货合约，成交与交割有一段时间。期货合约（Furtures Contract）是一个标准化合同，是指交易双方约定在将来某个日期，按双方商定的条件接受或付出一定标准数量和质量的某一具体商品的可转移的协议。它是期货交易的媒介物，主要买卖对象的标的物。

交易双方按规定的日期和价格交收标准数量的特定金融工具而达成的协议就是金融期货合约。

在期货交易中，由于实际清算交割要在远期进行，因此就为成交双方提供了在合约到期以前各自做一个相反的交易以免除到期交收实物的可能。也就是说，期货交易的买方可以在合约上规定的交割日以前卖出相同种类、数量和交割日期的期货合约，卖方也可以在合约上规定的交割日之前买入相同种类、数量和交割日期的期货合约。由于买卖双方在交割日之前都可能有相反的交易，因而实际交割时双方只要分别对自己买进卖出的差价进行清算，而无须发生实物的交收，这样就使期货合约逐渐与合约上指定的商品分离，成为可单独进行自由交易的对象。绝大多数期货的买方并非真正需要合约上指定的商品，大多数期货的卖方也并非真正拥有合约上指定的商品，他们交易的目的是获得买卖的差价，而交易对象实际上是期货合约本身。但是，对买卖双方来说，只要在合约到期前没有做过相反的交易，则都要承担合约规定的义务，即不管实际交割时价格发生了什么变化，不管这种变化对自己是有利还是不利，买方到期必须承担按合约规定价格买入指定商品的义务，卖方则应承担按合约规定的价格卖出指定商品的义务。

由于期货交易一般情况下无须交收现货商品，因而现代期货交易发展成以期货合约这一特殊商品为交易对象的交易方式，并使它有别于任何一种已有的交易方式。这一特性也使期货交易方式应用范围广泛，交易灵活方便，并有良好的发展前景。

四、期权交易

期权（Option）又称选择权，是指期权持有者在规定的期限内具有按交易双方商定的价格购买或出售一定数量某种金融资产的权利。因此，期权交易是对一定期限内的选择权的买卖。期权交易双方在成交后，买方以支付一定数量的期权费为代价，拥有在约定期限内以一定价格购买或出售一定数量某种金融资产的权利，而不用承担必须买进或卖出的义务；卖方在收取期权费用在约定期限内必须无条件地服从买方的选择并履行成交的允诺。因此，期权交易仅仅是买方单方面的一种权利的让渡，而不是实物资产的买卖。

期权交易分为买进（涨）期权（Call Option）和卖出（跌）期权（Put Option）两种基本类型。

第五节　证券交易程序

证券市场的良性运作，少不了证券交易活动。证券的正常流通，保证了证券发行市场的持续，而证券交易又不同于一般的商品交易，它需要有一整套的交易程序，使整个证券交易活动有序地进行，因此有必要了解证券交易程序。

证券交易程序是指证券在交易所买卖的过程。它包括开户、委托、竞价成交、清算交割和过户等环节。

一、开户

投资者要在证券交易所买卖证券，首先要向证券登记结算公司申请开立证券账户，并选择一定信用可靠、服务优良的证券公司办理开户手续。

（一）开户的定义

在我国开户实际包括两层含义：一是开设证券交易专用账户（证券账户，Security Account），另一是开设资金账户。证券交易专用账户是作为投资者买卖证券、实行清算交割的专户，用于准确记载投资者所持证券种类、名称、数量及相应权益和变动情况的一种账册。投资者在开设证券账户的同时，即已委托证券登记机构为其办理证券登记、托管与存管、结算业务。证券账户分别由中国证券登记结算有限责任公司上海分公司和深圳分公司以及由它们授权的证券经营机构办理开户。证券账户全国通用，投资者可在开通上海或深圳证券交易业务的任一家证券营业部委托交易。从事股票交易者通常要在证券登记公司登记开设股票账户，目前我国证券交易实行无纸化交易，从交易至交割都由电脑完成，所有的手续都以电子划账方式进行，每个投资者必须要拥有一个账户，才能大大简化交易手续，提高交易效率。每一位投资者只能在一个交易所申领一个 A 股或 B 股账户，重复申领者视为无效。

由于投资者从事证券交易都是间接进行，必须通过券商。因此投资者必须选定一家或数家证券公司为其经纪商，作为从事证券交易的受托人。为方便投资者与经纪商之间进行资金结算，就必须开设专门的资金账户（Cash Account），它是证券经纪商为投资者设立的账户，用于记载和反映证券交易的货币收付、结存余额和变动情况。投资者须在资金账户中存入一定资金，才能进行证券买卖委托。当投资者买入证券时，证券经纪商代为从账户中划出相应的资金与中央登记公司进行清算交割；而投资者卖出证券时，所得资金又由证券经纪商代为转入。投资者可以随时支取资金账户中的余额，也可随时增加资金。上海证券交易所在指定交易推行后不可同时在多处券商开户，转换券商时必须首先解除指定交易再重开资金账户，然后再申请设定指定交易。

（二）开户的主要内容及类型

我国的证券账户为个人账户和法人账户两种。目前国内证券交易账户大致有股票账户、债券账户及基金账户三类。股票账户是指投资者在证券交易所开设的具有买卖股票功能的专用账户。股票账户为证交所登记发放，不同的证交所不能通用，要在几个证交所从事交易，必须分别开户。股票账户可以从事证交所开办的大部分交易活动，除股票外，也可交易证券交易所挂牌的债券和基金等。根据股票交易和结算的币种不同，目前国内股票账户分为A股账户和B股账户，两者不可通用。债券账户是指专门从事债券交易活动的专用账户，可在券商处凭个人身份证开立，但只能用于债券交易，不得从事股票交易。基金账户是指专门从事投资基金交易而设立的专用账户，基金账户只对国内个人投资者开户，机构投资者不得介入，以保护中小投资者的利益。

资金账户可分为现金账户与保证金账户。现金账户是为以现货交易方式进行证券投资的客户开立的账户，投资者必须以现款在清算日结清买入证券的全部价款，而出售证券则必须在委托指令发出时即将所售证券冻结，待确定成交后即可在交割所售证券后划入全部券款。现金账户的投资者必须在交易前存入足额的资金，总资金不足，券商没有义务为其代垫差额。也有的券商要求投资者在现金账户中至少保留一定数额的余额作为交易保证金。保证金账户是为以保证金交易方式进行证券投资的客户开立的账户。我国目前只有期货交易才实行保证金账户制度，证券交易是不允许保证金交易的。故在证券交易中我国的资金账户实际上指的是现金账户。

我国《证券法》规定："证券公司客户的交易结算资金应当存放在商业银行，以每个客户的名义单独立户管理。"为此，证券行业全面推行第三方托管制度。第三方托管制度的核心内容是"券商托管证券、银行存管资金"。在客户的证券和资金管理严格分离的基础上，由证券公司负责客户证券交易以及根据交易所和登记结算公司的交易结算数据清算客户的资金和证券；由存管银行负责管理客户交易结算资金管理账号、客户交易结算资金汇总账户和交收账户，向客户提供交易结算资金存取服务，并为证券公司完成与登记结算公司和场外交收主体之间的法人资金结算交收服务的客户资金存管制度①。

在许多国家，开户指的就是客户为委托券商代为买卖证券而在其处开设的账户。账户的类型有：①现金账户。②保证金账户。从事保证金信用交易时，必须开立此种账户，该种账户的开户手续很严格，客户还需和券商签订保证金契约。③联合账户。它是夫妻或亲朋（两个或两个以上的人）共同开立的账户。⑤授权账户。它是为执行客户的授权委托而开立的账户。⑤信托账户。它是为解决客户未到法定年龄却持有证券这一事实而开立的账户，该账户的所有者是未成年人，但应以监护人的名义与券商往来。

① 中国证券业协会编：《证券交易》，中国财政经济出版社2007年版，第58页。

二、委托

投资者开户后，就可通过券商进行证券交易。委托是投资者将证券交易的具体要求告知券商，券商受理后代其进场申报，参加竞价成交的指令传递过程。证券经纪商通过代客买卖证券，从中收取佣金。

（一）委托形式

在我国，投资者为买卖证券而向券商发出的委托指令可以通过电话、网络或亲自前往等多种形式进行。其形式主要有：

1. 当面委托

当面委托一般是递单委托，由投资者填写委托单，携带身份证、股东账户卡与资金账户卡（即三证）等证件亲自到券商的营业部，在柜台直接向公司业务员递交，业务员经审核确认后签章接收，然后由公司报单员通过电话将指令转至场内代表（红马夹），由场内代表将指令输入证交所电脑主机，经撮合即可成交。当面委托是一种较为传统的委托方式，现已不多见。

2. 自助委托

自助委托是相对于柜台递单委托由投资者自己亲自操作输送委托指令的交易方式，现已被广泛采用，极大地方便了投资者。目前使用最普遍的自助委托方式有磁卡自助委托、电话委托和网上委托。

（1）磁卡自助委托是在证券公司大厅设置多台电脑终端装置与主机联网，投资者使用专用的磁卡在刷卡机上刷过即可进入委托状态，经输入个人密码，即可接通个人账户，然后根据屏幕菜单提示，输入相应的资料与数据，待确认后即可进入证券公司主机，然后由报单员向场内交易员报送，场内交易员输入交易所主机，完成整个委托过程。电脑终端还可显示证券交易的行情及盘内委托状况，对于投资者做出买卖判断有一定的帮助。采用磁卡委托的投资者必须到证券交易大厅才能使用自助终端。

（2）电话委托是利用电话专线，通过语音提示，指导投资者输入委托指令。电话委托的所有过程均由证券公司的电脑主机控制，绝对可靠，差错率极低。投资者只要拥有双音频电话即可由电话机的键盘输入指令，即使远在外地，也可用长途电话进行委托，方便程度相当高。但使用电话委托的投资者无法通过电话了解大盘现场走势。

（3）网上委托是指证券公司通过互联网，向在本机构开户的投资者提供用于下达证券交易指令、获取成交结果的一种服务方式。网上证券交易发展迅猛，证监会为此发布了《网上证券委托暂行管理办法》。网上委托通过互联网使投资者的电脑与券商的服务器连在一起，可以享受券商提供的各种信息服务，包括即时行情、走势分析、成交概况等即时资料，更重要的是，可以进行场外报单，使大户室开设在家。网上委托改变了券商竞争的业态，单纯的增加营业部已无必要。网上委托的成本是几种委托形式中最低的。

目前，沪、深证交所均已推广了场外报单方式（无形席位），证券公司的主机可以直接接驳证交所主机，投资者的委托指令只要证券公司的主机确认接收，不需要再经由报单员、场内交易员输入主机这一环节，而可直接进入证交所主机，场内交易员实际上成了象征性的。场外报单从接受委托到进场、成交、回报只要三秒钟即可，效率提高了几十倍，且差错率几乎为零。

3. 其他委托方式

比如电报、电传、信函等方式委托，现已不再采用。

(二) 委托的种类

1. 以委托数量为标准，可分为整数委托和零数委托

整数委托的数量是交易所规定的交易单位（股票为100股，称为“手”）或其整数倍。零数委托的数量则不足交易所规定的交易单位或不是其整数倍。在我国委托卖出可以是零数委托，但委托买入必须是整数委托。

2. 以交易性质为标准，可分为买入委托和卖出委托

3. 以委托的有效期长短为标准，可分为当日有效委托、当周有效委托、当月有效委托和撤销前有效委托

当日有效委托是指当日收盘时自动失效的委托。当周有效委托是指每周最后一个交易日收盘时自动失效的委托。当月有效委托是指每月末最后一个交易日收盘时自动失效的委托。撤销前有效委托是指若客户未通知撤销则始终有效的委托，该种委托券商出于谨慎的目的每隔一定期间应主动向客户核实委托的有效性。

4. 以委托的价格为标准，可分为市价委托和限价委托

市价委托（Market Order）是指客户委托券商按市场可能最佳价格为其立即成交。所谓的市场可能最佳价格是指在当时有效报价范围内，券商应尽其最大努力设法按买入报价为其买入客户成交，按卖出报价为其卖出客户成交，若情况实在不允许，则可以稍微提高买入价或稍微降低卖出价。限价委托（Limit Order）是指客户委托券商按其限定价格或按比其限定价格更好的价格为其完成委托。所谓较限定价格更好的价格，卖出委托系指较限定价格为高的价格，买入价格系指较限定价格为低的价格。我国目前只接受限价委托。

5. 特殊形式的委托

(1) 停止损失委托（Stop Loss Order）。它是指客户委托经纪人在股价上升至其指定价位或其限度以上时，或在股价跌落至其指定价位或其限度以下时，为其按照市价买入与卖出的委托。前者称为停止损失购买委托，后者称为停止损失出售委托。因此，停损卖出委托的指定价格必在委托时市场已成交价格水平之下，停损买入委托的指定价格必在委托时市场已成交价格水平之上，即停损委托的成交价格必为市场上证券的未来价格。停损委托与保证金信用交易的关系密切。

停止损失委托指令与限价指令的区别：①限价买入委托价格一般在当时的市场价格以下，限价卖出委托价格一般在当时的市场价格以上；而停止损失委托买入价格一般在当时的市场价格以上，停止损失委托卖出价格一般在当时的市场价格以下。②限价委托的实际执行价格必须等于或优于限价，而停止损失委托指令只规定指令在什么价位时开始执行，其实际执行价可能等于、也可能优于或劣于指定价格。

(2) 停止损失限价委托（Stop Loss Limit Order）。它同时采用停止损失和限价两种委托，其目的在于一方面获取停损委托的利益，另一方面则可事先确定按何种价格买入或卖出证券。这种委托在保证金信用交易中运用广泛，一般为保证金信用交易的空方采用。投资者实际发出两个指定价格——停止损失价格和限制性价格，如果证券市场价格达到或突破停止损失价格，限价指令便开始生效。这种指令既限定当证券价格到达什么价位时执行指令，又限定成交价格必须等于或优于指定价，这样投资者可预先限定成交价格变动范

围，克服停止损失指令执行价格不确定的缺点，更明确地保障既得利益或限制可能的损失。但这一委托也有缺点，如果经纪人无法在投资人指定的范围内执行委托指令，投资人的损失可能更为惨重。

(3) 授权委托。它是客户授权券商代为决定买卖的委托。可分为完全授权委托和限制授权委托两种。完全授权委托是指投资者全权委托券商买卖证券，对买卖证券的种类、数量、价格以及时间等方面都不加限制。限制授权委托是对买卖证券的种类、数量、价格以及时间中的某些做出限制的委托。

(4) 立即撤销委托。它是指券商必须按客户指定的价格立即成交，否则即告撤销的委托。

(5) 撤销委托。它是指客户对其券商发出的撤销前次委托的委托。我国一般习惯称为撤单。

上述委托中，除撤单外，我国目前均未采用。

三、竞价成交

(一) 竞价

在证券交易所内，证券买卖双方通过公开竞价方式成交。这种公开竞价的过程完全透明，在时间优先、价格优先的原则下，任何一家券商的客户委托都须经过这种方式申报，经各会员券商代表其客户公开出价，直到出现最合理的价格，否则竞价过程继续进行。竞价曾有过很多方式，目前证交所使用最普遍的是“集中申报，连续竞价”和“集合竞价”方式。

1. 集中申报，连续竞价

这是指在证券交易所的开市时间里，各会员券商分别代理其客户就某一证券进行集中的买入和卖出申报，只要出现买入价与卖出价一致的机会，即可成交一笔，然后竞价继续进行。这样连续不断地持续竞价，构成了连续市场。这种竞价具体又可分为“口头竞价”、“看板竞价”、“电脑竞价”等形式。在我国沪深交易所采用的是电脑竞价方式。电脑竞价是买卖双方将委托申报价格指令输入电脑终端，各券商的委托指令在进入证交所电脑主机时按时间顺序排列申报。电脑主机在接受委托申报后，即按券种分类，每种证券类别中则按价位排列，在数量合适时，相同价位即可成交。成交的委托当即可在席位终端上显示，剩余的未成交委托可继续参加竞价，直到由电脑撮合成交。电脑竞价由于信息处理量大，可以允许证券商在开市期间代理客户的任何有效申报，而不必做到“口头竞价”中对同一笔交易竞价买入申报必须高于前手、卖出申报必须低于前手的规则，客户则能在较大范围内自主决定委托价格，以确保成交。

2. 集合竞价

它是目前沪深股市产生开盘价格的方式。在股市开盘前，由券商将接受的客户开盘竞价指令统一输入电脑主机，其后由电脑进行撮合，当某一券种在某一价位上买卖数量相等时，则此价位即为开盘价，凡开盘申报的买入价高于集合竞价价格者，均可以此价格成交，低于此价格的买入者不得成交，但可参加正式开盘后的连续竞价；凡开盘申报的卖出价低于集合竞价价格者，均可以集合竞价价格成交，高于此价格的卖出者也不得成交，要参加正式开盘后的连续竞价。

(二) 证券成交

证券买卖双方通过券商的场内交易员分别出价委托，若买卖双方的价位与数量合适，交易即可达成，这个过程称为成交。券商以会员身份在证交所场内拥有一定的席位，各自代表其客户在场内申报、成交，其过程体现了公开、公平与公正的原则，证券的成交也就必须按一定规则进行，整个过程都是公开的，成交价格也是公平合理的。证券买卖的基本原则是价格优先与时间优先。在证券成交时，若买卖双方价位出现差异，但符合成交要求的，应以“主动买（卖）盘”确定成交价。

有的证券交易所还实行客户优先原则和数量优先原则。前者是指客户的申报比证券商自营买卖申报优先满足；后者是指申报买卖数量大的比数量小的优先满足。根据我国的交易规则，取得自营业务资格的证券公司，应当设专职管理人员和专用交易终端从事自营业务，从而防止了证券公司自营业务申报优先于客户申报的情况。

(三) 竞价结果

竞价的结果有三种可能，即全部成交、部分成交、不成交。委托买卖全部成交，证券经纪商应及时通知委托人在规定的时间内办理结算手续。委托买卖部分成交，经纪商可在委托有效期内继续执行委托，直至有效期结束。至委托有效期结束，委托指令仍不能成交，指令失效，经纪商应及时将冻结的资金或证券解冻。

四、清算交割与过户

证券成交后，买卖双方必须清算交割与过户手续。

(一) 清算与交割

清算是指证券买卖双方结清价款的过程。交割则是指买卖双方交付实际成交的证券的过程。证券的清算与交割通常在交易结束后办理。经过了清算与交割，证券交易的全过程就基本完成了。

1. 清算与交割的方法

(1) 实物交收。指成交双方在清算交割时当面点交证券实物。证券的卖出方必须按成交的数量付清成交的证券实物，而买入方则在点收实物后付清相应的价款，或者办理记名证券的背书转让。这是实物证券清算交割的一般方式。实物交收并不需要参加交易的客户亲自出面，只要双方的经纪人出面办理即可。在实行实物交收的证交所，客户的证券都托管在经纪人处，所有的清算交割工作都由经纪人代理。

(2) 无纸交收。在证券无纸化条件下，证券的交易过程中没有实物可供流通。每个客户都在中央登记清算公司辟有专门的数据库，记录其持券状况。证券交易成交后，交易双方无须交付实物券种，只要在双方的账户上作相应的增减即可，而价款也可直接在资金账户中划转。也有的交易所实行证券商托管制度，此时交割清算名义上只要各证券商与中央登记清算公司清算交收即可，然后再与各自的客户办理。我国沪深交易所采用的是无纸交收方式。

2. 清算交割的制度

目前，证券交易基本上采用二级交割清算方式，即中央登记清算公司与各券商实行一级交割清算，券商则再与投资者实行二级交割清算。这种交割形式便于进行集中清算。所谓集中清算交割是券商将每个交易日的净额（卖出证券后的应收价款与买入证券后的应付价款相抵后的净额）进行清算即可，而不必将买入与卖出的所有证券进行实际上的分别交收。这种制度大大简化了交割清算手续，提高了工作效率，使交易时间大大缩短。与此相对应的称为个别交割制度，即买卖双方必须面对面逐笔交割清算，费时费力，在大规模连续交易的今天，已经无法适应。集中交割由中央登记清算公司作为交割中介，大大提高了效率，使券商只要统一与登记公司进行交割清算即可，券商之间并不需要直接发生关系。在无纸化交易条件下，券商只要将证券与资金的收付净额与中央登记清算公司进行划转，并同时将证券与资金变动资料与证券交易所清算部门的数据库进行对接变更即可。

3. 清算交割的时间安排

即从交易日到交割、交收日的时间间隔，通常由交易所作出规定。主要有以下几种：

（1）当日交割、交收。证券买卖双方在证券交易达成后，于成交当日即进行证券的交割和价款的收付，即 T+0，从而完成结算手续。这种结算方式可缩短结算时间、有利于提高市场效率、防止发生结算风险，但也容易助长投机，并且需要完善的结算制度和高效的结算手段配合。最终实现 T+0 交割、交收是国际证券界倡导的方向。

（2）次日交割、交收。证券买卖双方在达成协议后，于下一个营业日进行证券的交割和价款的结算，完成结算手续。

（3）例行日交割、交收。证券买卖双方在达成交易后，按照证券交易所的规定，在成交后的某个营业日交割、交收。世界上大多数证券市场均采用这种方式，例如美国、日本、法国、加拿大、丹麦、瑞士、卢森堡等国采用 T+3 方式，韩国、巴西、墨西哥、中国香港、中国台湾采用 T+2 方式，英国采用 T+5 方式等。

我国的结算时间安排属例行日交割交收，具体时间由证券交易所规定。目前 A 股、基金、债券实行 T+1 交割、交收，B 股实行 T+3 交割、交收。

（4）特约日交割、交收。证券交易双方同意在达成交易后，由双方根据具体情况商定，在从成交日算起 15 天以内的某一特定契约日进行交割交收。这种方式是为了方便那些无法进行例行交割、交收的投资者（如异地投资者）而设立的。

（5）发行日交割、交收。证券买卖双方同意等新证券发行后再交割、交收的方式。这种方式适用于上市公司分割股份或增发新股时原股东在更换新股前卖出股票或在增发前卖出新股优先认购权。

（二）过户

清算交割后并不意味着证券交易程序的终结，对于记名证券来讲，必须进行过户。过户是指买入记名股票的投资者到证券发行机构或其指定代理机构办理变更股东名册记载事项的手续。股票是股东权力的体现，股份公司以股东名册为依据，进行股利分配及参与公司决策。投资者在买入股票时，必须办理过户的手续，才能保障其合法权益。在无纸化交易时，过户只存在形式上的意义，这一手续已在清算交割时由券商代为办理了，投资者不需要亲自去有关机构办理手续。

在公司分配股利或召开股东大会时，需要对股东名册进行重新清理，以免重复或遗漏，然后将核准无误的股东名册交付证交所。在无纸化交易时，每笔过户都是由电脑自动完成，故清理较为简便，除权的登记是以前一交易日收盘资料为准，清理完了后即可将股东名册磁盘交付证交所。传统的登记工作则需费一定时日，需要事先公告，冻结股东名册，期间不能办理任何过户手续，交易要受到一定影响。过户手续是股票交易的最后一个环节，办理结束后整个交易过程即告完成。

【专栏5-3】 纽约证券交易所

最早的证券所是1613年成立的荷兰阿姆斯特丹证券交易所。中国最早的是1905年设立的“上海众业公所”。建国后，一度取消证券交易。1990年至1991年，上海和深圳相继设立证券交易所。

纽约证券交易所（New York Stock Exchange—NYSE）是目前世界上规模最大的有价证券交易市场。在美国证券发行之初，尚无集中交易的证券交易所，证券交易大都在咖啡馆和拍卖行里进行。1792年5月17日，24名经纪人在纽约华尔街和威廉街的西北角一咖啡馆门前的梧桐树下签订了“梧桐树协定”，这是纽约交易所的前身。到了1817年，华尔街上的股票交易已十分活跃，于是市场参加者成立了“纽约证券和交易管理处”，一个集中的证券交易市场基本形成。1863年，管理处易名为纽约证券交易所，此名一直沿用至今。1865年交易所才拥有自己的大楼。坐落在纽约市华尔街11号的大楼是1903年启用的。到目前为止，它仍然是美国全国性的证券交易所中规模最大、最具代表性的证券交易所，也是世界上规模最大、组织最健全，设备最完善，管理最严密、对世界经济有着重大影响的证券交易所。交易所内设有主厅、蓝厅、“车房”等三个股票交易厅和一个债券交易厅，是证券经纪人聚集和互相交易的场所，共设有十六个交易亭，每个交易亭有十六至二十个交易柜台，均装备有现代化办公设备和通讯设施。交易所经营对象主要为股票，其次为各种国内外债券。除节假日外，交易时间每周五天，每天五小时。

自20世纪20年代起，纽约证交所一直是国际金融中心，这里股票行市的暴涨与暴跌，都会在其他国家的股票市场产生连锁反应，引起波动。现在它还是纽约市最受欢迎的旅游名胜之一。

本章小结

本章首先介绍了证券交易市场的基本理论和基本知识，并详细讲解了场内交易市场及场外交易市场，股票发行市场和债券发行市场，结合中国证券发行市场的实际，系统介绍了股票、债券的发行程序以及发行价格确定机制。

证券交易市场也称证券流通市场、二级市场、次级市场，是指对已经发行的证券进行买卖、转让和流通的市场。在二级市场上销售证券的收入属于出售证券的投资者，而不属于发行该证券的公司。证券交易市场由交易所开设的场内交易市场和由证券公司开设的场外交易市场构成。各类有价证券在二级市场上的顺利流通，有利于形成一个公平合理的价格，实现货币资本与证券资本的相互转换。

场内交易市场指由证券交易所组织的集中交易市场，有固定的交易场所和交易活动时间，在多数国家它还是全国唯一的证券交易场所，因此是全国最重要、最集中的证券交易市场。证券交易所接受和办理符合有关法令规定的证券上市买卖，投资者则通过证券商在证券交易所进行证券买卖。

场外交易市场指在交易所外由证券买卖双方当面议价成交的市场，交易的证券以不在交易所上市的证券为主，在某些情况下也对在证券交易所上市的证券进行场外交易。场外交易市场中的证券商兼具证券自营商和代理商的双重身份。作为自营商，他可以把自己持有的证券卖给顾客或者买进顾客的证券，赚取买卖价差；作为代理商，又可以客户代理人的身份向别的自营商买进卖出证券。近年来，国外一些场外交易市场发生很大变化，它们大量采用先进的电子化交易技术，使市场覆盖面更加广阔，市场效率有很大提高。

证券交易一般要经历开户、委托、竞价成交、清算交割与过户等程序。

关键概念

证券交易市场　证券交易所　场外交易市场　创业板市场　开户　委托　竞价成交　清算　过户

本章思考题

1. 证券交易市场的有哪些功能？
2. 简述公司制证券交易所的组织结构。
3. 简述会员制证券交易所的组织结构。
4. 场外交易市场有哪些类型？
5. 列举场外交易市场的交易对象。
6. 试述证券交易所与场外交易市场的区别。
7. 证券交易的一般程序是什么？
8. 创业板市场和主板市场的区别是什么？

第六章
证券价格的决定

本章学习重点

债券价格的决定；股票价格的决定。

第一节　债券价格的决定

证券实质上都是投资者与发行人之间签订的一种合同书。根据合同条款，投资者让渡一定量货币资金给发行人以获取对发行人未来预期收入的某种索取权。它们的价格究竟是什么决定的呢？这里我们对其进行探讨。

债券的投资者以某种价格买入一定量的债券，所获得的是债券发行人对未来特定时期内向投资者支付一定量的现金流量的承诺。因为债券付息还本的数额和时间通常是事先确定的，所以被称为固定收入（Fixed Incom）证券。然而，由于信用风险和通货膨胀的存在，债券约定本息的支付和约定支付金额的购买力，存在着某种程度的不确定性，这就给债券估价带来了一定的难度。

我们首先假定所研究债券的名义支付和实际支付的金额是确定的，从而使债券估价可以集中于时间的影响上。在这一假定的基础上，再考虑债券估价的其他因素。

一、证券定价的金融数学基础

对于任何一种金融工具进行分析时，都应当考虑到货币的时间价值。货币具有时间价值是因为使用货币按照某种利率进行投资的机会是有价值的。考虑货币的时间价值，主要有两种表达形式：终值与现值。

（一）终值

终值是指今天的一笔投资在未来某个时点上的价值。终值应采用复利来计算。我国居民储蓄还本付息时长期采用单利公式，不承认利息可产生利息，也就是不承认作为利息的货币与作为本金的货币一样具有时间价值。这种单利的计息方式在研究债券定价时是不足取的。

终值的计算公式为：

$$P_n = P_0 (1+r)^n \tag{6.1}$$

式中，n 为时期数，P_n 为从现在开始 P_0 个时期的未来价值，即终值，P_0 为初始的本金，r 为每个时期的利率，代数表达式 $(1+r)^n$ 表示今天投入一个单位货币，按照复合利率 r 在 n 个时期后的价值。

例如，每年支付一次利息的 5 年期国债，年利率为 8%，面值为 1000 元。那么这张债券 5 年后的终值应为 1469.3 元，即

$$P_5 = 1000\ (1+0.08)^5 = 1469.3\ (元)$$

公式（6.1）是复利计算的基本公式，是了解金融数学的关键。利率越高，复利计算的期数越多，一定量投资的未来值将越大，最初投资的未来值在此时间内增长越快。上例中，如果利息是每半年支付一次，那么，

$$r = 0.08 \div 2 = 0.04$$

$$n = 5 \times 2 = 10$$

$$P_{10} = 1000\ (1+0.04)^{10} = 1480.2$$

显然，利息每半年支付一次时的未来值较高。这是因为随着复利的计算过程延长，收取利息的本金将随时间的累进而扩大。

（二）现值

现值是终值计算的逆运算。金融决策在许多时候都需要在现在的货币和未来的货币之间作出选择，也就是将为了所获得的现金流量折现与现在的投资额相比较来测算赢输。现值的计算公式为：

$$P_0 = \frac{P_n}{(1+r)^n} \tag{6.2}$$

如果用 PV 表示现值来代替 P_0，公式（6.2）变形为：

$$PV = P_n \cdot \frac{1}{(1+r)^n} \tag{6.3}$$

计算现值的过程叫贴现，故现值也常被称为贴现值，其利率 r 则被称为贴现率，代数式 $1/(1+r)^n$ 被称为现值利息因素。

从公式（6.3）中可以看出，当贴现率提高，收取未来货币的机会成本提高，现值会下降；同样，收到货币的未来时间越远，它今天的价值就越小。

（三）一笔普通年金的现值

在了解了终值和现值的计算之后，再引入年金的概念。年金一般是指在一定期数的期限中，每期相等的一系列现金流量。比较常见的年金支付形式是支付发生在每期期末，这种年金被称为普通年金。

如果一位退休工人获得一笔每期 1000 元的 3 年期年金，每年都以 9%的年利率进行再投资，在第 3 年末，这笔年金将价值多少？

表 6-1 按年利率 9%复利计算 3 年期 1000 元年金的未来值

年	年金额×$(1+r)^n$	未来值
1	$1000\times(1+0.09)^2$	1188.10
2	$1000\times(1+0.09)$	1090.00
3	1000	1000.00
合计		3278.10

从表 6-1 中可以看出，求一笔年金的未来值，实际上是对一个等比数列求和。这样，一笔普通年金的未来值计算公式为：

$$P_n=\frac{A\left[(1+r)^n-1\right]}{r} \tag{6.4}$$

式中，A 为每期年金额，r 为再投资收益率，n 为从支付日到期末所余年数。

一笔年金的现值正好等于每一次个别支付的现值之和。所以，上面例子中 3 年期年金现值可以通过分别计算第 1 年、第 2 年、第 3 年末收到的 1000 元的现值之和得到。见表 6-2。

表 6-2 按 9%年贴现率计算 3 年期 1000 元年金的现值

年	年金额/$(1+r)^n$	现值
1	$1000/(1+0.09)$	917.40
2	$1000/(1+0.09)^2$	841.70
3	$1000/(1+0.09)^3$	772.20
合计		2531.30

一笔年金的现值是对一个未来价值序列的贴现，公式为：

$$PV=\sum_{t=1}^{n}\frac{P_t}{(1+r)^t} \tag{6.5}$$

再次运用等比数列求和公式，可得到求一笔普通年金的现值公式：

$$PV=\frac{A\left[1-\frac{1}{(1+r)^n}\right]}{r} \tag{6.6}$$

式中，A 为每期年金额，r 为贴现率，n 为从支付日距期初的年数。

(四) 终身年金的价值

终身年金（Perpetuity）是无截止期限的、每期相等的现金流量系列。可以将其理解为每年支付一次利息的、没有到期日的债券。在现实生活中，这种债券的典型例子是 British Consol，这是一种没有到期日的债券，英国政府对债券持有人负有永久性的支付固定利息的义务。终身年金的现值公式为：

$$PV=\sum_{t=1}^{\infty}\frac{A}{(1+r)^t}$$

$$PV=\frac{A}{r} \tag{6.7}$$

式中，A 为每年支付的年金额，r 为贴现率。

与终身年金非常类似的另一种金融工具是约定股息的优先股。例如，一个每年支付 6 元股息的优先股，当贴现率为 12%时，它的价值应等于 50 元。

虽然像优先股或者类似的终身年金在证券家族中只占很小的一部分，但它却为债券和股票的估价提供了一种有益的启示。对每年付息一次的债券而言，它与终身年金之间的相似之处在于提供了每期相同的现金流量，不同之处在于它有到期日，而普通股正好相反，它没有到期日，但每期提供的现金流量却是不同的。

二、债券的价值评估

（一）债券的价格决定的因素

任何一种金融工具的理论价值都等于这种金融工具能为投资者提供的未来现金流量的贴现。投资者购买债券的目的是为了获得未来的收益，即未来实现的现金收入流量大于今天投资的价值。债券在未来的待偿期限内以利息和偿还本金方式支付给投资者的现金流量之和是债券的未来价值，或称期值。一般情况下，债券的面值、票面利率和期限都是发行时确定的，所以，债券的未来价值通常是一个确定的量。为了获得某一确定的未来价值，投资者今天愿意投资的货币额，称为现值。债券的价格就是将未来的价值按一定条件折算成的现值。进一步说，任何金融工具的价格都等于来自这种金融工具预期现金流量的现值。

决定债券价格的因素是预期的现金流量（Cash Flow）、必要的到期收益率和债券的期限。

1. 预期的现金流量

债券与股票不同，它的预期现金流量一般是确定的，计算简单，但不同类型债券的现金流量并不相同。发达国家债券市场上典型的债券是息票债券，息票债券的现金收入流量是由在到期日之前的周期息票利息支付和到期票面价值两项构成。我国过去发行较多的一次还本付息债券的未来现金流量是债券按单利计算的到期本息和，可根据债券票面金额、票面利率和期限计算。无息票债券不进行任何周期性息票支付，而是将到期价值和购买价格之差额作为投资者得到的利息，它的现金流量即为债券的面值或到期价值。

2. 必要的到期收益率

必要或合理的到期收益率是指通过对市场上一些信用等级和偿还期限相同债券的收益率加以比较而确定的收益率，这一收益率是投资者在一定风险条件下对债券的期望收益率。在通常情况下，投资者在选购一种债券时，总是要将这种债券提供的收益与其他同类债券加以比较，他们要求这种债券的收益率至少不低于其他同类债券。如果这种债券的收益率低于其他同类债券，对它的需求就会减少，价格就会下降，由于得到价格让步，投资者的实际收益率可与市场上大多数同类债券持平；如果这种债券的收益率高于大多数其他同类债券，对他的需求就会增加并促使价格上升，由于价格的提高，投资者的实际收益率也将与市场上大多数同类债券持平。市场上绝大多数人能接受的必要收益率就是市场利率。债券价格就是在供求关系的作用下使某一具体债券的实际收益率不断趋近市场收益率的过程中形成的。在为债券定价时，通常以可比债券的必要收益率作为对债券未来现金流量予以贴现的贴现率。

3. 债券的期限

债券的期限是指债券自发行日或交易日起至到期日止的时间。就某个给定预期现金流量和必要收益率的债券而言，将来得到一定的未来值的时间越长，它的现值就越低。其原因是，得到某一给定未来值的时间越长，利息积累的机会就越多，因此，在今天投入的资金就越少。

（二）附息债券的价值评估

给一张债券定价，首先要确定它的现金流量。一种不可赎回债券的现金流量构成包括两部分：在到期日之前周期性的息票利息支付和票面到期价值。

在以下的债券定价计算中，我们先做三个假设：①息票支付每年进行一次；②下一次息票支付恰好是从现在起 12 个月之后收到；③债券期限内，息票利息是固定不变的。

在确定了一张债券能给投资者提供的现金流量分布之后，我们还需要在市场上寻找与目标债券具有相同或相似信贷质量及偿还期限的债券，以确定必要收益率或贴现率。给定了某种债券的现金流量和必要收益率，我们就可以以现金流量贴现的方式为一个债券估价。其公式为：

$$p=\frac{c}{1+r}+\frac{c}{(1+r)^2}+\cdots+\frac{c}{(1+r)^n}+\frac{M}{(1+r)^n} \tag{6.8}$$

显然，n 期的利息支付等于一笔 n 期年金，年金额等于面值乘以票面利息。利用年金现值公式简化公式（6.8），得到：

$$p=\frac{c}{r}-\frac{c}{r}\cdot\frac{c}{(1+r)^n}+\frac{M}{(1+r)^n} \tag{6.9}$$

假设某债券票面价值 1000 元、10 年期 10%息票，其必要收益率为 12%，则价值为多少？

在这个例子中，必要收益率高于发行人将要支付的利率，那么

$c=1000\times10\%=100$

$n=10$

$r=0.12$

$$p=\sum_{t=1}^{10}\frac{100}{(1+0.12)^t}+\frac{1000}{(1+0.12)^{10}}=100\times5.6502+1000\times0.332=887.02\text{（元）}$$

假设该债券的必要收益率 r 降到 8%时，此时 $C=1000\times10\%=100$，$n=10$，$r=0.08$，而 $P=1134.2$（元）。

假设必要收益率与票面利率相等时，$C=100$，$n=10$，$r=0.1$，而 $P=1000$（元）。

从这个例子中可以看出，当一张债券的必要收益率高于发行人将要支付的利率（票面利率），债券以低于面值贴水的价格交易。反之，如果必要收益率低于发行人将要支付的利率时，则以升水的价格交易；当必要收益率等于票面利率时，将以面值平价交易。

（三）一次性还本付息的债券定价

一次性还本付息的债券只有一次现金流动，也就是到期日的本息之和。所以，对于这样的债券只需要找到合适的贴现率，而后对债券终值贴现就可以了。一次性还本付息债券的定价公式为：

$$p=\frac{M\,(1+r)^{n}}{(1+k)^{m}} \tag{6.10}$$

式中，M 为面值，r 为票面利率，n 为从发行日至到期日的时期数，k 为该债券的贴现率，m 为从买入日至到期日的所余时期数。

（四）零息债券（贴现债券）的定价

零息债券不向投资者进行任何周期性的利息支付，而是把到期价值和购买价格之间的差额作为利息回报给投资者。投资者以相对于债券面值贴水的价格从发行人手中买入债券，持有到期后可以从发行人手中兑换相等于面值的货币。一张零息债券的现金流量相当于将附息票债券的每期利息流入替换为零。所以它的估值公式为：

$$p=\frac{M}{(1+k)^{m}} \tag{6.11}$$

式中，M 为面值，k 必要收益率，m 为从现在起至到期日所余周期数。

从上述我们可以归纳出影响债券价格变化的三个直接动因：

(1) 由于发行人信用等级发生了变化而债券的必要收益率发生变化，进而影响到债券价格。在其他条件不变的情况下，必要收益率的变动与债券价格变动呈反向关系。

(2) 必要收益率不变，只是由于债券日益接近到期日，会使原来以升水或贴水交易的债券价格日益接近于到期价值，即面值。以升水交易的债券价格下降，以贴水交易的债券价格上升。

(3) 与被定价债券具有相似特征的可比债券收益发生变化，也会迫使被定价债券的必要收益变化，进而影响债券价格。

三、收益率与利率的期限结构理论

在确定每一种无息票债券的价值时，都必须找到与其期限相同的无息票国债的即期利率（Stop Rate）作为贴现率的基础。

（一）收益率曲线

具有不同到期日国债的即期利率在大多数时期是不相等的，收益率曲线（Yield-Curves）是表明了国债的到期收益与其偿还期之间关系的曲线。一般来说收益率曲线有四种情况，分别是即期利率随着到期日 t 的延长而增加、减小、不变和降起，如图 6-1 所示。其中第一种情况是正常的，即期利率一般随着到期日 t 的延长而增加。

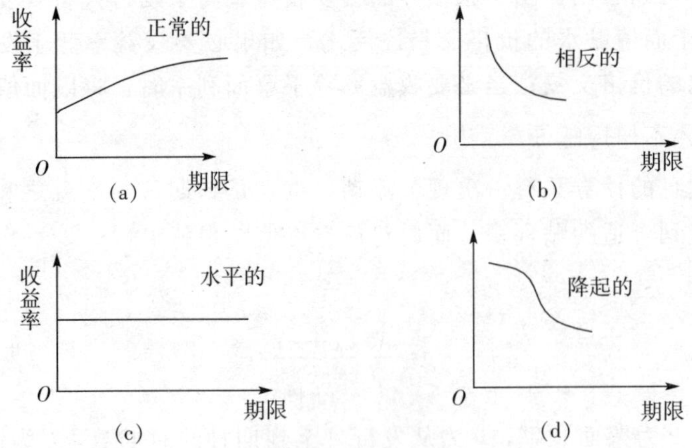

图 6-1 收益率曲线

国债的收益率作为其他债券收益标准的决定因素，其收益率曲线表明了国债的收益和偿还期之间的关系，所以对金融市场的各参与者都有重要作用。

（二）利率的期限结构理论

传统的利率期限结构理论主要集中于研究收益率曲线形状及其形成原因。历史上相关的三种理论引起了人们的注意，即预期理论、市场分割理论和流动性偏好理论。

1. 预期理论（The Expectations Theory）

市场预期理论是在市场预期影响期限结构形状的基础上发展而来的。市场预期会随着通货膨胀预期和实际利率预期的变化而变化。根据该理论，利率的期限结构完全取决于对未来利率的市场预期。长期债券利率等于人们预期在长期债券期限内将出现的短期利率的平均数。

所以，预期理论对期限不同的利率存在差异的解释是因为人们对短期利率有着不同的预期。这种理论的出发点是债券购买者在不同的债券之间没有偏好，因而期限不同的债券具有完全的替代性。该理论认为，短期利率现在的上升将提高人们对未来短期利率的预期，而长期利率等于预期未来短期利率的平均数，所以短期利率上升会提高长期利率，从而导致短期利率和长期利率一起波动。

而对未来即期利率预期的变化主要源自于人们对通货膨胀预期的变化，所以当较高的现行通货膨胀率造成短期利率过高时，人们对未来通货膨胀率的预期就会下降，利率的期限结构就会呈现下降的趋势。该理论解释了不同期限的债券利率在一段时间内为何会出现同方向波动，但解释不了收益率曲线通常向上倾斜的经验事实。这一现象为流动性偏好理论的产生建立了基础。

2. 市场分割理论（The Market Segmentation Theory）

市场分割理论认为长期债券市场与短期债券市场两者是彼此分割的，债券利率期限结构不取决于市场对未来短期利率的预期，而取决于长期债券市场各自的供求状况。长期与短期收益完全由各自分割的市场供给与需求决定。该理论指出了金融市场的独立性和不完全性对利率期限结构的影响。按照这种理论，呈上升趋势的利率期限结构是因为长期债券市场资金供需的均衡利率高于短期市场的均衡利率；反之，当短期均衡利率高于长期均衡利率时，利率期限结构就会呈下降趋势。但是，该理论的隐含假设，即投资者追求风险最小化意味着收益最低，这与投资者追求利润最大化的行为是相违背的，因为只要风险补偿能够抵消流动性风险，投资者还是会投资于长期债券。而且，随着金融市场的不断完善和创新，长短期资本市场的一体化趋势逐步加强，市场分割理论否认预期和流动性偏好对利率期限结构的影响是不正确的，它不能解释期限不同的债券收益率倾向于一起变动的经验事实，其有效性也得不到充分的论证。

3. 流动性偏好理论（The Liquidity Preference Theory）

流动性偏好理论认为，风险和预期是影响债券利率期限结构的两大因素，因为经济活动具有不确定性，对未来短期利率是不能完全预期的。到期期限越长，利率变动的可能性越大，利率风险就越大。投资者为了减少风险，偏好于流动性较好的短期债券。而对于流动性相对较差的长期债券，投资者要求给予流动性报酬（风险报酬）。流动性偏好理论被认为是纯预期理论和市场分割理论的融合和折中。根据历史数据显示，利率的变动显现出明显的周期性特征，一般周期性特征是上升时期所用时间和下降时期应基本相等。但实际情况是利率期限结构呈上升趋势的时间要多于下降趋势。流动性偏好理论可以很好的解释这个现象，根据这一理论，向上倾斜的收益率曲线更为普遍，只有当预期未来的短期利率下调，且下调幅度大于流动性报酬时，收益率曲线才向下倾斜。

四、影响债券价格的主要因素

债券的理论价格由债券的内在价值即现值所决定，但债券的市场价格又经常背离它的理论价格而不断变化。引起债券价格变化的因素很多，主要因素是市场利率和债券的供求关系。

1. 市场利率

债券的市场价格和市场利率呈反方向变动，若市场利率上升，超过债券票面利率，债券持有人将以较低价格出售债券，将资金转向其他收益率较高的金融资产，从而引起债券的需求减少，价格下降；反之，若市场利率下降，债券利率相对较高，则资金流向债券市场，引起债券价格上升。

2. 债券市场的供求关系

债券市场的供求关系直接影响债券价格的变化。债券市场的供求关系取决于社会资金的松紧和受其他金融资产收益水平的影响。通常，社会资金宽松，债券价格呈上升趋势；反之，则下降。其他金融资产收益水平高，会吸引社会资金流出债券市场，债券价格水平下降；反之，则上升。

3. 社会经济发展状况

债券价格会伴随社会经济发展的不同阶段而波动。在经济景气阶段，企业会增加投资，从而增加对资金的需求。因此对债券的需求减少，而供应增加，这样必然使债券价格下降；相反在经济衰退阶段，对债券的需求增加，供给减少，债券价格上升。

4. 财政收支状况

财政收支状况对债券价格也有重大影响，当财政资金紧张并有赤字时，财政会减少结余或减少各项支出，或发行政府债券以弥补财政赤字，这样会带来整个社会资金紧张并大量增加债券供应，从而促使债券价格下降；反之，则债券价格上升。

5. 货币政策

中央银行得货币政策会对金融市场产生巨大影响，影响债券价格的变化。当实施紧缩货币政策时，市场上流动性减少，从而减少债券需求，债券价格下降；反之，则上升。

6. 国际间利差和汇率的影响

对于开放型的金融市场来说，本国货币以及外国货币间的汇率变化以及国内市场与国外市场利率的变化也是影响债券价格的重要因素。当本国货币升值时，国外资金会流入本国市场，从而增加对本币债券的需求；当本国货币贬值时，国内资金又会转移到国外而减少对本币债券的投资。同样，投资者也会对本国市场利率与外国市场利率加以比较，资金会流向利率高的国家或地区，导致国内债券市场供求的变化。投资者在因汇率或国际利差而进行债券投资转移时，必须将这两个因素结合起来考虑，并对比二者的损益，才能作出正确的投资抉择。而投资者因汇率或利差在国际间进行债券投资转移时，又终将会使国际之间汇率和利差趋于均衡，导致无利可图。

五、债券价格波动的特征

1. 债券价格与到期收益率的关系

债券价格变动最基本的特征是债券的市场价格与到期收益率呈反方向变动关系，原因是债券价格是现金流量的现值。当到期收益率上升时，现金流量的现值下降，债券价格也随之下降；反之，当到期收益率下降时，债券价格上升。债券收益率和价格的反方向变动关系并非线性关系，而是一种非线性关系的凸性曲线。这一特征还表现为，给定收益率变动，当市场收益率水平较低时，债券价格变动幅度较大；市场收益率水平较高时，债券价格变动幅度较小。

2. 必要收益率不变的条件下，债券价格与期限的关系

如果债券的收益率在整个有效期内不变，则折价或溢价的大小将随到期日的临近而逐渐减少，直至到期日时价格等于债券面额。平价发行的债券，由于票面利率等于必要收益率，债券价格始终不变；溢价发行的债券随着到期日临近，债券价格不断下降；折价发行的债券，随着到期日临近，债券价格不断上升。当债券接近到期日时，债券价格趋近债券的票面价值。债券价格的变化速度随着到期日的接近而逐渐减少，直至趋近于零。这一特征也可理解为，若两种债券的其他条件相同，当必要收益率变动时，则期限较长的债券折价或溢价较大，债券价格对市场利率变化较敏感，一旦市场利率有所变化，长期债券价格变动幅度大，潜在的收益和风险较大。

3. 票面利率、到期收益率和债券价格的关系

（1）必要收益率变化条件下，债券票面利率和价格的关系。当市场收益率变化时，针对变化了的必要收益率，债券价格是对投资者进行补偿的唯一可变的量。当必要收益率等于票面利率时，债券价格等于债券票面价值，称为债券平价；当必要收益率高于票面利率时，债券价格下降，低于票面价值，称为债券折价；当必要收益率低于票面利率时，债券价格上升，高于票面价值，称为债券溢价。

（2）必要收益率变动条件下，债券价格变动的特征。当必要收益率变动时，债券价格发生反方向变动，但不同情况下债券价格的反应是不相同的。在收益率变动幅度很小的情况下债券价格变动的幅度是对称的，即当收益率下降和上升相同幅度时，债券价格上升和

下降的幅度是相同的。在收益率变化幅度较大的情况下，债券价格的变动是非对称的。此时，在收益率等幅变动的条件下，债券价格上升幅度要超过价格下跌的幅度，这说明债券价格对市场利率下降的敏感度比利率上升更大。这一特点是由债券收益率曲线的凸性决定的，凸性越大，债券价格上升和下降间的差距越大。

在给定必要收益率变动幅度的条件下，债券的息票利率越高，由收益率变化引起的债券价格变动的幅度越小；债券的息票利率越低，其价格变动的幅度越大，即对市场利率变化越敏感。

第二节　股票价格的决定

股票的投资者与债券的投资者一样，同样期望用现实消费的节约投资于股票去换取未来更大的消费量，因而股票现实价格的决定也是基于一系列未来现金流量的现值。这一系列未来现金流量包括股利现金流量加上（或减去）股票买卖价差的收益（或损失）。为简化起见，我们首先考虑无限期持股状态下（即不存在买卖价差的情况），股票是如何估价的。在无限期持股状态下，股票能给持股者带来的现金流量与终身年金相似，每期期末都有一定量的股利流入。它们之间的区别在于后者每期的股利量是不确定的。

遵循理论研究从简单到复杂的逻辑规律，我们首先设定一系列的假设条件，从股票价值估计模型中抽象出最简单的形式，而后逐步释放，直至价值估计模型能达到对现实股利变化的仿真模拟。

一、零息增长条件下的股利贴现估价模型

设定了无限持股条件后，股利是投资者所能获取的唯一现金流量。在下面的各种估价模型中，我们将运用收入的资本化方法来确定普通股的内在价值。通过这种收入资本化方法所建立的模型被称为股利贴现模型（Dividend Discount Model，简称 DDM）。其一般形式是：

$$V=\frac{D_1}{(1+k)^1}+\frac{D_2}{(1+k)^2}+\frac{D_3}{(1+k)^3}+\cdots=\sum_{t=1}^{\infty}\frac{D_t}{(1+k)^t} \tag{6.12}$$

零增长模型（Zero Growth Model）是最为简化的 DDMs，它假定每期期末支付的股利的增长率为零。其公式为：

$$D_t=D_{t-1}\ (1+0\%)$$

在零增长的假设下，如果已知去年某只股票支付的股利为 D_0，那么今年以及未来所有年份将要收到的股利也都等于 D_0，即

$$D_0=D_1=D_2=\cdots$$

很显然，此状态下的股票为投资者提供的未来现金流量等于一笔终身年金。利用公式（6.7）可知：

$$V=\sum_{t=1}^{\infty}\frac{D_0}{(1+k)^t}$$

$$V=\frac{D_0}{k} \tag{6.13}$$

假定长虹公司在未来无限期内，每股固定支付 1.5 元股利。公司必要收益率为 8%，由公式（6.13）可知，长虹公司每股价值为 18.75 元（即 1.5/0.08）。如果长虹公司的股票在二级市场的交易价为 14.25 元，可认为公司股票价格被低估，低估值为 4.5 元（即 18.75－14.25）。因此，应该买入此股票。

1. 净现值

站在当期的时点上运用 DDM 估股价股票所得出的内在价值（V），一般情况下与此股票现实的交易价格是不相等的。内在价值与成交价格之间的差额被称为净现值（Net Present Value，简称 NPV），即

$$\mathrm{NPV}=V-P$$

当 NPV 为正时，如上例的情况中，NPV 等于 4.5 元（即 18.75－14.25），被分析的目标金融资产的价格被市场低估，分析师将建议投资者买入；反之，应建议投资者卖出。正值的 NPV 是价值派的投资者作决策的重要依据之一。

2. 内部收益率

内部收益率（Internal Rate of Return，简称 IRR）是使净现值等于零贴现率，即运用内部收益率作为贴现率进行贴现时，$V=P$ 成立。在上例中，令内部收益率为 k^*，则有

$$\frac{D_0}{k^*}=14.25$$

$$k^*=1.5/14.25=10.53\%$$

对比内部收益率与长虹公司的必要收益率，可见 $k^*>k$，此情况下，买入决策可行；出现相反的情况时，卖出决策可行。零息增长模型在现实中应用范围是有限的，主要原因在于无限期支付固定股利的假设过于苛刻。公式（6.13）常用于对优先股的估值，因为优先股的股息支付是事前约定的，一般不受公司收益变化的影响。

二、不变增长条件下的股利贴现估价模型

投资者买入一只股票时，至少是期望股利支付金额应该是不断增长的。释放每期股利固定不变的假设条件，假定股利每期按一个不变的增长比率 g 增长，我们将得到不变增长模型（Constant Growth Model）。在不变增长假设状态下各期股利的一般形式为：

$$D_t=D_{t-1}(1+g)=D_0(1+g)^t$$

将其代入公式（6.12），可得：

$$V=\sum_{t=1}^{\infty}\frac{D_0(1+g)}{(1+k)^t} \tag{6.14}$$

因为 D_0 是常量，假定 $k>g$ 时对公式（6.14）的右半边求极限，可得：

$$V=D_0\frac{1+g}{k-g}=\frac{D_1}{k-g} \tag{6.15}$$

假定同方公司去年每股支付股利为 0.5 元，预计未来的无限期限内，每股股利支付额将以每年 10% 的比率增长，同方公司的必要收益率为 12%。根据公式（6.15），同方公司每股价值为：

$$V=0.5\ (1+0.1)\ /\ (0.12-0.1)\ =27.5\ (\text{元})$$

如果此时同方股票的交易价格正好等于 27.5 元，说明其净现值等于零。进一步可推论出其内部收益率等于公司的必要收益率。根据股利贴现公式，当 $k^*=k$ 时，股票定价是合适的。如果市场投资者都用公式（6.15）及上例中的假设条件来对同方公司估值，那么 27.5 元将成为均衡价格。

公式（6.15）有一个重要的假设就是 $k>g$。显然，当 $k=g$ 或 $k>g$ 时，股票价值将出现无穷大或负值的情况，这是不符合现实的。不变增长条件下要求 $k>g$，实际上是认为当股利处于不变增长状态时，增长率是小于贴现率的，也就是要求在未来每个时期股利的现值是个收敛的过程。这种假设在一个相当长的时间区域内，就行业整体水平而言，是符合现实情况的。但单就某个特定企业，在特定时段上并不一定严格遵守这一假设，短期内，g 是可以等于甚至大于 k 的。比如国外公司中的微软、伯克希尔·哈撒韦等公司都在 20 年甚至更长的时期中实现了 g 大于 k；中国上市公司中也有四川长虹和深发展等在一定时期内 g 是大于 k 的。要对此类的公司进行估值必须进一步释放限制条件。

三、多元增长条件下的股利贴现估价模型

多元增长条件下，释放了股利将按不变比例 g 增长的假设以及 $k>g$ 的限制。在多元增长模型（Multiple Growth Model）中，股利在某一特定时期内，即从现在到 T 时期内，没有特定的模式可以观测或者说其变动比率是需要逐年预测的，并不遵循严格的等比关系。过了这一特定时期后，股利的变动将遵循不变增长的原则。这样，股利现金流量就被分为两个部分。第一部分包括了直到时间 T 的所有预期股利流量现值，用 $T-$ 表示。

$$V_{T-}=\sum_{t=1}^{T}\frac{D_t}{(1+k)^t}$$

第二部分是 T 时期以后所有股利流量的现值，因为设定这部分股利变动遵循不变增长原则，用 D_T 代替 D_0 代入公式（6.15），得：

$$V_T=\frac{D_{T+1}}{k-g}$$

需注意的是，V_T 得到的现值仅是 $t=T$ 时点上的现值，要得到 $t=0$ 时间的现值（表现为 V_{T+}），还需要对 V_T 进一步贴现。

$$V_{T+}=\frac{V_T}{(1+k)^T}=\frac{D_{T+1}}{(k-g)\ (1+k)^T}$$

将两部分现金流量现值加总，可以获得多元增长条件下的估值公式，即：

$$V=V_{T-}+V_{T+}=\sum_{t=1}^{T}\frac{D_t}{(1+k)^t}+\frac{D_{T+1}}{(k-g)\ (1+k)^T} \tag{6.16}$$

公式（6.16）比较符合现实世界的企业实际成长状况。而且，根据现值的加速衰减规律，当 $k>15\%$ 且 $T>10$ 时，V_{T+} 在 V 中所占比重一般不超过 1/4。所以，当我们明确预测了 8 年到 10 年的股利贴现值而后再对 T 时期之后的股利流量做出不变增长的假设，不会对 V 造成过大的影响。

假定燕京公司上一年支付的每股股利为 0.45 元，本年预期每股支付 0.1 元股利，第 2 年支付 0.9 元，第 3 年支付 0.6 元，从第 4 年之后（为简化起见，T 只取到 3）股利每年以 8%的速度增长，给定燕京公司的必要收益率为 11%，请给该公司估值。

该公司的每股价值 V 由 V_{T-} 和 V_{T+} 两部分组成，即：

$$V_{T-}=\frac{0.1}{(1+0.11)}+\frac{0.9}{(1+0.11)^2}+\frac{0.6}{(1+0.11)^3}=1.259\text{（元）}$$

$$V_{T+}=\frac{0.6\ (1+0.08)}{(0.11-0.08)\ (1+0.11)^3}=15.794\text{（元）}$$

$$V=V_{T-}+V_{T+}=1.259+15.794=17.053\text{（元）}$$

对于多元增长模型公式（6.16），我们用 P 代替 V，用 k^* 代替 k 之后，仍然不能单独将 k^* 提到等式左边，这说明计算多元增长模型下股票的内部收益率时，只能采用试错的方法，不断选试 k^*，直到找到能使等式两边相等的 k^* 作为必要收益率。

从零息增长模型到多元增长模型是一个不断释放限制条件的过程。公式（6.16）已经比较贴近现实，但它的繁琐之处在于必须逐一估计 V_{T-} 时段内每年的现金流量，实际研究过程中，证券分析师有时使用二元或三元模型作为对多元增长模型的简化。

1. 二元模型和三元模型

多元增长模型假定投资者买入后不再卖出，或者说持股期间是无限的。这类模型需要逐一预测 V_{T-} 时期的股息现金流量，工作量较大。通常，分析师运用二元或三元模型来简化。二元模型假定在时间 T 之前，企业的不变增长速度为 g_1，T 之后的另一个不变增长速度为 g_2，如图 6-2（a）所示。三元模型假定在 T_1 之前，不变增长速度为 g_1，T_1 到 T_2 时期有一个递减的增长速度为 g_2，T_2 之后不变增长速度为 g_3。分别计算这两部分或三部分股利的现值之和可得出目标股票的价值，如图 6-2（b）所示。二元模型和三元模型实际上是多元增长模型的特例。

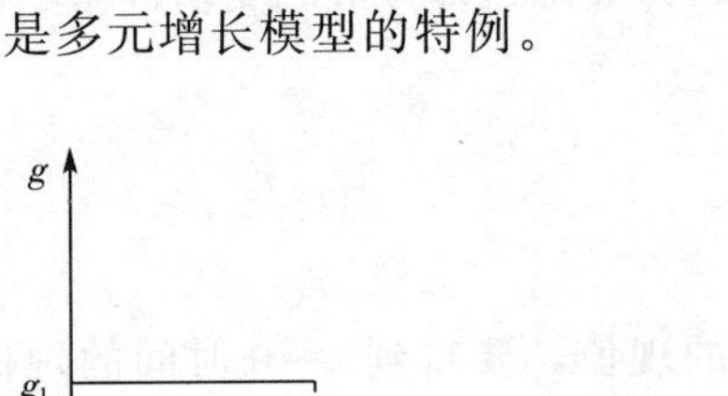

图 6-2（a）　二元增长模型

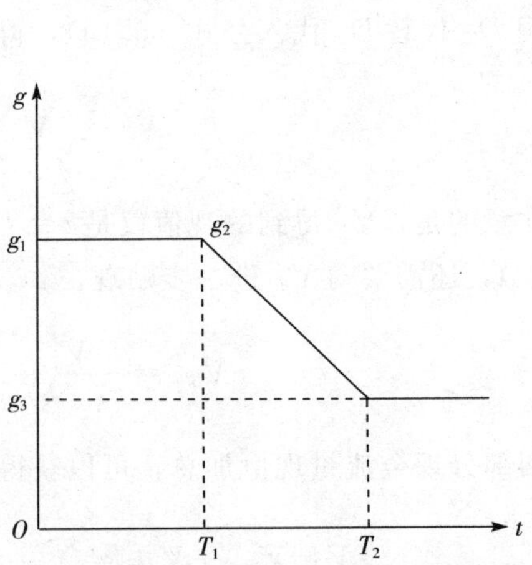

图 6-2（b）　三元增长模型

2. 有限持股状态下的价值评估

在现实中，很少有投资者能够做到无限持股。释放无限持股的假设前提，投资者可选择在任意 T 时点以 P_T 的价格卖出股票，这一行为对股票价值贴现公式的计算结果有何影响。

在有限持股状态下，投资者获得的现金流量包括 t 之前的 $\sum D_t$ 和 t 之后出售股票得到的总价 P_T，所以根据股利贴现模型：

$$V=\sum_{t=1}^{T}\frac{D_t}{(1+k)^t}+\frac{P_T}{(1+k)^T} \tag{6.17}$$

P_T 在 T 时间的预期价格就等于 $T+1$ 时期开始的股利贴现值，即：

$$P_T=\sum_{t=T}^{T+1}\frac{D_t}{(1+k)^t} \tag{6.18}$$

将公式（6.18）代入公式（6.17），得：

$$V=\sum_{t=1}^{T}\frac{D_t}{(1+k)^t}+\sum_{t=T+1}^{\infty}\frac{D_t}{(1+k)^t}=\sum_{t=1}^{\infty}\frac{D_t}{(1+k)^t} \tag{6.19}$$

可见，公式（6.19）的结果与公式（6.12）是完全一致的。据此，我们得出结论如下：在基于股利贴现的估价模型中，投资者持股期限的长短不影响股票价值。

3. 股利和收益

作为权益证券的股票向投资者支付股利（D）的长期资金来源于每股收益（E），收益的增长是股利增长的源泉。收益中用于支付股利的份额被称为红利付出比（D/E）；相对的概念是收益中留存在企业内部用于扩大再生产资金的部分，这部分被称为红利留存比（$1-D/E$）。公司股利政策的主要内容就是决定收益中有多大部分应作为股利付出，多大部分应该留下来。

事实上，各国的股票市场都有许多上市公司在相当长的时期内不向投资者支付现金股利。这些公司的股利政策倾向于最大限度地将资金留在企业内部，以减少外源融资的数量。股利政策的变化必然会影响投资者在不同时期内获得的现金流量分布，会不会进一步影响股票的内在价值呢？

这一问题在投资学界有过长时间的争论。直到 1958 年默顿·米勒（M. H. Miller）和弗朗哥·莫迪利亚尼（F. Modigliani）发表了《资本成本、公司财务和投资理论》一文后，才有了比较公认的结论。他们在文章中指出，普通股的价值来源于收益而非股利，在没有纳税、交易成本或其他的市场不完善条件下，股利政策对股东在公司中投入的资本价值不发生影响。他们认为，公司的股权价值只与公司未来收益和产生这些收益所需要追加的必要投资相关，公司股价总额应等于每年的预期收入减去必要投资之后的现值之和。

股票价值与股利政策不相关的结论与前面的股利贴现估价模型之间是不矛盾的。股利贴现估价模型认为，每股普通股的价值都等于未来所有预期股利现金流量现值之和。股利政策与市场价值不相关结论是说明如果公司决定提高当期股利的水平，就会降低公司为产出未来收益而追加投资的能力，因此公司就必须通过发行新的股份或承担更多的债务以取得资金。发行新股意味着未来的股利总额要在数量已经增加了的股份中进行分配，每股股利收入就会减少；承担债务意味着在未来的自由现金流量中要优先偿付债权人的本息，可分配的股利总额就会减少。无论在哪种情况下，股利政策的变动都只能影响未来预期股利的现金流量现值分布，而不能改变现金流量现值总合，进而也不可能改变利用股利贴现估价模型计算出来的股权价值。

假设大唐公司当期净利润为500万元，年内计划总投资为300万元。公司采用A种股利政策，总计支付股利200万元，则拥有该公司1%股权的股东，将获得的股利总额为2万元。

公司采用B种股利政策，计划支付股利300万元，该股东将获得的股利总额为3万元。为了保证投资计划的资金，公司不得不出售100万元的新普通股来筹集资金。该股东要保持其1%的股权不被摊薄就必须拿出1万元用于购买1%的新发股份，结果其净现金流入余额仍然为2万元。

公司采用C中股利政策，支付股利为100万元，该股东将获得股利总额为1万元。公司将出现100万元多余的自由现金流量，如果用于回购发行在外的普通股，该股东出售1万元的股票仍然能维持1%的持股地位不变，结果现金流入总额仍为2万元。

可见，在上述三种股利政策下，股东获得的现金流量总额是不变的，因此在理论状态下，利用股利贴现估价模型计算出来的股权价值也不会发生变化。

四、股票市场价格计算方法——市盈率估价方法

市盈率，又称价格收益比率，它是每股价格与每股收益之间的比率，其计算公式为：

$$\text{市盈率}=\frac{\text{每股价格}}{\text{每股收益}}$$

$$\text{每股价格}=\text{市盈率}\times\text{每股收益}$$

我们可以通过分别估计出股票的市盈率和每股收益，来间接的估计出股票价格。这种评价股票价格的方法，就是市盈率估价方法。

1. 简单估计法

所谓简单估计法，即对评估公司处于同一行业、同等规模、竞争地位相当的公司，取其每股市价和每股收益，计算出其市盈率，直接或乘以某一折扣率，运用到评估公司。

2. 回归分析法

回归分析法即运用评估公司过去的市盈率指标或同行业各类公司的市盈率指标，通过市盈率和公司发展阶段或公司规模之间的关系，建立回归方程，计算出评估公司当前适当的市盈率水平，用于公司股票价格评估。

3. 现金流贴现法与市盈率估价法的区别

（1）现金流贴现法最精确地揭示出企业价值，但是，如何选择适当的企业现金流却很困难。通常我们选用红利或者经营现金流量，但是如何准确地预测企业未来的现金流水平，即预测企业现金流增长率很困难。此外，如何选择合适的折现率也是影响现金流贴现方法精确性的主要问题。因此运用现金流贴现法很可能计算出和公司目前股票价格相差较大的公司内在价值。

（2）和现金流贴现法相比，市盈率估价法的一个优点是它解释了市场是如何评价公司

价值的。我们可以在几个层面上计算市盈率，整个市场的市盈率水平、行业市盈率水平和个别公司市盈率水平。因此计算出的公司市盈率水平有一系统数据可以对比。但是，一旦整个市场或者某个行业出现较大波动时，则参照市盈率水平可能会误导公司价值评估。

五、股票价格的影响因素

股票的市场价格在不断地变动之中，在自由竞价的股票市场中，股票的变动具有极高的灵敏性。引起股票价格变动的直接原因是供求关系的变化，在供求关系的背后还有一系列更深层次的原因。除股份公司本身的经营状况以外，任何政治、经济、财政、金融、贸易、外交、军事、社会的变动都会影响股市上的供求关系进而影响股票价格的涨跌。在影响股票价格的诸多因素中，有的是影响股市长期发展的基本因素，有的只是影响股价短期波动的暂时因素，有的因素对股价的影响长久而深远，有的则直接而短暂。因此，在具体分析股票价格变动趋势时，既要作全面考虑，又要适时地突出重点。

（一）公司经营状况

股份公司的经营状况是股票价格的基石。从理论上分析，公司经营状况与股票价格成正比，公司经营状况好，股价上升；反之，股价下跌。公司经营状况好坏，可以从以下各方面来分析：

1. 公司资产净值和净资产收益率

资产净值（Net Value）或称净资产是公司拥有的实际资产的价值，是总资产减去总负债的净值。资产净值是全体股东的权益，也是决定股票变动的重要基准。公司开创后，经过一段时间的营运，其资产净值必然有所变动，如增发股票、资产的增值、留存盈余的提取等都会使公司净值增加，而经营亏损、灾害损失又会使公司净值减少。股票作为投资的凭证，每一股代表一定数量的净值，股价应与每股净资产保持正相关关系，即净值增加，股价上涨；净值减少，股价下跌。净资产收益率反映股东投资所产生的相对收益，净资产收益率上升，股价上涨；净资产收益率下降，股价下跌。

2. 盈利水平

公司的盈利水平是影响股票价格的基本因素之一，公司业绩好坏集中表现于盈利水平的高低。在一般情况下，公司盈利增加，股息也会相应增加，股票的市场价格上涨；公司盈利减少，股息相应减少，股票市场价格下降。但值得注意的是，股票价格的涨跌和公司盈利的变化并不是同时发生的，通常股价的变化要先于盈利的变化，股价的变化幅度也要大于盈利的变化幅度。这是因为投资于股票是着眼于未来，投资者是在对公司未来业绩预期的基础上作出决策的，公司是盈是亏，早在未进行年报披露前已有征兆显示，关心公司业绩的投资者往往提前采取行动，并带动其他投资者，引起股票价格变化。

3. 公司的派息政策

股份公司的派息政策（Dividend Policy）直接影响股票价格。股息与股票价格成正比，通常股息高，股价涨；股息低，股价跌。股息来自公司的税后盈利，公司盈利的增加只为股息派发提供了可能，并非盈利增加股息一定增加。公司为了把盈利合理地运用到扩大经营规模和回报股东支付股息等用途，会制定一定的派息政策。派息政策体现了公司的经营作风和发展潜力，不同的派息政策对各期股息收入有不同影响。如有的公司采取固定股息政策，用“以丰补歉”的办法，每年派发一定数额股息，以减少经济周期波动等因素对股息收入的影响；有的公司则随当年盈亏实绩派发股息；有的公司将大部分盈利提留为公积金用于扩大再生产，股东当前的收入减少但未来收入将增加；有的公司则将大部分盈利用于派发股息以吸引投资者。此外，公司对股息的派发方式（如派发现金股息，还是派送股票股息或是在送股的同时再派发现金股息）也会给股价波动带来影响。投资股票的目的之一是要领取股息，因此每年在公司公布分配方案到除息除权前后是股价波动最大的时候。

4. 股票分割

股票分割（Stock Split）又称拆股、拆细，是将一股股票均等地拆成若干股。股票分割一般在年度决算月份进行，通常会刺激股价上涨。股票分割给投资者带来的不是现实的利益，因为股票分割后投资者的持股比例和以前一样，得到的股息也相同。股票分割会增强股票的流动性，而且投资者持有的股票数量增加了，带来了今后可多分股息和更高收益的预期，因此股票分割往往比增加股息派发对股价上涨的刺激作用更大。

5. 增资和减资

公司因业务发展需要增加资本额而发行新股，在没有产生相应效益前将使每股净利下降，因而会促使股价下跌。但增资对不同公司股票价格的影响不尽相同，对那些业绩优良、财务结构健全、具有发展潜力的公司而言，增资意味着增加公司经营实力，会给股东带来更多回报，股价不仅不会下跌，可能还会上涨。公司减资表现为股本减少、总资产减少，以股份回购为主要手段。公司通过减资可以实现调整股权结构、资产负债率、净资产收益率的目的，有时还可以作为反收购的工具。减资目的不同，对股价的影响不同。如果公司为清晰主营业务、处理闲置资产而减资，则会提高公司竞争力，有利于股票价格上升；如果公司减资是因为经营不善、亏损严重、需要重新整顿，则股价会大幅下降。

6. 主营业务收入

公司的盈利来自主营业务收入，主营业务收入增加，说明公司销售能力增加，利润有可能增加，股价随之上涨。所以有的投资者在年初就注意公司签订的生产合同或销售合同，分析公司的生产任务是否饱和，推测销售额大小。值得注意的是，主营业务收入增加并不意味着利润一定增加，还要分析成本、费用和负债状况。另外，股价的变动一般也先于销售额变动。

7. 原材料供应及价格变化

原材料是公司成本的重要项目，原材料供应情况及价格变化也会影响股价的变动，特别是所需原材料是稀缺资源或是依赖国外进口的公司，对股价影响更大，如石油价格的上涨会立即引起世界各石油进口国股价迅速下跌。

8. 主要经营者更替

公司主要经营管理者的更换会改变公司的经营方针、管理水平、财务状况和盈利水平，一个锐意进取、管理有方的经营者可能使一个濒临破产的公司起死回生，一个因循守旧、不谙管理的经营者也可能会使有过辉煌业绩的公司江河日下。因此，公司主要经营者更换会引起投资者的猜测，改变对公司的信任程度，从而引起股价涨跌。

9. 公司改组或合并

公司合并有多种情况，有的是为了扩大规模，增强竞争能力而相互合并，有的是为了消灭竞争对手，有的是为了控股，也有的是为操纵市场而进行恶意兼并。

公司合并会引起股价剧烈波动，但要分析公司合并对公司是否有利，合并后是否会改善公司的经营状况，这是决定股价变动方向的决定因素。

10. 意外灾害

因发生不可预料和不可抵抗的自然灾害或不幸事件，给公司带来重大的财产损失而又得不到相应补偿，股价会下跌。

（二）宏观经济因素

宏观经济发展水平和状况是股票市场的背景和后盾，也是影响股票价格的重要因素。宏观经济影响股票价格的特点是波及范围广、干扰程度深、作用机制复杂和股价波动幅度较大。

1. 经济增长（Economic Growth）

一个国家或地区的社会经济是否能持续稳定地保持一定发展速度，是影响股票价格能否稳定上升的重要因素。分析一国的经济增长主要看国民生产总值、国内生产总值及国民收入的增长情况，这些指标都是反映经济发展水平和发展效益的综合性指标。当这些综合性指标保持一定增长速度时表示经济运行态势良好，一般说来大多数企业的经营状况也较好，他们的股票价格会上升；反之，股票价格会下降。因此，预计未来国民生产总值、国内生产总值和国民收入是否稳定增长，增幅为多少，已成为影响股票市场价格总水平长期发展趋势的重要指标。据美国经济学家长期观察证明，股票价格波动与国民生产总值波动是一致的。如美国 1897－1976 年期间，国民生产总值年平均增长率为 5%，同期道琼斯工业股价平均数的年平均增长率为 4.7%。在这 79 年中，国民生产总值在 1929－1933 年、1937 年、1970 年、1974 年有所下降，与此同时，道琼斯工业股价平均数也相应下降。

2. 经济周期（Economic Cycle）循环

国民经济运行经常表现扩张与收缩的周期性交替，每个周期一般都要经过高涨、衰退、萧条、复苏四个阶段，即经济周期循环。经济周期循环对股票市场的影响非常明显，可以这么说，景气变动从根本上决定了股票价格的长期变动趋势。

当经济走出低谷渐渐复苏时，人们开始对经济发展前景恢复信心，企业开始增加投资，扩大生产，对资金的需求缓缓增加，有的公司进行增资配股或向银行增加贷款。敏感的投资者已感觉到随着生产恢复，公司利润和股息也将增加，重新激发起对股票投资的兴趣和信心。股票市场因为受长期经济衰退的打击，价格跌幅很深，再加上在复苏阶段强大的资金需求压力尚未形成，政府为扶持经济发展，一般也不会在经济刚恢复时就收紧银根，所以此时的利率水平仍然偏低，股票的内在价值有所提高，于是一部分投资者开始将资金投入股票市场，促使股票价格的回升。随着经济的逐渐恢复，在一部分较为敏锐的投资者的投资行为的示范效应下，更多的投资者进入股市，于是股价开始上涨。

在经济高涨阶段，由于企业竞相增加投资、扩大生产，纷纷采用新技术以提高竞争能力，因此，对各种生产要素的需求增加并渐次引起市场趋旺，企业产品价格上涨，利润增加，股息增加；生产发展带来就业率提高，人们收入普遍增加。收入的增加一方面引起消费需求增加，一方面引起储蓄—投资的增加。由于股息增加的吸引力，人们热衷于投资股票，所以股票价格持续上升。到经济高涨后期，由于经济过热有引发通货膨胀的可能，中央银行开始紧缩银根，提高利率。利率提高、工资增加、原材料涨价等因素可能造成企业利润相对减少，生产增长速度放慢。敏感的投资者又感到经济将要下降，股息也将减少，而此时利率却很高，于是卖出股票，转向其他投资工具，因此在危机到来之前股价已先行下跌了。

经济危机阶段，生产萎缩、市场呆滞、企业倒闭频繁、失业率上升、收入水平下降、利润和股息都大幅下降，股票价格急剧下跌。

萧条阶段虽然利率开始下降，但生产仍不景气，因为对利润和股息回升仍不乐观，股市长期低迷，股价也长期在低水平徘徊。

通常经济周期变动与股价变动的关系是：复苏阶段—股价回升、高涨阶段—股价上涨、危机阶段—股价下跌、萧条阶段—股价低迷。

经济周期变动通过下列环节影响股票价格：经济周期变动—公司利润—股息增减—投资者心理—供求关系变化—股票价格。在影响股票价格的各种经济因素中，景气循环是一个很重要的因素。

值得重视的是，股票价格的变动通常比实际经济的繁荣或衰退领先一步，即在经济高涨后期股价已率先下跌，在经济尚未全面复苏之际，股价已先行上涨。国外学者认为股价变动要比经济景气循环早4～6个月。这是因为股票价格是对未来收入的预期，所以先于经济周期的变动而变动。正因为如此，股票价格水平已成为经济周期变动的灵敏信号或称先导性指标。

3. 货币政策（Monetary Policy）

中央银行的货币政策对股票价格有直接的影响。货币政策是政府重要的宏观经济政策，中央银行通常采用存款准备金制度、再贴现政策、公开市场业务等货币政策手段调控货币供应量从而实现发展经济、稳定货币等政策目标。无论是中央银行采取的政策手段还是最终的货币供应量变化，都会影响股票价格，这种影响主要通过以下途径：

（1）中央银行提高法定存款准备金率，使商业银行可贷资金减少，对企业的信贷支持下降，资金供应趋紧，货币供应减少，流入股市的资金减少，股票价格下降；反之，中央银行降低法定存款准备金率，商业银行可贷资金增加，资金供应宽松，货币供应增加，股票价格上升。

（2）中央银行通常采取再贴现政策手段，收紧银根，提高再贴现率，使商业银行向中央银行贷款的成本上升，贷款减少，市场资金趋紧。再贴现率又是基准利率，它的提高必定使市场利率随之提高，股票市场价格下降；反之，中央银行放松银根，降低再贴现率，一方面使商业银行向央行融资的成本下降，贷款增加，资金供应相对宽松，一方面再贴现率的下降必定使市场利率随之下降，股票价格相应提高。

（3）中央银行通过公开市场业务在金融市场上大量出售证券，收紧银根，在收回中央银行供应的基础货币的同时又增加证券的供应，使证券的价格下降。中央银行放松银根时，在公开市场上大量买入证券，在投放中央银行供应的基础货币的同时又增加证券需求，使证券价格上升。

总之，中央银行放松银根、增加货币供应，资金较为宽松，大量游资需要新的投资机会，股票成为最好的投资对象之一。一旦资金进入股市，引起对股票需求的增加，立即促使股价上升。反之，中央银行收紧银根，减少货币供应，资金普遍吃紧，流入股市资金减少，加上企业抛出持有的股票以获取现金，使股票市场的需求减少，交易萎缩，股价下跌。

4. 财政政策（Fiscal Policy）

财政政策也是政府的重要宏观经济政策。扩张的财政政策以降低税率、增加国债发行、扩大政府支出等为手段，通过增加政府投资、带动民间投资、鼓励消费以实现拉动经济增长，调整经济结构的目标。紧缩的财政政策则通过提高税率、减少政府投资、压缩政府开支为手段，使过热的经济增长速度下降至合理的目标区间，使社会经济保持持续、稳定、协调地发展。财政政策对股票价格影响有以下方面：其一，通过增加财政支出刺激经济发展或是减少财政支出抑制经济增长，调节社会经济结构和发展速度，改变企业生产的外部环境，进而影响企业利润水平和股息派发；其二，通过调节税率影响企业利润和股息，提高税率，企业税负增加，税后利润下降，股息减少，反之，企业税后利润和股息增加；其三，国债发行量会改变证券市场的供求关系，从而间接影响股价。

5. 市场利率（Market Interest Rate）

市场利率变化通过以下三条途径影响股票价格：①绝大部分企业都负有债务，利率提高，利息负担加重，公司净利润和股息相应减少，股票价格下降；利率下降，利息负担减轻，公司净盈利和股息增加，股票价格上升。②利率提高，其他投资工具收益相应增加，一部分游资会流向储蓄、债券等收益固定的其他金融工具，对股票需求减少，股价下降。利率下降，固定收益证券收益减少资金流向股票市场，对股票的需求增加，股票价格上升。③利率提高，一部分投资者要以较高的利息负担才能借到所需资金进行证券投资，如果允许进行信用交易，则买空者的融资成本也相应提高，投资者会减少融资和对股票的需求，股票价格下降。利率下降，投资者能以较低利率借到所需资金，增加融资和对股票需求，股票价格上涨。

6. 通货膨胀

通货膨胀对股票价格的影响较为复杂，它既有刺激股票市场的作用，又有抑制股票市场的作用。通货膨胀是因货币供应过多造成货币贬值、物价上涨的经济现象。在通货膨胀之初，公司会因产品的提价和存货的增值而增加利润，从而增加可以分派的股息，并使股票价格上涨。在物价上涨时，股东实际股息收入下降，股份公司为股东利益着想，会增加股息派发，使股息名义收入有所增加，也会促使股价上涨。通货膨胀给其他收益固定的证券带来了不可回避的通货膨胀风险，投资者为了保值，争相购买收益不固定的股票，对股票的需求增加，股价也会上涨。但是当通货膨胀严重，物价居高不下时，公司因原材料、工资、费用、利息等项支出增加，使其利润减少，股价下降。由于严重的通货膨胀会使社会经济秩序紊乱，使公司无法正常地组织生产，政府也会采取治理通胀的紧缩政策，对股票价格的负面影响更大。

7. 汇率变化

汇率（Exchange Rate）的调整对整个社会经济影响很大，有利有弊。一般而言，汇率上升，即本币升值，以本币计价进口成本下降，出口收入减少，不利于出口而有利于进口；以外币计价的资产升值，对外负债的债务减轻。汇率下降，即本币贬值，不利于进口而有利于出口，以外币表示的资产缩水，外债负担加重。对资本市场已对外开放和本国货币已实现自由兑换的国家来说，汇率的变化还可能引起资金的流入和流出，从而影响本国证券市场的供求关系和股票价格水平的短期波动。通常，汇率变化对股价的影响要看对整个经济的影响而定，若汇率变化趋势对本国经济发展影响较为有利，股价会上升；反之，股价会下降。总体来说，汇率的变化对那些在原材料和销售两方面严重依赖国际市场的国家和企业的股票价格影响较大。

8. 国际收支状况

一般来说，若一国国际收支连续出现逆差，政府为平衡国际收支会采取提高国内利率和降低汇率的措施，以鼓励出口减少进口，股价会下跌；反之，股价会上涨。

(三) 政治因素

政治因素对股票价格的影响很大，往往很难预料。主要有：

(1) 战争。战争是最有影响力的政治因素。战争会破坏社会生产力，使经济停滞、生产凋敝、收入减少、利润下降。战争期间除了军火工业以外，大部分企业都会受到严重打击。战争又使投资风险明显增大，在生命得不到保障的情况下，人们的投资愿望降到最低点。特别是全面的、长期的战争，会使股票市场受到致命打击，股票价格会长期低迷。如第二次世界大战的爆发，使西方证券市场直至20世纪50年代才逐渐得以恢复。

(2) 证券更迭、领袖更替、政治事件的爆发等等都会影响社会安定，进而影响投资者的信心和投资行为，引起股票市场的涨跌变化。这样的事例层出不穷，举不胜举。

(3) 政府重大经济政策的出台、社会经济发展规划的制定、重要法规的颁布等等会影响投资者对发展前景的预期，从而也会引起股票价格波动。

(4) 国际社会政治经济形势的变化会影响股票市场价格的波动。随着世界经济一体化的进程，国家之间、地区之间的政治经济关系更趋紧密，加之先进通信工具的运用，国际关系中的细微变化都可能引起各国股市发生敏感的联动。

(四) 心理因素

投资者的心理变化对股价变动影响很大。在大多数投资者对股市抱乐观态度时会有意无意地夸大市场有利消息的影响，并忽视一些潜在的不利因素，从而脱离上市公司的实际业绩而纷纷买进股票，促使股价上涨。反之，在大多数投资者对股市前景过于悲观时，对潜在的有利因素视而不见，而对不利因素特别敏感，甚至不顾发行公司的优良业绩大量抛售股票，致使股价下跌。当大多数投资者对股市的发展无法判断时，会持观望状态，此时市场冷落，股价就会盘旋呆滞。股票市场中的中小投资者由于信息不灵，缺乏必要的专业知识和投资技巧，往往有严重的盲从心理，而有的人就利用这一盲目心理故意制造假象、渲染气氛，诱使中小投资者在股价上涨时盲目追涨或者股价下跌时恐慌抛售，从而加大了股价涨跌的程度。

(五) 证券主管部门的限制规定

有的证券交易所对每日股票价格的涨跌幅度有一定限制，即涨跌停板规定，则股价的涨跌会大大平缓。另外，当股票市场投机过度或出现严重违法行为时，证券主管部门也会采取一定的措施以平抑股价波动。

(六) 人为操纵因素

股市上总有一些人为了使股票价格向对自己有利的方向变动而操纵股市。他们操纵股市的手法很多，有的是钻法规的空子，有的完全是违法的行为。人为操纵往往会引起股票价格短期的剧烈波动，操纵者利用大多数投资者不明真相，乘机浑水摸鱼，非法牟利。由于人为操纵会影响股票市场的健康发展，违背公开、公平、公正的原则和法律法规，一旦查明，会受到证券监管部门和执法部门的严厉处罚。

第三节　其他有价证券的价格决定

一、证券投资基金的价格决定

新型封闭式证券投资基金的发行为中国的基金市场注入了新鲜血液，这些新基金与沪深两市以前上市的规模较小的基金一起构成了中国证券市场上的基金板块。与股票相比，基金的价值决定有其独特之处。

（一）证券投资基金的净值决定

作为受益证券的基金与作为权益证券的股票具有不同的价格决定方式。影响基金价格最主要的因素是基金净值的高低，基金净值的变化源于基金收入与费用支出之间的配比。

1. 基金收入来源

利息收入是投资基金比较稳定的一项收入来源。庞大的资金规模和分散投资的经营策略使基金可以经常保持大量的现金储备，这些现金一般被存放于银行或其他金融机构，也可能被投资于短期国债或其他高信用级别的企业债券。存款和债券利息收入构成基金收入的第一项。

股息收入也是投资基金一项重要的收入来源。证券投资基金将大部分资金投向股票市场，购买上市公司股票而成为公司股东。许多上市公司在每年的上半年都要进行分红派息，以回报投资人。处于成熟阶段的上市公司每年税后利润中除了保留一部分用于健全财务结构和内源融资外，其余部分按持股比例分发给股东。

二级市场的买卖差价是投资基金一项不确定的收入来源。证券市场的整体走势和基金管理人的操盘水平高低决定了此项收入数额的大小。在市场下跌的过程中，大部分基金的该项收入为负值。

投资增值是由于基金所投资的证券价格上涨超过投资成本而形成的基金账面净值的增加。严格地说，投资增值并不能算作是一种收入形式，而是为收入提供了一种潜在的支持，增值的变现要通过在二级市场的卖出才能实现。投资增值与二级市场的买卖差价之间的区别在于后者通常是一种短期行为，是从一个投资者手中买入，再出售给另一个投资者；而前者一般为一次性地购买未上市的原始股或是基金对某一有发展前景的实业项目的直接投资所形成的日后增值，通常持有期限较长。

2. 基金的费用支出

公众基金的日常运作通常是委托某一基金管理公司进行，基金持有人必须为此支付一定的费用。

基金管理费是支付给基金管理人的管理报酬，是基金管理公司的固定收入来源。管理费率的高低与基金的规模呈反比例关系，规模越大，每一基金单位所支付的费用比例就越低。管理费率和基金投资对象的管理难度呈正比例关系，难度越高，费率越高。我国目前基金管理的年费率为净值的2.5%。基金管理费用通常按照每个估值日基金净资产的一定比例逐日计算并按期支付。当基金经营业绩出色时，管理公司可按约定提取一定比例的业绩报酬用于对主要管理明星的奖励。例如，新发行的规模为30亿份的新基金就将管理人报酬分为两部分，一部分是1.5%的固定按净值计提的年费率；另一部分是业绩报酬，当基金的可分配净收益率高于同期银行1年定期储蓄存款利率20%以上，且当年基金资产净值增长率高于同期证券市场平均收益率时，可按一定比例计提。

基金托管费是支付给基金资产托管人的管理费用。托管人通常是大银行。基金托管费按前一交易日的基金资产净值的0.25%的年费率计提。托管费与管理费一起构成了基金费用支出中的主要部分。

除上述两项费用外，基金的投资者还需负担基金上市费用、证券交易费用、基金信息披露费用、基金持有人大会费用及与基金相关的会计师和律师费用。这些费用的种类较多，但数额不大。

3. 基金资产估值与收益分配

对基金资产估值的目的是客观、准确地反映基金资产是否得到了保值与增值。被估值的对象包括基金依法拥有的股票、债券、股息红利、债券利息和银行存款本息等资产。新型证券投资基金每个工作日都要对基金资产进行估值。根据基金持有资产性质的不同，估值的方法也有所变化。对于已上市的股票和债券的估值，以估值日证券交易所提供的市场平均价为准，未上市股票则以成本价计算；未上市债券及银行存款以本金加计至估值日为止的应计利息额计算；派发的股息红利、债券利息，以至估值日为止的实际获得额计算。基金的日常估值有管理人进行并经托管人复核。

基金净值的构成包括发行面值和基金收益两部分。发行面值资金通常只是在基金解散时才返还给投资者，所以每年可供分配的仅是扣除费用后的基金净收益。我国现行的做法是以现金方式分配基金收益，每年分配一次，分配比例不得低于基金当年可分配收益的90%。如果基金上年度发生亏损，当年收益要先弥补亏损，当年亏损的基金不得进行收益分配。

4. 资产净值的计算

资产净值是基金经营业绩的指示器，也是基金在发行期限到期后基金单位买卖价格的计算依据，基金的资产净值可用下面的公式表示：

$$\text{单位资产净值}=\frac{\text{基金资产总值}-\text{各种费用}}{\text{基金单位数量}}$$

其中，基金资产总值是指一个基金所拥有的资产（包括现金、股票、债券和其他有价证券及其他资产）于每个营业日收市后，根据收盘价格计算出来的总资产价值。应该注意，投资基金的资产净值是经常发生变化的，但它与基金的价格从总体上看是趋向一致的，成正比例关系。投资基金的资产净值越高，其基金单位的价格也就越高；基金的资产净值越低，其基金单位的价格也就越低，但这种情形也不绝对成立。一般来说，这种关系在开放式基金中得到较好体现。

（二）封闭式基金的价值分析

封闭式基金的价格和股票价格一样，可以分为发行价格和交易价格。

1. 封闭式基金的发行价格组成

封闭式基金的发行价格由两部分组成：一部分是基金的面值；另一部分是基金的发行费用，包括律师费、会计师费等。

2. 封闭式基金的交易价格表现形式

封闭式基金的交易价格和股票价格的表现形式一样，可以分为开盘价、收盘价、最高价、最低价、成交价等。封闭式基金的交易价格主要收到六个方面的影响：基金资产净值、市场供求关系、宏观经济状况、证券市场状况、基金管理人的管理水平以及政府有关基金的政策。其中，确定基金价格最根本的依据是每基金单位资产净值及其变动情况。

（三）开放式基金的价值分析

开放式基金由于经常不断地按客户要求购回或者卖出自己公司的股份，因此，开放式基金的价格分为两种，即申购价格和赎回价格。

1. 申购价格

申购价格指投资者在购入开放式基金股票时，除了支付资产净值之外，还要支付一定的销售附加费用。也就是说，开放式基金单位的申购价格包括资产净值和一定的附加费用。

2. 赎回价格

赎回价格是指开放式基金承诺可以在任一赎回日根据投资者的个人意愿赎回其基金单位。对于赎回时不收取任何费用的开放式基金来说，

$$赎回价格=资产净值$$

有些开放式基金赎回时是收取费用的，费用的收取是按照基金投资年数不同而设立的不同的赎回费率，持有基金券时间越长，费率越低，当然也有一些基金收取的是统一费率。在这种情况下，开放式基金的赎回价格与资产净值、赎回费率的关系是：

$$赎回价格=\frac{资产净值}{1+赎回费率}$$

二、可转换债券的价格决定

（一）可转换证券的价值

可转换证券一般是公司发行的一种允许投资者将其转换本公司普通股票的信用债券或优先股票，前者称可转换债券，后者称可转换优先股。可转换证券实际上是一种长期的普通股票的看涨期权。可转换证券赋予投资者以将其持有的债券或优先股按规定的价格和比例，在规定的时间内转换成普通股的选择权。可转换证券有两种价值：理论价值和转换价值。

1. 理论价值

可转换证券的理论价值是指当它作为不具有转换选择权的一种证券的价值。估计可转换证券的理论价值，必须首先估计与它具有同等资信和类似投资特点的不可转换证券的必要收益率，然后利用这个必要收益算出它未来现金流量的现值。

2. 转换价值

如果一种可转换证券可以立即转让，它可转换的普通股票的市场价值与转换比率的乘积便是转换价值，即：

$$转换价值=普通股票市场价值\times 转换比率$$

式中，转换比率为债权持有人获得的每一份债券可转换的股票数。

（二）可转换证券的市场价格

可转换债券的市场价格必须保持在它的理论价值和转换价值之上。如果价格在理论价值之下，该证券价格低估；如果可转换证券价格在转换价值之下，购买该证券并立即转化为股票就有利可图，从而使该证券价格上涨，一直到转换价值之上。为了更好地理解这一点，我们引入转换平价这个概念。

1. 转换平价

转换平价是可转换证券持有人在转换期限内可以依据把债券转换成公司普通股票的每股价格，除非发生特定情形如发售新股、配股、送股、派息、股份的拆细与合并，以及公司兼并、收购等情况下，转换价格一般不作任何调整。前文所说的转换比率，实质上就是转换价格的另一种表达方式。

$$转换平价=\frac{可转换证券的市场价格}{转换比率}$$

转换平价是一个非常有用的数字，因为一旦实际股票市场价格上升到转换平价水平，任何进一步的股票价格上升肯定会使可转换证券的价值增加。因此，转换平价可视为一个盈亏平衡点。

2. 转换升水和转换贴水

一般来说，投资者在购买可转换证券时都要支付一笔转换升水。每股的转换升水等于转换平价与普通股票当期市场价格（也称为基准股价）的差额，或说是可转换证券持有人在将债券转换成股票时，相对于当初认购转换证券时的股票价格（即基准股价）而做出的让步，通常被表示为当期市场价格的百分比，公式为：

$$转换升水=转换平价-基准股价$$

$$转换升水比率=\frac{转换升水}{基准股价}$$

而如果转换平价小于基准股价，基准股价与转换平价的差额就被称为转换贴水，公式为：

$$转换贴水=基准股价-转换平价$$

$$转换贴水比率=\frac{转换贴水}{基准股价}$$

3. 转换期限

这是指该证券持有人在一定的期限内，有权将持有的可转换证券转化为公司股票。转换期限通常是从发行日之后若干年起至债务到期日止。

三、认股权证的价格决定

债券和优先股出售时有时附有长期认股权证，它赋予投资者以规定的认购价格从该公司购买一定数量的普通股的权力。认股权证可以是公开的，也可以是不公开的，有效期可以是有限的也可以是无限的。

1. 认股权证的理论价值

在认股权证可以公开时，它们就有自己的市场，有的在交易所上市，有的通过场外交易。股票的市场价格与认股权证的预购股票价格之间的差额就是认股权证的理论价值，其公式如下：

认股权证的理论价值=股票市场价格-预购股票价格

需要注意，在进行交易时，认股权证的市场价格很少与其理论价值相同。事实上，在许多情况下，认股权证的市场价格要大于其理论价值。即使其理论价值为零，它的需求量也可能会很大。认股权证的市场价格超过其理论价值的部分被称为认股权证的溢价，其公式为：

溢价=认股权证的市场价格-理论价值
=认股权证的市场价格-普通股市场价格+预购股票价格

认股权证的市场价格会随着股票的不同而变化，其溢价可能会变得很高。当然，认股权证的理论价值也同样会急剧上升或急剧下跌。

2. 认股权证的杠杆作用

认股权证的价格杠杆作用，是指认股权证的价格要比其可选购的股票价格的增长或减少的速度快得多。

杠杆作用可用普通股的市场价格与认股权证的市场价格的比率表示。对于某一认股权证来说，其溢价越高，杠杆因素就越低；反之，如果认股权证的市场价格相对于普通股的市场价格降低时，其溢价就会降低，杠杆因素就会升高。

【案例6-1】　方案有望实现双赢

三一重工、清华同方和紫江企业三家试点方案，虽然在具体设计上各有不同，但毫无例外地采用了非流通股股东向流通股股东支付对价的方式。

三一重工非流通股东将向流通股股东支付1800万股公司股票和4800万元现金，如果股票部分按照每股16.95元的市价计算，则非流通股股东支付的流通权对价总价达到了35310万元。按照非流通股东送股之后剩余的16200万股计算，非流通股为获得流通权，每股支付了约2.18元的对价。

紫江企业非流通股东将向流通股股东支付17899万股公司股票，相当于流通股股东每10股获送3股，以市价每股2.78元计，流通权对价价值约为49759万元，按照非流通股股东送股后剩余的66112.02万股计算，相当于非流通股每股支付了0.75元的对价。

清华同方流通股股东每10股获转增10股，非流通股东以放弃本次转增权利为对价换取流通权。虽然非流通股东表面上没有付出股票或现金，但由于其在公司占有股权比例的下降，从股权稀释的角度考虑，非流通股股东实际支付了价值5.04亿元净资产的股权给流通股东。

按照改革方案，三家公司流通股对应的股东权益均有所增厚。不过，其来源却各有不同：三一重工和紫江企业的流通权对价来源于非流通股股东，而清华同方的流通权对价来源于公积金。

另外，三家公司在方案设计中，还各自采用了一些不同的特色安排，成为方案中的亮点所在。三一重工宣布，公司将在本次股权改革方案通过并实施后，再实行2004年度利润分配方案。由于其2004年度还有10转增5派1的优厚分配预案，因此持股比例大幅上升的流通股股东因此也就享有更多的利润分配权。

紫江企业的亮点是：非流通股东除了送股外，还作出了两项额外承诺：对紫江企业拥有实际控制权的紫江集团承诺，在其持有的非流通股股份获得上市流通权后的12个月期满后的36个月内，通过上证所挂牌交易出售股份数量将不超过紫江企业股份总额的10%，这较证监会《关于上市公司股权分置改革试点有关问题的通知》中规定的时间有所延长；在非流通股的出售价格方面，紫江集团承诺，在其持有的非流通股股份获得上市流通权后的12个月禁售期满后，在12个月内，通过上证所挂牌交易出售股份的价格将不低于2005年4月29日前30个交易日收盘价平均价格的110%，即3.08元。无疑，这些个性化条款是保荐机构和非流通股股东共同协商的结果，对出售股份股价下限的限制和非流通股分步上市期限的延长在一定程度上减缓了这部分股份流通给市场带来的压力，也反映出大股东对公司长期发展的信心。

有专家认为，总体说来，试点方案尊重了流通股股东的含权预期，可行性强，照这条路走下去，有望实现流通股股东和非流通股股东的双赢局面。

本章小结

本章在讨论货币时间价值的基础上，给出了债券的价值评估公式。附息债券、一次性还本付息债券以及零息债券的价值都可以通过对未来现金流量进行贴现的方式来计算。股票估价的基本原理等同于债券估价，根据对股利发放的三种不同假设可以得出三种股票定价模型：零息增长条件下的股利贴现估价模型、不变增长条件下的股利贴现估价模型和多元增长条件下的股利贴现估价模型。封闭式基金和开放式基金都以基金资产净值为价值评估的基础，可转换证券和认股权证的价值则主要受该种证券的市场价格影响。

关键概念

终值　现值　普通年金　终身年金　附息债券　一次性还本付息债券　零息债券　认股权证

本章思考题

1. 简述零息增长条件下的股利贴现估价模型的推导过程。
2. 简述不变增长条件下的股利贴现估价模型的推导过程。
3. 收益率曲线有哪几种？
4. 简述多元增长条件下的股利贴现估价模型的设计思路。
5. 证券投资基金净值高低的主要影响因素有哪些？
6. 如何理解认股权证的投资杠杆作用？

第七章
证券价格与价格指数

本章学习重点

证券价格；股票价格的类型及计算；证券价格指数。

第一节　证券价格

一、股票的价格

股票的价格是指货币与股票之间的对比关系，是与股票等值的一定货币量。它有广义和狭义之分，广义的股票价格是股票的票面价格、发行价格、账面价格、清算价格、内在价格和市场价格的统称；狭义的股票价格则主要是指股票的市场价格。

（一）股票的票面价格

股票的票面价格（Face Value）又称面值，是股份公司在发行股票时在每股股票的票面上标明的金额。它的主要功用是确定每股股票在公司中所占的份额。例如，某公司发行股票的总面值为10万元，每股的票面价值为10元，那么，一股股票就代表该公司的1/10000。有些公司发行股票时，不在票面上标明股票的票面价值，但在招股说明书上却一定要注明票面价值是多少。此外，面值与一些法律规定有关。许多国家的法律规定，公司第一次发行的股票价格不得低于其票面价值。如公司发行股票的价格低于票面价值，就有可能出现问题。因为有些国家的法律规定，这类股票的持有人在公司出现财政困难时有责任补足股票价格与票面价值的差价。在美国，票面价值的高低与赋税也有关系。对于公司发行的股票，州政府有权以票面价值为基础征收国内消费税和特许权费。该项规定的目的就是鼓励公司发行小额票面价值的股票。

股票面值是根据上市公司发行股票的资本总额与发行股票的数量来确定的。其计算公式为：

股票面值＝上市的资本总额/上市的股数

(二) 股票的发行价格

股票发行价格是指股份公司在发行股票时的出售价格。根据不同公司和发行市场的不同情况，股票的发行价格也各不相同，主要有面额发行、设定价格发行、折价发行和溢价发行四种情况。

股票的面额发行是按照股票票面上注明的每股金额发行。采用面额发行，通常要委托证券承销商销售。设定价格发行主要是对无面值股票而言，发行时不标明股票的面值，而是根据公司章程或董事会决议规定发行价格，对外发行。折价发行是按照股票面额打一定折扣作为股票发行的价格。溢价发行是按照超过股票面额一定数量的价格对外发行。

股票虽然有多种发行价格，但在一般情况下，同一种股票只能有一种发行价格。股票发行过程中究竟采用哪一种价格，主要取决于股票的票面形式、《公司法》的有关规定、公司状况及其他有关因素。

(三) 股票的账面价格

账面价格（Book Value）大体反映每股普通股所代表的公司实际资产，又称“股票净值”。股票的账面价值可用下列公式计算：

$$V_a=\frac{T-P}{N_c}$$

式中，V_a 为股票的账面价值，P 为优先股票的总面值，T 为公司资产的净值，N_c 为普通股票的总股数。

公司资产净值是指公司的资本额（股票面值总额），加上公积金与保留盈余所得的数额。其中，各种公积金和保留盈余尽管没有以股利形式分派出来，但所有权是属于股东的。因此，净资产也称为“股东权益”。对于经营状况好，财务健全的公司，股东所享有的权益大，其账面价值必然大于票面价值。换一句话说，净值较高的股票的股东能享有的权益也较大。因此，股票净值的高低，可作为投资分析的参考依据之一。对于长期投资者，以净值作为投资评估依据，是一种既安全又基础的做法，因为“净值”是公司长时间积累的成果。

(四) 股票的内在价格

股票的内在价格（Intrinsic Value）即理论价值，也即股票未来收益的现值，取决于股票收入和市场收益率。股票的内在价值决定股票的市场价格，但市场价格又不完全等于其内在价值。由供求关系产生并受多种因素影响的市场价格围绕着股票内在价值波动。按照等量资本获得等量收入的理论，如果股息率高于利息率，人们对股票的需求就会增加，股票价格就会上涨，从而股息率就会下降，一直降到股息率与市场利息率大体一致为止。按照这种分析，即可以得出股票的理论价格公式为：

$$\text{股票理论价格}=\text{股息红利收益}/\text{利息率}$$

股票的理论价格不等于股票的市场价格（实际交易价格），甚至两者有相当大的差距。但是，它对于预测股票市场价格的变动趋势，提供了重要依据。同时，也是股票市场价格形成的一个基础性因素。

（五）股票的清算价格

在公司撤销或解散时，资产经过清算后，每股所代表的实际价值。在理论上，清算价值（Liquidation Value）等于清算时的资产净值与公司股票股数的比值，但实际情况是，由于公司的大多数资产只有低价才能售出，再扣除清算费用，清算价值往往小于账面价值。通常，股票的清算价格主要取决于股票的账面价格、资产出售损益、清算费用高低等因素。一般投资者当然不希望被自己持股的公司撤销或被解散，故忌讳这个概念。股市分析专家也只是偶尔用到这个术语。

（六）股票的市场价格

股票的市场价格（Market Price）也称为股票行市，是指在证券市场上买卖股票的价格。股票的市场价格与票面价格不同，票面价格是固定的，市场价格则是经常波动的，这是由于在证券市场上，股票是一种特殊的商品，其供求和价格的变化不是偶然的，而是各种决定股票供求和价格变化的因素共同作用的结果。从理论上讲，股票市场价格计算公式为：

股票市价＝预期股息收益率/市场利率

上面介绍了好几种股票的价格形式，下面我们来看一看股票的市场价格、账面价格、票面价格三者之间的关系。

票面价格如前所述，它实质上不过是一个法律术语。票面价格一经确定，就很稳定，如果不考虑拆股的情形，几乎是一成不变。市场价格或大于票面价格，或小于票面价格，背离甚远的现象一点也不奇怪。账面价格随着公司的发展而不断增加，可以反映公司经营状况的好坏。但对投资者一般作用不大，因为投资者几乎不可能抽回账面价格。但是，如果每股所代表的资产价值很大，这一事实无疑是对持有人的慰藉。在一定程度上，账面价格对市场价值有支撑作用。以前普通股东唯一信任的是账面价格，不过一次大危机粉碎了这一信念。另一方面，如公司破产清算，以低于账面价格的市价购买股票的投资者则可能因此而获益匪浅。

二、股票除权及除权价的计算

除权（Ex－right）是指除去交易中股票配送股的权利。当股份公司发放股票股息、公积金转增股份及对原有股东按一定比例配股时要对股票进行除权处理，即上市公司将股票的红利和股息分配给股东时，在技术上有一个对股票价格进行除权的过程。当一家上市公司宣布上年度股利分配方案时，在股利尚未分配之前，该种股票被称为含权股票。要办理除权手续的上市公司必须报主管机关核准，在准许除权后，发行公司公布除权日期，让投资者有充分的时间办理过户手续。凡在过户截止到日前办好过户手续的，享有领取股利的权利。除权日当天叫除权基准日，在除权基准日后要有一段时间停止过户，公司整理股东名单，送配股等新股票经主管部门批准后按比例上市。除权基准日确定后，从理论上说，除权当天会出现一个除权价或除权报价。除息（Ex－Dividend）是指除去交易中股票领取股息的权利。当股份公司决定对股东发放现金股息时就要对股票进行除息处理。我国证券交易所因采用先进的交易设备，双方成交额当天即能完成过户手续，故规定股权登记日的下一个营业日为除息日。股权登记日当天买入股票的投资者可及时完成过户并有权取得本次股息。而在股权登记日后买入的投资者设有这一权利，因此要在登记日下一个营业日的股票开盘价中减去本次发放的现金股息。

简单说，因发放股票股利或现增而向下调整股价就是除权，因发放现金股利而向下调整股价就是除息。

（一）除权程序

除权或除息的产生是因为投资人在除权或除息日之前与当天购买者，两者买到的是同一家公司的股票，但是内含的权益不同，显然相当不公平。因此，必须在除权或除息日当天向下调整股价，成为除权或除息参考价。

首先，公司会召开董事会，讨论除权除息事宜。董事会做出的决议，再送到股东会审核。通常，董事会后就可以大概知道，这家公司该年配股的多寡。

拥有股票投资者如果想参加除权除息，最晚必须在除权或除息日的前一个交易日买入该股票，这样，投资者就有权分配股票的股息了。反之，如果您不想参加除权除息，就在除权除息日之前将股票卖出就可以了。除了各证券经纪商会在证券公司布告栏刊登外，报章杂志也会登载除权除息日期的信息。

除权报价的产生是由上市公司送配股行为引起，由证券交易所在该种股票的除权交易日开盘公布的参考价格，用以提示交易市场该股票因发行股本增加，其内在价值已被摊薄。

当上市公司宣布上年度分红派息方案并获董事会及证监会批准后，即可确定股权登记日。在股权登记日交易（包括股权登记日）后手中仍持有这种股票的投资者均有享受分红派息的权力。股权登记日是用来衡量是否具有转增、配送股或者红利的权利的时间划分界限，即如果你在这个日期之前没有卖了这种股票，你就拥有公告里说的转增，配送股或者红利的权利，登记拥有这种权利的股东的名字。

在股权股息登记日之后，分红的公司要通过新闻媒介公布领取红利的起止日期，时限一般是四周左右，这在上海证券交易所称为红利挂牌时间。上交所参加分红的投资者必须在该股的红利挂牌期间在自己开户的营业厅将红利权卖出，才可以将红利划归自己的账户，具体方法像卖股票一样，在计算机自助终端输入该股票红利的代码、价格、数量，卖出后计算机就自动将红利款转入其资金账户。在深圳证券交易所则不需投资者出卖红利权，而由证券公司直接将红利转到股东名下。

在上交所红利挂牌期间因故未能将红利权卖出的投资者，可以持身份证、股东卡及资金账户去当地证券登记公司领取红利，缴纳一定数量的手续费。

享有某种股票配股权的投资者，无论在上交所还是深交所，都只需在规定期限内像购买一般股票一样在计算机自助终端输入该股票的代码、价格、配股数等信息，就可成交买入配股。

经过一段时间即可上市交易的配股，叫做直接配股。还有一种准许上市日期未定的配股叫转配股。这时持该股票的国家或法人不愿意参加配股，而把国家股和法人股的配股权转让给社会投资者。购买转配股，除了交配股款外，还要交转配股手续费，如0.1或0.2元。有些上市公司的配股同时包含直接配股和转配股，投资者可自行择定二者的比例。因为转配股的准许上市日期不定，所以有不少人放弃这种配股权。

上市公司所送红股则在股权登记日后直接划入股东账户。

（二）除息除权价计算

如果是分红利现金，称作除息，大盘显示 DR××；如果是送红股或者配股，称为除权，大盘显示 XR××；如果是即分红利又配股，称为除权除息，大盘则显示 XD××。这时，大盘显示的前收盘价不是前一天的实际收盘价，而是根据股权登记日收盘价与分红现金的数量、送配股的数量和配股价的高低等结合起来算出来的价格。

1. 除息基准价

为了保证股票交易的连续性和股票价格的公正性，必须对除息日的股票交易价格进行技术处理，把这一天的股票价格除去本次派发的现金股息，作为开盘指导价，也称除息基准价。

由于对除息日当天的股票价格作了技术处理，除息日前一天的股票收盘价与除息日的开盘价之间会出现一个价格缺口，股票的含息越大，即本次发放的现金股息数额越大，价格缺口也越大。除息以后，股价可能向两个方向变动，若股价上涨并很快将除息后的缺口填满甚至超越，称填息；若股价不涨或上涨幅度有限，未能将缺口填满就转而下跌，称为贴息。

也即在没有送配股情况下，计算除息基准价：

$$P^C = P^{C-1} - e$$

式中，P^C 为除息基准价，P^{C-1} 为除息日前一天的交易收盘价，e 为为每股派发的股息。

例如，某股票股息登记日的收盘价是 4.17 元，每股送红利现金 0.03 元，则其次日股价为：

$$4.17 - 0.03 = 4.14\text{（元）。}$$

2. 除权基准价

除权基准价是以除权前一日该股票的收盘价除去当年所含的股权。除权基准价同样是一种开盘指导价，除权日的实际开盘价可能等于、也可能高于或低于除权基准价，其具体价格取决于投资者的预期和供求关系。除权基准价与除权日前一天的收盘价之间会出现一个缺口，除权后股价能很快填补该缺口称为填权；反之，称为贴权。

除权报价的计算不像除息报价那样简单，它因股份公司送配新股权的方式不同而有以下几种情况：

（1）在无偿送股条件下，除权价的计算公式为：

$$P^C = \frac{P^{C-1}}{1+R^S}$$

式中，P^C 为除权基准价，P^{C-1} 为除权日前一天的交易收盘价，R^S 为无偿送股率。

例如，B 公司决定于 7 月 15 日发放股票股利五百股（送股率为 50%）。7 月 14 日的收盘价为 150 元。那么在 7 月 15 日除权当天的参考价将为：150/（1+0.5）=100 元。

（2）在有偿配股条件下，除权价的计算公式为：

$$P^C = \frac{P^{C-1} + P^P \times R^P}{1+R^P}$$

式中，P^C为除权价，P^{C-1}为除权日前一天的交易收盘价，P^P为配股价，R^P为配股率。

例如，某股票股权登记日的收盘价为18.00元，10股配3股，即每股配股数为0.3，配股价为每股6.00元，则次日股价为

$$(18.00+6.00\times 0.3)\div(1+0.3)=15.23\text{（元）}$$

（3）无偿送股和配股同时进行时，除权价的计算公式为：

$$P^C=\frac{P^{C-1}+P^P\times R^P}{1+R^S+R^P}$$

例如，某种股票6日除权，前一个交易日收盘价为8元/股，10股配2股，配股价5元/股，10送1股。那么，

除权价＝（8＋0.2×5）/（1＋0.1＋0.2）＝6.9元。

（4）送配股与股息分派同时进行时，除权价的计算公式为：

$$P^C=\frac{P^{C-1}+P^P\times R^P-e}{1+R^S+R^P}$$

式中，P^C为除权价，P^{C-1}为除权日前一天的收盘价，P^P为配股价，R^P为配股率，R^S为送股比率，e为每股派发的股息。

例如，某股票股权登记日的收盘价为20.35元，每10股派发现金红利4.00元，送1股，配2股，配股价为5.50元/股，即每股分红0.4元，送0.1股，配0.2股，则次日除权除息价为

$$(20.35-0.4+5.50\times 0.2)\div(1+0.1+0.2)=16.19\text{（元）}$$

对于A种股票发生尚未上市流通的国家和法人持股部分向已上市流通股持有人有偿转让的所谓“转配问题”，因其只引起流通股与非流通股的此消彼长，并不涉及该股票股份总量的变化，在除权报价的计算中，对“转配”将不予考虑。

但考虑到“转配”存在对股票价格波动的特殊影响，统计时仍将采用“撤权”和“复权”的办法对上证指数进行必要的修正。所谓撤权，即在含转配的股票除权交易起始日，上证指数的样本股票中将该股票剔除；所谓复权，即在该股票配股部分上市流通后第十一个交易日起，再进入样本股票的范围。

（三）除权注意事项

除权日的开盘价不一定等于除权价，除权价仅是除权日开盘价的一个参考价格。当实际开盘价及走势高于这一理论价格时，就称为填权，在册的股东即可获利；反之，实际开盘价及走势低于这一理论价格时，就称为贴权，在册参与送配的股东将遭受损失。填权与贴权是股票除权后的两种可能，它与整个市场的状况、上市公司的经营状况、送配的比例等多种因素有关。但一般来说，上市公司股票通过送配以后除权，其单位价格下降，流动性进一步加强，上升空间也相对增加，这也是一些上市公司偏好送配股、期待出现除权后填权效应的一个原因。不过，这并不等于上市公司可以任意送配股，而是必须根据国家有关法律法规并结合企业自身经营情况来确定送配股方案，并取得主管部门批准。

基本上，参加除权除息的好处，除了可以领取股利以外，如果该股在短期内，就涨回

除权或除息前的价格（填权），代表公司的前景被看好，投资者的这项投资获利能力将大幅提高。当然，投资都会有风险。参加了除权除息后，投资者可能有的风险包括，无法从配股中得到实质利益，充其量只是股数增加。配股后得到的零股不容易出售，价值降低。除权前后，公司总价值不变，但股数变多了，所以每股所能分到的市值同比例下降。从理论上来看，除权除息的效果应该是中性的。

在国内，除权除息多半被看成偏多，常有所谓除权行情，其实这是股数增多造成的错觉。若要参加除权除息，要选择股本小，产业前景好，而且获利丰富的公司，采取中长期投资策略，填权的可能性较大，能将参加除权除息的风险降到最低。

三、债券的理论价格

债券的理论价格指的是，投资者为获得债券在未来一定时期内的利率收入而在理论上应支付的价格。它的决定变量有以下三个：

1. 债券期值

债券期值指的是债券到期时的总价值或总收入，包括本金和利率两部分。其计算公式为：

$$债券期值=债券面额+（债券面额\times 票面利率\times 有效期限）$$

2. 债券期限

对投资者来说，债券期限有两种：①有效期限，指债券发行日至最终偿还日止这段时间；②待偿期限。指债券进入交易市场后由本次交易日起至最终偿还日止这段时间。债券的有效期限，一般用于债券发行价格的计算，而债券的待偿期限则用于计算债券的交易价格。

3. 利率水平

指债券市场上绝大多数买卖双方都能接受的债券收益水平。

对任何一种债券，只要已知上述三个变量就可以计算出它的理论价格，但由于债券有各种计息方式和不同的付息次数，因而其现值也将是各种不同的结果。

第二节　证券价格指数

一、股票价格指数及其意义

（一）股票价格指数

股票价格指数，简称股价指数，指的是金融服务机构编制的，通过对股票市场上一些有代表性的公司发行的股票价格，进行平均计算和动态对比后得出的数值。股票价格指数，是对股市动态的综合反映。

编制股票价格指数的作用在于，综合考察股票市场的动态变化过程，反映股票市场的价格水平，为社会公众提供股票投资和合法的股票增值活动的参考依据。购买股票是一种投资行为，收益和风险并存。为了帮助投资者实现投资目的，建立正常的、规范的投资环境，客观上需要一种能够综合反映股票市场发展变化和股市水平的指标作为决策依据。股票价格指数就是这样一种具有决策依据功能的指标。

在计算股价指数时，通常将股价指数和股价平均数分别进行计算，这主要是根据两者对股市的实际作用不同而做出的。股价平均数是反映多种股票价格变动的一般水平，通常以算术平均数表示。而股价指数是反映不同时期的股价变动情况的相对指标，通过它人们可以了解计算期的股价比基期的股价上升或下降的百分比。

（二）股票价格指数的意义

股价指数是反映股票价格综合变动趋势和程度的比较数，是将多种股票的某种平均价在两个不同时期的数值进行比较的结果。其意义在于：

（1）股价指数不仅能反映一定时点上市股票价格的相对水平，同时也能反映一定时期股票市场平均涨落变化的情况和幅度。

（2）股价指数不仅反映了股票市场发展变化的趋势，而且也大致反映了国民经济的基本情况和发展态势，是衡量一国政治经济状况的参照表。

（3）股价指数为股票投资者提供了公开和合法的参考依据，投资者通过股价指数的起伏变动可以观察和分析股票市场的发展趋势，从而作出相应的投资选择。

（4）股价指数本身为投资者提供了一种新的投资机会，例如股价指数期货交易。因此，股价指数实际上已成为一种相对独立的金融投资工具。

二、股票价格指数的计算

股价指数基本功能是用平均值的变化来描述股票市场股价的动态。股价指数主要由证券交易所、金融服务机构、研究咨询机构或财经媒体等编制和发布。

（一）股票价格平均数和股价指数的编制步骤

股票价格平均数和股票价格指数是将某一证券交易所上市的全部股票或部分股票按一定方法计算而得出的在某一时点的价格平均值。其编制步骤可分为四步：

1. 确定样本股

选择一定数量有代表性的上市公司股票作为编制股票价格平均数和股票价格指数的样本股。样本股的数量并没有统一规定，可以选择全部上市公司，也可以选择其中有代表性的一部分。样本股的选择有一定标准，主要考虑两条：一是样本股的市场价值要占在交易所上市的全部股票的市价总值的大部分，这样计算的结果才能更真实地反映整个股票市场的情况；二是样本股票价格变动趋势必须能反映市场股票价格变动的总趋势。样本股确定后并非一劳永逸，要经常注意观察调整，让更有活力和代表性的公司股票取代逐渐失去活力和代表性的股票。

2. 选定某基期，并以一定方法计算基期平均股票价格或市价总值

通常选择某一有代表性或股价相对比较稳定的日期为基期，并按选定的某一种方法计算这一天的样本股平均价格或市价总值。

3. 计算计算期平均股票价格或市价总值并作必要的修正

收集样本股在计算期的价格并按选定的计算方法计算平均价格或市价总值。有代表性的价格是样本股收盘平均价，有的股价指数每半小时或每一小时计算一次，有的则计算即时指数。有时因拆股、除权等情况而需要对计算结果进行修正，以保持计算结果的连续

性、真实性及前后的可比性。

4. 指数化

指数化是将以货币单位表示的平均股价化成以“点”为单位的股票价格指数。其方法是设定样本股基期平均股票价格或市价总值为某一固定点数作为固定乘数，再以某一计算期样本股的平均价格或市价总值除以基期平均价格或市价总值再乘以该固定乘数，即得到该计算期的股价指数。固定乘数通常为100或1000，代表将基期的平均价格或市值作为100或1000点开始计算。股价指数单位“点”，不是百分点，更不是货币单位，而是指数的计算单位。

股价指数的基期确定以后一般情况下不做改变，此后不断将计算期的平均股票价格与基期作逐一比较，所以股票价格指数实质上是按基比方法计算的统计指标。

（二）股票价格平均数的计算

在编制股票价格指数之前，必须计算平均股价。平均股价也称股价平均数，指的是股票市场全部股票或采样股票的平均价格，主要用来反映股票市场价格的绝对水平。股票价格平均数并非真正意义上的指数，无需经过指数化这一步骤。平均股价的计算方法通常有以下几种。

1. 简单算术平均法

简单算术平均法即把采样股票某一时点的价格加总，然后以简单算术平均，其所得的平均值即为平均股价。其计算公式为：

$$\overline{P}=\frac{1}{n}\sum_{i=1}^{n}P_i$$

式中，$\overline{P}$ 为平均股价；P_i 为某一时点第 i 种采样股票的价格；n 为股票样本数。

用简单算术平均法计算出的平均股价，虽然有利于判断股票投资的获利情况，进而知道平均股价在利率体系中是偏高还是偏低。但是，它的缺陷也是很明显的，由于它没有考虑股票分割、权数不同等因素的影响，所以，不能反映股价一般的、长期的和动态的变化，也容易受发行量或交易量较少的股票价格的涨落所左右，难以真实反映股市动态。这种方法通常只在证券交易所开办之初尚未有除权因素时使用。

2. 加权平均法

加权平均法即考虑采样股票的发行量或交易量权数影响的一种计算方法。以发行量为权数的加权平均股价，等于采样股票的市价总额除以采样股票发行量，而以交易量为权数的加权平均股价，则等于采样股票的成交总额除以采样股票交易量。计算公式为：

$$\overline{P}=\frac{\sum_{i=1}^{n}P_iQ_i}{\sum_{i=1}^{n}Q_i}$$

式中，Q_i 为第 i 种采样股票的交易量（成交量）或发行量，其他符号定义同上。

（三）股票价格指数的计算

股票价格指数是报告期的股价与某一基期相比较的相对变化指数，反映了市场股价的相对水平。它的编制首先假定某一时点为基期，基期值为 100（或为 10，或为 1000），然后再用报告期股价与基期股价相比较而得出。其计算方法主要有以下几种。

1. 简单算数平均法

即在计算出采样股票个别价格指数的基础上，加总求其算术平均数。计算公式为：

$$pI=\frac{1}{n}\sum_{i=1}^{n}\frac{p_{1i}}{P_{0i}}\times 100\%$$

式中，P^I 为股价指数，P_{0i} 为基期第 i 种股票价格，P_{1i} 为报告期第 i 种股票价格，n 为股票样本数。

现假设某股市四种股票的交易资料见表 7-1，计算股价指数。

表 7-1　某股市四种股票交易概况

股票种类	股价		交易量	
	基期（P_0）	报告期（P_1）	基期（P_0）	报告期（P_1）
A	5	8	100	150
B	8	12	50	90
C	10	14	120	70
D	15	18	60	80

将表中数字带入公式，得：

$$股份指数=\frac{1}{4}\left(\frac{8}{5}+\frac{12}{8}+\frac{14}{10}+\frac{18}{15}\right)\times 100=142.5$$

这说明报告期的股价比基期（基期为 100）上升了 42.5 个百分点。

2. 综合平均法

即分别把基期和报告期的股价加总后，用报告期股价总额与基期股价总额相比较。计算公式为：

$$P^I=\frac{\sum_{i=1}^{n}P_{1i}}{\sum_{i=1}^{n}P_{0i}}$$

代入表 7-1 中的数字，则报告期的股价指数等于 136.8，即报告期的股价比基期上升了 36.8 个百分点。

3. 几何平均法

即分别把基期和报告期的股价相乘后开 n 次方，再用报告期与基期相比。其计算公式为：

$$P^I=\frac{\sqrt[n]{P_{11}\times P_{12}\times\cdots\times P_{1n}}}{\sqrt[n]{P_{01}\times P_{02}\times\cdots\times P_{0n}}}$$

4. 加权综合法

无论是简单算术平均法，还是综合平均法或几何平均法，在计算股价指数时，都没有考虑到各采样股票权数对股票总额的影响，因而难以全面真实地反映股市价格变动情况，需要用加权综合法来弥补其不足。根据权数选择的不同，计算股价指数的加权综合法公式有以下几种。

（1）以基期交易量（Q_{0i}）为权数的公式为：

$$P^I=\frac{\sum_{i=1}^{n}P_{1i}Q_{0i}}{\sum_{i=1}^{n}P_{0i}Q_{0i}}$$

（2）以报告期交易量（Q_{1i}）为权数的公式为：

$$P^I=\frac{\sum_{i=1}^{n}P_{1i}Q_{1i}}{\sum_{i=1}^{n}P_{0i}Q_{1i}}$$

（3）以报告期发行量（W_{1i}）为权数的公式为：

$$P^I=\frac{\sum_{i=1}^{n}P_{1i}W_{1i}}{\sum_{i=1}^{n}P_{0i}W_{1i}}$$

5. 加权几何平均法

在股价指数计算中，人们为了调和交易量在基期和报告期的不同影响，提出了加权平均法公式，即：

$$P^I=\sqrt{\frac{\sum_{i=1}^{n}P_{1i}Q_{0i}}{\sum_{i=1}^{n}P_{0i}Q_{0i}}\times\frac{\sum_{i=1}^{n}P_{1i}Q_{1i}}{\sum_{i=1}^{n}P_{0i}Q_{1i}}}$$

三、我国主要股票价格指数

（一）上证综合指数

上证综合指数是上海证券交易所股票价格综合指数的简称。该指数的前身为上海静安指数，是由中国工商银行上海市分行信托投资公司静安证券业务部于 1987 年 11 月 2 日开始编制的。上证综合指数是上海证券交易所于 1991 年 7 月 15 日开始编制和公布的，以 1990 年 12 月 19 日为基期，基期值为 100，以全部的上市股票为样本，以股票发行量为权数进行编制。随着上市品种的不断丰富，上海证券交易所在这一综合指数的基础上，从 1992 年 2 月起分别公布 A 股指数和 B 股指数；1993 年 5 月 3 日起正式公布工业、商业、地产业、公用事业和综合五大类分类股价指数。

（二）深圳综合指数

深圳证券交易所股票价格综合指数的简称，深圳证券交易所于 1991 年 4 月 4 日开始编制发布。它以 1991 年 4 月 3 日为基期，基期值为 100，采用基期的总股本为权数计算编制。该指数以所有上市股票为采样股，当有新股上市时，在其上市后第二天纳入采样股计算；若采样股的股本结构有所变动，则以变动之日为新基日，并以新基数计算。同时，用连锁的方法将计算得到的指数溯源到原有基日，以维持指数的连续性。

深圳综合指数的缺点：①用总股本作为权数不尽合理。中国股市目前只是个人股市场，国家股和法人股尚不能完全上市流通。如果用总股本作权数，容易产生偏差。②新股上市影响指数走低。③结构变动频繁。每次新股上市即纳入指数计算，从最初的 5 只增加到开始编制成分股指数时的 142 只，每只股票对指数的影响在不断降低，内部结构在不断变化，指数前后的可比性不强。④除权时的调整计算有偏差。由于采用总股本计算除权价，如果国家股、法人股、个人股分红方案不同，则这种除权价对于个人股来说往往不是一个有效的指标，用来计算指数会产生偏差。有时填权股票会使指数下跌；贴权股票却使指数上升。

（三）深圳成分股指数

由于在实际运作和反映股市实际运行状态方面，深圳综合指数存在着较明显的缺陷，深圳证券交易所自 1995 年 1 月 3 日开始编制深圳成分股指数，并于同年 2 月 20 日实时对外发布。

成分股指数是通过对所有上市公司进行考察，按一定标准选出一定数量有代表性的公司编制成分股指数，采用成分股的可流通股数作为权数，实施综合法进行编制。成分股指数按照股票种类分 A 股指数和 B 股指数。A 股指数按其所属行业分，包括工业分类指数、商业分类指数、金融分类指数、地产分类指数、公用事业分类指数、综合企业分类指数。每个分类指数至少用 3 家成分股编制。

成分股指数及其分类指数的基日定为 1994 年 7 月 20 日。成分股指数的基日指数定为 1000 点，主要是基于以下考虑：首先，指数“点”只是一种计量单位，可大可小。其次，国外有先例。其次，深圳股市波动较小。因此，在设计成分股指数时，用较小的“千分点”作为计量单位，将基日指数定为 1000，其用意是想较直观地反映股价走势。最后，便于指数期货的运作和结算。在指数期货交易中，一个“指数点”代表一定数量的现金。减小指数的计量单位，相当于减少指数期货中平仓与交割时的结算单位，可以使结算工作更加准确，便于指数期货的开展。深圳交易所从 1995 年 2 月 20 日开始，以新证券挂牌方式从行情中实时发布成分股指数，成分股指数（不含分类指数）发布名称、编码见表 7－2。指数的发布内容包括前日收市、今日开市、最高指数、最低指数和当前指数。

表 7－2 深圳成分股指数编码

名称	编码	含义
深证成指	9901	深证成分股指数
成分 A 指	9902	成分 A 股指数
成分 B 指	9903	成分 B 股指数

（四）上证 30 指数

上证 30 指数是由上海证券交易所编制，以在上海证券交易所上市的所有 A 股股票中选取最具市场代表性的 30 种样本股票为计算对象，并以流通股数为权数的加权综合股价指数，取 1996 年 1 月至 1996 年 3 月的平均流通市值为指数的基期，基期指数定为 1000 点。上证 30 指数以“点”为单位。

这 30 家样本股的选定是根据既定的样本股选择原则，同时按照定性分析与定量分析相结合，总量分析与结构分析相结合的方法，通过对各种资料的翔实分析后进行综合考虑，由专家委员会采用讨论的方式选出。上证 30 指数自 2002 年 7 月 1 日起不再编制，在其基础上编制新的上证 180 指数。

（五）上证 180 指数

这是在原上证 30 指数编制方法的基础上作进一步完善后形成的，也称上证成分股指数。

该指数的推出，目的在于建立一个能够反映上海证券市场运行状况、能够作为投资评价尺度及金融衍生产品基础的基准指数。

上证 180 指数的推出，解决了困扰市场已久的指数标的问题，为指数基金提供了一个可以借鉴的蓝本，对指数化投资有较强的可行性和指导性，是指数基金的理想选择。

在编制方法上，上证 180 指数的成分股选择考虑了样本空间、样本数量选样标准、行业分类和选样方法等因素。在行业分类方面，既以全球行业分类标准（GICS）为基础，又结合了我国上市公司的实际情况进行调整，将上市公司分为能源、材料、工业、金融、信息技术等 10 大行业。

上证成分股指数的样本股共有 180 只股票，选择样本股的标准是遵循规模（总市值、流通市值）、流动性（成交金额、换手率）、行业代表性三项指标，即选取规模大、流动性好且具有行业代表性的股票作为样本。上证成分股指数的样本空间，是在剔除上市时间不足一个季度、暂停上市、经营状况异常或最近财务报告严重亏损、股价波动较大、市场表现明显受到操纵等股票的范围内选择的。上证成分股指数依据样本稳定性和动态跟踪的原则，每年调整一次成分股，每次调整比例不超过 10%，特殊情况下也可能对样本股进行临时调整。上证成分股指数采用派许加权综合价格指数公式计算，以样本股的调整股本数为权数，并采用流通股本占总股本比例分级靠档加权计算方法。当样本股名单发生变化，或样本股的股本结构发生变化，或股价出现非交易因素的变动时，采用“除数修正法”修正原固定除数，以维护指数的连续性。上证 180 指数是 1996 年 7 月 1 日起正式发布的上证 30 指数的延续，从 2002 年 7 月 1 日起正式发布，基点为 2002 年 6 月 28 日上证 30 指数的收盘点数 3209.05 点。

（六）上证 50 指数

2004 年 1 月 2 日，上海证券交易所发布了上证 50 指数。上证 50 指数根据流通市值、成交金额对股票进行综合排名，从上证 180 指数样本中选取排名前 50 位的股票组成样本。该指数以 2003 年 12 月 31 日为基日，以该日 50 只成份股的调整市值为基期，基期指数定为 1000 点。上证 50 指数采用派许加权方法，按照样本股的调整股本数为权数进行加权计算。其计算公式为：

$$报告期指数=\frac{报告期成分股的调整市值}{基期成分股的调整市值}$$

式中，调整市值$=\sum$(市价×调整股数)。

调整股本数采用分级靠档的方法对成分股股本进行调整。上证50指数的分级靠档方法见表7-3：

表7-3 上证50指数的分级靠档方法

流通比例/%	≤10	(10，20]	(20，30]	(30，40]	(40，50]	(50，60]	(60，70]	(70，80]	>80
加权比例/%	流通比例	20	30	40	50	60	70	80	100

（七）中小企业板指数

中小企业板指数简称“中小板指数”，由深圳证券交易所编制。中小企业板指数以全部在中小企业板上市后并正常交易的股票为样本，以最新自由流通股本数为权重，即扣除流通受限制的股份后的股本数量作为权重，以计算期加权法计算，并以逐日连锁计算的方法得出实时指数的综合指数。中小板指数以第50只中小企业板股票上市交易的日期2005年6月7日为基日，设定基点为1000点，以2005年11月30日收市价计算确定发布点位，于2005年12月1日起正式对外发布。

（八）中证规模指数体系

中证指数有限公司由上海证券交易所和深圳证券交易所共同发起设立，于2005年9月23日在上海设立。中证指数有限公司已发布中证规模指数体系，包括中证300指数、中证100指数、中证200指数、中证500指数、中证700指数、中证800指数。

1. 中证300指数

它又称“沪深300指数”，指数成分股的选择空间是：上市交易时间超过一个季度（流通市值排名前30位除外；非ST、*ST股票，非暂停上市股票；公司经济状况良好，最近一年无重大违法违规事件、财务报告无重大问题；股票价格无明显的差异波动或市场操纵；剔除其他经专家委员会认定的不能进入指数的股票。选样标准是规模大、流动性好。选样方法是，先计算样本空间股票最近一年（新股为上市以来）的日均总市价值、日均流通市值、日均流通股份数、日均成交金额和日均成交股份数五个指标，再将上述指标的比重按2∶2∶2∶1∶1进行加权平均，然后将计算结果从高到低排序，选取排名在前300的股票。指数的计算方法是，以调整股本为权重，采用派许加权综合价格指数公式计算。当样本股名单、股本结构发生变化或样本股本的市值出现非交易因素的变动时，采用“除数修正法”修正原固定除数，以保证指数的连续性。需要修正的情况包括除息、除权、停牌、摘牌、股本变动、停市等。指数基日为2004年12月31日，基点为1000点。

2. 中证100指数

中证100指数以沪深300指数样本股作为样本空间，样本数量100只，选样方法是根据总市价对样本空间内股票进行排名，原则上挑选排名前100名的股票组成样本。中证100指数计算方法、修正方法与沪深300指数相同，指数以2005年12月30日为基日，基点为1000点。

3. 中证规模指数体系其他指数

中证指数公司于2007年1月5日正式发布中证200指数、中证500指数、中证700指数、中证800指数。这些指数与沪深300指数、中证100指数共同构成中证规模指数体系。其中，中证100指数定位于大盘指数，中证200指数定位中盘指数，沪深300指数为大中盘指数，中证500指数为小盘指数，中证700指数为中小盘指数，中证800指数则由大中小盘指数构成。中证200指数、中证500指数、中证700指数、中证800指数的基日为2004年12月31日，基点为1000点。指数的样本空间、计算方法和指数修正方法同沪深300指数。

（九）恒生股票价格指数

该指数是由香港恒生银行编制、反映香港股票市场股票价格变动的指数，也是香港股票市场历史最为悠久、影响最大的一种股价指数。它从1969年11月24日开始发布，其基期为1964年7月31日，基期值为100，计算方法为修正加权综合法。后来因为恒生指数按行业增设了四个分类指数，将基期改为1984年1月13日，并将该日收市指数的975.47点定为新基期指数。

恒生指数的采样股票，是从香港上市公司中挑选出来的33家有代表性的大公司的股票。这33种采样股票分成四大类：金融业股票4种；公用事业股票6种；房地产业股票9种；其他工商业包括航运业、酒店业等股票14种。成分股主要根据以下四个标准选定：①股票在市场上的重要程度；②股票成交额对投资者的影响；③股票发行在外的数量能应付市场旺盛时的需要；④公司的业务应以香港为基地。这些股票分布在香港主要行业，都是最具代表性和实力雄厚的大公司。它们的市价总值要占香港所有上市股票市价总值的70%和交易所总交易量的80%左右。恒生指数由于采样面广、基期选择恰当，能够真实地反映香港股市的变动。

其计算过程是：将33种股票按每天的收盘价乘以各自的发行股数为报告期的资本市值，再与基期的资本市值相比较，乘以100就得出当天股价指数。

由于恒生指数具有基期选择恰当、成分股代表性强、计算频率高、指数连续性好等特点，因此一直是反映和衡量香港股市变动趋势的主要指标。

恒生指数的成分股并不固定，自1969年以来，已作了10多次调整，从而使成分股更具有代表性，使恒生指数更能准确反映市场变动状况。香港恒生指数成分股编制规则沿用37年，于2006年2月提出改制，首次将H股纳入恒生指数成分股。上市标准是：以H股形式于香港上市的内地企业，只要公司的股本以全流通形式于香港联交所上市；H股公司已完成股权分置，且无非上市股本；或者新上市的H股公司无非上市股本，则将获考虑纳入恒生指数成分股。2006年末，中国建设银行、中国石化、中国银行已入选恒指成分股，恒生指数成分股数目由原来的33只增加至36只。2007年3月12日起将工行、中国人寿纳入恒生指数，至此，恒生指数成分股增加至38只，新增加的5只全部是国企股。除首度将H股纳入恒生指数成分股外，恒生指数的编算方法也出现变动：由总市值加权法改为以流通市值调整计算，并为成分股设定15%的比重上限。近年来，国企股占港总市值和成交额的比重不断上升，变动后的恒生指数更能全面反映市况，更具市场代表性。

(十) 台湾证券交易所发行量加权股价指数

台湾证券交易所目前发布的股价指数中，以发行股数加权计算的有26种，包括发行量加权股价指数(未含金融股发行量加权股价指数，未含电子股发行量加权股价指数)；还有22种产业分类股价指数，与英国富时(FTSE)共同编制的台湾50指数，以及以算术平均法计算的综合股价平均数和工业指数平均数。

四、境外主要股票价格指数

(一) 道—琼斯股票价格平均指数

这是国际上历史最悠久、最有影响而又最为公众所熟悉的股价指数。早在1844年7月3日，道—琼斯公司的创始人根据美国的11种有代表性的股票编制股票价格平均数，并把它发表于该公司所编的《每日通讯》(1889年改为《华尔街日报》)上。以后该公司在编制股票价格平均指数时，对其采样股票种类和数目及编制方法都作过多次改变。目前，道—琼斯股价指数是以1928年10月1日为基期，基期指数为100，以后各期股票价格同基期相比算出的百分数，就成为各期的股价指数，以“点”来表示。

目前，道—琼斯指数由4种股价平均指数组成：30种工业股票价格平均指数；20种运输业股票价格平均指数；15种公用事业股票价格平均指数和综合前三组65种股票价格平均指数而得出的综合指数。其中，第一组30种工业股票价格平均指数，是纽约股票市场最有影响、最有代表性的股价指数，报刊上经常引用的道—琼斯指数，一般指的就是该组指数。道—琼斯指数虽然在世界上久负盛名，为世界各股票交易所和股票投资者所重视，但它们存在的弱点遭到一些经济学家的批评。道—琼斯指数的弱点主要表现在：采样股票数目较少，且多是热门股，缺乏广泛的代表性；没有考虑权数影响，致使少数几种流通性较小的股票价格的大幅度涨落对平均数产生很大影响。

(二) 标准—普尔股票价格指数

标准—普尔股票价格指数也称斯坦达德—普尔股票价格指数，其英文名称是Standard &Poors Stock Price Indexes。它是美国最大的证券研究机构标准—普尔公司编制发表的，用以反映美国股票市场行情变化的股价指数。

标准—普尔指数1923年开始编制。最初的采样股票共233种，到1957年样本股扩展到500种，指数种类增加至95种，其中工业股票425种，铁路股票15种，公用事业股票60种。1976年7月1日又做了改动，采样股票仍为500种，但其构成变为工业股票400种，运输业股票20种，公用事业股票40种，金融业股票40种。标准—普尔公司采用高速电子计算机，每小时计算并公布一次，美国《商业周刊》每期都刊载该指数。

标准—普尔指数的计算方法是加权平均法，以1941年至1943年间的平均市价总额为基期值，以“10”作为基期的平均值，以上市股票数为权数进行计算。该指数具有如下特点：

(1) 该指数500种采样股票，其市价总额约占纽约证券交易所所有股票价值的80%，有很广泛的代表性；

(2) 它考虑了许多影响股价变动的因素，因而，有很高的敏感性；

(3) 在股票分割等情况下，由于只是股份的增加，股票的市价总额并未发生变化，因此，在计算指数时不需要作调整；

(4) 能为投资者提供多达 95 类股票的价格指数。由于上述特点，标准—普尔指数在美国备受重视。美国商业部出版的《商情摘要》一直把它作为经济周期变化的 12 个先行指标之一。

(三) 纽约证券交易所股票价格指数

该指数是由纽约证券交易所编制的在美国颇有影响的股价指数之一。

该指数包括在纽约证券交易所上市的 1570 家公司的所有股票 (1570 种)。它除了有综合股价指数之外，还包括由 1093 种股票组成的工业股票价格指数；223 种金融、投资、保险、不动产业等股票组成的金融业股票价格指数；189 种股票组成的公用事业股票价格指数；65 种股票组成的运输业股票价格指数。

该指数的计算方法和调整方法与标准—普尔指数相同，所不同的只是基准的确定时间和基期值。该指数的基期为 1965 年 12 月 31 日，基期指数值为"50"。1966 年开始计算公布，每半小时公布一次。

(四)《金融时报》股票价格指数

《金融时报》股票价格指数即由英国伦敦《金融时报》编制发表的、反映伦敦证券交易所工业和其他行业的股票价格变动的指数。

这是英国最具权威性的股票价格指数，该指数的采样股票分为三组：第一组在伦敦证券交易所上市的英国工业有代表性的 30 家大公司的 30 种股票，即金融时报工业股票价格指数，又称 30 种股票指数。该指数包括 30 种最优良的工业股票，其中有烟草、食油、电子、化学药品、金融机构、原油等等。由于这 30 家公司股票市值在整个股市中所占的比重大，具有一定的代表性，因此该指数是反映伦敦证券市场股票行情变化的重要尺度。它以 1935 年 7 月 1 日为基期，基数为 100。它以能及时反映伦敦股票市场动态而闻名于世。第二组是 100 种股票交易指数，又称"FT－100 指数"，该指数自 1984 年 1 月 3 日编制并公布。这一指数挑选了 100 家有代表性的大公司股票，又因它通过伦敦股票市场自动报价电脑系统，可随时得出股票市价并每分钟计算一次，因此能迅速敏捷地反映股市行情的变动，自公布以来得到人们广泛重视。为了便于期货交易和期权交易，该指数基值定为 1000。第三组是综合精算股票指数。该指数从伦敦股市上精选 500 多种股票作为样本股加以计算，它自 1962 年 4 月 10 日起编制和公布，并以这一天为基期，令基数为 100。这组指数的特点是统计面宽、范围广，能较全面地反映整个股市情况。

(五) 日经股票价格指数 (Nikkei Index)

该指数是一种股票价格平均数，是由日本经济新闻社编制并公布的、反映日本股票市场价格变动的股票价格平均数。其计算方法采用的是美国道—琼斯指数所用的修正法，基期为 1950 年 9 月 7 日。

按计算对象和采样数目不同，该指数分为两种：

(1) 日经 225 种平均股价。其所选样本均为在东京证券交易所第一市场上市的股票，这些采样股票原则上是固定不变的。由于日经 225 种平均股价是自 1950 年开始并一直延续下来的，具有可比性和连续性，成为考察分析日本股票市场股价的长期演变及其趋势最常用、最可靠的指标。

(2) 日经500种平均股价，从1982年1月4日开始编制。该指数样本不是固定的，每年4月，根据前三个结算年度各股份有限公司的经营状况、股票成交量、市价总额等情况为基本条件更换采样股票。日经500种平均股价所选样本多，具有广泛的代表性，因而能比较全面、真实地反映日本股市行情的变化，还能反映日本产业结构的变动。

经日本经济新闻社与美国道—琼斯公司协商，从1985年5月1日起，日经—道—琼斯指数改为"日经指数"或"日经平均股价"。该指数每天刊登在《日本经济新闻》上。

(六) 东证股票价格指数

全称是东京证券交易所股票价格指数，是由日本东京证券交易所编制和公布的反映该证券交易所第一市场全部上市股票的价格指数。该指数1969年7月1日开始编制，采用加权平均法和基数修正法进行综合计算，以1968年1月4日为基期，基期指数值为100。

除东证股价指数外，东京证券交易所还编制、公布了规模不同的股价指数：上市股数在2亿股以上的大型股、上市股数在6000万以上的中型股和上市股数在6000万以下的小型股等股价指数以及第二市场的股价指数。由于东证股价指数的计算对象分布面广泛，不仅包括上市条件高的第一市场的全部股票，而且还从第二市场中选取了300种股票作样本，所以，代表性较强；又因为在计算方法上既考虑到权数的作用，同时采用了基数修正法以及时适应市场变化。所以，该指数又能正确、客观地反映日本股票市场的交易规模和股价的变动，具有较高的准确性和敏感性。

五、我国的债券指数

(一) 中国债券指数

2002年12月31日，中央国债登记结算有限责任公司开始发布中国债券指数系列，该指数系列包括国债指数、企业债指数、政策性银行金融债指数、银行间国债券指数、交易所债券指数、中短期债券指数和长期国债指数等，覆盖了交易所市场和银行间市场所有发行额在50亿元人民币以上，待偿期限在1年以上的债券，指数样本债券每月月末调整一次。该指数系列以2001年12月31日为基日，基期指数为100，每工作日计算一次。样本债券价格选取日终全价。当债券有交易结算时，对银行间债券市场中流通债券选取该债券的当日日终加权平均结算价格（剔除远期价格和协议价格），对交易所债券选取每日交易收盘价；当银行间债券市场债券没有交易结算发生时，取该券种双边报价中的最优申报价；若既无结算价也无报价时，通过信息网上的窗口询价或直接询价；对没有市场价格的样本债券，则采用模型定价。以债券发行规模的市值为权重并对单只债券品种对债券指数的贡献率进行流动性调整。随着样本中债券的加入和退出，加权结构相应调整。为反映债券市场现券交投不活跃的特点，在指数计算中加入了流动性调整，反映在指数权重中。债券流动性指标在每两个月月末进行重新确定。债券利息再投资的处理方法是将利息按原来的权重投资于债券指数本身。

中国债券指数采用市值加权法计算，基本公式为：

$$I_T = I_{T-1} \times \sum_{j=1}^{N} LjRjWj$$

式中，I_T表示T日指数，I_{T-1}表示$T-1$日指数，Lj表示债券j的流动性，Rj表示债券j

的每日相对回报，N 表示债券样本个数，Wj 表示债券当日市值权重。

（二）上证国债指数

上海证券交易所自 2003 年 1 月 2 日起发布上证国债指数。上证国债指数以在上海证券交易所上市的、剩余期限在 1 年以上的固定利率国债和一次还本付息国债为样本，按照国债发行量加权，基日为 2002 年 12 月 31 日，基点为 100 点。

上证国债指数采用派许法计算加权综合价格指数，以样本国债的发行量为权数，计算公式为：

$$\text{报告期指数}=\frac{\text{报告期成分国债总市值}}{\text{基期成分国债总市值}}\times\text{基期指数}$$

式中，总市值 $=\sum$（全价 × 发行量），全价 = 净价 + 应计利息。

当成分国债的市值出现非交易因素的变动时，采用“除数修正法”修正原固定除数，以保证指数的连续性。修正公式为：

$$\text{新除数}=\text{修正后的市值}/\text{修正前的市值}\times\text{原除数}$$

式中，修正后的市值=修正前的市值+新增（减）市值。由此得出新除数（即修正后的除数），并据此计算以后的指数。

当出现以下情况时，国债指数需要修正：

（1）新上市国债自第二个交易日起计入指数。

（2）国债付息在除息日前修正指数。

（3）当某一成分国债暂停交易时，不做调整，用该国债暂停交易日的前一交易日收盘价计算指数。

（4）凡有成分国债发生发行量变动，在成分国债的发行量变动日前修正指数。在每月的最后一个交易日，将剩余期限不到 1 年的国债从指数样本中剔除，指数作相应调整。

（三）深市企业债指数

深圳证券信息有限公司于 2002 年 2 月 17 日起发布企业债指数。该指数在交易所上市交易的固定利率且不附带转股、优先购买股票权利、剩余期限在 1 年以上（含 1 年）的企业债券为样本，以 2002 年 12 月 31 日为基准日，基日指数为 100，采用派许加权法编制。当成分债券出现付息情况时，在除息日将分母中该成分债券的收市价更新为除息参考价，除息参考价以深圳和上海证券交易所计算为准。企业债指数样本于每月 5 日和 11 月第四周第 1 个交易日进行定期调整。需要对成分债券进行调整的情况是：新的企业债券发行上市且符合选取原则时，调入指数；成分债券剩余期限不足 1 年时，调出指数。

六、基金指数

我国的基金指数由上证基金指数和深证基金指数组成。上证基金指数的选样范围为在上海证券交易所上市的所有证券投资基金。该指数的基日指数为 1000 点，指数代码为 000011，于 2000 年 5 月 9 日开始正式发布。深圳基金指数的样本包括已在深圳证券交易所上市的所有证券投资基金。新上市的基金自上市后第 2 个交易日起纳入指数计算范围。深圳基金指数的编制采用派许加权综合指数法计算，权数为各证券投资基金的总发行规模，以2000年6月30日为基日，基日指数为1000点。基金指数的计算方法、修正方法与股票指数大致相同，只是基金指数不纳入任何一个股价指数的编制范围。

本章小结

本章重点论述了股票价格的类型及计算，对证券价格指数，尤其是股票价格指数的计算方法作了说明，并对国内外若干著名股价指数做了概括性介绍。

关键概念

股票价格指数　除权价　填权　贴权　上证综合指数　债券指数　基金指数

本章思考题

1. 什么是股票价格指数？有什么意义？
2. 股票价格指数如何计算？
3. 股票除权价如何计算？
4. 简述我国主要股票价格指数的内容。

Part Four

第四篇 证券投资分析篇

第八章
证券投资分析概述

本章学习重点

证券投资信息的内容和渠道；证券投资分析的方法与流派。

第一节　证券投资信息

投资是有风险的，成功的投资除了要有一定的投资策略和技巧外，最关键的是要充分掌握与投资有关的信息，对信息做出正确的分析和判断。证券市场变化莫测，信息千变万化，不同的时点，不同的信息会对证券市场产生不同的影响，从而影响投资收益。下面我们首先来分析影响证券投资的信息及其来源。

一、信息

关于信息的含义存在不同的理解，如 1948 年，美国数学家、信息论的创始人仙农在题为“通讯的数学理论”的论文中指出：“信息是用来消除随机不定性的东西”。1948 年，美国著名数学家、控制论的创始人维纳在《控制论》一书中，指出：“信息就是信息，既非物质，也非能量。”

一般而言，信息（Information）又称作讯息、资讯，是一种消息，通常以文字或数据、声音、图像的形式来表现，是数据按有意义的关联排列的结果。

信息的基本特征有：①可识别性。信息是可以识别的，识别又可分为直接识别和间接识别，直接识别是指通过感官的识别，间接识别是指通过各种测试手段的识别。不同的信息源有不同的识别方法。②可存储性。信息是可以通过各种方法存储的。③可扩充性。信息随着时间的变化，将不断扩充。④可压缩性。人们对信息进行加工、整理、概括、归纳就可使之精练，从而浓缩。⑤可传递性。信息的可传递性是信息的本质等征。⑥可转换性。信息是可以由一种形态转换成另一种形态。⑦特定范围有效性。信息在特定的范围内才是有效的，否则是无效的。

二、信息的分类

（1）从资料信息所涉及的内容范围来看，有关世界政治经济形势，本国政治经济形势，某个行业发展状况、产业政策，某个公司的生产、销售、管理、财务、股权状况，某项产品生产与销售状况等方面的资料信息。

(2) 按资料信息的发布方式，可分为实时信息和历史信息两种。实时信息发布的是与市场同步的资料信息，如证券交易所发市的各种股价信息；历史信息发布的都是落后于市场的资料信息。

(3) 按资料信息发布的时间与频度，可分为定期信息和不定期信息。定期信息如按每天、每周、每月、半年、每年等固定的时间频度发布的资料信息。不定期信息是依据需要而随时发布的资料信息。

(4) 按资料信息的表现形式，可分为文字信息、音像信息、数据信息等。

(5) 按投资者是否支付费用，可分为无偿使用信息和有偿使用信息。

三、证券投资信息内容

投资者为了对社会经济活动、行业发展和公司经营状况进行分析，必须注意搜集、整理各类信息。证券投资信息即是一切直接或间接影响证券价格变动的信息，包括宏观层面、中观层面和微观层面的信息，即包括宏观经济态势、政府政策变动、国际经济形势、行业发展趋势、公司经营状况及股价变动、市场结构变化、证券行情变动情况、投资者情绪及心理变化、政局和社会的稳定状况等。

（一）宏观经济态势

宏观经济态势主要指国家宏观经济发展趋势。如国内生产总值增长率、通货膨胀率、利率水平等。股市是经济发展的晴雨表，国家经济增长速度快，经济繁荣，则证券市场整体表现会很好，否则会随着宏观经济的萧条而萧条。例如美国 2007 年次级债危机导致股指下跌，中国 2007 年至 2008 年股指下跌也受到宏观经济层面通货膨胀、货币升值、金融危机等因素的影响。

（二）政府政策变动

国家政策变动包括多个层面，经济体制的转变，企业所有制以及组织形式的转变，经济政策如财政政策、金融政策、产业政策、外贸政策等。

例如 2005 年我国启动的股权分置改革，以从根本上改变国有股和流通股两权分置，同股不同权的状况，完善资本市场，这是一个利好消息。利率、存款准备金率、财政支出、国债、贴现率等手段的出台一般都会对证券市场有一定的影响。一般情况下利率上升，是利空消息，会导致股指下跌。税收方面如我国 2008 年印花税从千分之三调低至千分之一，对我国证券市场也有很积极的影响。政府对产业结构的调整如对某些产业的保护或限制或支持，财政税收方面给予一定的限制或优惠都会对企业发展有一定的影响，从而影响其在证券市场上的价格表现。

（三）国际经济形势

现代经济越来越全球化，信息的传播和影响也越来越快，国家之间的相互依赖和影响也加强。这些通过国际贸易、国际资本流动、国际金融等相互作用。中国作为贸易大国，更加受到世界的关注。不同国家的经济结构不同、禀赋不同、资本价格不同、国际资本在趋利的目的下会在不同国家投资或投机，同时一国的经济状况会影响另一国的经济状况。

国际经贸动态对有进出口贸易和产品受国际市场影响的企业尤为重要。这些可以通过很多事例来说明。2007 年美国次级债危机，美元贬值对我国出口贸易很不利，以出口为主的企业受到重创，反映在资本市场上是其股价下跌。

（四）行业发展趋势

每个行业有各自的发展模式和发展趋势。传统行业更新慢，比较稳定。高科技行业更新快，发展速度也快，风险也大。互联网曾经一度是时代的弄潮儿，也诞生了很多网络神话和富翁。新浪、网易、阿里巴巴等就是例子。作为投资者来说，如果敢于冒险，可以投资高科技行业；如果比较保守则可以投资传统领域。

（五）公司经营状况及股价变动

证券投资具体来说是投资于具体的企业。因此，尽管宏观经济及行业发展很重要，但公司的经营状况才是决定投资是否成功的关键。公司经营状况包括公司规模、公司治理结构、公司主营业务、公司经营业绩、公司管理层情况及其变动、公司财务结构、公司一系列财务指标变动情况、股权变更、股利政策、融资方案等。其次是公司股票在证券市场的反应，如开盘价、最高价、最低价、收盘价、成交量、市盈率等。2007 年杭萧钢构就是一个很好的反面例证。

（六）市场结构变化

市场经济条件下市场竞争是激烈而充分的。市场竞争结构也在不断发生变化，一系列的重组、兼并与收购都将影响市场结构的变动，也影响公司的盈利水平。成功的重组、兼并与收购对公司盈利有积极的影响，反之则有不利影响。如微软对雅虎的收购、可口可乐对汇源果汁的收购，虽然都未收购成功，但对股价造成了较大影响。

（七）证券行情变动情况

证券行情处于动态的变化之中，价格充分的反映了市场信息，也体现了证券市场的发展趋势，对证券投资造成较大的影响。

（八）投资者情绪及心理变化

证券市场的投资行为也受到投资者的心理与行为的影响，或者说证券市场是众多投资者的一个心理博弈过程。

（九）政局和社会的稳定状况

能够对证券市场运行产生影响的政治和社会因素包括：战争爆发、国际重大政治活动、国家政权的更迭、国家主要领导人的更替、政府换届选举、国家重大的经济和社会发展战略决策、社会变迁等。

四、证券投资信息来源主体

从发布信息的主体看，证券投资信息的主要来源包括政府部门、证券交易所、中介机构、媒体等。

（一）政府部门

政府部门是国家重要政策的制定者，也是信息发布者，是一国证券市场宏观信息的主要来源。政府和政府机构公布的大量有关经济、金融行业的统计资料；政府在每年年初要公布上年国民经济和社会发展状况的统计资料，也会公布当年的国民经济与社会发展计划；每个月、每个季度国家统计局和各地方统计局会公布本月本季的生产、金融、市场、物价等资料；中央银行会定期公布有关货币、外汇、利率的信息。我们国家总体上来看有以下政府部门对证券市场会产生影响。

1. 国务院

国务院是国家进行宏观管理的最高机构，其颁布的各项法律、法规，重大方针政策，会对证券市场产生重大影响。

2. 中国证监会

中国证监会是直接监督管理我国证券市场的国务院直属事业单位。它主要负责制定证券市场的方针政策、发展规划，起草证券市场的有关法律法规，制定证券市场的有关规章制度，依法对证券市场的违法违规行为进行调查、处罚，对证券经营机构及证券市场进行监管等事宜。

3. 财政部

财政部是国家主管财政收支、财税政策、国有资本金基础工作的宏观调控部门。主要负责拟订和执行财政和税收的发展战略、方针政策以及发展规划，参与制定各项宏观经济政策，拟订财政、国有资本金基础管理，财务、会计管理的法律法规草案，制定和执行财政、财务、会计管理的规章制度等事宜。

4. 中国人民银行

中国人民银行作为我国的中央银行，是银行的银行。主要职责包括：依法制定和执行货币政策；负责金融业的统计、调查、分析和预测；持有、经营、管理国家外汇储备、黄金储备；经理国库，维护支付、清算系统的正常运行；从事有关国际金融活动，管理国家外汇管理局，承办国务院交办的其他事项。中国人民银行发布的各项重要金融指标、统计数据以及执行的货币政策等对证券市场价格以及证券研究都有很大的指导意义。

5. 商务部

商务部主管国内外贸易和国际经济合作，其主要职责包括：研究拟订规范市场运行和流通秩序的政策法规，促进市场体系的建立和完善，深化流通体制改革，监测分析市场运行和商品供求状况，组织开展国际经济合作，负责组织协调反倾销、反补贴的有关事宜和组织产业损害调查等。

6. 国家统计局

国家统计局是负责国民经济核算，定期对外发布国民经济和社会发展中有关统计数据的政府部门。统计数据对于研究和分析证券市场有很大的帮助。

7. 国家发展和改革委员会

国家发改委的主要职责是拟订并组织实施国家经济和社会发展战略、中长期规划和年度发展计划、产业政策和价格政策，监测和调节国民经济运行，优化重大经济结构，搞好总量平衡，安排国家重大建设项目，指导和推进经济体制改革。

8. 国资委

其主要职责是依法履行出资人职责，指导推进国有企业改革和重组，对所监管国有资产的保值增值进行监督，推进国有企业的现代企业制度建设，完善公司治理结构，推动国有经济结构和布局的调整。我们国家国有企业还占相当大一部分，国有企业的制度设计及上市流通方案等都会对证券市场产生一定影响。

（二）证券交易所

我国沪、深证券交易所是不以营利为目的的会员制事业法人，提供证券交易的场所和设施，接受上市申请，组织、监督证券交易，对会员、上市公司进行监督。其向社会公布的证券行情、按日制作的证券行情表以及就市场内成交情况编制的日报表、周报表、月报表与年报表等成为技术分析的首要信息来源。这些是我们进行投资时进行技术分析和公司基本面分析信息的主要来源。

（三）中介机构

证券中介机构是指为证券市场参与者如发行人、投资者等提供各种服务的专职机构。按提供服务主体不同，可以分为证券经营机构、证券投资咨询机构、证券登记结算机构以及可以从事证券相关业务的会计师事务所、资产评估事务所、律师事务所、信用评级机构等。比如我国的券商如国信证券、国泰君安证券，国际上的四大会计师事务所。现在各种金融性投资咨询公司如雨后春笋，它们一般拥有具备专业知识和丰富经验的分析人员，向投资者提供上市公司的背景材料、财务状况、市场表现和投资价值研究报告。金融服务机构研究和提供的专业性很强的金融信息和投资信息，包括研究报告非常专业，对我们投资或研究很有帮助。

（四）媒体

媒体主要包括网络、电视、报纸、期刊杂志等。以上所有信息发布的主体既可能通过自己的渠道来发布信息，也可能通过媒体发布信息。另外媒体本身有专业人员对各种信息进行收集、加工，为信息使用者提供了许多方便很多。期刊上登载着有关经济形势和国家宏观经济政策的专论，以及某个行业或某家企业的背景性文章。如我国的一些网站如和讯财经、全景网、中金在线等财经网站，报纸如中国经营报、中国证券报、经济观察报、第一财经等，杂志如证券导刊、上海证券等。

（五）上市公司发布的信息

上市公司有责任和义务向投资者提供有关本公司的信息。上市公司按规定在招股说明书、上市公告书、半年及全年的财务报表上真实全面地向股东报告公司经营及财务状况，还通过股东大会及其他形式报告公司最新发展情况，以及与公司有关的各种重大事件的公告消息等。

（六）其他来源

除以上几种渠道以外，投资者还可以通过实地调研、专家访谈、市场调查等获得有关信息，也可以通过同学、朋友、亲戚等获得相关信息，甚至包括内幕信息。当然内幕信息的获得是不符合法律规定的。

【专栏 8－1】　证券投资信息来源

由新华通讯社主办的《中国证券报》和由中国证券市场研究设计中心主办的《证券市场周刊》是我国权威性的证券投资信息来源，它们向投资者提供了全国证券市场的运作和发展情况，包括市场要闻、市场分析、市场行情及各上市公司资料等内容。此外，上海证券交易所出版的《上海证券》和深圳新兰德公司出版的《深圳股市动态》分别对沪、深两地每周的证券行情进行详尽的记录、分析、趋势评述和预测，也是很好的证券投资信息来源。此外，各种证券投资网站为投资者及时提供着大量可供参考的信息，如：证券之星、中国金融证券投资信息网、证券投资热线网、中国证券投资信息、金融证券投资信息网、风险投资证券投资网、新兰德证券投资信息网。

五、证券投资信息处理

面对纷繁的信息来源，任何人都不可能全部掌握，必须学会从浩繁的资料中选择对自己有用的资料。投资者要善于搜集、占有、整理各类资料，运用自己的知识和经验去伪存真、去粗取精、由表及里、由此及彼地分析判断这些信息。投资者通常要注意以下三点：

（一）善于甄别所搜集信息的可信程度

在信息社会中各类信息难免鱼龙混杂，有时投资者要学会区分信息的真伪。一般来说，政府、中央银行、证券监管机构指定的信息披露媒体登载的消息较为真实可靠。

（二）注意积累资料，保持信息的连续性

经济形势、行业发展、公司业绩不是凭半年一年的资料就可找出内在规律和发展趋势的，投资者要依据相同产品的长期历史资料进行排比分析才能从中受益。

（三）发散思维，综合判断

要学会将不同方面、不同层次、不同角度、不同时期的信息联系运用、综合分析，才能作出准确、合乎实际的判断。投资者要避免孤立、静止地对待所搜集的各类信息，更不可主观武断。

第二节　证券投资分析的流派与方法

一、证券投资分析的含义

证券投资分析是指人们通过各种专业性的分析方法对影响证券价值或价格的各种信息进行综合分析以判断证券价值或价格及其变动的行为，是证券投资过程中不可或缺的一个重要环节。

总的来说，证券投资分析可以降低投资风险，有利于正确选择投资对象和把握投资机会。投资者投资的目的是提高投资收益，降低风险损失。然而投资品种多样，不同的投资品种收益与风险不一样。同时，不同行业和不同公司的盈利水平也不一样。宏观政策和中观政策的变化也会对公司的业绩与发展有一定的影响。这些复杂的影响因素需要专业的证券投资分析。

二、证券投资分析的流派

随着现代投资组合理论的诞生，证券投资分析开始形成了四个基本的分析流派，即基本分析流派、技术分析流派、心理分析流派和学术分析流派。

（一）基本分析流派

是指以宏观经济形势、行业特征以及上市公司的基本财务数据作为投资分析对象和投资决策基础的投资分析流派。它是西方投资界的主流派别。该分析方法体系以价值分析理论为基础，以统计方法和现值方法为主要的分析手段。

（二）技术分析流派

该流派是以证券市场价格、成交量、价和量的变化以及完成这些变化所经历的时间等市场行为作为投资对象与投资决策基础的投资分析流派。

（三）学术分析流派

该方法的重点是长期持有投资策略，即在长期的时间区段内不断吸纳并持有上市公司股票的投资策略。其投资分析的哲学基础是“效率市场理论”。

（四）心理分析流派

该方法主要有两个方向：个体心理分析和群体心理分析。其中个体心理分析旨在解决投资者如何在投资决策过程中的心理障碍问题。群体分析旨在解决投资者如何在研究投资市场过程中保证正确的观察视角的问题。

三、证券投资分析方法

在资本市场的发展过程中，形成了不同的分析学派，同时也形成了不同的证券投资分析方法。总体上可以分为四类：基本分析方法（Fundamental Analysis）、技术分析方法（Technical Analysis）、证券投资组合分析方法和行为金融分析方法。其中前两种是主要的方法。

（一）基本分析方法

基本分析方法又称基本面分析法，是证券投资人员根据经济学、金融学、财务管理学及投资学等的基本原理，对决定证券价值的基本要素如宏观经济指标、经济政策指标、经济政策走势、行业发展状况、产品市场分布、公司销售和财务状况分析，评估证券的投资价值，判断证券的合理价位，提出相应的投资建议的一种分析方法。该分析方法的重点是证券本身的内在价值。

基本分析方法包括宏观经济分析、行业分析与区域分析以及公司分析等方面的内容。宏观经济分析主要是探讨各经济指标和经济政策对证券价格的影响。行业分析与区域分析是介于宏观经济分析与公司分析之间的中观层次的分析。前者主要分析产业所属的不同市场类型、所处的不同生命周期及产业的业绩对于证券价格的影响，后者主要分析区域经济因素对证券价格的影响。公司分析是基本分析的重点。

基本分析法的优点主要是能全面把握证券价格的基本走势，应用起来简单，适合长期投资。缺点是对短线投资者的指导作用比较弱。

（二）技术分析方法

技术分析方法是以证券市场过去和现在的市场行为为分析对象，运用图表、形态、逻辑和数学的方法，探索证券市场已有的一些典型变化规律，并据此预测证券市场的未来变化趋势的技术方法。

技术分析方法同市场比较接近，适合于短线投资，但对市场长远的趋势不能进行有效的判断，对分析影响市场的宏观政策方面的因素，技术分析的作用不大。

（三）证券组合分析法

证券组合是指个人或机构投资者所持有的各种有价证券的总称。证券投资是一种高风险高收益的投资方式。有的证券风险大，有的证券风险小，证券组合分析就是通过组合投资，有效地降低投资风险，以达到投资收益与投资风险平衡的分析方法。证券组合分析方法有两类，一类是传统的证券组合分析方法，一类是现代证券组合分析法。传统的证券组合分析法依靠经验，用非定量分析的方法构建和调整证券组合中各证券的比例关系。现代证券组合分析法是一种数量化的组合管理方法，是运用定量化的方法求解证券组合中各证券的最佳比例关系，以实现投资收益与风险的最佳平衡。

现代证券组合分析法的理论基础主要有：马科维茨的均值方差模型、夏普的资本资产定价模型、罗斯的套利定价理论等。证券组合分析的优点是在投资分析中，对风险进行了分类和定量化描述，建立了收益与风险之间的关系。它从理论上证明了证券组合可以有效降低非系统风险的基本思想，并运用定量化的方法求解证券组合中各证券的最佳比例关系，克服了传统证券组合法在确定各证券投资比例时的盲目性，以实现投资收益与风险的最佳平衡。缺点是在确定最佳比例时计算比较复杂，模型对证券市场的假设条件过于严格，与实际市场之间存在较大的差距，在计算投资比例时，需要大量的预测数据。同时，模型也没有考虑一些难以定量化的因素，模型得出的结论仅是投资决策的一个参考。该方法主要应用在大规模的投资组合管理以及相对成熟的证券市场和预测精确度要求较高的领域中。

（四）行为金融分析法

从20世纪80年代以来，证券市场出现了与经典理论相悖的异象问题。行为金融分析方法，就是以这些异象为研究对象，从对标准金融理论的质疑开始，以行为科学为基础，研究投资者的心理，进而为投资决策提供服务的一种方法。

行为金融分析法的内容十分丰富，而且在不断的发展中。行为金融理论可以分为以下两个部分：投资者心理分析，以准理性人或者有限理性人为基本假设的行为金融学模型。前者主要分析投资者在投资活动中的心理特征以及投资者应具备的心理素质等。后者分析能够使投资者在证券投资过程中保证正确的观察视角，特别是在市场重大转折点的心理分析上，有较好的效果。其缺点是该方法基于人的不同理性行为和心理假设，很难得到统一的结论和用于指导投资者的具体投资行为。

【专栏8－2】 证监会发布《证券公司业务范围审批暂行规定》

中国证监会发布《证券公司业务范围审批暂行规定》，对券商经纪、投行及创新业务审批放宽并首次对证券公司申请融资融券业务订立相关规定，该规定于2008年12月1日起施行。根据规定，被获准提供证券经纪、证券资产管理、融资融券等业务的证券公司，应当在取得换发的经营证券业务许可证后，采取有效措施，开展与该业务有关的法制宣传、知识普及和风险提示等投资者教育活动。这是证监会自2008年10月宣布启动融资融券试点以来，首次对证券公司申请融资融券业务订立相关规定。此次业务范围放宽后，证券公司可增加和减少业务种类，但业务范围的变更应经证监会批准。另外，证券公司一次申请增加的业务不得超过2种，再次申请增加业务种类距前次申请间隔时间由1年缩短至6个月。另据了解，如果股指期货相关产品获批，未来证券公司只要符合相关条件，可以申请股指期货的自营业务，符合条件的期货公司可以申请股指期货的经纪业务。(《上海证券报》2008年11月1日)

本章小结

本章介绍了证券投资信息的内容和来源，以及证券投资分析的方法与流派。投资是有风险的，成功的投资除了要有一定的投资策略和技巧外，最关键的是要充分掌握与投资有关的信息，对信息做出正确的分析和判断。证券市场变化莫测，信息千变万化，不同的时点，不同的信息会对证券市场产生不同的影响，从而影响投资者收益。证券市场信息包括一切直接或间接影响证券价格变动的信息，包括宏观层面、中观层面和微观层面的信息，即包括宏观经济态势、政府政策变动、国际经济形式、行业发展趋势、公司经营状况及股价变动、市场结构变化、投资者情绪及心理变化等等。

证券投资分析是指人们通过各种专业性的分析方法对影响证券价值或价格的各种信息进行综合分析以判断证券价值或价格及其变动的行为，是证券投资过程中不可或缺的一个重要环节。在资本市场的发展过程中，形成了不同的分析学派，同时也形成了不同的证券投资分析方法，总体上可以分为四类：基本分析方法、技术分析方法、证券投资组合分析方法和行为金融分析方法。

关键概念

证券投资信息　证券投资分析　基本分析方法　技术分析方法　证券组合分析法　行为金融分析法

本章思考题

1. 证券投资信息的内容和来源方法有哪些？
2. 证券投资的分析方法有哪些？

第九章

证券投资的宏观分析

本章学习重点

宏观经济分析；宏观经济政策调整对证券市场的影响；国际政治经济因素对证券市场的影响。

证券投资的宏观分析是进行基本分析的基础。证券投资的宏观分析包括宏观经济因素（经济运行与经济政策）、政治因素、法律与监管制度因素、军事因素、文化、自然因素等分析。宏观因素，尤其是宏观经济因素的变动是证券市场价格的重要影响因素。良好的宏观投资环境是证券市场正常和顺利运行的保证。对宏观经济的分析可以对证券市场价格走势做出一个基本的判断。

第一节　宏观经济分析

宏观经济因素指宏观经济运行状态、周期特征和宏观经济政策。与产业和公司因素相比，宏观经济因素对证券市场价格的影响是根本性的、长期性的、全局性的和系统性的，它决定了证券市场走势的基本格局。

一、宏观经济分析的基本方法

宏观经济分析的基本方法主要包括总量分析法、结构分析法、计量经济模型和概率预测等方法。总量分析就是指由社会经济总体指标反映出来的经济增长速度、社会总供给与社会总需求的比较关系、经济周期的运行阶段等问题。结构分析就是指产业结构分析、地区经济结构分析、消费结构分析等。

（一）总量分析法

总量是反映整个社会经济活动的经济变量，它包括以下两个方面：量的总和、平均量或比例量。例如，国民收入是构成整个经济各单位新创造价值的总和。价格水平是各种商品与劳务相对于基期而言的平均价格水平。

证券投资分析的总量分析法是指对宏观经济运行总量指标的影响因素及其变动规律的分析，如对国民生产总值、消费额、银行贷款总额及物价水平等的变动规律分析，进而说明整个经济的状况和全貌。总量分析主要是一种动态分析，因为它主要研究总量的变动规律；同时，也包括静态分析，因为总量分析包括考察同一时间内各总量指标的相互关系，如投资额、消费额和国民生产总值的关系等。

（二）结构分析法

结构分析法是指对经济系统中各组成部分及其对比关系变动规律的分析。如国民生产总值中三大产业的结构分析、消费和投资的结构分析、经济增长中各因素的结构分析等。

总量分析、结构分析是相互联系的。总量分析侧重总量指标的考察，侧重分析经济运行的动态过程；而结构分析侧重对一定时期经济整体中各组成部分相互关系的研究，侧重分析经济现象的相对静止状态。

二、宏观经济分析的主要内容

宏观经济分析的主要内容包括宏观经济运行分析、宏观经济政策分析、基本建设投资分析、消费分析等。

（一）宏观经济运行分析

主要从宏观经济指标和经济结构以及经济运行周期等方面来进行分析。

1. *宏观经济指标和经济结构分析*

（1）宏观经济指标。这主要包括下列指标：①国内生产总值。国内生产总值（GDP）是指一个国家（或地区）所有常住居民在一定时期内（一般按年统计）生产活动的最终成果。国内生产总值的增长速度一般用来衡量经济增长率（也称经济增长速度），它是反映一定时期经济发展水平变化程度的动态指标。在宏观经济分析中，国内生产总值指标占有非常重要的地位，具有十分广泛的用途。国内生产总值的持续、稳定增长是政府追求的目标之一。②失业率。宏观经济政策的主要目标之一是充分就业，所以失业率也是宏观经济政策关注的重点之一。失业率是指劳动力人口中失业人数所占的百分比。劳动力人口是指年龄在 16 岁以上具有劳动能力的人的全体。在市场经济条件下，一般认为 4%左右的失业率为正常，若低于这个指标，则经济可看好，反之则看淡。③通货膨胀率。通货膨胀是指用某种价格指数衡量的一般物价水平的持续上涨。通货膨胀率是指物价指数总水平与国民生产总值实际增长率之差。通货膨胀影响股市的实证研究表明：通货膨胀对净债权公司的不利影响大于净债务公司，因通货膨胀使净债权公司资产的贬值程度远大于净债务公司资产所受的影响。通货膨胀的预期心理会导致股价受挫，与投资股票可有效防止通货膨胀损失的避因理论有时不一致，恶性通货膨胀使股票投资价值大大下降。如德国 1924 年末的恶性通货膨胀使其当年股票价值丧失 3/4。通货膨胀通常被视为经济的头号大敌，政治家和银行家天天对通货膨胀的危险性作出判断，各国政府也将其作为宏观调控的主要目标之一。通常来讲，通货膨胀对社会经济产生的影响主要有：引起收入和财富的再分配，扭曲商品相对价格，降低资源配置效率，引发泡沫经济乃至损害一国的经济基础和政权基础。各个国家往往不会长期容忍高的通货膨胀率，但为抑制通货膨胀而采取的货币政策和财政政策通常会导致高失业和国民生产总值（GNP）的低增长，由此而损失的产量和就业数量本身作为抑制通货膨胀的代价是很大的。④工业增加值。工业增加值是指工业行业在报告期内以货币表现的工业生产活动的最终成果，它是衡量国民经济的重要统计指标之一。⑤消费指标。消费指标主要包括社会消费品零售总额和城乡居民储蓄存款总额两类指标。

社会消费品零售总额。社会消费品零售总额是指国民经济各行业通过多种商品渠道向城乡居民和社会集团供应的消费品总额，是研究国内零售市场变动情况、反映经济景气程度的重要指标。社会消费品零售总额的大小和增长速度也反映了城乡居民与社会集团消费水平的高低、居民消费意愿的强弱。城乡居民储蓄存款总额。城乡居民储蓄存款总额是指某一时点城乡居民存入银行及农村信用社的储蓄金额，包括城镇居民储蓄存款和农民个人储蓄存款，不包括居民的手持现金和工矿企业、部队、机关、团体等单位存款。储蓄与消费此消彼长。居民储蓄增加后，就相应地扩大了银行资金来源，银行贷款量也相应增加，这就扩大了企业的资金使用来源，从而扩大国内投资需求，刺激经济增长。⑥金融指标。金融指标包括总量指标、利率、汇率、外汇储备 4 个指标。总量指标包括货币供应量、金融机构各项存贷款余额、金融资产总量等。货币供应量是单位和居民个人在银行的各项存款和手持现金之和，其变化反映中央银行货币政策的变化，对企业生产经营、金融市场尤其是证券市场的运行和居民个人的投资行为有着重大的影响。中央银行可以通过增加或减少货币供应量调节货币市场，实现对经济的干预。金融机构各项存贷款余额，是指某一时点金融机构存款金额与金融机构贷款余额。金融资产总量是指手持现金、银行存款、有价证券、保险等其他资产的总和。私人家庭的金融资产包括现款、储蓄存款、股票、债券、投资基金和人寿保险权利等在内。我国居民的金融资产中，银行储蓄存款占绝大部分，而有价证券和其他金融资产所占的比例很小。

利率是对市场反应非常灵敏的一个经济变量。银行利率的变动不仅对银行存贷款产生直接的影响，对债权利率也产生影响，其他货币的市场价格也会随利率的变动而发生变动。一般来讲，利率下降时，股票价格就会上涨；利率上升时，股票价格就会下跌。汇率是指外汇市场上一国货币与他国货币相互交换的比率。一般说来，国际金融市场上的外汇汇率是由一国货币所代表的实际社会购买力和自由市场对外汇的供求关系决定的。为了不使汇率的过分波动危及一国的经济发展和对外关系的协调，各国政府和中央银行都会干预外汇市场，保持汇率稳定。外汇储备是指一国对外债权的总和，用于偿还外债和支付进口，是国际储备的一种。外汇储备的变动是由国际收支发生差额引起的。当国际收支发生顺差时，外汇储备就会增加；当发生逆差时，外汇储备减少。当外汇流入国内时，拥有外汇的企业或其他单位可能会把它兑换成本币，用来在国内市场购买原材料等，这样就形成了对国内市场的需求。因而，扩大外汇储备会相应增加国内需求。⑦财政指标。财政指标包括财政收入与财政支出、赤字或结余。财政收入是指国家财政参与社会产品分配所取得的收入，是实现国家职能的财力保证。财政支出是指国家财政将筹集起来的资金进行分配使用，以满足经济建设和各项事业的需要。它可以归结为两部分：一部分是经常性支出，包括政府的日常性支出、公共消费产品的购买、经常性转移等；另一部分是资本性支出，就是政府的公共性投资支出，包括政府在基础设施上的投资、环境改善方面的投资及政府的储备物资购买等。财政收入与财政支出的差额即为赤字（差值为负时）或结余（差值为正时）。财政赤字或结余是宏观调控中应用最普遍的一个经济变量。财政发生赤字时有两种弥补方式：通过举债即发行国债来弥补；通过向银行借款来弥补。如果财政赤字过大，弥补手段不足以平衡收支；或者即使总量上能勉强平衡，却又形成结构上的失衡，就会引起社会总需求的膨胀和社会总供求的失衡。因此，为了更好地发挥财政政策的作用，财政政策往往与货币政策相互结合使用。⑧国际收支。国际收支一般是一国居民在一定时期内与非本国居民在政治、经济、军事、文化及其他往来中所产生的全部交易的系统记录。国际收支包括经常项目和资本项目。经常项目主要反映一国的贸易和劳务往来状况，包括贸易收支（也就是通常的进出口）、劳务收支（如运输、港口、通信和旅游等）和单方面转移（如侨民汇款、无偿援助和捐赠、国际组织收支等），是最具综合性的对外贸易指数；资本项目则集中反映一国同国外资金往来的情况，反映一国利用外资和偿还本金的执行情况。进口和出口是国际收支中最主要的部分，进口和出口的数量与结构直接对国内总供需产生重大的影响。⑨投资规模。投资规模是指一定时期在国民经济各部门、各行业再生产中投资资金的数量。投资规模适度与否是影响经济稳定与增长的一个决定因素。投资规模过小，不利于为经济的进一步发展奠定物质技术基础；投资规模过大，超出了一定时期人力、物力和财力的可能，又会造成国民经济比例的失调，导致经济大起大落。随着我国改革开放的不断深入，投资主体呈现多元化的趋势，主要包括政府投资、企业投资和外商投资 3 个方面。

（2）经济结构分析。分析社会经济发展状态，还应注意经济结构和比例关系是否协调，包括产业结构、行业结构、部门结构、地区结构等。如果在一定时期内国民经济既能保持一定的发展速度，又能保持协调的经济结构，说明经济运行态势健康而稳定，为证券投资提供了良好的宏观背景。

2. 经济运行的周期性

历史经验及科学研究发现，宏观经济总是具有周期轮回的特征，由萧条到复苏到繁荣到衰退。一般认为经济周期是经济水平的一种波动，它形成一定规律性的模式，即先是经济活动的扩张，随后是收缩，接着是进一步的扩张，呈现出周期性的波动。人们一般把经济运行的周期分为以下 4 个阶段。①经济的持续增长阶段为经济的繁荣阶段，也称作景气阶段。在该阶段，产出、价格、利率、就业等不断上升至某个高峰。②之后，经济增长放慢，一旦连续 3 个月增长率小于零，或出现负增长，经济就进入衰退阶段。在该阶段，产出、产品销售、利率、就业等开始下降。当下降至某个低谷，经济就进入萧条阶段。在该阶段需求严重不足，生产相对过剩，销售量下降，企业盈利水平极低，出现大量企业破产倒闭，失业率大增。③经济停止衰退，开始有正的增长，但增长率还比较低，这时称作经济的复苏阶段。④如果经济增长的比率进一步加快，一旦经济达到衰退前的最高点，经济就进入扩张阶段，也称为经济的繁荣或景气阶段。

不同的学者从不同角度对经济周期进行了分类。根据周期的长短，经济周期可以分为以下几种类型：基钦提出了 40 个月的短周期理论，尤格拉·库兹涅茨提出了 9～10 年及 15～20 年的中周期理论，康德拉耶夫提出了 50～60 年的康氏长周期理论。

不同的经济周期阶段表现不一样，对证券市场的影响不一样。关键是我们该如何判断目前经济处在周期的哪个阶段。目前主要的分析方法有经济指标分析、计量经济模型和概率预测。

第一，经济指标分析。包括先行指标、同步指标、滞后指标。先行指标是指具有对将来的经济状况提供预示性信息的作用，出现在每个阶段之前的经济指标。如货币供应量、股价指数等。同步指标是指与经济阶段同时出现，反映国民经济正在发生的情况的经济指标，具有实际意义。如 GNP/GDP、失业率等。滞后指标是指出现在各阶段之后，起验证作用的经济指标。如贷款利率、生产成本、物价指数、短期利率、生产成本等。

第二，计量经济模型。所谓计量经济模型，就是表示经济变量及其主要影响因素之间的函数关系的一种模型。建立计量经济模型并进行运算，就可以探寻经济变量间的平衡关系，分析影响平衡关系的各种因素。为证券投资而进行宏观经济分析主要运用宏观计量经济模型，即在宏观经济总量水平上把握和反映经济运动的较全面的动态特征，研究主要宏观经济指标之间的相互依存关系。用计量经济模型进行预测的一般过程是，首先按照一定经济原理建立数学模型；然后根据现实材料使用计量经济学方法来估计模型参数，进行模拟检验；最后利用通过检验的模型进行预测。

第三，概率模型。这种方法是运用概率论的方法对宏观经济活动进行预测。由于宏观经济运行的复杂性，经济变量的变化并不像计量经济模型所描述的那样稳定，而是常常在一定区间内按某种概率发生。该方法运用较多也较成功的是对宏观经济的短期预测，如对实际 GNP 及其增长率、通货膨胀率、失业率、利息率、企业利润等指标的下一时期水平或变动率的预测。

（二）宏观经济政策分析

包括国家对宏观经济进行调控的相关政策的分析。如：货币政策、财政政策、产业政策、收入政策等。此外，在当前中国的经济体制改革进程中，重大的改革步骤、改革的力度和方法等也是宏观政策分析的重要内容。

货币政策又称金融政策，指政府为实现一定的宏观经济目标所制定的关于货币供应和货币流通组织管理的基本方针和基本准则。它通过调控货币供应总量保持社会总供给与总需求的平衡；通过调控利率和货币总量控制通货膨胀，保持物价总水平的稳定；通过调控利率等调节国民收入中消费和储蓄的比例，引导储蓄向投资的转化并实现资源的合理配置。具体的货币政策手段主要有：一般性政策工具如法定存款准备金率、再贴现率、公开市场业务，选择性政策工具如直接信用控制、间接信用控制。

财政政策是通过财政收入和支出的变动来影响宏观经济活动水平的经济政策。财政政策有三大手段：政府购买、转移支付、税率以及税收减免。当经济政策持续放缓、失业增加时，政府要实行扩张的财政政策，提高政府购买水平，提高转移支付水平，降低税率，以增加总需求，解决衰退和失业问题。当经济增长强劲，价格水平持续上涨，政府要实行紧缩性财政政策，降低政府购买水平，降低转移支付水平，提高税率，以减少总需求，抑制通货膨胀。

（三）基本建设投资分析

1. 投资规模分析

基本建设投资形成新的生产能力，它是扩大再生产和推动经济发展的不可缺少的手段，也是促进社会经济进步的重要条件，还是建立合理的生产结构和生产力布局的重要途径。如果全社会基建投资规模过大，很容易导致社会总供给与社会总需求失衡，成为引发通货膨胀的重要原因。

2. 投资结构分析

对基建投资也要分析基建投资结构是否合理。基建投资的规模和结构不仅关系社会经济当前的运行状态，还会影响未来经济发展的前景和结构，而证券投资是对未来的投资，所以分析基本建设投资对证券投资的正确决策特别重要。

（四）消费分析

从全社会来说，消费水平是否合理，合理的消费需求能否实现，消费需求与商品供应能力是否均衡，都关系到市场的稳定和商品价值的实现。对消费的分析可从消费需求和消费供应两方面进行。消费需求是全社会用于购买消费品和劳务的购买力。它又是有货币支付能力的现实购买力，受货币收入水平的限制。

对消费需求的分析，主要是分析居民的购买力。居民购买力分析要从购买力总量及结构变化两方面进行。居民购买力总额是过去的购买力与本年形成的购买力之和。随着经济发展，居民收入水平逐年有所提高。

在收入水平提高的前提下，居民消费结构会发生很大变化，住房、汽车、教育、旅游等消费支出在绝对额和相对数上都会有很大提高，对新颖消费品需求的上升使商品的生命周期大为缩短。如果不注意消费结构的变化，会在消费需求与供应总量平衡的情况下出现结构性不平衡，最终使总量均衡成为空中楼阁。

消费供应是指一定时期通过市场提供给消费者的商品和劳务的供应量，对消费供应的分析主要是分析社会商品供应量和劳务服务供应量。消费供应在总量和结构上要与消费需求的总量与构成适应，才能实现消费平衡。消费需求的实现情况可通过“社会商品零售总额”指标体现，“社会商品零售总额”的增长速度与居民货币收入的增长相适应，是消费需求与消费供应大致均衡的重要表现。此外，证券投资者也可以通过自己对消费市场的购销状况和消费者满意程度的观察和体验去分析消费状况。

三、宏观经济对证券市场的影响

证券投资的宏观经济分析主要有两个方面的内容，即宏观经济运行和宏观经济政策对证券市场的影响分析。

（一）宏观经济运行对证券市场的影响

证券市场是国民经济的重要组成部分，国民经济的宏观走势对证券市场有着非常重要的影响。在进行证券投资分析时，首先要将其置身于宏观经济运行的大背景之中，在确定基本面的影响后，才能展开有关的技术分析。从总体上来看，宏观经济因素是影响证券市场长期走势的唯一因素。宏观经济对整个证券场的影响，既包括经济周期波动这种纯粹的经济因素，也包括政府经济政策及特定的财政行为等混合因素。宏观经济运行对证券市场的影响通常通过以下途径实现。

第一，企业经济效益。宏观经济环境是影响公司生存、发展的最基本因素。公司的经济效益会随着宏观经济运行周期、宏观经济政策、利率水平和物价水平等宏观经济因素的变动而变动。如果宏观经济运行趋好，企业总体盈利水平提高，证券市场的市值自然上涨；如果政府采取强有力的宏观调控政策，紧缩银根，企业的投资和经营必然会受到影响，使其盈利下降，证券市场市值就可能缩水。

第二，居民收入水平。在经济周期处于上升阶段或在提高居民收入政策的作用下，居民入水平提高，将会在一定程度上拉动消费需求，从而增加相关企业的经济效益。另外，居收入水平的提高，也会直接促进证券市场投资需求。

第三，投资者对股价的预期。社会公众特别是投资者的心理变化对股票市价有着很大影响，如果投资者对某种股票的行情前景过分悲观，就会不顾发行公司的盈利状况而大量抛售手中的股票，致使股票价格下跌。

第四，资金成本。贷款利率提高，增加公司成本，从而降低利润；存款利率提高增加了投资者股票投资的机会成本，二者均会使股票价格下跌。

宏观经济变动会引起证券市场价格的波动，具体可从以下几个指标来分析。

1. 国内生产总值（GDP）变动对证券市场的影响

国内生产总值（GDP）是一国经济发展的根本反映。从长期来看，在上市公司的行业结构与该国产业结构基本一致的情况下，股票平均价格的变动与GDP的变化趋势是相吻合的，即GDP的持续快速增长会带来股票平均价格的持续上升。但并不能简单地认为GDP增长，证券市场就必将伴之以上升的走势，实际走势有时可能相反，关键是看GDP的变动是否将导致各种经济因素（或经济条件）的恶化。一般情况下，证券市场提前对GDP的变动做出反应。因此，对GDP变动分析时必须着眼于未来，这是最基本的原则。

2. 通货变动对证券市场的影响

通货变动包括通货膨胀与通货紧缩。一般来说，通货膨胀与通货紧缩都会对经济的长期发展带来不良影响。但通货膨胀对证券市场特别是个股的影响并没有一成不变的规律可循，甚至完全可能产生相反方向的影响。因此，对这些影响进行分析必须从该时期通货膨胀的原因、通货膨胀的程度，配合当时的经济结构和形势，以及政府可能采取的干预措施等方面的分析入手。温和的、稳定的通货膨胀对证券价格上扬有推动作用。这种类型的通货膨胀，通常被理解是一种积极的经济政策结果，旨在调整某些商品的价格并以此推动经济的增长。严重的通货膨胀则是非常危险的，因为此时的价格被严重扭曲，货币不断大幅度贬值，人们为资金保值而囤积商品、购买房产，资金相应流出资本市场，证券价格随之下跌；同时，扭曲的经济失去效率，企业不仅难以筹集到生产资金，而且原材料、劳动力价格飞涨，使企业经营严重受损，盈利水平下降，甚至倒闭，证券市场的价格会形成新一轮的下跌。严重的通货膨胀使得各种商品的价格具有更多的不确定性，使企业未来经营具有更大的风险性，从而影响投资者的心理和预期，并可能导致证券价格的暴跌或暴涨。

3. 经济周期变动对证券市场的影响

经济周期是宏观经济分析的一个非常重要的方面，宏观经济周期的变动，对企业运营及股价的影响很大，特别对于长期投资的投资者来说有很大的帮助。

第一阶段，萧条阶段。股市低迷、百业不兴、离场观望者多，"熊市"出现。萧条阶段是指经济低于正常水平的阶段，经济下滑至低谷，失业率提高，经济增长速度下降，消费需求不足，企业经营状况不佳，利润降低，股指下跌，一片熊市景象。此时国家也会积极采取一些经济政策刺激经济增长。当萧条到一定时期，在政府积极政策的调控下，企业逐渐走出困境，消费需求逐渐增加，经济有复苏的迹象，一些有预见力的投资者就开始默默吸纳股票，股价开始缓缓回升。这种情况下投资者最主要的是要能准确判断经济萧条见底的时间段。

第二阶段，复苏阶段。公司业绩上升，投资者信心增加，部分投资者介入。这一阶段，各项经济指标开始出现好转，各景气指数开始回升，公司赢利增加，居民收入水平提高，消费需求增加，人们对未来的经济开始有良好的预期。一部分先知先觉的投资者开始加大对证券市场的投资力度，从而使证券价格回升至一定水平。

第三阶段，繁荣阶段。业绩上升较快，股价上升，人气旺盛，投资踊跃，“牛市”到来。这一阶段，市场需求旺盛，企业产品库存减少，固定资产投资增加，企业利润增加，股价指数屡创新高，投资者获得企业发展和社会经济发展带来的投资回报。当经济发展到一定程度出现过热或者需求过旺导致物价上涨或经济发展失衡等政府会采取一定措施进行调控。此时股价上涨空间有限，受到政策调整和基本面的影响，股价上涨见顶，这时有预见的投资者就悄悄卖出所持的证券。

第四阶段，衰退阶段。更多投资者基于对衰退来临的共同认识加入到抛出证券的行列，从而使整个证券市场形成向下趋势。由于繁荣阶段的过度扩张，社会总供给开始超过总需求，产品开始积压，出现买方市场，银根开始缩紧，公司利润下降，更多投资者意识到熊市的来临，开始纷纷抛出证券，形成一轮下降行情。

上面我们分析了经济周期对证券市场价格的影响。这对我们有以下启示。①证券市场价格变动要领先于经济周期变动，即在衰退以前，股价已经开始下跌；在复苏之前，股价开始回升；经济步入高峰之前，股价已经见顶；经济仍处于衰退期间，股市已经开始从谷底开始回升。②我们应该搜集有关宏观经济变动的有关信息和政策，注意经济发展动向，正确判断经济发展所处的发展阶段，对未来做出正确的判断。这才是最重要的也最难的。③把握经济周期，准确判断，稳定心态。不要被股价的小涨小跌所迷惑，应该着眼于长远，这才是符合长期投资或价值投资的理念。④建议投资者在衰退期以保本为主，多采取持有现金和短期存款证券的方式，避免投资损失。经济开始萧条或开始复苏时买入，繁荣见底时卖出。

（二）宏观经济政策调整对证券市场的影响

宏观经济政策主要指国家为了保证国民经济持续稳定发展而采取的基本宏观政策，如货币政策、财政政策、产业政策、收入政策等，它必然会影响证券市场的价格波动。在分析它们与股价变动的关系时除了分析其影响方向外，还要考虑其实施时的影响程度和作用时间。

1. 货币政策对证券市场的影响直接而迅速

中央银行为稳定经济健康发展而采取的货币政策手段对证券市场的影响可以从下几个方面来进行分析。

第一，调节货币供应量对证券市场的影响。中央银行降低存款准备金率，降低贴现率，都会使货币供给增加，这样也相应有更多的资金流向证券市场，从而推动证券市场价格上涨。反之，从紧的货币政策将减少货币供给，证券市场资金供应减少，从而使证券价格下跌。

第二，利率的调整对证券市场的影响。利率是中央银行经常使用的政策工具之一。利率提高，证券投资的机会成本提高，聪明的投资者会比较利益得失，把投资于证券市场的资金适当地转为储蓄。同时，上市公司的运营成本提高，业绩下降，利润减少，投资者抛售证券，证券市场价格下跌。相反，利率降低，则证券市场价格上升。然而，上述利率与股价运动呈反方向变化的趋势是一般情况，也存在某些特殊情况下利率与股价并不呈负相关关系。

第三，公开市场业务对证券价格的影响。当政府实施宽松的货币政策时，中央银行大量购进有价证券，使货币供给量增加。这样推动利率下调，资金成本降低，从而企业增加投资，居民增加消费，企业利润增加，从而导致证券市场价格上涨。反之则证券价格下跌。

2. 财政政策对证券市场的影响持久而缓慢

财政政策是政府依据客观经济规律制定的指导财政工作和处理财政关系的一系列方针、准则和措施的总称。财政政策手段主要包括政府购买、转移支付和税收。

第一，政府购买。当经济不景气时，需求不足，生产停滞，失业率上升，此时政府一般采取增加政府支出来刺激经济的发展。政府订货增加，增加政府在基础设施如道路、桥梁、港口等领域的投资，扩大对产品的需求，使其价格提高，企业生产经营规模扩大，利润增加，从而促使股价上升，同时通过连锁反应，也会使相关行业的生产得以增长。这样，失业率下降，人们收入提高，投资者货币持有量增加，也导致股价上升。相反，当经济过热时，政府会缩减支出，从而得到相反的结果。

第二，转移支付。政府转移支付如增加社会福利，增加对农民的补贴，调整中央对地方的转移支付水平等等，从结构上改变购买力状况，从而影响总需求。增加社会福利或增加对农民的补贴，会使一部分人收入水平得到提高，也促进了公司利润的增长，有助于证券价格上涨。反之，则使证券价格下跌。如增加中央对地方的转移支付水平，将使地方有更多的财力发展地方经济，支持地方企业的发展，促进地方证券价格的上扬。

第三，税收。税收政策范围广泛，这里我们主要分析公司所得税、个人所得税等的变动对证券市场价格的影响。提高公司所得税，直接减少了企业的税后利润，抑制投资，股票预期收益降低，股价下跌。提高个人所得税，减少了人们的可支配收入，从而减少他们的消费支出，降低了总需求。这时货币需求相应增加，抛股套现，股票需求下降造成股价下跌同时，可流入股市的资金也相应减少导致证券价格下跌。另外，税收政策中有关证券交易税（目前我国征收证券交易印花税）的规定变化将直接影响股价的波动，其是否征收以及税率高低都将导致股价的波动，甚至是大幅震荡。

在分析财政政策对证券投资的影响时，应注意把握以下几点：①关注有关的统计资料信息，把握经济形势。②从各种媒介中了解经济界人士的看法，政府官员日常活动、讲话，分析其经济观点、主张，从而预见政府可能采取的经济措施和采取措施的时机。③分析过去类似形势下的政府行为及其经济影响，以作借鉴。④了解政府年度财政预算，从而把握财政收支总量的变化趋势，更重要的是对财政收支结构及其重点作出分析，以便了解政府的财政投资重点和倾斜政策，受倾斜的产业会有好的业绩，股价便会上扬。⑤在非常时期对经济形势进行分析，结合行业分析作出投资选择。⑥在预见和分析财政政策的基础上，进一步分析相关政策对经济形势的综合影响，结合上市公司的内部分析，分析个股的变化趋势，作出正确的投资决策。

3. 产业政策

国家产业政策的制定和变化对股市有直接的影响和作用。产业政策在内容上表明了国家在一段时间内经济建设重点和取向，优先发展的产业将得到一系列的政策优惠和扶植。它一经制定，在相当长的一段时期内就会比较稳定地起作用。当政府的产业政策向某一行业倾斜时，该行业往往会获得税收、信贷、进出口等方面的优惠。这些措施会为该行业公司的发展创造出有利条件，从而获得较高的利润和较好的发展前景，这将刺激这一行业股票价格上升，即使在紧缩性财政货币政策下，这些产业也会受到照顾。相反，如果政府要限制某行业的发展，它就会动用各种经济杠杆阻碍其发展，因此该行业的公司前景堪忧。例如我国《关于国民经济和社会发展“九五”计划和2010年发展纲要》明确提出，在今后15年内我国宏观产业政策是重点支持机械、电子、石化、汽车等支柱产业，加大农业、能源、交通、通讯等基础设施产业的投资力度，鼓励高科技产业发展。这些行业将直接受惠于产业政策，具有较好的发展前景，股市对此会作出明显地反应。

4. 收入政策

收入政策是国家为实现宏观调控总目标和总任务，针对居民收入水平高低、收入差距大小在分配方面所制定的原则和方针的总称。收入政策目标包括收入总量目标和收入结构目标。收入总量目标着眼于近期的宏观经济总量平衡，着重处理积累和消费，人们近期生活水平改善和国家长远经济发展的关系，以及失业和通货膨胀的问题。收入结构目标则着眼于处理各种收入的比例关系，以解决公共消费和私人消费、收入差距等问题。

我国个人收入分配实行以按劳分配为主体、多种分配方式并存的收入分配政策。在以劳动收入为主体的前提下，国家依法保护法人和居民的一切合法收入和财产，鼓励城乡居民储蓄和投资，允许属于个人的资本等生产要素参与分配。收入的增加促使居民金融投资的意识增强，就会有越来越多的人进入证券市场，促进证券市场规模的扩大和价格水平的逐步提高。

第二节　证券市场供求关系分析

证券市场的供求关系对证券价格也有较大的影响，下面以股票为例加以说明。

一、股票市场供给的决定因素

股票市场供给，即上市公司的数量和质量。决定上市公司数量的主要因素是：

1. 宏观经济环境

在良好的宏观经济环境下，企业因投资扩张而融资需求增加，申请公开发行股票，同时投资者良好的预期也会促使其积极参与认购。这样，上市公司的数量就会增加，股票市场的供给相应随之增加。

2. 制度因素

影响股票市场供给的制度因素主要有发行上市制度、市场设立制度和股权流通制度等三大因素。从发行上市制度来看，我国《证券法》规定先由承销商推荐并辅导企业，再由各方专家组成的发行审核委员会审核。从市场设立制度来看，创业板市场的增加或减少会影响市场股票供给的增加或减少。目前我国的股票市场交易场所有上海和深圳两个证券交易所，一般企业都在这两个市场之中的一个上市。创业板于2009年5月1日推出，为中小企业开辟了融资的新渠道。从股权流通制度来看，目前在我国股票市场中只有社会公众股能够流通。随着市场的进一步发展，股权分置改革的完成，国家股和法人股的流通将大量增加股票市场的供给量，从而影响到股票市场的供求关系。

3. 上市公司的质量

这是影响股票市场供给的最直接、最根本的因素。质量高的上市公司，易于为股票市场所接受，有利于股票供给的增加；反之，质量低的上市公司，其股票很难被市场接受，不利于股票的供给增加。

二、股票市场需求的决定因素

股票市场需求是指能够进入股票市场购买股票的资金总量，即股票市场的资金供给量。决定股票市场需求的主要因素影响有：

1. 宏观经济环境

良好的宏观经济运行表现为整个社会的资金供给比较充裕，上市公司的业绩明显改善，投资者的资金将进一步进入股票市场，有效地增加了股票市场资金的供给量。反之，如果宏观经济的前景堪忧，投资者对上市公司的业绩预期看低，就会减少对股票市场的投资，股票市场的资金供应量也随之减少。

2. 政策因素

政策因素主要有为防范风险而禁止不符合规定的资金进入股票市场的市场准入政策；利率调整政策；大力扶持有条件的证券公司增资扩股及允许证券公司进入资金拆借市场，并可以进行股票质押贷款等拓宽渠道的政策；银行、证券、保险在分业经营、分业管理基础上进行业务创新和相互代理的业务合作政策；资本市场对外逐步开放政策等。这些政策措施将会逐步增加股票市场的资金供应量。

3. 其他因素

居民金融资产结构的逐步调整使其银行储蓄比例缩小，股票投资的比例将不断提高，进而给股票市场带来大量的增量资金；机构投资者的培育和壮大不仅会对基金业自身的发展起到良好的推动作用，也会吸引更多的增量资金通过证券投资基金间接进入中国的证券市场，使得整个证券市场资金的供应量增加。

三、市场供求对股票价格的影响

无论是成熟股票市场还是新兴股票市场，股价的变化轨迹可以用供给曲线和需求曲线来表示。其区别在于：成熟股票市场和供求关系是由资本收益率引导的供求关系，即资本收益率水平对股价有决定性的影响；新兴股票市场的股价在很大程度上由股票的供求关系决定，即由一定时期内股票的总量和资金总量的对比力量决定。因此，从长期来看，股票的价格由其内在价值决定，而中、短期的股价由供求关系决定。

第三节　国际政治经济因素对证券市场的影响

一、国际政治因素

政治因素的内容十分广泛，如国内外的政治形势、政府更迭、国家政治经济政策与法律的公布或改变、国内战争、民族冲突、国内罢工、政治丑闻等。这些问题往往牵涉面非常广，有时具有相当的突发性，有时则很微妙。所以对股市的影响具有相当大的不确定性，往往造成股指的波动性加大。这些因素的变动是通过影响各种经济因素从而影响股票价格。如国际政治形势、外交关系的变化和战争爆发等会影响国际经贸关系。社会政治事件、国家领导人的更换和政权的更迭等会直接影响到国内的经济政策。再如，社会动乱一方面影响正常的社会经济秩序，从而影响企业经营的外部环境；另一方面还可能引起政治形势的变化，进而引起国内经济政策的变动，导致股票价格变化。一国领导人的变化往往会对某些政治经济政策带来调整，因此重大的人事变动会使人们预测政治经济政策可能会有重大转变，从而造成证券市场价格活跃。

历史上最有名的是斯大林股市暴跌。1953 年，斯大林病危的消息传出，西方股市一日之内股价下跌 10%。我国改革开放的总设计师邓小平同志去世的当天，我国股市的开盘指数几乎跌停（当时的涨跌停盘限制均为 10%），但迅速反弹并一路向上攀升。美国艾森豪威尔总统心脏病复发、肯尼迪总统遇刺等突发性事件，也都曾使美国股市暴跌。这种情况表明投资者因重大事件会形成对政治经济走势的悲观预期，但这种预期心理往往会在瞬间发生逆向，使得证券市场由暴跌转为暴涨。

二、国际经济因素

国际经济因素对证券市场的影响主要通过几个方面来表现，包括汇率变动，国际收支，国际经济发展趋势，主要国家经济发展状况等。我们主要了解汇率变动对证券市场的影响。

汇率的变动主要是通过两个渠道来影响股市的：一是资本流动，二是对外贸易活动。在资本市场上，由于汇率波动，外币与本币的比率将损害其中一方的利益，这样，受损的一方就要及时抽走资金，以免遭受更大的投资风险，那么其流动将直接冲击股市的正常运转。在对外贸易活动中，国际间的商品与劳务的交换，就要面临一般贸易所没有的汇率风险。汇率变动，亦即计价货币的价值变动，将直接导致交易的一方少收入一定的实物价值，得到益处的一方即货币贬值的一方借机扩大出口，有可能带动相关国内产业的繁荣；而受损一方即货币升值的一方不得不降低出口或增加进口，抑制国内产业的发展。前者会为股市带来利好消息，后者则可能狙击股市，使其低迷不振。

世界经济的相互依赖性日益提高，汇率在影响各国证券价格中的地位也日益重要，成为证券市场价格分析的一个重要因素，其变动对一国的经济领域有着广泛的影响。一般来说，本币汇率贬值有利于出口的扩大和进口的减小，从而有利于本国的经济好转，因此有利于国内股市的走好，反之亦然。但实际情况要复杂得多，对于股市的影响而言，至少还应该考虑到汇率制度安排、对外依存度、外资流入、股市对外开放程度以及市场预期等因素的综合作用。汇率变动对证券价格的影响具体表现在以下几个方面：

（1）汇率变动对一国的国际贸易及其收支发生影响，从而间接地影响证券价格。外币上涨，本币贬值，意味着国内企业出口成本下降，在国际市场更有竞争力，市场扩大，销售收入提高，从而使出口型企业经营业绩提高，证券价格自然上扬；相反，依赖于进口的企业成本增加，利润受损，证券价格下跌。

（2）汇率变动影响国际资本流动，特别是短期投资。在资本市场开放的情况下，本币升值，外币贬值，会吸引外国资本涌入本国，一部分进入股市，使股票价格上涨；反之，汇率下浮，国内外投资者为防范汇率风险，纷纷卖出本币买入外币，国内资本外流，股市中资金减少，股价下跌。

（3）汇率变动会影响物价变动。汇率上升，本币贬值，本币表示的进口商品价格上涨，从而增加进口成本，进口商品价格上涨带动国内其他商品价格上涨。

(4) 本币贬值，政府为维持汇率稳定，可能动用外汇储备。出售外汇，从而减少本币的供应量，从而导致证券市场价格下跌，直到汇率恢复均衡。

(5) 本币贬值，政府可能利用债市和外汇联动操作达到控制利率的升势又不减少货币供应量，即抛售外汇，同时回购债券（一般是国债），使得国债市场价格上扬。

国际收支状况对证券投资的影响主要体现在国际收支总额的平衡状况上。一般来说，当国际收支赤字增加时，本币相应贬值，影响外国投资者信心，这时股票价格一般看跌；反之，则上涨。

三、国际金融市场环境分析

目前我国资本市场逐步开放，经常项目实行可自由兑换，而资本项目还没有实现可自由兑换。我国证券市场目前还是相对独立的，国际金融市场对我国证券市场的冲击较小。但国际金融市场环境对证券市场的影响也不可忽视。证券市场是国际金融市场的一部分，国际金融市场对一国证券市场的影响是通过该国国内其他金融市场的传导而发生的。我国加入 WTO 之后，国内经济与世界经济的联系日趋紧密，国际金融市场的剧烈动荡会通过汇率、利率、通胀率以及股票指数的变动等各种途径影响我国的证券市场。因此，当一国币值保持稳定而周边国家和地区或其他重要贸易伙伴国家的货币发生贬值时，对该国证券市场必然产生一定程度的影响。总之，由于经济全球化的发展，我国经济与世界经济的联系日益紧密，国际金融市场的动荡也会影响我国的证券市场。

1. 国际金融市场动荡通过人民币汇率预期影响证券市场

由于我国人民币实行贸易下的自由兑换和资本项目的严格控制，因此，官方的人民币汇率不容易受到国际金融市场的冲击。但由于贸易下的自由兑换，心理恐慌形成汇率预期，人民币黑市交易的活跃，造成实际汇率的波动，从而影响证券市场。同时，尽管人民币汇率保持稳定，但由于国际金融市场的动荡及不同经济共同体经济发展和货币政策等方面的差异，使人民币汇率相对这些货币的汇率出现升值倾向，也会影响我国证券市场。

2. 国际金融市场动荡通过宏观面和政策面间接影响我国证券市场

国际金融市场动荡加大了我国的宏观经济增长目标的执行难度，对外向型上市公司和外贸行业上市公司的业绩影响最大，对其股价的冲击也最大。从目前我国的市场结构看，国际金融市场动荡对于 A 股的影响比较小，对 B 股的影响比较大。

第四节　其他因素分析

一、军事因素

军事因素，主要指军事冲突。军事冲突是一国国内或国与国之间、国际利益集团与国际利益集团之间的矛盾发展到无法采取政治手段来解决的结果。战争是解决政治问题的最后手段。军事冲突或者造成一个国家内部或一个地区的社会经济生活的动荡，或者打破正常的国际秩序。它使证券市场的正常交易遭到破坏，因而必然导致相关的证券市场的剧烈动荡。例如，海湾战争之初，世界主要股市均呈下跌之势，而且随着战局的不断变化，股市均大幅振荡。

在短期内最容易引起证券市场动荡的是战争。无论是小规模的局部战争还是大规模的世界大战，都会使投资者感到恐慌，或者对股票市场的前景无法准确预测，从而导致证券市场价格的大幅度下滑，尤其是敏感地区的战争和发达地区间的战争。尽管有些国家的经济乃至股市也会因为别国战争的刺激而兴旺高涨起来，但是随着经济全球化的发展，任何会引起国际政局的不稳定和人类财富破坏的战争，都会被证券市场视为重大“利空”。诸如发生在中东地区的两伊战争、以色列和阿拉伯国家的战争及科索沃战争，都引起相关国家和地区股市的下跌。再如美国经济在受到“9·11事件”和一系列上市公司虚假财务报表的打击下，股市深幅回落，加之受美伊即将开战的影响，经济增长乏力，股市低位徘徊。因为战争会引起物资商品的紧缺，物价上涨，货币贬值，上市公司的业绩受到影响，投资者相应抛售股票，从而导致股市下跌。而在和平曙光来临时，投资者又会重新进入股票市场，购买那些跌幅较深，并在战后能够率先反弹的债券和股票，整个证券市场将逐渐恢复。1987年菲律宾内乱，导致了股市暴跌。1989年的政治风波也影响了上海的证券市场，当时很多人丧失投资信心，纷纷抛出手中所持有的各种证券，致使国库券价格下跌4元/百元券，股价更是跌破面值。相反，少数精明的投资者认为大局终将稳定，抓住时机，大量买进，果然一周后即出现反弹，20天时间国库券价格回升了4元。

二、法律制度因素

法律因素即一国的法律特别是证券市场的法律规范状况。一般来说，法律不健全的证券市场更具投机性，波动幅度大，不正当交易较多。相反，法律法规体系比较完善，制度和监管机制比较健全的证券市场，证券从业人员营私舞弊的机会较少，证券价格受人为操纵的情况也较少，因而表现得相对稳定和正常。总体上说，新兴的证券市场往往不够规范，而成熟的证券市场法律法规体系则比较健全。

三、文化、社会心理、自然因素

（一）文化因素对证券市场的影响

就文化因素而言，一个国家的文化传统往往在很大程度上决定着人们的储蓄和投资心理，从而影响证券市场资金流入流出的格局，影响证券市场价格。证券投资者的文化素质状况则从投资决策的角度影响着证券市场。一般地，证券投资者整体文化素质较高时，在投资时较为理性，证券市场价格相对比较稳定；相反，如果证券投资者整体文化素质偏低，则证券市场价格容易出现暴涨暴跌。

（二）社会心理因素对证券市场的影响

社会公众因素即投资者的心理变化对股票市场有很大的影响。社会心理因素对股票价格变动的影响主要表现为：如果投资者对某种股票的市场行情过分悲观，就会不顾上市公司的盈利状况而大量抛售手中的股票，致使股票价格下跌。有时，投资者对股市行情吃不透、看不准，股价就会进入盘整期。

在股票交易市场，很多投资者存在一种盲目跟风心理。这种跟风心理，被称之为“羊群心理”。“羊群心理”往往存在于小户、个人持股者身上。他们的最大心理特点就是求利心切，怕吃亏。这种心理状态往往被一些机构投资者或大投机者利用，从而引起股价上涨或下跌的剧烈波动。

投资者的心理状态是多种因素作用的结果。对于具有不同心理素质的投资者来说，在同样的外部因素的影响下，其心理状态是不一样的。一个成功的股票投资者，除了要求有足够的实践经验和丰富的股票市场知识外，还必须具有良好的心理素质、稳定的心理机能和抵抗外部干扰的能力。

（三）灾害因素对证券市场的影响

在自然方面，如发生自然灾害，生产经营就会受到影响，从而导致有关证券价格下跌；反之，如进入恢复重建阶段，由于投入大量增加，对相关物品的需求也大量增加，从而导致相关证券价格的上升。

自然灾害如同战争一样，都会造成巨大的损失，破坏正常的经济秩序，导致上市公司收益的大幅度下降；同时为降低和弥补灾害的损失，国家和企业难免超额预算支出，灾害一经发生，证券市场价格的下挫往往与灾害的严重程度和持续时间同步。一般而言，灾害引发的证券市场动荡只影响受灾国和地区的证券市场，而不会波及全部。

【专栏 9－1】 中国宏观经济分析与预测（2008 第二季度）（节录）

发表时间：2008—06—16　来源：中国证券报

2008 年在外部环境恶化和国内政策调整的双重压力下，中国经济增长速度在外需增速大幅度回落的带动下出现明显的回落，宏观经济开始进入本轮经济周期的下行区间。实际 GDP 向潜在 GDP 的快速回归大幅度缓解了实体层面的过热压力，但由于各种原材料价格和农产品价格的快速提升，中国面临的结构性价格上涨依然严峻。“经济大幅放缓”与“通货膨胀抬头”可能成为自 2008 年以来中国宏观经济下行区间的总体特征。从上半年运行情况看，2008 年宏观经济将出现以下系列的变化：

一、世界经济的周期性调整将成为引导中国宏观经济波动的核心因素之一，全球经济下滑和全球通货膨胀抬头将使中国在中期阶段面临外部环境持续恶化的挑战；

二、在国内贸易政策调整和世界经济减速的双重作用下，中国外部需求存在调整过度的威胁，外需的过度回落通过“出口—投资联动机制”不仅会引起内需总量的收缩，而且会导致内需结构的恶化；

三、汇率的调整以及国际资产定价的重构将导致中国国际资本流动的异样变动，投机资本的过度进入可能会加剧中国流动性过剩的困境；

四、在国际商品价格高涨、国内大宗商品紧平衡以及流动性总体过剩的多重压力下，结构性价格上涨将成为中国宏观经济在中期内必然面对问题，价格上涨的多元性以及国际输入性决定了目前价格治理的战略定位和措施存在巨大的偏差；

五、在部分行业利润率高企、房地产市场的反向调整以及灾害的需求创造效应的作用下，名义投资水平依然高位运行。但这些因素的短期性决定了 2009 年可能面临投资增速的大幅度回落，预示着中国宏观经济可能重蹈以往下行区间的调整模式——“短期小幅回落引领中期加速性衰退”。

六、结构性价格上涨将通过不对称效应打击实际消费的增长，“消费加速”与“消费升级”难以在“实际收入下降”、“经济大幅放缓”与“通货膨胀抬头”的下行区间得以实现。

七、震灾和雪灾通过“供给损失效应”和“需求创造效应”将对总供给和总需求带来不同的冲击，在短期内对中国宏观经济变量带来小幅影响，但不会影响宏观经济下滑的总体趋势。

2008年下半年，中国经济应当密切关注世界经济周期性的调整，重视外部环境中期恶化的严峻性，适当收缩汇率调整与贸易调整的力度；在做好各项救灾和灾后重建工作的基础上，密切关注房地产市场的反向调整带来的投资逆转；在正视结构性价格上涨的合理性与不对称效应的基础上，改变以往价格治理工具短期化和单一化的格局；在彻实解决民生问题的基础上，制定价格释放与价格治理的中长期战略；在适当放松财政政策的基础上，保持货币政策相机调整的能力；在加强国际经济协调的基础上，密切关注国际资本的流动，坚持以数量型货币政策工具调整为主，适时转换货币政策的工具。本报告基于上述各种判断，设定相应的外生参数，依据中国人民大学中国宏观经济分析与预测模型——CMAFM模型，分年度预测2008全年中国宏观经济运行的状况，得到以下预测结果：预计中国2008年全年GDP增长达到10.4%，比2007年回落1.5个百分点，三大产业增速同时回落，其中第二产业出现大幅度回落达到1.9个百分点；名义投资增长速度较2007年略微上升，达到25.1%，但实际增速下滑明显；名义社会消费增长19.0%，高于2007年2.2个百分点，但实际增速轻微下滑；按照美元计价的出口增长速度达到19.0%，与2007年相比下降了6.2个百分点，进口增长25.2%，与2007年比提高了4.4个百分点；货币增长较2007年出现下降，狭义货币供应达到18.5%，M2增长16.3%；而CPI持续上涨，达到7.1%。

从表层看，美国次贷危机、能源和国际大宗商品价格上涨将使世界经济在短期内陷入经济增长放缓和通货膨胀抬头的困境，2008年中国宏观经济的外部环境将面临短期恶化的危险。

从深层次看，在新技术扩散效应下滑、全球化红利递减、全球流动性过剩以及全球不平衡难以持续等内在因素的作用下，世界经济将于2008年告别“大缓和”的黄金阶段，进入本轮世界经济周期的下行区间，经济的回落和通货膨胀的抬头将使全球滞胀的威胁加剧。中国宏观经济所面临的外部环境恶化不是一个短期问题，而是一个中期问题。正如大量研究机构所预测的那样，世界经济将在短期出现增长回落和通胀抬头的现象。但这种增长的回落和通胀的抬头并不是一种临时的短期现象，而是一种十分深刻的周期性调整。世界经济将由2003—2007年的高涨阶段进入全面下滑的阶段，其核心原因在于，次贷危机与商品价格上涨只是世界经济增长下滑与通货膨胀抬头的导火索和表象因素，决定世界经济周期的三大核心力量“新技术扩散效应”、“全球化红利”与“全球经济不平衡”都在发生转折性的变化。

2008年中国GDP增长大幅回落，在总需求和总供给增速同时下降的过程中，产出缺口的快速逆转标志着中国宏观经济开始步入周期的下行区间。三大产业的增长速度和三大需求的增长速度同时回落说明了中国宏观经济调整依然具有十分明显的顺周期效应，未来宏观经济存在加速回落的风险。

本章小结

证券投资的宏观分析包括宏观经济因素（经济运行与经济政策）、政治因素、法律与监管制度因素、军事因素、文化、自然因素等。宏观因素，尤其是宏观经济因素的变动是证券市场价格的重要影响因素。本章介绍了证券市场价格的主要影响因素，重点讨论了经济周期，宏观经济政策包括财政政策、货币政策以及国际政治经济对证券市场的影响。宏观经济分析的基本方法主要包括总量分析法、结构分析法、计量经济模型和概率预测等方法。总量分析就是指由社会经济总体指标反映出来的经济增长速度、社会总供给与社会总需求的比较关系、经济周期的运行阶段等问题。结构分析就是指产业结构分析、地区经济结构分析、消费结构分析等。

我国证券市场目前还是相对独立的，国际金融市场对我国证券市场的冲击较小。但由于经济全球化的发展，我国经济与世界经济的联系日益紧密，国际金融市场的动荡也会影响我国的证券市场。

关键概念

经济周期　财政政策　货币政策　汇率　总量分析法　结构分析法　国内生产总值　通货膨胀

本章思考题

1. 为什么说宏观经济因素是影响证券市场价格变动的最重要因素？
2. 经济周期是如何影响证券市场价格变动的？
3. 货币政策对证券市场有何影响？
4. 财政政策如何对证券市场发挥作用？

第十章
证券投资的行业分析

本章学习重点

行业的分类及行业分析的意义；行业生命周期的判断；行业分析的方法。

证券投资的行业分析又称为产业分析。任何上市公司的经营业绩都要受到所处行业、所处市场的影响。因此，行业分析对证券市场的研究有着非常重要的意义。通常某一行业发展较好，利润较高，整个行业板块的上市公司在证券市场的表现都会不错。对个人投资者来说，商业性投资公司或证券公司提供的有关行业分析的研究资料是极有参考价值的。因为个人投资者往往无法对必要的大量资料作出准确的分析，而这些投资机构的专业分析人员专长于各行业，能够提供以行业和经济分析为基础的报告，这些信息是十分有益的。只有广泛收集信息、系统地评估该行业，投资者才能进行正确的行业分析，从而最终作出明智的行业投资决策。本章所讲述的行业分析主要包括行业的生命周期分析、行业的竞争性分析、行业的相关性分析。

第一节　行业及区域分析

证券投资的行业和区域分析是基本分析中一个非常重要的组成部分。行业分析和区域分析是企业分析（公司分析）的基础，行业分析和区域分析前景光明，属于该类行业的企业或公司就具有很好的发展潜力。如果行业或区域前景暗淡，该行业所属企业或公司的生产经营就将面临较大的困难。

一、行业的含义

行业，也称产业，是指从事国民经济中同性质的生产或其他经济社会活动的经营单位和个体等构成的组织结构体系，即是指按生产同类产品或具有相同工艺过程或提供同类劳动服务划分的经济活动类别，如林业、汽车业、银行业、房地产业等。

二、行业划分的方法

行业分类是指对构成国民经济的各类不同性质的生产经营活动，按一定的标准进行分解和组合，划分成不同层次的产业部门。行业分类是研究国民经济结构的前提，是进行国民经济统计分析的基础。行业分类统计提供的有关劳动就业、生产经营成果、收入分配、投资费用等各方面的数据，是研究行业经济活动、行业部门之间的相互关联、相互制约关系、实施国民经济宏观调控与决策的重要依据。同样，也是证券投资决策的主要依据之一。或者说，产业是国民经济按照一定社会分工原则，为满足社会某种需要而划分的从事产品生产和服务的各个部门，是产品在很大程度上可以相互替代的同类企业的集合体。产业是一个中观层的概念，相对于宏观、微观层次而存在。

对行业的分类有多种方法，如三次产业分类法、联合国标准产业分类法以及我国的国民经济产业分类法等。对于证券投资者来说，他们所关心的只是他们的证券投资是否能保值增值。因此，证券市场的行业分类要重点反映行业的盈利前景。我们按不同标准对行业进行分类。

（一）根据产业的发展与国民经济周期性变化的关系分类

依据不同的行业在经济周期运行中具有不同的特点，可分为以下几类：

1. 成长型行业

成长型产业的运动状态与经济活动总水平的周期及其振幅无关。这些产业销售收入和利润的增长速度不受宏观经济周期性变动的影响，特别是经济衰退的消极影响。它们依靠技术进步、推出新产品，提供更优质的服务，改善经营管理，可实现持续成长。例如，在过去的几十年内，计算机和打印机就是典型的成长型产业。

2. 周期型行业

周期型行业的特征是受经济周期影响很大。当经济繁荣时这些行业会相应扩张，当经济衰退时，这些行业也随之收缩，如建筑材料业、家用电器业、旅游业等。

3. 防御型产业

防御型产业与周期型产业刚好相反。这种类型产业的运动受经济周期的影响小。防守型行业的特征是，它们的商品往往是生活必需品或是必要的公共服务，公众对它们的商品有相对稳定的需求，因而行业中有代表性的公司盈利水平也相对稳定。这些行业往往不因经济周期变化而出现大幅度变动，甚至在经济衰退时也能取得稳步发展，食品业、药品业、公用事业等就属于这一类行业。因为需求对其产品的收入弹性较小，所以这些公司的收入相对稳定。

4. 成长周期型产业

这种类型的产业既包含有成长状态，又随经济周期而波动。许多产业都属于这种类型。

（二）根据产业未来可预期的发展前景划分

根据产业未来可预期的发展前景，可以分为朝阳产业和夕阳产业。

朝阳产业是指未来发展前景看好的产业，但在创立之初常常十分弱小，此时它又被称为幼稚产业，如前几年的信息产业。夕阳产业是未来发展前景不乐观的产业，如目前的钢铁业、纺织业。朝阳产业和夕阳产业的划分具有一定的相对性，因国家和地区而异。

（三）按照产业所采用技术的先进程度划分

按照产业所采用技术的先进程度，可分为新兴产业和传统产业。

新兴产业是指采用新兴技术进行生产，产品技术含量高的产业，如电子业。传统产业是指采用传统技术进行生产，产品技术含量低的产业，如资源型产业。一般地，新兴产业多为朝阳产业，传统产业多为夕阳产业。

（四）按照产业的要素集约度划分

按照产业的要素集约度，可以分为资本密集型、技术密集型和劳动密集型产业。

资本密集型产业是指需要大量的资本投入的产业，如房地产。技术密集型产业的技术含量较高，如生物科技。而劳动密集型产业则主要依赖于劳动力，如纺织业。它们之间并没有严格的界限，有些产业同时是资本密集和技术密集，如汽车产业。

（五）上市公司的行业分类

证券业为反映证券市场的活动变化，也将上市公司划分为不同行业，分别计算其股价指数、成交额、平均市盈率等有关指标，供投资者参考。以下是有代表性的行业划分方法。

1. 道·琼斯分类法

道·琼斯分类法是在 19 世纪末为选取在纽约证券交易所上市的有代表性的股票而对各公司进行的分类，它是证券指数统计中最常用的分类法之一。

道·琼斯分类法将大多数股票分为 3 类：工业、运输业和公用事业，然后选取有代表性的股票。虽然入选的股票并不涵盖这类行业中的全部股票，但足以代表该行业的变动趋势，具有相当的代表性。在道·琼斯指数中，工业类股票取自工业部门的 30 家公司，例如包括了采掘业、制造业和商业，运输业包括了航空、铁路、汽车运输业。作为计算道·琼斯股价指数的股票类别，公用事业行业直到 1929 年才被确认添加进来。

2. 我国的上市公司分类

根据 2001 年 4 月初中国证监会发布的《上市公司行业分类指引》，我国的上市公司分为以下十三大类：A. 农、林、牧、渔业；B. 采掘业；C. 制造业；D. 电力、煤气及水的生产和供应业；E. 建筑业；F. 交通运输、仓储业；G. 信息技术业；H. 批发和零售贸易；I. 金融保险业；J. 房地产业；K. 社会服务业；L. 传播与文化产业；M. 综合类。其中每一大类中又可分为若干种类和小类。如制造业又分为食品、饮料；纺织、服装、皮毛；木材、家具；造纸、印刷；石油、化学、塑胶、塑料、电子；金属、非金属；机械、设备、仪表；医药、生物制品等。

3. 证券市场的行业划分

在我国还有下述二类分类方法：①上证指数分类法。上海证券交易所将全部上市公司分为五类，即工业、商业、地产业、公用事业和综合类，并分别计算和公布各分类股价指数。②深证指数分类法。深圳证券交易所将在深市上市的全部公司分为六类，即工业、商业、金融业、地产业、公用事业和综合类，同时计算和公布各分类股份指数。

上述分类并不完全，只是为了计算股价指数的需要而已。

三、行业分析的意义

（一）行业分析的任务

行业分析的主要任务包括：解释行业本身所处的发展阶段及其在国民经济中的地位，分析影响行业发展的各种因素及判断对行业影响的力度，预测并引导行业的未来发展趋势，判断行业投资价值，揭示行业投资风险，从而为政府部门、投资者及其他机构提供投资决策依据。

（二）行业分析的意义

行业分析的意义集中体现为：

首先，行业经济是宏观经济的构成部分，宏观经济活动是行业经济活动的总和。行业经济活动是介于宏观经济活动和微观经济活动中间的中观经济活动，行业分析是连接宏观经济分析和上市公司分析的桥梁，是中观经济分析的主要对象之一。

其次，行业分析可以界定行业本身所处的发展阶段和其在国民经济中的地位，通过横向比较，为最终确定投资的具体领域和具体对象提供准确的行业背景。

再次，行业分析是对上市公司进行分析的前提，也是连接宏观经济分析和上市公司分析的有效途径，是基本分析的重要环节。行业分析的重要任务之一就是发现最具投资潜力的行业，进而在此基础上选出最具投资价值的上市公司。

最后，行业有自己特定的生命周期，不同行业的投资价值不一样，而且同一行业在其生命周期不同发展阶段上投资价值也不一样，公司的投资价值可能会由于所处行业不同而有明显差异。因此，行业分析是动态的分析，是不断发展的。

因此，行业是决定公司投资价值的重要因素之一。在证券投资分析中，行业分析和公司分析是相辅相成的。一方面，上市公司的投资价值可能会因为所处行业的不同而产生差异；另一方面，同一行业内的上市公司也会千差万别。

四、行业分析的方法

对于投资者来说，在选择投资行业时，应选择处于成长期和稳定期，股息红利相应提高，有较大发展潜力的行业进行投资。对于处在开创期和衰退期的行业，由于发展前景尚难预料，投资风险较大，在没有掌握确切有利信息时，投资者一般应避免选择。为了对行业进行合理的选择并确定相应的投资策略，就必须掌握行业分析的方法。行业分析方法包括定性分析法和定量分析法两大类。定性分析法包括历史研究法、调查研究法和归纳研究法；定量分析法包括比较研究法、数理统计法。

（一）定性分析法

1. 历史资料研究法

历史资料研究法是通过对已存在的资料的深入研究，寻找事实和一般规律，然后根据这些信息去描述、分析和解释过去的过程，同时揭示当前的状况，并依照这种一般规律对未来进行预测。行业兴衰的历史表明，各个行业都在不断地发展。如果从一个行业的发展历程来认识它，更有助于较为全面地认识和理解该行业。历史资料的来源包括各政府部门、各研究机构的统计数据等。

2. 调查研究法

调查研究法一般是通过抽样调查、实地调研、深度访谈等形式，通过对调查对象的问卷调查、访查、访谈获得资讯，并对此进行研究。调查研究是收集第一手资料用以描述一个难以直接观察的群体的最佳方法。当然，也可以利用他人收集的调查数据进行分析，即所谓的二手资料分析的方法，这样可以节约费用。

这种方法的优点是研究者可以获得最新的资料和信息，可以主动提出问题并得到解释，适合对一些相对复杂的问题进行研究时采用。缺点是这种方法的成功与否取决于研究者和访问者的技巧和经验。在向相关部门的官员咨询行业政策、向特定企业了解特定事件、与专家学者探讨重大话题的时候，特别适用这种方法。

（1）问卷调查或电话访问。问卷调查是指为了了解某个问题通过科学地设计问卷进行调查，然后统计分析作出研究结论的方法。问卷调查涉及问卷调查的设计、分发（邮寄或传真）、回收和整理。电话访问是指通过打电话的方式向对方询问一些问题，并做出分析的方式。其优点在于即时性和互动性，它不需要像等待问卷回收那样耗费漫长的时间，而且，在某些比较敏感的问题上，受访者由于不曾露面的原因反而会更加真实地回答问题。但是，另一方面，电话会被轻易地挂断从而终止访问，这是电话访问的缺点。

（2）实地调研。实地调查的最大好处就是研究者能够在行为现场观察并且思考，形成了其他研究方法所不及的弹性。实地调研特别适合那些不宜简单定量的研究课题。它通过尽可能完全直接的观察与思考，对研究课题进行深入和周全的探索。它还特别适用于对进行中的重大事件的研究，这种方法胜过在事后的重新构建和探讨。它往往可以揭露一些并非显而易见的事实。实地调研前，研究者首先需要事先搜索和准备相关的资料，接着需要和研究对象建立联系并且保持友善的关系。在实地调研中，把一切过程完整而真实地记录下来是很重要的，即使这些笔记也许只有一小部分被用到最终的报告之中。

（3）深度访谈。深度访谈具有许多优点，包括可以得到较为充分和详细的回答，避免由于问卷设计的要求而对问题进行简化的标准化处理，可以更为深入地探讨一些问题。但是，深度访谈的一个弱点在于，受访者可能会受到访问者（研究者）的影响。

3. 归纳与演绎法

归纳法是从个别出发以达到一般性，从一系列特定的观察中，发现一种模式，这种模式在一定程度上代表所有给定事件的秩序。但是值得注意的是，这种模式的发现并不能解释为什么这个模式会存在。演绎法是从一般到个别，从逻辑或者理论上的预期的模式到观察检验预期的模式是否确实存在。演绎法是先推论后观察，归纳法则是从观察开始。

（二）定量分析法

定量分析法包括比较研究法和数理统计法。

1. 比较研究法

在进行行业分析的时候，比较研究法是一种较为常用的分析方法。比较研究法又可分为横向比较和纵向比较两种方法。横向比较一般是取某一时点的状态或者某一固定时段（比如1年）的指标，在这个横断面上对研究对象及其比较对象进行比较研究。比如将行业的增长情况与国民经济的增长进行比较，从中发现行业增长速度快于或慢于国民经济的增长；或者将不同的行业进行比较，发现本行业的成长性；或者将不同国家或者地区的同一行业进行比较，发现行业的发展潜力和发展方向等。纵向比较主要是利用行业的历史数据，如销售收入、利润、企业规模等，分析过去的增长情况，并据此预测行业的未来发展趋势。利用比较研究法可以直观和方便地观察行业的发展状态和比较优势。

2. 数理统计方法

随着研究的深入，分析师们将不再仅仅依靠简单的比较和直观的分析来得出结论。统计和计量经济学的理论和方法将会被越来越多地应用到行业分析中来。在此简单介绍相关分析、线性回归和时间序列分析方法。

相关分析主要用于探索两个数量指标之间的依存关系，比如行业产品的销售总量和销售价格之间的关系，行业发展速度与国民经济发展速度之间的关系等。

线性回归是指对存在相关关系的指标变量进行回归分析，且相关程度越高，回归测定的结果越可靠。相关系数也是判定回归效果的一个重要依据。

时间数列又称时间序列，是指社会经济指标的数值按照时间顺序排列而形成的一种数列。按照指标变量的性质和数列形态不同，时间数列可分为随机性时间数列和非随机性时间数列。其中，非随机性时间数列又有：平稳性时间数列、趋势性时间数列和季节性时间数列三种。

第二节　行业的生命周期分析

根据行业结构演变的一般规律，任何一个行业都有其由成长到衰退的生命周期，在不同的发展阶段具有不同的特征。

一、行业生命周期各阶段的特征

大多数行业从产生到衰亡要经历一个相当长的过程，这一过程又可分为若干个发展阶段，每一阶段显示出不同的特征。虽然不同行业在各阶段经历的时间存在差别，但各阶段的基本特征对各行业来说却是大致相同的。通常将行业发展必然经历若干阶段以及各阶段具有的某些特征概括为行业的生命周期。行业的生命周期一般为早期增长率很高，到中期阶段增长率逐步放慢，在经过一段较长的成熟期后会出现停滞和衰退的现象。通常，行业的生命周期可以分为开拓、扩展、稳定和衰退四个阶段。

（一）开拓阶段

开拓阶段主要是由技术进步推动的，最先试制新产品的企业成本很高，销量很小，利润很低甚至没有盈利可言，经营风险很大。此时这一行业尚未被认识，但随着新产品开发的成功，利润水平很可能成倍增长。

（二）扩展阶段

扩展阶段以竞争加强、价格下降、利润上升为特点。随着新产品得到市场的认可，产品的销售数量在强劲的需求推动下迅速增加，许多新企业看到这一行业的发展前景而纷纷设立。随着竞争的加剧，产品价格急速下降，一些基础不稳、经营无方和效益低下的企业逐渐被大企业兼并。这一阶段充分体现了适者生存规律的作用。最后，只剩下少数实力雄厚、技术先进、经营有方的主导型大公司得以自下而上并控制这一行业。这一阶段由于企业价格和利润都不稳定，投资风险较大，投资者购买扩展阶段行业的股票，要有较大的承受风险的能力。

（三）稳定阶段

这一阶段对产品的需求仍在扩大，销售数量继续增加，但增长率开始下降，生产和价格都比较稳定，竞争很激烈，但程度有所缓和。随着生产的扩大，价格开始降低，利润的增长幅度也有所下降。在这一阶段主要由少数大企业控制了整个行业，它们经过了上一阶段的竞争洗牌，成为资金实力雄厚、财务状况良好、竞争力强的一流企业。它们可以通过筹集资金扩充业务而不需要完全依赖市场，它们可以凭借雄厚的技术力量不断推出新产品，从而保持强劲的竞争能力，又可借助于规模经济效应以较低的成本进行大批量生产，在价格降低的同时保持一定的利润水平。但是各个行业的稳定阶段的时间长度有所区别，技术含量高的行业稳定阶段历时较短，而公用事业和基本生活资料相关的行业稳定阶段持续的时间较长。

（四）衰退阶段

一个行业发展到最后阶段即是衰退阶段。在这一阶段由于需求减少，产量下降，增长率逐渐降低甚至出现负增长，竞争能力削弱，在国民经济中的地位也逐渐降低。当正常利润无法维持或现有投资折旧完毕后，整个产业便逐渐解法。与人的生命不同，步入暮年的产业未必就一定面临死亡。从历史上看，真正被完全淘汰的产业很少，产业的发展是现出“生多死少”的特征，多数情况是产业就此进入一个发展停滞、随波逐流的状态。

了解行业在生命周期不同阶段的特点，可帮助投资者选择合适的投资对象。有一种方法是将各个不同行业标在生命周期曲线的不同位置上，并以此判断和选择投资和行业。

二、行业生命周期的影响因素

影响行业生命周期的因素有很多，具体可以从以下几个方面进行分析。

1. 需求

它是社会发展的原动力，新产业的形成过程实际上是对社会潜在需求的发现和给予有效满足的过程。需求的总量决定行业成熟后的规模，需求的性质决定行业是否属于劳动密集型、资本密集型或是知识密集型行业。

2. 技术进步

当今世界新兴学科不断涌现，理论科学向实用技术的转化速度大大加快，由此产生的新兴行业能够很快地超过并代替旧行业，对旧行业形成严重威胁。它不仅使新产品的推出成为可能，而且能提高新产业的生产效率，从而促进行业的市场扩张，使行业进入快速成长期。技术进步还可以使行业实现规模经济，使企业获利，从而壮大行业。行业追求技术进步是时代的要求，技术进步会对行业产生巨大的影响。因此，投资者应充分了解各种行业技术发展的状况和趋势，选择有发展前途的行业投资，避免投资衰落行业至关重要。

3. 政府政策

政府的影响和干预对行业发展有一定作用。其干预的目的在于维护经济的公平和自由竞争，保证经济的健康发展。关系到国计民生的基础行业和国家发展的战略性行业，如公用事业、运输部门、金融部分以及高科技领域等，是政府重要管理和控制的对象。对投资大、建设周期长、收益慢的公用事业，政府通过授予某些厂商在指定地区独家经营特许权的方法来进行管理。政府的管理措施可以影响行业的经营范围、增长速度、价格水平、利润率等多个有方面。政府政策的具体影响表现为对行业的促进干预和限制干预。促进作用可通过补贴、税收、信贷、价格等经济手段及限制外国竞争、保护某一行业的附加法规措施来实现。另外还辅之以规划指导、额度限制、市场准入、安全标准环保限制等限制性规定，如考虑到生态、安全、及某些行业的稳定性，政策会对其做出限制性规定，像航空业有其各自的正常航线，电力公司有其各自的服务地域等。

4. 社会习惯

社会习惯的变迁也对行业的发展和行业生命周期发生影响。社会观念、社会习惯、社会趋势的变化变化对企业的经营活动、生产成本和利润收益等方面都会产生很大的影响。在导致一些不再适应社会需要的行业衰退的同时，又激发一些新兴行业的产生和发展。如社会公众对安全性的要求使汽车的安全防护性能力高，从追求解决温饱到追求无污染、重健康、重智力投资和丰富的精神生活等生活方式和生活质量的改变，环保意识的增强使环保产业迅速发展。

在上述因素中，起持续作用的是需求、技术进步、利益竞争等内在因素。正是这种持续作用，使得产业生命周期成为多产业发展的一个普遍规律。

三、行业生命周期与证券市场的关系

行业生命周期的不同阶段有不同的特征，也有不同的业绩和风险，其在证券市场的表现也不一样，投资者应该根据不同的需要有选择性的进行投资。

开拓阶段，一般企业风险大，收益小，企业耗费的固定成本和研发费用较高，这一阶段主要的风险为技术风险和市场风险。比如电脑网络业、生物制药业等，这些行业在兴起之初厂商较少，投入较大，有些企业甚至亏损，但由于代表未来发展趋势，前景看好，受到很多风险投资商的青睐。如美国的 NASDAQ 市场、香港的创业板市场等就是为这些有发展前景的企业提供上市的平台，美国的雅虎，其股价曾以每笔交易上扬几十美元的速度上涨，最高价达 200 多美元，但此时企业业绩处于亏损状态。由于创业板市场上市的一般为初创企业，风险大，一般投资者难以了解其经营状况和风险程度，所以更适合风险投资者和投机者进行投资。当然，如果成功，其收益也是很大的。

扩展阶段，更多的企业进入这个行业，竞争加剧，市场急剧扩张，销售收入以更快的速度增长，生产成本也大幅度降低。此时行业处于高速成长阶段，利润增加。这个时期的风险主要是管理风险和市场风险。处于这一阶段的企业有业绩做基础，其在证券市场上的价格表现呈上扬的趋势。同时，在竞争过程中，优胜劣汰，一些管理不善、市场开拓不力的企业可能面临破产或倒闭。因此此阶段投资者要精心选择成长性好的企业，关注企业的经营管理水平和市场开拓能力。

稳定阶段，市场规模增速缓慢，产品价格基本稳定，技术趋同，市场竞争结构、产业垄断局面基本形成。这个时期形成一批有实力的有规模和品牌的企业，各企业竞争格局已形成态势，此时企业风险较小，收益较高。这个时期是蓝筹股的集中地，证券价格呈现稳步攀升之势，若非人为操纵，大涨大跌的可能性不大。具有长线持有的价值。

衰退阶段，企业面临的最大问题是市场被新的产品新的产业所替代，一些有远见和实力的企业开始转行，企业数量也开始减少。这一阶段企业收益减少，利润降低。由于这一阶段企业已丧失发展空间，所以在证券市场上全无优势，是绩平股、垃圾股的摇篮。一般投资者对此类产业敬而远之。

四、行业投资的选择

（一）投资目标的选择

对于投资者来说，在选择投资行业时，应选择处于成长期和稳定期的行业基础逐渐稳定，盈利逐年增加，股息红利相应提高，有较大发展潜力的行业进行投资。对于处在开创期和衰退期的行业，由于发展前景尚难预料，投资风险较大，在没有掌握确切有利信息时，投资者一般应避免选择。

（二）分析方法的选择

分析和判断行业所处生命周期及是否属于增长型行业，常采用两种方法。

1. 行业增长比较分析法

具体做法是取得某行业历年的销售额或营业收入数据并计算出年变动率，然后与国民生产总值增长率、国内生产总值增长率进行比较，根据比较结果做出分析判断。如果在国民经济繁荣阶段该行业的销售额也逐年同步增长，或是在国民经济衰退阶段该行业的销售额也同步下降，说明这一行业很可能是周期性行业；如果在大多数年份中该行业的年增长率都高于国民经济综合指标的年增长率，说明这一行业是增长型行业；如果行业年增长率与国民生产总值、国内生产总值的年增长率持平甚至相对较低，则说明这一行业与国民经济增长保持同步或是增长过缓；如果该行业各观察年份的销售额在国民生产总值所占比重逐年上升，说明该行业增长比国民经济平均水平快，反之则较慢。

2. 行业未来增长率预测法

预测行业未来增长率的方法很多，常用的有绘制行业历年销售额与国民生产总值曲线来预测行业未来销售额的回归分析预测法；利用行业历年的增长率资料计算历史的平均增长率和标准差来预测行业未来增长率的趋势预测法。历史数据应有 10 年或 10 年以上预计结果才较有说服力。与居民基本生活资料相关的行业可利用人均消费量及人均消费增长率来预计行业未来增长率。

（三）行业投资选择的原则

1. 顺应产业结构演进的趋势，选择有潜力的产业进行投资

由于产业生命周期的存在，各产业的此起彼伏必然使产业结构处在不断演进的动态过程中。目前，世界产业结构总的演进方向是产业结构的高度化。它包括三个方面的内容：一是在整个产业结构中，由第一产业占优势比重向第二产业、第三产业占优势比重演进；二是产业结构中由劳动密集型占优势比重逐渐向资本密集型、技术知识密集型占优势比重演进；三是产业结构中由制造初级产品的产业占优势比重向制造中间产品、最终产品占优势比重演进。

在全球经济一体化的过程中，经济结构也呈现全球性特征，也就是说，经济序列在全球范围内展开，从而产生了各个国家不同产业的国际比较优势和比较劣势，形成了国家或

地区性的朝阳产业和夕阳产业。于是，在发达国家经济结构高度化的同时，发展中国家经济结构高度化的进程常常受到抑制。这样，一些按照产业结构演进的一般规律应当迅速发展的产业在发展中国家却发展迟缓，如我国的汽车工业；而一些应当限制发展的产业却在发展中国家快速发展，如我国的磷化工产业。

产业结构的演进所引起的产业升级是极为难得的投资机会。如同工业革命一样，信息革命也必将导致国家和个体财富结构的改变，产业结构演进的趋势也会在证券市场中反映出来。

2. 对处于生命周期不同阶段的产业，不同的投资者、不同性质的资金应有不同的处理

由于产业生命周期各阶段的风险与收益不同，实际投资中投资者的投资理念的差异、资金来源与使用周期的不同，不同的投资者应选择符合自身实际情况的产业。

3. 正确把握国家产业政策，把握投资机会

国家产业政策是在对产业结构发展方向和各产业发展规律的深刻认识的基础上作出并实施的，具有显著的导向性。国家对某一产业的扶持，意味着这一产业有更多的发展机会；国家对某一产业的限制，意味着这一产业被封杀了发展空间。在把握产业结构演进趋势的基础上，正确理解国家产业政策，有利于把握投资机会，更好地提高投资效益。

五、区域分析及板块效益

（一）自然环境与基础条件

经济区域的自然环境和基础条件包括矿产资源、水资源、能源、交通、通信设施等，它们可能对区域内上市公司的发展起着重要的促进作用或限制作用。如果上市公司所从事的行业与当地的自然环境和基础条件不符，公司的发展就会受到很大的制约。

（二）产业政策和经济支持

为促进区域经济发展，当地政府一般都相应地制定了经济发展的战略规划和产业政策，以及其他相关的经济支持。如果区域内上市公司的主营业务符合当地政府的产业政策，就会获得诸多政策支持而顺利发展。

（三）比较优势和区域特色

不同区域间比较，可以找到各自的比较优势和区域特色。如经济发展环境、发展条件、发展现状等方面的优势，就为上市公司创造了更大的竞争优势和发展空间，并能有效地带动周边地区的经济增长，发挥板块效益作用。

第三节　行业的竞争性分析

一、行业的市场结构分析

现实中各个行业的竞争程度、企业数量、产品价格差别、行业集中度、进入程度等都存在很大差别。根据行业中企业的数量、产品性质、价格的制定和其他一些因素，我们一般把行业分为四种市场结构：完全竞争、垄断竞争、寡头垄断、完全垄断。这四种市场结构的竞争程度是依次递减的。一般来说，竞争程度越高的行业，企业进入成本越低，其产

品价格受供求关系的影响就越大，企业竞争失败破产的可能性也越大，从而投资风险也越大；反之，垄断性行业的投资风险较小。

（一）完全竞争市场结构

在属于完全竞争市场结构的行业中，如农产品市场，任何一个厂商都无法独立地影响市场价格，而是由整个行业的供求决定价格。一般来说，该行业技术要求不高，厂商进出该行业容易。从长期来看，该市场结构的行业只能获得社会平均利润。

（二）垄断竞争市场结构

属于垄断竞争市场结构的行业多是轻工行业。其行业内部均有不同程度的竞争，竞争的结果既有可能使盈利趋于稳定，也有可能损害所有企业的利益。在这类行业中，每个企业的销售量和利润率存在着差异，有时甚至悬殊，因此投资此类行业更需加强对企业的个案研究。

（三）寡头垄断市场结构

一般来说，属于寡头垄断市场结构行业，其企业的生产经营规模相当大，整个市场被几家大厂商所分割占有，如汽车、民航等。这类行业所需投资相当大，新厂商进入比较困难，并有较强的控制价格能力。因此，其长期内存在超额利润。

（四）完全垄断市场结构

属于完全垄断市场结构的行业有邮政、电话、铁路、电力等行业，其特征一般有以下几点：①为公众的必需消费提供服务；②投资额巨大，进入成本高；③大多是政府特许经营，在一定范围内有业务专营权；④其产品、服务的价格多受政府限制。这类行业收益稳定，风险较小，投资者的利益有保障。

二、行业的竞争结构分析

美国哈佛商学院教授迈克尔·波特认为，一个行业内存在五种基本竞争力：潜在进入者、行业竞争者、替代品、供应商、买方，一个行业内激烈竞争的局面源于其内存的竞争结构。竞争决定了一个行业的利润率，这五种作用力综合起来决定了某行业中企业获取超额收益率的能力，各种竞争力的对比因行业不同而不同。

（一）潜在进入者的威胁

潜在进入者的进入将会分夺市场份额，吸引走一部分消费者，因而对现有企业来说是不小的威胁。一般行业发展初期新进入者比较多，因为高价和利润率会吸引更多的厂商进入，所以进入壁垒是行业获利能力的重要因素。不同的市场结构新进入者的威胁程度也不一样。完全竞争市场各种竞争力相当，有无数的买方和卖方，新进入者的威胁不会很大。而其他的市场结构新进入者的威胁可能会更大一些。为减少新进入者的威胁，企业要有自己的一些别人难已模仿的核心优势，如品牌、专利技术、商标，完善的销售渠道和稳定的客户关系等等。在行业分析时，我们要从这些角度分析现有企业的这些优势和劣势以及潜在进入者的优势和劣势。

（二）现有企业之间的竞争

现有企业之间的竞争也是影响行业发展的很重要的一个因素。竞争者总是尽可能扩大自己的市场份额，提高自己产品的市场占有率，提高自己品牌的知名度；尽可能形成自己的产品优势和产品差别，扩大企业规模，在市场中占主导地位。因市场竞争结构不同，现有企业之间的竞争关系也不一样。比如垄断竞争市场企业主要靠形成自己产品的差别、品牌等来获得利润，而寡头垄断市场产品差别小，企业更多的通过扩大规模，降低成本等获取更多利润，而且很可能形成勾结定价或价格竞争。所以现有企业的竞争程度分析对于分析证券市场行业发展的变化和利润变化等都有着很重要的意义。

（三）替代品的压力

替代品对企业的影响是非常大的。一方面挤走了市场份额，另一方面如果是新产品的出现完全替代处于衰退期的产品，这对行业发展来说是一次根本的革新，对企业来说必须及时调整发展战略，淘汰旧产品，生产新产品。

（四）买方的谈判能力

买方的谈判能力是行业利润率高低的决定因素之一，有的行业买者较少，而需求量大，企业不得不让步。而有的行业买者多，而需求量小，价格谈判企业将处于有利地位。

（五）供应商的谈判能力

供应商的谈判能力决定了企业的成本，也是直接影响行业利润率高低的一个重要因素。如果供应商企业数量有限，掌握了一定货源，且替代品很少，就会向买方索取高价格，买方成本提高。因此，这也是行业分析的重要的一个方面。

上述五种竞争力的任何一种都由行业结构和行业基本的经济和技术特征所决定，行业结构相对稳定，但也随各竞争力的变化而变化，影响行业盈利能力。行业分析过程中我们要综合考虑五种因素的影响，准确分析各种因素的影响程度，发现发展趋势好的行业。

第四节　影响行业兴衰的主要因素

一、影响行业兴衰的主要因素

（一）政府政策的影响作用

现代市场经济条件下，政府对经济进行宏观调控，调整产业结构，规划产业布局，坚持可持续发展，保护生态环境等等。这些政府必须制定一些法律法规进行规范，同时也会采取一些宏观调控措施如补贴、优惠税、限制外国竞争的关税、保护某一行业的附加法规等措施。政府政策的影响不可小看，比如 2008 年出台的塑料购物袋有偿使用的政策就导致一些塑料袋生产厂家面临倒闭或转产的境地。

（二）技术因素对行业的影响

科学技术是第一生产力，技术进步是影响行业兴衰的最主要因素之一。新技术的应用不断淘汰旧的行业，催生新的行业。如现代电子技术的应用，生物科技的应用等改变了传统的经营模式和生活方式。电子技术的应用，网络的普及既改变了传统行业如银行、教育等的发展模式，又催生了新的网络经济、网络商业。科学技术的应用推动新兴行业的生产与发展，并对原有行业产生深刻的影响。

当前正是科学技术日新月异的时代，不仅新兴学科不断涌现，而且理论科学向实用技术的转化过程也被大大缩短，速度大大加快。技术进步对行业的影响是巨大的，它往往催生了一个新行业的出现，同时迫使一个旧的行业加速进入衰退期。未来优势行业将伴随着技术创新的到来，处于技术尖端的基因技术、纳米技术将催生新的优势行业。科学技术的发展推动了经济发展和进步，带来生产方式、营销方式和管理方式的深刻变化，也必然导致新型行业的兴起及落后行业的消亡。

（三）产（行）业组织创新

推动产业形成和产业升级的重要力量就是产业组织创新，包括持续的产品创新、营销创新和过程创新等，它是推动产业形成和产业升级的重要力量。对于缺乏产业组织的行业，如建筑业、纺织业等，由于技术壁垒较低，市场竞争以价格竞争为主，其行业平均利润水平较低，增长缺乏潜力。如果某个行业形成垄断的市场格局，将抑制行业的创新意识，延缓行业的技术进步，如一些公用事业行业。如果产业组织创新活跃，新技术和新产品不断涌现，如计算机行业、生物医药行业、通信行业，则该行业能够获得超额创新利润。此时市场竞争以技术竞争为主，行业增长的潜力较大。对于某些已经处于衰退期的行业，由于新技术的运用、新产品或新用途的开发，往往使行业起死回生，重新焕发生机，迎来新一轮的行业增长。

（四）社会习惯的改变

社会观念、社会习惯、社会趋势的变化对企业的生产经营活动、生产成本和利润等都会产生一定负面影响，使一些行业被淘汰而产生新的行业。

（五）经济全球化

所谓经济全球化是指商品、服务、生产要素、信息跨国界流动的规模与形式不断增加，通过国际分工，在世界市场范围内提高资源配置率，从而使各国经济相互依赖程度有日益加深的趋势。经济全球化使得企业生产、贸易、金融等都实现全球化，使企业资源在全球可以得到更合理的配置，国际分工也更加细化。

经济全球化对行业发展具有重要的影响。它是全球生产力发展的结果，其推动力是追求利润和取得竞争优势。20 世纪 90 年代以来，经济全球化的趋势大大加强，导致经济全球化的直接原因是国际直接投资与贸易环境出现了新变化。

二、行业发展预测及投资选择

（一）中国主要行业发展前景概貌

1. 金融业

金融业在我们国家原来以国有企业性质居多，现在金融业加快了市场化改革的步伐，进行股份制改造，同时有外资金融机构的进入，我国金融业面临着挑战和机会。同时我国资本市场很多制度不完善，也有很大的发展空间。未来我国的金融业必将是蓬勃发展的行业。

2. 房地产业

近几年房地产业的发展是非常迅速的，但存在一定的泡沫成分。2008 年我国宏观经济面临一系列问题，如通货膨胀、人民币升值、企业生存压力加大等等，房地产价格出现下跌现象，但2009年以来又继续虚高，我国房地产将出现调整期，理性回归价值。

3. 电信业

电信业由原来的独家垄断到几分天下，现在电信业又出现新的重组，将有利于电信业的整合。电信业属于寡头垄断，同时目前通讯技术的发达，人民经济水平的提高，中国又是一个人口大国，电信业在中国还有很大的市场潜力和发展空间。

4. 水路运输业

水路运输业作为基础产业，是传统的运输工具之一。其受到航空业、铁路运输等的竞争。但水路运输业有其自身的优点，尤其是发展低碳经济的需要的应对气候变化，有着较好的前景，未来发展比较稳定。

5. 钢铁工业

钢铁工业属于寡头垄断行业，产品差别不大，且厂商数目也很少，规模很大。该行业的发展相对比较稳定。除非将来有更好的替代品的出现。

6. 旅游饭店业

旅游饭店业在我国有很大的发展空间。中国人不太会懂得享受生活，花在旅游上的时间很少，但随着人民生活水平的提高，用于旅游的时间会越来越多，旅游饭店业未来的发展也很看好。

7. 彩色电视机行业

彩色电视机行业目前利润很低，行业竞争激烈，且产品趋同，没很大差别，该行业要有新的发展，必须在技术上有新的突破。

（二）投资选择

作为投资者，为更好的作出投资决策，获得好的盈利空间，可以进行行业增长比较分析、行业未来增长率预测等，以作正确的投资选择。

1. 顺应趋势，选择潜力股

对于那些有发展空间和潜力的行业和企业，未来增长空间较大。低价时买入，可在未来盈利时高价抛出。

2. 对处于不同阶段产业的投资选择

对处于初创期的行业，如目前的遗传工程行业，由于风险较大，收益小，企业只有几家，可选择余地小，因此适合于投机者。对于处于成长期的行业，如计算机、通讯等，一方面高速增长，另一方面竞争激烈，破产倒闭可能性大，一般适合于趋势投资者，但不适合于价值型投资者，如果选择正确可能获得巨额回报，否则就会血本无归。对于成熟期的行业，风险较小，收益较大，适于收益型或价值型投资者。对处于衰退期的行业，要关注规模小的上市公司，有可能重组或是成为“壳资源”。

3. 正确理解国家的行业政策，把握投资机会

国家对某一行业的扶植或限制，往往意味着这一行业会有更大的发展空间，或者被封杀发展空间，因而国家的行业政策具有导向作用，在把握行业结构演进趋势的基础上正确理解国家的行业政策，能获得更好的投资效益。

【专栏 10－1】2008 年一季度业绩增长超出市场预期

谨慎推荐　维持评级

1. 事件

国家发改委日前发布报告：预计一季度建材全行业经济效益大幅提高。其中，1～2月份盈亏相抵后实现利润 94.1 亿元，同比增长 61.8%，但增幅低于去年同期 60 个百分点。其中，水泥制造实现利润 12.6 亿元，利润额高于去年 4 亿元，同比增长 43.2%；平板玻璃 3.3 亿元，同比增长 2.3 倍。

2. 我们的分析与判断

从销售来看，建材企业一季度累计完成工业销售产值（现价）4082 亿元，同比增长 35%，高于去年同期 4.7 个百分点。平均产销率为 96.97%，高于去年同期 0.3 个百分点。1～2 月份累计完成主营业务收入 2114 亿元，同比增长 28.5%，增幅低于去年同期 3.9 个百分点。其中，水泥 455 亿元，同比增长 10.7%；平板玻璃 77 亿元，同比增长 38.5%。1～3 月份重点监测水泥企业累计销售水泥 10294 万吨，同比增长 14.5%；玻璃企业累计销售平板玻璃 7978 万重箱，同比增长 7.4%。销售形势继续改善。

受原燃材料涨价推动和市场需求的拉动，建材价格水平总体呈上涨趋势，部分地区建材市场价格波动幅度加大。其中，水泥、平板玻璃价格 2 月上中旬有所回落，下旬以后华东大部分地区又出现较大幅度回升。3 月份玻璃和水泥平均出厂价格同比分别提高 9.5% 和 11.9%。

我们认为：水泥、玻璃等主要建材产品的价格上涨与产销率的提高，预示着建材产品销售旺季提前来临。

3. 投资建议

1～3 月份建材工业累计完成固定资产投资 486 亿元，同比增长 48.3%，高于制造业平均增幅 23.4 个百分点。其中，水泥工业完成固定资产投资 111.2 亿元，同比增长 40.1%；增幅高于去年同期 0.7 个百分点，比 1～2 月份减缓 5.3 个百分点。建材行业投资的高增长，在目前的市场环境下，对行业未来供求关系的影响是偏正面的。理由有二：一是 2007 年落后产能主要是在第四季度集中淘汰的，2008 年第一季度建材行业固定资产投资增长因“时滞”带有恢复性增长的特点；二是在建材固定资产投资中，包括余热发电设备的投资占到一定的比重。此外，受钢材、能源价格上涨及人工成本提高的影响，实际形成的建材生产线规模又要打一个折扣。

鉴于建材行业市场整合正在加速，行业进入景气周期。未来行业集中度在提高，企业规模不断扩大。建材行业将迎来行业的快速发展期，行业内的龙头企业值得重点关注。我们对行业维持“谨慎推荐”的投资评价，推荐：海螺水泥（600585）、华新水泥（600801）、冀东水泥（000401）、亚泰集团（600881）、太行水泥（600553）、南玻 A（000012）、金晶科技（600586）。（来源：中金在线，洪亮）

本章小结

本章介绍了如何对行业进行分类，论述了行业的生命周期和各阶段的特征，分析了行业周期与证券市场的关系，介绍了行业的市场结构和竞争结构。

行业经济是宏观经济的构成部分，宏观经济活动是行业经济活动的总和。行业经济活动是介于宏观经济活动和微观经济活动中的经济层面，是中观经济分析的主要对象之一，是连接宏观经济分析和公司分析的桥梁，在证券投资分析中占有非常重要的地位，它与公司分析是相辅相成的。行业分析是对上市公司进行分析的前提，也是连接宏观经济分析和上市公司分析的有效途径，是基本分析的重要环节。行业有自己特定的生命周期，处在生命周期不同发展阶段的行业，其投资价值也不一样，而在国民经济中具有不同地位的行业，其投资价值也不一样。公司的投资价值可能会由于所处行业不同而有明显差异。因此，行业是决定公司投资价值的重要因素之一。行业分析的主要任务包括：解释行业本身所处的发展阶段及其在国民经济中的地位，分析影响行业发展的各种因素及判断对行业影响的力度，预测并引导行业的未来发展趋势，判断行业投资价值，揭示行业投资风险，从而为政府部门、投资者及其他机构提供投资决策依据。

关键概念

行业　行业生命周期　市场结构　竞争结构

本章思考题

1. 行业生命周期的各阶段的特征是什么？与证券市场关系如何？
2. 行业的竞争结构分析包括哪些？
3. 行业的市场结构分析包括哪些？

第十一章
证券投资的公司分析

本章学习重点

公司基本面分析的指标；公司财务分析指标；资产重组和关联交易对公司业绩和经营的影响；公司价值的分析。

第一节　公司基本面分析

公司分析是证券投资基本分析中不可缺少的重要环节。对于证券投资来说，证券投资收益特别是长期证券投资收益的关键取决于被投资公司的经营业绩和财务状况。因此，公司分析就显得格外重要。

一、公司竞争地位分析

（一）公司行业地位分析

在实际投资活动中，投资者要进行宏观经济分析判断投资环境，进行中观行业分析选择投资领域，进行公司分析选择具体的投资对象。投资者不仅要选择好行业，而且要在行业中选择有一定竞争优势的公司进行投资。企业的行业地位决定了其盈利能力的高低，决定了其在行业内的竞争地位。衡量公司行业竞争地位的主要指标是行业综合排名和产品的市场占有率。

（二）公司经济区位分析

经济区位是指地理范畴上的经济增长点及其辐射范围。公司经济区位分析就是将上市公司的价值分析与区位经济的发展联系起来，以便分析上市公司发展前景，投资价值。比如我们国家的长江三角洲、珠江三角洲、京津唐环渤海地区、西部大开发、经济特区等等。不同的经济区位有不同的资源优势，有不同的政府政策和经济特色。经济区位分析具体来说包括几个方面。其一是区位内的自然条件和基础条件，包括矿产资源、水资源、能源、交通、通讯设施等等。不同的行业需要不同的自然条件，当自然条件对公司发展有利时，能节约成本，提高经济效益。这也是分析公司的战略决策是否恰当的要素之一。其二是经济区位内的产业政策。为促进当地经济的发展，当地政府会制定相应的发展战略，积极支持和扶持一些产业的发展，并给予相应的政策支持。如果上市公司能获得国家政策支持，将能获得更好的发展，利润提高，在证券市场上的表现也不错。其三是区位内的经济特色。所谓经济特色是指区位内经济与区位外经济的联系和互补性、龙头作用及其发展活力与潜力的比较优势。其包括区位的经济发展环境、条件与水平、经济发展现状等有别于其他区位的特色。比如福建晋江素有鞋都之称，各种运动品牌服装都产于此地。

（三）公司产品分析

1. 公司产品的竞争力分析

产品竞争能力包括成本、技术、质量等方面的竞争力。公司产品成本越低，技术越好，质量越优，公司产品就越占优势，公司利润也更高。产品成本取决于很多因素，包括公司规模、专有技术、原材料价格、管理水平、营销渠道等。从规模来看，根据规模经济理论，每个行业都有一定的适度规模，当企业处于行业适度规模时，能使企业成本达到最低，使企业处于成本领先地位，从而在价格方面占有一定的优势。

2. 产品的市场占有情况

市场占有情况可以从两个方面来看：一是公司产品销售市场的地域分布情况，可以将销售市场划分为地区型、全国型、世界范围型；二是公司产品的市场占有率。产品的市场占有率是衡量产品竞争力的很重要的一个指标。市场占有率是指一个公司的产品销售量占该类产品整个市场销售总量的比例。市场占有率高，说明公司经营能力和竞争力强，更能得到消费者的认可。一般企业会通过促销、拓宽销售渠道等手段提高市场占有率。

3. 产品的品牌战略

品牌有利于消费者从众多的商品中识别自己认同的产品，也有利于企业进行品牌营销，扩大市场份额。品牌是产品质量、性能、声誉等的综合体现。当市场竞争越激烈时，品牌就成为巩固竞争地位的更重要的因素。

二、公司成长性分析

公司成长性是指公司未来的发展前景或公司利润、规模、销售等的增长速度和空间。公司的经营战略宏观上决定了公司的成长方向、成长速度及实现方式。经营战略关系到公司未来的发展，是企业的长远计划，具有全局性、长远性和纲领性的特征，因而经营战略的设计决定了公司未来的发展方向。

分析公司的成长性我们可以从公司规模的扩张、公司历年的财务数据，公司在行业中地位的变化以及公司的投资和筹资能力等方面着手。具体来说公司成长性分析包括公司经营战略分析和公司规模变动特征及扩张潜力分析。

（一）公司经营战略分析

经营战略是企业战略思想的集中体现，是企业经营范围的科学规定，同时又是制订规划的基础。经营战略具有全局性、长远性和纲领性的特征，它从宏观上规定了公司的成长方向、成长速度及其实现方式。经营战略是在符合和保证实现企业使命的条件下，在充分利用环境中存在的各种机会和创造新机会的基础上，确定企业同环境的关系，规定企业从事的经营范围、成长方向和竞争对策，合理地调整企业结构和分配企业的资源。由于经营战略决策直接牵涉企业的未来发展，所以经营战略的正确与否决定了企业未来的生存和业绩。

（二）公司规模变动特征及扩张潜力分析

公司规模变动及扩张潜力一般与其所处的行业发展阶段、市场结构、经营战略密切相关，它是从微观方面具体考察公司的成长性。通过分析公司规模的扩张动力来自供给还是需求，是创造还是满足市场需求，是靠技术进步还是靠其他因素实现扩张等，从而指出公司发展的内在规律；通过比较公司历年的销售、利润和资产规模等数据判断公司的发展趋势；通过将公司的销售、利润、资产规模等数据及其增长率与行业平均水平比较及与主要竞争对手的数据比较，以了解公司行业地位的变化。另外，还可以通过分析、预测公司主要产品的市场前景及公司的投资和筹资能力来分析公司的扩张潜力。

三、公司经营管理能力分析

（一）公司法人治理结构

公司法人治理结构是公司治理中非常重要的一个方面，是公司治理中的内部治理。广义的法人治理结构指有关企业控制权和剩余索取权分配的一整套法律、文化和制度安排，包括人力资源管理、收益分配和激励机制、财务制度和内部管理等。狭义的法人治理结构是董事会、股东大会、经理层等的权利制衡和一系列制度安排。公司法人治理结构的最终目的是为了保护投资者和利益相关者的利益，防止内部人控制，确保董事会对公司的战略性指导和对公司战略执行情况的有效监督。因此，优秀的法人治理结构能提升公司业绩，保护投资者利益，防止出现象安然、世通等一些公司粉饰财务报表，欺诈投资者的丑闻。

1. 董事会权利的界定与约束

董事会应该具备一定的独立权和领导权，对经理层实施有效的监督，通过一些程序和控制手段掌握公司经营的有关商业、战略、财务等各方面的信息，从而约束经理层的行为，保护股东的利益。

2. 完善的独立董事制度

我国证监会于 2001 年 8 月发布了《关于在上市公司建立独立董事制度的指导意见》，要求上市公司建立独立董事制度。独立董事制度有利于加强董事会的独立性，有利于客观公正地对公司经营做出决策，加强监督和管理。但现实中独立董事不独立的现象也很常见，或者形同虚设。这是我们要进一步完善的问题。

3. 规范的股权结构

中国的特殊情况形成了有中国特色的股权结构。很长一段时间上市公司是一股独大，即国有股占很大比例，且不流通。这就在同一资本市场存在流通股和非流通股，二者存在利益机制的不同，非流通股损害流通股的现象常有发生。股权分置改革将从根本上改变股权分置的现状，有利于规范股权结构。

4. 优秀的职业经理人和对经理人的激励

经理人的素质和道德是保证公司经营良好的非常重要的因素。职业经理人在中国仍然是一种稀缺的资源。因此对经理人的激励和监督管理非常重要，可以考虑给经理人一定的股份和期权。

（二）公司经理层的经营管理水平

经理层直接担负着公司的运营和管理，包括企业文化的塑造、公司人事制度的制定、公司财务管理、员工的招聘与培养、技术的创新等。优秀的经理层能形成良好的企业团队、融洽的企业氛围，有好的执行力和决策力，从而使公司能稳步健康的发展。

1. 管理人员的素质和能力分析

管理人员的素质要求是指公司管理人员应当具备的基本品质、素养和能力。在现代市场经济条件下，管理人员的素质是决定企业能否取得成功的一个重要因素。一般而言，企业的管理人员应该具有强烈的从事管理工作的愿望、较强的专业技术能力、良好的道德品质修养、和谐的人际关系协调能力，以及出色地发现问题和解决问题的综合能力等素质。

2. 业务人员的素质和能力分析

业务人员的素质对公司的发展也很重要。其素质包括熟悉自己所从事的业务、掌握必要的专业技术能力、对公司忠诚、工作负责、具有团队合作精神等。具有良好基本素质的员工会把自身的发展和公司的发展紧密地联系在一起，这样的公司就具有很大的发展潜力。

3. 经营理念和管理风格分析

经营理念是指公司一贯坚持的一种核心思想。管理风格是指公司一贯坚持的原则、目标及方式的总称。经营理念往往是管理风格形成的前提。公司的管理风格和经营理念有稳健型和创新型两种。稳健型公司以稳健为核心，力求公司平稳发展，在稳健的原则下才会进行调整。创新型公司以创新为核心，力求用新思维、新技术、新方法实现公司少投入多产出的奋斗目标，以获得超常规的发展。稳健不一定是墨守成规，创新也不一定就是冒进，否则，都会导致公司的失败。

第二节　公司财务分析

一、公司财务报表分析的依据与意义

（一）公司财务报表分析的依据

公司财务分析的主要依据是公司的财务报表，即资产负债表、损益表（或利润及利润分配表）、现金流量表。具体请见本节第三部分“公司主要财务报表”。

资产负债表是反映公司在某一特定时点（年末或季末）财务状况的静态报告。资产、负债和股东权益的关系是：

资产＝负债＋股东权益

分析其可以了解公司的财务状况，如偿债能力强弱、资本结构合理性、流动资金充足性等。

损益表是一定时期内（通常是1年或1季内）经营成果的反映，是关于收益和损耗情况的动态报告。分析损益表可以了解公司的盈利能力、盈利状况、经营效率等，对公司在行业中的竞争地位、持续发展能力做出判断。

现金流量表是反映资产负债表上现金项目期初到期末具体变化过程的报告，目的是为会计报表使用者提供公司在一定会计期间内现金和现金等价物流入和流出的信息，以便于报表使用者了解和评价公司获取现金和现金等价物的能力，并据以判断公司的支付能力和

偿债能力，以及公司对外部资金的需求情况，预测公司未来的发展前景。

（二）公司财务报表分析的意义

公司财务分析的目的是从财务数据角度评估上市公司在何种程度上执行了既定的战略，是否达到了既定的目标。通过比率分析评价公司财务报表中各会计科目之间的相互关系，现金流量分析使证券分析人员能正确估测公司资产的流动性，并了解经理如何管理企业的经营、投资和筹资活动所产生的现金流。

公司财务报表因使用主体不同其分析的意义也不同。其使用主体主要有公司的经理人员、公司的现有投资者及潜在的投资者、公司的债权人、供应商、雇员和工会、政府、中介机构等等。公司的投资者主要通过财务报表预测公司未来的盈利能力和发展趋势，计算投资收益率，评价风险。公司经理人员主要通过财务报表判断公司的现状、可能存在的问题，更好的做出经营管理的决策。公司债权人主要关注公司的短期偿债能力和长期偿债能力以及未来盈利能力，从而为保全自己债权做出决策。

二、公司财务报表分析的基本内容

不同的主体对财务报表的分析目的不一样，投资者着重对公司的发展潜力、经营管理水平、投资收益率和利润分配情况的分析，债权人关注对公司的偿债能力和获利能力的分析，经营管理者着重对公司生产经营现状和经营风险的分析等。归纳起来，公司财务报表分析主要包括对公司的生产经营状况和管理水平、财务状况和经营成果的分析、公司综合分析评价等。

（一）公司生产经营状况和管理水平分析

公司经营状况和管理水平是围绕公司产供销各环节的业务活动进行分析的。从财务上反映的是公司融资、投资过程的现状，揭示了公司生产各环节是否衔接和顺利运转，财务上是否给予资金保证，这是公司财务分析的基础和重点，必须在充分了解公司基本业务的经营状况和管理现状的前提下才能进行分析。

（二）经营成果分析

经营成果是公司生产经营各环节运转的结果，反映公司生产经营的效率，是公司投入的经济资源所创造的利润，是公司经营决策和经营管理各方面工作的综合反映，也是财务分析的重点内容之一。经营成果分析包括公司主营业务的收入、成本、经营管理费用、营业外收支的分析和公司利润及其分配的分析。经营成果分析不仅要进行销售利润、经营利润、利润总额、公司净利润和利润分配政策的各环节分析，还要分析各因素的影响及其影响程度，分析公司利润稳定性、资产收益性和投资安全性，更要对股利政策、股利种类及股利的支付方式等开展分析。

（三）财务状况分析

财务状况揭示了公司资金筹集、运用、分配、调度和控制的现状，使公司资金在时间和数量上相互协调情况的反映。财务状况分析直接受到各利益相关者的关注，是财务分析的关键内容，不仅是公司自身经营管理的需要，也是上市公司定期对外公布信息的要求。

（四）公司综合分析评价

对公司综合分析评价是在各项具体分析的基础上，将有关的资料加以汇总，进行综合分析与评价，形成分析的最后结论和评价意见。一般是在对公司财务报告的全面分析之后，将公司的偿债能力、营运能力、获利能力、投资效益、公司目标的实现程度、不同角色的考核与衡量等各方面的财务指标综合起来，进行纵向比较、横向比较、不同行业的比较，全面地对公司的财务状况进行分析。通过综合的财务分析，全面了解公司的财务状况，掌握其发展趋势，并通过比较，从中找出差距，提高公司的财务管理水平。

三、公司主要财务报表

上市公司必须遵守财务公开的原则，定期公开自己的财务状况，提供有关财务资料，便于各利益相关人查询。上市公司的财务资料中最主要的是财务报表，包括年报、中报、季报。财务报表中最主要的是资产负债表、损益表、现金流量表。

表 11-1 资产负债表

编制单位：A 公司　　2008 年 12 月 31 日　　单位：万元

资产	2007 年末	2008 年末	负债	2007 年末	2008 年末
流动资产			流动负债		
货币资金（元）	378111382.17	477665088.91	短期借款（元）	406796000.00	385000000.00
短期投资（元）			应付票据（元）		
减：短期投资跌价准备（元）			应付账款（元）	38270549.25	78111601.40
短期投资净额（元）			预收账款（元）	70336449.04	33678346.63
应收票据（元）	51316000.00	41721708.50	代销商品款（元）		
应收股利（元）			应付工资（元）	393661.14	70416.14
应收利息（元）			应付福利费（元）	10334385.94	8709110.90
应收账款（元）	69933938.71	60784112.22	应付股利（元）	2122732.00	2858979.55
应收账款净额（元）	66624931.98	52833485.62	应付利息（元）		
其他应收款（元）	183460795.11	37132342.98	应交税金（元）	24330455.20	26624222.14
其他应收款净额（元）	176643505.47	33840989.59	其他应交款（元）	1869099.86	1496638.97
内部应收款（元）			其他应付款（元）	37188667.11	177958392.62
减：坏账准备（元）	10126296.37	11241979.99	预提费用（元）		317991.67
应收款项净额（元）	243268437.45	86674475.21	预计负债（元）		
预付账款（元）	2962953.67	65891184.02	一年内到期的长期负债（元）		
其他补贴款（元）			其他流动负债（元）		
存货（元）	656231500.80	871244627.55	职工奖励及福利基金（元）		
减：存货跌价准备（元）	6134551.50	4036337.16	国内票据结算（元）		
存货净额（元）	650096949.30	867208290.39	应付短期债券（元）		
待摊费用（元）	1239869.35	1237769.08	其他流动负债（特殊报表科目）（元）		

（续表）

资产	2007年末	2008年末	负债	2007年末	2008年末
待处理流动资产净损失（元）			其他流动负债（合计平衡项目）（元）		
一年内到期的长期债权投资（元）			流动负债合计（元）	591641999.54	714825700.02
其他流动资产（元）					
附属企业往来（元）					
内部往来（元）					
应收出口退税（元）					
拨付下属资金（元）					
委托贷款（元）					
减：委托贷款减值准备（元）					
其他流动资产（特殊报表科目）（元）					
其他流动资产（合计平衡项目）（元）					
流动资产合计（元）	1326995591.94	1540398516.11			
长期资产			长期负债		
长期投资			长期借款（元）		
长期股权投资（元）	73293953.04	33869078.64	应付债券（元）		
长期债权投资（元）			长期应付款（元）		
其他长期投资（元）			住房周转金（元）		
长期投资合计（元）	73293953.04	37437961.99	专项应付款（元）	300000.00	
减：长期投资减值准备（元）		3568883.35	其他长期负债（元）		
其他长期投资（特殊及平衡项目）（元）			其他长期负债（特殊及平衡项）（元）		
长期投资净额（元）	73293953.04	33869078.64	长期负债合计（元）	300000.00	
其中：合并价差（元）			递延税项		
股权投资差额（元）		4238669.53	递延税项贷项（元）		
固定资产			负债差额（特殊报表科目）（元）		
固定资产原价（元）	422817173.70	415793358.23	负债差额（合计平衡项目）（元）		
减：累计折旧（元）	238897677.99	251073166.97	负债合计（元）	591941999.54	714825700.02
固定资产净值（元）	183919495.71	164720191.26	少数股东权益（元）	5099948.09	10671472.69
减：固定资产减值准备（元）	368648.97	368648.97			
固定资产净额（元）	183550846.74	164351542.29			

（续表）

资产	2007年末	2008年末	负债	2007年末	2008年末
工程物资（元）					
在建工程（元）	76443728.81	78296783.73			
减：在建工程减值准备（元）					
在建工程净额（元）	76443728.81	78296783.73			
待处理固定资产净损失（元）					
固定资产清理（元）					
其他固定资产（特殊及平衡项目）（元）					
固定资产合计（元）	259994575.55	242648326.02	股东权益		
无形资产及其他资产			股本（元）	488545698.00	488545698.00
无形资产（元）	61401206.16	68270194.55	减：已归还投资（元）		
减：无形资产减值准备（元）			股本净额（元）	488545698.00	488545698.00
无形资产净额（元）	61401206.16	68270194.55	资本公积金（元）	405851670.30	403058602.16
开办费（元）			盈余公积金（元）	164238898.64	180662357.81
递延资产（元）			其中：公益金（元）	53746299.54	53746299.54
长期待摊费用（元）	557167.10	79595.30	未确认的投资损失（元）		
其他长期资产（元）			未分配利润（元）	66564279.22	87501879.94
其他无形资产（特殊报表科目）（元）			现金股利（未转出）（元）	63510940.74	76213128.89
其他无形资产（合计平衡项目）（元）			现金股利（转出）（元）		
无形资产及其他资产合计（元）	61958373.26	68349789.85	其中：本年利润（元）		
递延税项			货币换算差额（元）		
递延税项借项（元）			股东权益差额（特殊及平衡项）（元）		
资产差额（特殊报表科目）（元）			股东权益合计（元）	1125200546.16	1159768537.91
资产差额（合计平衡项目）（元）			负债及股东权益差额（特殊及平衡项目）（元）		
资产差额（轧平平衡项目）（元）					
资产总计（元）	1722242493.79	1885265710.62	负债及股东权益总计（元）	1722242493.79	1885265710.62

（一）资产负债表

资产负债表是反映企业在某一特定日期财务状况的会计报表，它表明权益人在某一特定日期所拥有或控制的经济资源、所承担的现有义务和所有者对净资产的要求权。按照会计记账原理，总资产＝负债＋所有者权益。因此，在资产负债表中，资产各项的合计等于负债和所有者权益各项目的合计。总资产包括流动资产和非流动资产，总负债包括流动负债和非流动负债，所有者权益包括实收资本、资本公积、盈余公积和未分配利润等。具体可参照表 11－1 公司资产负债表所示。

资产负债表的作用在于：①可以反映某一特定日期的资产、负债总额以及结构，表明企业拥有和控制的经济资源以及未来需要用多少资产或劳务清偿债务；②可以反映所有者权益情况，表明投资者在企业资产中所占的份额；③为财务分析（如流动比率）提供了基本资料。

（二）损益表

损益表是反映企业一定期间生产经营成果及其分配的会计报表，表明企业运用所拥有的资产进行获利的能力。损益表记录企业一定期间的营业收入和营业利润，以及扣除税收后的净利润和每股收益等。可参照表 11－2 公司损益表。

（三）现金流量表

现金流量表是以现金流动为基础编制的财务状况变动表，反映企业一定期间现金的流入与流出，表明企业获得现金和现金等价物的能力。现金流量表主要包括经营活动、投资活动和筹资活动产生的现金流量。如表 11－3 公司现金流量表所示。

表 11－2　损益表

编制单位：A 公司　　　　2008 年 12 月 31 日　　　　单位：万元

项目	2007 年末	2008 年末
一、主营业务收入（元）	604，044，940.44	804，507，085.79
减：折扣与折让（元）		
主营业务收入净额（元）	604，044，940.44	804，507，085.79
减：主营业务成本（元）	144，942，805.88	233，521，783.76
主营业务税金及附加（元）	96，811，673.88	94，287，277.53
主营业务收入差额（特殊及平衡项目）（元）		
二、主营业务利润（元）	362，290，460.68	476，698，024.50
加：其他业务利润（元）	296，444.03	401，152.07
减：存货跌价损失（元）		
营业费用（元）	118，598，403.10	135，889，193.30
管理费用（元）	75，696，608.79	96，752，851.30
财务费用（元）	21，002，018.03	21，370，187.14
其他费用（特殊及平衡项目）（元）		
三、营业利润（元）	147，289，874.79	223，086，944.83
加：投资收益（元）	17，570，424.80	4，101，371.15
补贴收入（元）	1，000.00	

（续表）

项目	2007年末	2008年末
营业外收入（元）	5，753，106.24	182，423.32
减：营业外支出（元）	3，200，372.99	86，524.76
营业外收支净额（元）	2，552，733.25	95，898.56
加：以前年度损益调整（元）		
其他收入及损益（特殊及平衡项目）（元）		
四、利润总额（元）	167，414，032.84	227，284，214.54
减：所得税（元）	89，228，067.25	123，624，317.43
加：财政返还（元）		
减：少数股东损益（元）	378，913.84	2，787，881.93
购买日前净利润（元）		
加：未确认的投资损失（元）		
利润总额差额（特殊及平衡项目）（元）		
五、净利润（元）	77，807，051.75	100，872，015.18
加：年初未分配利润（元）	52，172，368.65	66，564，279.22
调整以前年度损益（元）		
盈余公积转入（元）		
住房周转金转入（元）		
其他转入（元）		
净利润差额（特殊报表科目）（元）		
净利润差额（合计平衡项目）（元）		
六、可分配利润（元）	129，979，420.40	167，436，294.40
减：提取法定盈余公积（元）	9，707，047.58	16，423，459.17
提取法定公益金（元）	4，853，523.80	
职工奖金福利（元）		
提取储备基金（元）		
提取企业发展基金（元）		
可分配利润差额（特殊报表科目）（元）		
可分配利润差额（合计平衡项目）（元）		
七、可供股东分配的利润（元）	115，418，849.02	151，012，835.23
减：应付优先股股利（元）		
提取任意盈余公积金（元）		
应付普通股股利（元）	48，854，569.80	63，510，955.29
转作股本的普通股股利（元）		
可供股东分配的利润差额（特殊报表科目）（元）		
可供股东分配的利润差额（合计平衡项目）（元）		
八、未分配利润（元）	66，564，279.22	87，501，879.94
扣除非经常性损益后的净利润（元）	70，739，890.24	87，877，501.89

表 11-3 现金流量表

编制单位：A 公司　　2008 年 12 月 31 日　　单位：万元

项目	2007 年末	2008 年末
一、经营活动产生的现金流量		
销售商品、提供劳务收到的现金（元）	650，563，460.94	879，386，496.23
收取的租金（元）		
收到的税费返还（元）		
收到的其他与经营活动有关的现金（元）	2，453，726.14	94，387，136.39
其他经营现金流入（特殊及平衡项目）（元）		
经营活动现金流入小计（元）	653，017，187.08	973，773，632.62
购买商品接受劳务支付的现金（元）	140，491，431.10	344，421，498.35
经营租赁所支付的现金（元）		
支付给职工以及为职工支付的现金（元）	44，977，611.68	49，700，111.02
支付的各项税费（元）	293，521，346.87	349，209，921.85
支付的其他与经营活动有关的现金（元）	87，042，526.87	93，414，412.78
其他经营现金流出（特殊及平衡项目）（元）		
经营活动现金流出小计（元）	566，032，916.52	836，745，944.00
经营活动净额差额（特殊及平衡项目）（元）		
经营活动产生的现金流量净额（元）	86，984，270.56	137，027，688.62
二、投资活动产生的现金流量		
收回投资所收到的现金（元）	48，342.19	108，190，523.12
取得投资收益所收到的现金（元）	6，000，000.00	551，569.95
分得股利或利润所收到的现金（元）		
取得债券利息收入所收到的现金（元）		
处置固定无形和长期资产收回的现金（元）	1，410，476.40	8，000.00
收到的其他与投资活动有关的现金（元）	45，714，715.03	5，619，572.30
其他投资现金流入（特殊及平衡项目）（元）		
投资活动现金流入小计（元）	53，173，533.62	114，369，665.37
购建固定无形和长期资产支付的现金（元）	28，948，283.35	11，596，478.49
投资所支付的现金（元）	6，000，000.00	17，587，437.72
权益性投资所支付的现金（元）		
债权性投资所支付的现金（元）		
支付的其他与投资活动有关的现金（元）	89，000，000.00	
其他投资现金流出（特殊及平衡项目）（元）		
投资活动现金流出小计（元）	123，948，283.35	29，183，916.21
投资活动净额差额（特殊及平衡项目）（元）		

（续表）

项目	2007年末	2008年末
投资活动产生的现金流量净额（元）	—70，774，749.73	85，185，749.16
三、筹资活动产生的现金流量		
吸收投资所收到的现金（元）	150，000.00	
吸收权益性投资所收到的现金（元）		
发行债券所收到的现金（元）		
借款所收到的现金（元）	688，700，000.00	582，500，000.00
收到的其他与筹资活动有关的现金（元）	13，241.10	
其他筹资现金流入（特殊及平衡项目）（元）		
筹资活动现金流入小计（元）	688，863，241.10	582，500，000.00
偿还债务所支付的现金（元）	608，832，600.00	634，970，000.00
发生筹资费用所支付的现金（元）		
分配股利、利润和偿付利息所支付的现金（元）	67，364，288.34	66，963，881.67
融资租赁所支付的现金（元）		
减少注册资本所支付的现金（元）		
支付的其他与筹资活动有关的现金（元）	214，836.28	3，225，849.37
其他筹资现金流出（特殊及平衡项目）（元）		
筹资活动现金流出小计（元）	676，411，724.62	705，159，731.04
筹资活动净额差额（特殊及平衡项目）（元）		
筹资活动产生的现金流量净额（元）	12，451，516.48	—122，659，731.04
四、汇率变动对现金的影响（元）		
现金及现金等价物差额（特殊报表科目）（元）		
现金及现金等价物差额（合计平衡项目）（元）		
五、现金及现金等价物净增加额（元）	28，661，037.31	99，553，706.74
市场价格（元，2006年年末）	4.12	13.11
股利分配（元/每股，2006年）0.156	0.13	0.156

四、公司财务报表分析方法

财务报表给投资者提供了有关公司的大量的第一手财务数据资料。为了全面地反映企业经营业绩和财务状况，我们要用一定的方法分析各种会计数据之间的相互关系。总体来说，财务报表可以采取以下几种方法进行分析。

（一）结构分析法

结构分析法是财务报表分析中一种最常用的方法。结构分析法是分析同一年度会计报表中各项目之间的比率关系，从而揭示各个会计项目的数据在企业财务中的相对意义的分析方法。在进行结构分析时，分为几个方面：①将同一年度资产负债表的“资产总额”、

“负债和股东权益总额”作为分析的基数。然后，将表中全部资产类项目的余额化作“资产总额”的百分数列计，将属于“负债和股东权益”的各个项目的余额化作“负债和股东权益总额”的百分数列计。这样就可以反映企业的资产占用构成是否合理，是否存在什么问题。②将“损益表”中“销售收入/营业收入”数据当作基数，再列计各项成本费用、所得税税金及利润项目的百分率，这样可清楚地反映企业的各项费用率和销售利润率等情况。③将不同年度财务报表结构分析的结果进行对照比较，分析不同年度各项目的百分率变动情况，使结构分析带有动态分析的性质。

结构分析法使在同一行业中规模不同的企业的财务报表有了可比性，因为把各个会计项目的余额都化成百分数，在经营规模不同甚至相差悬殊的企业之间就有了可比的基础，就可以比较它们之间的经营状况和财务状况。

（二）横向分析法

横向分析法一般只用于单个企业的分析。横向分析法是采用环比的方法比较“资产负债表”和“损益表”，即将企业连续两年或数年的会计数据按时间序列排列，进行前后期对比，并增设“绝对额增减”和“相对额增减”两栏，编制出比较财务报表，以揭示各会计项目在这段时间内所发生的绝对金额和百分率的变化情况及变化趋势。

（三）趋势分析法

趋势分析法又称指数分析法，是将同一公司连续多年的会计报表中的重要项目，如销售收入、销售成本、费用、税前净利、税后净利等集中在一起，再与某一基年的相应数据作百分率比较的分析方法。在进行趋势分析时，首先要选择某一会计年度为基期，并将基期会计报表中各个项目或若干重要项目的余额定为100%。要注意的是，基期必须是各方面情况都比较正常、较有代表性的会计年度，各项目基期的值必须为正值才有比较的可能。其次，将以后各年度的会计报表中相同项目的余额除以基期相应项目的余额再乘以100%，并按年度顺序排列。通过计算、排序、分析，可以反映企业的资产、负债、股东权益及收入、成本、费用、利润等项目相对于基期的增减情况、变动幅度，并可据此预测企业经营活动和财务状况的未来变化趋势。

在财务报表分析中还有单位化法和标准比较法。前者是将各种“总数”化成“单位数”，主要以每一股普通股为单位进行分析；后者是将企业的有关部门财务报表数据及百分率与本行业的平均水平或行业标准进行比较，分析公司在本行业中所处的地位。当然，有关财务指标的分析在财务分析中也非常重要。

五、财务比率分析

财务比率分析是指对公司财务报表的不同项目之间、不同类别之间、在同一年度不同财务报表的有关项目之间，以及各会计要素的相互关系进行分析的分析方法。通过财务比率的分析有利于我们研究企业的获利能力和成长性，有利于我们研究企业的经营管理、投资战略、融资战略、分红政策等是否合理和科学。比率分析的指标大致可以分为以下几类：盈利能力分析、短期偿债能力分析、长期偿债能力分析、营运能力分析、投资收益分析、现金流量分析等等。

（一）短期偿债能力分析

短期偿债能力是指公司资产短期产生现金的能力，取决于公司可以在近期转变为流动资产用于偿还债务的资金的多少。反映短期偿债能力的指标有：流动比率和速动比率。

1. 流动比率

流动比率是流动资产除以流动负债的百分比。其计算公式为：

$$流动比率=\frac{流动资产}{流动负债}\times 100\%$$

流动比率反映企业用可在短期内转变为现金的流动资产偿还到期流动债务的能力。就总体而言，该项比率过高反映了企业的资金没有得到充分利用，过低则说明企业偿债的安全性较差。一般来说，该比率应保持在 2∶1 的比率。该指标排除了企业规模不同的影响，更适合企业间及同一企业不同历史时期的比较。一般而言，影响流动比率的主要因素有营业周期、流动资产中的应收账款数额、存货的周转速度。

2. 速动比率

速动比率为流动资产减去存货，再除以流动负债的百分比。用公式表示为：

$$速动比率=\frac{流动资产-存货}{流动负债}\times 100\%$$

由于在流动资产中减去了变现能力较差且不稳定的存货、待摊费用等项目来计算速动比率，所以速动比率比流动比率更能反映流动负债偿还的安全性和稳定性。一般来说，该比率的下限为 1，低于 1 则表示短期偿债能力偏低。影响速动比率的重要因素是应收账款的变现能力。

3. 现金流量比率

现金流量比率是指公司某一时期营运所产生的净现金流量与流动负债的比率，它表示单位流动负债所对应的由营运而产生的净现金流量的大小。其计算公式为：

$$现金流量比率=\frac{经营活动所产生的净现金流量}{流动负债}\times 100\%$$

现金流动比率越高，表示公司资产变现的风险越小，变现时间越短，从而公司短期偿债能力越强；反之，比率越低，短期偿债能力越弱。

与流动比率、速动比率相比，现金流量比率计算中所需的资料不仅依赖资产负债表，而且还需从损益表和现金流量表中取得，它反映了公司流量与存量的关系，能动态地反映公司的短期偿债能力。现金流量比率在计算时，由于经营活动所体现的净现金流量内容单一，所含的资产项目极为有限，用现金流量比率评估公司短期偿债能力时显得更为谨慎。

（二）长期偿债能力分析

长期偿债能力是指公司偿付到期长期债务的能力，通常以反映债务与资产、净资产关系的负债比率来衡量。主要包括：资产负债率、产权比率、有形资产净值债务率、已获利息倍数、长期债务与资金营运比率等。这里主要介绍资产负债率和已获利息倍数。

1. 资产负债率

资产负债率是负债总额与资产总额的百分比。用公式表示为：

$$资产负债比率=\frac{负债总额}{资产总额}\times 100\%$$

资产负债率说明在公司的总资产中，债权人提供资金所占的比重，以及公司资产对债权人权益的保障程度。该指标越低，表明公司负债经营程度低，偿债压力小，利用财务杠杆融资的空间就越大，公司总体抗风险能力越强；反之偿债压力大，抗风险能力小。该指标一般在50%左右为宜，当然，还要结合考虑公司负债结构是否合理。在对该比率进行分析评价时，通常结合同行业平均水平进行。

这里的负债总额既包括长期负债也包括短期负债。资产总额则是扣除累计折旧后的净额。

2. 已获利息倍数

已获利息倍数是指公司经营业务收益与利息费用的比率，用以衡量偿付借款利息的能力，也叫利息保障倍数、利息支付倍数。计算公式如下：

$$\text{已获利息倍数}=\frac{\text{税息前利润}}{\text{利息费用}}$$

公式中税息前利润是指利润表中扣除利息费用和所得税之前的利润。可以用利润总额加利息费用来测算。利息费用是指本期发生的全部应付利息，包括财务费用中的利息费用，还包括计入固定资产成本的资本化利息。我国利润表中税息前利润没有单列，一般以利润总额加财务费用来计算。已获利息倍数主要用来衡量公司支付利息的能力。该指标越大，说明公司有充足的能力偿付利息，否则相反。

3. 长期负债比率

长期负债比率是指公司长期负债对总资产的比率。其计算公式为：

$$\text{长期负债比率}=\frac{\text{长期负债}}{\text{资产总额}}\times 100\%$$

长期负债比率反映了公司的总资产对长期负债的负担能力。长期负债比率越高，表明公司总资产对长期负债的负担越重，公司经营对外来长期资本的依赖性越强，公司长期债务的偿还压力越大，债权人的风险越高；反之，长期负债比率越低，表明公司长期债务的偿还压力越小，债权人的风险越低。

（三）公司营运能力分析

营运能力是公司经营管理中运用资金运营的能力、资产管理及资产利用的效率。主要包括存货周转率、应收账款周转率、流动资产周转率和总资产周转率。

1. 存货周转率

存货在流动资产中所占的比重较大，存货的流动性直接影响公司的流动比率。我们可以用存货周转率或存货周转天数来反映存货的流动性。

存货周转率是销售成本与平均存货的百分比，存货周转天数是一年内按照存货周转率每周转一次所需要的时间。具体用公式表达如下：

$$\text{存货周转率}=\frac{\text{销售成本}}{\text{平均存货}}\ \text{（次）}$$

$$\text{存货周转天数}=\frac{360\ \text{（天）}}{\text{存货周转率}}\ \text{（天）}$$

一般来讲，存货周转速度越快，存货流动性越强，存货转换为现金或应收账款的速度越快，越能提高公司资金的使用效率，增强公司经营管理能力，否则相反。销售成本来自损益表，平均存货来自资产负债表中的“期初存货”与“期末存货”的平均数。

2. 应收账款周转率

应收账款周转率是销售收入与平均应收账款的比值，反映年度内应收账款转为现金的平均次数，说明应收账款流动的速度。

$$应收账款周转率=\frac{销售收入}{平均应收账款}$$

应收账款周转率高，平均收账期越短，说明应收账款的收回越快，否则，公司的营运资金过多的滞留在应收账款上，影响正常资金的周转。这里平均应收账款是资产负债表中“应收账款余额”期初数与期末数的算术平均数。

3. 流动资产周转率

流动资产周转率是销售收入与全部流动资产的平均余额的比值。计算公式为：

$$流动资产周转率=\frac{销售收入}{平均流动资产}$$

流动资产周转率反映流动资产的周转速度，周转速度越快，会节约流动资产，增强公司盈利能力，反之则相反。

4. 总资产周转率

总资产周转率是指销售收入与全部流动资产的平均余额的比值。该比率用来分析企业全部资产的使用效率。该比率越高越好，说明企业利用全部资产进行经营的效率较高，销售能力越强，能加速资金的周转，带来利润的增加。其计算公式为：

$$总资产周转率=\frac{销售收入}{平均资产总额}$$

其中，平均资产总额是“年初资资产总额”和“年末资产总额”的平均数。

（四）盈利能力分析

公司盈利能力是指公司获取利润的能力，它能够反映公司的成长性和发展前景以及目前的经营状况。但某些特殊情况下该分析也未必能完全反映公司的未来发展或公司的经营能力。比如：证券买卖等非正常项目、重大事故或法律更改等特别项目、会计准则和财务制度变更带来的累计影响、已经或将要停止的营业项目等等。反映公司盈利能力的指标主要有：净资产收益率、资产净利率、销售毛利率、销售净利率等等。

1. 销售毛利率

销售毛利率是指企业销售毛利与销售收入净额的比率关系。其计算公式为：

$$销售毛利率=\frac{销售毛利}{销售收入净额}\times 100\%$$

其中，销售毛利等于销售收入减去销售成本。

销售毛利率表示每百元销售收入扣除销售成本后，有多少钱可用于各项期间费用及形成盈利。一般说来，毛利率越大，说明在销售收入中，销售成本所占的比重就越小，产品的获利能力就越高。如果企业的毛利率过低，公司就不能盈利或盈利太少。

2. 销售净利率

销售净利率是指净利与销售收入的百分比。其计算公式为

$$销售净利率=\frac{净利}{销售收入}\times100\%$$

净利或称净利润，在我国会计制度中是指税后利润。该指标反映每一元销售收入带来的净利润是多少，表示销售收入的收益水平。从销售净利率的计算公式来看，净利与销售净利率成正比关系，而销售收入与销售净利率成反比关系。企业在增加销售收入的同时，必须相应获得更多的利润，才能使销售净利率保持不变或提高。通过该指标的分析，可以促使企业在扩大销售的同时，注意改进经营管理，提高盈利水平。

3. 主营业务利润率

主营业务利润率是指公司主营业务利润与主营业务收入的比率。

$$主营业务利润率=\frac{主营业务利润}{主营业务收入}\times100\%$$

主营业务利润率反映了公司主营业务的获利能力。该指标值越高，表明公司主营业务突出，发展稳定，在竞争中的优势明显。

4. 资产收益率

资产收益率是指企业净利润与平均资产总额的比率。计算公式为：

$$资产收益率=\frac{利润率}{平均资产总额}\times100\%$$

该指标反映公司资产利用的综合效果。与本公司前期、计划、本行业平均水平和本行业内先进企业进行对比，指标值越高，表明资产的利用效率越高，否则相反。其影响因素主要有：产品价格的高低、单位成本的高低、产品产量和销量的多少、资金占用量的大小等。

5. 净资产收益率

净资产收益率（Return On Equity，ROE），双称股东权益收益率，是净利润与股东权益的比率。净资产收益率的计算有两种方法，一是以年末和年初净资产加权作分母，二是只以年末净资产作分母。其计算公式为：

$$净资产收益率=\frac{净利润}{所有者权益}\times100\%$$

净资产收益率表达了上市公司在报告期内用自有资本（净资产）获得利润的能力，反映了股东权益的收益水平，是企业盈利能力指标的核心，也是整个财务指标体系的核心。只有净资产收益率高于同期银行贷款利率的企业，才能有效增加股东权益；反之，只能动用股东利益去填补银行贷款的利率差。年末净资产是指资产负债表中“股东权益合计”的期末数。

（五）投资收益分析

1. 市盈率

市盈率是每股市价与每股净收益的比值。用公式表示为：

$$\text{市盈率}=\frac{\text{每股市价}}{\text{每股净收益}}$$

该指标是衡量上市公司投资收益的重要指标，反映公司股票的投资报酬和风险，更多的反映投资者对公司股票未来发展趋势的预期。每股收益是公司盈利能力决定的，而每股市价则主要由市场决定，由投资者心理和对股票的认可程度决定。所以市盈率越高，表明投资者对该股票越看好，但因为失去公司基本面的支撑，风险也越大。一般来说，成长性好的新兴行业的市盈率普遍较高，传统行业的市盈率普遍较低。但这并不能说传统行业就没有投资价值，而是说明市盈率高的新兴行业可能获利更大，但风险也更大。我们不能简单地用市盈率高低来做投资的决策，还应结合公司的每股收益、公司基本面分析等做正确的投资决策。一般认为正常的市盈率为 5～10 倍，考虑到行业特征的差异，市盈率指标也没有一个统一的标准。

2. 市净率

市净率是每股市价与每股净资产的比值。其计算公式为：

$$\text{市净率}=\frac{\text{每股市价}}{\text{每股净资产}}$$

市净率在反映企业内在价值方面更具可靠性。净资产代表了全体股东共同享有的权益，通过企业的经营过程逐年累积，净资产通常变化幅度不大，因此市净率更多取决于股价高低。市净率用来衡量股价相对于每股净资产是否被高估，市净率越高，说明每股市价高于净资产，股价高估，投资价值越低，反之则相反。由于市净率能反映市场对上市公司未来经营预期，通过评判市净率就能得知个股的风险状况。

3. 每股收益

每股收益是指本年净利润与发行在外的年末普通股总数的比值。其计算公式为：

$$\text{每股收益}=\frac{\text{净利润}-\text{优先股股息}}{\text{发行在外的年末加权平均普通股总数}}$$

每股收益是衡量上市公司盈利能力的最重要的财务指标，它反映普通股的获利水平，可以用来衡量公司的盈利能力和管理能力。使用每股收益进行分析时要注意以下问题：每股收益不反映股票所含有的风险。不同股票的每一股在经济上不等量，其所含的净资产和市价不同，即换取每股收益的投入量不同，限制了公司间每股收益的比较。每股收益与分红没必然联系，分红还要看公司的股利分配政策。

4. 股利支付率

股利支付率是普通股每股股利与每股净收益的百分比。其计算公式为：

$$\text{股利支付率}=\frac{\text{每股股利}}{\text{每股净收益}}\times 100\%$$

该指标主要反映股利分配政策和支付股利的能力，反映了普通股股东能从每股净收益中分得多少。

5. 每股净资产

每股净资产是年末净资产与发行在外的年末普通股总数的比值。也称为每股账面价值或每股权益。净资产是资产总额与负债总额之差，即所有者权益。

$$每股净资产=\frac{年末净资产}{发行在外的年末普通股总数}$$

该指标理论上提供了股票的最低价值，可与市净率等结合分析公司股票是否高估。

6. 投资收益率

投资收益率是指公司投资收益与平均投资额的比率。计算公式为：

$$投资收益率=\frac{平均收益}{平均投资额}\times 100\%$$

其中，"平均投资额"是"期初长、短期投资额"和"期末长、短期投资额"的平均数。

该指标反映公司利用资金进行长、短期投资的获利能力。

（六）现金流量分析

现金流量分析是在现金流量表出现以后发展起来的，不仅要依靠现金流量表还要结合资产负债表和利润表。包括流动性分析、获取现金能力分析、财务弹性分析和收益质量分析。

所谓流动性是指将资产迅速转变为现金的能力。获取现金能力分析是指经营现金净流入和投入资源的比值，投入资源可以是销售收入、总资产、营运资金、净资产或普通股股数等。财务弹性是公司适应经济环境变化和利用投资机会的能力，这种能力来源于现金流量和支付现金需要的比较。收益质量分析是指报告收益与公司业绩之间的关系。如果收益质量能如实反映公司业绩，则认为收益质量好；否则收益质量不好。

六、财务报表分析需注意的要点

由于受各方面因素的影响，财务分析的结论不一定能真实地反映企业财务状况、经营成果及现金流量。因此，为了保证财务分析结果的可靠性和准确性，在对公司进行财务分析时，除了对财务比率进行分析外，还必须注意以下问题。

（一）财务信息质量直接影响财务分析的结果

公司对外报送的财务报告，是投资者进行公司财务分析所需信息中最重要的也是最主要的来源。财务报表在反映公司财务状况时，存在着一定的局限性。

1. 会计处理方法的可选择性，限制了财务报表的可比性

财务信息的可比性，取决于同类事项是否按相同的方法进行会计处理。对不同公司来说，在准则允许的范围内，所选择的特定的会计方法常常不一样。这使得以报表为主要信息来源的财务分析，难以有完全可比的基础。

2. 会计处理方法限制了财务报表的信息质量

财务报表编制总存在一些假定前提，但财务报表的编制方法必须符合会计准则。在编

制报表时，会计处理方法可符合准则规范，但不完全反映公司的客观实际。例如，资产负债表中资产的计价原则是历史成本原则，但对存货等资产项目来说，积压多年的存货账面价值（也就是表中价值）可能高于存货现实的价值，因而影响资产计价的准确性、真实性和可靠性。

3. 财务报表数据准确、真实可靠性受制约

编表人员的素质，社会公众机构如注册会计师事务所的审计、监管力度和质量，在一定程度上决定了财务报表的质量。这些对投资者来说是不能直接控制的因素。

（二）财务分析存在着有效性的局限

财务比例分析的数据是历史的，当用于预测未来时，应根据实际情况进行调整。财务报表中所反映的财务信息，是公司过去事项影响的结果。根据历史资料编制的报表计算的财务指标，能否完全有效地预测未来，是难以准确把握的，分析者只能尽量减少而不能完全避免分析的无效性。

（三）财务分析没有考虑资金的时间价值

以财务报表分析、财务指标分析为内容的公司财务分析，大都是以账面的价值或收益为基础的，在分析公司的经营业绩、盈利能力时，忽略了资金时间价值的存在问题。因此，分析的可靠性受到影响。

公司财务分析方法的局限性表明，财务分析一方面应力求全面、综合，注意各种分析方法的配合使用；另一方面，还必须结合诸如宏观经济等其他基本面的分析以及市场技术面的分析。

第三节　资本结构与公司价值

资本结构是指公司融资时资本构成的比例，主要是股权与债权的比例。股权与债权对公司治理的效应不一样。股权资产不需返还，按入股比例拥有公司资产所有权，同时享有分红的权利，与公司是所有者与经营者的关系。而债权融资必须返还利息和本金，没有分红的权利，与公司是债权人与债务人的关系。这两种融资方式给经理人的约束和监督不一样，从而对公司的经营管理也会产生不一样的效果。不同行业不同公司有不同的融资结构，我们要探讨的是是否存在最优的资本结构使公司价值最大化，或者说资本结构与公司价值的关系如何。

一、MM 定理关于资本结构对公司价值的解释

美国经济学家莫迪格利安尼和米勒于 1958 年发表的《资本成本、公司财务和投资管理》一书中，提出了最初的 MM 理论，这时的 MM 理论不考虑所得税的影响，得出的结论为企业的总价值不受资本结构的影响。此后，又对该理论做出了修正，加入了所得税的因素，由此而得出的结论为：企业的资本结构影响企业的总价值，负债经营将为公司带来税收节约效应。该理论为研究资本结构问题提供了一个有用的起点和分析框架。“MM”理论主要有两种类型：无公司税时的 MM 模型和有公司税时的 MM 模型。

（一）无公司税时的 MM 模型

无公司税时 MM 理论指出，一个公司所有证券持有者的总风险不会因为资本结构的

改变而发生变动。因此，无论公司的融资组合如何，公司的总价值必然相同。资本市场套利行为的存在，是该假设重要的支持。套利行为避免了完全替代物在同一市场上会出现不同的售价。在这里，完全替代物是指两个或两个以上具有相同风险而只有资本结构不同的公司。MM 理论主张，这类公司的总价值应该相等。我们可以用公式来定义在无公司税时的公司价值，把公司的营业净利按一个合适的资本化比率转化为资本就可以确定公司的价值。公式为：

$$VL=Vu=\frac{\text{EBIT}}{K}=\frac{\text{EBIT}}{Ku}$$

式中，VL 为有杠杆公司的价值，Vu 为无杠杆公司的价值；$K=Ku$ 为合适的资本化比率，即贴现率；EBIT 为息税前净利。根据无公司税的 MM 理论，公司价值与公司资本结构无关。也就是说，不论公司是否有负债，公司的加权平均资金成本是不变的。

（二）有公司税时的 MM 模型

有公司税时 MM 理论认为，存在公司税时，举债的优点是负债利息支付可以用于抵税，因此财务杠杆降低了公司税后的加权平均资金成本。

避税收益的现值可以用下面的公式表示：

$$\text{避税收益的现值}=\frac{t_c rB}{r}=t_c B$$

式中，t_c为公司税率，r 为债务利率，B 为债务的市场价值。由此可知，公司负债越多，避税收益越大，公司的价值也就越大。因此，原始的 MM 模型经过加入公司税调整后，可以得出结论：税收的存在是资本市场不完善的重要表现。而资本市场不完善时，资本结构的改变就会影响公司的价值，也就是说公司的价值和资金成本随资本结构的变化而变化，有杠杆的公司的价值会超过无杠杆公司的价值（即负债公司的价值会超过无负债公司的价值），负债越多，这个差异越大，当负债达到 100%时，公司价值最大。

（三）MM 理论的发展

MM 理论认为企业负债率越高对企业越有利，当企业负债率为 100%时企业价值最大。但是这种分析未考虑企业的破产成本，因此 100%负债使企业价值最大的结论远离经济现实。现代西方资本结构理论中的权衡模型在此基础上引入了破产风险，进一步完善了资本结构理论，使其更具有现实意义，因而引起了各国的重视。

二、资本结构权衡理论的观点

权衡理论是沿用梅耶斯的提法，但这一提法并不贴切。因为从广义上讲，资本结构理论史就是一部“权衡”理论史，主要内容都是研究资本结构的成本与利益的权衡问题。所以说权衡并不用来特指一个学派，我们这里所指的权衡理论界定于：20 世纪 70 年代中期学术界形成的关于资本结构理论的一般观点。该观点认为企业最优资本结构就是在负债的税收利益与破产成本现值之间进行权衡。所以说权衡理论也可称作最优资本结构理论。

权衡理论以后又发展为后权衡理论，这一理论把负债的成本从破产成本进一步扩展到代理成本、财务困境成本和非税收利益损失等方面。同时，它又把税收利益引申到非负债税收利益方面，实际上是扩大了成本和利益所包含的内容，把企业最优资本结构看成是在税收利益与各类负债成本相关的成本之间的均衡。

三、引入不对称信息的新资本结构理论

新资本结构理论者一反只注重税收、破产等“外部因素”对企业资本结构的影响，试图通过信息不对称理论中的“信号”、“动机”、“激励”等概念，从企业“内部因素”来展开对资本结构问题的分析，从而把资本结构的权衡难题转化为结构或制度设计问题，从而给资本结构理论问题开辟了新的研究方向，提供了新的诠释，使资本结构理论从此又进入了一个新的发展阶段。我们称之为新资本结构理论。

关于新资本结构理论，我们用时间和内容两个标准来界定。从时间上看，是指 20 世纪 70 年代末以后学术界关于资本结构问题的各种流行的观点和看法；从内容上看，在不对称信息这面大旗下大小门派众多，主要有四大主流学派：詹森和麦克林的代理成本说，罗斯与利和派尔的信号—激励模型，史密斯、戈斯曼和哈特的财务契约论以及梅耶斯和迈基里夫的新优序融资理论。

新资本结构理论的一个最大的特点就是认识到了不对称信息在资本结构决定中所起的作用，我们这里简要介绍一下梅耶斯和迈基里夫的理论观点。

在研究代理成本的作用和资本结构的不对称信息方面，梅耶斯一直是最有影响力的学者之一。梅耶斯和迈基里夫指出，如果投资者没有像当事厂商内部人那样有对厂商的资产价值的灵通信息，那么股权就可能被市场错误地定价。如果厂商需要以发行股票为新项目融资，若由于股票价格过低以至于新投资者能够从新项目中获得比 NPV（即净现值）更多的价值，便将导致现有股东的一个净损失。在这种情况下，即使 NPV 是正的，这一项目也会遭到拒绝。如果厂商能够利用其价值没被市场如此低估的证券为新项目筹资，则这种投资不足就会被避免。所以在这种情况下，与股权相比厂商更偏好于内部资金，甚至于不太多的风险债务也比股权优越。由此，梅耶斯指出资本结构将受到厂商为新投资融资的愿望驱使，先是内部融资，然后是低风险债务，而把股权只当作最后一着。因此，考虑到不对称信息时，企业的融资顺序选择是：首先是内源融资，也就是企业的未分配利润；其次是外源融资中的债务；最后是股本融资。

第四节 其他重要因素分析

为了保证对公司作出较为客观的、全面的内在价值评价，公司分析除了对公司的基本素质分析和财务分析外，还必须对影响公司分析的其他一些重大事项进行分析，如公司的资产重组、关联交易、会计和税收政策变化对公司的影响等。这些因素对投资者进行正确的投资决策具有重大的影响。

一、资产重组

资本市场上的资产重组包含了既不相同又相互关联的三大类行为——公司扩张、公司调整、公司所有权和控制权转移。在具体的重组实践中，这三类不同的重组行为基于不同的重组目的组合形成不同的重组方式，不同的重组方式对上市公司的影响不同。

（一）资产重组方式

1. 扩张型公司重组

扩张型公司重组是指扩大公司经营规模和资产规模的重组行为。此类重组行为包括以下几种。

（1）购买资产。购买资产指购买房地产、债权、业务部门、生产线、商标等有形或无形的资产。收购方不必承担与该部分资产有关联的债务和义务，不适合以多元化发展为目标的扩张。

（2）收购公司。获取目标公司全部（大部分）股权使其成为全资子公司（处于绝对/相对控股地位），所有因契约而产生的权利和义务转让，不仅可获目标公司某些专有权利，更能快速获得公司特有组织资本产生的核心能力。

（3）收购股份，获取参股地位。通常是试探性多元化经营的开始和策略性投资，或为强化与上下游企业间的协作关联。

（4）合资或联营组建子公司。合作战略最基本手段，适合缺少某些特定能力或资源的公司。通过该方式，可以将公司与其他具有互补技能和能源的合作伙伴联系起来，获得共同的竞争优势。

（5）公司合并。即两家以上的公司结合成一家公司，吸收合并、新设合并原公司的资产、负债，权利和义务由新设或存续的公司承担。

2. 调整型公司重组

（1）股权置换。其目的是引入战略投资者或合作伙伴，结果实现公司控股股东与战略伙伴间交叉持股，建立利益关联。

（2）股权—资产置换。由公司原股东出让部分股权（或增发新股）为代价，使公司获得其他公司或股东的优质资产。这是一种以股权方式收购资产的行为。最大优点是公司不用支付现金便可获得优质资产。

不过，以上两点不改变控制权。

（3）资产置换。为使资产处于最佳配置状态或其他目的对资产进行交换，获得与自己核心能力相协调、相匹配资产。但这不改变公司资产规模。

（4）资产出售或剥离。公司将拥有的某些资产出售给其他经济主体，某种意义上资产剥离只是公司资产形式转化。

（5）公司分立。即公司将其资产与负债转移给新设立的公司，新公司的股票按比例分配给母公司股东，从而在法律上和组织上将部分业务从母公司中分离出去，形成一个与母公司有着相同股东的新公司。

（6）资产负债剥离。将公司资产配上等额负债一并剥离出公司母体，接受主体一般为其控股母公司。甩掉劣质资产同时能迅速减少公司总资产规模，降低负债率，公司净资产不会发生改变。

其中，第四到第六点是缩小公司规模。

3. 控制权变更型公司重组

公司的所有权与控制权变更是公司重组的最高形式。常见的控制权转移的主要方式包括以下 6 种。

（1）股权无偿划拨。国有股无偿划拨这是我国证券市场常见的一种方式，国有股受让方一定为国有独资企业。其实质是公司控制权转移和管理层重组，目的是调整、理顺国有资本运营体系，利用优势企业管理经验重振困境上市公司。

(2) 股权协议转让。即股权的转让与受让双方不通过交易所系统集合竞价的方式进行买卖，而是通过面对面的谈判方式，在交易所外进行交易。

(3) 公司股权托管、公司托管。公司股东将其持有股权以契约形式，在一定条件和期限内委托给其他法人或自然人，由其代为行使表决权。公司控制权托管（委托人为公司控股股东时）。

(4) 表决权信托与委托书收购。表决权信托是许多分散股东集合设定信托，受托人通过集中原本分散的表决权实现对公司控制。表决权委托书收购是中小股东通过征集其他股东委托书来召集临时股东大会，改组公司董事会以控制公司。

(5) 股份回购。公司用现金或债权换股权，或以优先股换普通股方式购回流通在外股票，会导致公司股权结构变化，原大股东控股地位强化。我国严格限制，只有在注销股本或公司合并时方能回购。

(6) 交叉控股。母、子公司之间互相持有绝对或相对控股权，可互相控制运作。其产生原因是母公司增资扩股时，子公司收购母公司新增发股份。

（二）资产重组对公司的影响

理论上资产重组可以促进资源的优化配置，有利于产业结构的调整，增强公司的市场竞争。但是资产重组是否成功取决于重组后的整合：包括企业资产整合、人力资源配置和企业文化融合、企业组织重构等。不同类型的资产重组对公司业绩和经营的影响是不一样的。

1. 扩张型资产重组

通过收购、兼并，对外进行股权投资的扩张型资产重组，公司可以拓展产品市场份额，或进入其他经营领域。但这种重组方式的特点之一就是重组效果受被收购兼并方生产及经营现状影响较大，磨合期较长，见效可能较慢。

2. 公司控制权变更型资产重组

由于控制权的变更并不代表公司的经营业务活动必然随之发生变化，因此一般而言，控制权变更后必须进行相应的经营重组，这样才会对公司经营和业绩产生显著效果。

3. 调整型资产重组

首先需鉴别“报表性重组”和“实质性重组”，看有没有进行大规模的资产置换或合并。实质性重组一般要将被并购企业50%以上的资产与并购企业资产进行置换，或双方资产合并。伴随着控制权、管理层和主管范围根本性的变化，经营和业绩的改善与提高见效快，资产置换规模与业绩往往是正向关系；报表性重组一般都不进行大规模的资产置换或合并。重组后，报表上的业绩指标可能确实提高了，但其偿债能力、资产管理能力、股本扩张能力、成长性等各方面的综合实力并没有得到实质性的提高。

二、关联交易

（一）关联交易的内涵及其形式

关联交易是指在关联方之间发生的转移资源或劳务的事项，而不论是否收取价款。

《企业会计准则——关联方关系及其交易的披露》第4条对关联方进行了界定，在企业财务和经营决策中，属于下列情况之一的，就视为关联方：①一方有能力直接或间接控制、共同控制另一方或对另一方施加重大影响；②两方或多方同受一方控制。所谓“控制”，是指有权决定一个企业的财务和经营政策，并能据以从该企业的经营活动中获取利益，包括直接控制和间接控制两种类型。

根据关联交易的性质、目的和交易条件，可将关联交易分为正常的关联交易和非正常的关联交易。目前我国很多的关联交易都是非正常交易。这种交易的目的主要是为了调节利润、粉饰报表、转移资产、转移利润、逃税避税、甚至逃废债务等，因此应特别予以关注。对银行来说，关联交易增加了有关信贷资产的风险。认识及防范这些风险，对保证银行信贷资产的安全是十分重要的。

我国上市公司经营活动中关联交易主要形式有：购买或销售商品；购买或销售除商品以外的其他资产，如设备、建筑物、股权等；提供或接受劳务；代理销售货物、签订合同；租赁；提供资金，包括现金、权益性资金或实物形式的贷款等；为获得借款履行买卖、劳务合同等所提供的担保；管理方面的合同；研究与开发项目的转移；使用商标、技术、专利等方面的许可协议，支付关键管理人员的报酬，费用负担的转嫁等；资产重组中的关联交易主要有：资产转让和置换、托管经营、承包经营、合作投资、相互持股等。

（二）关联交易对公司的影响

从理论上说，关联交易属于中性交易，它既不属于单纯的市场行为，也不属于内幕交易的范畴，其主要作用是降低企业交易成本，实现利润最大化。但在实际操作过程中，关联交易有它的非经济特性，其价格可由关联双方协商决定，特别是在我国评估和审计等中介机构尚不健全的情况下，关联交易就容易成为企业调节利润、避税和为一些部门及个人获利的途径，往往会侵害中小股东的利益。例如，当上市公司业绩不理想时，其母公司就会调低上市公司应交纳的费用标准，或者承担上市公司的相应费用，或者由上市公司低价收购某公司的优质资产，或上市公司以高于市场价格水平的租金水平将资产租赁给母公司使用，或者上市公司把大量商品或资产出售给关联方，实际上是卖方不交货，买方不付款，卖方增加应收账款等。关联交易同样也可以给上市公司带来风险，如上市公司为关联企业提供信用担保，上市公司借款给母公司，母公司占用上市公司应收款等。资产重组中的关联交易，对公司经营和业绩的影响需要结合重组目的、重组所处的阶段、重组方的实力、重组后的整合作具体分析。

三、会计政策的变化及其对公司的影响

会计政策是指企业在会计核算时所遵循的具体原则及所采纳的具体会计处理方法。当会计制度发生变更或者企业根据实际情况认为需要变更会计政策时，企业可以变更会计政策。企业会计政策发生变更将影响上市公司年末的资产负债表和利润表。

如采用追溯调整法进行会计处理，会计政策变更将影响公司年初及以前年度的利润、净资产、未分配利润等数据。

四、税收政策的变化及其对公司的影响

税收政策的变更会对上市公司的业绩产生一定的影响，如《关于纠正地方自定税收先

征后返政策的通知》(1999 年，国务院）明确要求：各级地方政府一律不得自行制定税收先征后返政策，已制定的从 2000 年 1 月 1 日起一律停止执行。结果一些公司原来按 15%的所得税率缴税，要恢复为按 33%的税率缴税，等于减少了 18%的收益。又如增值税的出口退税，其出口退税是指销售时免征增值税，同时将购进时支付的增值税进项税额退给企业，这就意味着产品是以不含税的价格进入国际市场的，因而从价格上提高了企业在国际市场上的竞争能力，使企业出口业务扩大，销售收入增加，经营业绩提高。于 2008 年 1 月 1 日起实施的《中华人民共和国所得税法》对我国包括上市公司在内的内资企业的净利润增长都有积极的影响。

本章小结

公司分析是证券投资基本分析中不可缺少的重要环节。对于证券投资来说，证券投资收益特别是长期证券投资收益的关键取决于被投资公司的经营业绩和财务状况。公司基本面分析包括公司成长性分析、公司竞争地位分析、公司经营管理能力分析等。财务比率是指对公司财务报表的不同项目之间、不同类别之间、在同一年度不同财务报表的有关项目之间，以及各会计要素的相互关系进行分析的方法。通过财务比率的分析有利于我们研究企业的获利能力和成长性，有利于我们研究企业的经营管理、投资战略、融资战略、分红政策等是否合理和科学。财务比率分析的指标大致可以分为以下几类：盈利能力分析、短期偿债能力分析、长期偿债能力分析、营运能力分析、投资收益分析、现金流量分析等等。本章重点论述了公司基本面分析和公司财务分析，并对资产重组和关联交易对公司业绩和经营的影响以及公司价值进行了讨论。

关键概念

流动比率　速动比率　现金流量比率　资产负债率　已获利息倍数　长期负债比率　流动资产周转率　销售净利率　净资产收益率　市盈率　每股收益　资本结构　MM 模型

本章思考题

1. 公司基本面分析包括哪些？
2. 财务比率分析都包括哪些方面？
3. 什么是资本结构？
4. 什么是资产重组和关联交易？资产重组方式有哪些？

第十二章
证券投资的技术分析

本章学习重点

技术分析的含义；技术分析理论及应用；技术指标分析及应用。

前面我们讲述了证券投资的基本分析，它主要是根据国际、国内宏观经济态势、行业动态、公司的经营状况等因素进行分析，来研究股票的价值，并以此衡量股票市场价格的走势。这一章我们将集中介绍证券投资的另一种分析方法——技术分析。

第一节　技术分析概述

一、技术分析的理论基础

（一）技术分析的定义

技术分析是对证券市场的市场行为进行分析，对市场未来的价格变化趋势进行预测的研究活动。其特点是通过对市场过去和现在的行为，应用数学和逻辑上的方法，归纳总结出典型的行为，从而预测证券市场未来的变化趋势。市场行为包括价格的高低与价格的变化，发生这些变化所伴随的成交量，以及完成这些变化所经过的时间。

（二）技术分析的三大假设

作为一门经验之学的技术分析是建立在合理的假设之上的，技术分析有三大基本假设。

1. 市场行为涵盖一切信息

该假设是进行技术分析的基础。主要思想是认为影响证券价格的所有因素——包括内在的和外在的都反映在市场行为中，都体现在股票的价格水平和交易量上，不必对影响价格的因素具体内容过多的关心。这个假设有一定的合理性。任何一个因素对市场的影响最终都体现在价格的变动上。如果某一消息公布后，价格同以前一样没有大的变动，这就说明这个消息不是影响市场的因素，尽管投资者可能都认为对市场有一定的影响力。作为技术分析人员，只关心这些因素对市场行为的影响效果，而不关心具体导致这些变化的东西究竟是什么。

2. 价格沿着趋势移动，并保持趋势

该假设是进行技术分析最根本、最核心的因素。这个假设认为价格的变动是按一定规律进行的，价格有保持原来方向的惯性，而证券价格的运动方向是由供求关系决定的。正是由于此，技术分析者们才花费大力气寻找价格变动的规律。如果价格一直是持续上涨(下跌)，那么，今后如果不出意外，价格也会按这一方向继续上涨（下跌)，没有理由改变既定的运动方向。当价格的变动遵循一定规律，就能运用技术分析工具找到这些规律，对今后的投资活动进行有效的指导。

3. 历史会重演

该假设是从统计和人的心理因素方面考虑的，如果市场上某种活动，现象包括价格的变动幅度、周期等已经出现过，非常可能在未来再出现。投资者在某一场合得到某种结果，那么，下一次碰到相同或相似的场合，这个人就认为会得到相同的结果，就会按同一方法进行操作；如果前一次失败了，后面这一次就不会按前一次的方法操作。过去的结果是已知的，这个已知的结果应该是用现在对未来作预测的参考。对重复出现的某些现象的结果进行统计，得到成功和失败的概率，对具体的投资行为也是有好处的。

二、技术分析的基本要素：价、量、时、空

技术分析就是以上述三个基本假设为依托，以价格、成交量、时间和空间为基本分析要素，以价格走势图表分析和技术指标分析为手段，对市场走势进行预测。成交量是指单位时间内在某一价格或某一价格区间内成交的数量，因此，有分时交易量、日交易量、周交易量和月交易量之分。时间、价格和成交量是描述市场的基本要素，市场中某一时刻，在某一价位的成交量，反映了买卖双方在这一时点上的共同市场行为，是双方暂时的均衡点。一般说来，成交量的大小反映了多、空双方在该时刻对该价位的认同程度，也反映了市场的活跃程度。时间和空间是用来衡量趋势延续的长度和价格波动的范围。

1. 价格和成交量是市场行为最基本的表现

市场行为最基本的表现就是成交价和成交量。过去和现在的成交价和成交量涵盖了过去和现在的市场行为。在某一时点上的价和量反映的是买卖双方在这一时点上共同的市场行为，是双方的暂时均衡点。随着时间的变化，均衡会发生变化，这就是价量关系的变化。一般说来，买卖双方对价格的认同程度通过成交量的大小得到确认，认同程度大，成交量增加，价格上涨；认同程度小，成交量减少，价格下降。双方的这种市场行为反映在价量上就呈现出这样的一种趋势规律：价增量增，价跌量减。因此，价量分析是技术分析的基本要素。

2. 时间和空间体现趋势的深度和广度

时间在进行行情判断时有着很重要的作用，是针对价格波动的时间跨度进行研究的理论。一方面，一个已经形成的趋势在短时间内不会发生根本改变；另一方面，一个形成了的趋势又不可能永远不变，经过了一定时间又会有新的趋势出现。时间是指完成某个过程所经历的时间长短，通常指一个波段或一个升降周期所经过的时间。空间指的是价格波动能够达到的上升或下降到某个价格水平的限度。

时间更多地与循环周期理论相联系，反映市场起伏的内在规律和事物发展的周而复始的特征，体现了市场潜在的能量由小变大再变小的过程。空间反映的是每次市场发生变动程度的大小，也体现市场潜在的上升或下降的能量的大小。上升或下降的幅度越大，潜在能量就越大；相反，上升或下降的幅度越小，潜在能量就越小。

3. 时间、空间与价格趋势的关系

时间是价格趋势分析的重要因素。一般来说，市场在底部经过的时间越长，积聚的能量就越大，后市上涨的幅度也就越大；相反，发生高位套牢的时间越近，高位的成交量越大，其阻挡的能量就越大，后市盘升的可能性就越小，下跌或盘整的时间可能会越长，即所谓“以时间换空间”，通过时间的延续来不断消化套牢的筹码。

4. 成交量与价格趋势的关系

成交量是价格的先行指标，价格是虚的，成交量是实的。

价格随成交量的上涨而上升，这是正常的市场特征，这种价量关系表示价格将继续上升；反之，如果价格出现了新高，而成交量没有创出新高，则此上升趋势时令人怀疑的，是价格潜在的反转信号。

有时，价格随着缓慢增加的成交量而逐渐上升，某一天平缓的走势突然变成直线上升的“井喷”；成交量剧烈增加，价格暴涨。之后是成交量萎缩，价格大幅度下降，这表明上升已经到了末期。

在长期下降后，价格形成了“波谷”，并开始回升，成交量没有因为价格的上升而放大。之后，价格再度回到“波谷”。如果此时的成交量低于前一个“波谷”，就是价格将要上升的信号。

市场出现了一段时间的上升行情后，出现大的成交量，而价格没有同时向上，说明卖压很重，形成价格下降的因素。

三、技术分析的分类和注意事项

（一）技术分析的分类

技术分析可以分以下两大类：

1. 图表分析

透过市场行为所构成的图表形态，来推测未来价格的变动趋势。如K线图、趋势线图、形态图等。

2. 指标分析

透过市场行为产生的资料与讯息，经特定公式计算出某种指标读数，反映目前市场态势，并推测价格未来的变动方向。指标大致可分为四类：市场趋势指标、市场动量指标、市场大盘指标、市场人气指标。

（二）技术分析方法应用时应注意的问题

每一种分析方法都有它的优点和缺点，技术分析同样也有它的缺点，因此在使用技术分析时，至少应注意以下几点：

（1）股价技术分析是根据统计学原理得来的，因此它得到的是概率情况，并不是百分之百的正确，总会有一定的失误率。

(2) 由于技术分析方法很多，产生了很多指标，而每一种指标都是根据一种特殊原理设计而成，因此这种指标在某一方面很有效，但在其他方面可能无效。

(3) 技术分析的一些指标是根据常态情况下统计而成的，因此在常态情况下，准确性非常高，但是在非常态情况下，如使用常态标准，将会大错特错。

(4) 技术分析的种类非常多，有些时候会相互出现矛盾，投资者不知道到底谁对谁错。在这种情况下，投资者可以采用两种方式：一种是根据多数指标指导的方向去做；二是看不懂时不操作，什么时候看懂了，什么时候操作，市场的机会有的是。

(5) 技术分析的结论在没用实现之前都只是可能，而不是必然。因此在实践中，必须配有一套止损措施。

中国证券市场政策市、人为市较多，纯粹的技术分析很难把握市场中的突发事件等非常规变化。因此技术分析必须与基本分析相结合，进行综合的研判。同时，注意多种技术分析方法的相互验证和综合分析，单一的技术分析方法有相当的局限性和盲目性，切忌使用。

第二节 技术分析理论

一、道式理论

道氏理论是技术分析的鼻祖，创始人是美国人查尔斯·道（Charles Dow），并由后人逐渐补充发展。

（一）道氏理论的主要内容

1. 价格平均指数反映了市场的一切变化

道氏理论认为，股票价格平均指数反映了所有可能影响股票供求关系的因素，包括经济、政治、社会及投资者心理等众多因素，因此投资者无需考虑这些因素而只需考虑股票价格平均指数就可以了。也就是说，股票价格的变动代表了市场所有投资者对股市的综合判断。

2. 市场具有三个变动趋势

道氏理论认为，股市在任何时候都存在着三种运动，即长期趋势、中期趋势和短期趋势，这三种运动相互影响形成股市复杂的运动方式。道把股市的变动比作大海的运动，长期趋势犹如潮水，中期趋势如同波浪，短期趋势如似细小的波纹。三种趋势的划分为波浪理论打下了基础。

(1) 长期趋势。它又称基本趋势、主要趋势。长期趋势是指连续一年或一年以上的股价变动趋势，它包括上升的股市和下跌的股市两部分，长期趋势理论是道氏理论的核心和精华。主要趋势持续上升就形成了多头市场，持续下降就形成了空头市场。长期趋势大约持续 1～4 年，其中上升的股市称为牛市，平均约为 25 个月，最短也达 13 个月；下跌的股市称为熊市，平均约为 17 个月，最短的约为 11 个月。

① 上升股市。道氏理论认为，一个上升的股市由三个阶段组成：

第一阶段称为恢复阶段。在这一阶段股价开始从最低水平回升，虽然上市公司财务状况仍很一般，但投资者开始看好股市，交易量增加，股价渐渐上升，然而股票交易还不很活跃。

第二阶段是股价上升阶段。在这一阶段，公司盈余增加，投资者信心增强，交易活跃，交易量扩大，股价持续上升并可维持较长一段时间。

第三阶段股价挺升至很高水平，资金大量涌入，成交量剧增，股价快速上升，市场一片繁荣，股价水平已与其内价值严重背离，多头市场将转入空头市场。

② 下跌股市。也可分为三个阶段：

第一阶段，股价上升已见疲竭之状，买气逐渐减，成交量开始减少，部分敏感投资者已预感前景不佳，开始抛售股票获利了结。

第二阶段，属于恐慌阶段，大多数投资者认识到熊市已临，竞相抛售股票逃离股市，买气减弱，卖气增强，交易量大幅度减少，股价急剧下跌。这一股价暴跌阶段通常要经历较长时间才会进入第三阶段。

第三阶段，股市上一片悲观气氛，到处弥漫着各种坏消息，投资者信心丧失殆尽，进一步抛售股票，股价直线下跌，跌至低于其内在价值的水平。在这一阶段后期，股价跌幅趋缓，投机股跌幅大于投资股，此时空头市场即将结束，又将转入多头市场。

(2) 中期趋势。它又称次级趋势，中期趋势发生在主要趋势的过程中，即在上涨的主要趋势中会出现中期回档下跌，在下跌的主要趋势中会出现中级反弹回升。中期趋势一般并不改变长期趋势的发展方向，当中期趋势下跌，其谷底一波比一波高，表示长期趋势仍将上升；当中期趋势上升时，其波峰一波比一波低，表示长期趋势仍为下跌。中期趋势是长期牛市或熊市正常且必要的整理形态，它们是对股价暴涨暴跌技术上的修正，中期趋势的修正一般为基本趋势涨跌幅的 1/3～2/3 左右。通常一个长期趋势中总会出现两三次中期趋势，一次中期趋势历时几周到几个月不等。但当股市出现回档下跌或反弹上升时，及时区分是中期变动还是长期趋势的根本转向，却是很困难的事，而这又降低了对大势研判的正确性。

(3) 短期趋势。它又称日常波动，指股票价格的每日波动，它短则数小时，长则数天，通常指 6 日内的股价变动趋势，3 个或 3 个以上的短期趋势可组成一个中期趋势。道氏理论认为短期趋势是由人为操作形成的，与反映客观经济形态的中长期趋势本质不同，既不重要又难以利用，可以不予理睬。

三个趋势中，主要趋势包含若干次要趋势，次要趋势又包含若干短暂趋势。

3. 两种价格平均指数必须相互验证来判断趋势

道氏理论认为，股市的走势只有在相互验证的情况下，才能明确地显示出来。所谓相互验证，是指道·琼斯铁路和工业股价平均数向同一方向变动时，表示一个股价平均数被另一个股价平均数确认，则主要趋势或次要趋势便会产生；如果两种股价平均数反向变动，就说明相互间不确认。互证现象可用两种方法表示，第一种是两种股价平均数同时出现新的高峰或新的谷底，可以用来判断主要趋势是牛市还是熊市；第二种是两种股价平均数在小幅度的升降波动后，突然一同上升或下滑，主要用以判断次要趋势。

4. 交易量必须证实趋势

道氏理论看重交易量，认为交易量是股价运动的动力，尤其是价格的上升一定需要交易量放大作为配合，否则这种上升将不能持续。通常在多头市场，价格上升，交易量增加；价格下跌，成交量减少。在空头市场中，价格下跌，成交量增加；价格反弹，成交量减少。

5. 收盘价是最重要的价格

道氏理论并不注重任何一个交易日收市前出现的最高峰和最低点，而只考虑收市价，即一个交易日成交股票最后一段时间售出价格的平均值，甚至认为只用收盘价。

(二) 对道氏理论的评价

作为一种系统性的股价分析理论，道氏理论曾被人们广泛应用于股市长期趋势的预测，取得过理想的效果。道氏理论的许多分析方法也被广泛借鉴，融会在其他许多分析方法中。但是，股票市场的发展是很迅速的，股价变动的规律也更加难以把握，而道氏理论毕竟过于古老，存在着一些不容忽视的缺点，它已很难胜任目前的股市投资分析。下面，综合各方意见，分析一下道氏理论的缺点，使投资者能更全面地了解道氏理论，以便扬长避短，发挥其最大效用。

(1) 缺乏准确性。在两种股价平均数互证时，对于后一高峰超过前一高峰多大幅度或后一谷底低于前一谷底多大幅度才具有明确的市场走势的指示意义，道氏理论未能确切说明。此外，对何时产生新高峰或新低谷的预测，也不能获得答案。

(2) 道氏理论主要用于预测股市的长期趋势而不是中、短期变动，这就使得该理论提示的投资机会太少，对于准备持有数周或几个月的中期投资者或抢短线的短期操作者并无大帮助。

(3) 道氏理论仅依赖铁路及工业股价平均数观察市场股价变动。实际上影响股价变动的因素很多，绝不能只以少数股价指标反映股市的全面状况。更何况，铁路运输在经济中的地位已不再如以往那样重要，道氏理论使用铁路股价平均数已显得不太适当。

(4) 当两种股价平均数在一段相当长时期内无法出现互证现象时，道氏理论就无法判断股市的走势。而且被确认的信号都是事后的，来得太迟，从而错过了最佳的买入和卖出时机。

此外，道氏理论虽然指明了股市长期趋势的变动方向，却并不能指示应购买的股票种类，仍缺乏可操作性。

二、K 线理论

1. K 线的画法

K 线又称为日本线，英文名称是蜡烛线（Candle Stick），起源于日本的米市。最初的 K 线理论被总结成 Sakata 法。K 线是一条柱状的线条，由影线和实体组成。中间的矩形部分是实体。实体部分表示一定时期的开盘价和收盘价，实体分阴线（黑线）和阳线（红线），收盘价大于开盘价为阳线，反之为阴线。实体上方的直线为上影线，上端点是最高价。实体下方的直线为下影线，下端点是最低价。

开盘价指在设定的交易时间内（分钟、日、周、月等）的第一笔成交价，我国证券市场以集合竞价的方式产生。

最高价和最低价指在设定的交易时间内（分钟、日、周、月等）成交价格曾出现过的最高和最低价格。最高价和最低价如果相差悬殊，说明市场交易活跃，买卖双方争夺激烈。

收盘价指在设定的交易单位时间内（分钟、日、周、月等）的最后一笔成交价。日收盘价表明了多空双方一天争斗的最后结果，具有很强的预市作用，也是人们和多种技术分析方法关注的重要参数。

根据每只股票当日的开盘价、收盘价、最高价、最低价四项数据，可以将股价走势图画成如下 K 线图：

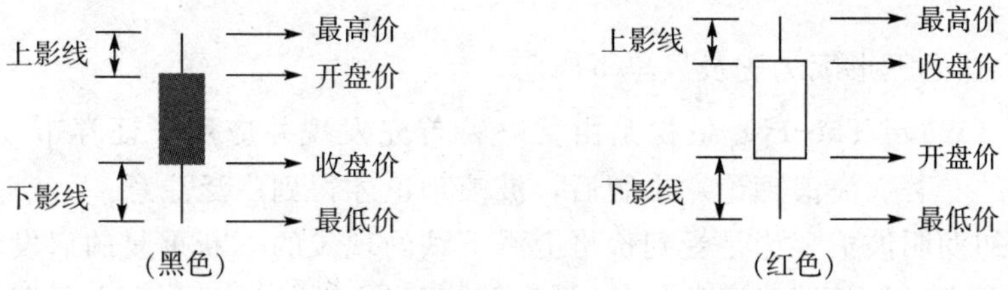

图 12-1　K 线的画法

一根 K 线记录的是证券在一个交易单位时间内价格变动情况。将每个交易时间的 K 线按时间顺序排列在一起，就组成该证券价格的历史变动情况，叫做 K 线图。

2. 根据 K 线的计算周期可将其分为日 K 线、周 K 线、月 K 线、年 K 线

周 K 线是指以周一的开盘价、周五的收盘价、全周最高价和全周最低价来画的 K 线图。月 K 线则以一个月的第一个交易日的开盘价、最后一个交易日的收盘价和全月最高价与全月最低价来画的 K 线图，同理可以推得年 K 线定义。周 K 线、月 K 线常用于研判中期行情。对于短线操作者来说，众多分析软件提供的 5 分钟 K 线、15 分钟 K 线、30 分钟 K 线和 60 分钟 K 线也具有重要的参考价值。

3. 单根 K 线的含义

从单独一根 K 线对多空双方优势进行衡量，主要依靠实体的长度、阴阳和上下影线的长度。单独一根 K 线的含义与它所处的位置有关。一般说来，上影线越长，下影线越短，阳线实体越短，越有利于空方占优，不利于多方占优；上影线越短，下影线越长，实体越长，越有利于多方占优，而不利于空方占优。上影线和下影线相比的结果，也影响多方和空方取得优势。上影线长于下影线，利于空方；反之，下影线长于上影线，利于多方。

关于 K 线的基本类型我们将在本章第三节技术图表分析中进行具体介绍。

4. 应用 K 线理论应注意的问题

K 线理论注重短线的炒作，它的预测结果只适用于往后的很短的时期，有时仅仅是一两天。

K 线是市场趋势和用组合形态表现的人类心理的混合物，没有严格的科学逻辑。在应用 K 线的时候要记住以下几点。

(1) K 线分析的错误率是比较高的。市场的变动是复杂的，而实际的市场情况可能与我们的判断有距离。从经验的统计结果中可以知道，K 线的成功率是不能令人满意的。

(2) K 线分析方法只能作为战术手段，不能作为战略手段，必须与其他方法结合。在从其他的途径已经作出了该买还是该卖的决定之后，才用 K 线组合选择具体的采取行动的时间和价格，这样做的效果要好些，如可以参考技术指标所发出的信号。

(3) 为了更深刻地了解 K 线组合形态，应该了解每种组合形态的内在和外在的原理，因为它不是一种完美的技术，这一点同其他技术分析方法是一样的。K 线分析是靠人类的主观印象而建立，并且是基于对历史的形态组合进行表达的分析方法之一。

(4) 根据实际情况，适当“修改”组合形态。组合形态只是总结经验的产物。实际市场中，完全满足我们所介绍的K线组合形态是不多见的。如果机械照搬组合形态，有可能长时间碰不到合适的机会。因此，要根据情况适当地改变组合形态。

三、波浪理论

（一）波浪理论的形成历史及其基本思想

波浪理论（Wave Theory）最初是由艾略特首先发现并应用于证券市场。20世纪70年代，柯林斯的专著《波浪理论》出版后，波浪理论才得到广泛注意。

艾略特最初发明波浪理论是受到价格上涨下跌的现象的不断重复的启发，以周期为基础的。把周期分成时间长短不同的各种周期，需要指出的是，在一个大周期之中可能存在小的周期，而小的周期又可以再细分成更小的周期。每个周期无论时间长与短，都是以一种相同的模式进行。这个模式就是波浪理论的核心——8浪过程。每个周期都是由上升（或下降）的5个过程和下降（或上升）的3个过程组成的8浪结构的模式进行。这8个过程完结以后，这个周期结束，进入另一个周期，新的周期依然遵循上述的模式。这就是波浪理论的核心内容。除了周期以外，还有道氏理论和弗波纳奇数列。在艾略特的波浪理论中的大部分理论是与道氏理论相吻合的。不过艾略特不仅找到了这些移动，而且还找到了这些移动发生的时间和位置。艾略特波浪理论中所用到的数字都是来自斐波那契神奇数列。

（二）波浪理论的主要原理

1. 波浪理论考虑的因素

波浪理论考虑的因素有三个方面：①价格走势所形成的形态；②价格走势图中各个高点和低点所处的相对位置；③完成某个形态所经历的时间长短。简单地概括为形态、比例和时间。价格的形态是最重要的。

艾略特认为股票价格的波动具有一浪跟着一浪周期循环的规律性，任何波动都有迹可循，投资者可根据波动的规律来预测价格的未来走势，指导投资。波浪理论有三个重要内容：波浪的形态、波幅比率和持续时间，其中最重要的是波浪的形态。波浪有两个基本形态：推动浪和调整浪。波浪理论认为一个完整的价格循环周期由5个上升波浪和3个下降波浪共8浪组成。上升波浪又称之为推动波或推动浪，下跌波浪是前一个上升波浪的调整波或调整浪。每一个推动浪又可分为5个子浪，每一个调整浪又可分为3个子浪。这8个子浪又可以同样的方式再分出更次一级的34个小浪，以此类推。也就是说，股价循环中的任何一级任何一浪可分为次一级的浪。而反过来，任何一个8浪循环又构成上级波动的2个浪。波浪形态可无穷伸展和压缩，但它的基本形态不变。

2. 波浪的基本形态

艾略特认为证券市场应该遵循一定的周期周而复始地向前发展。股价的上下波动也是按照某种规律进行的。通过多年的实践，艾略特发现每一个周期（无论是上升还是下降）可以分为八个小的过程，这八个小过程一结束，一次大的行动就结束了，紧接着的是另一次大的行动。现以上升为例说明这八个小过程。图12-2是一个上升阶段的八个浪的全过程。

图中 0～1 是第一浪，1～2 是第二浪，2～3 是第三浪，3～4 是第四浪，4～5 是第五浪。这五浪中，第一、第三和第五浪称为上升主浪，而第二和第四浪称为是对第一和第三浪的调整浪。上述五浪完成后，紧接着会出现一个三浪的向下调整，这三浪是：5～a 是 a 浪，a～b 是 b 浪，b～c 是 c 浪。a 浪是修正浪的第 1 浪。b 浪是“多头陷阱”，出现量价背离。c 浪是破坏力较强的下跌浪，出现持续的全面下跌。波浪理论考虑股价形态的跨度是可以随意而不受限制的。大到可以覆盖从有股票以来的全部时间跨度，小到可以只涉及数小时、数分钟的股价走势。正是由于上述的时间跨度不同，在数八浪时，必然会涉及将一个大浪分成若干小浪和将许多小浪合并成一个大浪的问题，这就是每一个浪所处的层次的问题。处于层次较低的几个浪可以合并成一个层次较高的大浪，而处于层次较高的一个浪又可以细分成几个层次较低的小浪。层次的高低和大浪、小浪的地位是相对的。对比其他层次高的浪来说，它是小浪，而对于层次比它低的浪来说，它又是大浪。

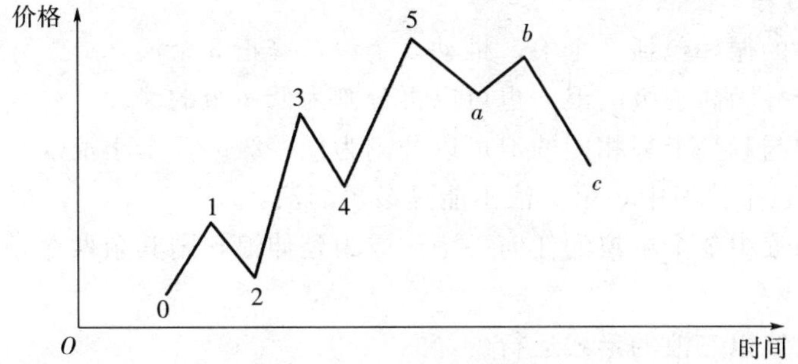

图 12－2　波浪的基本形态

3. 波浪的基本特征

在艾略特波浪系列中，各种类型的波浪所处位置不同，特征也有差异。认识波浪的特征，有助于确认目前市场处于哪一个阶段，以便正确预测以后各浪的形态。

以下仍以上升为例分析各浪的特征，推动浪向上运动，调整浪向上运动。下跌的情况与此相反。

(1) 第一浪。通常第一浪出现在长期下跌盘整的末期，虽然成交量和股价均稍有增长，但缺乏人气，投资者尚未能认识到市场的变化。其后的第二浪调整幅度往往很大，第一浪的涨幅一般是五浪中涨幅最小的一浪。

(2) 第二浪。第二浪调整幅度一般相当大，长期下跌中的解套盘和第一浪的获利盘的大量涌出，使第二浪几乎将第一浪的涨幅全部擦去。当股价下跌至第一浪起涨点时成交量开始萎缩，第二浪调整结束。

(3) 第三浪。第三浪通常是涨势最足、涨幅最大、持续时间最长和最具有爆发力的一浪。在这一段行情过程中，投资者信心大增，常常出现跳空缺口和延长波浪。一些重要的阻力线被轻易地突破，特别是突破第一浪的高点时，是道氏理论中的重要买进信号。

(4) 第四浪。第四浪的形态一般较为复杂，在第三浪强劲上升形成重要顶部的基础上，这一浪初步显露市场后继乏力的征兆。根据波浪理论的交替规则，这一浪的形态往往与第二浪不相同，常出现三角走势，它的最低点应高出第一浪的最高点。

(5) 第五浪。第五浪的涨幅通常不及第三浪，在运动形态上也不十分复杂，有时甚至会出现低于第三浪高点的失败情况。在第五浪中，虽然涨幅已趋缓，投资者往往还会盲目乐观，追捧高价。但是，此时市场上二、三线股票的涨幅往往大于绩优股和成长股。在商品期货市场中，第五浪常常是最长的一浪，并可能出现延伸浪。

（6）a浪。大多数投资者认为a浪仅是上升行情的暂时回档，而没有认识到行情已经逆转，因此还会逢低吸纳，但实际上很多技术指标已显示背离状况，表明股市已濒临崩溃局面。

（7）b浪。由于b浪呈现上升起势，常常使投资者误认为是又一轮上升行情而投入更大资金，实际上这是一个“空头陷阱”，应该是多空翻身的好时机。投资者其实可以从技术指标中发现市场转弱的这种征兆。

（8）c浪。c浪是跌势凶险、跌幅深、时间持久的一浪，伴随着恐慌性抛盘涌出，股价大幅度下跌。

4. 浪波理论的基本要点

（1）一个完整的循环包括8个浪，推动5个浪，修正3个浪。

（2）波浪可合并为高一级的浪，也可以再分割为低一级的浪。

（3）推动浪中与趋势走势相同的浪可以分割为低一级的5个小浪。

（4）1、3、5三个波浪中，第3浪不能是最短的浪。

（5）如果推动浪中3个主浪的任何一个浪成为延伸浪，则其余两个浪的运行时间及幅度会趋于一致。

（6）调整浪始终以三浪的形式运行。

（7）斐波那契神奇数字组合是波浪理论的数据基础。

（8）波浪中常见的回吐比率为0.382、0.5及0.618。

（9）第4浪的底不能低于第1浪的顶。

（10）波浪理论包含三方面内容：形态、比率及时间，其重要性以排行先后为序。

5. 斐波那契数列与波浪的数目

第一大浪由5浪组成，同时又由更小的21浪组成；而第二大浪由3浪组成，同时又由更小的13浪组成。第一大浪和第二大浪为2个浪，由8个较大的浪组成，同时又由34个更小的浪组成。这里的数字2，3，5，8，13，21，34，…都是弗波纳奇数列中的数字。

（三）波浪理论的应用及其不足

如果知道了一个大的周期的运行的全过程，就可以很方便地对大势进行预测。只要明确了目前的位置，按波浪理论所指明的各种浪的数目就会很方便地知道下一步该干什么。

但波浪理论难以掌握和应用。浪的层次的确定和浪的起始点的确认是应用波浪理论的两大难点。从表面上看，波浪理论会给我们带来收益，但是从波浪理论自身的构造中我们会发现它的众多的不足。其最大的不足是应用上的困难，也就是学习和掌握上的困难。波浪理论从理论上讲是八浪结构完成一个完整的过程。但是，主浪的变形和调整浪的变形会产生复杂多变的形态，波浪所处的层次又会产生大浪套小浪、浪中有浪的多层次形态，这些都会使应用者在具体数浪时发生偏差。

重观性太强，没有统一的科学标准。面对同一个形态，不同的人会产生不同的数法，而结果差别可能是巨大的。同时，波浪理论忽视了成交量方面的影响。波浪理论从根本上说是一种主观的分析工具。

四、形态理论

价格在波动过程中会留下移动的轨迹。形态理论正是通过研究价格所走过的轨迹，分析和挖掘出曲线所体现的多空双方力量的对比，从而预测未来价格趋势。

（一）股价移动的规律和两种形态类型

1. 股价的移动规律

股价的移动是由多空双方力量大小决定的。根据多空双方力量对比可能发生的变化，可以知道价格的移动应该遵循这样的规律：

第一，价格应在多空双方取得均衡的位置上下来回波动；

第二，原有的平衡被打破后，价格将寻找新的平衡位置。即：持续整理——保持平衡——打破平衡——寻找到新的平衡——再打破新的平衡——再寻找更新的平衡——……价格的移动就是按这个规律循环往复，不断进行的。成功的投资者往往是在原来的平衡快要打破之前或者是在打破的过程中采取行动而获得收益的。如果原平衡已经打破，新的平衡已经找到，这时才行动，就已经晚了。

2. 价格移动的两种形态类型

价格曲线的形态分成两个大的类型：持续整理形态（Continuation Patterns）；反转突破形态（Reversal Patterns）。前者保持平衡，后者打破平衡。平衡的概念是相对的，价格只要在一个范围内变动，都属于保持了平衡。这样，这个范围的选择就成为判断平衡是否被打破的关键了。

（二）反转形态与持续形态

1. 反转形态的市场含义

反转形态是指股票价格改变原有的运行趋势所形成的运动轨迹。反转形态存在的前提是市场原先确有趋势出现，而经过横向运动后改变了原有的方向。反转形态的规模，包括空间和时间跨度，决定了随之而来的市场波动的规模，也就是说，形态的规模越大，新趋势的市场波动也越大。在底部区域，市场形成反转形态需要较长的时间，而在顶部区域，则经历的时间较短，但其波动性远大于底部形态。某一种重要的支撑线或压力线的被突破，是反转形态突破的重要依据。交易量是确认反转形态的重要指标，而在向上突破时，交易量更具参考价值。

反转突破形态包括双重顶和双重底、头肩顶和头肩底、圆弧形态、V形反转。

以上形态我们将在本章第三节技术图表分析中进行具体介绍。

2. 持续形态的市场含义

持续形态，或称持续整理形态，持续形态即为市场的横向运动，它是市场原有趋势的暂时休止。是指股票价格维持原有的运动轨迹。市场事先确有趋势存在，是持续形态成立的前提。市场经过一段趋势运动后，积累了大量的获利筹码，随着获利盘纷纷套现，价格出现回落；但同时对后市继续看好的交易者大量入场，对市场价格构成支撑，因而价格在高价区小幅震荡；市场采用横向运动的方式消化获利筹码，重新积聚了能量，然后又恢复原先的趋势。

与反转形态相比，持续形态形成的时间较短，这可能是市场惯性的作用，保持原有趋势比扭转趋势更容易。持续形态形成的过程中，价格震荡幅度应当逐步收敛，同时，成交量也应逐步萎缩。最后在价格顺着原趋势方向突破时，应当伴随大的成交量。

持续整理形态包括三角形态、矩形形态、旗形、楔形。

以上形态我们将在本章第三节技术图表分析中进行具体介绍。

（三）应用形态理论应该注意的问题

（1）站在不同的角度，对同一形态可能产生不同的解释。

（2）尽管可以根据一定的方法对某个具体的形态进行归类，但是这些形态中有些不容易区分其究竟属于哪一类。

（3）进行实际操作时，形态理论要求形态完全明朗后才行动，得到的利益不充分，从某种意义上讲，有损失机会之嫌。

五、切线理论

（一）趋势分析

1. 趋势的定义

趋势就是市场价格波动方向，或者说是证券市场运动的方向。市场变动不是朝一个方向直来直去，中间肯定要出现曲折，从图形上看就是一条曲折蜿蜒的折线，每个折点处就形成一个峰或谷。由这些峰和谷的相对高度，我们可以看出趋势的方向。

2. 趋势的方向

趋势的方向分为3种：上升方向、下降方向和水平方向（无趋势方向）。如果后面的峰和谷都高于前面的峰和谷，则趋势就是上升方向。如果后面的峰和谷都低于前面的峰和谷，则趋势就是下降方向。如果后面的峰和谷与前面的峰和谷相比，没有明显的高低之分，几乎呈水平延伸，则趋势就是水平方向。水平方向在市场上出现的机会相当多。

3. 趋势的类型

按道氏理论的分类，趋势分为3种类型，即主要趋势（Primary Trend）、次要趋势（Seeondary Trend）和短暂趋势（Near Term Trend）。主要趋势是趋势的主要方向，主要趋势是价格波动的大方向，一般持续的时间比较长、幅度大。次要趋势是在进行主要趋势的过程中进行的调整。短暂趋势是对次要趋势的过程中所进行的调整。这3种类型趋势的最大区别是时间的长短和波动幅度的大小上的差异。以上3种划分可以解释绝大多数的行情。

（二）支撑线和压力线

1. 支撑线和压力线的含义

支撑线（Support Line）又称为抵抗线。当股价跌到某个价位附近时，股价停止下跌，甚至有可能还有回升，这是因为多方在此买入造成的。支撑线起阻止股价继续下跌的作用。这个起着阻止股价继续下跌的价格就是支撑线所在的位置。

压力线（Resistance Line）又称阻力线。当股价上涨到某个价位附近时，股价会停止上涨，甚至回落，这是因为空方在此抛出造成的。压力线起阻止股价继续上升的作用。这个起着阻止股价继续上升的价格就是压力线所在的位置。

有些人往往会产生这样的误解，认为只有在下跌行情中才有支撑线，只有在上升行情中才有压力线。其实，在下跌行情中也有压力线，在上升行情中也有支撑线。但是由于在下跌行情中人们最注重涨到什么地方，所以关心压力线多一些。

2. 支撑线和压力线的作用

如前所述，支撑线和压力线的作用是阻止或暂时阻止股价向一个方向继续运动。我们知道股价的变动是有趋势的，要维持这种趋势，保持原来的变动方向，就必须冲破阻止其继续向前的障碍。比如说，要维持下跌行情，就必须突破支撑线的阻力和干扰，创造出新的低点；要维持上升行情，就必须突破上升的压力线的阻力和干扰，创造出新的高点。由此可见，支撑线和压力线迟早会有被突破的可能，它们不足以长久地阻止股价保持原来的变动方向，只不过是使它暂时停顿而已。支撑线和压力线的作用具体如图 12－3 所示。

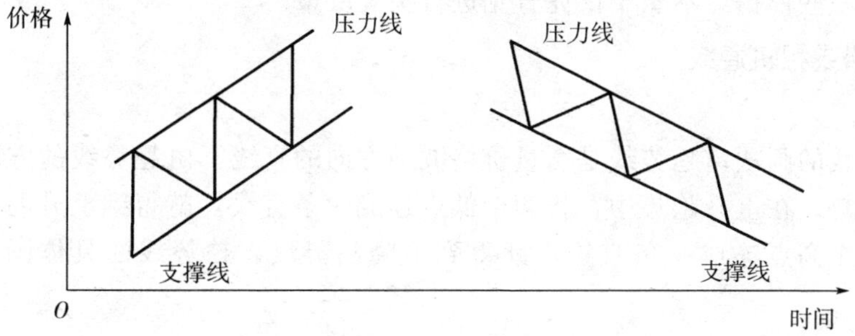

图 12－3　支撑和压力

3. 支撑线和压力线的相互转化

一个支撑如果被突破，那么这个支撑将成为今后的压力；同理，一个压力被突破，这个压力将成为支撑。这说明支撑和压力的角色不是一成不变的。它们是可以改变的，条件是被有效的足够强大的价格变动所突破。支撑线和压力线主要是从人的心理因素方面考虑的，两者的相互转化也是从心理角度考虑的。这是支撑线和压力线主要的理论依据。支撑线和压力线的相互转化具体如图 12－4、12－5 所示。

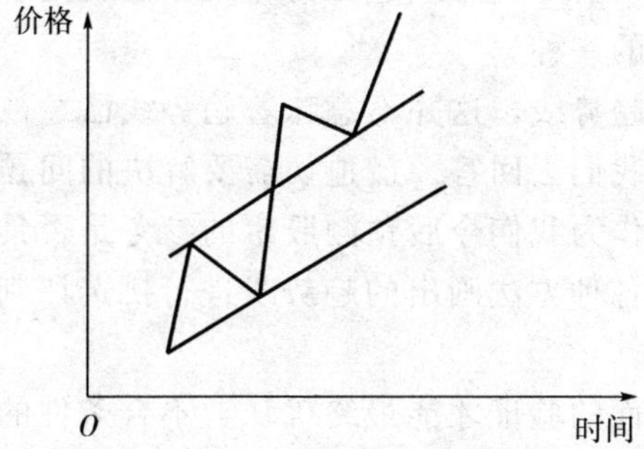

图 12－4　压力线变成支撑线

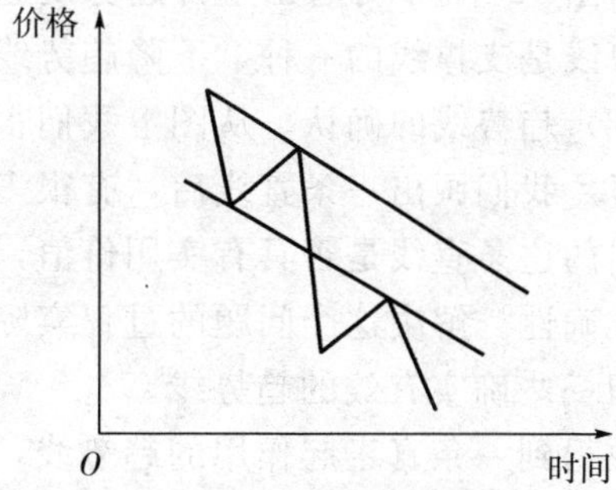

图 12－5　支撑线变成压力线

4. 支撑线和压力线的确认和修正

每一条支撑线和压力线的确认都是人为进行的，主要是根据股价变动所画出的图表，这里面有很大的人为因素。

一般来说，一条支撑线或压力线对当前影响的重要性有三个方面的考虑：一是股价在这个区域停留时间的长短；二是股价在这个区域伴随的成交量大小；三是这个支撑区域或压力区域发生的时间距离当前这个时期的远近。很显然，股价停留的时间越长，伴随的成交量越大，离现在越近，则这个支撑或压力区域对当前的影响就越大，反之就越小。

上述三个方面是确认一条支撑线或压力线的重要识别手段。有时，由于股价的变动，会发现原来确认的支撑线或压力线可能不真正具有支撑或压力的作用，比如说，不完全符合上面所述的三个条件。这时，就有一个对支撑线和压力线进行调整的问题，这就是支撑线和压力线的修正。

对支撑线和压力线的修正过程其实是对现有各个支撑线和压力线的重要性的确认。每条支撑线和压力线在人们心目中的地位是不同的。股价到了这个区域，投资者心里清楚，它很有可能被突破；而到了另一个区域，投资者心里明白，它就不容易突破。这为进行买入卖出提供了一些依据，不至于仅凭直觉进行买卖决策。

（三）趋势线和轨道线

1. 趋势线

(1) 趋势线的画法。趋势线是衡量价格波动方向的直线，由趋势线的方向可以明确地看出股价的趋势。在上升趋势中，将两个低点连成一条直线，就得到上升趋势线；在下降趋势中，将两个高点连成一条直线，就得到下降趋势线。趋势线的具体画法如图 12 - 6 所示。

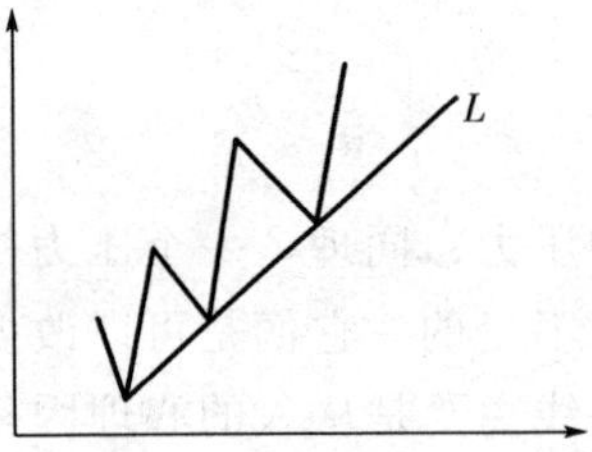

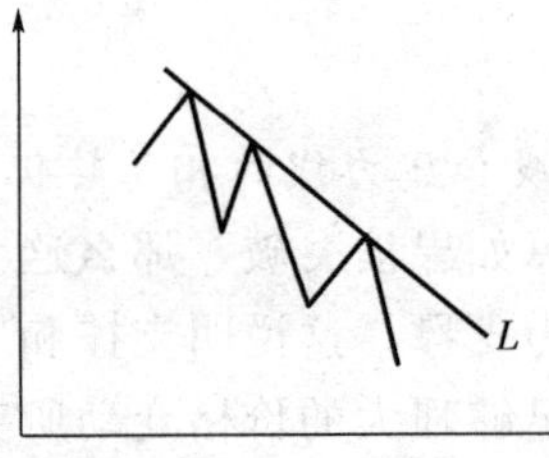

图 12 - 6　趋势线的画法

由图 12 - 6 中可看出上升趋势线起支撑作用，下降趋势线起压力作用。也就是说，上升趋势线是支撑线的一种，下降趋势线是压力线的一种。

(2) 趋势线的确认。从图上我们很容易画出趋势线，这并不意味着趋势线已经被我们掌握了。我们画出一条直线后，有很多问题需要我们去回答。最迫切需要解决的问题是我们画出的这条直线是否具有实用价值，以这条线作为我们今后预测股市的参考是否具有很高的准确性。解决这个问题的过程实际上就是用各种方法画出的趋势线进行挑选评判，最终保留一些确实有效的趋势线。

要得到一条真正起作用的趋势线，要经多方面的验证才能最终确认，不合条件的一般应删除。首先，必须确实有趋势存在。也就是说，在上升趋势中，必须确认出两个依次上升的低点；在下降趋中，必须确认两个依次下降的高点，才能确认趋势的存在，连接两个点的直线才有可能成为趋势线。其次，画出直线后，还应得到第三个点的验证才能确认这条趋势线是有效的。一般说来，所画出的直线被触及的次数越多，其作为趋势线的有效性越被得到确认，用它进行预测越准确有效。另外，这条直线延续的时间越长，就越具有有效性。

（3）趋势线的作用。一般来说，趋势线有两种作用：第一，对价格今后的变动起约束作用，使价格总保持在这条趋势线的上方（上升趋势线）或下方（下降趋势线）。实际上，就是起支撑和压力作用。第二，趋势线被突破后，就说明股价下一步的走势将要反转。越重要、越有效的趋势线被突破，其转势的信号越强烈。被突破的趋势线原来所起的支撑和压力作用，现在将相互交换角色。趋势线的作用具体见图 12-7。

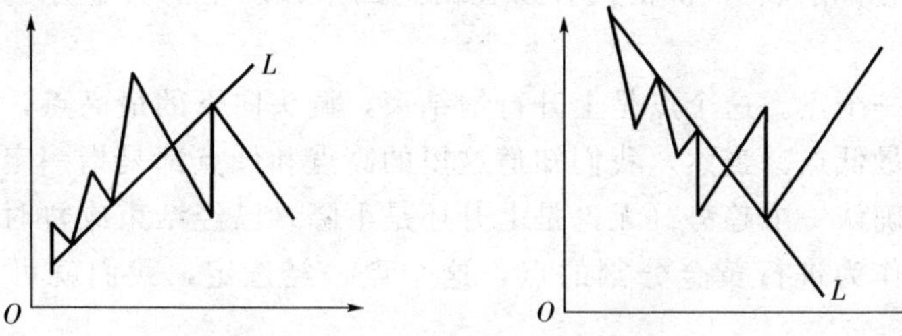

图 12-7 趋势线的作用

2. 轨道线

（1）轨道线（Channel Line）的定义与画法。又称通道线或管道线，是基于趋势线的一种支撑压力线。在已经得到了趋势线后，通过第一个峰和谷可以做出这条趋势线的平行线，这条平行线就是轨道线。如图 12-8 所示。

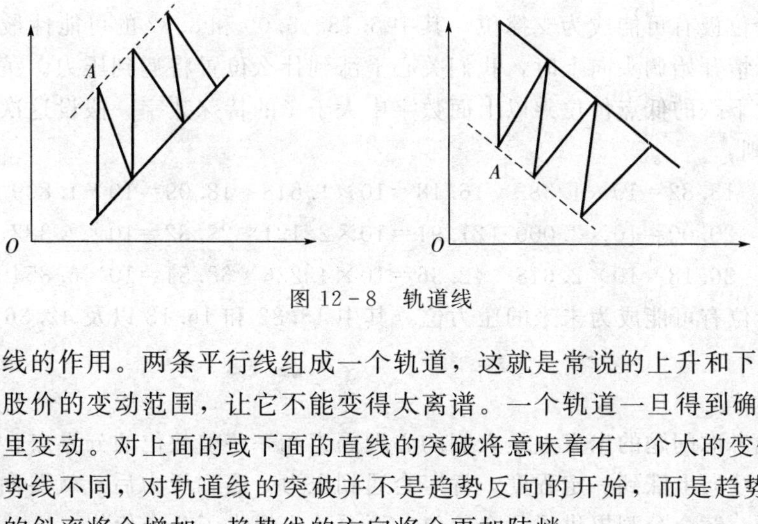

图 12-8 轨道线

（2）轨道线的作用。两条平行线组成一个轨道，这就是常说的上升和下降轨道。轨道的作用是限制股价的变动范围，让它不能变得太离谱。一个轨道一旦得到确认，那么价格将在这个通道里变动。对上面的或下面的直线的突破将意味着有一个大的变化。

与突破趋势线不同，对轨道线的突破并不是趋势反向的开始，而是趋势加速的开始，即原来的趋势的斜率将会增加，趋势线的方向将会更加陡峭。

轨道线的另一个作用是提出趋势转向的警报。如果在一次波动中未触及轨道线，离得很远就开始掉头，这往往是趋势将要改变的信号。这说明，市场已经没有力量继续维持原有的上升或下降的规模了。

轨道线和趋势线是相互合作的一对。很显然，先有趋势线，后有轨道线，趋势线比轨道线重要得多。趋势线可以独立存在，而轨道线则不能。

（四）黄金分割线和百分比线

这两种切线是水平的直线。众多水平切线中只有一条被确认为支撑线或压力线，它提前提供了支撑线和压力线所在的价位。

1. 黄金分割线

黄金分割线是一个古老的数学方法。对它的各种神奇的作用和魔力，数学上至今还没有明确的解释，只是发现它屡屡在实际中发挥我们意想不到的作用。

画黄金分割线的第一步是记住若干个特殊的数字：0.191、0.382、0.500、0.618、0.809、1.618、2.000、2.618、4.236。其中，0.382、0.618、1.618、2.618 最为重要，是比较著名的“黄金分割数”，价格极容易在由这四个数产生的黄金分割线处产生支撑和压力。

第二步是找到一个点。这个点是上升行情结束，调头向下的最高点，或者是下降行情结束，调头向上的最低点。当然，我们知道这里的高点和低点都是指一定的范围，是局部的。只要我们能够确认一个趋势（无论是上升还是下降）已经结束或暂时结束，则这个趋势的转折点就可以作为进行黄金分割的点，这个点一经选定，我们就可以画出黄金分割线了。

第三步是用找到的点的价格分别乘以上述的黄金数字，就得到若干条直线。

在上升行情开始调头向下时，我们极为关心这次下落将在什么位置获得支撑。黄金分割提供的是如下几个价位，它们是由这次上涨的顶点价位分别乘以上面所列的几个特殊数字中的比 1 小的数字。假设这次上涨的顶点是 10 元，则：

$$8.09=10\times0.809 \quad 6.18=10\times0.618 \quad 5.00=10\times0.500$$
$$3.82=10\times0.382 \quad 1.91=10\times0.191$$

这几个价位极有可能成为支撑位，其中 6.18、5.00 和 3.82 的可能性最大。

当下降行情开始调头向上时，我们关心上涨到什么位置将遇到压力。黄金分割线提供的位置是这次下跌的低点价位乘以上面数字中大于 1 的特殊数字。假设这次下落的谷底价位为 10 元，则：

$$13.82=10\times1.382 \quad 16.18=10\times1.618 \quad 18.09=10\times1.809$$
$$20.00=10\times2.000 \quad 21.91=10\times2.191 \quad 23.82=10\times2.382$$
$$26.18=10\times2.618 \quad 42.36=10\times4.236 \quad 68.54=10\times6.854$$

这几个价位有可能成为未来的压力位。其中 13.82 和 16.18 以及 42.36 成为压力线的可能性最大。

2. 百分比线

百分比线考虑问题的出发点是人们的心理因素和一些整数位的分界点。

当股价持续向上涨到一定程度，肯定会遇到压力，遇到压力后，就要向下回撤，回撤的位置很重要。黄金分割提供了几个价位，百分比也提供了几个价位。

以这次上涨开始的最低点和开始向下回撤的最高点两者之间的差，分别乘以几个特殊的百分比数，就可以得到未来支撑位可能出现的位置。

设低点是 10 元，高点是 22 元。这些百分比数一共 10 个，它们是：

1/8　1/4　3/8　1/2　5/8　3/4　7/8　1　1/3　2/3

这里的百分比线中，1/2、1/3、2/3 的这三条线最为重要。在很大程度上，这三条线是人们的一种心理倾向。如果没有回落到 1/3 以下，就好像没有回落够似的；如果已经回落了 2/3，人们自然会认为已经回落够了，因为传统的定胜负的方法是三局两胜。在应用时，以 1/3 和 2/3 为主。

（五）应用切线理论应注意的问题

支撑线、压力线有被突破的可能，在应用时会有一些令人困惑的现象。往往要等到价格已经离开很远时，才发现突破的有效和无效。影响价格波动的因素很多，支撑线、压力线只是其中的一方面，多方面考虑才能提高准确判断的概率。

六、随机漫步理论

物理学中，有一种布朗运动，指的是分子的漫无目的的无规律运动。随机漫步理论（Random Walk）是布朗运动的延伸。对一个在宽阔的广场上漫无边际行走的人来说，我们不知道他的下一步将走向哪个方向，一点相关的信息也没有。随机漫步理论对价格波动的认识也是这样，该理论认为证券的价格是随机的，价格下一步的起伏是没有规律可循的。

证券市场中，价格的走向受到多方面因素的影响，一件不起眼的事情，也可能对市场产生影响。从实际的较长时间的价格走势图上可以看出，价格上下起伏的机会差不多是均等的。从这个意义上讲，对一个特定的时间，可以认为价格的波动方向是随机的。因此，随机漫步理论有一定的道理。

但是，从另一方面看，证券价格毕竟不是"运动的分子"，证券有自身素质好坏的区别，有受外界因素影响程度的区别。价格的变化要受到一些因素制约，价格的波动不是一点规律都没有，应该存在一定的规律，只不过我们还没有充分地掌握这些规律性。例如，股票市场的价格指数整体上是上升的就是一个普遍的规律。

随机漫步理论是部分人对证券市场的看法之一，在一定的场合还是有道理的。在实际市场实践中，要注意随机漫步理论的存在。

第三节　技术图表分析

技术图表分析是将股票价格记录和绘制在特定的图表上，通过对图表上走势的分析来预测股票价格的变化趋势，从而决定买卖行为的一种技术分析法。

一、K 线图分析

由于股价的走势复杂多变，因而便有各式各样的阴阳线，它们代表的含义也各不相同。但是，无论具体的 K 线形态是什么样的，它们都是图 12－9 所列 K 线形态的变形。

下面具体分析这些 K 线形态在 K 线分析中的意义。

（1）大阳线。是一根没有上下影线的阳线，俗称光头光脚阳线。如果矩形很长，则称为大阳线。它通常成为牛市继续或熊市反转形态的一部分。该 K 线形态表明当日股价走势极强，下一个交易日股价仍会继续上涨。收盘价明显高于开盘价，表明大市在短期内趋于上升。

（2）大阴线。是一根没有上下影线的阴线，俗称光头光脚阴线。如果矩形很长，则称为大阴线。它通常成为熊市持续或牛市反转组合形态的一部分。该 K 线形态表明当日股价表走势很弱，下一个交易日股价仍然会继续下行。收盘价明显低于开盘价，表示大市

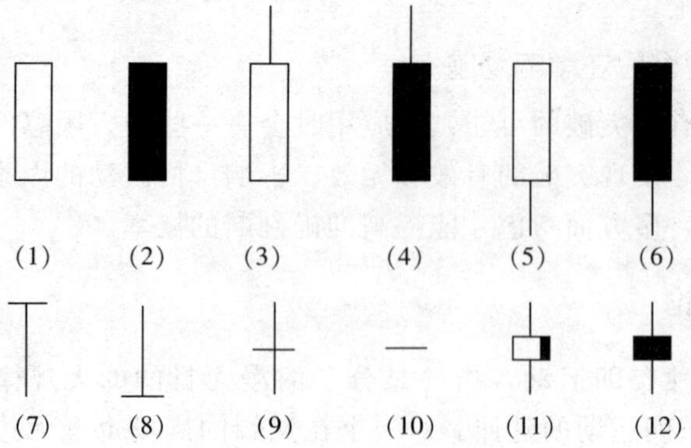

图 12－9　K 线形态

转弱。

(3) 光脚阳线。是一根没有下影线而有上影线的阳线。该 K 线形态表明当日股价走势仍然很强，但是存在较大变数，应根据其矩形、影线的长短，并结合此前的 K 线形态与位置进行综合分析，才能对下一个交易日的走势作出正确判断。

(4) 光脚阴线是一根没有下影线而有上影线的阴线。该 K 线形态表明当日股价走势较弱，同样存在变数，也需要进行综合分析才能作出正确判断。

(5) 光头阳线。是一根没有上影线而有下影线的阳线。该 K 线形态表明当日股价走势较强，通常也预示着上升行情将进一步延伸。

(6) 光头阴线。是一根没有上影线而有下影线的阴线。该 K 线形态表明当日股价走势较弱，但进一步下跌的空间已不大。

(7) T 形线。是一根没有实体和上影线而有下影线的 K 线。根据直线所处的价位是否高于上一交易日的收盘价，可以将 T 形线分为阴线和阳线。一般来说，这种 K 线形态表明多方力量占优。

(8) 倒 T 形线。是一根没有实体和下影线而有上影线的 K 线。它也可以分为倒 T 形线阴线和阳线两种，判断的方法同 T 形线。这种 K 线表明空方力量占优。

(9) 十字（形）星。是一根没有实体而有上下影线的 K 线。根据直线的价位是否高于上一交易日的收盘价，分为阴、阳十字星。根据影线的长短，分为大、小十字星。十字星代表了多空双方力量的暂时平衡，如果上影线长于下影线，表明空方力量略强；反之，则相反。

(10) 一字形。是一根没有实体也没有影线的 K 线。它表明当日股价从开盘到收盘均为同一价格，通常在股票全天均处于涨停或跌停状态时就会出现这种 K 线。如该 K 线的价值达到涨幅限制，表明股价走势极强；如达到跌幅限制，表明走势极弱。

(11) 带上下影线阻线、阴线。这在交易中最为常见。上影线的长度代表空方的实力，下影线的长度代表多方的实力，实体的大小代表多空双方争斗的结果。上影线越长，说明上档压力较大，继续上涨的可能性越小；下影线越长，说明下方的支撑越强，继续下跌的可能性越小；实体为阳线，表明多方实力占优，阳线实体越大，表明多方实力的优势越大，短期内上涨的可能性越大；实体为阴线，表明空方实力占优，阴线实体越大，说明空方实力的优势越大，短期内下跌的可能性越大；阳线或阴线的实体很小，说明多空双方势均力敌，还将继续争斗。

二、反转形态分析

1. 头肩顶和头肩底

头肩顶和头肩底是实际股价形态中出现得最多的形态，是最著名和最可靠的反转突破形态。如图 12－10 和图 12－11 所示。

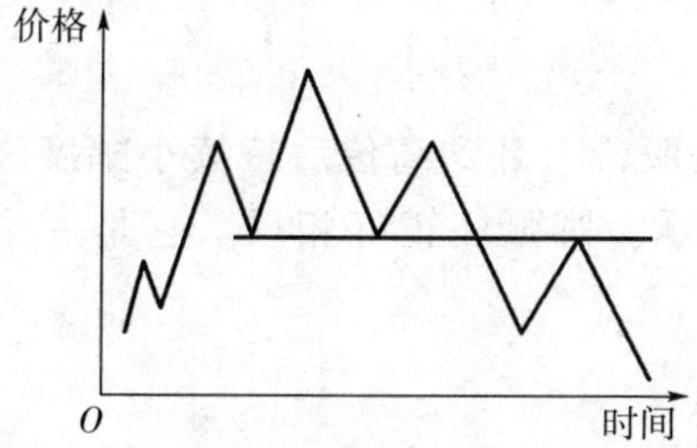

图 12－10　头肩顶

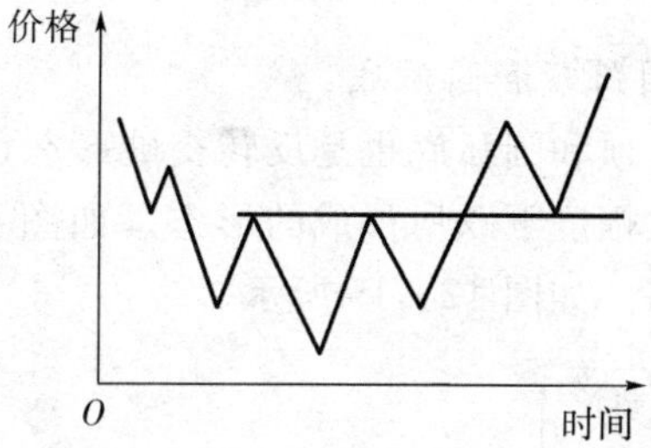

图 12－11　头肩底

典型的头肩顶形态为在支撑颈线上运行三个波浪后的下跌性突破。左、右两个波峰的顶部大致等高，分别称为左肩和右肩，中间的波峰顶部最高，称为“头”，这就是头肩顶名称的由来。头肩顶是反转下跌的形态。在头肩顶形态中，股价的运行在完成左肩和中间的头部形态后，再度上升，但上升的高度不能超过上次形成的头部，大致只能达到左肩的高度便返身下落，表明股价进一步上升无动力，同时压力却在增大，走势仍然偏弱。值得注意的是，如果右肩形成后在支撑线位置止跌，或者瞬间突破支撑线，但很快又重新反弹向上，稳定地站在支撑线以上，那么这种图形并不是真正的头肩顶。只有到右肩并未在支撑线处止跌，而是继续加速下滑，有效突破支撑后，才能认为头肩顶形态已经形成。一般认为，所谓有效突破，至少有这样几个标志：一是对支撑线的突破有相当幅度（3%以上）；二是突破后相当一段时间不能再回到支撑线以上，快速下跌后的反抽最多只能接近原来的支撑线；三是伴随着成交量的放大，当股价出现头肩顶形态时，股价下跌高度至少将达到原支撑颈线到头部的高度，因而短线投资者应尽快抛出股票。

头肩底与头肩顶从形态上看正好相反，其指示意义也完全相反。

2. 双重顶和双重底

双重顶和双重底也称为 M 头和 W 底，是股价运行中出现非常频繁的形态。如图 12－12和图 12－13 所示。

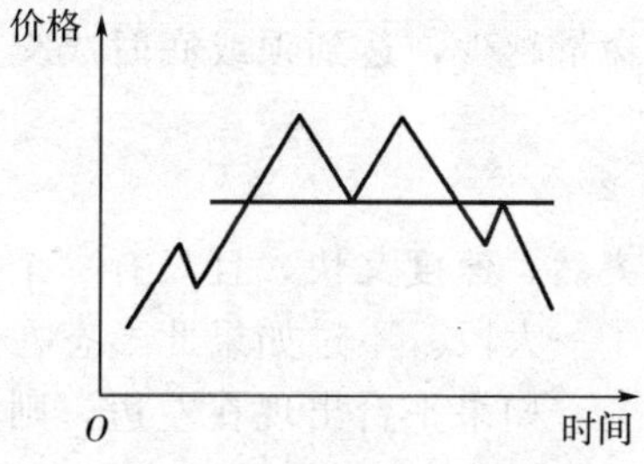

图 12－12　双重顶

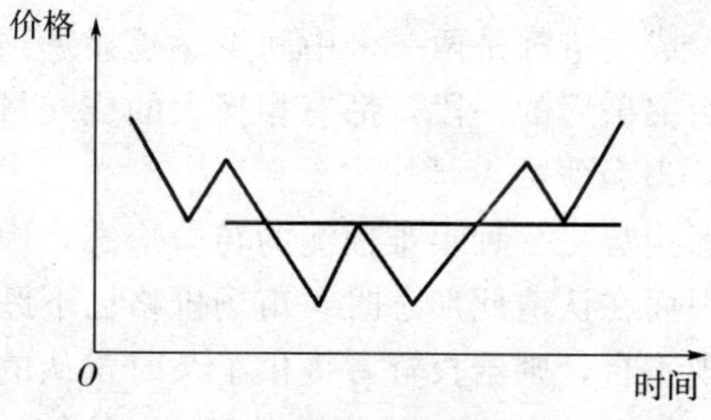

图 12－13　双重底

双重顶作为反转下跌形态，是因为股价上升过程中存在相当大的阻力。股份在上升到第一个顶部时，遇到阻力回落，在颈线处获得支撑，再度上行，但运行到第二个顶部后，又遇到阻力下跌，并且在原来的颈线位不能得到支撑，进而跌破颈线继续下滑。当这种形态出现后，股价的理论下跌幅度至少等于顶部到颈线的高度。

双重底是双重顶的相反形态，其指示意义相反。

双重顶和双重底两峰之间的时间跨度越长，反转的力度越大，未来股价反转涨跌的幅度越大。

3. 圆弧顶和圆弧底

圆弧顶和圆弧底也是反转交破形态，圆弧顶是股价上升到高位后持续小幅度波动，然后突然大幅度下跌所形成的形态。如图 12－14 所示。圆弧底正好相反，它是一个反转向上的形态。如图 12－15 所示。

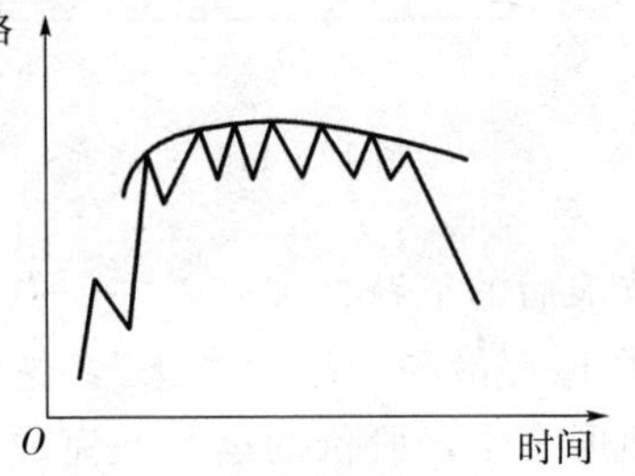

图 12－14　圆弧顶

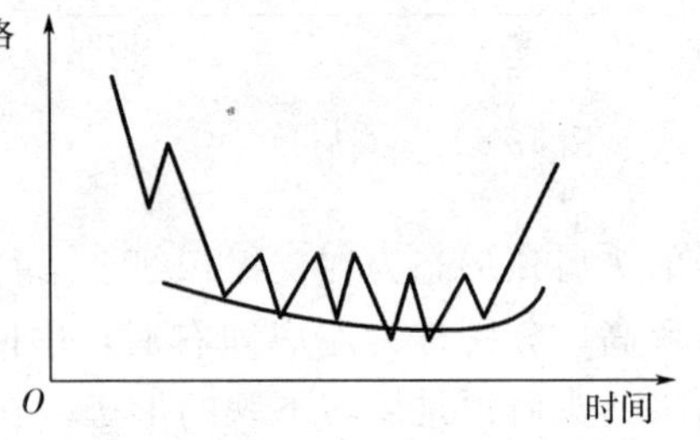

图 12－15　圆弧底

圆弧顶一般出现在股价已处于相对高位时。这时，股价进一步上升已没有动力，因而在经过长时期的盘整后，只能选择下跌作为突破方向；又由于股价下跌前蓄势时间较充分，故一旦突然摆脱盘整局面快速下跌，就会引起恐慌性抛售，从而导致股价下跌的幅度很深。圆弧底与此相反。

需要指出的是，圆弧底和圆弧底形态的出现，往往是机构大户投机性操作的结果。这些人手中有足够多的股票，如果一下抛出太多，股价下跌太快，因此只能一点一点地抛，形成众多的来回拉锯，直到手中股票接近抛完时，才会大幅度打压，一举使股价跌到很深的位置，这样就会出现圆弧顶形态。如果这些人手中有足够多的资金准备建仓，一下买很多，股价会上得太快，成本增大，因而只能逐渐地分批建仓，股价一点一点地来回拉锯，直到吸货充分后，才会用少量的资金一举将价格提拉到很高的高度，这样就会出现圆弧底的形态。

在识别圆弧形态时，成交量显得非常重要。无论是圆弧顶还是圆弧底，在它们的形成过程中，成交量都是两头多中间少。越靠近顶或底成交量越少，达到顶或底时成交量达到最少，而突破后的一段，都有相当大的成交量。

4. V 形和伸延 V 形

V 形走势是一种很难预测的转向形态，因其出现突然、速度又快，且只有一个尖峰或尖底，因而在认清此形态时，市场价格已下跌或上升了一大段。不过如果此形态在左边及右边出现平台，则给投资者提供了及时辨认的良好机会。如果平台出现在左边，则容易构成陷阱，这两种变形的 V 形称伸延 V 形形态。

V 形走势在转势点必须有明显的成交量配合，但在平台区，成交量缩小，当股价继续上升或下跌时成交量随之放大。

三、持续形态分析

（一）三角形态（Triangles Pattern）

三角形是常见的持续整理形态，它可分为三种：对称三角形、上升三角形和下降三角形。

1. 对称三角形

对称三角形大多发生在一个大趋势进行的途中，它表示原有的趋势暂时处于休整阶段，之后还要随着原趋势的方向继续运行。由此可见，出现对称三角形后，股价今后走向最大的可能是沿原有的趋势方向运动。对称三角形有两条聚拢的直线，上面的向下倾斜，起压力作用；下面的向上倾斜，起支撑作用。见图 12－16。这两条直线的交点称为顶点。另外，对称三角形要求至少应有四个转折点。

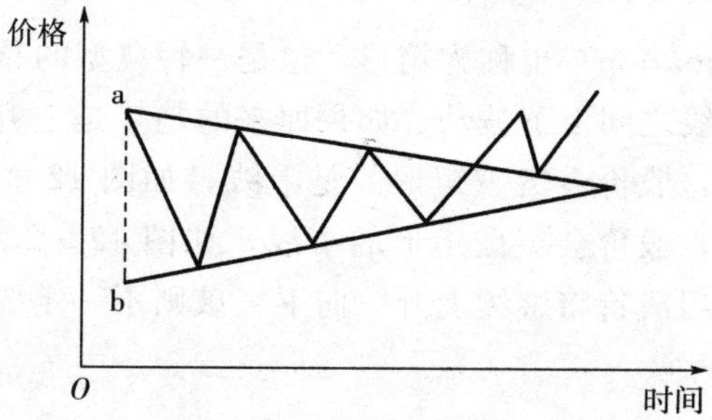

图 12－16　对称三角形

对称三角形只是原有趋势运动的途中休整阶段，整理结束后，股价还会按原有的趋势继续运行。对称三角形整理的时间越短，保持原有运行趋势的能力越强；反之，整理时间越长，保持原有趋势的能力越弱。对称三角形被突破后，其进一步上升或下降的幅度一般不会低于对称三角形的底边长度，即图 12－16 中 a—b 点的距离。

2. 上升三角形

上升三角形是对称三角形的变形，它上面的直线为一水平直线，下面的直线向上倾斜，即压力线始终不变，而支撑线逐步抬高。显然，最终突破的方向是向上的，如图 12－17所示。由此可见，上升三角形有着强烈的上升意识，多方比空方更为积极。

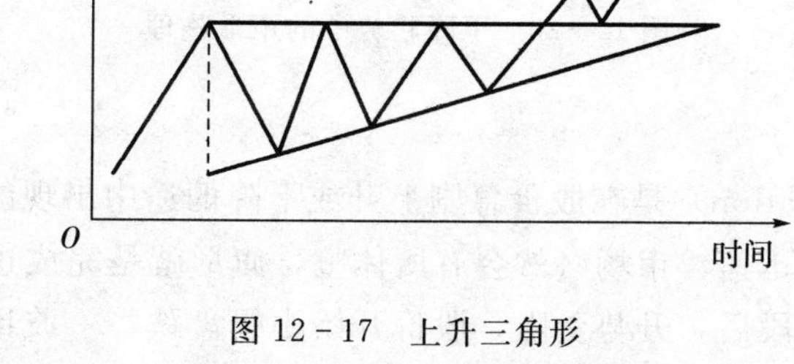

图 12－17　上升三角形

3. 下降三角形

下降三角形的形态和意义正好与上升三角形相反。它是一种显示下降趋势的整理，其整理结束后的走向通常是下跌，如图 12-18 所示。

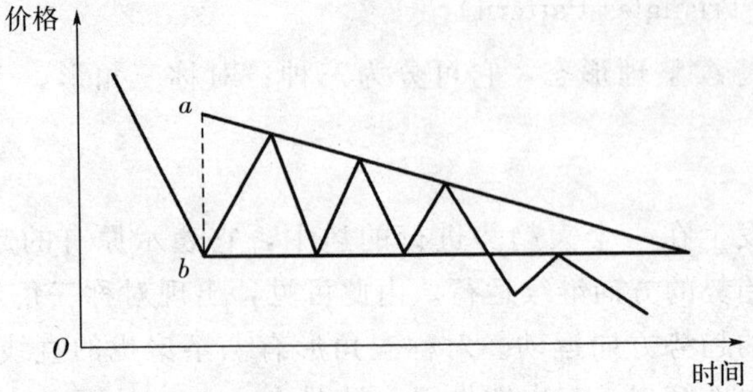

图 12-18 下降三角形

（二）矩形

矩形（Rectangle Formation）也称为箱形，也是一种典型的整理形态。其特征是：股价在两条平行、横向的直线之间上下波动。如果原来的趋势是上升，那么经过一段矩形整理后，会继续原来的趋势，股价会突破矩形的是上线，如图 12-19 所示。如果原来的趋势是下降的，整理结束后，股价会突破矩形的下线，如图 12-20 所示。股价向上实破要有成交量放大相伴，突破后股价将继续上升，向下突破则不一定要有成交量放大。

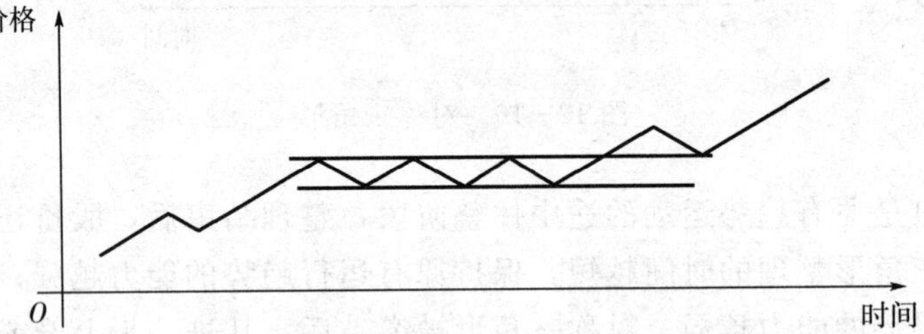

图 12-19 上升趋势中的矩形整理

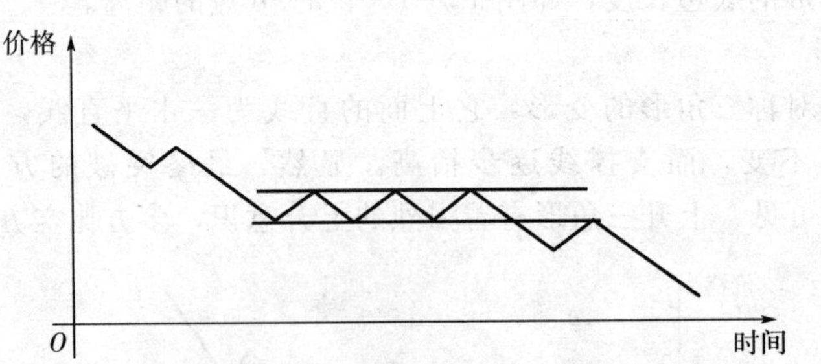

图 12-20 下降趋势中的矩形整理

（三）旗形

旗形（Flags Formation）是在股价急剧上升或下降的途中出现的一种整理形态。由于股价上升或下降得过于迅速，市场必然会有所休整，旗形就是完成这一休整的主要形态之一。当股价急速上升一段后，升势受阻，股价开始小幅盘跌，一波比一波低，形成向下倾斜的小平行四边形。股价看似要反转向下，但到旗形末端，股价突然放量上升，又恢复原来的上升趋势，如图 12 - 21 所示。当股价急速下跌途中跃势受阻，股价开始小幅攀升，一波比一波高，形成向上倾斜的平行四边形，但当股价向下突破时，成交量大增，股价又恢复至下降趋势，如图 12 - 22 所示。

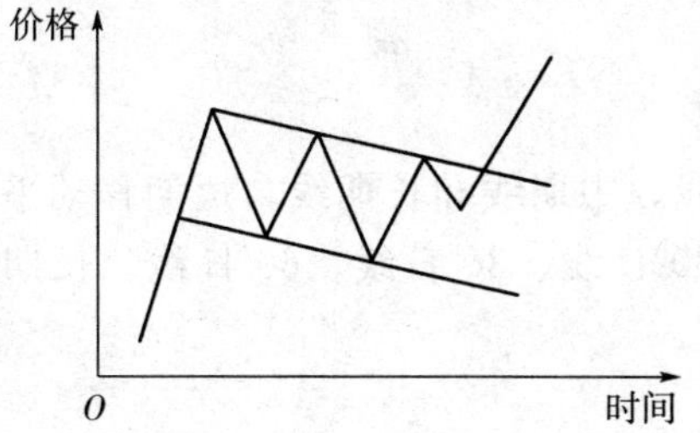

图 12 - 21　上升旗形

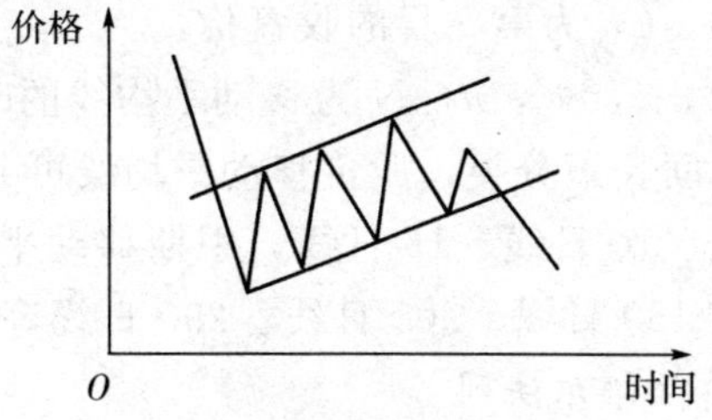

图 12 - 22　下降旗形

旗形通常在四周内向预定方向突破，超过三周时，应特别注意。旗形一旦突破，股价又会呈直线快速上升或下跌趋势，上涨或涨跃的幅度，大约与旗形出现前上涨或下跃的幅度相同。

（四）楔形

楔形（Wedge Formation）与旗形相似，也是一种与原有趋势方向相反的带有倾斜角度的整理形态，只是它的两条趋势线是收敛性，呈三角形状（见图 12 - 23）。向下倾斜的楔形是上升趋势中的中期整理，向上倾斜的楔形则是下跌趋势的中期整理。在形态之内成交量缩小，而突破形态时成交量放大。突破楔形后，股价沿原来方向移动。

图 12 - 23　楔形

第四节　技术指标分析

一、市场趋势指标

（一）MA（股价移动平均线）

1. 移动平均线的计算

移动平均线（Moving Average Line）是指通过将一段时期内的证券价格的平均值（或平均指数）连成的一条曲线。投资者可以从曲线的波峰、谷底和转折之处研判证券价格运动方向。股价移动平均线是道琼斯理论的具体体现，也是K线图的重要补充。移动平均价的计算方法为：

$$MA(N) = (C_1 + C_2 + \cdots Cn) \div N$$

其中，Cn 为第 n 日的收盘价，

$n=1, 2, \cdots, n$，N 为移动平均线的时间周期。

以时间长短分类，股价移动平均线可分为短期线、中期线和长期线。短期移动平均线有5日线、10日线、15日线，中期移动平均线有20日线、30日线、60日线，长期移动平均线有150日线、200日线、290日线等。

2. 葛兰维尔法则

股价移动平均线对股价的预期与计算周期所取的天数有关，天数越少，移动平均线对股价的变动越敏感，反之则越迟钝。利用这一关系，一般可利用5～10日线反映股价短期趋势，用20～30日线反映近期趋势，用50～60日线反映中长期趋势，用120日线、150日线、200日线反映长期趋势。

简单的应用规则是：当计算周期天数少的移动平均线从下向上突破天数较多的移动平均线时，为买入信号；天数少的移动平均线从上向下跌破天数多的移动平均线时，是卖出信号。

葛兰维尔法则是由美国著名的证券投资专家葛兰维尔于1960年在《每日股票市场获最大利益之战略》一书中首先应用，以此判断买卖时机。它是以股价与移动平均线之间的关系，作为判断买卖时机的依据，共有8个买卖信号，故称为葛兰维尔移动平均线八大法则，主要用于200日线（26周线）的实际分析中。其中，有4个买入信号和4个卖出信号，如图12-24所示。

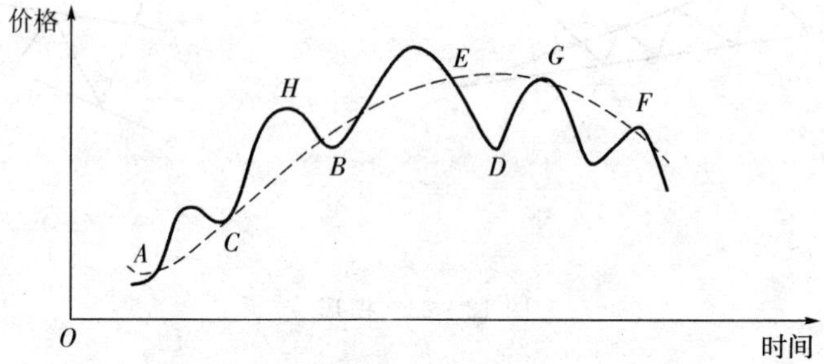

图12-24　葛兰维尔八大法则示意图

（1）四个买入信号

A点：移动平均线从下降开始走平，股价从下上穿移动平均线，是买入信号。

B点：股价虽然一时跌破移动平均线，但移动平均线仍在上扬，且股价马上又恢复到移动平均线之上，所以它仍是买入信号。

C点：股价连续上升脱离移动平均线之后，必然会下跌，但未跌破上升的移动平均线，股价再度上升时，仍可视为买入信号。

D点：股价跌破移动平均线后，突然暴跌，远离移动平均线，这时股价很可能再度反弹，趋向移动平均线，因而也是一个买入信号。

（2）四个卖出信号

E 点：移动平均线由上升转为走平，并转弯下跌，且股价从移动平均线的上方往下跌破移动平均线，此时是卖出信号。

F 点：股价虽一时上升突破移动平均线，但随即又跌落于移动平均线之下，而且此时移动平均线又继续下降，这是卖出信号。

G 点：股价跌落于移动平均线之下，然后向移动平均线弹升，但又未突破移动平均线即告回落，这时是卖出信号。

H 点：股价急速上升远超过上升的移动平均线时，将出现短期的回跌再趋向于移动平均线，这也是卖出信号。

（二）MACD（指数平滑异同移动平均线）

1. MACD 指标的原理及计算方法

（1）MACD 指标的原理

MACD（Moving Average Convergence & Divergence），又称指数离差指标是运用两条长、短期的平滑平均线（EMA）计算其二者的离差值（DIF），作为研判行情买卖依据。移动平均线有一特征，即在一段持续的上涨行情和下跌行情中，短期移动平均线与长期移动平均线之间的差距会拉大，而涨势或跌势趋于缓慢时，两线又相互接近甚至交叉。MACD 利用这一特征，计算短期快速移动平均线和长期快速移动平均线及他们之间的离差值，利用离差值与离差平均值的交叉信号作为买卖的依据。实际应用中以 12 日 EMA 为快速移动平均线、26 日 EMA 为慢速移动平均线，二者的离差值为 DIF，通过求 DIF 的 9 日平滑移动平均线即 MACD 线作为买卖时间的依据。

（2）MACD 指标的计算方法

目前，计算 MACD 的流行说法是两个参数是 12 和 26。具体的计算公式如下：

EMA_{12}＝前一日 $EMA_{12}\times 11\div 13$＋今日收盘指数$\times 2\div 13$

EMA_{26}＝前一日 $EMA_{26}\times 25\div 27$＋当日收盘指数$\times 2\div 27$

DIF＝今日 EMA_{12}－今日 EMA_{26}

MACD＝昨日 MACD$\times 8/10$＋今日 DIF$\times 2/10$

2. MACD 指标的应用法则

① DIF 和 MACD 由负数变成正数，与横坐标轴产生交叉，则市场属于多头市场。在较低的位置 DIF 向上突破 MACD 是买入信号，属于黄金交叉的范畴；在横轴附近，DIF 向下跌破 MACD 只能认为是回落，作获利了结。

② DIF 和 MACD 由正数变成负数，与横坐标轴产生交叉，则市场属于空头市场。在较高的位置 DIF 向下突破 MACD 是卖出信号，属于死亡交叉的范畴；在横轴附近，DIF 向上突破 MACD 只能认为是反弹，作获利了结。

③ 当 DIF 的取值达到很大的时候，应该考虑卖出；当 DIF 的取值达到很小的时候，应该考虑买进。

如果 DIF 或 MACD 与价格曲线在比较低的位置形成底背离，是买入的信号；如果 DIF 或 MACD 与价格曲线在比较高的位置形成顶背离，是卖出的信号。

④ 背离信号。当 K 线图或直线图出现渐次上升的头部，而 DIF 与 DEM（离差平均值）却渐次下降，是较可靠的下跌信号；反之，则为可靠的上升信号。

二、市场动量指标

（一）相对强弱指标（RSI）

1. RSI 指标的原理

RSI（Relative Strength Index）是根据证券市场供求关系平衡的原理，通过比较一段时期内收盘指数的涨跌大小来分析测量多空双方买卖力量的强弱程度，从而判断未来市场趋势的一种技术指标。

2. RSI 指标的计算方法

先介绍 RSI 的参数，然后再讲 RSI 的计算。参数是天数，即考虑的时间长度，一般有 5 日、9 日、14 日等。这里的 5 日与 MA 中的 5 日线是截然不同的。下面以 14 日为例具体介绍 RSI（14）的计算方法，其余参数的计算方法与此相同。

先找到包括当天在内的连续 15 天的收盘价，用每一天的收盘价减去上一天的收盘价，我们会得到 14 个数字。这 14 个数字中有正（比上一天高）有负（比上一天低）。

A＝14 个数字中正数之和

B＝14 个数字中负数之和×（—1）

A 和 B 都是正数。这样，我们就可能算出 RSI（14）：

$$\text{RSI（14）}=\frac{A}{A+B}\times 100$$

从数学上看，A 表示 14 天中价格向上波动的大小；B 表示向下波动的大小；A＋B 表示价格总的波动大小。RSI 实际上是表示上波动的幅度占总的波动的百分比，如果占的比例大就是强市，否则就是弱市。

很显然，RSI 的计算只涉及收盘价，并且可以选择不同的参数。RSI 的取值介于 0～100 之间。

3. RSI 的应用法则

（1）不同参数的两条 RSI 曲线的联合使用。参数小的 RSI 被称为短期 RSI，参数大的被称为长期 RSI。短期 RSI＞长期 RSI，属多头市场；短期 RSI＜长期 RSI，属空头市场。

（2）从 RSI 取值的大小判断行情。将 0～100 分成 4 个区域，区域的划分如下：

表 12－1　RSI 取值区域

100～80	极强	卖出
80～50	强	买入
50～20	弱	卖出
20～0	极弱	买入

极强与强的分界线和极弱与弱的分界线应该是不明确的。这条分界线实际上是一个区域，这些数字实际上是对这条分界线的大致描述。确定这个分界线位置与以下 3 个因素有关：第一，与 RSI 的参数有关。参数越大，分界线离中心 50 就越近，离 100 和 0 越远。第二，与选择证券的活跃程度有关。越活跃的证券，分界线的位置离 50 就应该越远。第

三，与使用的时间有关。不同的时期，RSI 的波动特点不同，分界点也有区别。

随着 RSI 取值的从上到下，应该采取的行动是这样一个顺序：卖出——买入——卖出——买入。市场是强市，应该要买入，但是太强了，强得过分就该抛出。

(3) 从 RSI 的曲线形态上判断行情。当 RSI 在较高或较低的位置形成头肩形和多重顶底，是采取行动的信号。

(4) 从 RSI 与价格的背离判断行情。RSI 处于高位，并形成一峰比一峰低的依次下降的两个峰，与此同时，价格所对应的是一峰比一峰高的依次上升的两个峰，这就形成顶背离。这是比较强烈的卖出信号。与这种情况相反的是底背离，应该买入。

（二）威廉指标（WMS）

1. WMS 的原理

这个指标是由拉里·威廉于 1973 年首创，取值的大小表示市场当前的价格在过去一段时间内所处的相对高度，进而指出价格是否处于超买或超卖的状态。

2. WMS 的计算公式和参数选择

WMS%的计算公式如下：

$$\text{WMS\%}\ (\text{n}) = \frac{C - Ln}{Hn - Ln} \times 100\%$$

其中，C 是当天的收盘价，Hn 和 Ln 是最近 n 日内（包括当天在内）出现的最高价和最低价。WMS%有一个参数，那就是选择的交易日的天数 n，即 n 是威廉指标参数。

3. WMS 的应用法则

从两方面考虑：一是 WMS 取值的数值大小，二是 WMS 曲线撞顶底的次数和形态。

(1) 从 WMS%的取值大小方面。WMS%的取值介于 0～100 之间，可以以 50 为中轴线将其分为上下两个区域。简单地说，WMS 是高吸低抛。注意不是高抛低吸。第一，当 WMS 低于 10，即处于超买状态，行情即将见顶，应当考虑卖出。第二，当 WMS 高于 90，即处于超卖状态，行情即将见底，应当考虑买入。

(2) 从 WMS 曲线撞顶底的次数和形态。第一，WMS 连续几次撞到或接近撞到顶部 100（或底部 0），局部将形成双重或多重顶（底）、头肩顶或头肩底，此时则是买入（或卖出）的信号。第二，WMS 撞顶和撞底次数的原则是，至少 2 次，至多 4 次。如果发现 WMS%已经是第 4 次撞顶或撞底，应该采取行动。

（三）MTM 指标

MTM 指标又叫动量指标，其英文全称是“Momentum Index”，是一种专门研究股价波动的中短期技术分析工具。

1. MTM 指标的原理

动量指标 MTM 是一种利用动力学原理，专门研究股价在波动过程中各种加速、惯性作用以及由静到动或由动转静的现象。动量指标的理论基础是价格与供求量的关系。它认为股价的涨跌幅度随着时间的推移会逐渐变小，股价变化的速度和能量也会慢慢减缓后，行情就可能反转。在多头行情里，随着股价地不断上升，股价上涨的能量和速度必将日渐萎缩，当上涨的能量和速度减少到一定程度时，行情将会出现大幅回荡整理或见顶反转的行情；而在空头行情里，随着股价地不断下跌，股价下跌的能量和速度也将日渐萎缩，当下跌的能量和速度萎缩到一定程度时，行情也会出现大幅反弹或见底反转的行情。

因此，动量指标就是通过观察股价波动的速度，衡量股价波动的动能，从而揭示股价反转的规律，为投资者正确地买卖股价提供重要的参考。

2. MTM 指标的计算方法

和大多数技术指标相比，MTM 的计算方法比较简单易懂。由于选用的计算周期的不同，MTM 指标也包括日 MTM 指标、周 MTM 指标、月 MTM 指标、年 MTM 指标以及分钟 MTM 指标等各种类型。经常被用于股市研判的是日 MTM 指标和周 MTM 指标。虽然它们的计算时的取值有所不同，但基本的计算方法一样。

以日 MTM 指标为例，其计算过程如下：

$$\text{MTM（N 日）}=C-CN$$

式中，C=当日的收盘价，CN=N 日前的收盘价，N 为计算参数，一般起始参数为 6。

在股市分析软件上，股价的动量线（即 MTM 线）是通过每个交易日动量点的连线，股价在波动中的变化可以通过动量线反映出来。动量指标是以 0 线为中心线，0 线上方为股价上升地带，0 线下方为股价下跌地带。动量线就是根据股价围绕着中心线周期性波动来反映股价波动的速度。另外，为了使动量指标更直观、准确地反映股价真实波动情况，在股市分析软件上，MTM 指标图上还辅助以另外一条线——MTMMA，即 MTM 的移动平均线。MTM 指标的研判就是围绕这两条线之间的关系展开。

3. MTM 指标的应用法则

（1）MTM 从下向上突破 MTMMA，为短期买入信号。

（2）MTM 从上向下跌破 MTMMA，为短期卖出信号。

（3）股价在上涨行情中创出新高点，而 MTM 未能配合上升，出现背离，为卖出信号；股价在下跌行情中走出新低点，而 MTM 未能配合下降，出现背离，为买入信号。

（4）若股价与 MTM 在低位同步上升，显示短期将有反弹行情；若股价与 MTM 在高位同步下降，则显示短期可能出现股价回落。

三、市场大盘指标

（一）腾落指数（ADL）

1. ADL 的原理

腾落指数（Advance Decline Line）就是上升下降曲线，是用来分析股价趋势。它利用简单的加减法计算每天股票上涨家数和下降家数的累积结果，与价格指数相对比，对未来进行预测。

2. ADL 的计算方法

ADL 指标的计算比较简单。日 ADL 是每日上涨股票总数与下跌股票总数的差值的累计。一般为了准确反映大势走向，都采用一段时间内 ADL 的累计值为当天的 ADL 值。具体过程如下：

先假设知道了上一交易日的 ADL 值，然后，来计算当日的 ADL 值。

如果当日所有股票中上涨的共有 A 家，下降的共有 F 家，持平的为 B 家，这里涨跌标准是以当日收盘价与上一日收盘价相比较。这样当日的 ADL 值的计算公式为：当日 ADL＝上一日 ADL＋A－F

由上式推出：

$$\text{ADL}=\sum A-\sum F$$

式中，$\sum A$ 表示从开始交易的第一天算起，每一个交易日的上涨家数的总和；$\sum F$ 表示从开始交易的第一天算起，每一个交易日的下跌家数的总和。

3. ADL 的应用法则

（1）腾落指标是了解股市人气状况，探测大势内在的资金动能是强势还是弱势，用以研判股市未来动向的技术性指标。

（2）当股指持续上涨，腾落指标亦上升，股指可能仍将上升；股指持续下跌，腾落指标亦下降，股价可能仍将继续下跌。

（3）如果股指和腾落指标之间出现背离的话，股指往往会跟随腾落指标的运动趋势而变化；如果股指上涨，而腾落指标下降，股指不久也会回落；同样，股指下跌，而腾落指标上升，股指不久也会回升。

（4）股市处于多头市场时，腾落指标呈上升趋势，其间如突然出现急速下跌现象，接着又立即扭头向上，创下新高点，则表示行情可能再创新高。当股市处于空头市场时，腾落指标呈现下降趋势，其间如果突然出现上升现象，接着又掉头下跌突破原先低点，则表示另一段新的下跌趋势产生。

（二）涨跌比（ADR）

1. ADR 的原理和计算方法

ADR（Advance Decline Ratio）是股票的上涨家数和下降家数的比值，借以推断证券市场多空双方力量的对比，进而判断出证券市场的实际情况。

ADR 的计算公式为：

$$\text{ADR（n）}=\frac{P_1}{P_2}$$

式中，P_1 为 n 日内股票上涨家数之和，P_2 为 n 日内下降家数之和。

2. ADR 的应用法则

（1）ADR 的取值范围是以 1 为中心。ADR 取值在 0.5～1.5 之间是 ADR 处在常态的状况，多空双方都不占大的优势。超过了 ADR 的常态状况的上下限，市场就进入了“非”常态的状况。ADR 进入“非”常态状况就是采取行动的信号，超过上限要考虑卖出，低于下限要考虑买进。

（2）ADR 上升（下降）而综合指数同步上升（或下降），则综合指数将继续上升（下降），短期反转的可能性不大。ADR 上升（下降）而综合指数向反方向移动，则短期内会有反弹（回落）。这是背离现象。

（三）超买超卖指标（OBOS）

1. OBOS 指标的原理

超买超卖指标 OBOS（Over Bought & Over Sold）主要是运用一段时间内整个股票市场中涨跌家数的累积差关系，来测量大盘买卖气势的强弱及未来演变趋势，以作为研判股市呈现超买或超卖区的参考指标。OBOS 指标和 ADR 指标一样，是用一段时间内上涨和下跌股票家数的差距来反映当前股市多空力量的对比和强弱。它的主要用途在于衡量大盘涨跌气势，在某种程度上是一种加大 ADL 线振幅的分析方法。

2. OBOS 指标的计算方法

由于选用的计算周期不同，超买超卖 OBOS 指标包括 N 日 OBOS 指标、N 周 OBOS 指标、N 月 OBOS 指标等很多种类型。虽然它们计算时取值有所不同，但基本计算方法是一样的。

以日 OBOS 指标为例，其计算公式为：

$$\text{OBOS}(n)=\sum NA-\sum NF$$

式中，$\sum NA$ 表示 n 日内股票上涨家数之和；$\sum NF$ 表示 n 日内股票下跌家数之和；n 为选择的天数，是日 OBOS 指标的参数，一般选 $n=10$。

3. OBOS 指标的应用法则

（1）OBOS 的多空平衡位置应该是 0。OBOS 大于 0 或小于 0 就是多方或空方占优势。

（2）当市场处于盘整时期时，OBOS 的取值应该在 0 的上下来回摆动。如果是多头市场，OBOS 应该是正数，并且距离 0 较远。同样，市场处在空头市场时，OBOS 应该是负数，并且距离 0 较远。

（3）同一般的规则一样，强过头了或者弱过头了就会走向反面。所以，当 OBOS 过分地大或过分地小时，都是采取行动的信号。

（4）当 OBOS 的走势与价格指数背离时，也是采取行动的信号。这属于背离现象。

四、市场人气指标

（一）心理线 PSY

心理线（Psychological Line），简称 PSY，是在研究投资者心理趋向的基础上，将一定时期内投资者倾向买方或卖方的心理与事实转化为数值，形成测定人气、用以分析股价未来走势的技术指标。

1. 基本原理

心理线通过一段时间内收盘价涨跌天数的多少探寻市场交易者的内心趋向，并以此作为买卖股票的参数。通常认为，一段时间内，上涨是多方的力量，下跌是空方的力量。PSY 的取值是上涨天数占该段总天数内的比率，以此来描述多空双方的力量对比。

2. 计算公式及参数

$$\text{PSY}=\text{A}N\times 100\%$$

其中，N 天数，是 PSY 的参数；A 为在这 N 天中股价上涨的天数。

判断上涨和下跌均以收盘价为标准。PSY 参数的选择较为灵活，一般选择参数为 10 或大于 10。应该注意的是，参数选得越大，PSY 的取值范围越集中、越平稳；参数选得小，PSY 取值范围上下的波动就大。从多空对比来看，PSY 以 50 为中心，50 以上为多方市场，50 以下是空方市场。

3. 应用法则

（1）在盘整局面，PSY 的取值应该在以 50 为中心的附近，上下限一般定为 25 和 75。PSY 取值在 25～75，说明多空双方基本处于平衡状况。如果 PSY 的取值超出了这个平衡状态，就是超买或超卖。

（2）PSY 的取值如果高得过头了或低得过头了，都是行动的信号。一般说来，如果 PSY＜10 或 PSY＞90 这两种极度的局面出现，可以果断地采取买入或卖出的行动。

（3）当 PSY 值第一次进入采取行动的区域时，往往容易出错，要等到第二次出现行动信号采取行动才比较可靠。

（4）PSY 的曲线如果在低位或高位出现大的 W 底或 M 头，也是买入或卖出的行动信号。

（5）当股价或指数不断创新高，而 PSY 却不再创新高，此为顶背离，预示着股价见顶，应考虑卖出；当股价或指数不断创新低，而 PSY 却不再创新低，此为底背离，预示着股价见底，可考虑买入。

我们以招商局 A 为例来讲解 PSY 指标在实战中的应用。2008 年 4 月 25 日该股 PSY 达到 16.67，进入超卖状态，此后出现反弹，但反弹的级别较小，5 月 30 日再次回落至 16.67，提示买入时机已经较为可靠。并且，在此后几个交易日中股价虽创新低，但 PSY 并未走低，出现底背离现象，验证了底部的可靠性，之后该股展开一波强劲的上升行情。

（二）乖离率指标（BIAS）

1. 乖离率指标的原理及计算方法

乖离率（BIAS），简称 Y 值，又称偏离率，是依据葛兰维尔移动平均八大法则派生的一项技术指标。其主要功能是通过测算股价与移动平均线出现的偏离程度，从而得出股价在剧烈波动时因偏离移动平均趋势而造成的可能回档或反弹，以及股价在正常范围内移动而继续原有趋势的可信度。

根据前面八大法则的第 4 条与第 8 条，当股票价格远离移动平均线时，就具有回到移动平均线的要求。这是因为移动平均线又是投资者的平均持股成本，当股价暴涨时，一部分投资者由于赢利比较丰厚，产生了“落袋为安”的思想，在抛售压力下，股价回落；当股价暴跌，远离移动平均线，大多数投资者都被深度套牢，因此也就不到市场看盘，抛售的压力就很轻，短线投机者就可以做反弹行情。但是，我们如何定量暴涨与暴跌呢？这里引进乖离率指标，根据股价偏离移动平均线的百分比进行度量。

乖离率是表现当日指数或个股当日收盘价与移动平均线之间的差距。乖离率的技术原理在于：如果股价偏离移动平均线太远，不管是在移动平均线上方或下方，都有可能趋向平均线。乖离率正是表示股价偏离趋向指标的百分比值。

其计算公式如下：

$$N\text{日个股乖离率}=\frac{\text{当日个股收盘价}-N\text{日移动平均股价}}{N\text{日移动平均股价}}\times 100\%$$

$$N\text{日指数乖离率}=\frac{\text{当日收盘指数}-N\text{日移动平均指数}}{N\text{日移动平均指数}}\times 100\%$$

乖离率分正、负乖离率两种，当股价在平均线之上为正，反之为负，当股价与平均线一致时乖离率为0。一般而言，正乖离率越高，则短期获利回吐的可能性越大，是卖出信号；负乖离率越高，则短期回补的可能性越大，是买进信号。对于乖离率达到何种程度为正确买入点和卖出点目前并无统一标准。

2. 乖离率指标的运用

钱龙软件提供了运用乖离率决定买卖时机的参考数据：

股价或指数与5日平均值为：－3％是买进时机，＋3.5％是卖出时机；

股价或指数与10日平均值为：－4.5％买进时机，＋5％是卖出时机；

股价或指数与20日平均值为：－7％是买进时机，＋8％是卖出时机；

股价或指数与60日平均值为：－11％是买进时机，＋11％是卖出时机。

以上仅是参考意见。一般而言，市场投机性、个股活跃度与乖离率弹性相关，高投机性市场与活跃度大的个股，其乖离率弹性越大；否则反之。

实践表明，在多头行情中如遇乖离率为负，可趁机买进股票，风险较小；在空头行情中如遇乖离率为正，可及时卖出股票，持币观望，回避风险。

（三）AR指标

1. AR指标的原理

AR是以分析历史股价为手段的技术指标，它比较重视开盘价格，从而反映市场买卖的人气。AR选择的均衡价格是每个交易日的开盘价。它以当天开市价为基础，即以当天市价分别比较当天最高、最低价，通过一定时期内开市价在股价中的地位，反映市场买卖人气。在分析系统中它一般和3条平均线一起使用，称为MAR。

2. *AR*指标的计算方法

$$AR\text{（n）}=\frac{\sum_{1}^{n}(H-O)}{\sum_{1}^{n}(O-L)}\times 100\%$$

式中，H为最高价，L为最低价，O为开盘价，n为公式中设定的参数。选择的天数是*AR*指标的参数，通常选取26。

这个算式的含义是（$H-O$）代表看多者追高之气势，（$O-L$）代表看空者杀低之气势，两相比较反映了市场买卖的人气和强弱。所以，*AR*也称为买卖气势指标或人气指标。无疑，*AR*是认定了集合竞价开盘这口气的作用。

*AR*越大，表示多方的强度大；*AR*越小，表示空方的强度大。双方的分界线在100，100以上是多方占优，100以下是空方占优。

（二）AR指标的应用法则

（1）AR值以100为中心地带，其波动区间一般在±20之间，即AR值在80～120之间波动时，属盘整行情，股价走势比较平稳，不会出现剧烈波动。

（2）AR值走高时表示行情活跃，人气旺盛，过高则表示股价进入高价区，应选择时机退出。AR值的高度没有具体标准，一般情况下，AR值上升至150以上时，股价随时可能回档下跌。

（3）AR 值走低时表示人气衰退，股价需要调整，过低则暗示股价可能跌入低谷，可考虑伺机介入。一般 AR 值跌至 70 以下时，股价有可能随时反弹上升，实际使用时以 40—50 为佳。

（4）AR 的三条平均线由低档同时向上扬升时，为买进信号。

（5）从 AR 曲线可以看出一段时期的买卖气势，并具有先于股价到达峰顶或跌入谷底的功能，观图时主要凭借经验，以及与其他技术指标配合使用。

【专栏 12－1】 江恩的“自然规则”

江恩（William Delbert. Gann，1878—1955），是美国证券、期货业传奇式的投资家，纵横投机市场达 45 年，用自己创造的以数学及几何理论作为基础的买卖方法，总共赚取了 5000 多万美元，相当于现在的 5 亿多美元。他不仅是一位成功的投资者，还是一位智者和伟大的哲学家。

江恩曾经花了 9 个月的时间泡在纽约的图书馆和大英博物院，没日没夜的工作，大量的研究过往的股票、期货市场的交易记录和华尔街的大炒家的操作方法，最后总结出一套以自然规则为核心的交易方法，在他分析理论中着重分析了价格和时间的周期性关系。江恩引用圣经中的名言：“已有的，还会有；已做的，复去做。阳光之下没有新的东西。即使我们会说，看呀，这是新的，它却早已存在于我们之前的年代。”许多人认为江恩的投资理论和交易方法高深莫测，如图表分析中的江恩历法、江恩几何角、江恩线、江恩回调比率等。江恩认为，只要跟随固定的规则买卖，任何人都可以在股票市场获利。

江恩相信股票、期货市场里也存在着宇宙中的自然规则。价格运动不是杂乱无章的，而且是可以预测的。

实际上，每一个投资者都可以依据自己的研究，得出自己的“自然规则”。

本章小结

技术分析是以证券价格的动态和变动规律为分析对象，借助图表和各类指标，通过对证券市场行为的分析，以预测证券市场未来变动趋势的分析方法。技术分析的目的在于探索证券市场的价格变动趋势。

在美国的《投资学》教科书中，技术分析的内容非常少，因为技术分析被学者认为是低效的。但是在我国，技术分析仍有其一定的用途。证券市场的投资性越强，技术分析的效用越低。技术分析所赖以建立的三大假设有一定的道理，但不能机械的理解。技术分析的理论和指标分析方法众多。任何技术分析经验都是一定条件下的产物，条件变化了，经验也要更新，要讲究独创性和灵活可变性，别人的经验和过去的经验仅供参考。由于预测市场趋势的变化和转折十分困难，技术分析更多地被应用于预测证券价格的短期波动和帮助投资者获得短期收益。在运用技术分析时，要将其与基本分析结合起来，以求得分析的准确性。

关键概念

技术分析　道氏理论　波浪理论　黄金分割　K 线　反转突破形态　持续整理形态　MA（移动平均线）　MACD（指数平滑异同移动平均线）　相对强弱指标（RSI）　心理线 PSY　乖离率指标（BIAS）

本章思考题

1. 如何理解和评价技术分析的理论基础？
2. 技术分析与基本分析有何不同？
3. 如何判断价、量、时、空的关系？
4. 如何根据 K 线图判断后市走势？
5. 道氏理论的主要内容有哪些？
6. 简述波浪分析理论的主要内容。
7. 请画出葛兰维尔买卖信号图，并叙述葛兰维尔法则。
8. 简述相对强弱指标是如何计算的。
9. 简述乖离率指标的计算及其应用。
10. 反转突破形态有哪些？
11. 什么是 PSY、AR、OBOS、ADL、ADR？

Part Five

第五篇 组合管理篇

第十三章
投资组合理论

本章学习重点

证券组合管理的意义；有价证券的收益与风险；证券组合期望收益率、方差的计算。

第一节　证券投资组合概述

一、证券组合管理

（一）证券组合的含义

组合一词对应的英文是 protfolio，该词源自于拉丁语中的 protafoglio，由 protare 和 foglio 两部分组合而成，前者意为 carry，即携带，后者意为 leaf or sheet，即纸张。古罗马时期，protafoglio 就指的是装国家重要文件的公文包。在现在的英语词典中，它的首义也为纸夹、公文包。如果从其词典释义出发，在人们的感觉中投资组合无非就是一个时髦皮夹里摆着的一叠文件，但在金融投资组合理念与实践中，证券组合有特定内涵，通常是指个人或机构投资者所拥有的由股票、债券以及衍生金融工具等多种有价证券构成的一个投资组合——这意味着在投资界，投资组合并非一个实体，而是投资人的全部资本。

（二）证券组合管理的必要性

组合理论是建立在对理性投资者行为特征的研究基础上的。在经典经济理论中，厌恶风险和追求收益最大化是理性投资者最基本的行为特征。对证券投资者进行组合管理，可以在降低资产组合风险组合的同时，实现收益最大化。

（1）降低风险

人们常常用篮子装鸡蛋的例子来说明构建资产组合可以降低投资风险：如果我们把鸡蛋放在同一个篮子里，万一这个篮子不小心掉在地上，所有的鸡蛋就都可能摔碎；而如果我们把鸡蛋分放在不同的篮子里，一个篮子掉了，不会影响到其他篮子里的鸡蛋。资产组合理论证明，资产组合的风险随着组合所包含的证券数量的增加而降低，资产间相关度极低的多元化资产组合可以有效地降低非系统风险。

(2) 实现收益最大化

理性投资者厌恶风险，同时又追求收益最大化。就单个资产而言，风险与收益是成正比的，高收益总是伴随着高风险。但是，各种资产不同比例的组合，却可以使证券组合整体的收益风险特征达到在同等风险水平上收益最高和在同等收益水平上风险最小的理想状态。

(三) 证券组合管理的意义

证券组合管理的重要意义在于它带来了一次投资管理理念上的革命。对证券组合进行管理与对证券组合进行组合管理是两个不同的概念，传统证券投资管理尽管其所管理的也是一种证券的组合，但是其思维方式和着眼点都在于证券个体，是个体管理的简单集合。而组合管理则是以资产组合整体为对象和基础，或者说以拥有整个资产组合投资者的效用最大化为目标所进行的管理，而资产个体的风险和收益特征并不是组合管理所关注的焦点。组合管理的重点应该是资产之间的相互关系及组合整体的风险收益特征，即风险与收益的权衡。

二、现代组合理论

(一) 现代组合理论的形成

现代组合理论最早由美国著名经济学家哈里·马柯威茨于 1952 年系统提出，他在 1952 年 3 月《金融杂志》发表题为《资产组合的选择》的论文中提出了确定最小方差资产组合集合的思想和方法，开创了对证券投资进行整体管理的先河，奠定了现代投资理论乃至金融经济学发展的基石。在此之前，经济学家和投资管理者一般都仅致力于对个别投资对象的研究和管理，20 世纪 30 年代，偶尔有人在论文中提出过组合的概念，但缺乏系统的理论支持，没有引起人们的注意。

马柯威茨在创立组合理论的同时，也用数量化方法提出了确定最佳资产组合的基本模型。在以后的岁月中，经济学家们一直在利用数量化方法不断丰富和完善组合管理的理论和实际投资管理方法，使之成为投资学中的主流理论。

马柯威茨模型对资产之间的相互关系没作任何假设，其风险计算结果是十分精确的。但是，这一方法涉及计算所有资产的协方差矩阵，面对上百种可选择资产，其计算量是相当大，在当时技术条件下难以应用，也不利于组合管理者对市场整体进行分析和研究。

(二) 马柯威茨的理性投资者行为特征

马柯威茨以理性投资者及其基本行为特征为基本假设，论述了建立有效资产组合边界(即在一定风险水平上收益水平最高的资产组合的集合) 的思想和方法。

从理论上说，具有独立经济利益的投资者的理性经济行为有两个规律特征，其一为追求收益最大化，其二厌恶风险，二者的综合反映为追求效用最大化。“效用”一词在微观经济学中是指人们从消费商品和服务中得到的满足。在金融市场上，交易主体追求的是收益最大化。无奈高收益总是伴随着高风险，对风险的承受力直接制约着人们对收益预期的定位。通常，人们只能在可接受的风险范围内寻求相对较高的收益，或者只有当收益足够高时，才会去冒较大风险。所以，投资活动的效用就是投资者权衡选择风险与收益后获得的满足。

1. 追求收益最大化的规律特征

这一特征表现在，当风险水平相当时，理性投资者都偏好预期收益较高的交易。在可能的范围内，投资者总是选择收益率最高的资产投资；但另一方面，与之相对立的市场资金需求者为了自身收益最大化的要求则要选择成本最低的融资方式，资金供求双方对立的经济利益、一致的利益冲动制约着市场均衡价格的形成。

2. 厌恶风险的规律特征

这一特征表现在，在预期收益相当时，理性投资者总是偏好风险较小的交易。人们对风险的厌恶程度是不同的。对于厌恶风险的人，要使之接受交易中的风险，就必须在价格上给予足够的补偿，有风险交易的收益从结构上看应该是无风险交易的收益加上一个风险补偿额。风险越大，风险补偿额也就越高。

3. 追求效用最大化

追求效用最大化就是要选择能带来最大满足的风险与收益的资产组合。效用由无差异曲线表示，可供选择的最佳风险与收益的组合的集合由有效益边界表示，效用曲线与有效益边界的切点就是提供最大效益的资产组合。

三、证券组合的基本类型

证券组合通常以组合的投资目标为标准进行分类，可以分为避税型、收入型、增长型、收入——增长混合型、货币市场型、国际型及指数化型等类型。

（一）避税型证券组合

该种证券组合以避税为首要目的，主要服务于处于高税率档次的富人。通常投资于政府债券，这种债券在大多数国家都是免税的。在西方国家，投资管理要考虑的一个重要因素就是投资者的税收地位。以美国为例，要想使投资者实际获得尽可能多的基本收入和资本收入，就不仅要考虑联邦所得税，还要考虑州所得税。一个处于高税率档次的富人，如果投资于高股息或高利息的证券上，纳税后，他实际上剩不下多少钱；而一个处于50%税率档次的投资者，如果购买了一个税率为6%的免税债券的话，就相当于他获得了12%的税前收益率。

（二）收入型证券组合

该种证券组合追求的是低风险和基本收益（即利息、股息收益）的稳定。能够带来基本收益的证券有附息债券、优先股、及一些避税债券等。一般而言，年纪较大的投资者、需要负担家庭生活及教育费用的投资者及有定期支出的机构投资者（如养老基金等）会偏好这种组合。这种组合的主要功能是为投资者实现基本收益的最大化，定期从组合获得的收入可能要用于满足投资者的部分或全部日常开支的需要。当然，这也并不是说收入型组合仅适用于中等收入或孤儿寡妇阶层，作为一种投资目标，富人也可能有此需要，只是对于他们而言，不仅要考虑基本收入的最大化，还要考虑避税的问题。

（三）增长型证券组合

该种证券组合以资本升值（即未来价格上升带来的价差收益）为目标，投资者往往愿意通过延迟获得基本收益来求得未来收益的增长，投资风险较大。增长证券的组合管理要想获得成功就一定要严格遵守组合管理的基本步骤和基本原则。所谓增长是指收益要远远高于市场，因此，选股极为重要。在分析中可借助预期收益、标准方差、贝塔值等工具。多元化的原则也不应忽视，因为，证券太少风险太大，证券太多又影响效益。此外，还需要对企业做深入细致的分析，如产品需求、竞争对手的情况、经营特点、公司管理状况等。

朝气蓬勃的年轻人及高税率阶层往往偏好这种组合，年轻人希望通过延迟眼前的收益来获得未来收益的增长，富人们则是看重长期资本收入的所得税率低于基本收入所得税率。

（四）收入——增长型证券组合

该种证券组合试图在基本收入与资本增长之间、收益与风险之间达到某种均衡，因此也称为均衡组合。二者的均衡可以通过两种组合方式获得：一种是使组合中的收入型证券和增长型证券达到均衡；另一种是选择那些既能带来基本收益，又具有增长潜力的证券进行组合。

（五）货币市场型证券组合

该种证券组合是由各种货币市场工具构成的，如国库券、高信用等级的商业票据等。货币市场交易具有规模大、价差波动小的特点，不适宜小额投资，这种组合使中小投资者得以参与货币市场投资。在西方国家，货币市场基金还赋予投资者以基金账户为基础签支票的权利，使之具有结算账户的功能。资产管理账户中的货币通常在投资者作出再投资决策前自动转入货币市场基金，由于很多货币市场基金都是基金家族的一员，使得投资者可以免费将货币从一种基金转入另一种基金。

（六）国际型证券组合

该种证券组合投资于海外不同国家，是组合管理的时代潮流，是经济、金融全球化与国际资本流动的必然结果。实证研究结果表明，这种证券组合的业绩总体上强于只在本土投资的组合，因为它可以减弱国家或地区的风险，在世界范围内追求效益最大化。20 世纪 90 年代初期，发达国家普遍实行低利率政策导致国际资本大规模流入新兴市场，基金的国际化投资亦在其中，但在 1997 年对冲基金的投机活动引发了波及全球的东南亚金融危机后，大量国际型基金从新兴市场中抽逃出来流回欧美等发达国家市场，不仅对东南亚等新兴国家的股市和汇市下跌起了推波助澜的作用，也大大缩减了国际型基金的规模。

（七）指数化证券组合

该种证券组合模拟某种市场指数，信奉有效市场理论的机构投资者通常会倾向于这种组合，以求得获市场平均的收益水平，因此也常被称为追踪基金或被动基金。根据模拟指数的不同，指数化证券组合可以分类分为两类：一类模拟内涵广大的市场函数，这属于常说的被动投资管理；另一类模拟某种专业化的指数，如道·琼斯工业事业指数，这种组合不属于被动管理之列，因为它对指数是有选择的。第一只指数基金产生于 1971 年。在 20 世纪 70 年代初期西方股市的大规模调整中，指数基金的总体业绩好于进取型基金，从而在基金市场上赢得了市场份额。20 世纪 90 年代更是指数基金大发展的时期，美国养老基金市场总资产中的 35％已经被指数化。

指数基金的业绩之所以好于进取型基金，主要原因有以下三点：

(1) 指数基金是非常分散化的投资，可以有效降低少数股票损失对整个基金业绩的损害。比如追踪 FTSE100 指数的基金可能会购买该指数包括的全部 100 种股票，这样每只股票对基金整体业绩的影响就只有 1%。

(2) 指数基金总是处于满仓的状态，这在股市处于下跌状态中相对于进取型基金较为不利，但是，在股市处于上升状态时，却是大有益处的。自 20 世纪 80 年代以来，西方股市除去几次大调整之外，一直处于上升趋势中。

(3) 指数基金的交易成本低。指数基金形成后，除非指数构成发生变化或有资金加入或撤出，否则，指数基金不需要交易，这使得指数基金的运营成本较之频繁换手的进取型基金要低得多。有研究表明，交易成本一般来说是基金不能跑赢大市的基本决定因素。

四、证券组合管理的基本步骤

(一) 确定组合管理目标

所谓组合管理目标，从大的方面讲，可以是收入、增长或均衡为目标；从小的方面讲可以在大目标下具体设定收益率水平等。

组合管理目标对外是指证券组合及其管理者特征的反映，在组合营销（如基金营销）时为组合管理者吸引特定的投资者群体；反过来说，则是便利投资者根据自身的需要和情况选择基金。例如，养老基金因其定期有相对固定的货币支出的需要，因此，要求有稳定的资产收入，收入目标就是最基本的。

组合管理目标对内可以帮助组合管理者明确工作目标，以便实现一定风险下的收益最大化而努力，也可以为组合管理者的业绩评估提供一种基准。

(二) 制定组合管理政策

组合管理政策是为实现组合管理目标、指导投资活动而制定的原则和方针。证券组合管理政策首先要规定的是投资范围，即确定证券组合所包含的证券种类。例如，是只包括股票，还是进行股票、债券等多种证券的投资。更具体一些，还要决定投资于哪些行业或板块的股票、哪些种类的债券，亦即资金在他们之间的分配。

确定投资政策还要考虑客户要求和市场监管机构限制，考虑税收因素等。例如，我国《证券投资基金管理暂行条例》中对基金投资组合和禁止行为的规定就是基金管理人必须遵守的。此外，投资政策的制定还会受到来自于信息公开制度的压力，这有时会导致组合管理者被迫公布于己不利的政策。

(三) 构建证券组合

证券组合的构建首先取决于组合管理的投资策略。投资策略大致可分为积极进取型、消极保守型和混合型三类。采取积极进取型投资策略的组合管理者会在选择资产和买卖时机上下大功夫，努力寻找价格偏离价值的资产；采取消极保守型投资策略的组合管理者则相反，只求获得市场平均的收益率水平，一般模拟某一种主要的市场指数进行投资；混合型的组合管理介于二者之间。

选择哪一种投资策略主要取决于两个因素：一是组合管理者对市场效率的看法如何，相信市场是有效率的管理者就会选择消极保守型，反之就会选择积极进取型；二是组合负债的性质特点，如养老基金就比较适合消极保守型的投资策略，因为其有定期的负债支付要求。

传统投资管理和组合管理的组合形成过程是不同的。现代组合管理构建证券组合的程序是确定整体收益和风险目标→进行资源配置→确定个别证券投资比例。资源配置可以利用威廉·夏普（William Sharpe）的单一指数模型进行，个别证券投资比例可以利用哈里·马柯威茨的最小方差资产组合模型来确定。传统证券投资管理原则是证券分析→资产选择→自发形成一种组合。进行证券分析可选择的方法主要是基本分析方法和技术分析方法。

（四）修订证券组合资产结构

证券组合的目标是相对稳定的，但是，个别证券的价格及收益风险特征是可变的。根据上述原则构建的证券组合，在一定时期内应该是符合组合的投资目标的，但是，随着时间的推移和市场条件的变化，证券组合中一些证券的市场情况与市场前景也可能发生变化，如某一企业可能出现购并事件，导致生产和经营策略发生变化等。当某种证券收益和风险特征的变化足以影响到组合整体发生不利的变动时，就应当对证券组合的资产结构进行修订，或剔除该证券，或增加有抵消作用的证券。

（五）证券组合资产的业绩评估

对证券组合资产的经济效果进行评价是证券组合管理的最后一环，也是十分关键的一环，它既涉及对过去一个时期组合管理业绩的评价，也关系下一个时期组合管理的方向。评价经济效果并不是仅仅比较一下收益率就行了，还要看资产组合承担的风险。风险度不同，收益也不同，在同一风险水平上的收益率数值才具有可比性。而资产组合风险水平的高低应取决于投资者的风险承受能力，超过投资者的风险承受力进行投资，即使获得高收益也是不可取的。对于收益的获得也应区分哪些是组合管理者主观努力的结果，哪些是市场客观因素造成的。如在强劲的牛市中，市场平均收益率为50%，那么，即使某资产组合盈利率为35%，组合管理的经验能力仍然要被评为不合格；而在大熊市中，如果市场指数下跌了50%，即使某资产组合资产净值下跌35%，也可以说是表现相当不错的。

第二节　证券组合的收益与风险

收益和风险是证券投资的核心问题。人们投资于证券，是为了获得投资收益。证券投资包含着风险。投资收益是未来的，而且一般情况下是事先难以确定的，未来收益的不确定性就是证券投资的风险。收益和风险是并存的，一般总是收益越高，风险越大；或是收益越低，风险越小。投资者一般遵循以下原则进行投资：在两种风险相同的证券中选择其中收益较高的证券，或是在两种收益相同的证券中选择其中风险较小的证券。因此，计算不同证券的收益率和风险度就成了必不可少的工作。

一、有价证券的收益

投资者进行证券投资的最直接动机是获取收益，因而投资决策的目标是使得收益最大化，但由于收益与投资之间存在时间上的滞后，导致收益受许多未来不确定性因素的影响，从而使得收益成为一个未知的变量。投资者在进行决策时要面对未来，只能根据经验和所掌握的资料对未来形势进行预测和判断，形成对收益的估计（预期）。预期收益是指未来投资期间可能实现的平均收益。该收益在目前并没有得到实现，将来的实际收益也可能与期望的收益存在偏差。因此，证券投资收益可以分为两类：

一类为已实现的收益，是指在过去的投资期间实现的收益。某一证券在某一时期内的收益率的计算通常采用以下公式：

$$收益率=\frac{期末财富-期初财富}{期初财富}\times100\%$$

式中，期初财富是时刻 0 时一个单位证券（如某公司的 1 股普通股）的购买价格；期末财富是时刻 t 时该证券的市场价格，加上在持有期间支付给投资者的现金（及现金等价物）的价值。

另一类为预期的收益。设某证券在时刻 t 的价格为 Pt，在时间段［0，t］内的红利收入为 Dt，则该证券的预期收益率 Rt 为：

$$R_t=\frac{D_t+P_t-P_0}{P_0}$$

如果所选时间段为日，则所得收益率为日收益率；如果所选时间段为月，则为月收益率；同样可以得到周收益率、年收益率等。如果持有期较短，没有红利发放，则收益率等于价格变化率，具体如下：

$$R_t=\frac{P_t-P_0}{P_0}$$

另外，收益率也可用对数收益率计算，即

$$\ln R_t=\ln(P_t)-\ln(P_0)$$

同样，证券组合的收益率是各种证券资产收益率的加权平均。设证券组合中包含 n 种证券，每种证券的已实现收益率分别记为 R_1，R_2，…，R_n，各证券的加权系数即资产组合权数或资产组合比例为 X_1，X_2，…，X_n，且 $\sum_{i=1}^{n}x_i=1$，$X_i\geqslant0$，则证券组合 P 的收益率为：

$$R_p=X_1R_1+X_2R_2+\ldots+X_nR_n=\sum_{i=1}^{n}X_iR_i$$

如某投资者在 0 时刻购买 A、B、C 三种股票，组成一个证券组合 P，见表13-1。

表 13-1　投资者在 0 时刻购买 A、B、C 三种股票

名称	数量（股）	0 时刻每股市价（元）	投资额（元）	权数
A	100	20	2000	20%
B	200	15	3000	30%
C	200	25	5000	50%
总计			10000	100%

投资者在t时刻出售A、B、C三种股票时的收益率见表13-2。

表13-2 投资者在t时刻出售A、B、C三种股票时的收益率

名称	数量（股）	t时刻每股市价（元）	投资额（元）	收益率
A	100	25	2500	25%
B	200	18	3600	20%
C	200	32	6400	28%
总计			12500	25%

证券组合P的收益率计算方法有以下两种：

一种是将证券组合P看成是一种股票，按收益率计算公式计算收益率，即：

$$R_t=\frac{P_t-P_0}{P_0}\times 100\%=\frac{12500-10000}{10000}\times 100\%=25\%$$

另一种方法是按证券组合方法计算其收益率。由表13-1、表13-2可知：$X_1=20\%$，$X_2=30\%$，$X_3=50\%$；$R_1=25\%$，$R_2=20\%$，$R_3=28\%$

根据公式：$R_p=x_1R_1+x_2R_2+x_3R_3$

$$=20\%\times 25\%+30\%\times 20\%+50\%\times 28\%$$

$$=25\%$$

二、证券组合的预期收益

1. 单一证券的预期收益率

由于某证券在t时刻的价格 Pt，以及在时间段［0，t］内的红利收入 Dt 为随机变量，因此，证券投资的未来收益率 Rt 亦为随机变量。

如某投资者以每股10元的价格买入某公司的A股票，持有一段时间后，股票的价格上升到15元。若不计红利，则投资者的收益率为：

$$R_t=\frac{P_t-P_0}{P_0}\times 100\%=\frac{15-10}{10}\times 100\%=50\%$$

若投资者购入股票后，行情下跌，其股票价格跌至8元，此时，投资者的收益率为：

$$R_t=\frac{P_t-P_0}{P_0}\times 100\%=\frac{8-10}{10}\times 100\%=-20\%$$

实际上，投资者并不能知道证券未来的准确价格，不可能准确地判断出未来一定时期内的收益率是50%还是—20%。在这种情况下，投资者可能会关心“在未来一段时间内股票A上涨50%或者下降20%的可能性有多大”的问题。假设未来只有两种情况，即上涨50%或者下跌20%，同时假设上涨和下跌的可能性（概率）均为50%，此时，证券投资的未来收益率Rt为随机变量。我们如何确定股票A的收益率呢？我们只能计算出平均收益率：

$$R_{平均}=50\%\times50\%+(-20\%)\times50\%=15\%$$

该平均收益率即为证券投资预期收益率。

表 13-3 收益率的概率分布

经济环境	第一经济环境	第二经济环境	……	第 n 经济环境
收益率 R（%）	R_1	R_2	……	R_n
概率 P	P_1	P_2	……	P_n

实际上，受到经济环境变化的影响，证券未来收益率分布远比上面假定的两种可能性复杂得多。通常，在不确定的经济环境下，证券的收益率存在不同的分布，而每一经济环境下的收益率分布都有一个对应出现的可能性，如我们对经济环境作不同的设定，在第一种经济环境下的收益率取值为 R_1，其出现的可能性为 P_1；第二种经济环境下的收益率取值为 R_2，其出现的可能性为 P_2…就得到一个关于收益率的概率分布，见表 13-3。显然，

$$\sum_{i=1}^{n} p_i = 1$$

在得到这样的概率分布后，预期收益率就定义为不同经济环境下的收益率的所有可能取值的加权平均，其中权数为相应的概率值。所以，预期收益率也称为收益率的均值。这个预期收益率实质上就是根据概率论中求数学期望的公式而得出的期望收益率。记期望收益率为 $E(R)$，其计算公式如下：

$$E(R)=R_1P_1+R_2P_2+\cdots+R_nP_n=\sum_{i=1}^{n}R_iP_i$$

如投资者而对 A、B、C 三只股票，它们在不同经济环境下的收益率分布及相对应的概率见表 13-4，计算它们的预期收益率（期望收益率）。

表 13-4 A、B、C 三种证券的收益概率分布

经济环境	不同经济环境的概率	证券在不同经济环境下的收益		
		A	B	C
Ⅰ	0.1	4	6.5	13
Ⅱ	0.2	6	7	11
Ⅲ	0.4	8	8	9
Ⅳ	0.2	10	9	7
Ⅴ	0.1	12	9.5	5

根据公式，A、B、C 三种证券的预期收益率（期望收益率）为：

$$E(R)_A=\sum_{i=1}^{5}R_{iA}P_i=4\times0.1+6\times0.2+8\times0.4+10\times0.2+12\times0.1=8(\text{元})$$

$$E(R)_B=\sum_{i=1}^{5}R_{iB}P_i=6.5\times 0.1+7\times 0.2+8\times 0.4+9\times 0.2+9.5\times 0.1=8(\text{元})$$

$$E(R)_C=\sum_{i=1}^{5}R_{iC}P_i=13\times 0.1+11\times 0.2+9\times 0.4+7\times 0.2+5\times 0.1=9(\text{元})$$

很明显，若以预期收益率作为评价的标准，那么投资者一定会选择C进行投资，因为其预期收益最大。但这是片面的，因为这样做仅只考虑了未来收益的平均水平和变动范围，并未考虑各种收益可能性偏离预期收益的大小，即其离散程度。这个问题将在下面的风险衡量中做进一步讨论。

2. 期望收益率的估计

对于实际问题，一个证券投资的收益率的概率分布很难准确得知，因此，企图得到期望收益率较好的估计也十分困难，因为通常无法对影响收益率的各种复杂因素及影响程度做出合理的定量化判断。在实际应用中，投资者都假定收益率的分布不随时间推移而变化，实际收益率的变化来自于同一分布的不同表现，因此，反映收益率变化规律的两个重要数字——期望收益率与方差——也不随时间推移而变化。这样，就可从收益率的历史表现中得到期望收益率的估计值，即用样本均值来代替期望收益率。

假设证券的月或年实际收益率为 R_t（$t=1，2，\cdots，n$），那么，估计期望收益率的计算公式为：

$$E(R)=\bar{R}=\frac{1}{n}\sum_{i=1}^{n}R_i$$

3. 证券组合的预期收益

设证券组合中包含 n 种证券，每种证券的收益率为一随机变量，分别记为 R_1，R_2，$\cdots$，R_n，各证券的期望收益率分别为 $E(R_1)$，$E(R_2)$，$\cdots$，$E(R_n)$，各证券的加权系数为 X_1，X_2，$\cdots$，X_n，且 $\sum_{i=1}^{n}x_i=1$，$X_i\geqslant 0$，那么证券组合 P 的收益率为一随机变量，由公式：$R_p=x_1R_1+x_2R_2+\ldots+x_nR_n=\sum_{i=1}^{n}x_iR_i$，根据概率论的原理，证券组合 P 的期望收益率（预期收益率）为：

$$E(R_p)=x_1E(R_1)+x_2E(R_2)+\cdots+x_nE(R_n)=\sum_{i=1}^{n}x_iE(R_i)$$

4. 证券资产组合预期收益率的估计

如果已知各证券期望收益率的估计值[$\overline{R_1}$，$\overline{R_2}$，$\cdots$，$\overline{R_n}$]，则证券资产组合预期收益率的估计可用下式算出：

$$\overline{R_p}=\sum_{j=1}^{n}x_j\overline{R_j}$$

三、证券组合风险的衡量

证券组合风险的计算较为复杂，首先要计算出组合中各单项证券预期收益率的标准差或方差，其次要计算出协方差，再次要计算出相关系数，最后再计算出证券组合的风险。

（一）单项证券标准差的计算

风险是指投资者投资于某种证券的不确定性，即指遭受损失的可能性。它是以预期收益率的标准差来表示的。标准差是指其收益率对其预期收益率的可能偏差。标准差的计算公式为：

$$\sigma_i = \sqrt{\sum_{i=1}^{n} [r_i - E(r)]^2 P_i}$$

式中：σ_i—— 标准差(代表风险)；

r_i—— 所观察到的收益率；

$E(r)$—— 预期收益率；

P_i—— 各收益率出现的概率。

通常把标准差的平方 σ^2 称为方差。

标准差可以作为衡量风险大小的尺度，标准差大的证券，其风险大；反之，标准差小的证券风险小。而且由于有数量的计算，因而不同的证券之间其风险可以对比。

标准差之所以能表示风险的大小，是因为，风险产生于对未来的不确定性，这种不确定性会产生预期收益的变动性。变动性越大，不确定性也越大；变动性越小，就越容易确定其价值。而标准差的作用正是在于衡量一个数列变动性的平均大小。因此利用证券各年收益率的资料计算其标准差，即可反映出其各年收益率的变动性的大小，从而衡量投资于该证券的风险程度，以作为投资决策的依据。

（二）协方差的计算

协方差是统计学上表示两个随机变量之间关系的指标，它是用来确定证券组合风险的一个重要指标。若以 A、B 两种证券的组合为例，协方差的计算公式为：

$$\sigma_{AB} = \sum [r_A - E(r_A)][r_B - E(r_B)]p_i$$

式中：σ_{AB}——AB 两种证券收益率的协方差；

r_A——A 证券的收益率；

r_B——B 证券的收益率；

$E(r_A)$——A 证券的预期收益率；

$E(r_B)$——B 证券的预期收益率；

P_i—— 各收益率出现的概率。

AB 两种证券收益率的协方差在此处的含义在于：

当 $\sigma_{AB} > 0$ 时，表示 A、B 证券收益的变化方向相同；

当 $\sigma_{AB} < 0$ 时，表示 A、B 证券收益的变化方向相反；

当 $\sigma_{AB} = 0$ 时，表示 A、B 证券收益的变化是完全独立的，互不影响。

（三）相关系数的计算

相关系数是用来表示两种证券之间相互影响程度的指标。其计算公式为：

$$\rho_{AB}=\frac{\sigma_{AB}}{\sigma_A\sigma_B}$$

式中：ρ_{AB}——AB 两种证券的相关系数；

σ_A——A 证券的标准差；

σ_B——B 证券的标准差。

相关系数的取值范围在－1～＋1之间。当相关系数＞0时，表示证券之间是正相关关系，即变化方向相同；

当相关系数＝＋1时，表示证券之间是完全正相关关系，即变化的方向和幅度完全一致；

当相关系数＜0时，表示证券之间是负相关关系，即变化方向相反；

当相关系数＝－1时，表示证券之间是完全负相关关系，即变化方向相反但幅度完全一致。

当相关系数＝0时，表示证券之间是不相关的。

所以，一个证券组合中各证券之间如果存在着较高程度的正相关关系，则组合后并不能避免风险。只有当各证券之间存在较低程度的正相关关系或不相关以及负相关时，才能分散风险，达到较好的组合效应。

(四) 组合风险的计算

组合风险的大小是以组合收益率的标准差或方差来表示的。仍以两种证券的组合为例，其组合方差的计算公式为：

$$\sigma_R^2=W_A^2\sigma_A^2+W_B^2\sigma_B^2+2W_AW_B\rho_{AB}\sigma_A\sigma_B$$

式中：σ_R^2—— 组合的方差，代表组合的风险；

W_A——A 证券的投资比例；

W_B——B 证券的投资比例；

σ_A^2——A 证券的方差；

σ_B^2——B 证券的方差；

ρ_{AB}——AB 两种证券的相关系数。

从组合风险的计算公式中可以看出，影响组合风险大小的有三个因素：组合中每种证券所占的投资比例，组合中证券之间收益率的相关性，组合中每种证券的风险大小。

第三节　预期收益率与风险的可行域及有效边界

一、预期收益率与风险的可行域

1. 不允许卖空证券时，两种证券组合的可行域

在以期望收益率为纵轴和标准差为横轴的坐标系中，任意一种证券或证券组合都可用该坐标系中的一点来表示。对于一个由证券 A 和证券 B 组成的证券组合，它的期望收益率和标准差也确定了坐标系中的一点，这一点将随着组合的权数变化而变化，其轨迹将是经过 A 和 B 的一条连续曲线，这条曲线被称为两种证券的结合线，也称为投资组合的可行

域。可行域实际上就是在期望收益率和标准差的坐标系中描述了证券 A 和证券 B 所有可能的组合。

(1) 两种风险资产证券组合的期望收益与方差。设有两种证券 A、B，其收益率分别为随机变量 R_A 与 R_B，各证券的期望收益率分别为 $E(R_A)=\overline{R_A}$ 与 $E(R_B)=\overline{R_B}$，各证券的加权系数为 x_A、x_B，且 $x_A+x_B=1$，$x_A\geqslant 0$，$x_B\geqslant 0$，表示不允许卖空证券。记证券组合 P 的收益率为 Rp，则：

$$R_P=x_AR_A+x_BR_B$$

证券组合 P 的期望收益率和方差（风险）分别为：

$$E(R_P)=x_AE(R_A)+x_BE(R_B)$$

$$\sigma_P^2=x_A^2\sigma_A^2+x_B^2\sigma_B^2+2x_Ax_B\rho_{AB}\sigma_A\sigma_B$$

式中：σ_P^2 为证券组合 P 的方差；

σ_A^2、σ_B^2 分别为证券 A、B 收益率的方差；

ρ_{AB} 为 R_A 与 R_B 的相关系数。

将 $x_B=1—x_A$ 代入以上两式，得：

$$E(R_P)=x_AE(R_A)+(1-x_A)E(R_B) \tag{13.1}$$

$$\sigma_P^2=x_A^2\sigma_A^2+(1-x_A^2)\sigma_B^2+2x_A(1-x_A)\rho_{AB}\sigma_A\sigma_B \tag{13.2}$$

当知道证券组合 P 的期望收益率和方差，就可在以纵轴为期望收益率和横轴为方差（标准差）的坐标系上将由证券 A、B 组成的证券组合 P 的结合线或可行域描绘出来，因此，式(13.1) 与式(13.2) 便是确定证券组合 P 的可行域的基本方程。

(2) 完全正相关情形下两种证券组合的结合线。在完全正相关下，将 $\rho_{AB}=1$ 代入方程(13.1) 与(13.2)，得：

$$E(R_P)=x_AE(R_A)+(1-x_A)E(R_B)$$

$$\sigma_p=x_A\sigma_A+(1-x_A)\sigma_B$$

假定 $\sigma_A\neq\sigma_B$，解方程组，得：

$$E(R_P)=\frac{E(R_B)\sigma_A-E(R_A)\sigma_B}{\sigma_A-\sigma_B}+\frac{E(R_A)-E(R_B)}{\sigma_A-\sigma_B}\sigma_P$$

因此，由证券 A 与证券 B 构成的结合线是连接 A、B 两点间的直线，如图 13-1 所示。

(3) 完全负相关情形下的结合线。在完全负相关下，$\rho_{AB}=-1$，方程(13.1) 与(13.2) 变为：

$$E(R_P)=x_AE(R_A)+(1-x_A)E(R_B)$$

$$\sigma_p=|\ x_A\sigma_A+(1-x_A)\sigma_B|$$

$E(R_P)$ 与 σ_p 的关系是分段线性的，其结合线如图 13-2 所示。

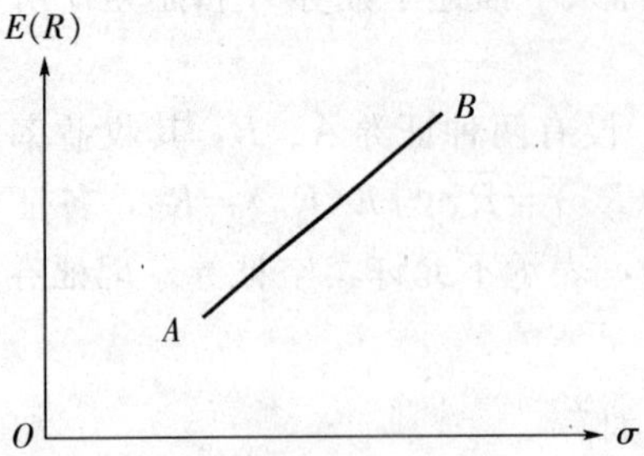

图 13-1　$\rho_{AB}=1$ 时的结合线

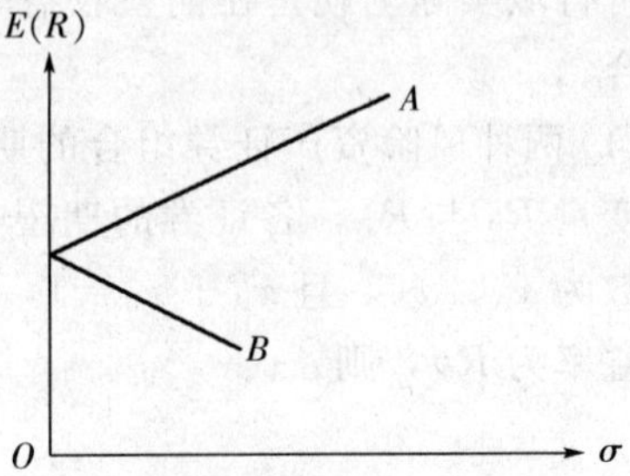

图 13-2　$\rho_{AB}=-1$ 时的结合线

在完全负相关下，证券 A 和证券 B 完全反向变化，因此，按照比例：

$$x_A=\frac{\sigma_B}{\sigma_A+\sigma_B},\ x_B=\frac{\sigma_A}{\sigma_A+\sigma_B}$$

同时买入证券 A 和证券 B 可抵消风险，形成一个无风险组合，所得到的无风险收益率为：

$$E(R_P)=\frac{\sigma_B E(R_A)+\sigma_A E(R_B)}{\sigma_A+\sigma_B}$$

(4) 不相关情形下的结合线。当证券 A 与证券 B 的收益率不相关时，$\rho_{AB}=0$，方程(13.1)与(13.2)变为：

$$E(R_P)=x_A E(R_A)+(1-x_A)E(R_B)$$

$$\sigma_P^2=x_A^2\sigma_A^2+(1-x_A^2)\sigma_B^2$$

因此，结合线是一条经过 A、B 两点的双曲线，如图 13-3 所示。

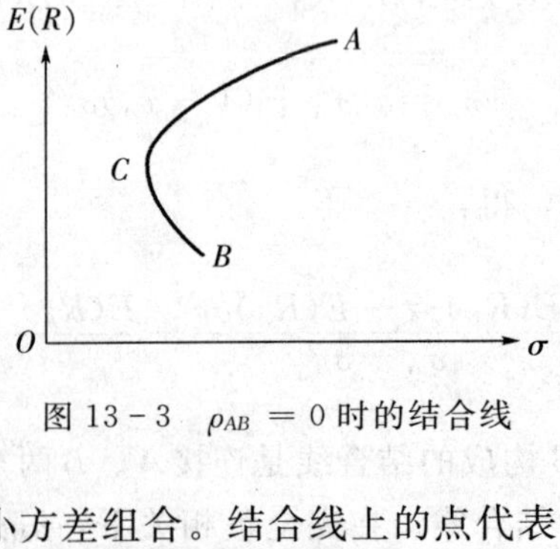

图 13-3　$\rho_{AB}=0$ 时的结合线

在图13-3中，C点为最小方差组合。结合线上的点代表的组合由同时买入证券A和B构成，越靠近A，买入A越多，买入B越少；反之则否。

(5) 不完全相关情形下的结合线。在不完全相关情形下，结合线是一条经过 A、B 两点的双曲线，它的弯曲程度由相关系数 ρ_{AB} 所确定。ρ_{AB} 越小，弯曲程度越大，随着 ρ_{AB} 的增大，弯曲程度将降低。当 $\rho_{AB}=1$ 时，弯曲程度最小，为直线 AB；当 $\rho_{AB}=-1$ 时，弯曲程度最大，呈折线；不相关是一种中间状态，比正完全相关弯曲程度大，比负完全相关弯曲程度小，如图 13－4 所示。

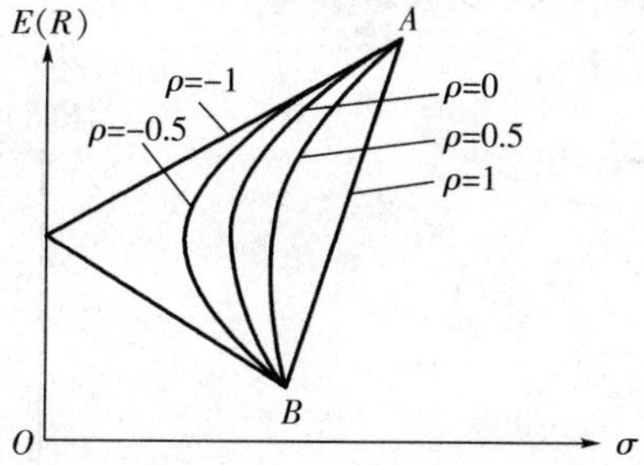

图 13－4　相关系数不同的证券组合

从结合线的形状来看，组合降低风险的程度由证券间的关联程度决定。证券间的相关性越小，证券组合创造的潜在收益越大，即在同等风险的情况下，获得的证券组合的期望收益越大；或在相同的期望收益下，承担的风险越小。正因为如此，在构建投资组合的实战中，为了尽量降低投资风险和获取最大投资收益，投资者应尽量选择收益相关性越小的股票进行组合投资。

2. 不允许卖空证券时，多种证券组合的可行域

(1) 三种证券组合的可行域。现在假定可供选择的证券有 A、B、C，三种证券组合的可行域就是两种证券组合后再与第三种证券的再组合，这时，可行域便不再局限于一条曲线上，而是坐标系中的一个区域，如图 13－5 所示。其中，每一个组合称为一个可行组合，而 AC 就是最小方差曲线。

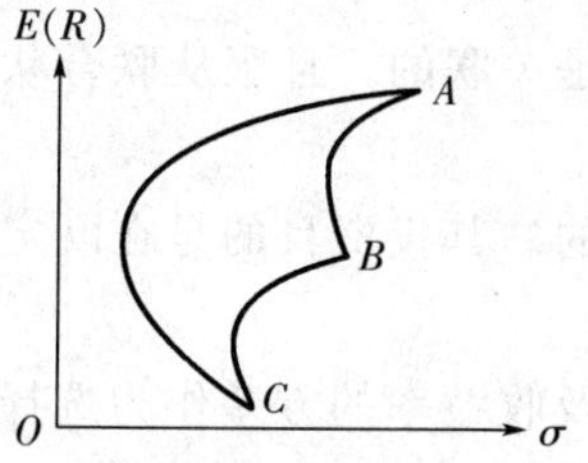

图 13－5　不允许卖空时三种证券组合的可行域

对三个证券组合的可行域不再是一条曲线，而是由 AC、AB、BC 三条曲线围成的区域如何理解呢？如图 13－6 所示，由 AC、AB、BC 围成的区域中任何一个组合点均必然是由 A、B、C 三只证券的组合得到的。Z 点的组合可由 D、E 的组合得到，而 D 的组合实际上是由 A、C 的组合得到的，E 的组合实际上是由 B、C 的组合得到的，因此，只要是 AC、AB、BC 曲线围成的区域中的组合，都是由 A、B、C 的组合得到的，除非在这个区域之外。

(2) 多种证券组合的可行域。将上述分析思路推广到任意证券组合的情况就具有特别意义。例如，四个证券的组合等同于前三个证券组合后再与第四只证券组合，其可行域仍为以方差（标准差）为横轴、期望收益为纵轴的坐标系中的一个区域。同样，五个证券的组合等同于前四个证券组合后再与第五个证券组合，其可行域也为以方差（标准差）为横轴、期望收益为纵轴的坐标系中的一个区域。一般而言，当由多种证券（不少于三种证

券）构建证券组合时，可行域是所有证券组合构成的以方差（标准差）为横轴、以期望收益为纵轴的坐标系中的一个区域，其形状如图 13-7 所示。

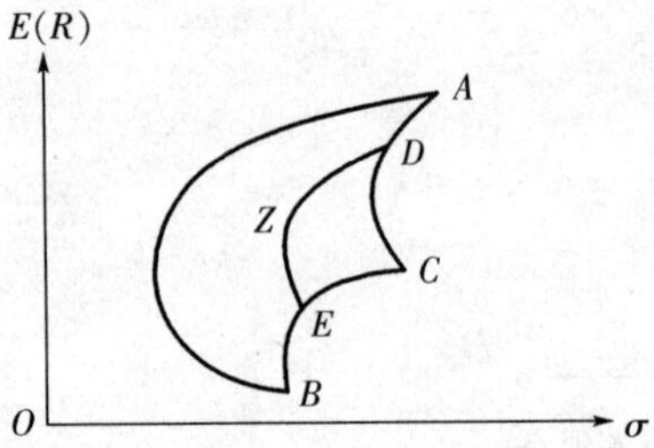

图 13-6　不允许卖空时三种证券组合的可行域

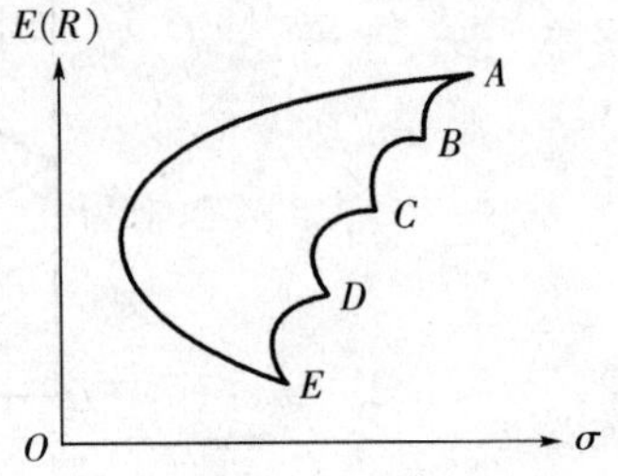

图 13-7　不允许卖空时多种证券组合的可行域

二、有效边界的确定

1. 有效边界的概念

为了有利于问题的讨论和研究，在理论上就必须抓住问题的本质和关注最重要的因素与关系，对复杂的现实情形进行某种抽象，并设定一系列假设前提。因此，为了导出有效边界，我们假定：

第一，证券市场是有效的。每个投资者都掌握充分的信息，了解每种证券的期望收益率及其方差；

第二，每种证券的收益率都服从正态分布。风险可以用收益率的方差表示，收益可以用期望收益率表示；

第三，各种证券收益率之间是关联的，且服从联合状态分布，其相关程度可用相关系数及协方差表示；

第四，投资者是风险规避型的。其投资目的是在既定风险水平上使收益最大或在既定收益上使风险最小；

第五，投资者以期望收益率及收益率的方差作为选择投资方案的依据，如果投资者选择风险较高的方案，则要求额外的投资收益作为补偿，即期望收益率与风险之间存在正相关关系；

第六，资本市场上没有摩擦，即资本和信息可以自由流动，不存在交易成本、不存在对红利、股息和资本收益的征税；

第七，投资者的个人资本是无限可分的，也就是说，一个投资者可以购买他想购买的任何部分份额；

第八，投资者可以以无风险利率借入和贷出任何款项。

根据投资者共同偏好规则，实质上投资者的投资过程就是要寻找有效组合的过程。所谓有效组合，是指该证券组合与其他证券组合相比，在同样的风险水平下，具有最高的收益率；或者在同样的收益水平下，有最小的方差。而有效边界就是由所有的有效组合在以方差（标准差）为横轴、期望收益为纵轴的坐标平面（风险——收益平面）上所形成的曲线。由此，任何投资者将从在各种风险水平上能够带来最大收益率的以及在各种收益率水平上风险最小的证券组合中选择出最佳证券组合，这就是有效边界定理。满足这个定理的证券组合边界，叫做有效边界。

图 13 - 8 给出了证券组合的可行域，其中 A 是最小方差组合，曲线 ADG 代表有效边界，它由满足有效边界定理的证券组合连接而成。

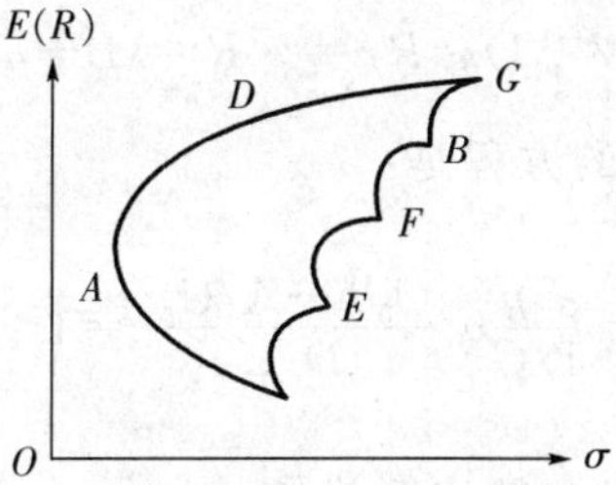

图 13 - 8　有效组合与有效边界

2. 不允许卖空时，有效边界的确定

在不允许卖空时，求解有效边界的方程是：

$$\min \frac{1}{2}x^T V_x$$

$$\text{s. t. } x^T\bar{R}=\overline{R_P},\ x^T I=1,\ x\geqslant 0$$

这是一个约束条件为线性，且含有不等式的二次规划模型。求解二次规划模型的基本思路是：首先应用库恩一塔克条件（参考有关运筹学的书籍），将该模型转化为线性规划，然后利用线性规划方法求出最优解。

二次规划模型的求解在运筹学中已有成熟的方法，而且有现成的程序，只要代入有关数据，即可很快求出最优解，然后确定有效边界。不允许卖空时的有效边界，即是图 13 - 8 中 ADG 所在的可行域的边界。

3. 允许卖空时，有效边界的确定

卖空是指投资者可以在证券市场上卖出他并不拥有的证券，如果他预期证券价格将要下跌，就可以借入证券，并将它们按照现在较高的价格出售。然后，在到期日，再按当时较低的价格购进证券，偿还出借者。因此，允许卖空指的是对每种证券的权数没有非负的要求，此时，在求证券组合的期望收益和方差的模型中，没有 $0\leqslant X_i\leqslant 1$ 的约束条件，在这种情况下，有效证券组合与有效边界的求解较为容易。

在允许卖空时，求解有效边界的二次规划方程是：

$$\min \frac{1}{2}x^T V_x$$

$$\text{s. t. } x^T\bar{R}=\overline{R_P},\ x^T I=1$$

令：$I=(1,1,\cdots,1)^T$，$A=I^T V^{-1}\bar{R}=\bar{R}^T V^{-1}I$，$B=\bar{R}^T V^{-1}\bar{R}$，$C=I^T V^{-1}I$，$D=BC-A^2>0$。利用拉格朗日乘子法，引入参数 λ，μ，构成如下方程：

$$L=\frac{1}{2}x^T V\chi+\lambda(\bar{R}p-x^T\bar{R})+\mu(1-x^T I)$$

$$\frac{\partial L}{\partial x^T}=V\chi-\lambda\bar{R}-\mu I=0,\ \frac{\partial L}{\partial \lambda}=\bar{R}p-x^T\bar{R}=0,\ \frac{\partial L}{\partial \mu}=1-x^T I=0$$

可得：

$$\chi=\lambda\ (V^{-1}\bar{R})\ +\mu\ (V^{-1}I),\ \bar{R}p=x^T\bar{R}=\lambda B+\mu A,\ 1=x^T=\lambda A+\mu C$$

解此方程组，可得有效边界的方程是：

$$\frac{\sigma^2 p}{1/C}-\frac{(\bar{R}p-A/C)^2}{D/C^2}=1$$

对于给定的 $\bar{R}p$，最优投资组合的比例就是：

$$\chi=\frac{C\bar{R}p-A}{D}V^{-1}\bar{R}+\frac{B-A\bar{R}p}{D}V^{-1}I$$

最小方差证券组合的标准差是 $(1/C)^{1/2}$，期望收益是 A/C。

令 $xd=V^{-1}\bar{R}$，$xg=V^{-1}I$，则对于给定的 $\bar{R}p$，最优投资组合的比例就是：

$$\chi=\frac{C\bar{R}p-A}{D}xd+\frac{B-A\bar{R}p}{D}xg$$

由此，可以得出如下结论：有效边界上任何一点都是 x_d 和 x_g 的凸组合。

由于过任意两个分离的各自代表有风险资产的点，可以生成一条双曲线。有效边界上的两个分离的点，可以看做是两项有风险资产，它们也就可以生成一条双曲线。有效边界本身是一条双曲线，任意两条不同双曲线不可能在同一侧有两个分离的切点。而如果这两条双曲线在这两个点是相交的话，则由两个点生成的双曲线一定会有一部分落在有效组合边界所围区域的外面。由有效边界的定义可知，这是不可能的，所以，这两条双曲线一定重合。这就是重要的两基金分离定理。

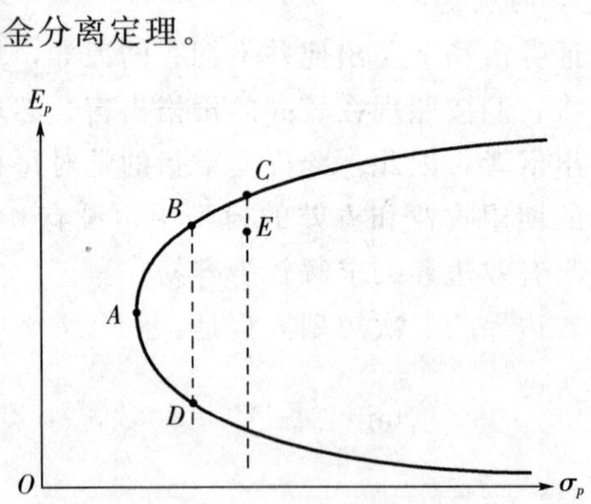

图 13－9　允许卖空时的有效边界

图 13－9 为允许卖空时的有效边界。由图 13－9 可知，在允许卖空证券的情况下，N 种证券组合的可行域演变为 ABC 延长射线与 AD 延长射线所夹的区域，A 为最小方差组合，而根据投资者共同偏好规则，投资者不可能在 AD 边缘去选择组合。因为这些组合的特点是，随着风险的增加，其收益率在下降，显然满意程度是最糟糕的；B 与 D 处于等方

差线上；在可行域中 BD 等方差线上，B 的收益率最高，即满意程度最高，投资者必定选择 B。同样的道理，对组合 C、E 来说，理性的投资者理当选择 C。因此，在最小方差组合 A 点上，由 ABC 组合构成的边界上的组合是最优的，在可行域中，它们的满意程度最高，它们都是有效组合，其聚集与结合构成有效边界。在有效边界上的组合点作为有效组合，满意程度是相同的，投资者具体选择哪一个组合点，视投资者的风险收益偏好特征而定。当然，相对于有效边界上的有效组合而言，ABC 边界下方可行域中任何组合点都是无效的，应该被投资者抛弃。

第四节　效用无差异分析与最佳投资组合

一、效用无差异曲线分析

以上的分析告诉我们：面对多种证券时，投资者一定将在有效边界上进行证券组合的选择。但就某个特定的投资者而言，他究竟选择有效边界上的哪一个组合点呢？这需要根据投资者个人对收益与风险的偏好态度来决定。在所有的有效组合中，不同的投资者会做出不同的选择：对风险厌恶程度较高的投资者，倾向于选择风险较小而同时期望收益率较低的证券投资组合；对风险的厌恶程度不那么大的投资者，则倾向于选择期望收益率较高但同时风险较高的组合。换句话说，对于风险的同等增加，不同的投资者希望在期望收益率上得到的补偿不同。对于一个特定的投资者来说，当任意给定一个证券组合 A 时，根据他对风险的厌恶程度，即对一定的风险增加要求多大的期望收益率补偿，可以得到一系列与组合 A 满意程度相同的组合。所有这些组合在以方差（标准差）为横轴、期望收益率为纵轴的坐标平面上形成一个经过 A 点的曲线，称为该投资者的一条效用无差异曲线，如图 13－10 所示。

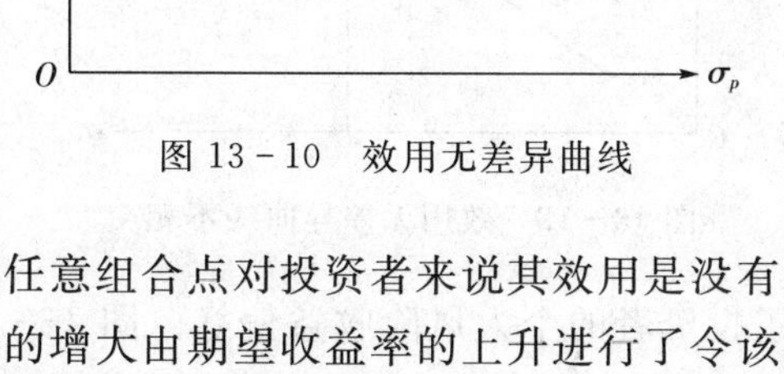

图 13－10　效用无差异曲线

效用无差异曲线上的任意组合点对投资者来说其效用是没有差异的、满意程度是相同的，因为方差（标准差）的增大由期望收益率的上升进行了令该投资者满意的补偿。曲线上方的 C 点所对应的组合显然比曲线上的任何组合都好，而曲线下方的 D 点所对应的组合比曲线上的任何组合都差。对于该投资者来说，另有一系列组合与 C 的效用无差异，也另有一系列组合与 D 的效用无差异。即经过 C 和 D 分别有一条效用无差异曲线。事实上，对于一个特定的投资者来说，任何一个证券组合都将落在他的某一条效用无差异曲线上，落在同一条效用无差异曲线上的组合有相同的满意程度，落在不同效用无差异曲线上的组合则具有不同的满意程度。所以，一个组合不可能同时落在两条效用无差异曲线上。也就是说，任意两条效用无差异曲线不相交。我们把这些效用无差异曲线称为该投资者的效用无差异曲线族，如图 13－11 所示。

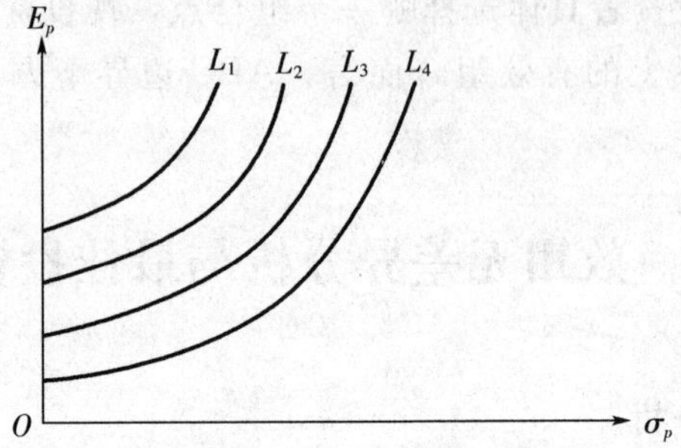

图 13－11　效用无差异曲线族

显然，效用无差异曲线具有以下的特性：第一，投资者在以方差（标准差）为横轴、期望收益率为纵轴的坐标平面上面临着无数条效用无差异曲线。第二，效用无差异曲线上的组合点的满意程度相同。第三，位置越高的效用无差异曲线上的组合点代表的满意程度越高。第四，效用无差异曲线是平行的，并不相交，这可以用反证法加以证明。

如图 13－12 所示，假设效用无差异曲线 L_l 和 L_2 相交并交于 R 点，则在 L_1 和 L_2 效用无差异曲线上一定可以找到图 13－12 上 R_1 和 R_2 两点，这两点标准差相同而期望收益率不同。根据假设，得 $U(R_1)=U(R)=U(R_2)$，而上面的分析告诉我们，风险相同、期望收益率高的组合比期望收益率低的组合给投资者带来的效用高。这就产生了矛盾，矛盾的产生源于假设中认为不同效用无差异曲线可以相交。因此假设是错误的，所以效用无差异曲线是不相交的。

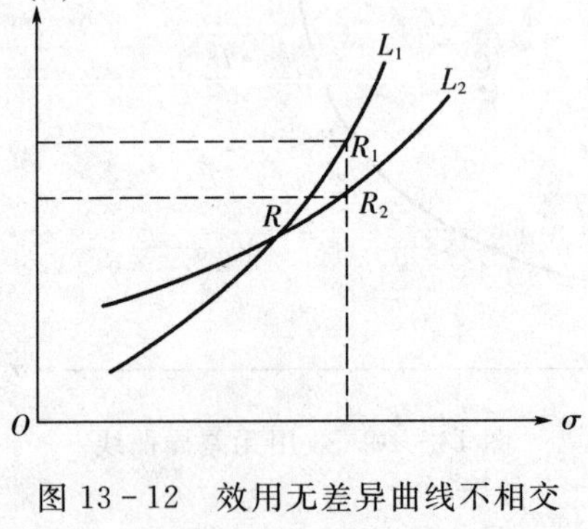

图 13－12　效用无差异曲线不相交

效用无差异曲线反映了投资者的个人风险收益偏好。图 13－13 提供了几种不同偏好的投资者的效用无差异曲线。图（a）和图（b）显示了两种极端情形，图（a）的投资者对风险毫不在意，图（b）的投资者只关心风险。图（c）和图（d）表示了更为一般的情形，图（d）的投资者比图（c）的投资者保守一些，即对相同的风险增加要求较多的期望收益率补偿。

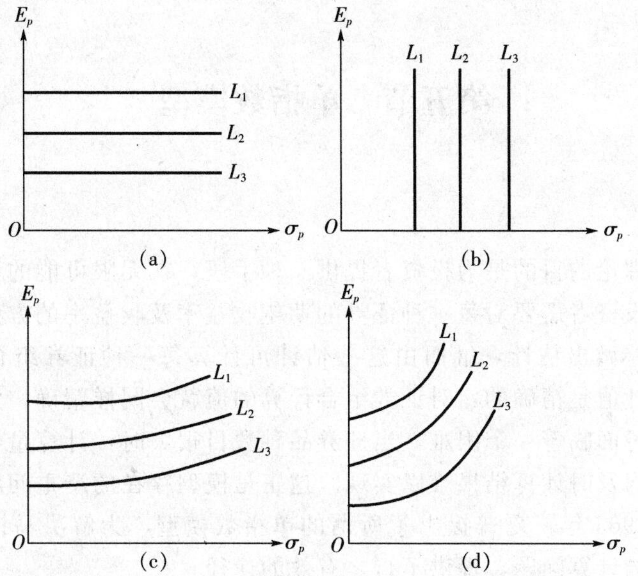

图 13－13　几种不同风险态度下的效用无差异曲线

二、最佳投资组合的选择

不同的投资者具有不同的个人风险收益偏好，投资者的这一个人偏好是通过其效用无差异曲线来反映的。效用无差异曲线的位置越高，其组合点代表的满意程度就越高，因此，投资者需要在有效边界上找到一个具有下述特征的有效组合：相对于其他有效组合，该组合所在的效用无差异曲线的位置最高。这样的有效组合便是使他最满意的有效组合，它恰恰是效用无差异曲线族与有效边界的切点所表示的组合，即最佳投资组合既位于有效边界上，同时也位于可行域中位置最高的效用无差异曲线上。

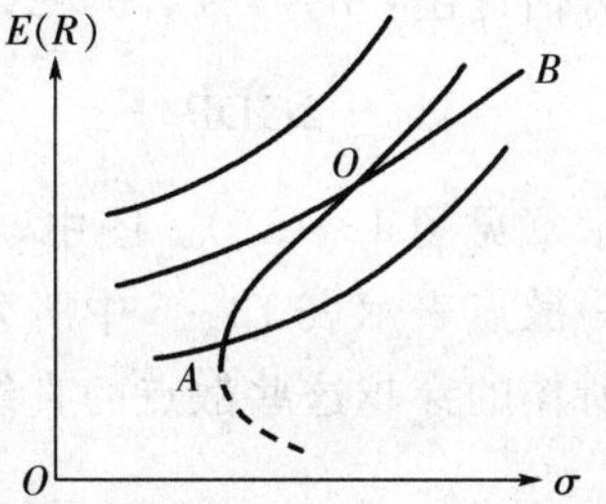

图 13－14　投资者的最佳投资组合

如图 13－14，A 点是最小方差组合点、AOB 是有效边界，O 点是所有可行组合中该投资者获得最大满意程度的组合，有效边界上的其他组合部落在 O 点所处的效用无差异曲线的下方。在求出 O 点后，即可得到 O 点的期望收益和方差。根据不允许卖空时的二次规划方程，或者允许卖空时的计算投资比例的公式，可求出各证券的最优投资比例。

当市场允许卖空时，根据两基金分离定理可知，有效边界上的任何一点都是 Xd 和 Xg 的凸组合。因此，当市场上只有风险证券时，任何投资者的最佳投资组合都是由 Xd 和 Xg 的凸组合构成的，也就是说，任何效用无差异曲线和有效边界的切点都是由 Xd 和

Xg 的凸组合构成的。

第五节　单指数模型

一、模型介绍

现代投资组合理论的目的是为投资者提供一种手段，在无限可能的证券组合中确定其最优组合。为此，投资者需要对每一种证券的期望收益率及收益率的方差做出估计，还要对证券之间的协方差做出估计，继而由这些估计可计算每一种证券组合期望收益率和方差，只要提供的估计值是精确的，对证券组合计算的值就会同样精确。然而用这种方法计算证券组合的方差时面临着一个困难，当证券品种数目很大时，计算量会十分庞大，要求在指定的较短时间内及时计算结果难以实现。这正是模型存在的严重问题，我们必须寻找一种替代的办法。1963 年，夏普提出了所谓的单指数模型，为解决马柯威茨模型应用于大规模市场所面临的计算问题，提供了行之有效的途径。

如果投资者认为证券间的关联性是由一个因素对市场产生普遍性影响所引起的，他便会去分析每种证券对该因素变动的敏感性。例如，投资者认为证券的收益率对应于预期的国内生产总值（GDP）的增长率，于是对于给定的历史数据（见表 13－5），通过回归分析技术可建立所给证券的收益率和 GDP 增长率之间的如下关系：

$$r_t = a + b\text{GDP}_t + \varepsilon_t \tag{13.3}$$

式中，r_t 为证券在 t 期的收益率；GDP_t 为预期的第 t 期 GDP 的增长率；ε_t 为残差项，表示不能被 GDP 变化所决定的那一部分收益率；b 为证券收益率对 GDP 增长率的敏感性；a 为常数项，亦称为零因素。

在表 13－5 所给的例子中，可估计出：$a=4\%$，$b=2$，即：

$$r_t = 4\% + 2\text{GDP}_t + \varepsilon_t \tag{13.4}$$

这一关系也可通过图形来表示（见图 13－15）。图中，横轴是 GDP 的预期增长率，纵轴是该证券的收益率，图中的每一散点表示表 13－5 中所列的每一特定年份的证券收益率和国民生产总值增长率的数组。所作的穿越这些散点的直线，就是对所给数据进行回归拟合得到的直线。直线的方程为：

$$\hat{\gamma} = 4\% + 2\text{GDP}t \tag{13.5}$$

表 13－5　历史数据表（%）

	GDP 增长率	证券收益率
1	5.7	14.3
2	6.4	19.2
3	7.9	23.4
4	7.0	15.6
5	5.1	9.2
6	2.9	13.0

这正是方程（13.4）中去掉残差项 ε_t 剩下的部分，r_t 为证券收益率中由 GDP 的增长率所决定的部分。

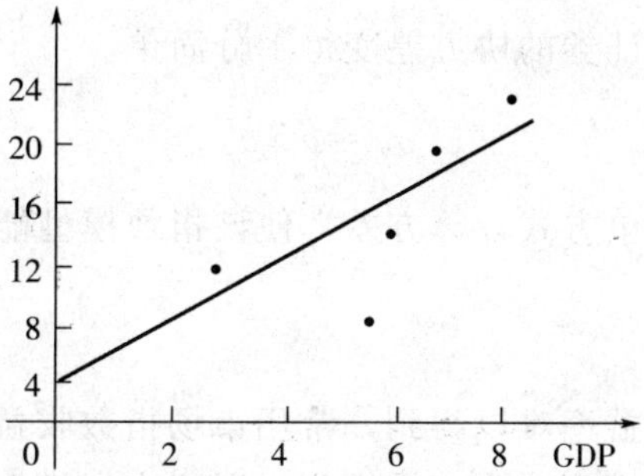

图 13-15　单指数模型

方程（13.4）或（13.5）及图 13-15 意味着，一般而言，较高的预期 GDP 增长率总是与该证券较高的收益率相联系的。例如，如果预期 GDP 的增长率为 5%，那么该证券会倾向于产生 14%（=4%+2×5%）的收益率。当预期 GDP 增长率上升 1%，即为 6%，则该证券的收益率会倾向于上升 2%，即为 16%。但实际收益率会与这些数值有差异，这一差异是证券收益中不由 GDP 增长决定的部分，它依赖于该证券自身的特有因素，在方程（13.4）中表示为残差 ε_t。

一般地，单指数模型认为有一个因素 F 对证券收益率产生广泛影响，这种影响力通过对每种证券 i 在任意时期 t 的建立如下方程来反映：

$$r_{it} = a_i + b_i F_t + \varepsilon_{it}$$

式中，Ft 为 t 期因素 F 的预期值，bi 为证券 i 对因素 F 的敏感性，r_{it} 为证券 i 在第 t 期的实际收益率，ε_{it} 为证券 i 在第 t 期的残差。

在模型中，由于假设 ε_{it} 中不包含因素的影响，因而残差项与因素不相关，而且在单指数模型中，证券的收益仅仅通过对单因素 F 的共同反应而相关联，因而不同证券的残差项之间不相关。此外，模型中假设残差项不对收益产生系统影响，因而残差的平均值为 0。

1. 期望收益率

根据单指数模型，证券 i 的期望收益率为：

$$E(r_i) = a_i + b_i E(F) \tag{13.6}$$

这一关系对任意时期 t 都适应，因而略去时间因素 t。

上述方程可用估计证券的期望收益率。例如，在前面的例子中，如果 GDP 预期增长 3%，则所考虑的证券的期望收益率为 10%[=4%+(2×3%)]。

2. 方差

在单指数模型中，同样可以证明证券 i 的方差等于：

$$\sigma_i^2 = b_i^2 \sigma_F^2 + \sigma^2 \varepsilon(i) \tag{13.7}$$

式中，σ_F^2 为因素 F 的方差，$\sigma^2 \varepsilon(i)$ 为残差方差。这一关系可用来计算证券的方差。在上面例子中，如果因素方差 σ_F^2 等于 3，残差方差等于方程(13.2)，根据公式，证券的方差为：

$$\sigma_i^2 = (2^2 \times 3) + 15.2 = 27.2$$

3. 协方差

在单指数模型中，计算证券的协方差变得十分简单。

$$\sigma_{ij} = b_i b_j \sigma_F^2 \tag{13.8}$$

正是因为可以用这种简单方式计算方差，使该指数模型能够克服马柯威茨模型的庞大计算量的困难。

4. 市场模型

在实际中，市场组合收益率难以得到，常用市场指数收益率代替。我们将以市场指数收益率作为单因素的单指数模型称为市场模型。因而市场模型可表述为：

$$r_i = a_{iI} + \beta_{iI} r + \varepsilon_{iI} \tag{13.9}$$

式中，I 为某种市场指数，r_i 为市场指数收益率，截距 a_{iI} 相当于因素模型中零因素，斜率 β_{iI} 反映证券 i 的收益率对市场指数的敏感性，与特征线模型一样也称为证券 i 的 β 系数。β 系数常用做特征线模型中 β 系数的近似值。

5. 最优风险组合

所有证券的收益率只对一个共同的因素起反应的假设大大简化了确定最优风险组合的任务。根据马柯威茨模型，为确定最优风险组合，投资者需要估计期望收益率、方差和协方差，在单指数模型中，这可通过估计风险证券中每种证券的 a_i，b_i 及 $\sigma(\varepsilon_i)$ 来完成。当然还须估计因素的期望收益率的方差。通过这些值，可导出马柯威茨有效边界，然后根据给定的无风险利率，可确定最优风险组合。指数模型在这一任务中所起的简化作用是，不再需要直接计算每对证券之间协方差，协方差可以通过证券对因素的敏感性和因素的方差来获得。

6. 投资分散化

在单指数模型中，证券组合的方差由下式给出：

$$\sigma_P^2 = b_p^2 \sigma_F^2 + \sigma^2(\varepsilon_P) \tag{13.10}$$

式中，$b_p = \sum_{i=1}^{N} x_i b_i$，$\sigma^2(\varepsilon_P) = \sum_{i=1}^{N} x_i^2 b^2(\varepsilon_i)$

公式(13.10)表明证券组合的总风险可分解成两部分，如同(13.7)中显示的单个证券的总风险分解成两部分一样。将公式(13.7)和(13.10)中右边第一项和第二项分别称为证券或证券组合的因素风险和非因素风险。跟特征线模型中讨论组合的系统风险和非系统风险一样，当一个组合变得更加分散时，每一个 x_i 将变得更小，这不会导致 b_p 明显的变化，因而分散化的后果是因素风险趋于平均水平、非因素风险减少、充分分散的组合的非因素风险接近于零。

二、案例分析

单指数模型是在投资备选对象中寻求收益最大、风险最小的最佳投资组合。对于投资对象的选择，我们可借助于基金的投资组合，根据基金每期公布的投资组合，按比较期持仓净增加比例由大到小排序，选择排名前两位的品种入选投资组合，通过模型优化确定各品种的持有比例，并对收益效果进行事后检验。

（一）模型条件

我们以 1997 年 l2 月 31 日作为起始基点，至 2000 年 9 月 31 日止，考察每一股票的周收盘价，计算相应的周收益率，分 3 个时段进行研究，即参照 1999 年 12 月 31 日、2000 年 3 月 31 日、2000 年 6 月 30 日的基金组合，确定 5 只基金中的 10 只股票作为投资对象，并在基金组合公布当日按收盘价建立投资组合。

（二）确定投资对象

表 13－6　入选股票基本情况

基金	1999－12－31		1999－06－30		1999－03－31	
	证券	持仓比例	证券	持仓比例	证券	持仓比例
金泰	重庆百货	7.23	广电股份	2.47	青岛华光	6.08
	中远发展	3.15	彩虹股份	2.41	华联商城	4.26
安信	真空电子	5.41	大唐电信	4.35	上海医药	3.02
	上海汽车	1.55	法尔胜	2.15	许继电器	2.54
兴华	深康佳	1.89			中关村	12.13
	上海梅林	1.82			东方明珠	9.71
开元	凯迪电力	4.91	东方坦业	7.99	青岛天桥	14.88
	青岛天桥	4.49	首钢股份	3.02	诚成文化	10.36
同益	海星科技	1.77	雅戈尔	2.56	华北高速	7.84
			托普软件	2.11	中体产业	4.77

注：①不予考虑的对象有：基金参与配售的股票、至计算日止上市未满 3 个月的股票、除股票外的其他投资。②只计算基金组合中持仓增加的股票；表中持仓比例一项为各入选股票在基金相应时期投资组合中的持有比例。③数据来源于三大证券报。

一是确定入选的基金。沪深两市共有新基金 33 只，可借助于已公开的基金信息，通过收益、净资产、夏普比、特雷诺（Twnor）指数、詹森（Jemen）指数等系列指标，对它们的绩效进行全面的评价，从中确定表现较好 5 只基金。这里为了简化起见，随机选取基金金泰、基金安信、基金开元、基金兴华、基金同益作为研究对象。

二是确定入选的证券。分别从各个基金的投资持仓中，选取增仓比例靠前的 2 只股票，构成一个投资组合。结果见表 13－6。

（三）计算程序及结果分析

首先，根据组合中各股票的周收益率，通过回归分析得到相应的 α_i、β_i；其次，计算构成模型的相关变量 r_p、δ_p^2 等；最后，经过规划求解得到各股票的投资比例，结果如表 13－7、表 13－8 所示。

从阶段性来看：第一季度投资效果最佳，达到了 46.897％的较高收益，分别比上证和深成指收益高出 15.158 个百分点和 12.392 个百分点，超过所选基金平均收益五成以上；

第二季度与第一季度相比，市场整体收益明显下降，均不到 8%。上证和深成指的收益领先于基金和组合投资，其中组合投资出现了－4.367%的亏损；第三季度市场整体收益仍保持低调，上证、深成指和基金继续保持下滑势态，其中沪、深指数均出现了负增长，组合收益则止跌回升，以 2.526 个百分点位居第一位。

从累计收益来看（见表 13－8），第一季度收益排名为：组合、深成指、上证和基金，总体可分为 2 个层次，组合以高于其他投资方式超 10 个百分点的优势占据第一层次，其余的则相差不大；半年收益的排名为：组合 42.530%、深成指 41.088%、上证 38.844%、基金 33.92%，组合继续保持领先，但与其他收益的差距逐渐缩小；整个计算期收益的排名为：组合 45.056%、上证 37.913%、基金 34.895%、深成指 34.733%。市场指数收益逐渐下降，组合和基金获得了一定的收益，其中组合增量收益更为明显。仅从收益角度来看，组合投资的收益明显领先于大盘、优于基金的收益。

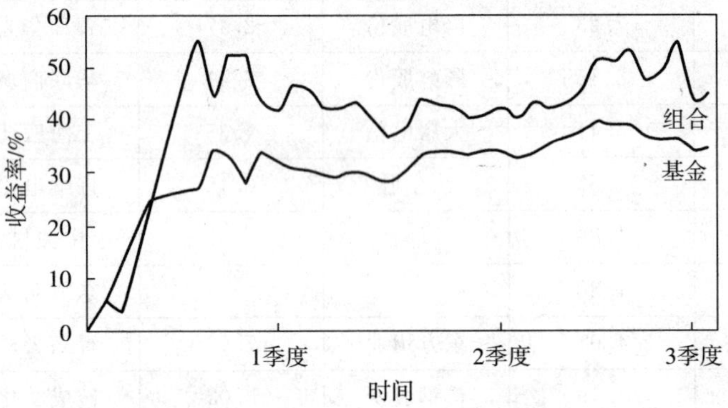

图 13－16　1～3 季度累计收益走势

表 13－7　2000 年 1～3 季度投资对象比例

一季度	重庆百货	中远发展	真空电子	上海汽车	上海梅林	深康佳	凯迪电力	青岛天桥	海星科技	
比例	0.121	0.313	0.018	0.126	0.074	0.056	0.214	0.034	0.045	
二季度	青岛华光	华联商城	上海医药	许继电器	中关村	东方明珠	青岛天桥	诚成文化	华北高速	中体产业
比例	0.058	0.140	0.157	0.192	0.073	0.113	0.181	0.069	0.013	0.004
三季度	广电股份	彩虹股份	大唐电信	法尔胜	东方坦业	首钢股份	雅戈尔	托普软件		
比例	0.073	0.018	0.161	0.236	0.155	0.134	0.143	0.078		

注：表中比例一项为组合中各投资对象所占比例；价格为考虑复权后的周收盘价；基金收益为所选基金的平均收益率；上证为上证指数，深成指为深圳成分指数。

表 13-8　收益效果比较（%）

收益	组合		上证		深成指		基金	
	当期	累计	当期	累计	当期	累计	当期	累计
一季度	46.897	46.879	7.104	7.104	6.583	6.583	3.62	
二季度	−4.367	42.23	7.104	38.84	6.583	41.09	3.62	33.92
三季度	2.526	45.06	−0.930	37.91	−6.355	34.73	0.975	34.9

表 13-9　相关衡量指标

指标	组合	上证	深成指	基金
δ	23.5711	21.6235	18.8653	15.2687
Sharpe	0.0498	0.0454	0.0475	0.0589
Treynor	1.3793	0.9817	1.0592	1.4577

从波动性来看：各投资组合的δ值见表 13-9，组合的波动性最大，其次分别为上证、深成指和基金；分阶段来看（见图 13-16），在市场处于较为强劲的升势中，组合的增量收益更为明显。整体来看，组合与基金的表现基本同步。但在基金收益变化时，组合的相对收益变化更为明显。

从风险—收益两维角度来看：夏普比（Sharpe）、特雷诺指数（Treynor）（见表 13-9）说明，在单位风险的额外收益方面，基金和组合优于两地大盘，其中基金略强于组合。

上述分析说明，该模型构造的组合投资方式与作为参考的其他方式相比，具有一定的优势。获利能力尤为突出，风险—收益综合指标的表现也令人满意，略显欠缺的是波动性，这主要是由于信息时滞所造成的，总的来说，基本达到了模型的预期目的。实际中，可对模型作一定的修正，采用定量和定性相结合的方法，对入选的基金和股票进行筛选，剔除部分前期涨幅明显较大的股票，从而获得更好的投资效果。

该组合投资方式对于积极型投资者具有较强的参考价值，但有以下问题须注意：

（1）模型本身的局限性。该模型是建立在一些假设的基础上，其中最重要的一条是，各投资对象互不相关，这只有在充分化的市场中才会出现，实际中存在一定的差异。

（2）市场信息的不对称性。由于定量分析的局限性，只能根据以往的价格、收益等资料进行分析，在信息真实和时效上缺乏可靠性。基金定期公布的投资组合也是如此。

（3）基金投资政策的限制。基金的一部分资金必须用于债券投资，加上每年享有一定额度的配售权利，这在一定程度上影响着基金在二级市场的投资策略。

（4）基金的业绩。该模型是建立在基金投资组合基础上的，基金表现好坏与否是影响模型投资收益的重要因素。

本章小结

证券投资组合的收益可用期望收益率表示。期望收益率是代表证券投资组合预期收益的最适合指标。期望收益率是未来收益的所有取值的加权平均，而方差是未来收益率的所有可能取值对期望收益率的偏离的加权平均，它代表了证券组合的风险。两个证券的组合在风险—收益坐标平面上可用一条双曲线描述其全部特征。这条双曲线就是它的结合线或可行域，结合线的弯曲程度取决于组合内证券的相关系数。当加入组合的证券品种超过两个时，其可行域就不再是一条双曲线，而是一个实在的区域。在这个区域中，总存在一个最小方差组合，在最小方差组合的右上方有一条在等方差线上、等收益平线上总是风险最小、收益最高的满意程度相同的组合点的连接线，这就是著名的有效边界。在风险—收益坐标平面上，每一个组合点都有无限多个与其满意程度相同的组合。这些组合的共同特征是：随着风险的增加，投资者获得了更高的收益作为补偿，或随着收益的降低，投资者承担的风险小了。由这些满意程度相同的组合点连接的曲线，就是效用无差异曲线。效用无差异曲线的特点是：投资者在风险—收益坐标平面上面临着无数条效用无差异曲线；效用无差异曲线上的组合点对投资者来说满意程度相同；位置越高的效用无差异曲线代表着越高的满意程度；效用无差异曲线是平行的，不相交。在确定了证券投资组合的可行域和有效边界后，总有一条效用无差异曲线与可行域上的有效边界相切，这个切点代表的组合就是最佳投资组合。

现代投资组合理论的目的是为投资者提供一种手段，在无限可能的证券组合中确定其最优组合。为此，投资者需要对每一种证券的期望收益率及收益率的方差做出估计，还要对证券之间的协方差做出估计，继而由这些估计可计算每一种证券组合期望收益率和方差，只要提供的估计值是精确的，对证券组合计算的值就会同样精确。然而用这种方法计算证券组合的方差时面临着一个困难，当证券品种数目很大时，计算量会十分庞大。要求在指定的较短时间内及时计算结果难以实现。这正是模型存在的严重问题，我们必须寻找一种替代的办法。1963 年，夏普提出了所谓的单指数模型，为解决马柯威茨模型应用于大规模市场所面临的计算问题，提供了行之有效的途径。

【专栏 13－1】马柯威茨的资产组合理论

马柯威茨（Harry Matkowitz）于 1952 年在《财务学杂志》（Journal of Finance）上发表了题为《证券组合选择》的论文。这不仅是投资理论的重大发展，也标志着现代投资理论发展的开端。

马柯威茨 1927 年 8 月出生于芝加哥一个店主家庭，高中毕业后进入芝加哥大学读经济系。马柯威茨博士论文的确定很有戏剧性，他在考尔斯基金会研究负责人马查克（Jacob Marschak）教授门外等候接见时，有一个自称是股票经纪人的长者建议他研究股票市场，当马柯威茨把这个想法告诉马查克时，马查克欣然同意，但认为自己的专长不适合做这个方向的导师，就将马柯威茨介绍给芝加哥大学商学院院长、《财务学杂志》主编凯彻姆（Marshall Ketchum）教授，凯彻姆要求马柯威茨去读威廉姆斯的《投资价值理论》一书。马柯威茨在读书时想到，为什么许多投资者并不是简单地选择内在价值最大的股票，并且在投资时往往投资不同的股票，甚至还会同时投资于股票、债券等不同的金融工具呢？马柯威茨终于想明自，投资者不仅要考虑收益，还担心风险，投资者分散投资是为了分散投资的风险。同时，考虑投资的收益和风险，马柯威茨是第一人。例如，当时在美国投资界很有影响的华尔街经纪人洛布（Getald Loeb）认为，分散投资是投资者信心不足的表现。曾经在股票市场投资并大有斩获的英国经济学家凯恩斯也主张集中投资，认为选择一家保险的公司比选择很多家了解不足的公司要好得多。马柯威茨运用在库普曼教授的课堂中学到的线性规划知识来处理收益与风险的权衡问题，给出了选择最佳资产组合的方法，在此基础上完成了博士论文。从当时的论文答辩委员，以后成为经济学巨匠的弗里德曼教授的评论中，也可以看出马柯威茨论文的创新性。费里德曼说，这不是一篇经济学论文，不能授予经济学博士学位，论文讨论的不是经济学，也不是数学或企业管理的内容。当然，马柯威茨还是顺利地拿到了博士学位。论文发表以后，马柯威茨继续研究这个问题，1959 年出版了《投资组合选择：有效率分散投资的策略》一书，书中不仅分析了分散投资的重要性，还给出了如何进行正确的分散方法。1987 年，马柯威茨又发表了《投资组合选择与资本市场中的均值一方差分析》一书，全部阐述了他的资产组合理论。该理论在一系列严格假设的基础上，用证券或证券组合的期望收益率表示其收益，用期望收益率的方差来衡量其风险，通过建立一个二次规划模型求解有效证券组合，并根据投资者的效用无差异曲线，确定投资者最满意证券组合的方法，其主要内容包括：基本的均值方差模型、证券投资组合的可行域、有效组合与有效边界、最满意证券组合的选择。

1990 年，诺贝尔经济学奖评奖委员会在宣布授予当时在纽约大学任教的马柯威茨和芝加哥大学的莫顿·米勒及斯坦福大学威廉·夏普诺贝尔经济学奖时指出，马柯威茨提出的不确定条件下的资产选择理论已成为金融经济学的基础。

关键概念

期望收益　方差　标准差　可行域　结合线　相关系数　有效组合　有效边界　效用无差异曲线　最佳投资组合

本章思考题

1. 证券和证券组合的收益如何计算？
2. 单一证券的期望收益率如何确定？
3. 证券组合的期望收益率如何确定？
4. 什么是投资者共同偏好规则？
5. 单一证券的风险是怎样衡量的？
6. 证券组合的风险是怎样衡量的？
7. 不允许卖空证券时，两种证券投资组合的结合线有几种情形？
8. 不允许卖空证券时，多种证券组合的可行域为何形状？
9. 什么是有效边界？
10. 不允许卖空证券时，有效边界呈现怎样的形状？

第十四章
现代证券投资理论的发展

本章学习重点

资产定价理论；套利定价理论；有效市场假说；期权定价理论。

目前现代投资组合理论已经形成了一个包含套利定价模型、跨时资本资产定价模型、消费资本资产定价模型等较为系统的资本市场均衡理论体系。本章对相关理论作一介绍。

第一节 现代证券投资理论的发展概况

马柯威茨的分散投资与效率组合投资理论第一次以严谨的数理工具为手段向人们展示了一个风险厌恶的投资者在众多风险资产中选择时如何构建最优资产组合的方法。从 20 世纪 60 年代开始，以夏普①（1964）、林特②（J. Lintner，1965）和莫森③（J. Mossin，1966）为代表的一些经济学家开始从实证的角度出发，探索证券投资的现实。这些学者的研究直接导致了资本资产定价模型（The Capital Asset Pricing Model，简称“CAPM 模型”）的产生。④

1963 年，哈里·马柯威茨的学生威廉·夏普根据马柯威茨的模型，建立了一个计算相对简单的模型——单一指数模型。这一模型假设资产收益只与市场总体收益有关，使计算量大大降低，打开了当代投资理论应用于实践的大门。如今，马柯威茨的模型被广泛应用于不同类型的资产组合，而夏普的模型则被广泛应用于同类资产内部不同资产的组合。马柯威茨本人也正将这些技术应用于证券组合的实际管理。

---

① W. F. sharpe，1964，Capital Asset Prices：A Theory of Market Equilibrium Under Conditions of Risk，journal of Finance，19，no. 3：425－442

② J. Lintner，1965，The Valuation of Risk Assets and the Selection of Risky Investments in Stock Portfolios and Capital Budgets，Review of Economics and Statistics，47，no. 1

③ J. Mossin，1966，Equilibrium in a Capital Asset Market，Econometrica，34，no. 4：768－783

④ 其实，早在 20 世纪 50 年代，马柯威茨本人已经意识到了这一问题，并在其博士论文基础上出版的著作中提出了一个可能的修改方向，但其本人在这个革命性的简化过程中主要是作为夏普导师的角色。

20 世纪 60 年代初期，金融经济学家们开始研究马柯威茨的模型是如何影响证券估值的，这一研究导致了资本资产定价模型（CAPM）的产生。CAPM 阐述了在投资者都采用马柯威茨的理论进行投资管理的条件下市场均衡状态的形成，把资产的预期收益与预期风险之间的理论关系用一个简单而又合乎逻辑的线性方程表示出来了，即认为一个资产的预期收益率与衡量该资产风险的一个尺度β值之间存在正相关关系。应该说，作为一种阐述风险资产均衡价格决定的理论，单一指数模型，或以之为基础的 CAPM 不仅大大的简化了投资组合选择的运算过程，使马柯威茨的投资组合选择理论朝现实世界的应用迈进了一大步，而且也使得证券理论价格从以往的定性分析转入定量分析，从规范性（Normative）转入实证性（Positive），进而对证券投资理论研究和实际操作，甚至整个金融理论与实践的发展都产生了巨大影响。在实践中，很多专家用它来估计资产收益，指导投资行为，确定投资策略。

尽管 CAPM 由于其假设条件的超现实性而一直难以得到验证，对它的讨论却长盛不衰。1977 年，当罗尔（Roll）对其有效性提出质疑后，这种讨论发展到了一个新的阶段。一方面，其他资产定价模型开始出现，其中以套利定价理论（APT）最为著名，发展至今，其地位已不低于 CAPM；另一方面，人们通过释放传统 CAPM 的假设条件而发展了多种 CAPM，以使其更接近现实。资产组合理论和资产定价模型的发展为科学评价职业货币经营者的业绩提供了依据。

20 世纪 60 年代中期，法马（Fama）提供了一个绝妙的假设：如果市场分析家都能快速、有效地消化信息，则任何形式的证券分析都不可能产生异常的收益。同时，由于信息事件的发生是随机的，证券价格的运动也就是不规则的，这样，技术分析就是毫无意义的了。法马假设的一个重要结论便是，在一个高效益的市场中，任何资产的价格都是其均衡价值的真实反映。投资理论的研究很多都是以此为前提条件的。不过，实际市场并非如此完美，在大量的经验性研究结果中，既有支持它的，也有提出反面证据的。这的确是一个很矛盾的概念，否则，证券分析这一职业早就不复存在了。

1973 年，以无套利均衡理论分析以及动态股价波动模拟为基础，美国经济学家费希尔·布莱克和迈伦·斯科尔斯（Fischer Black and Myron Scholes）共同提出一个全新的期权定价模型，也就是 Black-Scholes 期权定价公式。经过罗伯特·默顿（Robert Merton）的发展，Black-Scholes 期权定价公式逐渐演变成为所有衍生金融产品的定价的理论基础，客观上在全球范围内促发了一场金融衍生产品革命，导致了大量新型产品的问世。而这些全新的金融产品在丰富金融世界的同时，不仅为组合管理提供了基本资料，而且也为投资组合保险等新型组合管理策略的出现和发展提供了土壤。

经过众多学者的逐步完善、深化，这些理论目前已经成为投资理论的经典内容，或者说投资的主流思想。这些理论不仅以各种方式被应用到实际投资管理中去，还编入投资学教科书，使教科书发生了结构和内容的变革。20 世纪 50～60 年代的教科书在介绍投资法规和程序的基础上，着重讲述投资的基础分析与技术分析，以此为依据进行投资管理。20 世纪 70～80 年代，投资理论日益成熟，形成体系后，进入教科书，但投资分析的地位仍未受到影响，投资理论总是被放在最后。由于当时的人们既固守传统投资分析对投资管理的重要意义，又看好科学的投资理论，因此，很多教科书都像百科全书一样包罗万象。

进入 21 世纪之后，资产价格波动和投资管理的历史使人们认识到凭借资产价格预测来进行投资管理是不可靠的，还是应把重点放在科学地选择资产、确定最佳资产组合上，这样，投资理论便取代了投资分析，跃居教科书之首要地位。传统的基础分析和技术分析方法不复存在，而投资管理者的指导思想也作了相应的调整，投资理论的应用成为其核心。同时，随着衍生金融工具及其市场的发展，利用它们进行投资的风险管理也成了投资学的一个重要组成部分。

第二节　资本资产定价理论

资本资产定价模型的逻辑线索大致为：在假设证券市场完全有效和存在一种“无风险证券”的前提下，首先推导出表示证券组合的预期收益与总体风险之间关系的“资本市场线”，再推导出反映某种证券的预期收益与其系统性风险之间关系的“证券市场线”，最后根据这种关系推导出证券的“均衡市场价格”。

一、资本资产定价模型的假设条件

在进行理论推导之前，资本资产定价模型首先作了几个重要的前提假设：

（一）证券市场上存在一种收益固定的无风险证券

这个假设是指证券市场上存在一种无风险而有收益的金融资产，其收益率称为无风险利率，证券市场上的投资者都可以按无风险利率无限制地借入或借出资金。当然，现实中的证券是不可能真正做到完全“无风险”的，但可以认为国债近似满足上述要求。

（二）证券市场上的投资者是理性的

这个假设是指投资者都是根据一定时期内的证券组合的预期收益率和标准差来评价组合的优劣。投资者在风险一定时，优先选择期望收益大的证券组合；在期望收益率相同时，会选择标准差最小的证券组合。投资者选择的最优证券组合就是使其效用达到最大化的证券组合。在不同的系统风险中，投资者之所以选择不同的投资组合，是由于他们对风险的偏好不同。

（三）证券市场是有效的

这个假设是指证券市场的信息可以自由流动，所有的投资者都可以从市场上免费获取有关的信息，因而所有投资者对证券的预期收益率、标准差及证券之间的相关性具有完全相同的预期，即他们在这些方面的看法一致。

（四）证券市场上不存在任何摩擦

证券市场是完善的，不存在有限的可分性、税收、交易成本等投资障碍，证券价格是一种均衡价格。

二、资本市场线（CML）

（一）市场证券组合

在给定的假设条件下，投资者可以借入或贷出无风险资产，他们对未来作出相同的预期，所以他们也面临着完全相同的处境，因而所有投资者都在图 14－1 中的射线 R_pR 上选择最优组合。

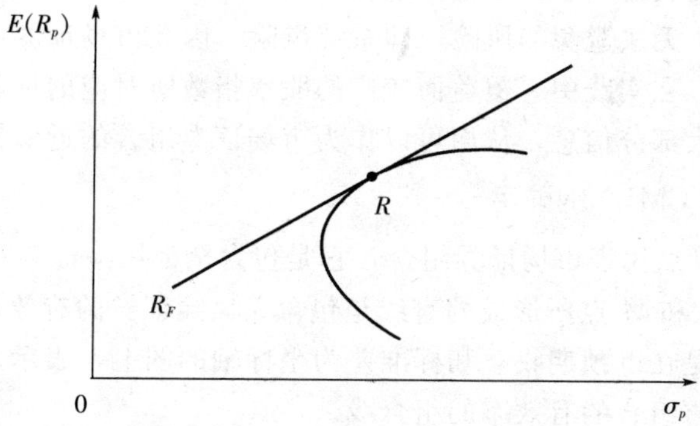

图 14－1　最优风险证券组合

在 R_pR 线上的不同位置，有些人借入无风险资产，有些人贷出无风险资产，有些人不借也不贷，但他们把资金以相同的方式分散投在各种风险证券上去，或风险证券组合及代表一个最优的风险证券组合。总之，在市场均衡时，借入的数量必然等于贷出的数量，整个市场投资于无风险资产的净额为零。因此最优风险证券组合只存在于证券市场中，它由市场上所有的风险证券组成，并且组合和整个市场风险证券比例一致，即最优证券组合中每种证券的权数必然同该证券的相对市场价值一致。设市场组合为 M，X_{Mi} 为市场证券组合中证券 i 的比例，n 为全部风险证券的数目，Q_i 为流通股数，P_i 为第 i 种证券的市场价格，则：

$$X_{Mi}=\frac{P_iQ_i}{\sum_{i=1}^{n}P_iQ_j}\quad(i=1,2,\cdots,n)$$

我们将由市场所有风险证券组成的、各证券组合权数与证券的相对市场价值一致的证券组合称为市场证券组合。这样就可以通过计算市场均衡条件下的市场组合来确认最优风险证券组合。例如，在市场均衡条件下，仅有三种风险证券 A、B 和 C，其市场价值分别为 50 亿元、30 亿元和 20 亿元，则市场证券组合权数分别为：

$$X_A=\frac{50}{50+30+20}=0.5$$

$$X_B=\frac{50}{30+30+20}=0.3$$

$$X_C=\frac{50}{20+30+20}=0.2$$

市场均衡时，最优风险证券组合的组合权数同市场证券组合的组合权数一致，所以投资者只要以 5∶3∶2 的资金比例投资于证券 A、B 和证券 C，就构建了一个最优风险证券组合。

由于构建最优风险证券组合的成本及投资者自身条件的限制，投资者实际上很难完全根据市场证券组合来确定最优证券组合。但是市场证券组合在资本市场理论中仍然扮演着重要角色，且它在资本资产定价模型中具有核心作用。市场证券组合的预期收益率是市场上所有证券的加权平均收益率。市场证券组合中各单项证券的非系统风险会相互抵消，剩下的是证券投资活动中无法避免的风险，即系统风险，因此市场证券组合可以提供最大程度的资产多样化效应。在实践中，覆盖面较广的股票指数所对应的证券组合，比较全面地反映市场证券组合的大部分信息，从而可以作为市场证券组合的近似替代。

（二）资本市场线（CML）的确定

在图 14－2 中，M 点代表市场证券组合，它是包含全部风险证券的最优组合，R_F 代表无风险利率。连接 R_F 和 M 点所形成的直线是包含无风险证券的有效证券组合。这条直线就是资本市场线，它是在以预期收益和标准差为坐标轴的图上，表示风险资产的有效率组合与一种无风险资产再组合的有效率的组合线。

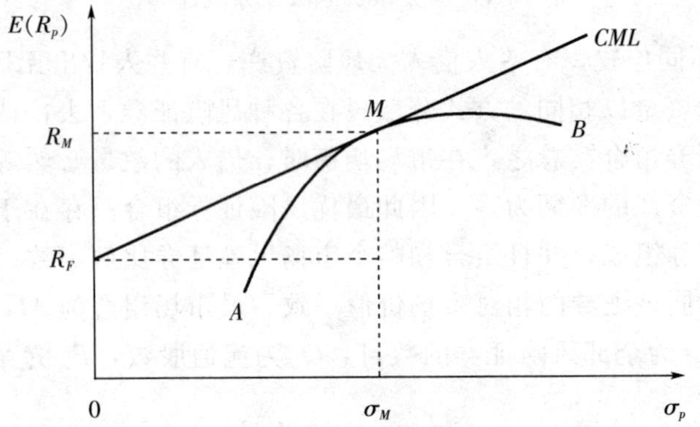

图 14－2　资本市场线

从图 14－2 可以看出，资本市场线的截距为 R_F，斜率等于市场证券组合期望收益率和无风险收益率之差除以它们的风险差 σ_M，因此资本市场线的数学表达式为：

$$E(R_p)=R_F+\frac{R_M-R_F}{\sigma_M}\times\sigma_P$$

公式中 $E(R_p)$ 和 σ_P 分别表示资本市场线上任一证券组合 P 的预期收益率和标准差。

资本市场线上的任一证券组合都是有效证券组合，因此，有效证券组合的预期收益率就由两部分构成：一部分是无风险利率，它表示投资者推迟当前消费所获得的补偿；另一部分是风险报酬，是对投资者承担风险给予的补偿。斜率$\frac{R_M-R_F}{\sigma_M}$表示资本市场给予投资者单位风险的报酬或风险的价格。

从图 14－2 中可以看出，引入无风险证券后，原来的有效边界不再有效，而资本市场线成为新的有效边界。因为，除了市场证券组合与无风险证券构成的证券组合之外，其他所有的证券组合都位于资本市场线的下方。所以，资本市场线上的点代表了所有无风险证券和市场证券组合的有效组合。

三、证券市场线（SML）

资本市场线揭示了有效组合的收益与风险的均衡关系，而没有说明任意证券或组合的收益与风险之间的特定关系，因为，这些证券或证券组合都在资本市场线之下。证券市场线和β系数则提供了准确计算某一证券风险并确定该证券价格的方法。

（一）系统性风险与非系统性风险

证券的风险是指它未来收益的变动程度，包括系统性风险和非系统性风险两部分，风险量是以证券收益率概率分布的方差或均方差来表示。当投资者用若干种证券组成一个证券组合时，有一部分风险被相互抵消，证券组合的风险小于组合中各项证券风险的总和。而市场证券组合可以消除所有的非系统性风险，只剩下无法消除的系统性风险使证券多样化效应达到最大化。可见，市场证券组合的总风险就是它的系统性风险，因而只要知道市场证券组合未来可能收益率的概率求出预期收益值，就可求出代表总风险也就是系统性风险的方差或标准差。

但是要计算证券组合的风险就不是那么简单了。虽然市场证券组合是由市场上各种证券组成的，但是市场证券组合的风险却不是各单项证券风险的简单加总或加权平均，而是要考虑各项证券之间的协方差关系。更进一步说，对于单项证券而言，不仅那些由各自的独特因素引起的非系统性风险，即使是由共同因素引起的系统性风险，对各种证券的影响程度也是不同的。也就是说，有的证券系统性风险大，而有的系统性风险小。因此，即使知道了市场证券组合的风险量以及单项证券在组合中所占的比例并不能计算出单项证券的系统性风险。

（二）单项证券的风险

我们可以把单项证券的收益分解为三个组成部分：第一部分是证i券无风险利率，这是不受任何因素影响的收益水平，可以看做是一常数，用α_i表示。第二部分是受共同因素影响的收益率，一旦某些共同因素发生作用，市场证券组合的收益率就会发生变化，证券i的这部分收益率也会发生相应变化。由于共同因素对各项证券收益率的影响程度不相同，可以假设单项证券受共同因素的影响程度和市场组合受共同因素影响的程度之间有一个固定的比例关系。如果用r_m表示市场收益率，用β_i表示单项证券i收益率的变化和市场收益率变化之间的函数关系，则单项证券第二部分收益率可以用$\beta_i r_m$表示。第三部分是受个别因素影响的收益率，一旦发生与证券i有关的个别因素的变化，这部分收益率就会发生变动，它用ε_i表示。这样，单项证券i的收益率可用下面的公式表示：

$$r_i = \alpha_i + \beta_i r_m + \varepsilon_i$$

从上式得知，单项证券i的收益率是由α_i、$\beta_i r_m$和ε_i三部分组成，由于证券的风险是收益率的方差，因此，单项证券i的风险也是由三部分组成，即α_i的方差、$\beta_i r_m$的方差和ε_i的方差。由于这三部分收益率是相互独立的随机变量，它们两两之间的相关系数为零，根据方差的加法定理，相互独立的随机变量和的方差等于它们的方差之和。第一项α_i是无风险利率，因为没有风险，其方差为零。第二项$\beta_i r_m$是一个常数与一个随机变量积的方差，应等于这个常数的平方与这个随机变量的方差之积。因此，单项证券i的风险等于两项收益率的方差之和。

$$\sigma_i^2 = \beta_i^2 \sigma_m^2 + \sigma_{\varepsilon i}^2$$

式中，σ_i^2—— 单项证券i的总风险；

$\beta_i^2\sigma_m^2$—— 单项证券 i 的系统性风险；

$\sigma_{\varepsilon i}^2$—— 单项证券 i 的非系统性风险。

上式表明，β 系数是衡量单项证券系统性风险的表达方式，因为 σ_m^2 是市场证券组合的风险，也就是市场上所有证券的系统性风险，而 β_i 则表示证券 i 的系统性风险与市场证券组合风险之间的倍数，因此 β 系数是衡量某一单项证券系统性风险的标准，成为系统风险的量化指标。

（三）β 系数的计算

公式 $\sigma_i^2=\beta_i^2\sigma_m^2+\sigma_{\varepsilon i}^2$ 是一个线性回归方程，β_i 是方程的回归系数。我们可以用最小二乘法推导出回归系数的计算公式（推导过程略）：

$$\beta_i=\frac{\sigma_{mi}}{\sigma_m^2}$$

式中，β_i—— 单项证券 i 的系统性风险；

σ_{mi}—— 单项证券 i 与市场证券组合的收益率协方差；

σ_m^2—— 市场证券组合收益率的方差。

（四）证券市场线的确定

证券的风险可以分为系统性风险和非系统性风险，其中非系统性风险可以通过证券组合予以消除。因此对系统性风险的考察显得更为重要。证券市场线就是表示证券的预期收益率与系统性风险之间的关系。

资本资产定价模型认为，当所有投资者都在资本市场线上选择证券组合时，所有证券的预期收益率与 β 系数之间都存在着线性关系。而且，当 $\beta_i=0$ 时，即系统性风险为 0 时，$E(R_p)=R_F$；当 $\beta_i=1$ 时，即系统性风险完全等于市场证券组合风险时，$E(R_p)=R_m$。根据这两点，使可确定证券市场线，见图 14-3。其数学表达式即为资本资产定价模型：

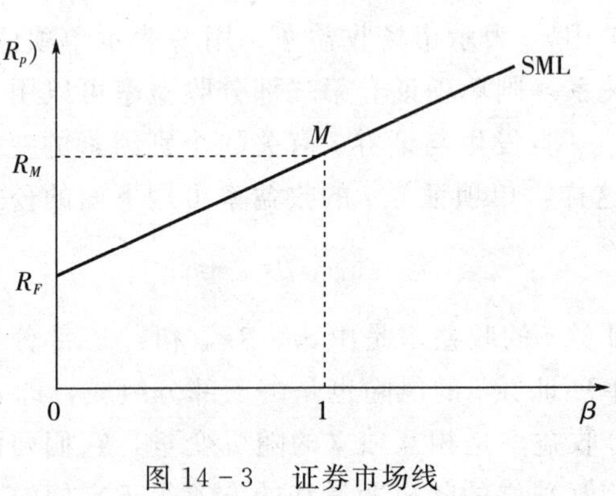

图 14-3　证券市场线

$$E(R_p)=R_F+(R_M-R_F)\beta_i$$

因此，我们可以看出，任何证券的预期收益率仅取决于其系统性风险的大小，即 β 系数的取值。只要 β 系数相同，无论非系统性风险如何，都可由证券市场线上的同一个点表示，因而具有相同的预期收益率。

资本市场线和证券市场线是资本资产定价模型的两个重要结论，两者存在着内在的关系：

第一，资本市场线表示的是无风险证券和有风险证券组合后的有效证券组合的预期收益率与总风险之间的关系，因此在资本市场线上的点就是有效组合；而证券市场线表明的是任何一个单项证券或组合的预期收益率与其系统性风险之间的关系，因此在证券市场上的点不一定在资本市场线上。

第二，证券市场线既然表明的是单项证券或组合的预期收益率与其系统性风险之间的关系，因此在均衡情况下，所有证券都将落在证券市场线上。

第三，资本市场线实际上是证券市场线的一个特例，当一个证券或一个证券组合是有效的时候，该证券或证券组合的相关系数等于 1，此时证券市场线与资本市场线就是相同的。

综上所述，资本资产定价模型是描述如何在市场上对证券进行定价的经济模型，由于证券价格是由时间、利率、未来市场收益率等因素决定的，因此证券价格是用预期收益率表示的。CAPM 模型假设每个投资者都持有市场证券组合，都害怕风险，因此都关心市场证券组合的标准差。对单一证券的评估要以它在证券组合标准差中所占的份额，即 β 系数而定，因此 β 系数可替代标准差作为测定证券风险的指标。用于证券或证券组合的预期收益率与 β 系数呈正的线性相关关系，因此 β 系数越大的证券预期收益率越高。在一个完全竞争的市场里，证券收益与风险的关系通过调整证券价格直到对它的需求量与供应量一致，实现两者的均衡。

（五）SML 和 CML 的区分

首先，两者的适用范围不同。CML 只适合于描述无风险资产与有效率的风险资产组合再组合后的有效风险资产组合的收益和风险关系。SML 描述的是任何一种资产或资产组合的收益和风险之间的关系。

其次，是二者选择的风险变量不同。CML 以总风险 σ 为横坐标轴，SML 以市场风险 β 为横坐标。

第三节　套利定价理论

套利定价理论（Arbitage Pricing Theory，APT）是由斯蒂夫·罗斯（Stephen Ross）于 1976 年提出的。他试图提出一种比 CAPM 更好的解释资产定价的理论模型。经过几十年的发展，APT 在资产定价理论中的地位已不亚于 CAPM。相对于 CAPM 而言，APT 模型更一般化，在一定条件下甚至可以把传统的 CAPM 模型视为 APT 模型的特殊形式。

一、因素模型

（一）单一因素模型

罗斯认为，在整个经济中存在一些主要的和具有普遍影响的市场因素 F，它们在不同程度上影响着证券的收益，因此，可以用下列方程来表达单一因素模型：

$$r_i = a_i + b_i F + \varepsilon_i$$

式中，r_i——证券 i 的收益率；

a_i——没有因素 F 的预期收益率；

b_i——证券 i 对因素 F 的敏感系数（敏感度）；

F——因素的价值；

ε_i——随机误差项，是一个期望值为 0、标准差为 $\sigma_{\varepsilon i}$ 的随机变量。

根据单一因素模型，证券 i 的预期收益率可以写成：

$$r_i = a_i + b_i \overline{F}$$

证券的方差和协方差分别等于：

$$\sigma_i^2 = b_i^2 \sigma_F^2 + \sigma_{\varepsilon i}^2$$

$$\sigma_{ij} = b_i b_j \sigma_F^2$$

单一因素模型的假设条件是：

（1）证券的风险分为系统性风险和非系统性风险，因素对非系统性风险不产生影响。

（2）一个证券的非系统性风险对其他证券的非系统性风险不产生影响，两种证券的回报率仅仅通过因素 F 的共同反应而相关。

（二）多因素模型

多年来研究人员发现，实际上有多种因素同时影响着证券的收益，因此用多因素模型取代单一因素模型来研究证券收益将更有意义。

根据单一因素模型可以推导出多因素模型，其公式为：

$$r_i = a_i + b_{i1} F_1 + b_{i2} F_2 + \cdots + b_{in} F_n + \varepsilon_i$$

式中，F_1、$F_2 \cdots F_n$——影响证券收益的各共同因素；

b_1、$b_2 \cdots bn$——证券 i 对这些因素的敏感系数。

只要能得到 b 和 F 的各项参数，就可以计算任何一种证券的预期收益率、方差和标准差，并进一步推导出马柯维茨的有效边界。根据给定的无风险利率就能找到切点处证券组合。因此，多因素模型也适用于证券组合。

二、套利定价模型

（一）APT 模型的研究思路

套利定价理论要解决的问题是，如果每个投资者对各种证券的预期收益和市场敏感性都有相同估计的话，各种证券的均衡价格是如何形成的。

套利定价理论认为，套利行为是现代有效率市场形成（亦即市场均衡价格形成）的一个决定因素。研究者拓展问题的思路是：首先，分析市场是否处于均衡状态；其次，如果市场是非均衡的，分析投资者会如何行动；再次，分析投资者的行动会如何影响市场并最终使市场达到均衡；最后，分析在市场均衡状态下，证券的预期收益由什么决定。

（二）套利定价模型的假设条件

套利定价模型的假设条件和价格形成过程与 CAPM 模型都是不同的，不像 CAPM 模型限制那样严格。其中最重要的一点在于，APT 不像 CAPM 模型那样依赖于市场组合，也没有假设只有市场风险影响资产的预期收益，而是认为资产的收益可能受到集中风险的影响，而到底是几种风险以及这些风险具体是什么则无关紧要。此外，APT也没有下列CAPM模型所需要的假设：只是一个时期的投资水平，不考虑税收因素，以无风险利率借贷，投资者依据预期收益和方差选择资产组合。

APT与CAPM相同的假设包括为：投资者都有相同的预期，投资者追求效用最大化，市场是完美的。套利定价模型的假设如下：

假设1：投资者都相信证券i的收益率随意受一种或多种因素的影响，可由因素模型决定。

假设2：投资者都喜欢获利较多的投资策略，市场上有大量不同的资产，允许卖空等。

所谓套利行为是指不需要投资就可以利用同一实物资产或证券的不同价格来赚取无风险利润的行为，最典型的例子就是，利用同一种货币在不同市场上的价格差异，在价格水平较低的市场上买入该种货币，再在价格水平较高的市场上卖出，以获取价差收益的行为。这种套利行为直接改变着这两个市场上该种货币的供求，最终导致两者供求实现平衡。在一个高度竞争的、流动性较强的市场体系中，这种套利机会一经被发现，就会引起市场的反应，机会稍纵即逝，也正是这种套利行为推动着有效市场的形成。在证券市场体系中也是如此。

套利定价理论认为，如果市场处在竞争性均衡状态就不会存在套利机会，即没有一个投资者不承担风险、不需要额外资金就能获得收益的机会。如果市场未达到均衡状态的话，市场上就会存在无风险的套利机会。由于理性投资者具有厌恶风险和追求收益最大化的行为特征，因此，投资者一旦发现有套利机会就会设法利用它们。随着套利者的买进和卖出，有价证券的供求状况就会随之改变，套利空间逐渐减少直至消失，有价证券的均衡价格得以实现。因此，这种推论实际上也隐含了对一价定律的认同。

套利机会不仅存在于单一证券上，还存在于相似的证券或组合中，也就是说，投资者还可以通过对一些相似的证券或组合部分买入、部分卖出来进行套利。对于套利行为可以有多种定义方式，其中之一是用广泛影响证券的因素来解释的。

因素模型表明，具有相同因素敏感性的证券或组合，除了非因素风险外，将以相同的方式行动。然而，具有相同因素敏感性的证券或组合必然要求有相同的预期收益率，如若不然，“准套利”机会便会存在，投资者必将利用这一机会。而他们的行动将会最终使套利机会消失，均衡价格得以形成。这就是套利定价理论逻辑推演的核心。

（二）套利证券组合

1. 套利证券组合的特征

根据套利定价理论，投资者会竭力挖掘构造一个套利组合的可能性，以便在不增加风险的情况下，增加组合的预期收益率。一般而言，套利组合必须同时具备以下三个特征：

（1）不需要额外投资。如果用Xi表示投资者对证券i持有量的变化（即套利证券组合中证券i的权数），套利证券组合的这一特征就可表示为：

$$x_1+x_2+\cdots+x_n=0$$

（2）不承担风险。在存在多个影响因素的情况下，这一特征可具体表示为一个方程组：

$$x_1b_{11}+x_2b_{21}+\cdots+x_nb_{n1}=0$$

$$x_1b_{12}+x_2b_{22}+\cdots+x_nb_{n2}=0$$

$$\cdots\cdots$$

$$x_1b_{1k}+x_2b_{2k}+\cdots+x_nb_{nk}=0$$

为了找到满足上面两个特征的解，就要求证券的个数要多于因素的个数，即 $n>k$。

严格地说，除了系统性风险等于 0 以外，一个套利证券组合的非系统性风险也应该等于 0。但是，套利证券组合的非系统性风险实际上常常会大于 0，只是其数量非常小，套利定价理论认为可以忽略不计。

(3) 具有正的预期收益率。这一特征用公式可以表示为：

$$x_1E(r_1)+x_2E(r_2)+\cdots+x_nE(r_n)>0$$

当一个证券组合可以同时满足上述三个特征时，它就是一个套利证券组合。这样一个套利证券组合对任何一个渴望高收益且不关心非系统性风险的投资者都是具有吸引力的。因为它不需要任何额外的资金，没有任何系统性风险，却可以带来正的预期收益率。

2. 套利证券组合举例

假设三只股票 X_1、X_2、X_3 的预期收益率分别为 8%、13%、20%，b 系数（因素敏感度）分别是 1、2、3，投资比例分别为 1、－2、1。

则证券组合的投资为：

$$x_1+x_2+x_3=1+(-2)+1=0$$

证券组合的风险为：

$$1\times1+2\times(-2)+1\times3=0$$

证券组合的收益为：

$$1\times8\%+(-2)\times13\%+1\times20\%=2\%$$

即该证券组合的投资为 0，风险为 0，而收益却为 2%。

（三）套利定价模型的推导

根据上述对套利行为及其影响的分析，罗斯是基于以下两个基本点来推导 APT 模型的。

(1) 在一个有效率的市场中，当市场处于均衡状态时，不存在无风险的套利机会。即如不存在套利机会，市场便达到了均衡，此时不可能产生套利组合。

(2) 对于一个高度多元化的资产组合来说，只有几个共同因素需要补偿。证券 i 与这些共同因素的关系为：

$$r_i=\lambda_0+b_{i1}\lambda_1+b_{i2}\lambda+\cdots+b_{ik}\lambda_k$$

式中，$\lambda_0=R_F$——无风险利率；

b_{ik}——证券 i 对第 k 个共同因素具有的敏感系数；

λ_k——对所有资产都起作用的共同因素对其期望值的偏离，其本身的期望值为0。

这就是套利定价模型。它表明证券或证券组合的预期收益率与它对市场因素的敏感度存在着线性相关关系，并有等于无风险利率的共同截距。同时，套利定价模型还表明投资者要获得所有共同地影响证券收益率的因素的补偿，补偿额等于每一因素的系统性风险与该因素风险报酬乘积的总和。和其他风险收益模型一样，投资者不会因承受非系统性风险而得到补偿。

三、APT与CAPM的综合运用

APT与CAPM都是确定资产均衡价格的经济模型，两者只是具体的决策依据和思路依模型的不同而有差异而已。APT分析了影响证券收益的多种因素以及证券对各个因素的敏感程度；而CAPM中只有一个因素，即市场证券组合，一个敏感系数，即证券的β系数。所以，APT比CAPM更具有一般的现实意义，也能更好地描述均衡的证券价格。APT的缺点是没有指明有哪些因素影响证券收益以及它们的影响程度，因而影响了它的实际应用。而CAPM却能对此提供具体帮助。显然，如果能将两者结合起来，将能比单纯的APT作出更精确的预测，又能比CAPM作出更广泛的分析，从而为投资决策提供更充分的指导。

第四节　有效资本市场假说

市场有效性假说（Efficient Markets Hypothesis，EMH）是现代金融经济学的理论基石之一。有效资本市场假说理论认为，在一个有效的证券市场上，证券价格曲线上任何一点的价格均能真实地、准确地反映证券在该时点上的全部信息。换言之，如果证券市场是有效的，那么任何一个投资者购买证券的价格都应当真实地反映该证券的内在价值，而该证券的内在价值则是所有投资者通过对该证券发行人的所有信息的正确判断而取得的。如果一个证券市场满足上述假定，就可称之为有效资本市场。

一、有效资本市场存在的前提条件

有效市场是指每一种证券的价格都等于其投资价值的市场。要使有效资本市场在现实中得以建立，需要一系列条件。

1. 信息公开的有效性

即每一正确的信息都能够充分、真实、及时地在市场上得到公开披露。

2. 信息传输的有效性

即被公开披露的信息都能够被充分获取。

3. 信息解读的有效性

即每一个关注该证券的投资者都能够根据所获取的信息作出一致的、合理的、及时的价值判断。

4. 信息反馈的有效性

即每一个关注该证券的投资者都能够根据他的价值判断，准确、及时地实施投资决策。如果一个证券市场同时具备上述四个条件，那么任何投资者都只能从企业盈利与成长上获得收益。而且，不论投资者投资何种证券，都只能获取一致的回报率。

二、有效市场假说三种形式

在现实生活中，能够完全满足有效市场四个条件的证券市场是不存在的。美国著名金融经济学家尤金·法玛认为市场有效假说的核心在于指出了金融资产价格包含了所有可获得消息，同时也是金融资产的真实价值的最优估计。他根据证券市场价格信息的效率与真实性，将证券市场的有效性分成三种类型，即强有效市场、半强有效市场与弱有效市场。

（一）强有效市场

在强有效市场上，每一证券的任何信息的产生、公开、处理和反馈几乎是同时的，而且有关信息的公开是全面、真实的，信息的处理是正确的，反馈也是准确的。因为，每一位投资者都掌握了有关证券的所有信息，并作出一致的价值判断，进而及时将其投资决策不折不扣地付诸实施，所以在强有效市场上，证券的价格反映了所有即时信息所包含的价值，任何投资者都不可能获取额外的投资回报。

（二）半强有效市场

在半强有效市场上，有关证券信息公开的有效性受到破坏，即证券的发行人出于某种原因未将该证券所有信息完全、真实、及时地公开。在这种类型的市场上，大部分投资者只能获得公开信息，而少部分人既获取了公开信息又控制未公开的"内幕信息"，尽管市场上所有公开的信息都能被投资者准确解读与处理，进而能及时地将其投资决策不折不扣地付诸实施。但是，客观存在两类信息即公开信息和"内幕信息"，市场就会出现两类价格即基于公开信息形成的市场价格和基于"内幕信息"形成的"内幕交易价格"。"内幕信息"的公开化则会使两种价格趋于一致，价格趋同的速度取决于"内幕信息"的扩散速度。

可见，强有效市场和半强有效市场的根本区别在于信息公开的有效性是否受到破坏，也即是否存在未公开的"内幕信息"。在半强有效市场上，少数人掌握"内幕信息"可以获取超额利润。

（三）弱有效市场

在弱有效市场上，不仅信息公开的有效性受到破坏，而且投资者对信息进行价值判断的有效性也受到损害。因为不是每一投资者都能够对所有公开披露的信息作出全面、准确、及时地解读与判断，也就是说非专业的公众投资者与专业投资者（尤其是机构投资者）之间存在信息解读与信息处理能力上的差异。需要指出的是，非专业投资者不能解读全部公开信息并不等于不能解读每一个公开信息，弱有效市场对投资者解读公开信息程度的最低限制是，至少能够解读历史价格信息。在弱有效市场上，存在两类信息即公开信息和"内幕信息"；三类投资者即掌握"内幕信息"的投资者、掌握并能解读全部公开信息的投资者和不能解读全部公开信息但至少能够解读历史价格信息的投资者，因而市场价格的变化将更为复杂，存在基于"内幕信息"形成的"内幕交易价格"和基于对公开信息解读程度差异而形成的不断变化的市场价格。随着"内幕信息"的公开化和公开信息为全部投资者所吸收，市场价格也会不断趋同，其速度同时取决于"内幕信息"的扩散程度和公开信息的吸收速度。

弱有效市场与强有效市场、半强有效市场的区别在于，在弱有效市场上，除了信息公开程度存在差别外，投资者对公开信息的解读和判断还存在专业性与非专业性的区别。在弱有效市场上，除了通过掌握“内幕信息”可以获取超额利润外，那些专业性的投资者也可以利用其在信息分析上的优势获取额外的收益。

三、有效市场假说的验证

（一）强有效检验

在资本市场是有效时，应该有：

$$E_t(P_{it} \mid \Phi_{t-1}) = P_{it} + \varepsilon_t$$

当市场是强有效时，所有的信息都是已知的并立即反映在价格中，形成了随机扰动项，其证券价格应服从下述模型：

$$P_{i,t} = P_{i,t-1} + \varepsilon_t, \qquad \varepsilon_t \sim N(0, \sigma^2)$$

其假设检验归结为正态检验。

1. χ^2 拟合检验法

把作为总体的随机变量的值域划分为互不相交的 k 个区间：

$$A_1 = [a_0, a_1), A_2 = [a_1, a_2), \cdots A_k = [a_{k-1}, a_k)$$

这些区间的长度可以不相等；设$(X_1, X_2, \cdots X_n)$是ζ的容量为n的样本观测值，v_i 为样本观测值落入区间 A_i 的频数，则：

$\sum_{i=1}^{k} v_i = n$；随机变量ζ落到区间A_i的事件仍用A_i表示，把$(X_1, X_2, \cdots X_n)$作为一次n重独立试验的结果，那么在这n重独立试验中事件A_i发生的概率为$\frac{v_i}{n}$。当$H_0: F_\zeta(X)$为真时，事件 A_i 发生的概率 P_i 为：

$$P_i = P\{a_{i-1} \leqslant \zeta < a_i\} = F_0(a_i) - F_0(a_{i-1}),\ i = 1, 2, \cdots, k$$

通过 K. Pearson-Fisher 定理，得到在显著性水平 α 下，检验假设

$$H_0: F_\zeta(X) = F_0(X); \qquad H_1: F_\zeta(X) \neq F_0(X) \text{ 的法则}$$

对于样本$(X_1, X_2, \cdots, X_n)$(要求 $n \geqslant 50$)

求出 χ^2 的观测值：

若 $\chi^2 = \sum_{i=1}^{k} \frac{(v_i - nP_i)^2}{nP_i} \geqslant \chi^2_{1-\alpha}(k-r-1)$，则拒绝 H_0

若 $\chi^2 = \sum_{i=1}^{k} \frac{(v_i - nP_i)^2}{nP_i} < \chi^2_{1-\alpha}(k-r-1)$，则接受 H_0

其中 $\chi_{1-\alpha}(k-r-1)$ 为 χ^2 分布上侧 $1-\alpha$ 分位数。

2. 偏度和峰度联合检验法

这种检验方法是专用于正态性检验的。其理论依据是正态分布密度曲线是对称的、且陡缓适中。因此，被检验的数据若来自正态总体，则其经验分布密度(直方图)就不能偏斜太多，也不能陡缓过分。两个数字特征：描述分布密度曲线的偏斜程度的偏度 v_1，描述分布密度曲线陡缓程度的峰度 v_2。

若(X_1，X_2，…，X_n)是来自总体的样本值，则可以分别算出 v_1 和 v_2 的观测值 b_s，b_k：

$$b_s = \frac{\sqrt{n}\sum_{i=1}^{k}(X_i - \overline{X})^3}{\left[\sum(X_i - \overline{X})^2\right]^{3/2}}$$

$$b_k = \frac{n\sum_{i=1}^{k}(X_i - \overline{X})^4}{\left[\sum(X_i - \overline{X})^2\right]^2}$$

可计算出 $v_1 = 0$，$v_2 = 3$。当 H_0：ζ 服从 $N(\mu, \sigma^2)$ 为真时，b_s 与 b_k 应该分别接近 0 与 3。

(二) 弱有效检验

1. 相关性检验

如果资产价格变动表现为随机游动，则：

$$R_t = (1+r)R_{t-1} + \varepsilon_t$$

且误差项 ε_t 不存在序列相关。

所以我们可以对误差项 ε_t 是否序列相关进行检验。ε_t 的序列相关函数被定义为：

$$\rho_k = \frac{E(\varepsilon_t \varepsilon_{t+k})}{\sigma^2}$$

构造 BoxPierce Q 统计量：

$$Q_m = \sum_{k=1}^{m} \gamma_k^2 \sim \chi^2(m)$$

这样，检验$\{R_t \mid t > 0\}$的序列相关性问题转化为检验统计量 Q 是否服从自由度为 m 的分布问题。于是对任意给定的显著性水平 $\alpha > 0$，由 $P\{Q_m > \chi^2_{1-\alpha}(m)\} = \alpha$，得到拒绝域为：

$$P\{Q_m > \chi^2_{1-\alpha}(m)\}$$

2. 游程检验

游程就是连续若干个具有相同符号的资产价值，$\Delta P_t = P_t - P_{t-1}$。

游程检验主要是计算并比较一个序列游程总个数 R 以及 R 的期望值 U，可以采用统计量

$$U=\frac{(n_1+n_2)^{\frac{3}{2}}}{n_1n_2}\left(\zeta-\frac{n_1n_2}{n_1+n_2}\right)\sim N(0,\ 1)$$

因为$U\sim N(0,\ 1)$，所以其拒绝域为$\{U\mid>U_{1-\frac{\alpha}{2}}\}$

（三）有效市场检验实证结果及评述

西方经济学家经过大量实证分析，在短期收益率序列相关性方面支持弱有效市场假设，而长期收益率序列却存在着某种程度的负相关。

中国的研究表明，早期的股价序列存在着显著自相关，但近些年股价指数的自相关系数已经极其微小，足以支持弱有效的有关条件，但现有的检验都是对指数进行的，没有对个股进行的，至于长期收益的自回归测试，目前对中国数据还无法进行类似的检验。西方普遍支持随机游走的假设。中国从 1995 年后的数据表明指数具有随机性。但缺乏对个股的游程检验，尚不能得出我国股票市场是随机游动的假设。

四、反有效市场假说的现象

（一）公司异常现象

公司异常现象即公司本身或投资者对公司的认同程度引起的异常现象。公司规模效应是很重要的一类市场异常现象，例如，班茨（Banz，1981）根据上市公司规模大小，将纽约证券交场所的全部股票分为 5 组，发现规模最小一组股票的平均收益率比规模最大一组股票的平均收益率高 19.8%。这种股票收益率与上市公司规模大小负相关的现象被称为“规模效应”，即指市场价值总额小的公司股票平均收益率明显大于市场价值大的股票平均收益率的现象。

同一年，瑞姆甘纳（Reimganum，1981）也发现了公司规模最小的普通股票的平均收益率要比根据 CAPM 模型预测的理论收益率高出 18%。西格尔（Siegl，1998）研究发现，平均而言，小盘股比大盘股的年收益率高出 4.7%。而且小公司效应大部分集中在 1 月份。由于公司的规模和 1 月份的到来都是市场已知信息，这一现象明显地违反了半强式有效市场假设。如果存在公司规模效应，即小公司股票平均收益率明显高于大公司，那么投资者只需按照公司规模大小买入那些低市值公司股票，就可以从中获取超额收益。

（二）期间异常现象

1. 日历效应

根据市场有效性的说法，新的市场信息的变动是随机的，无人可未卜先知，而股价正反映着这些新信息的变动。因此在一个有效的市场中，一周内股票的收益率不应有明显的规律，而应是杂乱无章的但事实却与理论预期大相径庭。

卢瑟孚（Rozeff）和金尼（Kinney，1976）发现：1904—1974 年间纽约证券交易所的股价指数在 1 月份的收益率要明显高于其他 11 个月的收益率。除了 1 月效应以外，季节效应还包括周末效应、节日效应以及工作日效应等。戴国强和陆蓉（1999）也曾对上海和深圳股票市场进行了周末效应检验，证实了我国股票市场也存在着季节效应。

除此之外，还有规模效应与季节效应结合的“小公司元月效应”等多种异象。在许多国家，如美国、加拿大、意大利、荷兰、比利时、日本、新加坡等股市 1 月的收益率要远远高于其他月份，尤其是小市值的股份。

1983年凯姆（Keim）发现公司的规模与元月效应有密切的关系。他将纽约证券交易所的股票按规模分为10组，然后逐月算出规模最小的公司和规模最大的公司的超额收益率之差。1月份规模最小的公司比规模最大的公司的超额收益率高出14%左右，而且较高的收益率又主要集中在12月底的最后一个交易日和1月的头5个交易日。这种现象被称为“小公司元月效应”。

2. 反转与惯性现象

证券市场中存在着许多同有效市场理论相悖的现象，其中惯性和均值反转这两个现象尤其引人注意。关于资产定价和市场有效性的大量实证研究发现，股票收益存在一定的可预测性，特别是短期价格惯性现象和长期价格反转现象。这些现象构成了反转投资策略和惯性投资策略的实证基础。

反转投资策略是指购买过去2～5年中表现糟糕的股票，并卖出同期表现出色的股票。这种方法每年可获得大约8%的超常收益。尽管这个发现已经有十几年的历史，但是这种超常收益的源泉却一直是争论的焦点。在此基础上，杰格迪什（Jegadeesh，1990）与莱曼（Lehmann，1990）的研究还提供一些基于较短期限过度反应的经验证据，他们所做的研究表明，基于过去数周或数月的表现，选择那些表现最差的股票能够获得非正常收益。

杰格迪什（Jegadeesh）和梯特曼（Titman，1993）对特·朋德（De Bondt）和塞勒（Thaler，1985）的反向套利交易策略做出改变：把套利头寸从在形成期末做空赢家组合同时做多输家组合，改成在形成期末做多赢家组合同时做空输家组合，也即把反向交易策略改造成了惯性交易策略。

结果他们发现，同样是在美国股票市场上，当形成期和持有期长度取为3～12个月时，惯性交易策略也可以获得显著不为零的异常收益。即根据股票过去6个月的表现，持有表现最好的前1/10的股票6个月，平均每年可获得12.01%的非正常收益，最成功的是形成期为12个月、持有期为3个月的策略，每月产生的异常收益可以达到1.31%。

关于惯性策略的大量研究（王永宏、赵学军，2002）表明：①价格惯性策略是有利可图的。②这种超常收益与价格对企业收入突变的缓慢调整相关。③分析师的盈利预测是缓慢调整的。

（三）事件异常现象

事件异常现象是指某种容易辨明的事件（如盈余公告信息）公布后，分析家推荐、上市发行后股价的异常波动等。有关研究表明，某些异常收益并非短期现象，而是长期现象。一些学者发现，公司购并、分拆、回购和拆股将引起长期异常收益。

1. 公告效应

1985年，特·朋德（De Bondt）和塞勒（Thaler）推测，投资者对收益的过度反应是股票价格暂时偏离其基本价值的结果。他们提出，投资者对极端收入的过度反应，是因为投资者不能认识到极端收入回复到平均水平的范围和程度。这种反应和由于公告而产生的非正常收益称为公告效应。

伯纳德（Bemand）和托马斯（Thomas，1989）把在NYSE和AMEX上市的所有股票按照其最近盈利公告出乎意料的程度分类，样本期间选取了1974—1986年的每个季度。他们发现，一般来说，在盈利公告后的60天，那些有出乎意料正面盈利公告的股票类型与有负面盈利公告的股票类型相比有着 4%的超额收益，这种现象称为后盈利公告反应。同样地，这种现象也不能够由这两个组合 BETA 值的差异来解释。

赵宇龙（1998）考察了上海股市 123 家样本公司在 1994—1996 年三个会计年度的会计盈余披露日前后 8 个交易周内，未预期盈余（盈余预测误差）与股票非正常报酬率之间的关系。直到 1996 年，数据结果才表明中国证券市场从"脱离业绩炒个股"的状态开始向注重公司经营业绩的投资理念转变。

孙爱军和陈小悦（2002）选取 1992—1998 年在上海、深圳的所有 A 股公司为样本，检验了其 1993—1997 年的年报盈余信息含量。通过超额收益与未预期盈余的回归分析，他们得出了以下结论：在 1992—1997 年间，中国股票市场上的会计盈余对股票收益的影响十分显著，而月显著水平不断增强。

迈克利（Michaely）、塞勒（Thaler）和沃麦克（Womack，1995）研究了 1964—1988 年进行股息分配或股息削减的公司。研究结果显示，那些开始支付股息的公司在随后一年的表现要高于市场表现，而削减股息的公司则要低于市场表现。米切尔（Mitchell）和斯坦福德（Stafford，2001）对在 1960—1993 年期间进行回购的上市公司做了研究，发现一般来说，这些公司的股价在随后的 4 年里比同规模和同 B/M 比的公司要表现得好。

新股票发行的首日超额收益是普遍存在于全球资本市场的一种异常现象。对于这一现象，学术界通常将其解算为定价偏低，即发行人和投资银行把新股的发行价格定在低于其内在价值的水平上，而有效的市场能够按新股的内在价值为其定价，从而使新股的首日交易价格一般总是高于其发行价格。

而在我国，盈利公告效应却显示出不同的特点。张俊喜等对 1996—1999 四年间上海证券交易所的所有上市公司进行了详细研究，发现两大现象：

（1）在盈利公告之前和公告后交易首日，盈利变化和股价走势之间呈现强烈的正相关关系，但奇怪的是这种正相关关系之后便不复存在了，换言之，我国 A 股市场上的盈利公告效应乃提前发生，有"偷步"现象存在。

（2）在盈利公告之后，盈利状况最差的公司股价却上涨最快。

2. 价格对非基础信息的反应

标准普尔 500 指数是非常有代表性的股票指数，经常会因为公司的合并或破产而剔除某些公司的股票。哈利斯（Harris）和古瑞尔（Gurel，1986）、施莱弗（Shlerfei，1986）对股票入选指数问题进行了研究，他们发现了一个显著的现象：如果一只股票被选入指数，其股票价格平均会上涨 35%，而且有些上涨是永久性的。当 YAHOO 的股票被选入标准普尔 500 指数时，其股票价格在一个交易日内竟上涨了 24%。

股票在被选入指数后，其股票价格上涨又一次证明了定价错误的存在：在基本面没有发生任何变化的情况下，股票价格发生了波动。大量事实表明，股票价格除了对影响基础价值的信息做出反映以外，一些非基础信息也会导致价格的显著波动和调整。行为金融学认为，好的公司以后不一定就好，差的公司不一定以后就差。现有的财务数据只能够反映公司目前的经营状况，而且只是公司经营的部分（而非全部）信息。

未来股价的上涨是由公司未来的业绩的增长决定的。卡特拉（Gutler，1990）研究了第二次世界大战后美国 50 只最大的股票价格每天的波动状况，并且发现它们中多数价格上涨时都没有出现重要的信息。伍格勒（Wurgler）和祖拉夫斯卡娅（Zhuravskaya，

2002）研究发现，在1976—1996年间入选标准普尔500指数实际上使得股票的平均价格上涨了3.5%。这种上涨是相对稳定持久的，并且随着指数基金相关股票的上涨而进一步上涨。

在我国的市场，有些公司目前的业绩（如每股收益和净资产收益）并不很理想，但其股票却经常有突出的行情，或市盈率总是很高。甚至业绩指标和财务状况较差的ST、PT类股票行情此起彼伏，其二级市场的盈利机会有时大于有业绩支持的“绩优股”。

（四）其他市场异象

1. 弗里德曼—萨维奇困惑

弗里德曼（Friedman）和萨维奇（Savaga，1984）经研究发现，人们通常同时购买保险与彩票。尽管赢得巨额彩票的几率只有数百万分之一，但全球数亿人还是常常去买彩票。由于买彩票是吃亏的，所以理论上应该所有人都不会去买彩票，彩票业应该根本不存在，但现实中的彩票业并没有因为理论上的不合理性而消失，反倒在世界各国持续存在着。

人们在购买保险时表现出风险厌恶，但在彩票投资上却表现出一种风险寻求，这种现象被称之为“弗里德曼—萨维奇困惑”。既然人类的理性尚不足以使这么简单的系统符合有效市场理论，那么像股市这么复杂的系统就受难以符合有效市场理论了。

2. 投资分散化中的本土情结

大量的证据显示，与组合选择的标准模型给出的建议相比，投资者所持有的组合的分散程度明显是不充分的。投资者具有“本土情结”，弗兰奇（French）和波特巴（Poterba，1991）的报告说明美国、日本和英国的投资者持有本国证券的比例分别占所有证券的94%、98%和82%。这在理性模型的基础上是不容易给出解释的，毕竟在20世纪80年代和90年代初，甚至到现在各国的收益率还是有着相当的差距的，按照投资组合的理论，资产配置中本国资产的配置比例明显太高。

3. 可转换债券的价格倒挂

主流金融理论认为，债券收益率也是不可预测的。这就是期限结构的预期模型。当收益率曲线斜率为正时，即长期债券收益率大于短期债券收益率时，这并不意味着通常持有长期债券就可以获得较高的收益率。相反，它意味着将来短期利率会上升。假定短期债券的期限为一年，如果投资期为一年，那么利率的上升将限制长期债券价格的上升，从而使长期债券的收益率等于短期债券；如果投资期大于一年，那么短期利率的上升将使滚动投资的收益提高，从而等于长期债券的收益。

4. 期货市场中的“期现倒挂”

“期现倒挂”是期市中出现的期市价格远高于现市价格或远低于现市价格。期现价格倒挂的结果使接盘多头面临两难选择：如果是在期货上抛售实盘，那么必须将后续合约的价格拉高，而拉高之后如何脱身，便成了大问题；如果是转入现货渠道抛售，那么多的实盘就是折价销售也未必脱得了手，要是真的低价倾销，显然不符合追求利润的商业原则。

所以，这种金融市场现象按照有效市场理论也是不应该出现的，但在实际中却有发生。如2003年12月发生的郑麦的0401合约期现倒挂100元/吨，2004年4月伦敦LME 3月期铜价对现货倒挂达到了73美元/吨。

第五节 期权定价理论

一、期权价格的构成

期权价格是指期权市场上买卖期权的价格和费用，确切地讲，期权价格就是指期权合约价格，也就是期权费。要了解期权的定价，建立相关的定价模型，首先要了解期权价格及其构成。

期权价格由两部分构成：一是内在价值（Intrinsic Value），二是时间价值（Time Value）。即：

期权价格＝内在价值＋时间价值

1. 内在价值

期权的内在价值是期权价格的主要组成部分，是指期权合约本身所具有的价值，也就是期权购买者立即执行该期权所能获得的收益。对看涨期权来说，如标的物（指与期权交易相关的证券及其他金融工具）的市场价格超过期权的行使价格（协定价格），则期权的买方就可能行使其权利而获利，这时看涨期权就具有内在价值，内在价值等于市场价格减去行使价格，这时该期权处于实值状态；对看跌期权来说，当市场价格低于行使价格时，买方可行使权利而获利，同样，这时看跌期权具有内在价值，内在价值等于行使价格减去市场价格，这时该期权也处于实值状态。如果实际变化情况相反，即在看涨期权中市场价格低于行使价格或者在看跌期权中市场价格高于行使价格时，此时行使权利无利可图，反而亏本，期权合约的持有者会放弃权利，显然，这时期权没有内在价值，换言之，期权处于虚值状态。当标的物的市场价格等于行使价格时（不考虑交易费用），内在价值为零，此时期权处于平值状态。实际上，不管期权内在价值为零或没有内在价值，持有者均不会执行权利，故期权内在价值为零与期权没有内在价值对于合约持有者来说意义相同。

因此，一种期权有无内在价值以及内在价值的大小，取决于该期权执行价与其标的物的市场价之间的差额。

2. 时间价值

时间价值是指期权价格超出其内在价值的部分。由于到期时期权价格是绝对超不出其内在价值的（即到期期权只有内在价值而无时间价值），所以，只有期权未到期，才有时间价值。时间价值的真正含义是：只要有余留时间，期权对应的标的物市场价格还有向有利方向变动的可能。在到期前任何时点，实值的期权价格由内在价值与时间价值两部分组成，而平值、虚值期权的价格没有内在价值，仅由时间价值构成。如某一份看涨期权还有一段时间到期，当时内在价值为 800 元，考虑到余下时间其标的物的市场价还有上涨可能，因此，购买者还愿支付高于 800 元的价格购买它，以补偿卖方的风险（高于 800 元部分为时间价值）。所以，时间价值又称为风险补偿费。该实值期权价有内在价（800 元）与时间价（高于 800 元）两部分组成。

即使在未到期某一个时点上，某期权没有内在价值或内在价值为零，即处在虚值、平值状态，仅其交易价却往往大于零，也就是说，即使是平价期权或虚值期权，持有者也不会因为它没有内在价值或内在价值是零而免费提供给他人。之所以如此，是因为该期权还有时间价值，随着时间推移，市场价格的变动可能使虚值、平值期权变为实值期权。

与内在价值不同，时间价值不易计算，因为随着时间推移，究竟市场价如何变动很难事先知晓。一般来说，时间价值是实际成交价减去内在价值。如某债券当时市场价为 110 元，以该债券为标的物、执行价为 105 元的看涨期权在市场上以 7 元成交，这样该期权内在价值为 5 元（＝110－105），而它的时间价值则为 2 元（＝107－105）。

二、影响期权价格的因素

1. 期权所处状态

期权处于实值、虚值还是平值状态，对期权价格有很大影响。从内在价值角度看，市场价与执行价之间差额为关键因素。对看涨期权来说，标的物市场价越高、执行价越低，实值越大，从而期权价格也越高；看跌期权正好相反，标的物市场价越低、执行价越高，实值越大，期权费越昂贵。无论是看涨还是看跌期权，如果市场价与执行价之间出现相反情况，则都为虚值，无疑，这时期权价都会不断下跌。从时间价值角度看，情况就不同。一般来说，期权处于原值状态时时间价值为最大，这是因为对实值期权而言，其内在价值显著，因此随时间推移而继续扩大其内在价值的前景已不广阔，故其时间价值不大；随着期权实值状态加深，内在价值越大、时间价值越小，这时期权整个价格主要由内在价值决定。相应地，期权虚值越深，其转化为实值状态的可能性越小，故期权时间价值也小，这类期权整个价格呈下跌状态。

2. 剩余期限

这是影响期权时间价值的主要因素，但也间接影响内在价值，两者综合起来，影响整个期权价。当考虑期限对期权价格影响时，必须注意美式期权与欧式期权的区别。美式期权的期限效应比较简单，无论看涨还是看跌期权，期权价格与到期日远近呈正相关。可作这样的解释：假设有两份期权，除到期日之外都相同，由于美式期权出售者在到期日前任何一天都承担着标的物价格变动而使期权持有人可执行期权的风险，到期日越远，对期权持有人来说机会越多，即市场价向有利方向变动的可能性越大，而对期权卖方来说则是风险越大，从而索要的期权价就越难，以此作补偿。欧式期权的情况要复杂一些，无论期限长短，对期权持有人来说，执行机会都只是到期日那一天，如有两种看涨期权，一个在 1 个月后到期，一个在 6 个月后到期，虽然在 6 个月内证券价格上涨机会大于 1 个月，但投资者无法断定证券在 6 个月后到期那天与 1 个月后到期那一天哪个上涨概率大，所以期限对欧式期权价格的影响没有美式期权那么显著与必然。总之，有一点是相同的，即期权时间价随期限缩短而减少。

3. 期权标的物价格波动状况

标的物价格在未来期限内波动幅度对期权价格影响很大。对证券现货持有者来说，只要持有证券不动，价格暴涨暴跌的结果正好抵消，但对期权持有者来说，则存在着极大盈利机会，而损失则为一个可控制的定量，如股价暴涨会给看涨期权持有人带来巨额利润，但股价暴跌不会带来很大损失，最坏结果也就是放弃执行期权，从而损失期权费。对期权卖出者来说，出售这样期权被执行的可能性较大，必须以较高出售价格来抵偿自己承担的风险。由此可得出结论，期权标的物价格波动越大，期权持有人获得的时间价值越大，期权出售者索要补偿费越高，因而期权价格越高，反之相反。

4. 无风险收益率（短期利率）

无风险收益率对期权价格影响比较复杂。一方面期权对应的金融资产价格与利率成反比，即利率上升，证券价格下跌；利率下降，证券价格上涨。从这个角度看，似乎利率上升对看涨期权不利，但另一方面风险资产（股票）的收益是在无风险利率基础上加风险溢价，这又有利于股票价格增长，但通常后一个因素强于前一个因素，因为看涨期权损失有限而获利无限，无风险利率上升多少能提高看涨期权的价值。至于买进看跌期权，情况正好相反。既然利率上涨也有利于看涨期权，那么利率下降，就更有利于看涨期权价格的上升及加剧看跌期权价格的下跌。从理论上讲，作为期权定价的利率应是期权到期前一段时间的利率。由于期权到期日一般较短，故这里所讲的利率主要是短期利率。

5. 分红

分红将使股票在除息日之后价格下跌，因此对看涨期权是坏消息而对看跌期权则是好消息。可见，看涨期权的价格与预期分红的数额负相关，而看跌期权的价格与预期分红为正相关。

因此，标的物市场价格变化与看涨期权价格成正相关，与看跌期权价格成负相关，而执行价格与期权价格关系与上述情况相反。期限对欧式期权价格影响不明显，而与美式期权价格成正相关。无论看涨看跌期权，标的物价格的波动都有利于期权价格的抬升，而分红有利于看跌期权持有者，不利于看涨期权买入者。

三、期权定价模型

期权定价模型较多，限于篇幅，只介绍使用较普遍的 Black-Scholes（简称 B—S）定价模型。这个期权模型由美国经济学家费希尔·布莱克和迈伦·斯科尔斯（Fischer Black & Myron Scholes）共同提出，假定股票价格变化率满足对数正态分布。在引出 B—S 期权定价模型之前，有必要先说明该模型的若干假设和前提：

第一，期权价格计算不涉及交易费用与税收；

第二，可以无风险利率为基准无限借贷；

第三，市场不存在套利机会；

第四，考虑期权期限短，所有的贴现率按连续复利计算；

第五，股价变化呈对数正态分布，其期望值与方差一定；

第六，本模型仅适合欧式期权，由于无红利分配的美式看涨期权与欧式期权价值相同，故也适用，但不能用于美式看跌期权；

第七，利率与股价波动为常数；

第八，期权有效期内无红利分配；

第九，在很短时间内，相关证券价格变化很小。

Black-Scholes 模型如下：

$$c = SN(d_1) - Ke^{-rT}N(d_2)$$

$$p = Ke^{-rT}N(-d_2) - SN(-d_1)$$

其中：

$$d_1=\frac{\ln(\frac{s}{k})+(r+\frac{\sigma^2}{2})T}{\sigma\sqrt{T}}$$

$$d_2=\frac{\ln(\frac{s}{k})+(r-\frac{\sigma^2}{2})T}{\sigma\sqrt{T}}=d_1-\sigma\sqrt{T}$$

式中，c 为欧式看涨期权价值；

p 为欧式看跌期权价值；

S 为当前标的物价格；

$N(d_1)$，$N(d_2)$ 为累积的正态分布概率，可通过查表得到；

K 为期权执行价格；

T 为期权到期日前的时间；

σ 为价格波动的标准差；

r 为与期权到期日相同的无风险投资收益率；

e^{-rT} 为现值。

以上模型的使用需要输入五个变量，即标的物当前价格（S）、期权执行价格（K）、期权到期日前的时间（T）、利率（r）及标的物市场价格波动幅度（σ）。前四个变量易确定。那么标的物市价波动幅度（σ）如何测定呢？常用的方法是以前一年价格历史数据的标准差来代替。具体计算方法是：先计算两个连续交易日之间股价变动的平均标准差，再计算年度标准差。

$$年度标准差=平均每个交易日的标准差\times\sqrt{每年交易日}$$

有了上述所有数据，只要代入模型，即可计算期权的价格。计算出期权价格后，若市场价格低于期权价格，就存在套利机会。

虽然 Black-Scholes 模型以不分红为假设条件之一，但这与绝大多数情况下股票支付红利的现实不符。考虑到期权期限很短，一般可估算出预期可分的红利值。另外，从理论上讲，在发放红利的那天，除权后股票价格将要下跌，跌幅与红利值相同，而在其他日子，股价变化仍服从正态分布特点。明确了这些，再稍作处理，B—S 模型仍然适用。处理方法是：

先假设股息支付多少是可预期的。由于期权有效期较短，这个假设是合理的。对欧式期权来说，可假定股价由两部分构成，一部分为无风险部分，是用来支付期权有效期内股息的，另一部分为有风险部分。无风险部分等于将期限内所有股息分别从其未来除息日折现至目前所得到的现值的总和。这样，只要将 B—S 模型中股价 S 代表股价的有风险部分就可继续利用模型来进行期权估值了。这里要注意两点：一是折现股息以无风险利率为贴现率（r），二是价格波动性（σ）针对股价中有风险部分，理论上此部分波动性应为原股价波动性（σ）的 S/（S－D）倍（S 为股价，D 为股息贴现值）。

对于美式期权，在无股息情况下，美式看涨期权与欧式看涨期权实际是一样的，而有股息时，则在最后一个除息日前执行可能为最优。如要用 B—S 模型，需要作调整，因过于复杂不再论述，但可用近似方法替代。这里包括三个步骤：一是计算与该美式期权同时到期的欧式期权价值；二是计算在期权期限内最后一个除息日前一刻到期的欧式期权价值，三是两个期权中价值较高的一个可作为近似的美式期权价值。

B—S模型最早是针对股票期权提出的，以此为基础，适当加以修改，又可形成各类期权的定价。如外汇期权、期货期权、债券期权、支付固定股息率的股票期权、股指期权等。期货期权B—S模型为：

$$c=\mathrm{e}^{-rT}\ [SN\ (d_1)\ -KN\ (d_2)]$$

式中，$d_1=\dfrac{\ln\ (\frac{s}{k})\ +0.5T\sigma^2}{\sigma\sqrt{T}}$

$d_2=d_1-\sqrt{T}$

$p=c-\mathrm{e}^{-rT}\ (S-K)$

股指期权 B—S 模型为：

$$c=S\mathrm{e}^{-rT}N\ (d_1)\ -K\mathrm{e}^{-rT}N\ (d_2)$$

$$p=K\mathrm{e}^{-rT}N\ (-d_2)\ -S\mathrm{e}^{-rT}N\ (-d_1)$$

$$d_1=\frac{\ln\ (\frac{s}{k})\ +\ (r-q+\frac{\sigma^2}{2})\ T}{\sigma\sqrt{T}}$$

$$d_2=d_1-\sigma\sqrt{T}$$

式中，q 为期权对应股票年股息率。

债券期权 B—S 模型为：

$$c=BN\ (d_1)\ -\mathrm{e}^{-rT}KN\ (d_2)$$

$$p=\mathrm{e}^{-rT}KN\ (-d_2)\ -BN\ (-d_1)$$

式中，B 为债券市场价格。

$$d_1=\frac{\ln\ (\frac{B}{k})\ +\ (r-\frac{\sigma^2}{2})\ T}{\sigma\sqrt{T}}$$

$$d_2=d_1-\sigma\sqrt{T}$$

【专栏 14 - 1】　期权定价理论的新突破

在布莱克—斯科尔斯公式发表之前，除了默顿对期权应如何定价研究取得重要成果之外，许多经济学家为此也做过长期的努力，但却没能导出一个用其他已知变量表示的期权定价公式。布莱克和斯科尔斯借助复杂的数学工具做到了这些。为了简明清楚地阐述布莱克和斯科尔斯最初的推导期权定价公式的思想，我们这里不采用他们最初的推导方式，而是采用抓住布莱克—斯科尔斯原始公式的内在逻辑而推导出来的一个更为简单的公式。

下面，就以一个具体的事例来说明这一思想。首先假设股票价格在一段确定的时间内以一固定的幅度上下波动。假设股票的原始价格为 17 美元，到年末既可能降到 11 美元，又可能上升到 23 美元；再假定银行利率为 10%，投资者能以 17 美元的执行价格购买到一年期的买进期权，那么，这个期权值多少呢？

如果股票价格降到 11 美元，买进期权就毫无价值；如果股票价格上升到 23 美元，买进期权的价格即为 6 美元；即期权价格＝23－17＝6。但是，投资者在价格变动之前愿为期权付出多高的价格呢？

假定投资者以 17 美元的价格买进一股票，并向银行借款 10 美元。到年末，无论发生什么情况，这位投资者都得偿还 10 美元的借款和 1 美元的利息，共计 11 美元。如果这时股票价格恰好是 11 美元，那么，这位投资者除有能力支付贷款外，一无所得。在另一种情况下，如果股票价格达到 23 美元，这位投资者就可得 12 美元，即 23－11＝12。

这笔交易中的有利方面是，从借款和股票的组合中获得的利益，恰好与购买两笔买进期权所获得的利益相等。因此，在均衡时这样两笔期权的价格一定等于制造另一可供选择的合成期权（即一种复制投资组合的方式）的成本，并且可以测算出来。合成期权需要 17 美元的支出，减去投资者借入的 10 美元，等于 7 美元。这样，单个买进期权一定为 7 美元成本除以 2，即 3.5 美元。无论投资者是否认为股票价格达到 23 美元，上述推算一定成立。

这个事例看起来似乎有些脱离实际。股票价格一般说来是天天变动的，并不是以一固定的幅度升降。但是，此方法允许股票的任意小的幅度波动。这就意味着此模型实际上可以允许股票价格连续变动。

假定确如此模型所假设的那样，投资者总是能在期权到期前的一段时间里通过制造合成期权计算出买进期权的价格，那么，投资者也就能运用同一方法准确地计算出更前一段时间里的期权价格，亦即计算出期权到期前两段时间的价格。以此类推，一直倒推算到现在。实际上，这种期权定价的思想刺激并推动了一大类倒向随机微分方程的求解研究。中国学者彭实戈教授和法国数学家巴赫杜（Etienne Pardoux）在 1990 年证明了满足一定条件的一大类倒向随机微分方程有解的存在唯一性定理，此事确实在随机分析界，继而在数理金融学界引起了很大的轰动和反响。这可以说是，此研究成果是进入 20 世纪 90 年代以来在期权定价理论方面取得的一个新的重大突破。它是期权定价理论和数值计算的基石。目前，倒向随机微分方程的理论研究和数值计算方法尚有许多问题需要研究和解决，它是数理金融学和随机分析理论研究前沿之一。

上述所列举的事例解释了这样一个惊人的事实即期权价格不依赖于原生资产的预期未来价格，所有投资者都以同样的价格建立合成期权，无论他对未来的信心如何。这使他们对真实期权价值的看法不存在分歧，套利使期权价格和原生资产的现行价格连续起来。布莱克—斯科尔斯公式提供了一个更为精巧的分析方法：如果你知道期权的执行价格、到期日、股票的现行价格、利率以及（具有决定性）股票的预期变幅，那么你就能推导出买进期权的价格。

目前，期权已经发展成为拥有数千种不同形式的衍生证券，而设计各种衍生证券的技术已经在数理金融学的基础上发展成为一个崭新的学科——金融工程。

本章小结

资本资产定价模型是基于风险资产的期望收益均衡基础上的预测模型。该模型的主要含义是，一个资产的期望收益率与衡量该资产风险的β相联系，资本资产定价模型描述了两者发生联系的确切方式。资本资产定价模型为目前投资业的实践提供了理论基础。

资本市场线（CML）代表一条线性有效集，包括市场组合与风险资产或负债组成的所有组合。或者说，位于资本市场线上的每一个组合都是有效的。资本市场线又是一条斜率最大的机会线，这意味着任何不使用市场组合以及无风险资产或负债的组合都将位于资本市场线的下方，尽管有一些组合可能非常接近市场资本线。证券市场线是反映协方差与期望收益率之间关系的直线。β系数是度量单个资产风险的一个指标。一个组合的β只是它的各成分证券贝塔值的加权平均，而权数即为各成分证券在这个组合中所占的比例。如果证券市场线（SML）对所有资产都成立，那么我们说市场处于均衡状态，或者认为市场中不存在无效的情况。这时每一种资产的期望收益率都恰好是由它们的风险决定的。

有效市场假说实际上是亚当·斯密“看不见的手”在金融市场的延伸。有效市场假说的建立，保证了金融理论的适用性，有效市场假说是经典金融经济学的基础。

期权价格与现货价格变化相关。影响期权价格的主要因素是证券现货市场价格与期货执行价格的差额、合同期限、证券现货价格的波动幅度及无风险收益率。期权价格评估常用的模型是B—S模型，该模型计算简便，但使用范围有一定局限。

关键概念

CAPM　资本市场线　市场证券组合　证券市场线　β资本资产定价模型　有效市场假说　期权价格

本章思考题

1. 简述资本资产定价模型的假设条件。

2. 如何利用证券市场线来确定证券的预期收益率？

3. 一位投资学的学生认为：“一种具有正的标准差的证券必然有大于无风险利率的预期收益率，否则，为什么会有人持有它呢？”根据资本资产定价模型，他的观点正确吗？为什么？

4. 给定市场组合的预期收益车为10%，无风险收益率为6%，证券A的β为0.85，证券B的β为1.20。

（1）画出证券市场线。

（2）证券市场线的方程式是什么？

（3）证券A和证券B的均衡预期收益是多少？

5. 资本市场定价模型将标准差分解成市场风险和非市场风险，如何区别这两类风险？

6. 证券市场线与资本市场线有何区别？
7. 简述套利定价模型的假设条件。
8. 套利证券组合必须同时具备哪些特征？
9. 简述有效市场假说的三种形式。
10. 影响期权价格的因素有哪些？
11. 请谈一谈你对期权定价模型的认识。

Part Six

第六篇 证券投资实务篇

第十五章
证券投资的风险防范

本章学习重点

证券投资收益；证券投资风险的种类和特征；证券投资风险的度量；证券投资的风险控制。

第一节　证券投资收益与风险

一、证券投资收益

（一）证券投资收益及其类型

证券投资收益是投资者投资行为的报酬。市场主体进行证券投资主要是为了获取投资收益。一般情况下，证券投资的收益主要有两大类：一类是货币收益，另一类是非货币收益。

货币收益是投资者购买有价证券后在一定时期内获得的货币收入。它由两部分组成：一是股利或利息。投资者购买股票后成为公司的股东，他以股东的身份，按照持股的多少，从公司获得相应的股利，包括股息、现金红利和红股等，在我国的一些上市公司中，有时还可得到一些其他形式的收入，如配股权证的转让收入等。如果投资者投资于债券，则可以获得利息收入。二是因持有的有价证券价格上升所形成的资本增值，也就是投资者利用低价进高价出所赚取的差价利润，这正是目前我国绝大部分投资者投资证券的直接目的。

非货币收益的形式多种多样，例如，投资者购买股票成为股东后，可以参加公司的股东大会，查阅公司的有关数据资料，获取更多的有关企业的信息，在一定程度上参与企业的经营决策，在企业重大决策中有一定的表决权，这在一定程度上可满足投资者的参与感；大额投资者购买到一定比例的公司股票后，可以进入公司的董事会，可影响甚至决定公司的经营活动，像前些年上海股市闹得沸沸扬扬的“宝延事件”、“万申事件”莫不如此，其中“宝延事件”中，投资方深圳宝安公司的代表何彬不仅进入了延中的董事会，而且还担任董事长；此外，国外的一些上市公司还规定，凡股东购买本公司商品时可得到一定折扣优惠等等。我们这里研究证券投资收益时，主要以货币收益为主，暂不考虑非货币收益。

（二）证券投资收益的计算

在单期的情况下，一项投资的收益率可以表示为：

$$r_p=\frac{P_1-P_0+D}{P_0} \tag{15.1}$$

式中，r_p 为投资收益率，P_1 为投资者在期末持有证券或证券组合的价值，P_0 为投资者在期初持有证券或证券组合的价值，D 为投资者在投资期内收到所有收入（如果投资者持有的证券是普通股股票、优先股股票或债券，收入可以分别是普通股股息、优先股股息或债券的利息）。

该指标所描述的收益率反映了从投资开始到投资回收期间的收益状况，故常常被称为持有期收益率。

例 15-1 某投资者于 2002 年 1 月 1 日以 25 元/股的价格购入 X 公司普通股股票，年底，X 公司普通股股价上升为 30 元/股，这一年 X 公司支付股息 2 元/股，则该投资者持有 X 公司股票 1 年的投资收益率：

$$r_p=\frac{30-25+2}{25}=28\%$$

但是公式（15.1）仍存在不足之处，我们无法依据此公式来比较不同投资期间的证券或证券组合的收益率，投资者对证券的持有期可以是 1 天、1 个月、6 个月或 1 年以上，而投资者在进行投资分析时，需要有一个统一的收益率尺度，这就需要将各种不同持有期的收益率转化为年投资收益率。其计算公式为：

$$R_p=\sqrt[n]{r_p+1}-1 \tag{15.2}$$

式中，R_p 为年投资收益率，n 为投资持有时间，以年为单位，r_p 为持有时间为 n 年时的投资收益率。

例 15-2 某投资者于 2000 年 1 月 1 日以 20 元/股的价格购进 X 公司的普通股股票，2002 年底股价上升到 30 元/股，三年 X 公司共支付股息 5 元/股，问该投资者三年持有期的投资收益率是多少？持有期年投资收益率是多少？

$$r_p=\frac{30-20+5}{20}=75\%$$

$$R_p=\sqrt[n]{r_p+1}-1=\sqrt[3]{0.75+1}-1=20.51\%$$

二、证券投资风险含义及其种类

证券投资风险是指在证券投资过程中，投资者的收益和本金遭受损失的可能性。具体来说在证券投资活动中，投资者投入一定数量的本金，目的是希望能得到预期的若干收益。但是从时间上看，投入本金是当前的行为，其数额是确定的，而取得收益是在未来。在持有证券这段时间内，有很多因素可能使预期收益减少甚至使本金遭受损失，即未来收益的实现值可能会与预期的结果产生偏离，从而导致投资者面临亏损甚至破产的危险，这种危险就是证券投资风险。

证券投资风险可分为系统性风险和非系统性风险两大类。

（一）系统性风险

系统性风险是指由于某种全局性的共同因素引起的投资收益的可能变动，这种因素以同样的方式对所有证券的收益产生影响。在现实生活中，所有企业都受全局性因素的影响，这些因素包括社会、政治、经济等各个方面。由于这些因素来自企业外部，是单一证券无法抗拒和回避的，不能通过多样化投资而分散，因此又被称为不可回避风险、不可分散风险。系统性风险包括政策风险、经济周期性波动风险、利率风险和购买力风险等。

1. 政策风险

政策风险是指政府有关证券市场的政策发生重大变化或是有重要的举措、法规出台，引起证券市场的波动，从而给投资者带来风险。政府应当是在尊重证券市场发展规律的基础上，充分考虑证券市场在本国经济中的地位、与社会经济其他部门的联系、整体经济发展水平及政治形势、证券市场发展现状等多方面因素后制定一系列证券市场政策。政府关于证券市场发展的规划和政策应该是长期稳定的，在规划和政策既定的前提条件下，政府应运用法律手段、经济手段和必要的行政管理手段引导证券市场健康有序地发展。但是，在某些特殊的情况下，政府也可能会改变发展证券市场的战略部署，出台一些扶持或抑制市场发展的政策，制定出新的法规或交易规则，从而改变市场原先的运行轨迹。特别是在证券市场发展的初期，对证券市场发展的规律认识不足、法规体系不健全、管理手段不充分，更容易较多地使用政策手段来干预市场。由于证券市场政策是政府指导、管理整个证券市场的手段，一旦出现政策风险，几乎所有的证券都会受到影响，因此属于系统风险。

2. 经济周期波动风险

经济周期波动风险是指证券市场行情周期性变动而引起的风险。这种行情变动不是指证券价格的日常波动和中级波动，而是指证券行情长期趋势的改变。证券行情变动受多种因素的影响，但决定性的因素是经济周期的变动。经济周期是指社会经济阶段性的循环和波动，是经济发展的客观规律。经济周期的变化决定了企业的景气和效益，从而从根本上决定了证券行情，特别是股票行情的变动趋势。证券行情随经济周期的循环而起伏变化，总的趋势可分为看涨市场或称多头市场、牛市和看跌市场或称空头市场、熊市两大类型。在看涨市场中，随着经济回升，股票价格从低谷逐渐回升，随着交易量的扩大，交易日渐活跃，股票价格持续上升并可维持较长一段时间，待股票价格升至很高水平，资金大量涌入并进一步推动股价上升，但成交量不能进一步放大时，股票价格开始盘旋并逐渐下降，标志着看涨市场的结束。看跌市场是从经济繁荣的后期开始，伴随着经济衰退，股票价格也从高点开始一直呈下跌趋势，并在达到某个低点时结束。看涨市场和看跌市场是指股票行情变动的大趋势。实际上，在看涨市场中，股价并非直线上升，而是大涨小跌，不断出现盘整和回档行情；在看跌市场中，股价也并非直线下降，而是小涨大跌，不断出现盘整和反弹行情。但在这两个变动趋势中，一个重要的特征是，在整个看涨行市中，几乎所有的股票价格都会上涨；在整个看跌行市中，几乎所有的股票价格都不可避免地有所下跌，只是涨跌的程度不同而已。

【专栏 15－1】 中国股市的暴涨暴跌

第一轮暴涨暴跌：100点—1429点—400点。以1990年12月19日为基期，中国股市从100点起步，1992年5月26日，上证指数就狂飙至1429点，这是中国股市第一个大牛市的“顶峰”。在一年半的时间中，上证指数暴涨1329%。随后股市便是迅猛而恐慌地回跌，暴跌5个月后，1992年11月16日，上证指数回落至400点下方，几乎打回原形。

第二轮暴涨暴跌：400点—1536点—333点。上证指数从1992年底的400点低谷启航，开始了它的第二轮“大起大落”。这一次暴涨来得更为猛烈，从400点附近极速地窜至1993年2月15日1536.82点收盘（上证指数第一次站上1500点之上），仅用了3个月的时间，上证指数上涨了1100点，涨幅达284%。股指在1500点上方站稳了4天之后，便调头持续下跌。这一次下跌基本上没遇上任何阻力，但下跌时间较上一轮要长，持续下跌达17个月之久。1994年7月29日，上证指数跌至这一轮行情的最低点333.92点收盘。

第三轮暴涨暴跌：333点—1053点—512点。由于三大政策救市，1994年8月1日，新一轮行情再次启动，这一轮大牛行情来得更加猛烈而短暂，仅用一个多月时间，上证指数就猛蹿至1994年9月13日的最高点1053点，涨幅为215%。随后便展开了一轮更加漫长的熊市。直至1996年1月19日，上证指数跌至512.80点的最低点。这一轮下跌总计耗时16个月。

第四轮暴涨暴跌：512点—1510点—1047点。1996年初，这一波大牛市悄无声息地在常规年报披露中发起。上证指数从1996年1月19日的500点上方启动。1997年5月12日达1510点。不到半年时间，大盘暴涨1000点，上证指数上涨接近300%。自1997年下半年股市开始了长达两年的“调整”，1999年5月17日跌至1047点。

第五轮暴涨暴跌：1047点—1756点—1361点。1999年“519”行情井喷，在短短的一个半月时间，股指上涨将近70%，1999年6月30日上证指数上攻至1756点。它第一次将历史的“箱顶”（1500点）狠狠地踩在了股民的脚下。随后股市大幅回调。2000年1月4日，上证指数直抵1361点。

第六轮暴涨暴跌：1361点—2245点—1000点。由于继续受欧美股市大幅攀升的刺激，中国股市最后奋力一搏，终于冲上了本轮行情的“至高点”。2001年6月14日，上证指数冲向2245点的历史最高峰。自此，正式宣告我国本轮大牛市的真正终结。2001年10月22日，上证指数快速跌至1515点这一敏感点位。随后继续下探，2005年6月6日，上证指数跌破1000点，最低为998.23点。与2001年6月14日的2245点相比，总计跌去1247点，这与此前专家预言“推倒重来”的1000点预测是十分巧合的。这便是一种技术性的报复，更是上一轮疯狂的大牛市自制的“苦果”。

第七轮暴涨暴跌：1000点—6124点—2566点（见图15－1）。2005年6月，上证综指破1000点，2006年1月从1200点启动，随着股权分置改革的逐步完成以及我国经济的强劲发展，2007年10月16日达到6124点的历史高峰，全部A股的静态市盈率高达76.98倍。然而，到2008年7月3日，上证综指跌破2566点，跌幅为58.09%，这是中国股市18年来没有过的急跌和暴跌，崩盘一般的走势让这个市场的大多数参与者笼罩在恐怖的气氛中，忍受着财富大幅缩水的痛苦。而2566到底是不是本次的底部？大盘什么时候又会反弹企稳？都还是未知数。有涨必有跌，涨得越高跌得越猛，熊牛交替是绝对规律。

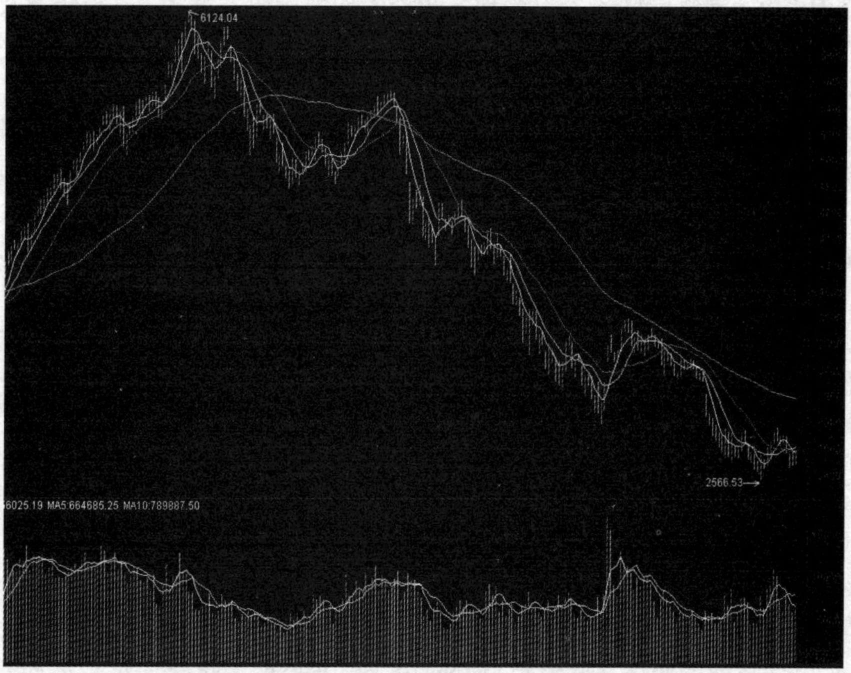

图 15-1　从最高点 6124 点到 2566 点的大盘走势图

3. 利率风险

利率风险是指市场利率变动引起证券投资收益变动的可能性。市场利率的变化会引起证券价格变动，并进一步影响证券收益的确定性。利率与证券价格呈反方向变化，即利率提高，证券价格水平下降；利率下降，证券价格水平上涨。利率从两方面影响证券价格：一是改变资金流向。当市场利率提高时，会吸引一部分资金流向银行储蓄、商业票据等其他金融资产，减少对证券的需求，使证券价格下降；当市场利率下降时，一部分资金流回证券市场，增加对证券的需求，刺激证券价格上涨。二是影响公司的盈利。利率提高，公司融资成本提高，在其他条件不变的情况下，净盈利下降，派发股息减少，引起股票价格下降；利率下降，融资成本下降，净盈利和股息相应增加，股票价格上涨。

4. 购买力风险

购买力风险又称通货膨胀风险，是指由于通货膨胀、货币贬值给投资者带来实际收益水平下降的风险。在通货膨胀情况下，物价普遍上涨，社会经济运行秩序混乱，企业生产经营的外部条件恶化，证券市场也难免深受其害，所以购买力风险是难以回避的。在通货膨胀条件下，随着商品价格的上涨，证券价格也会上涨，投资者的货币收入有所增加，会使他们忽视通货膨胀风险的存在，并产生一种货币幻觉。其实，由于货币贬值，货币购买力水平下降，投资者的实际收益不仅没有增加，反而有所减少。一般来讲，可通过计算实际收益率来分析购买力风险。

$$实际收益率=名义收益率-通货膨胀率$$

这里的名义收益率是指债券的票面利息率或股票的股息率。例如，某投资者买了一张年利率为10%的债券，其名义收益率为10%。若一年中通货膨胀率为5%，投资者的实际收益率为5%；当年通货膨胀率为10%时，投资者的实际收益率为0；当年通货膨胀率超过10%时，投资者不仅没有得到收益，反而有所亏损。可见，只有当名义收益率大于通货膨胀率时，投资者才有实际收益。

购买力风险对不同证券的影响是不相同的。最容易受其损害的是固定收益证券，如优先股、债券。因为它们的名义收益率是固定的，当通货膨胀率升高时，其实际收益率就会明显下降，所以，固定利息率和股息率的证券购买力风险较大。同样是债券，长期债券的购买力风险又要比短期债券大，相比之下，浮动利率债券或保值贴补债券的购买力风险较小。

对普通股股票来说，购买力风险相对较小。当发生通货膨胀时，由于公司产品价格的上涨，股份公司的名义收益会增加，特别是当公司产品价格的上涨幅度大于生产费用的涨幅时，公司净盈利增加，此时股息会增加，股票价格也会随之提高，普通股股东可得到较高收益，可部分减轻通货膨胀带来的损失。但需要指出的是，购买力风险对不同股票的影响是不同的。

5. 国际经济波动风险

国际经济的变化及股市的波动，也会影响其他国家股市的稳定。市场经济发展到今天已经跨出一国的狭小范围，出现国际联动的效应，一国经济发生的问题会在国际上引起连锁反应。如1987年纽约股市暴跌，很短时间内就殃及伦敦、法兰克福、东京等主要国际证券市场，酿成一场全球性的股灾。随着我国进一步对外开放，以及实现资本项目下的自由兑换，随着我国企业更多的股票去海外证券市场上市以及国内市场与国际市场的联系进一步密切，国际经济中不确定因素对我国股票投资的影响会越来越明显。如始于2007年的美国次贷危机及我国周边股市的波动已经影响到我国股票市场的运行。

（二）非系统性风险

非系统性风险是只对某一行业或个别公司的证券产生的风险，通常是由某一特殊因素引起，与整个证券市场的价格不存在系统、全面的联系，而只对个别或少数证券的收益产生影响。这种因行业或企业自身因素带来的证券价格变化与其他证券的价格、收益没有必然的联系，不会因此而影响其他证券的收益。若投资者持有多样化的不同证券，当某些证券价格下跌、收益减少时，另一些证券可能正好价格上升、收益增加，这样就使风险相互抵消。非系统风险可以通过分散投资来抵消或回避。因此，又称为可分散风险或可回避风险。非系统风险包括信用风险、经营风险、财务风险等。

1. 信用风险

信用风险又称违约风险，是指证券发行人在证券到期时无法还本付息而使投资者遭受损失的风险。证券发行人如果不能支付债券利息、优先股股息或偿还本金，哪怕仅仅是延期支付，都会影响投资者的利益，使投资者失去再投资和获利的机会，遭受损失。信用风险实际上揭示了发行人在财务状况不佳时出现违约和破产的可能，它主要受证券发行人的经营能力、盈利水平、事业稳定程度及规模大小等因素影响。债券、优先股、普通股都可能有信用风险，但程度有所不同。债券的信用风险是十分明显的，这里谈谈股票的信用风险。股票没有还本要求，普通股股息也不固定，但仍有信用风险，不仅优先股股息有缓付、少付甚至不付的可能，而且如果公司不能按期偿还债务，会立即影响股票的市场价格，更不用说当公司破产时，该公司的股票价格会接近于零，无信用可言。在债券和优先股发行时，要进行信用评级，投资者回避信用风险的最好办法是参考证券信用评级的结果。信用级别高的证券信用风险小，信用级别越低，违约的可能性越大。

【案例 15－1】　达尔曼的陨落

我国股市绩优股陨落的案例屡见不鲜，郑州百文、达尔曼、科利华、托普软件、国嘉实业、蓝田股份等等，这些都曾经风光一时，甚至不乏当时的蓝筹楷模。

达尔曼是国内珠宝饰业首家股份上市企业，曾被誉为“中华珠宝第一股”。1996 年 12 月 30 日，公司在上海证券交易所上市，是陕西第一家上市的民营企业。上市后，在 1997、1998 年，两次 10 送 10 高比例送股后，总股本迅速从最初的 7600 万股，扩张至 2.28 亿股。此后的 1998 年 8 月、2001 年，达尔曼两次配股，再次圈走 5.78 亿元，总市值已高达 29 亿元。“达尔曼”最高价出现在 1997 年 4 月 23 日，股价冲高 51.70 元，上市不过四个月，涨幅竟高达 270%。此后以每 10 股送配 10 股扩股，1998 年再走出波澜壮阔的填权行情，股价再次冲高至 47 元。复权后的股价实际已高达 94 元。

1998 年“达尔曼”股价见顶后，业绩一路下滑。2004 年 4 月，因 2003 年年报出现重大问题，“达尔曼”丑闻露出冰山一角。随后，“达尔曼”老总许宗林卷款出逃，“达尔曼”股价暴跌，一败涂地。到 2004 年 6 月，它的股价最低已达到 1.72 元，证监会开始对“达尔曼”立案查处。

其造假的具体手法主要有以下几个方面：编造公司经营业绩、生产记录；伪造资金转入转出痕迹；虚增资产消化账面虚增资金；虚假业绩支撑继续融资等。当“达尔曼”作假丑闻被曝光后，“达尔曼”董事会以自查方式承认，到 2004 年 6 月，公司已亏损 14.44 亿元。每股受益为－5.04 元。股东权益为－3.47 亿元。每股净资产由 2003 年底的 4.08 元跌到了－1.21 元。

在“达尔曼”的历史上，无论是它的辉煌期，还是它的凋落期，它从未给公众股股东分红派息过。在它的历史上，除了圈钱、圈钱，还是圈钱。“达尔曼”的历史，整个儿一部“圈钱史”。达尔曼上市 8 年间，从股市套取的资金总数高达 22 亿元。

2004 年 12 月 30 日，“ST 达尔曼”（600788）股价跌破 1 元，以 0.96 元收于跌停板位，创出中国 A 股市场成立以来，A 股股价的最低记录。12 月 31 日，2004 年中国股市的最后一个交易日，“ST 达尔曼”以 0.91 元收盘。据“*ST 达尔曼”的公告，今天将是这只股票的最后一个交易日，交易所自 2005 年第一个交易日起，对公司股票实施停牌。

由于西安达尔曼实业股份有限公司全部资产已被破产清算，连固定资产都已被法院拍卖，用于职工遣散和偿还债务。清算后，“达尔曼”尚欠银行超过 10 亿元之巨额亏空，老板又卷款潜逃，使重组、兼并、收购均因成本过高，而成为不可能。“达尔曼”连“壳资源”的价值都没有。

【案例 15－2】　莫斯科 MMM 公司股票风波

1994 年 7 月，俄罗斯爆发了席卷全国的 MMM 公司欺诈性集资重大事件，涉及金额达数千亿卢布（约合上亿美元），先后共有1000多万人卷入，莫斯科MMM公司的股票风波震动整个俄罗斯。

1994年初，俄罗斯居民马夫罗季三兄弟宣布组建一个名为MMM的投资基金，声称其目标是将之建成全俄最大的投资基金。1994年2月间，MMM公司发动了一场势如排山倒海、令消费者难以抗拒的广告宣传攻势。在每30分钟的电视节目中，就会出现20秒钟的MMM公司广告。MMM公司每月的广告费高达数百万美元，它一度取代俄罗斯众多伟人的地位，成为俄罗斯人民心目中的"民族救星"。在俄罗斯一家有影响力的报纸上刊有一整版致MMM公司老板的"感谢信"，信中写道，"我是个失去丈夫独居的女清洁工，要抚养两个孩子，虽然一天做三份工作，每月也只够勉强糊口，儿子想买条牛仔裤想了一年都未能实现。后来我将挣来的工资和补贴拿去买了MMM公司的股票，然后连本带利拿出来过日子，结果生活大大改善，每天吃奶酪、牛奶、肉汤、香蕉也不再只是梦想。这一切都因为马夫罗季创办了MMM公司。"如果你认为这样的广告并不值得大惊小怪，那么再请你听听MMM公司的慷慨许诺：您想给您的太太买件昂贵的貂皮大衣吗？您想到美国加州黄金海岸享受迷人的阳光吗？不用为钱发愁，请购买MMM公司发行的股票吧，保管你一夜脱贫。

该公司在莫斯科、圣彼得堡等大城市开办了大量分支机构发售股票，其负责人还向公众承诺，只要向MMM投资100美元，就可在半年内收回500美元，此外，还有高达400%的年终回报率。人们纷纷抢购MMM公司的股票，不少人甚至动用了全部退休金，以期获得丰厚的回报。至案发为止，全俄共有约1500万人购买了MMM公司的股票，由于大量股东的加入，MMM投资基金的股价由最初的每股约1美元飞涨到54美元。

对这类超额的回报承诺，俄罗斯经济学家已多次指出，在国家的证券法规尚未健全、监管体系还很薄弱的情况下，这种投资基金很可能是空中楼阁。但一心想发财的投资者对这些警告置若罔闻。1994年7月22日，一直对MMM公司态度暧昧的俄政府突然公开声明，政府对MMM许诺的400%到1000%的年回报率持怀疑态度，政府也不保证对MMM投资的安全，股民们务必要对马氏公司的股票持谨慎态度。同时，俄税务部门公开指责MMM有逃税漏税等数种违法行为。

至此，MMM的股民们才将信将疑地开始出售MMM股票。但仍有相当多的股民认为，政府的声明是因为担心类似MMM基金的发展会对俄罗斯的商业银行构成冲击，影响储蓄率，所以才抑制投资基金的发展。然而，随后MMM突然宣布，除其莫斯科总部外，其他分部不再从投资者手中购回股票。此时，公众才意识到，诱人的承诺背后会存在巨大的风险。尽管MMM公司发表声明声称，该公司已投资于外汇买卖和短期商业信贷，并拥有汽车制造厂和饭店等企业的股份，但却没有提供具体数字和投资证据。至此，MMM神话彻底破灭，仅7月27日一天，其股票就暴跌了50%。在其总部外，前一天还值30万卢布一股的股票以10万卢布转让都无人问津。由于缺乏新的资金投入，MMM这一靠不断吸收新资金来维持运转的空壳公司终于难以为继，由此引发的社会动荡波及全俄。

案例分析：

MMM集资是一场典型的金字塔式投资欺诈事件。其特征是公司发起人拟订筹资方案后，致力于诱惑投资者参股，当资金积累达到一定量后，开始用这些资金向投资者提供回报，如此循环往复不已。只要所筹的股金达到一定规模而且能循环不断，就足以应付日常的兑付与年终分红。一旦投资者的信心发生动摇，停止投资、抛售股票或要求兑付，金字塔就会倒塌，那些较晚参与投资的股东将血本无归，成为欺诈的牺牲品。

MMM公司股票风波发生在俄罗斯实行“休克疗法”从计划经济体制向市场经济体制快速过渡的前期，也是在俄罗斯证券市场建立的初期，由于当时俄罗斯还没有建立起市场经济和证券市场正常运行所必要的法规和政策，MMM公司乘机利用发行股票圈钱，而政府难以追究它的法律责任。同时，MMM公司利用不诚实广告，大肆招揽股民，但由于没有广告法，使得它也能打擦边球，而不受追究。当然，证券市场建立初期，广大股民没有风险意识也是MMM公司圈钱运动得以成功的重要原因。

体制转型国家证券市场建立初期，都发生过种类不同、程度不同的证券风波。中国证券市场建立初期，虽然没有俄罗斯MMM公司股票之类的风波，但也发生过震荡全国的1992年“8.10风波”，1993年的“宝延风波”等。每一风波的产生都有它的体制原因、法制原因、社会原因、经济原因。我国的股票市场经历了10年多的摸索，开始走上成熟，但与西方国家股票市场相比仍是年轻的、幼稚的。剖析俄罗斯MMM公司股票风波，了解风波发生的种种原因，对于进一步建设我国股票市场仍有启迪作用。（钟行，《人民日报》1998—01—06）

2. 经营风险

经营风险是指公司的决策人员与管理人员在经营管理过程中出现失误而导致公司盈利水平变化，从而使投资者的预期收益下降的可能。经营风险来自内部因素和外部因素两个方面。企业内部因素是经营风险的主要方面，包括：一是项目投资决策失误，缺乏对投资项目的可行性分析，草率上马；二是不注意技术更新，使自己在行业中的竞争实力下降；三是不注意市场调查，不注意开发新产品，仅满足于目前公司产品的市场占有率和竞争力，满足于目前的利润水平和经济效益；四是销售决策失误，过分地依赖大客户、老客户，没有花力气打开新市场，寻找新的销售渠道。另外，还有公司的主要管理者因循守旧、不思进取、贪污腐败、人浮于事，对可能出现的天灾人祸没有采取必要的防范措施等。外部因素是公司以外的客观因素，如政府产业政策的调整、竞争对手的实力变化使公司处于相对劣势地位，引起公司经营管理水平的相对下降等。

公司的经营状况最终表现于盈利水平的变化和资产价值的变化。经营风险主要通过盈利变化产生影响，对不同证券的影响程度也有所不同。经营风险是普通股票的主要风险，公司盈利的变化既会影响股息收入，又会影响股票价格。当公司盈利增加时，股息增加，股价上涨；当公司盈利减少时，股息减少，股价下降。经营风险对优先股的影响要小些，因为优先股的股息率是固定的，盈利水平的变化对价格的影响有限。公司债券的还本付息受法律保障，除非公司破产清理，一般情况下不受企业经营状况的影响。但是，公司盈利的变化同样可能使公司债券的价格呈同方向幅度变动，因为盈利增加使公司的债务偿还更有保障，信用提高，债券价格也会相应上升。

3. 财务风险

财务风险是指公司财务结构不合理、融资不当而导致投资者预期收益下降的风险。负债经营是现代企业正常的经营策略，通过负债经营可以弥补自有资本的不足，还可以用借贷资金来实现盈利。股份公司在营运中所需要的资金一般都来自发行股票和债务两个方面，其中债务（包括银行贷款、发行企业债券、商业信用）的利息负担是一定的，如果公司资金总量中债务比重过大，或是公司的资金利润率低于利息率，就会使股东的可分配盈利减少，股息下降，使股票投资的财务风险增加。例如，当公司的资金利润率为10%，公司向银行贷款的利率或发行债券的票面利率为8%时，普通股股东所得权益将高于10%；如果公司的资金利润率低于8%时，公司须按8%的利率支付贷款或债券利息，普通股股东的收益就将低于资金利润率。实际上，公司融资产生的财务杠杆作用犹如一把双刃剑，当融资产生的利润大于债息率时，给股东带来的是收益增长的效应；反之，就是收益减少的财务风险。

（三）操作风险

在同一个证券市场上，对待同一家公司的股票，不同投资者投资的结果可能会出现截然不同的情况，有的盈利丰厚，有的亏损累累，这种差异很大程度上是由于投资者的操作因素决定的，如投资者不同的操作心理素质与心理状态、不同的判断标准、不同的操作技巧造成的。由于这些原因造成的投资者投资收益的差异，称作操作性风险。操作性风险中最重要的是心理因素的影响。

股票投资决策是人的主观行为，客观因素无论怎样变化，最终都得由人来评判其是与非，决定是否参与及如何参与股票投资。如果说基本因素是从"质"的方面影响股票价格，市场因素是从"势"的方面影响股票价格，那么，心理因素可以说是影响股票市场价格水平的"人气"。

我们可以把引起股票投资风险的心理因素归为两类：一类是市场主导心理倾向变化，一类是投资者个人心理倾向变化。所谓市场主导心理倾向，是指一段时期内证券市场上大多数人对行情的看法。看法有时悲观，有时乐观，但只要一成气候，单个投资者往往会被卷入其中，即便这种"气候"是投机因素或谣言搅和起来的虚假现象也在所难免。在发育不成熟的市场上，个人投资者素质不高，市场一有风吹草动，大批散户就会捕风捉影，闻风而动，大量抛出或购入股票，形成"利好"或"利淡"的市场气氛。个人投资者的心理因素内容比较复杂，比较典型的有"博傻"心理、从众心理、贪婪心理、侥幸心理和赌徒心理等。

此外，还包括投资者由于自己不慎或券商失责而遭致股票被盗卖、资金被冒提、保证金被挪用等风险。

【案例15-3】 法兴业银行遭遇史上最大欺诈案损失71亿美元

担任世界最大衍生交易市场领导角色的法国第二大银行兴业银行于2008年1月24日曝出该行历史上最大违规操作丑闻。一名交易员在未经授权情况下大量购买欧洲股指期货，最终给银行造成49亿欧元（约合71.4亿美元）损失。法国兴业银行此次损失额度超过了2006年Amaranth Advisors LLC公司的66亿美元损失，也大大超过了1995年巴林银行由尼克·里森（Nick Leeson）造成的14亿美元的损失。这是世界银行业迄今因员工违规操作而蒙受的单笔最大金额损失。

法国兴业银行1月24日紧急宣布，由于其交易员杰罗姆·科维尔（Jerome Kerviel）以欺诈手段购入欧洲股指期货，使银行蒙受约合49亿欧元的损失。

兴业银行1月18日对一家大银行客户收紧贷款，核查其历史交易时发现科维尔盗用过这个银行账户，不止一次用其进行过虚假交易，而该客户表示并不知情。科维尔虚假交易一年后，才东窗事发。

法国兴业银行1月27日发表的一份声明，披露了涉嫌使该银行损失近50亿欧元的交易员杰罗姆·科维尔开展和掩盖违规交易的细节。声明说，科维尔尔采用真买假卖的手法，把套汇的短线交易做成长线交易，并使用多种手段逃过监管。套汇交易指在一个市场买入资产，同时或几乎同时在另一个市场售出，以期从不同市场的差价中获得利润。根据银行授权，科维尔在购买一种股指期货产品的同时，卖出一个设计相近的股指期货产品，实现套利或对冲目的。

银行公布的数字显示，科维尔对道琼斯欧洲50指数股指期货投资了300亿欧元，对德国DAX股指期货投资180亿欧元，对伦敦FTSE股指期货投资20亿欧元。这些投资价值总计500亿欧元，远远超过了兴业银行359亿欧元的市值，接近斯洛文尼亚、卡塔尔或利比亚之类国家一年的国内生产总值。

法国兴业银行说，为掩盖这种违规交易，科维尔使用多种手段逃过监管。他在买入金融产品时，刻意选择那些没有保证金补充警示的产品。这样一来，风险监管经理很难发现他的账户或交易情况异常。兴业银行也承认，风险经理曾数次注意到科维尔投资组合的异常操作，但每次科维尔都称这只是交易中常见的一个“失误”，并随即取消了这笔投资。实际上，他换了一种金融工具，以另一笔交易替代了那笔被取消的交易。科维尔还涉嫌通过盗用他人电脑账号、伪造文档等方法，掩盖其种种越权、违规行为。科维尔被正式起诉，被控“滥用信任”、“伪造及使用虚假文书”和“侵入信息数据系统”3项罪名。用法兰西银行行长克里斯蒂安·努瓦耶的话形容说，科维尔可谓“计算机天才”，居然通过了银行“5道安全关”获得使用巨额资金的权限。

启示：

(1) 法国兴业银行事件的出现，重要原因在于内部监控不力。全球经济在近几年持续增长，促使以股票、债券为主的资本市场和石油等大宗商品市场均出现强劲的投机风潮，全世界的投资者都狂热地忙于从中渔利，当年震惊全球的巴林银行事件已被忘到九霄云外，一些金融机构的风险管理意识明显放松。“兴业银行是衍生品交易领域的领头羊，并且被公认为世界上风险管理做得最好的银行之一”，该事件的发生不能不说是一种讽刺。

(2) 衍生品交易风险巨大。12年前，把巴林银行搞垮的28岁交易员里森曾经预言：“今后还会发生这种倒闭事件。”不幸，这种事情真的发生了，历史再次重演。有趣的是，这两个年龄相仿的毛头小伙子，犯的错误基本相同，都是在金融衍生品，都是在股指期货上栽的跟头。金融衍生品市场是以小博大，既能成倍放大收益，也能成倍放大风险，因此也更具有投机性和不可预测性。从历史上看，金融衍生品引发出的巨大风险案件多次发生过，包括中国也发生中航油、国储铜事件。而且，这种风险的爆发带来的后果十分严重。

(3) 法国兴业银行事件给我们的警示意义还在于，金融市场再发达，再现代化，仍然离不开人的操作。这家银行之所以会陷入泥淖，过分相信电脑系统、放松对员工的监管和对交易流程的管理，也是一大原因。反顾我国金融市场，一些机构的交易也完全寄托于交易员个人的品德操守，而缺少有效的流程控制，这同样蕴含着极大的潜在风险。比如，前几年发生的“基金黑幕”事件，就暴露出一些公募基金的经理人与他人串通在高位接单，

甚至用基金炒作来为自己的“老鼠仓”打掩护。这种行为将基金置于巨大的风险漩涡之中，但时至今日，我们仍然看不到对此有效的监控措施。

这次法兴业银行欺诈交易案的出现，给正处美国次贷危机影响之中的欧洲金融市场蒙上了一道阴影。而对国内金融业来说，能否从这次欺诈案中得到内部与市场方面的监管启示，显得十分重要。在我国金融业呈现双向开放的市场环境里，如何在内部风险管控和外部市场监管方面，并将相关的风险通过制度设计降低到最低程度，显然就应成为一个不得不面对的严峻命题。

三、证券投资风险的特征

证券投资风险作为一种风险，在具备了一般风险特征的同时，也有其自身特有的性质，这主要是有价证券的特殊性所决定的，即证券仅是一种虚拟资本或价值符号，其价格体现了投资者对未来收益的预期。具体来说，证券投资风险具有以下特征：

（一）客观存在性

由于证券市场的风险因素是客观存在的，通过其在时间和数量上积累，引发风险事故，从而造成整个证券市场的价格波动，造成了投资者的实际收益与预期收益的偏差，所以证券投资风险也是客观存在的，不以投资者的主观意志为转移。在证券市场的投资活动中，人们通常所说的“风险防范”也是在承认证券投资风险客观存在的前提下设法规避和降低风险，投资组合或者套期保值只不过实现了不同证券的风险合成以及风险在投资者之间的分配和转让，投资风险并没有消失。

（二）不确定性

对于投资者而言，当完成一项投资后，未来实际的收益与预期的收益有无差距，差距有多大，都无法确定。如果能肯定未来必定遭受损失，则这已不是投资的风险，而是现实的损失。而且由风险因素触发的风险事故，会引起投资者心理预期的改变，从而造成市场的价格波动，并进一步对投资者的投资收益产生影响。因此，证券投资风险具有不确定性。

（三）部分可测度性

尽管证券投资风险具有不确定性，但是这并不意味着风险完全不可能被投资者所把握，我们仍然可以通过一定的方法来对其大小进行测度。从统计学的角度来看，证券投资风险是实际收益与预期收益的偏离程度，偏离程度越高，风险越大，偏离程度越低，风险越小。同时，我们可以运用一定的统计方法对收集的历史数据进行计算，从而实现这种偏离程度的量化。当然，有些风险是很难甚至根本无法测量的。

（四）相对性

证券投资风险是相对的，由于投资者对风险偏好的不同，他们各自对风险也会采取不同的态度，风险承受能力强的为获取高收益而敢冒高风险，风险承受能力低的为避免风险而宁可选择低收益。中小投资者资金不足，承受风险能力较弱，机构投资者资金雄厚，承受风险能力较强。因此，某一程度的证券投资风险在某些投资者看来很高，而某些投资者看来很低。

（五）危害性

虽然证券投资风险会给投资者的实际收益带来一定的不确定性，但涉及可能发生的损失和收益与投资者的预期偏差过大时，证券投资风险就具有一定的危害性。如前所述，当证券市场价格波动幅度过大时，容易引发过度的投机行为，投资者在盲目追涨的同时，往往会蒙受惨重的损失。另外，随着证券市场内在风险的进一步扩大，会引发金融风暴和经济危机，对国家的社会、经济、政治稳定造成相当大的危害。

四、证券投资收益与风险的关系

收益和风险是证券投资的核心问题。投资者投资的目的是为了得到收益，与此同时又不可避免地面临着风险，证券投资的理论和实战技巧都围绕着如何处理这两者的关系而展开。

收益与风险的基本关系是收益与风险相对应，也就是说，风险较大的证券，其要求的收益率相对较高；反之，收益率较低的投资对象，风险相对较小。但是，绝不能因为收益与风险有着这样的基本关系，就盲目地认为风险越大，收益就一定越高。收益与风险相对应的原理只是揭示两者这种内在本质关系即收益与风险共生共存，承担风险是获取收益的前提；收益是风险的成本和报酬。

收益和风险的上述本质联系可以表述为下面的公式：

$$预期收益率=无风险收益率+风险补偿$$

预期收益率是投资者承受各种风险应得的补偿，无风险收益率是指把资金投资于某一没有任何风险的投资对象而能得的收益率，这是一种理想的投资收益。我们把这种收益率作为一种基本收益，再考虑各种可能出现的风险，使投资者得到应有的补偿。在现实生活中，不可能存在没有任何风险的理想证券，但可以找到某种收益变动小的证券来代替。在美国，一般将联邦政府发行的短期国库券当作无风险证券，把短期国库券利率当作无风险利率。在此基础上，我们可以发现：

（1）同一种类型的债券，长期债券利率比短期债券高，这是对利率风险的补偿。如同是政府债券，它们都没有信用风险和财务风险，但长期债券的利率要高于短期债券，这是因为短期债券没有利率风险，而长期债券却可能受到利率变动的影响，两者之间利率的差额就是对利率风险的补偿。

（2）不同债券的利率不同，这是对信用风险的补偿。通常，在期限相同的情况下，政府债券的利率最低，地方政府债券利率稍高，其他依次是金融债券和企业债券。在企业债券中，信用级别高的债券利率较低，信用级别低的债券利率较高，这是因为它们的信用风险不同。

（3）在通货膨胀严重的情况下，会发行浮动利率债券。我国政府曾对 3 年以上的国债进行保值贴补，就是对购买力风险的补偿。

（4）股票的收益率一般高于债券。这是因为股票面临的经营风险、财务风险和市场风险比债券大得多，必须给投资者相应的补偿。在同一市场上，许多面值相同的股票也有迥然不同的价格，这是因为不同股票的经营风险、财务风险相去甚远，市场风险也有差别，投资者以出价和要价来评价不同股票的风险，调节不同股票的实际收益，使风险大的股票市场价格相对较低，风险小的股票市场价格相对较高。

当然，收益与风险的关系并非如此简单。证券投资除以上几种主要风险以外，还有其他次要风险。引起风险的因素以及风险的大小程度也在不断变化之中，并且，影响证券投资收益的因素也很多。所以，这种收益率对风险的替代只能粗略地、近似地反映两者之间的关系，更进一步说，只有加上证券价格的变化，才能更好地反映两者的动态替代关系。

第二节　证券投资风险的度量

由于证券投资风险是在证券投资过程中，投资者的收益和本金遭受损失的可能性。因此，风险度量就是要准确地计算投资者的收益和本金遭受损失的可能性大小。

一、计算证券投资收益低于其期望收益的概率

例 15－3　某种证券的期望收益为10％，但是，投资该证券取得10％和10％以上收益的概率为30％，那么，该证券的投资风险为多少？

显然，该证券投资收益低于其期望收益的概率为70％，或者表示为0.70。

这一衡量方法严格从风险的定义出发，计算了投资于某种证券时，投资者的实际收益低于期望收益的概率，即投资者遭受损失的可能性大小。但是，该衡量方法有一个明显的缺陷，那就是：许多种不同的证券都会有相同的投资风险。显然，如果采用这种衡量方法，所有收益率分布为对称的证券，其投资风险都等于0.50。然而，实际上，当投资者投资于这些证券时，他们遭受损失的可能性大小会存在着很大的差异。

二、计算证券投资出现负收益的概率

例 15－4　一种证券投资出现小额亏损的概率为50％，而另一种证券投资出现高额亏损的概率为40％，究竟哪一种投资的风险更大呢？

使用计算证券投资出现负收益概率的方法，把投资者的损失仅仅看作本金的损失，投资风险就成为出现负收益的可能性。我们会发现，前一种投资的风险更高。这一衡量方法也是极端模糊的。因为，在实际证券投资过程中，大多数投资者可能会认为后一种投资的风险更高。之所以会出现理论与实际的偏差，基本的原因就在于，该衡量方法只注意了出现亏损的概率，而忽略了出现亏损的数量。

三、计算方差与标准差

第三种方法是计算证券投资的各种可能收益与其期望收益之间的差离（Deviation)，即证券收益的方差（Variance）或标准差（Stand Deviation)。

例 15－5　假设有A、B两项证券投资，每次投资均只有两种可能的结果，且每种可能的结果出现的概率相等，均为0.5。在A项投资中，可能的结果为40％的盈利或10％的亏损；在B项投资中，可能的结果为60％的盈利或30％的亏损。那么这两项投资的期望收益率为：

$$E(R_A)=40\%\times0.5+(-10\%)\times0.5=15\%$$

$$E(R_B)=60\%\times0.5+(-30\%)\times0.5=15\%$$

它们有着相同的期望收益率，但从直观上，可以发现B项投资风险更大，因为B项投资比A项投资可能收益的分散性更大。在统计学上，我们通常用标准差来表示随机变量的离散程度。标准差的计算公式为：

$$\sigma=\sqrt{\sum_{i=1}^{n}[r_i-E(r)]^2P_i}$$

通常把标准差的平方 σ^2 叫做方差。标准差可以作为衡量风险大小的尺度。标准差大的证券，表示其风险大；标准差小的证券，风险也小。在上述例子中，$\sigma_A=0.25$，$\sigma_B=0.48$，$\sigma_B>\sigma_A$，所以在相同期望收益率的条件下，B项投资的不确定性更高，风险更大。

这种衡量方法有两个鲜明的特点：其一，该衡量方法不仅把证券收益低于期望收益的概率计算在内，而且把证券收益高于期望收益的概率也计算在内；其二，该衡量方法不仅计算了证券的各种可能收益出现的概率，而且也计算了各种可能收益与期望收益的差额。与第一种和第二种衡量方法相比较，显然，方差或标准差是更适合、更有效的风险指标。

四、计算 β 系数

前面讨论的标准差指标是以某证券自身的收益率的期望值作为基准，然后计算收益率对均值的偏离程度来评价该证券的风险。由于每个证券收益率的均值并不相同，因此，不同证券的标准差之间缺乏可比性。为了能比较不同的证券投资风险的大小，需要确定一个标准的风险计量单位。整个证券市场的平均收益率的波动是衡量每种证券的风险程度高低的最适合的标准单位。在这里，市场收益率是指整个证券市场中所有证券收益率的加权平均数。

某种证券或证券组合的收益率与市场收益率之间的相关关系一般用 β 系数来表示。根据数理统计的线性回归原理，β 系数可以通过同一时期内证券收益率和市场收益率的历史数据，使用线性回归方程预测出来。β 系数就是该线性回归方程的回归系数，β 系数可以作为衡量证券系统风险的指标。在这里，

$$\beta=\frac{\mathrm{cov}_{r_ir_M}}{\sigma_M^2}$$

式中，r_i 为证券 i 的收益率，r_M 为市场收益率，$\mathrm{cov}_{r_ir_M}$ 为 r_i 与 r_M 的协方差，σ_M 为市场收益率的标准差。

因此，β 系数表示市场收益率变动1个百分点时，i 证券的收益率变动的百分数。

当 $\beta<1$ 时，表明该证券收益率的变动幅度小于市场收益率的变动幅度，说明该证券的风险比市场的风险低，是一种防御型证券，如公用事业、食品工业的股票。

当 $\beta=1$ 时，表明该证券收益率的变动幅度等于市场收益率的变动幅度，说明该证券的风险程度与市场相同。

当 $\beta>1$ 时，表明该证券收益率的变动幅度大于市场收益率的变动幅度，说明该证券的风险比市场的风险大，是一种进攻型证券，如新兴行业的股票。

用 β 系数评价证券投资风险时要注意以下几点：①β 系数不是某一证券的全部风险，它只反映证券的系统风险，说明证券收益率随市场收益率变动的这部分风险。它不包括非

系统风险。由于非系统风险可以通过组合来消除，投资者承担的风险主要是系统风险，因而对于投资者来说，β系数比反映总风险的标准差有更重要的意义。②β系数和标准差都是衡量风险的指标，但它们的性质不同。β系数是以市场平均风险为基准，衡量证券或组合的风险的相对指标，因而，同一市场上不同的证券的β系数具有可比性。但是，不同市场上的β系数不能直接比较。标准差是以证券自身的均值为基准，衡量证券或组合收益率的偏差的绝对指标。在比较不同证券的标准差时，由于均值不同，要注意其可比性。③ 用历史数据计算的β系数与标准差，只能说明证券过去的情况，而期望收益是预计未来的收益水平，不一定和过去完全一致，因此这两个指标仅为预测未来提供参考依据。

五、VaR 方法

VaR（Value at Risk）的基本含义是，风险资产在给定的置信区间和持有期间上在正常市场条件下的最大期望损失。当分布为正态时，风险的 VaR 测度等同于风险的方差测度。VaR 计算方法主要有 4 种：正态方法、历史模拟方法、压力测试法、蒙特卡罗法等。VaR 方法度量风险的最明显优点是其简洁的含义和直观的价值判断，它使得资产组合风险能够具体化为一个可以与收益相配比的数字，有利于经营管理目标的实现。这一优点提供了不同于方差或损失概率的新的风险表现形式，从而有利于从多角度、多层面对风险综合管理；另一方面，VaR 也是一种风险测度方法，它比方差、标准差的风险测度更接近于投资者对风险的真实心理感受；第三，VaR 考虑了决策者所处的环境及具体情况，使风险决策更具有可操作性，由于持有期及置信区间的选择都是根据决策者的具体情况做出的，因此 VaR 在实际风险管理中得到了广泛应用。

VaR方法的缺陷主要表现在：首先，对于资产组合的收益率分布为一般分布时，置信水平 α 上的资产最低价值的求解比较困难；其次，置信区间的选择带有任意性，α 选择不同，风险 VaR 的测度值也不同；第三，VaR 方法仍属于事前风险的事后测度；最后，该方法没有考虑收益率的波动频率问题。

第三节　证券投资风险控制

证券投资风险具有明显的两重性，即它的存在是客观的、绝对的，又是主观的、相对的；它既是不可完全避免的，又是可以控制的。投资者对证券风险的控制就是针对风险的这两重性，运用一系列投资策略和技术手段把承受风险的成本降到最低限度。由于股票市场上影响股票价格的风险因素众多，复杂多变，代表性强，所以本节主要侧重于股票投资风险控制的分析。

一、证券投资风险控制的基本原则

风险控制的目标包括确定风险控制的具体对象（基本因素风险、行业风险、企业风险、市场风险等）和风险控制的程度两层含义。投资者如何确定自己的目标取决于自己的主观投资动机，也决定于有价证券的客观属性。在对风险控制的目标作出选择之后，接下来要做的是确定风险控制的原则。根据人们多年积累的经验，控制风险可以遵循四大原则，即回避风险、减少风险、留置风险和共担（分散）风险。

1. 回避风险原则

所谓回避风险是指事先预测风险发生的可能性，分析和判断风险产生的条件和因素，在经济活动中设法避开它或改变行为的方向。在股票投资中的具体做法是：放弃对风险性较大的股票的投资，转而投资其他金融资产或不动产，或改变直接参与股票投资的做法，求助于共同基金，间接进入市场等。相对来说，回避风险原则是一种比较消极和保守的控制风险的原则。

2. 减少风险原则

减少风险原则是指人们在从事经济活动的过程中，不因风险的存在而放弃既定的目标，而是采取各种措施和手段设法降低风险发生的概率，减轻可能遭受的经济损失。在股票投资过程中，投资者在已经了解到投资于股票有风险的前提下，一方面，不放弃股票投资动机；另一方面，运用各种技术手段，努力抑制风险发生的可能性，削弱风险带来的消极影响，从而获得较丰厚的风险投资收益。对于大多数投资者来说，这是一种进取型的、积极的风险控制原则。

3. 留置风险原则

这是指在风险已经发生或已经知道风险无法避免和转移的情况下，正视现实，从长远利益和总体利益出发，将风险承受下来，并设法把风险损失减少到最低程度。在股票投资中，投资者在自己力所能及的范围内，确定承受风险的度，在股价下跌，自己已经亏损的情况下，果断“割肉斩仓”、“停损”，自我调整。

4. 共担（分散）风险原则

在股票投资中，投资者借助于各种形式的投资群体合伙参与股票投资，以共同分担投资风险。这是一种比较保守的风险控制原则。它使投资者承受风险的压力减弱了，但获得高收益的机会也少了，遵循这种原则的投资者一般只能得到平均收益。

二、证券投资风险控制的过程

（一）事前控制——投资策略的选择

投资策略的正确选择是证券投资风险控制的重要组成部分，在证券市场上生存是一切证券投资的根本基础，正如巴菲特所言，大潮过后，人们才知道谁还在真正的游泳。

1. 制定正确的投资策略

投资策略就是对市场可能的收益与风险进行评估后，根据投资者本身的风险承受能力，在对市场未来一段时期进行预测基础上形成的投资计划。制定正确的投资策略包含以下几个方面：

（1）正确的认识和评价自己

在进行证券投资之前，投资者必须正确的认识和评价自己，才能正确选择适合自己的投资策略。几乎所有的投资者在投资股市之前，总是认为自己会取得成功，然而，事实却往往并不遂人愿，这其中很大程度上就是由于投资者自我认识和评价上出现了偏差。要正确认识和评价自己，关键是要客观地分析自己以下几方面的准确情况：一是投资动机，二是资金实力，三是股票投资知识和阅历，四是心理素质。这四个因素综合在一起，决定了投资者是否该参与投资活动以及对投资风险的承受能力。投资者必须按照自己对风险的承受力来决定自己的投资行为和投资组合，才能避免亏本给自己造成的严重打击。曾经频频出现的股民因亏损而自杀的悲剧应该给大家敲响了警钟。

(2) 选择合适的投资方式

投资者可根据不同情况选择不同的方式，如果主要目的是获得公司红利或参加公司经营，而不是赚取差价，宜选择长期投资方式；如果投资者有相当资金和投资经验，没有太多的时间，宜选择中期投资方式；对于时间较空闲，投资经验丰富，反映灵活的人，可选择短线操作。从理论上讲，证券的短期投资利润最高，次之为中期投资，再次为长期投资。经验证明，短期操作中很少有人每次都能准确地把握买卖的最佳时机，就平均获益而言，中期与长期投资的收益并不逊色于短期投资。

(3) 正确选择投资对象和投资时机

选择适当的投资对象可获得超常的利润。投资对象的选择应根据当时市场的情况、品种特点及有关经验而定。投资时机的选择也非常重要，股市的波动与经济环境、政治环境密切相关。在进入股市前对投资的大环境和宏观趋势进行分析，选择有利的时机以避免逆势操作，防范投资风险。

2. 投资策略制定中面临的风险

在制定投资策略所面临的风险来自宏观层面和微观层面。宏观层面的风险是指大的经济、市场环境发生变化足以改变制订投资策略时的主要依据，这样原有的投资策略与市场相比就有可能发生大的偏差，例如 2008 年的宏观调控，虽然控制主要是投资，但正是因此使得 2007 年以来形成的经济增长方式可能发生改变，那么自 2007 年底所形成的投资策略所依据的基础就发生了变化，因此就必须重新审视新的市场状况并制定新的投资策略。防范宏观层面的风险主要依靠随时保持清醒的头脑并不断的反思、印证，不断反思原来的操作基础是否发生变化，除此并无其他更好的办法。

微观层面的风险是指在准备投资的具体的品种所面临的具体风险，主要来自行业、市场、公司基本面等未来可能形成负面影响的不确定性。微观层面风险的控制主要依靠对具体品种的深入研究和操作时的机会把握。如对拟投资品种所处行业、公司基本面未来风险进行预测，投资前尽可能多地考虑可能发生的不利因素并制定相应的对策，操作时的风险控制主要体现在建仓时的成本控制、出货时的价位控制与量的矛盾以及持仓过程中的波段操作，这些依赖于操作时对市场属性的体会与把握。

一个优秀的投资策略最终必然表现：在市场机会面前获得以投入资金规模为限的最大收益；在市场发生变化时风险防范措施周全有效规避风险；在现象上表现为重仓品种在上涨中涨幅大于大盘，而在大盘下跌中不跌或跌幅远小于大盘。

3. 投资策略制定过程中的风险控制

在制定投资策略时充分考虑风险因素，并把风险因素有机融入投资策略之中，并通过投资策略有效执行来体现出对风险的控制与把握，这是风险控制最能事半功倍的工作，也是风险控制的源头，即事前控制。

(1) 宏观层面的风险控制

宏观层面的风险控制分为总量和结构两个方面：

① 总量控制。正确的策略来自对未来的市场机会作出正确的预测，根据市场机会的大小选择相应的持仓比例，这样通过整体仓位比例控制就可有效控制大部分的风险。具体见表 15-1：

表 15－1　持仓比例的总量控制

市场机会	特　点	建议的持仓比例
大	未来上涨概率大且幅度较大	60％以上
中	未来上涨的概率大但幅度一般	30％～60％
小	未来走势不确定性较大	30％以下

市场机会大小的划分是以对未来走势把握的准确性预计为基础的，在投资策略中认为的市场机会是一个主观概念，其大小并不必然与市场的底部、顶部有关，换句话说就是决策者对市场机会的预测把握能力是决定仓位比例的基础，最终的结果取决于决策者的判断与市场实际走势的拟合程度，即在市场底部时认为有大的市场机会就说明决策者的判断与市场实际走势的拟合程度高，取得较好收益的可能性就比较大。

由此可见总量的控制是一个动态的过程，决策者不断根据市场实际走势与以前的预测进行对比并根据新的情况对未来进行预测，以此不断的调整投资策略，这部分是事中控制的主要内容。

② 结构控制。在总量控制既定之后，根据对未来市场运行格局的预测来选择具体的投资品种，即通过对比预测的未来走势从而投资那些预测的未来上涨幅度最大的个股，并在资金量上与其市场特性相匹配。在对比所有拟投资对象的上涨的幅度及其可能性之后从而确定整个的投资结构，这其中的方法主要是自上而下、自下而上或者是二者的结合，具体方法选择取决于市场当时的运行特点。

同总量控制一样，结构控制也是一个动态的过程，也必须不断的思索、对比和反思的过程。

(2) 微观层面的风险控制

微观层面风险控制就是根据具体的投资品种的市场特性来进行投资资金的分配，如何把投资规模与流动性问题结合起来是这个问题的关键所在。单一投资品种的投资规模受到以下几个因素的制约：投资品种本身的规模大小，市场当时的运行格局，主要投资者的特点及其偏好。

每个单一投资品种的合理投资金额汇总起来就得到总的投资金额，因此总的投资规模是要受到两方面制约：一是受到市场中可投资品种规模和数量的制约，二是对市场中可能的合理投资品种发掘能力的制约。这两个因素直接决定机构投资者总的合理投资规模。

(二) 事中控制

1. 事中控制中可能遇到的风险

事中控制主要是指建仓进行中或已完成条件下的风险控制，可分为预期内的风险和预期外的风险。预期内的风险处理比较简单，按照原有策略的防范措施执行即可，而预期外的风险防范则比较复杂。具体来看，造成这些风险的原因主要有以下几个：

(1) 出现原有策略中未曾考虑到的、足以对投资结果产生重大影响的新因素。例如"国九条"和宏观调控，这些重大因素的出现必然对原有的投资策略所分析的市场状况产生深远的影响，甚至是革命性的影响，因此对这些因素进行深入分析后，对原有投资策略作出必要的调整或重新选择新的投资策略就成为风险控制的关键所在。事实上这些新的

“突发”因素是各式各样的，对市场运行格局产生剧烈影响的宏观因素的如“国九条”的推出和宏观调控；某个行业甚至某个公司出现了新的积极或消极的因素，这样会从两个层面影响已有投资组合的整体风险：一是组合内行业品种出现新的因素，从而影响整个组合的风险状况；二是组合外行业品种出现新的变化，通过这些品种自身的价值变化从而影响到整个估值变化，这样原有的策略或组合就面临新的调整。

（2）在没有观察到新的因素出现的条件下市场运行格局与原有策略预期出现比较大的偏差。出现这种情况的原因有来自投资策略中预期错误和市场短期内的偏离等。

2. 控制事中风险的对策

（1）牢固树立风险观念。生存是第一位的，先尽可能将不确定性降到可承受的范围之内。对决策者而言，树立只赚自己看得到的利润，只赚自己能力所及的利润，坚决回避投机取巧和侥幸的心理。

（2）风险控制计划。投资者确定了风险控制的目标与风险控制原则后，就应当依据既定的原则制定一套具体的风险控制计划以便减少行为的盲目性，确保控制风险的目标得以实现。风险控制计划与投资计划通常是合并在一起的。有了如何更多地赚取收益的计划，就有了如何更少地承受风险的方案。投资计划是落实风险控制原则和实现风险控制目标的必要条件，同时，它又受后两者制约。现有的投资计划具体形式虽然很多，但大体上可以归为三类：① 趋势投资计划。这是一种长期的投资计划，适用于长期投资者。这种投资计划主要以道氏理论为基础，认为投资者在一种市场趋势形成时，应保持自己的投资地位，待主要趋势逆转的信号出现时，再改变投资地位，市场主要趋势不断变动，投资者可以顺势而动，以取得长期投资收益。趋势投资计划的另一个典型代表是哈奇计划，又称“百分之十投资计划”，它是由美国著名投资家哈奇先生发明的，其基本内容是：投资者对某段时期（通常以月为单位）股票价格平均值与上段时期的最高值或最低值进行比较，平均值高于最高值10%时卖出，低于最低值10%时买进，其中月平均值采用周平均值之和的算术平均数计算。② 定式投资计划。这是一种按照定式投资的计划。它遵循减少风险、分散风险和转移风险等风险控制原则，利用不同种类股票的短期市场价格波动控制风险，获取收益。具体有等级投资计划、平均成本投资计划、固定金额投资计划、固定比率投资计划、可变比率投资计划等。这些计划的形式各不相同，但基本原理基本相同，主要特点可归纳为三个方面：第一，各种方式都把资金分为两部分，即进取性投资和保护性投资。前者投资于价格波动比较大的股票，其收益率一般比较高，风险也比较大；后者投资于股价比较稳定的股票或投资基金，收益平稳，风险也比较低。第二，在两种资金之间确定一个恰当的比率，并随着股价的变化，按照定式对两者的比率进行调整，使两者的搭配能满足预期的收益水平和风险控制目标。第三，投资者根据市场价格水平的变化，机械地进行股票买卖活动。③ 保本或停损投资计划。保本或停损投资计划是投资者在股市前途莫测、股价动荡不定时，为了避免或减轻投资本金损失，遵循留置风险的原则所采取的一类投资计划。主要有两种具体形式：一是保本投资计划，另一是摊平投资计划。

（3）充分及时掌握各种股票信息。信息对股市的重要性就如同氧气对于人一般，充分及时掌握各种股票信息是投资成功的法宝。掌握信息的关键在于获取信息、分析处理信息和利用信息。涉及股市的信息范围很广，有反映系统性风险的宏观信息（如总体社会政治、经济、金融状况信息）和反映系统性风险的微观信息（如上市公司经营状况信息、股市交易与价格信息、证券管理信息等)。投资者可以针对自己的投资目的或风险控制目标,有选择地收集各种信息并对这些信息进行处理,判断信息的准确性以及可能对股市产生的影响,最后,利用已掌握的信息,作出自己的投资决策。在这过程中,信息的准确与否十分重要,否则不仅不能规避风险,反而会加大风险,造成不必要的损失。

(4) 培养市场感觉。所谓“市场感觉”是指投资者对股票市场上影响价格和投资收益的不确定因素的敏感程度以及正确判断这些因素变动方向的“灵感”。市场感觉好的人,善于抓住战机,从市场上每一细小的变化中揣摩价格趋势变动的信号,或盈利,或停损;市场感觉不好的人,机会摆在眼前,也可能熟视无睹,任其溜掉,甚至于因此而蒙受经济损失。要培养良好的市场感觉,必须保持冷静的头脑,逐步积累经验并加以灵活运用,同时要有耐心,经常进行投资模拟试验,相信自己的第一感觉。

(5) 掌握多种技术性方法降低和分散风险。① 技术分析法。所谓技术分析,是指投资者根据股票的市场价格和交易量变动的趋势及两者之间的联系,对市场未来行情作出预测,择机买卖股票以期免受价格下跌造成的损失并谋取投资收益,这种技能的主要依据是统计数据和图表。技术分析的理论基础是道氏理论,主要工具有价格走势图表、移动平均线、乖离率、相对强弱指标(RSI)、腾落线(ADL)、成交量分析(OBV)、价量经验法则等。② 投资组合法。这是最能体现分散风险原则的投资技巧。投资组合又称资产组合或资产搭配,是指投资者将资金同时投入收益、风险、期限都不相同的若干种资产上,借助资产多样化效应,分散单个资产风险进而减少所承受的投资总风险。有效的投资组合应当具备以下三个条件,即所选择的各类资产,其风险可以部分地互相冲抵;在投资总额一定的前提下,其预期收益与其他组合相同,但可能承受的风险比其他投资组合小;投资总额一定,其风险程度与其他投资组合相同,但预期的收益较其他投资组合高。为了使自己所进行的投资组合满足这三个条件,投资者应当使投资多元化。投资多元化包括股票品种多元化、投资区域多元化和购买时间多元化。③ 利用期货、期权交易进行套期保值。股票指数期货交易是一种新的金融交易品种,运用股票指数期货进行保值交易可以大大地减少投资风险。具体来说就是通过在股指期货市场上买卖与现货价值相等但交易方向相反的期货合约,来规避现货价格波动风险。股指期货之所以具有套期保值的功能,是因为在一般情况下,股指期货的价格与股票现货的价格受相近因素的影响,从而它们的变动方向是一致的。因此,投资者只要在股指期货市场建立与股票现货市场相反的持仓,则在市场价格发生变化时,他必然会在一个市场上获利而在另一个市场上亏损。通过计算适当的套期保值比率可以达到亏损与获利的大致平衡,从而实现保值的目的。

【专栏 15-2】　对冲基金

对冲基金(Hedge Fund)又称之为绝对回报基金,诞生于20世纪50年代初的美国,它利用期货、期权等金融衍生产品以及对相关联的股票进行实买空卖、风险对冲的操作技巧,以规避和化解证券投资风险。

在一个最基本的对冲操作中,基金管理者在购入一种股票后,同时购入这种股票的一定价位和时效的看跌期权(Put Option)。看跌期权的效用在于当股票价位跌破期权限定的价格时,卖出期权的持有者可将手中持有的股票以期权限定的价格卖出,从而使股票跌价的风险得到对冲。在另一类对冲操作中，基金管理人首先选定某类行情看涨的行业，买进该行业中看好的几只优势股，同时以一定比率卖出该行业中较差的几只劣质股。如此组合的结果是，如该行业预期表现良好，优质股涨幅必超过其他同行业的股票，买入优质股的收益将大于卖空劣质股而产生的损失；如果预期错误，此行业股票不涨反跌，那么较差公司的股票跌幅必大于优质股，则卖空盘口所获利润必高于买入优质股下跌造成的损失。正因为如此的操作手段，对冲基金可以说是一种基于避险保值的保守投资策略的基金管理形式。

（三）事后总结

事后总结就是投资周期完成后对原来的策略进行回顾与分析，总结其经验教训，为下一步投资规避风险、避免损失提供参考依据。

1. 投资理念方面的总结

一个投资周期下来投资效果固然是重要的，但对职业投资者而言对取得投资效果的原因分析则是更重要的，这是以后在这个市场上生存的“资本”。

对投资策略反思的重点在于在制定和执行策略的过程中，在哪些方面把握到了市场的机会，又在哪些方面不曾考虑周全，对于做的好的方面总结出经验，对于不周全的方面找出失误所在，从而不断总结提高。

2. 数据分析

现代投资理论对组合分析给出详尽的计算方法，但从思路上无外乎从波动性与收益自身与相互对比来评价投资组合。市场上好的股票应该是在上涨中涨幅大于大盘，而在大盘下跌中不跌或跌幅远小于大盘。如果找出足以承载资金规模的这样的“好股票”并重仓，这样的策略无疑是出色的，这也是主动性投资者时刻所关心的内容。

最后，冷静观察、理性分析、不停地思考与反思是投资活动的永恒的主题，理解力、领悟力的深度和广度是投资成功的前提，对人性弱点的克服则是投资成功的关键所在。

三、风险防范的制度完善

（一）法律制度的健全

我国已经出台了包括证券法在内的数十个具体的法规、条例及暂行规定等，如《股票发行与交易管理暂行条例》、《禁止证券欺诈行为暂行办法》、《证券公司检查办法》、《证券公司管理办法》等，这些具有法律效力的文件是保证证券市场健康有序发展的措施，任何投资主体及社会公众都不能违反，上市公司及证券中介商同样应该遵守规则，成为我国证券市场健康发展和保护中小投资者的有力保障。对于个别券商挪用客户资金、为客户进行信用交易、编造传播虚假信息等违规行为，应依据《证券法》等相关法律规定处理，严格执法。

（二）监管措施的完善

我国证券市场管理是以政府集中监管为主，市场自律为辅，二者相结合的监管框架。证券交易所对其会员的自律监管曾是早期证券市场的主要监管力量，目前适应证券市场发展的需要，证券交易所根据行政授权或者政府的委托，逐渐承担起对会员进行行政监管的职责。中央证券登记结算公司应针对整个市场的运行提出控制防范和化解风险的预警报告，严格执行证券监督管理委员会的各项措施，利用高科技手段，对交易全过程进行全程有效监视，包括任何细小的违规隐患，作为管理层进行监管的有力保证。除了要有完备的监察监控体系外，还严格执行，保证该体系的有效运作。

（三）交易中介的自律管理

证券经纪商在证券市场中上通下达，他们既代表买方，又代表卖方，证券经纪商承担着防范证券投资风险的重要责任。因为投机者中的恶意违规、过度投机很难绕过券商，所以只要券商能够充分发挥作用，实行自律管理，就能最大限度地防范这类风险。自律管理包括行业协会的例行财务审计、证券交易所会员的业务考评、掌握《证券法》知识的业务评比、制定内部切实可行的规章制度等。

四、投资者的自我保护

投资者尤其是中小投资者可以说是证券市场上的弱势群体，因此投资者必须学会自我保护，才能尽可能地降低交易过程风险。

（一）选择一家信誉好的证券公司的营业部

投资者买卖股票必须通过证券公司下属营业部进行，因此，证券公司及其营业部管理和服务质量的好坏直接关系到投资者交易的效率和安全性。根据国家规定，证券公司及其证券营业部的设立要经过主管部门的批准。投资者在确定其合法性后，可再依据其他客观标准来选择令自己放心投资的证券营业部。这些标准主要包括公司规模、信誉、服务质量、软硬件及配套设施、内部管理状况等。

如果投资者随意选择一家证券公司的营业部，就有可能遇上以下风险：①因证券公司经营不善招致倒闭的风险；②因证券公司经营不规范造成保证金及利息被挪用，股息被拖欠的风险；③因证券公司管理不善导致账户数据泄密的风险。

（二）签订有关协议

投资者选择了一家证券公司营业部作为股票交易代理人时，必须与其签订《证券买卖代理协议》，形成委托——代理的合同关系，双方依约享有协议所规定的权利和义务。

为保护自己的合法权益，投资者在与证券公司签订协议时要了解协议的内容，并需对以下条款予以足够注意。①证券公司营业部的业务范围和权限，②指定交易有关事项，③买卖股票和资金存取所需证件及其有效性的确认方式和程序，④委托、交割的方式、内容和要求，⑤委托人保证金和股票管理的有关事项，⑥证券营业部对委托人委托事项的保密责任，⑦双方违约责任和争议解决办法。

（三）切忌不受法律保护的信用交易

信用交易又称保证金交易，指投资者按照法律规定，在买卖证券时只向证券公司交付一定的保证金，由证券公司提供融资或融券进行交易。投资者采用这种方式进行交易时，必须在证券公司处开立保证金账户，并存入一定数量的保证金，其余应付证券或价款不足时，由证券公司代垫。信用交易分为融资买进（即买空）和融券卖出（即卖空）两类。

信用交易目前在我国属于透支交易，是一种违规活动，其行为不受法律保护。根据《中华人民共和国证券法》的明文规定，证券公司不得为客户融券、融资交易，因此，投资者与证券公司签订的“透支协议”及“抵押融资协议”不受法律保护。投资者在股票交易中必须注意任何情况下都不应向证券公司要求透支或接受透支，同时保护好自己的股东账户和托管股票，不向任何人出借自己的股票账户和身份证件。

（四）认真核对交割单和对账单

目前我国A股市场采用“T＋1”交收制度，即当天买卖，次日交割。投资者应在交易日后一天在证券营业部打印交割单，以核对自己的买卖情况。如投资者发现资金账户里的资金与实有资金存在差异，应立即向证券营业部查询核对，进行交涉。投资者在需要时还可向证券营业部索取对账单，核对以往交易资料，如果发现资料有误，投资者可向证券营业部进行查询核对。

（五）防止股票盗卖和资金冒提

投资者股票被第三人盗卖及保证金被冒提主要有两个原因：一是股民的相关证件和交易资料发生泄露，使违法者有机可乘；二是因证券公司管理不严等因素使违法者得以进行盗卖。

为保障投资者的资金安全，维护正常的市场交易秩序，证券公司应建立规范的风险管理体系和健全的内控制度，而投资者自己也不可掉以轻心，必须在日常投资实践中增强风险防范意识，尤其要注意以下事项：①在证券营业部开户时要预留三证（身份证、股东卡、资金卡）复印件和签名样本；②细心保管好自己的三证和资金存取单据、股票买卖交割单等所有的原始凭证，以防不慎被人利用；③经常查询资金余额和股票托管余额，发现问题及时处理，减少损失；④注意交易密码和提款密码的保密，如切忌在办公室大声唱念个人资料；必须与排队等候的客户保持一米的距离，防止自己的姓名、资金账号、账户余额、密码等内容被别人看到；⑤不定期修改密码；⑥逐步采用电话转账等转账方式，注意指定存折的保存保密，减少柜台转账。

【案例15－4】 证券黑市

兰州证券黑市

2001年2月，兰州春节的喜庆气氛还没有消退，一场轰动全国的系列金融集资诈骗案的黑幕渐渐揭开。这一系列案件以股票交易作为诈骗手段，涉及非法公司达15家，涉及受骗群众1300多人，涉案资金7366万元，损失3935万元，严重扰乱了我国证券市场秩序，被称为“兰州证券黑市”。这15家从事集资诈骗的公司是甘肃华信投资咨询有限公司、兰州力鑫经济信息咨询有限公司、兰州信达经济信息咨询有限公司、万维达经济咨询有限公司、华陇财经、甘肃中亚财经有限公司、国泰财经有限公司、新兰德量子工作室、甘肃金业商贸有限公司、兰州融兴信息咨询有限公司、天盛商贸公司、甘肃傲然商贸有限责任公司等等。

“兰州证券黑市”中涉及的非法证券期货经营机构主要通过利用可融资证券引诱投资者、利用虚买假卖欺骗投资者、控制交易时间和交易价格进行诈骗、通过所谓的“经纪人”拉客户、以赠送电脑、减免手续费、提供免费午餐为诱饵、打着合法注册中介公司的牌子经营等六种主要手段进行诈骗。

涉案公司设立的是虚假股市，从事假融资、假报单、假成交和强行平仓，并以收取

“手续费”、“融资利息”和“亏损平仓”为借口，骗取投资人的钱财。“股民”们是在所谓的“股市”中，玩着没有实际意义的数字游戏，其实，资金并没有掌控在投资人的手中，而是被挪用或被侵占。

柳州证券黑市

2001年9月，柳州市接连有人到公安机关报案，称柳州有的信息公司诈骗股民钱财，公司老板企图携款而逃，被受骗股民围堵追击。警方立即出动侦察，查清柳州这些公司的诈骗手法和兰州的虚拟股市如出一辙。公司以信息咨询为名，非法经营虚拟的股票业务，诈骗股民的血汗钱。经警方侦察，发现这样的公司居然有10家，它们是金闳信息咨询有限公司、长辉信息有限公司、汇升投资信息咨询有限公司、鸿熙信息咨询有限公司、诚宜信息有限公司、亿隆达信息有限公司、天钻信息公司、正德实业投资公司等。

这些所谓的“信息咨询公司”在没有任何证券营业批准手续的情况下，打着“信息咨询”的幌子，暗地里非法从事证券业务，代理股民买卖股票，大肆收取股民的保证金。他们还派人四处去证券公司拉客户，而1至10倍高额融资的承诺，则是他们摇向股民的“橄榄枝”。股民一旦落入陷阱，公司便开始了“模拟炒股”的表演。他们采取虚假下单炒股的手法，即在接受股民委托后没有实际下单，而是打电话让同伙接收。电信部门检查后发现，这些公司的电话线路根本没有通往股市，他们煞有介事的“下单”与股票交易市场没有任何连接，只是一种骗人的游戏。

警方在广西、湖南、上海、广东等地抓住了其他公司的幕后老板。共抓获66名涉案人员，追缴赃款400多万元，这10家公司模拟炒股，1000多名股民受骗上当，涉案金额3000多万元。

案例分析

全国各地除了上述这些省市的非法股票交易点外，西安市、山东省、深圳市、北京市等都出现过非法股票交易所，诈骗股民财富。这些非法证券交易活动有如下几个特点：一是非法经营的方式隐蔽，欺骗性强。从事非法证券交易的公司往往以信息、投资、咨询名义在工商行政管理机关登记注册，具有企业法人资格，在合法公司的外衣掩护下，非法从事证券交易。二是所谓的股票买卖都在公司内部运行，从未进入沪、深交易所正常交易。三是违法交易规模较大，社会危害严重。大部分公司采用类似传销的手段发展客户，对业务员实施分级奖励政策，短短时间就能发展大量客户，吸收巨额存款，风险隐患极大。这些人一旦达到目的，一有风吹草动，他们随时都有可能卷款潜逃。四是违法分子反调查能力较强。一方面，这类公司一般都实施严格的保卫制度，戒备森严，进入其经营现场，需要有该公司业务员的推荐，并经过门卫、保镖和部门经理等层层审查。五是参与非法交易的客户投机性强，识别能力差，自我保护意识弱。这些公司都非法采取高比例融资的方式，诱使客户参与其虚假股票交易。

本章小结

证券投资收益是投资者投资行为的报酬。市场主体进行证券投资的主要目的是为了获取投资收益。一般情况下，证券投资的收益主要有两大类：一类是货币收益，另一类是非货币收益。货币收益是投资者购买有价证券后在一定时期内获得的货币收入。它由两部分组成：一是股利或利息，二是因持有的有价证券价格上升所形成的资本增值，也就是投资者利用低价进高价出所赚取的差价利润，这正是目前我国绝大部分投资者投资证券的直接目的。证券投资收益的度量方法包括计算证券投资收益低于其期望收益的概率、计算证券投资出现负收益的概率、计算方差与标准差、计算β系数以及VaR方法等。

人们进行证券投资活动中，不可避免地会产生未来收益的实现值与预期结果的偏离，即证券投资风险。证券投资风险是指在证券投资过程中，投资者的收益和本金遭受损失的可能性。具体来说在证券投资活动中，投资者投入一定数量的本金，目的是希望能得到预期的若干收益。但是从时间上看，投入本金是当前的行为，其数额是确定的，而取得收益是在未来。在持有证券这段时间内，有很多因素可能使预期收益减少甚至使本金遭受损失，即未来收益的实现值可能会与预期的结果产生偏离，从而导致投资者面临亏损甚至破产的危险，这种危险就是证券投资风险。证券投资风险可分为系统性风险和非系统性风险两大类。系统性风险对所有证券的收益产生影响，包括政策风险、经济周期性波动风险、利率风险和购买力风险等。非系统性风险是只对个别或少数证券的收益产生影响，包括信用风险、经营风险、财务风险等。

关键概念

证券投资收益　证券投资风险　系统性风险　非系统性风险　信用风险　经营风险　购买力风险　投资策略

本章思考题

1. 证券投资风险的种类有哪些?
2. 证券投资风险的特征是什么?
3. 证券投资风险控制的原则是什么?
4. 结合实际谈谈如何控制和防范证券投资风险。

第十六章
证券投资方法与技巧①

本章学习重点

了解我国证券市场投资理念的演变和特点，把握股票选择的原则和买卖的时机，并能够结合实际，掌握各种投资技巧与方法。

第一节　证券投资的理念

投资理念，也就是投资的指导思想。市场投资理念的形成和发展是与特定时期的经济发展水平、市场运行特征和投资者结构等状况相适应的，是特定股市环境下的产物，都有其存在的合理性。同样，任何投资理念都不是完美无缺、放之四海而皆准的，都各有其特定的适用条件和适用范围，孤立地评价投资理念势必缺乏现实指导意义。如经典的“把鸡蛋放在不同的篮子里”的投资策略确实能够起到分散风险的作用，问题的关键在于这些篮子是否结实可靠，否则再多也无用。在实践中，如果不考虑投资分散的程度，漠视市场发展的趋势，则风险被分散的同时收益也被限制了。因此，在一定的市场条件下，“把鸡蛋放在尽可能少而结实的篮子里”的投资策略能够在有效控制风险的同时，取得较好的收益，这一投资策略在该时期是有值得推崇的道理的。随着社会经济的不断发展，随着文明和技术的不断进步，证券市场的投资理念也在不断成长、成熟，从而使我们的投资行为更具理性。

一、美国股市主流投资理念的演变

投资理念发源于最具创新活力、最发达的美国证券市场。20 世纪的大部分时期，基本分析学派已成为发达国家成熟股市投资理念的主流，它发展出的两个主要分支是内在价值型（Value Stock）投资和成长型（Growth Stock）投资。19 世纪下半叶的主流概念是铁路股。19 世纪末 20 世纪初以美国钢铁公司为领头羊的钢铁股取代了铁路股的主导地位。20 世纪 20 年代，汽车行业异军突起，汽车

① 本章主要从股票市场的角度进行分析。

股也就成为股市中的宠儿。战后繁荣的50年代使能取代多种传统材料的新材料类股成为抢手货，如铝工业股和玻璃纤维股。经济腾飞的20世纪60年代，初期以与高新技术相联系的电子工业股和塑料股，因投资者对其市场前景的憧憬而股价飞涨。20世纪60年代中期出现并购浪潮，其主要动力是兼并本身导致股票收益的增长，其中的技巧并非企业经营管理水平的提高，而是财务或金融策略，即所谓的“资本运作”。20世纪70年代上半期因“石油危机”导致石油股股价暴涨。同时，公众对概念股崇拜的理念经过近10年的洗礼，重新开始投资于有令人信服的增长纪录的蓝筹股，因其总股本大而流动性好，持续增长的股利使投资者采取等待长期收益的谨慎行动。20世纪80年代的技术革命唤醒了人们对高科技将彻底改变人类未来经济发展和社会生活的幻想，直接激起20世纪60年代的概念股炒作理念的复苏。20世纪80年代中后期，大多数生物技术公司股票跌去了3/4，以后的市场复苏也没能使其恢复。20世纪90年代的股市是激动人心的。前半期是“亚洲四小龙”热，投资基金经理对新兴国家股市激动人心的发现和巨大增长潜力的预期，加之对该股市风险知之甚少，直接推动了股票投资的国际化，因1997年亚洲金融危机爆发而崩溃。后半期是以IT技术和互联网为代表的新经济概念股的狂飙，市盈率让位于市梦率，以“.com”为后缀的网络股股价以点击率的增长而上涨。2000年网络股再次演绎了狂涨到恐慌、最终崩溃的全过程。2001年9月11日，在美国发生的“911”恐怖袭击事件，美国股市从“技术回调”转换为“恐慌下跌”，道指很快首次下穿9000点，并直逼8000点关口。美国股市在经过3年的熊市之后，2003年，科技股再次领涨大盘。然而，2004年整体股市小波动下降，小盘股表现优于大盘股。近年来，生物科技股、太阳能、网络股、天然气—资源股等热点板块受到投资者追捧，取得了较好的表现。2007年3月13日，美国住房抵押贷款银行家协会公布的报告显示，次级房贷市场出现危机，美国股市全面下挫，并很快波及他国股市。

在每一周期中，投资者对股票评价的风格和方式在股票定价中起关键作用，从而奠定该时期的主流投资理念。市场投资理念的周期性变化与股市筹码结构的调整过程惊人一致。主流概念股是成长型投资的必然产物，在其过度投机、疯狂炒作时，必然导致市场大量抛售价值型股票，价值低估的股票被更积极、坚定的投资者所持有。在成长型股票退潮时，往往又会矫枉过正地走向另一极端，回到能分配现金股利的传统行业，即看得见收益的价值型投资。一旦市场筹码结构转换的调整完成或时机成熟之后，下一轮新的振奋人心的主流概念股或周期启动就开始了。这种周期性变化在任何国家和地区都是合乎逻辑的，因为与股市博弈的利益矛盾或盈亏结构相类似。

同样，证券投资基金引导着股市的主流投资理念。无论是新行业、新兴股市投资，还是向国内绩优蓝筹股投资，基金始终伴随着先进的产业理论和管理思想，走在经济发展和改革的最前沿，领先于经济周期。正是资本的驱利性和对投资领域的高度敏感，才能始终引导社会资金流向回报最高的产业和公司，一遇阻力便会自动调整，发挥证券市场优化资源配置的功能。

二、我国股市投资理念的演变

（一）早期投资理念不成熟的表现

对于成熟市场而言，证券市场的主要功能表现为资产定价和优化资源配置，但是在我国证券市场发展的初期，筹资功能和为国企改制服务功能则占据了主导地位。由于市场功能定位的偏差、制度设计方面的重大缺陷以及监管不力等原因，导致政策市和消息市的特征鲜明，股市的博弈格局是庄家与散户的对垒，在经济利益驱动下的各种违法违规行为愈演愈烈，投资者追求暴利的赌博心态十分严重，市场信用被无情践踏。所以，这一阶段我国股市占据主流地位的投资理念基本上是基于投机心理的，公众的投资理念还相当稚嫩，也不明确，具有浓厚的感性色彩。概括地讲，主要表现为以下几点：

（1）概念性炒作极度盛行。即重形轻质，避实就虚，通过制造形形色色的题材、概念，进行狂热的投机炒作。所谓“想象空间”、“筹码”成为市场人士的口头禅；股票名称频繁更改并成为市场时尚；众多的投资者言必“炒股”，而非做股票，更非投资股票了。

（2）基于股本规模和股权结构的投机炒作。表现为小盘庄股行情的经久不衰和“三无板块”（即无国家股、无法人股、无外资股）的反复活跃，流通盘及总股本的大小成为股票定价的关键因素，公司的基本面则居于其次，小盘无敌的神话越来越灵验。

（3）基于资金优势的纯庄股炒作。流通股如同筹码，在众多投资者盲目跟风的情况下，通过筹码和资金的不断转换及股价的暴涨暴跌获取暴利。

（4）基于内幕信息的投机性炒作。如送转股、重大股权转让行为、收购兼并分立等重大投资或资产处置行为、重大投资项目或重要合同的实施等均成为内幕交易的重要素材。

（5）基于经济利益驱动，以极不规范、暗箱操作为主的一级市场资产重组为基础，进行二级市场疯狂炒作，超额垄断利润因此收入囊中，而众多的违法违规行为因此滋生。

当然，应该承认，这期间以科技股和绩优股为主线，基于成长性或绩优的中长线波段操作亦占有一定地位，但这种投资理念亦带有明显的概念化、题材化倾向，例如科技股中鱼龙混杂，一些冒牌货甚至风头最劲；绩优股中亦存在严重的利润包装、操纵行为。

（二）转轨期证券市场投资理念的主要特点

随着转轨期证券市场游戏规则的逐步完善，上述投资理念和运作方式所赖以生存的基础将渐趋动摇，直至瓦解。通过借助成熟市场经验而形成的理性化的新型投资理念将应运而生，并将最终占据主导地位。新的投资理念有一个孕育、磨合过程，随着市场的发展，它将一步一步显山露水，清晰地展现在每一个投资者面前。新的投资理念是一个集合体，而非单一的概念，其主要特点包括以下几点：

1. 公司基本面将成为投资者最关注的重要因素

在宏观层面和行业层面研究的框架下，企业基本面的研究将是投资者最重要的工作，成熟市场的研究方法、估值模型及评估指标体系将得到充分重视和广泛应用。企业基本面研究应当包括以下内容：企业的行业背景、经营规模及行业地位，企业的核心技术、科技创新能力及品牌优势，决策层的管理素质与企业家精神，主营业务及利润的增长前景，主导产品市场占有率、国际竞争力及市场拓展潜力等。一些主要的财务指标如现金流量（特别是每股经营性现金流量）、净资产收益率、资产报酬率、流动比率等将成为重要的评估指标。如 1996—1997 年以深发展和四川长虹为代表的绩优高成长股引领的大行情，使崇尚绩优蓝筹股的投资理念在当时深入人心。在券商为主的机构大资金推动下，引导股市趋向价值型投资理念的启蒙阶段，股市开始对以市盈率为标准的相对价值法定价和衡量风险体系的认同。

2. 股票定价将主要以经营业绩及成长性为主要依据

股本扩张能力将主要建立在业绩成长的基础上，而非流通盘或总股本的大小。一些成长性较佳的优秀企业通过不断拆股稀释股价，在二级市场有出色的表现，并给投资者带来稳定丰厚的回报。以往主要依据流通盘大小定价的方式及通过没有成长性配合的送转股题材来赚取填权差价的方式将逐渐被市场唾弃。市盈率、净资产倍率、现金流的有关计量模型将是衡量股价是否合理的主要评估方法。1999 年的“5·19”行情中以中兴通讯、长城电脑为代表绩优科技股表现不俗，但 1999 年涨幅最大的却是那些经重组而变成科技股的南开戈德、科利华等。高科技和高成长的投资理念是由 1998 年推出的封闭式基金引导出来的，这些时时关注西方投资理念并深受其影响的基金经理，借助 NASDAQ 市场对科技股的追捧热潮和股民对高科技的热情，适时参与以清华同方、东方电子、东大阿派、风华高科为代表的科技股投资，获利颇丰。

3. 以行业整合为目的的收购兼并题材将成为主要热点

随着监管环境的变化，资产重组的形式将逐步由概念型转向效益增长型。同时，中国加入世贸组织后，众多的行业放松管制，国内许多产业面临着来自并购的机遇和挑战。因此，以行业整合为目的的收购兼并题材将取代以往单纯概念性、预期性的重组题材，并成为主要的市场热点之一，强强联合、强者兼并弱者将成为资产重组的“重头戏”。在一些原先严格管制的行业，如金融业、电信业等，可能发生大规模的并购；而在中国具有国际比较竞争优势的制造业、纺织业及中药行业等可能出现产业聚集效应，即内外资以并购的方式整合国内的相关企业。2002 年 1 月 10 日，四川锦华发布关于国有股股权转让公告，中国华润总公司斥资 1.5 亿控股四川锦华，以利用其在纺织品进出口及原材料采购方面的优势，帮助四川锦华积极参与国际竞争，逐步实现对四川省内纺织企业的资源整合。我们将看到，以行业整合为目的的购并重组将是今后我国证券市场的重要热点之一，特别是上市公司与上市公司的购并重组将成为市场最为兴奋的焦点题材。

4. 国际竞争力将成为衡量企业价值的重要指标

中国入世后，国内市场与国际市场的联系更加密切，行业地位、技术先进程度、市场占有率、产品竞争能力不仅要以国内标准来衡量，更应以国际标准来衡量。我们对高科技企业、行业龙头企业和大蓝筹企业的认定应充分考虑在国际市场的适用性，“国际竞争力”这一概念将成为衡量企业价值和股票定价的重要因素之一。

5. 价值未发现或价值低估的股票将成为投资盈利的重要手段

价值判断的标准不同，采用的估价模型或方法不同，则对企业的价值评估或股价合理性的评估的结果会出现较大的差异。随着证券市场逐渐走向规范化、国际化，一些成熟市场普遍采用的计量分析方法将逐渐为国内投资者所接受，并被广泛使用，哪些价值未被发现或价值低估的股票必将被发现。

6. 技术分析法重要性下降

技术分析法将主要用于股价指数运行趋势、期货价格波动趋势的研究，以及作为特定股票的短线操作依据。在个股中长线投资中，它的重要性将大大降低。

7. 投资者将进一步趋于理性

随着暴利机会的大幅减少，投资者对投资回报率的期望值将明显下降，过去那种追涨杀跌、急功近利的短线投机行为将逐步降温，立足中长线投资和波段操作的理念将成为投资者共识，市场平均换手率将逐渐下降。当然，这是在股价泡沫破灭、市场风险得到充分释放、市盈率趋于合理之后才会出现的。

8. 投资组合管理水平要求提高

新的证券化资产及金融期货、金融期权等衍生产品的推出，债券品种的创新和债券市场规模的扩大，货币市场工具的多样化，将使投资组合设计的重要性日益突出，特别是对机构投资者而言，投资组合管理的技术水平将成为投资成败的关键因素之一。可以预见，未来投资组合管理方面的研究将有较大的发展，不同收益风险、偏好的投资者将有更多的选择机会。

当然，转轨期证券市场的投资理念并不是一成不变、墨守成规的，而应是相对灵活的，具有一定弹性的。由于转轨期是一个较长的过程，在这一过程中，新旧投资理念将发生碰撞，市场原有的习惯思维方式和操作模式将在一定时期仍发生较大的影响，甚至有时具有决定性的影响。因此，投资者应以灵活务实的原则，适当地追逐市场热点和适度地、阶段性地参与市场投机。另外，原有投资理念的一些有益成分，如基于成长性的投资思路，重组股价值发现的思路，推崇绩优股的投资思路等，在与新的投资理念整合之后仍有较大的意义，并将对市场投资产生较大的影响。

【专栏 16－1】　“新兴市场教父”马克·墨比尔斯的投资理念

马克·墨比尔斯（MarkMobius）从事新兴市场投资和研究已有30年经验，被《晨星》、《钱》和《纽约时报》多次列为全球最佳基金经理。1993年荣获美国晨星颁发年度最佳封闭型基金经理人、1994年获美国CNBC电视网称为年度商业资金最佳管理者。1998年获美国Money选为全球十大投资大师之一。1997年、1998年连续获选路透社Reuters票选为年度最佳全球基金经理人。

马克·墨比尔斯的投资理念

1. 当每个人都想进场时，就是出场时点；当每个人都急着出场时，就是进场时点

根据个人经验，马克·墨比尔斯发现最好的出场方式就是——在股市高档时，慢慢地、逐步地分批赎回。不要等市场下跌时才恐慌性抛售，而是在市场仍然还在上涨时就分批出场，当然，所谓的“正确的出场时点”连专家都不一定抓的准，因此，我建议当以下两个主要讯号出现时，就是投资人出场的时点：讯号一，平常不太有联络的营业员，突然打电话给你，极力推荐你买某支股票，否则你可能会错失这波涨幅。讯号二，营业员用非常戏剧化的夸张语气，来推荐你买股票。这两种情况都可能暗示市场投资气氛已经快要失去控制，市场可能发生巨幅波动的局面。另一方面，当每个人都想出场时，就是进场时机，因为在恐慌性抛售下，具有投资价值的股票，可能出现被低估的价格。

2. 你最好的保护就是分散投资

投资应该是无国界的，只要是具有获利潜力的公司，不论该公司在哪一国家，都应该

列入您的投资组合当中，如此才能够达到分散单一股票或是单一国家的景气循环风险，分散投资体制下的股票，便是您最好的保护。

3. 如果您想参与全球经济最快速地区的获利成长，就必须投资新兴国家

为何要投资新兴国家股市？答案就是成长。举例来说，中国内地、印度与马来西亚三个新兴国家在过去十年当中，全体经济规模成长118%，而英国、美国与日本这三个国家加总的经济规模，在过去十年只有成长58%。

与此同时，目前全球新兴国家经济成长值平均达6.6%，远比已开发国家的2.9%为高。而尽管新兴国家股市短期波动大，但是由于长期成长动能远比已开发国家为强，长期投资新兴国家的报酬收益也较高。

4. 经营团队的素质，是选股投资的最高标准

这就是为何马克·墨比尔斯一年365天当中有250天是往返世界各国的路途上，拜访上市公司，会面各公司经营团队的原因。马克·墨比尔斯认为，人的因素——经营团队的素质，决定了该上市公司未来成长获利空间，而在分析经营团队时，深入的拜访，了解经营团队的经营理念、营运目标、甚至于人格特质，以及各产业的挑战，是几项重要的观察因素。

5. 用FELT选择股票或股市投资

所谓FELT就是——Fair、Efficient、Liquid、Transparent。凡投资任何股票或股市之前，都应该审视——股价是否合理（Fair），股市是否是有效率交易（Efficient），此股票是否具有流动性（Liquid），该上市公司财务报表是否透明（Transparent）。

6. 所谓"危机（Crisis）"就是人们开始觉醒的理由

马克·墨比尔斯举例道：由于泰铢贬值引爆亚洲金融风暴的发生，泰国政府开始进行金融法规的改革，人民担忧未来的生活，也开始更努力工作、存更多钱，这可看出，当大环境安然无事时，人民容易懒散；而当环境艰困时，才是促使人民向前迈进的动力，因此，当金融风暴发生时，正是这些国家开始瘦身、锻炼肌肉的时候，也就是开始出现投资机会的时候。

7. 下跌的市场终究会回升，如果你有耐心，就不需要恐慌

马克·墨比尔斯在香港三十年的投资历练，让他学到"风险的最终价值"——承担风险能提供回报。虽然香港是有名的波动性大的股市，市场消息的风吹草动都可能造成云霄飞车式的股市波动，但是三十年来的经验，马克·墨比尔斯发现如果能将投资眼光放长，通常能有不错的回报。

8. 有时候你必须表现比大盘差，未来才能击败大盘

1993年亚洲股市最热门时，泰国股市市值曾达1330亿美元，而在1998年初时却跌了只剩220亿美元，从短线来看，大盘还有下跌空间，似乎应该赶快卖了持股离场，但是当马克·墨比尔斯仔细选股时，发现当中有不少股票体质并不坏，此时正是借着价格被低估、便宜买进，来增加部位的时机，而当投资标的的股价继续被低估、股价继续下跌，马克·墨比尔斯还会再持续加码，因此基金表现从短期来看会落后那些握有许多现金的基金，但是当市场开始触底反弹，基金表现将在绩优股带领下超越大盘。

9. 以资产净值（NAV）判断是否值得投资

在考量一个投资标的是否值得投资时，可以该投资标的之总资产价值减去总负债所得

的净值，除以发行在外的股数；如果此一数值高于当前股价，则表示该投资标的目前为低估（Undervalued)，股价具有上扬潜力，是一值得考虑之标的物；反之则否。

10. 先了解一国国家的证券交易所，否则不盲目投资

这一点尤其适用于新兴国家股市，因为新兴国家的股市大多仅具欧美成熟国家股市的雏形，法令规章不完全且游戏规则多变，对于资讯掌握不足的投资人而言，有如进入一弱肉强食的野蛮社会中。因此，想要掌握新兴市场高爆发潜力的一般投资人，应选择具有充分资讯、专家代为操作管理的新兴市场共同基金。

11. 一个国家的总体面常常与个别公司的未来成长性互相矛盾

以俄罗斯为例，该国的总体经济面相当恶劣，如高通膨率、高失业率等，以此来看，并非一个适合的投资国家。但该国从社会经济体制转型为资本主义体制的过程中，蕴含了许多的高获利契机，如国营企业的私有化，使得相关投资标的具有高度成长潜力。在此形势下，透过“由下而上”的投资策略才能掌握获利契机。

12. 选择投资标的时，如果只靠技术分析等的投资方法往往会误判形势，必须辅以实际的调查

虽然投资国际化，可以寻找更多更佳的获利机会，也可以分散投资单一市场的波动风险。但外国市场，尤其是政经形势不稳定的新兴国家，形势可能瞬息万变，如果只靠技术分析等的投资方法可能无法掌握全盘局势，必须透过实际的调查访问才能迅速应变。因此，投资据点遍布全球重要金融市场的国际性投资集团才能有效掌握全球金融形势的脉动。

13. 如果全世界的股市皆因为一个国家的短期因素而出现剧烈下跌，投资建议立刻从持有（Hold）改为买进（Buy）

1998年初的巴西里拉危机等于是为投资人开启的一扇投资的大门，亚洲金融风暴使市场如同惊弓之鸟，轻易地就将拉丁美洲与身陷风暴的亚洲画上等号，殊不知此乃两个截然不同的区域，因此金融变动的效率也截然不同，尽管在分类上，拉丁美洲与亚洲皆为新兴国家，然而同样的归类并不表示拉丁美洲一定也会重现亚洲股汇市全盘皆墨的景象。的确，经常低账户余额与高贸易赤字，使巴西里拉至少高估30%，不过马克·墨比尔斯将货币贬值视为一项绝佳的投资机会，因为尽管放任货币贬值有失国格，但货币贬值却可带动出口，而尽管短期间对于金融市场造成冲击，但是之后的跌深反弹力道势必也是前所未有。

14. 政治不确定性是进入一个市场的通行标志，不确定性会压抑股价，但如果你相信你的基本分析，不确定性反而是你买进原本可能价格过高的大型蓝筹股的好机会

政治因素难以量化，对于金融市场的影响也难以预测，政治风险高的地方，股市波动幅度也较大，不过在马克·墨比尔斯的眼中，政治风险也是投资机会，正因为政治因素的存在使许多好公司的股价在政治变动环境下，无法反映其真正价值，但根据“价值投资”的原理，股价终将反映企业价值，在许多政治面存在变数的地方，便有许多诸多有利因素使你有可能买进原本可能价格过高的大型蓝筹股。

15. 一旦当不确定成为确定，任何人皆可预测事件的后果时，先前的风险升水（Risk Premium）便会如轻烟一般立刻消失

不确定性夹带高风险，但高风险也意味着高报酬，在开发中国家的投资当中，不确定

性意味着机会，若能奠基于扎实的基本分析，当股价出现非理性下跌时，反而是逢低承接优质公司的好机会。相反地，当不确定消息消失，市场参与者可以预测未来的结果时，股价便已不再那么吸引人，此时进场的成本便已垫高。

三、保持良好健康的投资心态

（一）坚持自己判断

靠天靠地不如靠自己。股价波动受诸多复杂因素的影响，其中股民的跟风心理对股市影响甚大。有这种心理的投资人，看见他人纷纷跟风买进时，也深恐落后，在不了解证券市场规律的情况下，也进行自己并不了解的证券交易。有时看到别人止损离场时，也不问他人斩仓理由，就糊里糊涂地平掉自己手中后市很有潜力的个股。群体跟风买卖，市场供求失衡，导致股票价格波动极大，也使投资者遭受损失。因此，投资者要树立自己买卖股票的意识，坚持自己的判断。跟风、听内幕消息或许确实让一部分人大发横财，但打听消息被害死的远比成功的要多得多。坚持自己判断，多研究市场少听消息。

（二）连续成功后减少交易

证券交易没有常胜将军，连续成功后，最好冷静冷静。调节一下身心，看看原则性的东西，研究研究成功的战绩中是否还有不足。特别是周围人为你的成功一片喝彩时，往往或许就是失败的开始。股市既是一种投资活动，又是一种心智活动，因此，它很具刺激性。但是，若把刺激变为频繁交易，就会患“市场病”。因为在单边行情中，股价往往沿着一定方向运行一段时间。若单边操作频频得手后，往往会使人有种成就感，而忽略了潜在的风险，一旦方向反转易失去方向感和趋势感。

聪明的投资者往往会在成功后，尤其是连续成功，感觉如鱼得水时，开始逐渐减少交易频率和资金投入比例，或者干脆休息一段，赚了钱放松放松也是应该的，等精力充沛了再战，既回避了头脑发热导致失败的风险，又攒足了精力。

（三）耐心比决心重要

急躁和缺乏耐心是很多投资者的通病。因为投资者入市炒股的主要目的就是为了赚钱，急于赚钱和发财心切都是可以理解的，关键是急躁本身于事无补，反而有害。“急躁”是影响投资成功的最大的心理误区，而“耐心”则是投资者最优秀的心理品质。投资的目的就是着眼于未来的收益，投资的含义中就蕴含着时间因素，所以证券投资需要时间，需要耐心。实践表明，急于发财而追涨杀跌很难收到好的结果，反而容易出现操作失误。看不懂的时候“以静制动”就是最好的选择。耐心等待，笑到最后才笑得最好。

要记住：“机不可失，时不再来”这句话不适用于股市，股市永远是有机会的，而且不同时期市场总会孕育着不同的热点，错过了一次机会并不重要，还有下一次机会在等着你。股市当中抓住机会在于精而不在于多，因为谁也不可能百胜百战，盈利是积累在较高的投资成功率的基础上。因此投资行为之前的分析研究过程比投资行为本身更为重要，也许在分析研究过程中看似错过一些机会，但这不要紧，客观上本来就不可能抓住所有的机会，你只要尽你所能抓好属于自己的机会就可以了。

（四）逆向思维

在充满利益角逐的证券市场中，人们出于对金钱的渴望，更容易形成整体智能低下的

“心理群体”。那么投资者如何避免加入“心理群体”呢？美国投资分析家尼尔的逆向理论提供了答案。尼尔认为，逆向思维的目标是争辩当前的流行观点，而流行观点屡屡被历史经验证明往往是错误的观点。如“三连阳”、“三连阴”被作为经典指标判断买卖信号，但在现实当中，如果10人都看到“三连阳”的买入信号和“三连阴”的卖出信号，很有可能这个“三连阳”就是进场多头的葬身之地。

【专栏16－2】　学会使用“逆向思维理论”

尼尔将“逆向思维理论”的有效性建立在对人性弱点的认识以及社会学和心理学的规律上，其中包括：①人性弱点：习惯、模仿、感染、畏惧、贪婪、轻信、自负；②群体丧失了理性思维能力，受制于人性弱点，而个体则可能压抑这些弱点；③从本性上具有“公众”的冲击。④人的相互感染与相互模仿的本性使人极易受建议、命令、情绪刺激等的控制。

鉴于以上的假定和研究，尼尔得出了“大多数人的看法倾向于是错误的”结论。对于这一论断，我们可以列举证券市场的一系列历史事件中加以说明：

(1) 1997年春季，我国各主要媒体一再刊发各类文章论证我国经济实现“软着陆”成功后将继续保持两位数的增长速度。绝大多数的分析师也认为上市公司盈利能力将增强。沪深两市的“牛市格局”也将继续发展，同时“牛市”也吸引了大批中小投资入市。以上现象表明，当时中国股市的主流观点是股市将继续攀升。与主流观点相对应的逆向思维是对后市的看淡，即“熊市”观点。1997年7月1日香港回归后的走势证明了主流观点的错误，逆向思维的正确。

(2) 2000年，美国股市的主流观点是新经济时代来临，NASDAQ指数将继续攀升，而实际的情况是美国经济实现“硬着陆”，NASDAQ指数、道·琼期指数全线下跌。

(3) 2003年11月我国股市暴发一波大行情，股指直上1785点，此时市场主流观点是股指将继续上扬，甚至有人热血沸腾地指出将出现横跨三年的大牛市。然而实际情况却在1785点见顶，形成一波继2001年见顶2245点以后跌速最快的下跌行情。

(4) 2004年7月，股指跌至1400附近，市场主流观点为1376点是铁底，不可能破，但实际情况是该点位形同虚设。

(五) 克服贪婪

从古到今不知有多少人就是因为贪心而导致一失足成千古恨，最终身败名裂。然而贪心也并非一无是处，在证券投资操作中就需要适当的贪心存在，否则就会常常与黑马失之交臂，令你追悔莫及、捶胸顿足。但是，过度的贪心在股市操作中则是要不得的，过度的贪心常使人置风险于不顾。比如，买入后，股价上涨，不肯果断地抛出自己手中所持有的仓位，总是在心里算计，等最高点卖，不想放弃更多的盈利机会，这样往往就放弃了一次抛售的机会。每当股票价格下跌的时候，又都迟迟不肯买进，总是盼望股价跌了再跌。这些投资人虽然与追涨、追跌的投资人相比，表现形式不同，但有一个共同之处，就是自己不能把握自己。这种无止境的欲望，反倒会使本来已经到手的获利事实一下子落空。他们只想到高风险中有高收益，而很少想到高收益中有高风险。因此，有如下格言可鉴：“空头，多头都能赚钱，唯有贪心不能赚。”

（六）克服赌性

具有赌博心理的证券投资者，总是希望一朝发迹，恨不得捉住一只黑马，好让自己一本万利。他们一旦在证券投资中获利，多半会被胜利冲昏头脑，象赌棍一样加注，恨不得把自己的身家性命都押到证券投资上去，直到输个精光为止。证券市场其实是个借鸡生蛋的市场。当证券投资失利时，常常不惜背水一战，把资金全部投在证券市场上，这类人多半落得个倾家荡产的下场。所以，证券市场不是赌场，不要赌气，不要昏头，要分析风险，建立投资计划。尤其是有赌气行为的人买卖股票一定要首先建立投资资金比例计划。参与证券交易要像打仗一样，不仅要计算得失，还要考虑顾全大局，排兵布阵该进攻则进攻，该退守则退守。钱就是兵，你就是将，你的决策决定兵的生死存亡。"智者当以谋略治天下"，用兵要精，力求稳、准、狠。

第二节　证券投资的过程

证券投资过程包括一系列活动，其中心是证券的买卖。因为只有进行证券的买卖，投资者才能获得足以补偿其所承受风险的收益。这里需要说明的是，储蓄是证券投资的先决条件，没有可供运用的资金，证券投资便无从谈起。对于大多数人来说，用于投资的资金，只能是来源于收入超过支出的剩余部分。有些投资者也可用借款的方式来买卖证券，这需要考虑自己的承受能力，一旦投资失利，必须有偿还借款的财产。证券投资的过程一般包括以下几个环节。

一、筹措投资资金

投资的先决条件是筹措一笔投资资金，其数额的多少与如何进行投资、与如何选择投资对象有很大关系。

二、收集信息

投资者应尽可能多地收集有关证券市场的各种资料。一般来说，资料信息的来源主要有以下四个渠道：

（1）公开渠道。公开渠道是指通过各种书籍、报纸、杂志、其他出版物以及电视、广播、互联网（Internet）等媒体获得公开发布的资料信息。

（2）商业渠道。一些商业性机构如证券投资咨询公司有偿提供经过其整理、加工、分类的信息、分析报告及其他资料信息，这对个人投资者来说是一个非常重要的资料信息来源。

（3）实地调查。这是指投资者直接到有关的上市公司、证券公司、交易所、政府部门等机构进行实地了解所得的资料信息。这种资料信息来源的特点是具有较强的针对性，资料信息的真实性也较高，但所花费的时间、精力比较多，成本比较高，而且具有一定的难度，比较适合大机构投资者。因此，一般投资者通常将这一渠道作为上述两种资料信息来源的补充。

（4）其他渠道。如通过家庭成员、朋友、邻居等的介绍等。

三、研究分析

投资者把从各个渠道得来的资料信息进行比较分析、研究，了解各类证券的特点，了解证券交易所和证券经营机构的状况，了解证券发行者与投资者的心态，预测证券行市的变动趋势，从而为投资决策提供依据。

投资者要进行深入分析，必须充分利用有关信息，利用基本分析法、技术分析方法和当代证券组合理论进行。基本分析法的重点在于分析证券，特别是股票的内在价值；技术分析主要是根据证券市场过去的统计资料来研究证券市场未来的变动；证券组合理论则是利用数学公式和方法，计算证券之间的风险通过相关作用影响后的定值，来求出一个有效的组合。

四、分析投资对象

投资者在对证券本身及市场情况有了全面了解后，还要对可能选择的各类金融资产中一些具体证券的真实价值、上市价格以及价格涨跌趋势进行深入分析，才能确定购买何种证券以及买卖的时机。证券的质量决定于其真实价值，价值表现为市场价格，但市场价格受多种因素影响经常变动，并不完全反映其真实价值，因此需要做深入细致的分析才能作出正确选择。

证券投资分析采用了基本分析（Fundamental Analysis）和技术分析（Technical Analysis）等证券投资分析方面的专业分析方法和分析手段，通过对影响证券回报率和风险的各种因素进行客观、全面和系统的分析，揭示出其作用机制以及带有规律性的东西，用于指导投资决策，从而保证在降低投资风险的同时获取较高的投资回报率。

五、构建投资组合，确定投资政策

证券投资主要是为了获取收益，对于投资者来说，当然是收益越高越好。然而，收益高的证券，其风险往往也大。因此，投资者必须在风险和收益之间进行权衡。投资组合的构建涉及投资对象以及投资比例，关键在于选股、选时和多元化。投资者应选择合适的证券，在价格相对低点买入，并决定各种证券占多大比重，同时分散程度应限于证券数量的范围之内，才能构成最有效的搭配，使其在一定收益水平上风险最小，或风险一定收益最高。

投资者应根据自己的年龄、性格、心理素质、财力状况、对风险的偏好等条件确定自己具体的投资目标，在各种股票和各种债券及基金等投资工具之间进行选择，以便对投资于哪种或哪几种证券以及怎样分配投资资金作出决策。

另外，证券市场可分为一级市场和二级市场。在一级市场购买的是新发行的证券，在二级市场购买的是其他投资者转让的二手证券。因此，投资者还必须在一级市场和二级市场之间进行选择，当然也可以对两个市场都进行投资。只是一级市场的证券发行是有时间性的，并非时时都有新证券发行；而二级市场是一个连续性的市场，投资者随时都可以进行证券投资。

六、购买证券

购买证券是证券投资的实质性阶段。如果不购买证券，不把投资决策付诸实施，一切只能是纸上谈兵。无论是在一级市场还是在二级市场购买证券，无论是柜台交易还是证券交易所的集中交易，无论是上市证券还是非上市证券，一般都要通过证券经营机构来买卖。

证券一级市场与二级市场之间存在着密切的联系。如果二级市场行情火暴，则一级市场就会有极大的吸引力；如果二级市场低迷不振，一级市场就会失去吸引力。因此，投资者在一级市场投资时，要充分注意二级市场的状况。投资者要在二级市场购买证券，可以选择一家信誉好的证券经营机构，委托其办理买卖业务。

七、证券管理

买进证券并不意味着证券投资的结束，完整的证券投资过程还包括证券资产的管理，并进行投资业绩评估。投资者买进证券后，应随时根据证券市场的变动情况，对自己购买的证券进行分析和检验，判明购买这些证券是否合适、是否明智。如果投资效果达到了预期目标，说明此项投资是成功的，否则就是不成功的。证券市场变幻莫测，要及时针对市场变动情况、上市公司经营状况和国民经济形势等情况适时地调整组合的种类和比例结构，保持组合应有的功效，使整个证券投资过程更趋完善，使投资目标不至落空。

第三节　证券投资品种的选择

证券投资品种的选择反映在股市中就是股票的选择。选股在股票市场的实践中实在是太重要的一个前提性因素。由于我国市场正处于特殊发展阶段，不像国外存在完善的配套金融衍生产品，市场盈利水平最终决定持有什么股票以及这个股票最终的走势情况。欲在股票市场取得较好的盈利水平，就必须做好先期的选股工作。

一、选股原则

原则之一：不炒下降途中的“底部”股，只选择升势确立的股票。

对中国股市近年来的个股走势进行统计，可以得出如下结论：如果某只股票在某天创了新高或近期新高，那么在未来 60 天的时间里在创新高的可能性达 70%以上；与之相反，如果某只股票在某天里创了新低或近期新低，那么他在未来 60 天的时间里再创新低的可能性也高达 60%以上。

原则之二：选择延 45 度角向上运行的股票，而成交量逐步递减的股票。

沿 45 度角向上的股票走势最稳，走势最长。这正像建筑设计人员把楼梯建成 45 度或接近 45 度的形状，因为这是最稳定的形状，所以我们把具备这样特征的股票称之为“楼梯股”。如果你一旦发现“楼梯股”中走势越接近 45 度角，而同时成交量却是逐步减少的某个股，那么你十有八九是发现庄家在楼道上的影子了。

原则之三：大势向好时，选择买入连续涨停的股票。

通过对出现过涨停的股票进行分析，涨停次日最高点平均涨幅为 5.92%，按次日收盘价计算平均收益为 2.86%，因此，如果短线介入涨停股后，次日平均收益也大大高于目前二级市场的收益率，即使按平均收益率推算，年收益率也至少在 65%以上。涨停股次日走势与其股价高低之间有着密切关系，可以发现，7 元以下涨停股的次日收盘平均涨幅在

4%以上，远远高于2.86%的平均收率，因此，介入低价涨停股的投资收益会更高。我们还发现，介入20元以上的高价涨停股收益率也相对较高。涨停股次日走势与其流通盘大小之间的关系在涨停各股中，流通股本在3000～8000万股间的股票次日走势较好，其平均涨幅远高于平均值。也许是中盘股放量涨停，可能较大级别的主力介入，而不同与小盘股（仅为势力大户所为）和超大盘股（盘子太重，继续拉升有一定难度）的缘故。因此，介入3000～8000万股盘子的涨停股，收益率较高。

二、选好股票的要素

（一）把握企业周期是选股成功与否的一个关键因素

选择处于上升期的企业，除可以享受企业成长的基本收益外，还可以享受因为市场预期的提高而带来的资本利得，这也正是股票市场的魅力所在。许多投资者在股票选择上往往不注重企业的发展周期因素，而在企业处于调整期或下降阶段去投资，这难免造成投资的失误或者投资收益率的低水平化。

【案例16-1】 投资东方电子和深发展的不同结果

深发展是深圳市场初创时期的一个上市公司。该股上市以后的最初几年里，股价保持上升趋势，10倍左右的收益水平曾经令中国证券市场的许多初期投资者尝到了股票投资的甜头，并创造了许许多多的神话。在中国改革开放初期在资本市场上形成一个财富再分配的载体，造就了中国新一代的贵族阶层。仔细分析该公司的股价走势与其发展历程就不难发现，其实那几年正是深发展高速度发展的几年。这也与当时我国经济改革所处的历史阶段直接相关，银行业的垄断利润仍得以延续，新旧体制碰撞的初期，靠体制的灵活领先于其他传统型国有银行，使该企业能够在短短的几年中迅速壮大，该公司的股票价格也充分反映了这种趋势，使该股的股价一度长期保持上升。但是，近些年该股却始终没有象样的行情出现，这其实正是反映了该公司发展环境和发展趋势的变化，也就是企业在经历了前几年的大发展之后，现在已经逐渐走向平稳发展阶段，甚至随着经济改革的深入，银行业的经营环境明显发生了新的变化，导致银行业的整体行业利润率水平下降，使该公司近年的经营业绩出现明显的滑坡。在这样的背景下，期望它还能够再现昔日的辉煌，实在是勉为其难，也就不难理解其市场表现落后的原因。但这里我们强调一点，深发展仍然是一个不可多得的蓝筹股，是我国上市公司中质地上乘的公司之一。二级市场提前的过度发掘，使其股价出现明显的透支，也是深发展近些年表现不佳的另外一个层次的原因。

再来看看情况相反的东方电子。该股是继深发展之后的又一个处于上升期的长期大牛股之一。形成该公司上升期的一个重要背景因素是，我国近几年在基础设施上的投入加大，特别是农村电网改造给电力相关行业特别是电力设备行业带来了巨大机遇，使这个以生产无人值守电力控制设备的企业能够迅速壮大，股票更是连翻10倍。形成这种股价连续上涨的根本支持还是来自公司基本面因素的良好上升趋势。这包括公司产品结构能够很好适应市场发展，赢得了市场的同时也赢得了难得的高速增长。当然也是体现了公司管理层的管理水平。

(二) 选股的另外一个关键因素是上市公司所属的行业

上市公司的行业是决定该公司发展以及市场预期值高低的一个关键因素。近两年的市场热点明显转向高科技，这是一个不容置疑的现实。之所以市场选择高科技行业，这与全球经济发展潮流直接相关，也是历史发展的必然趋势。因为一国的经济发展已经不能拘泥于靠传统产业的常规发展，而必须依靠高科技的发展带动其他行业的发展，以实现经济整体质素的提高。近几年国际资本市场的高科技股热潮，已经给我国的资本市场树立了模范。作为后起的资本市场，我国的证券市场也必然对这一蓬勃发展的行业给予反映。因此，这两年的行情基本上是围绕高科技行业展开。虽然市场中不乏其他类别股票的行情，但是高科技股的收益率要远远高于其他类别的股票。据有关资料统计，近两年高科技股票的收益率要高于其他类别股票 3 倍左右，个别股票的收益率往往是其他股票的 10 倍甚至数 10 倍。

(三) 选股要紧贴我国的政策定位特殊性

从近年我国股票市场的政策面与股票市场表现的关系看，二者是直接正相关的。包括高科技股的崛起，资产重组股的异彩纷呈，更包括 ST 股票的持续性热点的保持等，都是政策面背景的直接反映。首先是我国政府对高科技行业的鼎力支持。由于资本市场在经济生活中地位的提高，使管理层更加注重市场发展的问题。其中上市公司的质素改造问题一直是市场各个层面所致力的一项重要工作。资产整合乃至重组一直在市场中作为资源再配置的主要途径之一始终异常活跃。市场中的股价行情也正始终围绕着一些上市公司的重组而展开。具有典型变异类别的公司已经占据相当的数量，“阿城钢铁”变成“科利华”，股价短期实现翻五番，就是其中的典型案例。

关于对政策定位的理解在股票市场的选择上，集中表现在由于管理层对退出机制政策的谨慎，造成 ST 板块一直成为市场中的高度投机品种。市场一直对上市公司退出机制的建立抱有幻想，以为为了社会的稳定，不可能建立所谓的退出机制，因此就形成了一些投资者敢于追高 ST 股票，敢于长期守在 ST 股票之中，而这正好与一些投机主力契合。当然，也有一些主力结合资产重组而进行运作，有些公司在地方政府的保壳目的下由丑小鸭变成凤凰，形成该板块的炒作行情的基本面基础。比较有代表性的是深安达、辽房天、辽物资（银基发展）等。这些都是典型的政策面因素影响的案例。

(四) 成长性是选股的一个非常重要的根据

近年市场的潮流有向传统投资理论挑战的趋势，这主要体现在对市盈率看法的变化。由过去以市盈率为价值判断的一个基本标准变化为目前的淡化市盈率概念，以长期成长性为价值判断标准，特别是网络股的热潮所形成的新的投资价值理论的变化。因为用传统理论已经无法完全理解如今的高科技股特别是网络股的高市盈率。这也是投资理论被实践无情更新的一个重要信号，也是市场发展的必然趋势。当然，这种争论仍在继续。不过，近年的全球高科技股的高市盈率状况，已经以无可辩驳的事实，向传统投资理论发起了划时代意义的挑战。市场期待新的投资理论的诞生。作为市场中以追求利润为目标的投资者，欲追求高利润水平的回报，则必须要面对变化的市场，在市场变化中变化自己的投资理念，跟上市场的步伐。否则，如果因循守旧，一味坚持所谓的传统投资理论，就难以获得高水平的回报，甚至为市场所淘汰。

三、转轨期证券市场投资目标的选择

投资目标的选择是投资理念的集中体现，亦是一项投资计划成败的关键。在转轨期新的市场运行格局下，投资目标的评估与选择将逐渐形成一套操作性较强的指标体系，成熟市场的一些基本原则和方法将得到重视和借鉴。未来一批价值型成长性股票将成为市场新贵，并成为众多机构投资者的重点投资目标。

这类股票的基本特点是：

(1) 公司因资源的、技术的、或集约化规模经营方面的优势，使其在行业的龙头或寡头地位难以动摇；高知名度的品牌优势和市场领先地位使其具有持续稳定发展的良好基础。

(2) 公司业绩优良，本益比较低，对股东的年回报率达到或超过资本市场期望的平均利润率水平；对于高成长性公司，可以根据其成长性的高低，确定一个合理的本益比。

(3) 良好的成长共性是可以预期的，除非重大的不可抗力因素影响，主营业务收入及利润稳定增长的前景难以逆转。

(4) 主导产品具有极强的国际竞争力，在跨国并购和行业整合中占据优势地位。

(5) 具有支持其持续发展的人力资源，特别是管理层的综合素质与敬业精神尤为重要。

第四节　证券投资时机的选择

中国证券市场发展至今，虽然不能够说已经成熟，但确实是已经向这个方向迈出了一大步。伴随着股票市场的发展，投资者在股票市场的实践经验也在逐渐成熟。反观这几年的市场，确实有许多值得总结和借鉴的市场理念，其中一个核心问题是准确把握买卖时机，正可谓“何时买卖比买卖何种更为重要”。在股票市场投资实践中，选好股之后如何操作，是最终决定收益水平的最为关键的一个环节。

一、股票买卖的原则

1. 选好股，守好股

这是一个说起来容易做起来难的工作。股票市场最基本的规律是它的波动性。这种波动又划分为短期波动、中期波动、长期波动等。由于实践中这种波动难以辨别，加之由于投资者自身心理上的复杂性，就会使投资者在操作过程中经常面临各种错误，使该守的个股守不住。这是市场中最为普遍的错误之一，由此也会导致收益水平难以理想化。

过分频繁地操作，是股票市场投资者的一个误区。在舆论宣传上，始终有一种所谓的“短线高手”之说。其实，殊不知这种所谓的短线高手其实就如数学中的极限状态。当然不能否认这些人存在的现实，但是就其数量而言，只能占到相当小的比重。这种所谓的“短线高手”的效应恰恰是许多人追求的目标。我们认为这是一种误区。事实上，绝大多数人不具备这种所谓的短线操作水平，而却追求这种概率很小的事件，则必然导致错误的结果。这就是“求而不得”的市场效果。我们主张的是，要想赚钱，要想赚大钱，一定要在做好上述选股工作之后，相对长期地守仓。原因很简单，一只股票在一轮行情中会曲线

式地完成自身的量度升幅，虽然其中不乏曲折，但最终会跟市场中大多数股票一样，有一个至少一般性的收益（除非个别非常差的股票之外）。这一判断的指导意义在于，在一轮行情中，只要你选好股，守住股，最终获得的收益并不会比你过于频繁地换股差。当然，认识到并愿意这样做，首先要勇于承认自己是一个普通人，而不是被理想化的“短线高手”，而且要以平常心处理投资行为，面对投资市场。

2. 消息面加基本面加技术面，是在股票市场获胜的基本方法

消息面是时机把握的关键因素。它告诉你某只个股可能存在一些异常因素，可能有大资金在关注或者感兴趣，可能发生股价变异性波动，总之，市场机会可能降临。而基本面是公司的基本资料、公司的基本情况，包括公司的经营管理、人事、业务、公司经营环境（经济环境或者政策面环境、自然环境等）可能发生重大变化。技术面的重要性在于从个股的技术图形上，通过相关技术指标，结合你的经验，得出上述情况的印证，捕捉到一些无法掩饰的人为形成的资金与股价之间的关系、线索，从而得出接近事实情况的信息判断，最终为你下决心介入提供基本的根据。

3. 在市场中学会自我保护

中小投资者的问题是信息上的被动性、不及时性及不对称性。如何学会保护自己，这是许多中小投资者必须面对的一个现实问题。在股票投资实践中，许多中小投资者受到伤害的情况值得深思。股票市场是一个高投机、高风险的市场，是利益之争的地方。学会自我保护，首先要学会用自己的智慧赚钱。这就要加强自身的学习，提高自己各个方面的水平。包括前述的选股水平、技术面把握水平、公司基本面的掌握能力（如财务报表）等。

投资者始终要记住的一句格言：没有人白白会送你钱。

二、买卖时机的把握

一般来说，在股票市场上，底部看准时机买入，顶部同样看准时机卖出，即可获利，而获利的关键在于如何准确判断底部和顶部。

（一）底部的判断

从成交量上看，所有坚实的底部出现的时候，都会出现成交量剧减的局面。这种现象表示抛压已经消竭，即成交量的底部出现的时候，往往就是股价的底部了。当成交量的圆弧出现之后，显示股价将反转回升了。

从股价上看，所有板块基本上都轮跌了一遍，绝大多数个股已跌无可跌。当股价从高位往下经过连续一段时间下跌后，股价的波动幅度越来越小。连续阴跌一段时间之后，又突然暴跌指示，即为底部之日。持续下跌一段后出现低量，股价横走，在黄金比率时间附近两次以上探底，底部逐步抬高。从技术指标上看，KJD、RSI、MACD 等指标底部背离。

另外还应注意的是，此时底部要离开顶部较大一段距离。如没有一定的空间，主力完成不了高抛低吸的波段性操作，则不会大举建仓。底部的产生还需要市场空仓人数的增多。因为空仓人数的多少决定大盘反弹的力度，市场资金面越宽裕，反弹的力度就越大。

（二）顶部的判断

当股市连涨之后，在高位出现剧烈震荡，且量极大，是市场步入调整的一个前兆，也是卖出股票的信号。具体来说，股市见顶可以从以下几种现象判断：大盘在高位连续放巨量上涨，一天上一个台阶，股指连创新高；一段连续涨升之后，突然出现快速拉升一两天，放出天量拉出长阳；市场一片疯狂和欢乐，市场充斥投机心态，人们对高位钝化的指标不屑一顾；第一根跳水阴线为转势信号，放巨量，拉长阴；热点变换过快，过于分散等。

从技术指标来看，见顶的信号有：①K线形态方面：一般在上涨一个箱体或一个黄金空间点位后，K线做小双头，股指不再创新高，或创新高时量不能再次放大，或高位大量大阴线，都可能是顶部。②均线方面：在上述情况下，5日均线向下掉头，或与10日均线成交叉。10日均线无望再向上，而开始走平，20日均线等也无力再向上升。③成交量方面：成交量放出近期天量后，无论涨跌，几日内都无法超过此量，即为天量天价。④周K线方面：上涨5、8、13、21、34、55周后出现大量，周K线带较长上影线或成阴线。⑤K线形态一旦高位走平或死叉，此时不能再对大市抱任何幻想，应坚信该指标提示，立即卖出所有股票。⑥关注周线技术分析：当KDI指标进入超卖时，当J线与K线两次与D线出现死叉时，表明离顶部不远了。但两次死叉的时间距离应该比较近，一般在8～13周之内，如太长则失去了意义。当7周均线向下与14周均线形成死叉时，也表明了见顶回落的趋势。

三、几种特殊股票的买卖时机把握

（一）买入“楼梯股”的时机

一只股票爬楼梯的阶段往往是庄家在缓慢建仓的初期，这样导致股价逐步走高，就形成了初步的楼梯形态，一旦庄家建仓完毕，接下来就是洗清仍在此股票里的散户。庄家在拉抬之前，洗盘有两个目的：其一是为了减轻在股价到高位之时散户的抛盘压力，其二是增加平均持股成本，也是为了减轻抛盘。

庄家洗盘一般有两种形式：一是凶狠放量砸盘。对于这种洗盘，你只需要在钱龙即时盘面（或其他分析软件）上看外盘数量和内盘数量就行了，如果发现外盘数量大于内盘数量（即成交的红单数量相加大于绿单的数量），就能证明庄家在洗盘而非出货。这样你只需在出现的第二阴线处介入就行了或者是阴线出现后在第二天开盘价以下介入。二是阴跌洗盘。这种阴跌洗盘一般是庄家控制住自己手中的筹码，放任股价自流。由于没有庄家进货而股价又涨了多日，所以在散户多杀多的情况下，股价就出现了阴跌的走势。这种股票的介入点一般是当股价连续两至三天阴跌，成交量比前段明显萎缩即是买点，若出现了四至五天阴线后才萎缩，就不要买入了。

（二）卖出“楼梯股”的时机

“楼梯股”的上升高度，一般是它第一次震仓后前期走势长度的一倍，也就是说震仓点正好是楼梯上升角度的中点处。同时需要密切注意成交量的变化，一旦出现连续（至少三个交易日以上）放量的情况，就要注意随时做好出局准备。

（三）买入涨停股的时机

介入涨停股应以短线炒作为主，而且应选择低价（7元以下）或高价（20元以上）的股票（低价和高价视当时大盘，股价具体情况而定），流通盘在3000～8000万股之间的个股作为首选对象。如遇流通盘一亿左右股价的涨停股，次日应及时出货。

通过实证分析，个股涨停时间离开盘越早则次日走势越佳，如果某只股票在收盘前涨停，其次日走势均不理想。况且，大部分个股涨停后在盘中总是有一次打开涨停板的机会，最佳介入时间应为再次封涨停的瞬间。

买涨停股需要注意以下几点：

第一，在极强的市场中，尤其是每日都有5只左右股票涨停的情况下，要大胆追涨停板。极弱的市场切不可追涨停板，几率相对偏小一些。

第二，要首选有题材的新股，上市数日小幅整理，某一日忽然跳空高开并涨停的；其次是选股价长期在底部盘整，未大幅上涨涨停的；三是选强势股上行一段时间后强势整理结束而涨停的。

第三，一定要涨停，未达到涨停时（差一分也不行）不要追，一旦发现主力有三位数以上的量向涨停板打进立即追进，动作要快、狠。

第四，要坚持这种操作风格，不可见异思迁，以免当市场无涨停时手痒介入其他股被套而失去出击的机会。

第五，盘中及时搜索涨幅排行榜，对接近涨停的股票翻看其现价格、前期走势及流通盘大小，以确定是否可以作为介入对象。当涨幅达9%以上时应做好买进准备，以防主力大单封涨停而买不到。

第六，追进的股票当日所放出的成交量不可太大，一般为前一日的1～2倍为宜，可在当日开盘半小时之后简单算出。

第七，整个板块启动，要追先涨停的即领头羊，在大牛市或极强市场中更是如此，要追就追第一个涨停的。

（四）卖出涨停股的时机

（1）看均线，当5日均线走平或转弯则可立即抛出股票，或者MACD指标中红柱缩短或走平时则予以立即抛出。

（2）不看技术指标，如果第二天30分钟左右又涨停的则大胆持有。如果不涨停，则上升一段时间后，股价平台调整数日时则予以立即抛出，也可第二天冲高抛出。

（3）追进后的股票如果三日不涨，则予以抛出，以免延误战机或深度套牢。

（4）一段行情低迷时期无涨停股，一旦强烈反弹或反转要追第一个涨停的，后市该股极可能就是领头羊，即使反弹也较其他个股力度大很多。

总之，抛出一只股票一定要记住要抛在它涨时，千万不要看见它跌时再想到去抛它，一般来说一只股票连拉三根中阳线后就是考虑短线抛出去的时候了。

第五节　证券投资方法及避免误区

证券投资是一项非常复杂的活动。投资者都想寻求一种正确的方法来确定何时能以低价买进，何时能以高价卖出，以取得丰厚的投资收益。但事实上谁也没有绝对的把握来保证投资行为一定能获得成功，这就需要投资者通过有效的随机应变的投资方法来弥补这一不足，尽可能减少投资失误。

一、证券投资的一般模式

1. 投资三分法

这是指投资者要将资金分散投资于不同领域，其中1/3存银行、1/3购买债券和股票、1/3投资不动产。

2. 等级投资计划

确定股价变动的幅度为买卖时机，如将变化幅度为2元确定一个等级，当股价下跌2元时买进，上升2元时卖出。但应选择合适时机，灵活掌握。

3. 均价成本投资计划

在于预定时间内以同样数目的资金定期买进股票，当股价上涨时购买数量少，股价下跌时购买数量多，在一般情况下可以使平均买进成本低于市价。

4. 固定比例计划投资

比上述方法有所改进，使股票与债券的比例一直保持为固定数值。如股票∶债券为7∶1，当股价上升时就相应地增加购买债券的数量，反之则购买股票。

5. 变动比率投资计划

一组购买进取性、成长性的风险股票，一组购买防守性、安全性的债券。根据市场情况变化灵活调整投资比例。

二、证券投资的具体方法

1. 趋势投资法

趋势投资法是道式理论的具体运作，其基本假设是，认为股市中的上升或下降趋势一旦形成，便会持续一段较长的时期。针对股市价格发展的这一特点，相应的操作方法是，投资者顺应股价走势买进股票后，应保持其在市场的投资地位，只有在股价走势出现确凿的反转向下的信号时，才卖出股票以作观望，耐心等待在股市出现好的转机时，再顺应趋势买进股票。

趋势投资法是一种具有高度简单性、机械性的长期投资计划，它所关心的是市场主要趋势或长期趋势。其优点在于，不会被证券市场的短期波动所左右，如趋势预测正确，则受益颇丰。但也存在明显缺陷，投资者若错误地判断股市价格走势，则运用趋势投资法相应的买卖调整，将会给投资者带来灾难性的损失；即使投资者正确地预测到股票市场的长期走势，但股票市场的中级波动也可能使投资者收益减少，某些心理素质不好的投资者就会在中级调整中被迫斩仓，给投资者带来较大的损失。

2. 顺势投资法

对于小额股票投资者来说，由于投资能力有限，无法控制股市行情，最基本的投资方法就是顺势投资法，即跟随股价走，顺着股价的走势进行买卖。当整个股市大势向上时，宜做多头交易或买进股票持有；当整个股市大势向下时，则卖出手头持有的股票，握有资金伺机而动。

进行顺势投资法时很可能因看错趋势或落后于趋势而遭受损失。因此，采用这种方法时，必须注意两个前提条件：一是善于研判股市涨跌趋势，涨跌趋势必须明确；二是必须能够提早确认趋势，并采取行动。

3. “拨档子”操作法

这是多头降低成本、保持实力的操作方法与技巧。所谓“拨档子”就是投资者卖出自己持有的股票，等股票价位下降后再补回来。投资者“拨档子”并非对股市看坏，也不是真正有意获利了结，只是希望趁价位高时，先行卖出，以便使自己赚回一部分差价。通常“拨档子”卖出与买回之间不会相隔太久，最短时可能只有一两天，最长也不超过一两个月。

具体来说，“拨档子”有两种操作方法：一是行情上涨一段后卖出、回降后买进的“挺行进间拨档”，这时多头在推动股市行情上升时，见价位已上升不少或者遇到沉重的压力时，就自行卖出，使股价略为下降来化解上升阻力，以便于行情再度上升。这是多头为促进股价继续上涨的一种操作方法；二是行情下跌时，趁价位仍高时卖出，等跌底后再买回的“滑降间拨档子”，这是套牢的多头或多头自知实力弱于空头时，在股价尚未跌底之前先行卖出，等股价跌落后再买回反攻。这是多头套牢或实力弱于空头时的操作方法。

4. 固定金额投资法

固定金额投资法是投资三分法的延续，它是指在投资资金中始终保持一定的股票，而其余部分资金购买债券、基金或进行储蓄。当股价变动时，投资者所持股票的市价也发生变化。如果股价上涨，所持股票市价就会超过计划中股票的固定金额，这时就要卖出部分股票，以维持固定金额，并用出售股票所得买进债券或进行储蓄；如果股价下跌，则所持股票市价低于计划中股票的固定金额，这时就应卖出部分债券、基金或取出存款用来购买股票，补足股票的固定金额。在这样的不断调整中，虽然持有的股票市价总额没有变，但资金却在不断增加。固定金额投资法简单易行，只需按照预定的投资计划，在股票价格上涨到一定水平时卖出，在股价价格跌至一定水平时买进。当然，此法也存在一定的缺点，主要体现在固定的股票市价总额缺乏弹性，过于机械，投资者应在使用时注意。

5. 摊平操作法

它是在投资者买进股票后出现股价下跌，手中持股呈亏损状态，当股价再下跌一段时低价加码买进以冲低成本的投资方法。俗话说，智者千虑必有一失。任何精明的投资人，都不可避免的有时会做出错误的决策，如买进的时机不对，或者买进价格高了等。因此，有经验的股票投资者都必定会摒弃赌徒心理，讲求逐步操作，即任何买卖进出都不用尽全部财力，以便下档摊平，或上档加码。

下档摊平的操作方法，是指投资人在买进股票后，由于股价下跌，使得手中持股形成亏本状态，当股价跌落一段时间后，投资人以低价再买进一些以便匀低成本的操作方式。下档摊平的操作方法大体上可以分为三种：

(1) 逐次平均买进摊平法。即将要投入股票的资金分成三部分，第一次买进全部资产的1/3，第二次再买进1/3，剩余的1/3最后买进，这种方法不论行情上下，都不冒太大的风险。

(2) 加倍买进摊平法。加倍买进摊平法有二段式和三段式两种。二段式为将总投资资金分成三份，第一次买进1/3，如果行情下跌，则利用另外的2/3，三段式是将总投资资金分成七份。第一次买进1/7；如行情下跌，则第二次买进2/7；如行情再下跌，则第三次买进4/7，此法类似于“倒金字塔买进法”，适用于中、大户的操作。

(3) 加倍卖出摊平法。加倍卖出摊平法是将资金分成三份。第一次买进1/3的，如发现市场状况逆转，行情确已下跌，则第二次卖出 2/3，即要多卖出一倍的股票。这样可以尽快摊平，增加获利机会。

上档加码就是买进股票之后，股价上升了，再加码买进一些，以使持股数量增多，扩大获利的比率。

6. “渔翁撒网”法

“渔翁撒网”法通常在短期投资中使用。它也是一种投资组合，不过组合比例是不固定的。由于各种股票在短期内的强弱变化难以琢磨，因此，投资时一并购进多种股票，哪一种股票上涨到能够获利的水平，就卖出哪一种股票。

当股票市场出现牛市时，投资者便可相继以高价抛出手中的股票。即使出现熊市，由于投资者持有多种股票，总会有股票上涨，因此投资者仍可减少损失，但是也会出现这样的问题，即很多情况是强势股持续强势，弱势股持续弱势，如果哪种股票价格上升就卖出此股票，就会把手中的好股票在价格较低时卖出，而长期滞留劣质股票。

7. 滤嘴投资法

滤嘴投资法，又称滤嘴原则。它是买进卖出股票的一种机械的方法。“滤嘴”即过滤股市走势中不反映股价趋势的“杂音”，以得到较为客观的市场的方向性认识，据此进行股票的买进卖出。

股市中有一句名言：“把鱼头鱼尾留给别人。”在股票市场上，人们一般都期望能以最低价进货和以最高价卖出，但是何时是最低价与最高价却难以判断。滤嘴投资法不追求最低价买进和最高价卖出，而是在涨势中不卖最高点，只卖次高点，在跌势中不买最低点，只买次低点。

滤嘴投资法的具体操作方法是，投资者根据对市场的研究，事先制定一个股价从最低点上涨多大幅度就买进的标准，一旦上涨到这种标准就买进。同时，也制定一个股价从最高点下跌多大幅度就卖出的标准，一旦下跌到这个标准就卖出。例如，投资者制定10%为“滤嘴”，假定某只股票持续下跌，创出新的低点价格为 10 元，这时价格不再下跌，开始上涨，当价格上涨到 11 元时，投资者就应入市购买。当价格上涨到 15 元时不再上涨，并开始下跌，在价格跌至 13.5 元时投资者就应出售股票，以规避风险。

采用滤嘴投资法，在明显的涨势或跌势中具有良好的效果，可以让利润充分增长，而把损失降至最小。但在“牛皮”市中，容易出现错误的买卖信号，导致受损。

8. 分段买进法

有许多投资者比较谨慎小心，他们不是将手中拥有的资金一次性投入购买某种股票或股票组合，而是将所有资金分成若干部分，多次分段买进股票，这就是所谓的分段买进法。具体有两种做法：一是等股价在某价格水平时买进一批，然后等股价上涨一小段后再买进第二批，以后再陆续买进若干批，这种买进法称为“买平均高”；二是恰好相反，在某一股价水平上买进一批，待股价下落一小段后再买进一批，以后再买进若干批次，这种分段买进法称为“买平均低”。这两种做法的区别是买平均高可以在投入资金时就同时获得利润，而买平均低则是在价格下跌时先购进，需要等到该股票价格反弹后，方可获得利润。

9. 短线获利法

对进攻型投资者来说，采用短期获利法不失为一种较好的选择。如果投资者所购买的股票价格上扬的话，就会出现新的行情，于是便大量购进，希望在短期内赚取可观的利润，这就是所谓的短期获利法。事实上，如果一切顺利的话的确可赚取颇高的利润。

为什么在股价呈现高涨行情时不但不卖，反而还大量买进呢？这是因为股价在一定的价位内，都会形成上下起伏的波动，此时，往往会招致很多的投资者前来争购，一旦超出了股价的上限，很可能会创下历年来最高行情。有些股票不但突破了数年来的高价位，且又持续不断地攀升，达到最高的价位水准。如果股价上涨的幅度很高，购买这类股票便是积极的短期获利法，其成功性很高，股市有一句名言“当创下高价位时，便盯住行情”。

然而，市场环境佳，未必表示投资股票会成功，而大量买进也未必就有持续上扬的可能性。因此，所购买的对象必须是受欢迎且业绩良好的股票。除了不可缺少的股票消息外，还必须抱定非成功不可的投资信念。

10. 分段获利法

分段获利法是一种与短期获利法截然不同的投资方法，也是一种比较保守的投资方法。其基本方法是在投资者购买的股票出现新的价位行情时，变卖掉一部分股票，将浮动盈利变为现实盈利，再将剩余的一部分股票保留下来，继续持有，等待更高的价格出现后再出售。如果股价不涨反跌，那么就一直持有。例如，某投资者以每股5元的价格买进了1000股A股票，当股价上涨到6元时卖出了500股，如果此后股价下跌，投资者可以置之不理，因为股价还有上涨的机会。

股价分段获利法的优点是，既有机会赚取利润，又不至于冒过大的风险。这种方法和短期获利法相比，所赚取的利润可能比较少，但却是一种比较稳妥的投资方法。在具体投资中，是选择短期获利法还是分段获利法，要依据个人的性格特点及其他条件来决定。

11.“王子饭店”损失法

顾名思义，“王子饭店”损失法是一种卖出股票的方法，是进行分散投资的情况下经常采用的一种方法。“王子饭店”损失法是受国外一家名叫“王子饭店”的公司经营入账方式启发而来的。据说，“王子饭店”采用连锁方式进行经营，它的记账方式非常独特，当“王子饭店”的某一个分店经营出现亏损，而另一个分店呈现盈利时，就将两家分店的收支合并成盈余而登记入账。当然，其前提是盈利的数量大于亏损的数量，再合并也不会合并出亏损。对于这种独特的记账方式，人们称之为“王子饭店”损失法。

后来，人们觉得这种记账方式有它的好处，于是就在股票买卖中运用这种方式。人们借用这种处理方式，将在卖出已有收益的股票时把持有的正在受损的劣质股票一并卖出的方式称为“王子饭店”损失法。

“王子饭店”损失法的长处很明显，这就是投资者在卖出被套的股票时，同时出售已有盈利的股票，这样，只要盈利额大于亏损额，从总体上看，投资者仍然是盈利的。这样做的好处主要体现在心理上，即免除了投资者认为投资亏损而造成的失败感，虽有自欺欺人之嫌，但对投资者减轻心理负担仍有好处。

12. 定点了结法

定点了结法是股票操作的重要方法之一。它的基本思想是投资者在买进股票的同时，就订好获利卖出目标，当股价上涨到这一预定目标时就卖出，省略了研究判断卖出时机的麻烦。

定点了结法的好处显而易见，它不必为预测股价能上涨多少而大伤脑筋，因为影响股价走势的因素实在太多，普通投资者根本无法了然于胸。采用这种方法也许赚不到足够的利润，但也不至于受到多大的损失。何况这也符合“把鱼头鱼尾留给别人”之说，不失为一种比较符合中小散户的投资方法。

13. 集中投资法

任何股票市场都会出现价格波动很大而且十分热门的成长型股票。作为对传统投资方式的一种挑战，集中投资于这类股票，通常由于股票变动幅度很大而能获得相当丰厚的利润。这种集中投资法是在1966—1968年间，美国最新投资信托专业人才所提倡的一种金钱战术投资法。集中投资法遵循以下基本原则：①运用投资信托时，必须依据自己的习惯，根据自己的判断行事，因为如果听从太多人的意见，往往会有错失良机的遗憾。②安全第一，分散风险，集中投资于热门股。③无需考虑从事优良股的长期投资方式，而要集中考虑有成长性的股票，进行短期投资。④不要过分重视一般市场的景气指标或企业所做的市场调查等资料，而应注意反映目前股价波动情形的股价走势图。

14. 抢帽子法

抢帽子法是在股价尚处于较低的价格时就立即买进，等股价有一定的升幅后立即卖出，在一买一卖之间赚取差价，经常操作，甚至每天都操作，积少成多，达到股票投资盈利的目的。这是一种短线快进快出的操作方法。股票价格每时每刻都在变化，有升有降，这就客观地为盈利提供了可能，也就是抢帽子法的客观基础。股市上也的确有一批人采用这种方法赚了钱。

抢帽子者一般赚取的差价都不大，每股赚上一两元，甚至三五角，有的抢帽子者只要除去手续费略有盈利就出售。抢帽子者一般持股的时间也不长，长则一周，短则一两天。然而，抢帽子者必须有较高的分析能力，尤其是高超的技术分析能力，还必须有较好的心理素质，在复杂多变的形势下冷静分析，自主操作。而且要对股市的全局有透彻的了解，对各个板块、各个行业以及其各个细节都了然于胸。由于抢帽子法快进快出，频繁操作的特点，导致这种方法必然存在较多的失误，所以，损失也就可能较大，风险也较大。股市有句格言：“谨防抢了帽子丢了鞋子。”一般投资者如果没有较丰富的股市实战经验，不宜采用这种方法。

15. 排列组合法

排列组合法是投资者在对股市中所有股票进行分析研究的基础上，对股票进行分类排队整理的方法。它一方面分析股票的实质，即各上市公司的净资产收益率、每股收益、每股净资产等；另一方面对市场上高低不等的股票价格进行分析，并把二者结合起来，作为投资的依据。

一般来说，股票的实质和价格有以下几种排列组合：第一种是实质好、价格也高的股票，第二种是实质好、但价格低的股票，第三种是实质差、但价格却高的股票，第四种是实质差、价格低的股票。这里所说的股票的实质就是公司获利能力、成长性以及未来发展前景等。

以上四种组合可以包括所有的股票。第一种和第四种股票，价格是对其实质的反映，是较为合理的。所以，从理性的角度看，这两种股票出现大的波动的可能性不大。第二种实质好、价格低的股票以及第三种实质差、价格高的股票，由于名不副实，出现大幅调整的可能性最大。这是因为内容佳的股票，其价格不可能长期与实质脱节，投资者迟早会发现这类股票的投资价值，游资就会自然而然地往这些投资报酬率高的地方流，所以这种股票的价格是一种上行的趋势。而对于实质差、价格高的股票，其低回报率总会被人发现，其价格向低也是必然趋势。

从以上的分析中可以看出，对股票进行排列组合是选择潜力股的一种重要方法，运用这种方法往往可以发现股市的“黑马”，寻找和购买实质好但价格较低的股票，这是股市成功的重要一环。对于价格高但是实质差的股票要适时出手。

16. *简单投资法*

投资股票必须是投资于具体的某一公司的股票，这就需要对每一家上市公司进行深入的研究，否则就可能因为股票选择不当造成损失。但实际上，很多人并没有足够的时间研究上市公司，只是根据股价指数的走势来进行判断，这就是说，投资于所有成分股。

简单投资法的具体操作方法是，将投资于股市的资金分散投资在股市成分指数股的股票上，而且使投资于各种股票的资金比例与该种股票的市价总额在成分股内的总市价的比率大致相当。例如，某一投资者准备投资于股市的全部资金是 1 万元，股市中的成分股有 10 个，每一个成分股所占的权重都是 10%，那他就可以把资金平均分成 10 份，每一种股票投入 1000 元，这样一来，投资者所持股票市值的变化率与指数的变化率就基本相同，或者说，股价指数增加或减少多少个百分点，投资者所持有股票的市价也增加或减少多少个百分点，大大简化了分析研究个股的过程。

简单投资法有着独特的优点，这就是投资者不必花费大量的时间和精力去研究各上市公司的经营情况，也不必对个股每天的变化情况进行分析研究，而只需关注影响大势走势的各种因素即可。这种方法特别适合缺乏专业投资知识的投资者。

17. *金字塔形加码买卖法*

金字塔形加码买卖法采取低进高出、向下承接、向上出脱的思路，以正三角方式往下买进筹码，以倒三角形往上卖出筹码，在买卖中实现资金的增值。

金字塔形加码买卖法分为金字塔形买入法和倒金字塔形卖出法两种。

金字塔形加码买入法的具体方法是，当投资者第一次买进股票之后，如果股价下跌，跌到一定幅度后进行第二次买进，第二次买进的数量一般应是第一次的一倍左右。如果股价一直下跌，还可进行第三次、第四次的加码买进，以增加持股数量，降低持股成本，以便在股价反弹或反转后尽快获利。

至于倒金字塔形卖出法，则是在股价上涨时，一路向上获利了结，减少持股，同时，卖出的股票数量也随着股价的上升而增加，越卖越多，呈倒三角形卖出。

在买进股票后股价即上涨的情况下，运用金字塔形加码买卖法应严格遵循每次买进的数量比上一次少的原则，这样逐次增加，数量越来越少，犹如金字塔的模式，层次越高，面积越小。有些人在交易中，一见买进后股价上涨，就加码买进，这是如果股价急跌，因手中股票成本太高，难以获利了结。而金字塔式的投资，遇到股价急跌，由于股价成本较低，可以从容获利了结，能有效预防风险的发生。

18. *分批买卖法*

股市中的分批买卖法是指当股价跌到一定程度后，投资者开始分批买进，当第一次买进后，如果股价继续上升，就投入第二批资金，以此类推。当股票的价格上升到一定高度后，就开始将前期买入的股票逐渐卖出。

分批买卖法是为了克服投资者的缺点而设计的。它是基于克服人类的优柔寡断弱点而应运而生的一种投资方法。分批买卖法有效地克服了一次性买进和一次性卖出带来的问题，在股价下跌到一定程度的时候，投资者就可进行试探性建仓，以后视情况决定是否再建仓。当股价涨至某一高度，投资者就不会因贪心而舍不得卖出，因为即使股价继续上涨，投资者仍可能通过不断卖出获利，所以不会失去较好的机会，造成遗憾。

19. 利乘法

利乘法是进行股票买卖的重要方法。从本质上说，它是一种顺势操作方法，即买涨卖跌的操作方法。

利乘法的买卖方法是，在股价的上升过程中，分批购进所选的股票，同时规定股价一旦下跌至某一幅度，就全部卖出。在操作过程中，随着股价的涨升，所持股票不断地加码也越来也多。但一旦大势反转向下而跌至某一点时，就迅速将所持股票一并卖出，暂时不再购买股票。

采用利乘法，在加码买进的时候有几种方法可供选择。一种是加码买进的数量和第一次买进的数量相同；第二种是加码买进的数量比第一次买进的数量更多；第三种是加码买进的数量比第一次买进的数量少。一般主张采用第三种方法，因为只有采用第三种方法才能在股市突然反转的情况下减少损失。

20. 试探性投资法

股市变幻莫测，一般人很难把握股市的涨跌节奏，人们常常不是在上涨行情中做了卖出决定，就是在下跌行情中做了买进决定，使自己经常与盈利失之交臂。为了减少这种失误，就出现了试探性投资法。

试探性投资法从本质上说是一种凭感觉进行买卖的方法，投资者根据以往的经验，估计某种股票将要上涨，就用一小部分资金作购买股票的投资试探，以此决定下一步是否大批购买。投资者之所以要进行试探，是因为投资者对行情的走向心里没谱，为避免满仓购买后全线被套，先投入一支“小部队”。假如在“小部队”的刺探下，得知股价趋于上涨，就进行较大规模的投入，否则可在止损点上及时平仓出局，只承担小量的损失。

很明显，试探性投资法是一种谨慎的投资方法，它可为投资者的股票投资加上一层“保护伞”，使投资者多一分安全感。

21. 股票箱买卖法

股票箱买卖法是一种用技术手段和经验判断来决定买卖股票的方法。

股票箱买卖的理论依据是，股价的运动就如同一个在箱子里弹动的皮球，掉到箱子底部，遇到支撑力而反弹起来，升高到箱子顶部时，又遇到压力而反弹下去，在一定的时间内，持续地做上下弹动的运动。从供给和需求的角度来看阻挡和支撑，就是股价上涨后，持有股票的投资者获利抛出股票，则股票供给量增加，股价由涨转跌；反过来，当股价下跌到一定价位时，有些投资者在跌幅较深时补仓，积极购入，股票的需求量大大增加，当需求量大于供给量时，股价由跌转涨。如果把股价上下波动的轨道绘成一条曲线，将每次波动的高点连成一条线，就形成股价的压力线。将每次波动的低点连成一条线，就形成了一条股票的支撑线。支撑线就相当于箱底，压力线就相当于箱子盖。当股价维持在原箱体内时，投资者应在箱底附近购买，接近箱顶时卖出，如果突破了原来的箱体，那就是投资者买入或卖出的时机。

22. 进三退一制胜法

进三退一制胜法是一种机械的股票操作方法。它是在投资者买进股票的同时就定出卖出的时机，当股价达到预先预定的价位后立即平仓。实际上，它也是一种定点了结法。

由于定点了结法的随意性很大，为便于操作，有的专家经过对股市的研究提出了便于操作的方法，进三退一制胜法就是其中之一。这种方法的基本思想是，在买进股票的时候做这样的计划，如买进股票后股价上涨，所持股票有30%的利润时就卖出，把到手的利润变现；如买进股票后股价下跌，则所持股票损失10%就卖出，这时卖出处理肯定是亏损的，但这也是为了避免更大的损失，以便在将来的行情中有资本来弥补损失。

进三退一制胜法的优点是操作方便，任何人都可以运用这种方法进行操作，无需进行分析研究。运用这种方法较为安全，不至于招致很大的损失。

23. 赚30%计划法

它是股票投资者以赚取三成利润为目标的一种投资方法。

股市行情瞬息万变。当股价上涨时，若期望在涨到最高点抛出，则往往会错失良机；相反，股价下跌时便急于脱手，这往往也是错误的做法。而在一年中，股价以三成以上的幅度上下波动的情况则为数不少。因此，以股价涨到买价的三成时就卖出所持股票；当股价下跌到过去一两年平均股价的三成以下时就买进股票，这已成为不少人赚取买卖差额的一种做法。由于这种方法以赚取三成利润为目标，故又称为三成目标投资法。

然而，采取赚30%计划法应注意两点：一是不能贪心不足，在达到目标时应适时抛出；二是在抛出旧股后，应选择购进具有良好发展前景的股票。根据国外一些投资者的实际经验，选择股票大致有以下三条标准：①热心开发新技术或新产品的公司；②有能力直接操纵市场价格的公司；③知名度高的公司。只要投资者选择好了这种具有成长性的公司股票，三成目标投资法就不失为一种赚取买卖差价的较好的方法。

24. 哈奇计划法

股市技术分析理论认为，股票价格运动具有随机行走的特点，但从长期看，股价运动具有趋势的特点，即一个上升或下降趋势一旦形成，将会持续一段时间。正确的投资方法是，在市场趋势形成的初期，就能顺应趋势，跟着市场的主要趋势走，这也是许多投资者在股市取胜的经验之谈。

哈奇计划法，又称10%转换法，其实是顺势投资法的变种，它是以发明人哈奇的名字命名的股票投资方法。哈奇计划法的具体操作方法是，投资者将购买的股票在每周周末计算平均市值，并在月底再计算出月平均市值。若本月的平均数比最近一次的最高价下降了10%，则股价有可能出现下跌趋势，投资者便卖出所有股票，不再购进。等到他卖出股票的平均市值由最低点回升了10%，再进行买进。也就是说，当市场趋势发生10%反方向变动时，投资者便改变投资地位。

哈奇采用这种方法不做卖空交易，在实行此种计划的53年中，先后改变了44次地位，所持股票的期限最短的为3个月，最长的为6年，将其资产由10万美元提高到1440万美元。这个计划直到哈奇逝世后，才被伦敦金融新闻公布。

哈奇计划法得到了实践的认可。它的优点是操作简单，且注意了股价的长期运动趋势，可供投资者进行长线投资选用。在运用哈奇计划法的过程中，投资者还可根据股票的不同属性，灵活地制定转换幅度，增加这种具有机械性的投资方法的灵活性。当然，哈奇计划的顺应趋势、及时转向的优点不能丢。

三、避免炒股误区

在证券投资实际操作的过程中，投资者常常不理性，出现很多炒股误区，主要表现在以下几个方面。

（一）炒股票就是高抛低吸，不追已涨得很多的股票，专买底部股

买卖股票的第一步就是选股，可股怎么选呢？你可能会说：低吸高抛，买底部股。但这个底到底在哪里呢？有一个刚入市不久的朋友发现有一只股票从10元跌到6元，他认为这只股票已经跌了将近一半，是底部了，便大胆买入，一个月后这只股票又跌了4元多钱，这位朋友想：这回应该是底部了，又筹集资金进行补仓，没想到还没出一个月，这只股票又跌去一元多，于是他心里就没底了，害怕这只股票继续跌下去，在3元附近忍痛割肉出局。这其实就是许多散户朋友"抄底运动"的真实写照。底部很少是你所能想象到的价位，试想如果多数人能够看到这个底部，那么庄家到哪去收集便宜的筹码呢？因此记住，千万别去买便宜的东西，市场上是没便宜可占的，如果有那你也得付出点代价，最典型的就是时间。那么你会说，低吸我拿不准，高抛终归没错吧？从字义上是正确的，但在实际操作中，有几个散户朋友能够享受坐轿的乐趣，真正抛在高处的。

（二）买股票一定要买有量的股票

一只股票其实只有两个阶段是明显放量的，一是在庄家的进货阶段，二是在出货阶段。进货阶段庄家其实非常隐蔽的，他可能在破位下行中放量进货，这是一般人最不容易把握的阶段，试想如果人人都发现庄家在吸货，那么这个庄家怎么可能收集到便宜的筹码，更别谈炒作了。既然进货阶段不好把握，那么买入出货阶段有量的股票不就是自投罗网吗？

（三）专炒消息股，即炒股消息的重要性大于股的重要性

有些中小投资者专门收集、打听什么内幕消息，然后根据所谓的内幕消息进行操作。这里我们说的不是不重视消息的价值，但我们绝大多数人得到的消息是不全面的和错误的，因为董事会成员或操盘手有密切联系的人毕竟是少数。而庄家炒作一只股票，不仅仅是受一个消息或一个因素影响，他是受多种因素支配的。因此我们说炒股票重要的是看其势，不是消息，更不是基本面。

（四）完全信任证券投资咨询机构，因为他们是专业人士

一些专业的证券投资咨询机构确实能够给予中小投资者一定合理建议及炒股指引，但是也有部分非法证券投资咨询机构利用投资者急于获利的心理实施诈骗活动。他们未取得中国证监会核准颁发的相关资格，却通过电话、电视和网络等方式大肆向全国各地做广告，宣称推出了新的理财方式，会员无须缴纳会员费，只要将自己的资金账户、证券账户及交易密码告知公司的业务员，公司就可代会员进行股票买卖，联合坐庄，保证每年100%或者更高的收益，盈利后按约定的比例收取咨询费用。他们在骗取投资者的资金账户、证券账户和密码后，会以对坐庄个股保密为由，立即修改密码，然后将账户中的股票全部卖出，或将资金全部转走，给投资者造成重大损失。

（五）相信炒股博客的言论

当前，各种各样的“炒股博客”如雨后春笋般涌现，不少财经网站还设有各路开博者的炒股文章，并按点击量排名。大多数“炒股博客”都是以“昨日大盘指数上涨多少多少，符合自己的判断”为开场白，随后便推荐个股，甚至说出目标价和时间，每天都有更新，有时候盘中也会更新。投资者如果盲目跟随“炒股博客”炒股的话，会存在较大风险。一方面“炒股博客”的博主大都未取得证券、期货投资咨询从业资格，或者虽然取得证券投资咨询从业资格，但是未在证券、期货投资咨询机构工作，按《证券、期货投资咨询管理暂行办法》第十二条规定，其通过“炒股博客”荐股的行为属于非法证券投资咨询行为，投资者盲目跟随“炒股博客”炒股，其权益难以得到法律的保护；另一方面，“炒股博客”可能成为“庄家”操纵市场的工具，如果股民盲目把从“炒股博客”上获取的所谓“专家意见”当成投资依据，只会大大增加投资风险，并有可能血本无归，最后往往成为那些别有用心者获取不正当利益的“祭品”。

【案例 16－2】 股市“带头大哥”案

“带头大哥 777”——王晓（真名王秀杰），因其开放的“带头大哥 777”博客点击率超过徐静蕾的天下第一博客而在网络上迅速蹿红，其博客目前点击数高达 32645768 次，堪称“中国第一博”。

2006 年起，自封“带头大哥”的王秀杰在博客上发表的“个性”股评文章逐渐在网民中传播，这些股评多是直接告诉网民应该持有还是抛出，股指是上涨还是下跌。“带头大哥”自称对股票预测准确率超过 90%，又自诩为“散户的保护神”，但他显然并不是毫不利己、专门利人的公益活动者，而是在声名鹊起之后，以吸纳会员的名义收取培训费和资料费。

2007 年 7 月 2 日，“带头大哥”王秀杰因涉嫌非法经营罪被吉林省警方刑事拘留。7 月 24 日，被吉林省长春市人民检察院以涉嫌非法经营罪批准逮捕。1 月 9 日，带头大哥案在长春市绿园区人民法院审理。检方指控，王秀杰（带头大哥真名）未经中国证监会许可，非法经营证券业务，涉嫌非法经营罪，法院将择日宣判。从目前检方起诉的情况来看，与 2007 年 7 月，证监会对带头大哥案的通报情况有诸多不同。

证监会此前在对带头大哥案的通报中披露的数字是，2007 年 1 月起，王秀杰曾设收费 QQ 群 13 个，开展收费证券投资咨询活动，收费标准分别为 3000 元、5000 元至 37000 元不等，涉案金额上千万元。但起诉书中认定的数字是，自 2006 年 5 月开始至 2007 年 5 月，王秀杰收取 16 名会员交纳的会费，非法经营收入 20 余万元。

“带头大哥 777”王秀杰因涉嫌非法经营罪刚刚被批捕，一个比“带头大哥”的“天下第一博”更厉害的博客出现了，此博客名曰“贝者证券”，博主声称其从 2007 年八九月份开始，至今已成功预测了 687 个涨停板！而且这些涨停板还被限定了苛刻的条件，必须是“推荐后 10 个交易日中，高于推荐价出现的涨停”。

在“贝者证券”的博客里，博主在其“贝者私募的宣言”中，号召“全国的散户要团结起来，在有行情的时期要敢制造属于自己的涨停板”！大有号令千军万马之势。记者随后以投资者的身份，拨通了“贝者证券”在博客上留下的电话。接电话的男子自称姓李，并称“要合作必须达到三个条件：首先是你的资金至少要有30万，第二是收益要二八分成，最后是要将你的账户和密码交由我们进行统一管理”。

吉林证监局的有关人士指出，投资者进行证券买卖，应到经过中国证监会批准的具有证券经纪业务资格的合法的证券营业部及服务部开户投资，必要时可查验营业部的证券业务经营许可证及工商营业执照。证券投资者要切实保护好自己的身份证、股东账户及交易密码，切勿将自己的账户号及密码交给他人保管。

经调查发现，一些不法分子在未取得证券咨询从业资格的情况下，以互联网为媒介，开设股评博客，建立专业网站，设立炒股QQ群，招收会员，收取会费，非法开展证券投资咨询活动。不法分子的身份非常隐秘，具有很大的欺骗性，虚构简历、编造传奇从业经历，骗取大众的信任。那些提供给会员或客户的所谓投资咨询信息，大部分是当事人转载他人研究成果，或根据市场流言自己编造的。投资者在轻信股评博客时，轻则损失会员费，重则自己的炒股本金都会被骗子骗走，血本无归。

第六节　证券投资技巧

一、牛市中的操作技巧

牛市，即是指买方放量强劲、股价连连上扬、股市普遍看涨的市场行情，亦称多头市场。其特征是买多卖少、人气旺盛、交易活跃、股价大涨小跌。其操作技巧主要有：

(1) 牛市不言顶，要捂股到底。

(2) 牛市第一波，多为轧空行情，须及早入。

(3) 牛市中，往往上影线指向哪里，以后就会达到哪里。

(4) 大牛市启动时多是先集中力量炒高价股。

(5) 一路持有绩优股或高成长股。

(6) 单边升势中，坚决买进强势股，且一路持有，直至大盘波段结束。

(7) 牛市中要有一些基本仓位——有业绩和题材的股票。

(8) 牛市中要买有一些高送配题材的股票，因牛市特征是抢权填权。

(9) 不管风吹浪打，待所持股涨50%～100%，可考虑卖出换股，以应付轮炒，以获取更大利润。

(10) 一轮牛市从启动到结束，都有一个主流板块贯穿其中，可把大部分资金放在主流板块上，小部分资金放在一些滞涨的板块上。

二、熊市中的操作技巧

所谓熊市，是指卖方力量强劲、股价连连下挫、股市普遍看跌的市场行情，亦称为空头市场。

(1) 板块或个股会轮涨补涨是牛市的特征，板块或个股会轮跌补跌是熊市的特征。

(2) 在熊市中操作，不仅需要高超的短线技巧，而且利润十分有限，因只能靠抢反弹，稍不及时突出就要长期被套。

(3) 在熊市保住本钱为第一位，赚钱为第二位。

(4) 熊市中，下影线指向哪里，以后会达到哪里。

(5) 熊市中每一次带量的反弹，都是出货的机会。

(6) 在熊市中，投资者的板块组合应紧跟热点走，市场中耐不住寂寞的资金在适当时机总会营造熊市中的短暂板块行情。

(7) 熊市中的择股标准：①庄股，可能逆市表现。②两次触及30日均线而不破。③没有经过快速拉升。

(8) 熊市中，高价一般没人要，炒作主要集中于低价股。

(9) 熊市末期，即经过持续下跌一大段时间后，要重视利多传言，反看利空传言。

(10) 利空出尽是利多。当大多数人都失去信心的时候，就是新一轮的上涨的机遇。

(11) 周K线运行的转折点通常发生在黄金比率时间。

三、盘整市的操作技巧

盘整市，指股价起伏不大，股市前景暧昧的市场行情。其特征是交易萎缩，观望气氛浓重，股价难以出现令人心跳的波动。

(1) 盘整市中，大量股票涨跌空间均不大，股指上下两难，但股指的相对平稳并不意味着板块的沉寂，也不意味着个股的风险均已降低。

(2) 多看少做，善于休养生息，利用盘整行情，多做些研究，以待行情明朗之时有备而上。

(3) 注意政策导向，多研究近期和下一阶段政策面的动向及对相关板块可能带来的影响。

(4) 短线为主，有利就跑，决不恋战。

(5) 多关注那些业绩尚可、严重超跌处于山脚区域但近期逐步放量的中低价个股，尤其是生不逢时、上市一路下跌后盘稳的次新股。

(6) 人弃我取，人取我予，不追涨杀跌，高不贪，低不惧。

(7) 多看基本面，少看技术面，不盲目听信小道消息及股评家推荐的个股。

(8) 顺应政策导向，长线眼光选股，适当滚动操作。

(9) 捕捉热点板块时要敏锐迅捷。

四、震荡市的操作技巧

震荡市，指股价跌宕起伏，股市前景不明的市场行情。其特征是短线投资增多，市场人气不稳，股价大起大落。那么在震荡市中应如何操作呢？

(1) 如果是宏观基本面、政策面的利空引起的震荡，时间会比较长，幅度会比较大。

(2) 一轮行情的序幕、发展高潮与结束，普遍经历过筑底吸货的震荡阶段、拉升中的震荡阶段、高位出货的震荡阶段和下跌途中的震荡阶段。

(3) 震荡市中很重要的一点是心态要稳。

(4) 不要有短期速富心理，如果对大盘趋向无把握，可先观望。

(5) 震荡市中，单边上行的个股较少，操作上可采取低吸高抛即跌多进货、涨多出货的战术，盈利的期望值不要太高。若在短时间内获利10%，或碰到涨停板，就应先落为安。

(6) 震荡市中，不明朗因素很多，波幅较大，控制好仓位十分重要。这时最好采取半仓投资法。半仓投资法的优点：①保持主动。行情上涨，有高位追仓的机会，可以扩大战果；行情下跌，也有低位补仓的资金，可以摊低成本。②规避风险。股市是高风险的投资场所，投资者必须对风险保持高度警惕，半仓投资法无疑坚持了这样的原则。半仓法投资的缺陷：①不能充分发挥全部资金的使用效率，丧失掉一些利润。②在行情暴跌时，可能会因为清仓不及时，从而套牢。

(7) 震荡市中，要买强势股，买有基本面支持的抗跌品种，买每天有量、有强主力在其中的个股。

(8) 在震荡市中，市场总体以过渡性热点为主，难有明显而持久的板块效应。此时市场有炒新、炒底的偏好。关键要踏准市场起伏节奏、紧跟新的热点。

(9) 低位震荡时要坚定持股，不为小利卖出。中位震荡时要灵活操作。高位震荡时要果断退出。

五、跟庄与逃庄的操作技巧

所谓庄家，是指持有巨额资金，掌握着某种股票较多的流动筹码。在一定时期内，对该种股票进行集中操作，从中谋取利润的机构或者大户。那么，在股票市场中，如何跟庄和逃庄，获得最大利益呢？关键是准确判断庄家进庄的时机并紧跟之。

(1) 庄家进庄一般选在下列时机：①股价在股票低价区或者有投资价值之时；②股价底部构筑完整之时；③恐慌性暴跌或长期下跌之后；④人心极度悲观，严重超跌之后；⑤了解到公司有重大利多消息之时。

(2) 跟庄之前要判断清楚庄家的意图。

(3) 用逆向思维思考题材或消息的另一面。

(4) 要判断庄家实力的大小与坐庄的手法。

(5) 踩准庄家“吸筹、拉升、出货”的三个节奏。

(6) 逃庄，必须清楚庄家的各种出货手法，以便及时逃庄。庄家的出货手法一般有快速下跌出货法、无量阴跌出货法以及边拉边跌出货法。

(7) 不同的庄家有不同的个性，有不同的操作方法。

按照操作周期分为：短线庄、中线庄和长线庄。短线庄操作全过程最长不超过一个月，最短只需一两天；中线庄短则一个月，长则半年；而长线庄坐庄的时间较长，通常在经济周期低谷或公司经营处于复苏初期进庄，在经济周期见顶或公司经营高速成长后期出货。一般来说，短线庄对长期走势信心不足，只想短线操作及时获利了结，因此收集的筹码不多，约占流通股的10%左右，时间持续几天。中线庄炒作时间相对较长，有明显的收集期。长线庄炒作时间以年计，庄家往往选择基本面有很大改观的股票，建仓时不计较价位成本。

(8) 个股的质地，有时并不会左右股价的涨跌，市场庄家林立，选股要贴近市场和庄家。

【专栏 16－3】 “投机大师”伯纳德·巴鲁克

“投机大师”伯纳德·巴鲁克，犹太人，生于1870年。在当时的证券界，其声誉炙手可热的程度一点也不逊于今日之巴菲特和索罗斯。巴鲁克既是白手起家的成功典范，又是善于把握先机的股票交易商；既是手段灵活的投资商，也是通晓经济发展的政治家。人们对他冠以投机大师、独狼、总统顾问、公园长椅政治家等名号。然而人们更愿意称他为“在股市大崩溃前抛出的人”。

巴鲁克提出应该注意投资对象的三个方面：第一，它要拥有真实的资产；第二，它最好有经营的特许优势，这样可以减低竞争，其产品或服务的出路比较有保证；第三，也是最重要的，是投资对象的管理能力。“群众永远是错的”是巴鲁克投资哲学的第一要义。当人们都为股市欢呼时，你就得果断卖出；当股票便宜到没人想要的时候，你应该敢于买进。巴鲁克的投资方法更加灵活多变，他提倡坚决止损。认为即使每十次只做对三四次的话，也会成为富翁。

本章小结

证券投资是一项机遇与风险并存的活动，正确的投资理念与有效的技术分析方法及操作技巧相结合，会给投资活动来带事半功倍的效果。在我国证券市场发展的初期，占据主流地位的投资理念基本上是基于投机心理的，随着转轨期证券市场游戏规则的逐步完善，借助成熟市场经验而形成的理性化的新型投资理念逐步发展起来。选择正确的投资对象必须把握企业周期、所属行业、政策定位及其成长性。在股票市场投资实践中，选好股之后如何操作，把握买卖时机，是投资者最感为难而且也是最为关键的一个环节。在牛市、熊市、盘整市、震荡市等不同的市场中，具体的操作技巧也是不一样的。掌握并运用适合自己的投资方法，避免操作误区，才能够在证券市场中获得更高收益。

关键概念

牛市　熊市　盘整市　震荡市　楼梯股　“渔翁撒网”法　“王子饭店”损失法　抢帽子法

本章思考题

1. 投资者如何保持良好健康的投资心态？
2. 一般来说在股票市场中的选股原则是什么？
3. 如何正确判断底部和顶部？
4. 结合实际分析，你认为哪几种投资方法更适合于自己？
5. 在证券投资中，投资者应该避免哪些操作误区？
6. 如何理解证券投资技巧？

第十七章 证券投资业绩评价[①]

本章学习重点

证券投资基金业绩评价的内容；证券投资基金业绩评价的方法；影响投资基金业绩的因素。

第一节　证券投资基金业绩评价概述

一、证券投资基金业绩评价含义

证券投资基金的业绩评价主要是针对基金的实际运作效果进行评价，以便对过去一段时间内的成绩进行总结，并为未来的投资决策提供参考依据，具体包括基金总体业绩、选股与择时能力、业绩持续性以及业绩综合评价四方面的内容：①对基金的总体业绩进行评价，判断其业绩能否超过市场；②基金选股与择时能力评价，以判断基金经理人是否具备较强的证券选择能力与时机选择能力，这方面的评价主要是针对积极管理风格的基金进行的；③基金业绩持续性检验，以判断前期业绩较好的基金在后期是否也能持续取得较好的业绩，前期业绩较差的基金是否在后期仍然保持较差业绩；④建立科学全面的基金业绩综合定量评价体系，全方位、直观地给出基金评价的最终结果。

二、证券投资基金业绩评价的具体内容

（一）基金总体业绩评价

基金总体业绩评价始终是基金业绩评价的核心内容。在 1960 年以前，基金业绩评价主要是通过未经风险调整收益进行的，即根据基金单位净资产和净资产收益率这两个指标进行的。但是由于基金的投资收益存在风险，所以早期不考虑风险因素的基金业绩评价方法存在很大缺陷。20 世纪 60 年代，随着投资组合理论的不断发展，人们逐渐认识到如何根据收益的方差来量化和计量风险，但缺乏

① 本章以基金为例加以说明。

将收益和风险结合起来的单一计量方法。在早期的研究中，收益和风险这两个因素是分开来考虑的，通常的做法是，研究者以风险计量（收益的方差）为基础，将等风险的基金划分为一组，然后比较这些分组中各基金的收益率，从而评价基金业绩。60 年代中后期，基于 CAPM 的风险调整方法逐步发展起来，特雷纳指数、夏普比率和詹森指数的提出对基金业绩评价研究的发展产生了非常深远的影响，这些指标均是风险调整后的收益指标，由于它们合理地度量了风险因素，因此成为基金业绩评价的三大经典方法，至今仍被广泛使用。但由于其在 CAPM 的有效性、无风险收益率的确定、业绩归属的细分等方面因其缺陷，遭到了不少的批评和质疑，多位经济学家对三大经典方法提出了修正和改进，如信息率、M^2、衰减度等。进入 20 世纪 80 和 90 年代后，不依赖于 CAPM 的无基准的业绩评价方法也出现并发展起来，如 ESM 方法、PCW 方法等。总之，基金总体业绩评价经历了从未经风险调整收益到风险调整方法、无条件模型到条件模型、基于 CAPM 的方法到无基准的业绩评价方法的发展过程。

（二）基金选股与择时能力

基金总体业绩评价只能给出基金运行的整体结果，并没有回答基金业绩的来源和影响因素问题。一般而言，对于积极运作的基金而言，影响基金业绩的因素主要包括基金经理人的证券选择能力、时机判断能力和运气。鉴于大多数基金经理人认为他们具有很强的证券选择和市场时机选择能力，因此越来越多的学者研究基金经理人的证券选择（微观预测）能力与市场时机选择（宏观预测）能力。证券选择能力是基金经理人识别价格被低估的证券即构造最优证券组合的能力。时机选择能力是基金经理人正确地预测市场行情发展趋势，调节基金投资组合中股票、债券和现金的比重或调节各行业股票的比重，以获得最大收益的能力。尽管投资组合中证券的构成能够影响基金的系统风险，但是时机选择能力对基金的系统风险能产生更显著的影响。基金选股与择时能力研究，尤其是择时能力研究，有助于投资者判断基金业绩的因果关系并预测基金未来业绩，因此成为当前研究的热点。在近些年的研究工作中，对证券选择和市场时机选择研究又出现了不少新的思路和方法，如特征性测量方法、条件性方法、日数据频率的引入等。

（三）基金业绩的持续性研究

基金业绩持续性（Persistence）研究就是按照事件发生的时间顺序对基金的业绩排序进行分析，以检验前期表现较好的基金在未来一段时期内的业绩是否也会相对较好，而前期业绩较差的基金在未来一段时期内的业绩是否也会相对较差。基金业绩的持续性本质上是考察基金历史业绩是否对未来业绩有一定程度的揭示作用，其思想与有效市场假设相抵触，被视为金融市场的异常现象。其研究始于 20 世纪 60 年代，大量的实证研究显示共同基金的业绩不存在持续性。但在 20 世纪 80 年代以后，基金业绩的持续性研究重新得到重视，比较有影响力的是 Hendricks，Patel 和 Zeckhauser 对此进行的深入研究，发现过去一些收益相对较好或较差的共同基金均表现出了业绩的持续性，并首次将业绩的持续效应用"好手（Hot Hand）"定义，亦即"强者恒强"。

基金业绩持续性研究是基金业绩评价体系的一个重要组成部分，在一定程度上决定进行基金业绩评价是否必要，是否有意义。如果基金业绩具有持续性，投资者就可以选择前期表现较好的基金进行投资，从而取得较高的投资收益；如果基金业绩不具备持续性，基于基金历史业绩的评价信息对于未来的投资决策就没有任何价值。

（四）基金业绩综合定量评价

基金业绩的总体评价、选股与择时能力和业绩持续性从不同的角度给出基金不同侧面的评价结果，无论是针对基金管理公司用于改进管理、进行奖惩的内部评价，还是机构和个人投资者进行投资决策的外部评价，这些分散的指标都很难给出一个整体、直观的评价，因此迫切需要开发出一套科学合理的综合定量评价方法，将分散的不同侧面的业绩指标综合起来，对所有基金进行评价和排序，并由此得到对基金业绩全面客观的评价。

美国基金评级主要由晨星公司、利普公司和标准普尔公司等专门机构来负责，最著名的是晨星评级。这几个评级系统虽然在风险计算方法上有所不同，但基本思路均是对风险和收益进行评估，并用风险调整收益作为衡量基金业绩的主要标准。但这些评级系统没有将基金成本（如管理费用）、基金资产的流动性等因素考虑进去，造成基金评价的不完备性。

三、国际上基金评级机构的发展现状

美国基金评级机构在国际上影响较大，评级机构数量较多，最主要的是利普（Lipper）公司、标普（Standard & Pool's）Micropal 公司和晨星（Morningstar）公司。

（一）利普公司

利普公司创建于 1973 年，是美国最早的提供基金数据与分析的专业公司。1998 年，利普被路透集团购买而成为路透旗下的全资子公司。

利普公司的一个特色是创建了包括 80 个以上的基金类别指数作为基金业绩衡量的基准。1999 年 9 月以前，利普公司在基金的分类上是以基金在募集公告书中对基金类型的自述为基础的。1999 年 9 月之后，利普公司开始采用一套较为复杂的以基金持股特性对基金进行分类的新方法。该公司认为这种方法更有利于基金之间的比较。在对美国股票基金的分类上，利普公司首先根据基金所持股票的市值（大、中、小以及多重市值）进行分类，然后再根据基金所持股票的特性（成长、核心、价值）进行风格分类，最后将二者结合起来得到基金的分类。利普公司在基金分类的基础上仅根据基金的绝对收益率对不同类别的基金进行排序，而不考虑基金的风险因素。

（二）标普 Micropal 公司

Micropal 公司建于 1985 年，标普公司于 1997 年将其收购。标普 Micropal 公司的基金评级业务侧重于两个方面：一是力求帮助基金管理公司能够更好地向投资者展示其价值，二是力求帮助基金投资者更好地做出有效决策。目前，标普 Micropal 公司在全球 7 个国家共有超过 400 人的专业基金服务人士，有超过 1000 家的基金管理公司在使用该公司的基金业绩评级服务，而且客户以机构居多。

标普 Micropal 公司在对基金本身进行评价时，力图将对基金管理公司本身的评价融入对基金表现的综合评价中，这与晨星公司主要基于对基金本身业绩的量化指标的评价相比，存在很大的不同。标普 Micropal 公司除对基金本身进行分析评价外，还会对被评价的基金管理公司进行评级。此外，标普 Micropal 公司会设置一定的标准，精选各个组别中不超过 10%的基金进行深入的跟踪分析，这对被选中的基金是一种荣誉，因此会大大增强对投资者的吸引力。此外，标普 Micropal 公司还对提出申请要求跟踪考察的共同基金进行价值增加评级，这种评级要收取一定的费用。

（三）晨星公司

晨星公司成立于 1984 年，该公司主要定位于为投资者提供服务方面，它主要侧重于基金本身，而非对基金管理公司的评价上。作为基金数据服务与评价领域中的后起之秀，晨星公司目前已成为基金评价领域中最具影响力的公司。

晨星公司的最主要产品是其 1985 年开发的基金星级评定系统。晨星公司并不从基金评级中直接获取收入，其主要获利来自于基金评级所衍生的数据服务，向金融咨询人员、投资管理公司、保险公司等机构投资者提供的资产管理分析软件的收费、投资顾问服务以及网上服务。与标普 Micropal 不同，晨星公司客户以中小投资者居多。此外，晨星公司还向有些媒体和网络传媒提供数据和资料服务。与定性评级不同的是，晨星定量评级采用“向后看”的评价方法，即对基金的历史业绩进行风险调整，最终确定其评级结果。

2002 年 6 月 30 日，晨星公司开始采用新的星级评价系统取代过去的星级评价系统。新的星级评价系统在以下几方面作了重要改变：一是在对基金的分类上，将基金从过去 4 个大的类别分成了 48 个更为精细的类别；二是在星级评定上，如果基金改变了自己的组别，其历史评级会被赋予较低的权重；三是在对风险的衡量上，新方法强调向下波动风险的同时用基金月收益率的波动取代原来仅用月收益率低于 90 天国债收益率进行风险评价的做法。此外，新的星级评价依据“期望效用理论”进一步强化了对风险调整收益指标的重视，因此进一步加剧了高风险基金获得高星级的难度。

【专栏 17－1】 中国基金评级机构的发展

早在 1994 年，中国诚信证券评估公司就开始对基金进行信用评级，根据基金的投资策略与投资目标、投资组合与投资质量、基金管理人管理水平和基金经营绩效来判定基金的资产安全性和风险。由于它的评级主要是针对基金管理公司而非基金，与企业评级类似，该项业务也就没能得到拓展。

1997 年以后，随着证券投资基金的大量发行上市，其他各种机构也各自开始了对基金的评级工作。比如深圳鹏元资信评估公司在 1999 年推出了模仿美国晨星基金评级体系的一套所谓“主动评级”。它的评级方法采用排序法，首先将所有基金按不同类型进行分组，然后在每一组别内按照一定的考核指标对该组基金进行排序，再按排序的结果给出等级。1999 年 12 月 13 日，证监会发出《关于鹏元资信评估有限公司立即停止基金评级业务的通知》，对鹏元资信评估有限公司进行基金评级工作予以严厉谴责和阻止，通知称，该公司正从事基金评级业务，并已出版刊物《基金评级》多期，但尚未获得中国证监会批准从事证券评估业务的资格，所采用的基金评估方法也存在缺陷，有关做法会误导投资者，应立即停止基金评级业务。另有一家名叫康和理财顾问的公司也推出了基金评级体系。该公司按国际流行的一些基金评级方法，如夏普比率、特雷纳指数、詹森指数、证券选择能力、市场时机选择能力五类指标分别进行打分，然后对各类指标赋以不同权数，以此计算各基金五类指标的总分值，最后按总分值对各基金进行评级。但这家公司的评级目前在市场上影响有限。

2001年6月12日，由银河证券组织专业人员设立的基金研究评级中心正式成立。其业务主要包括基金市场评论、基金跟踪分析、基金业绩评价、基金管理公司业务能力调查、数据提供及其深加工、基金业绩分析软件的引进与开发等方面。因为作为证券公司来说，与基金有关联关系，即使评价结果公正客观，但由于其不具备独立性，在公众中的权威性也要受到影响。此后，北京天相投资顾问公司也开始从事基金评级和基金市场评论，并在业界具有一定的影响。另外，国泰君安证券公司、海通证券公司、中信证券公司、南方证券公司也建立了公司内部的基金业绩评价体系。

在我国，包括资信评估公司、财务顾问公司、金融网站和券商都在为基金进行客观公正的评价而努力，但到目前为止，我国尚没有经过证券监管部门认可的独立基金评级机构对越来越多的基金进行评价。

第二节　证券投资基金业绩评价方法

20世纪60年代以来，随着现代资产组合理论和资本资产定价模型（CAPM）的诞生与发展，证券投资基金业绩评价研究不断发展起来，研究方法不断涌现。如果按照模型发展对基金业绩评价方法进行划分，则现有理论模型可以分为两类：一类是基于CAPM发展起来的，主要包括特雷纳指数、夏普比率、詹森指数估价比率、M^2测度、绍坦诺比率、双夏普比率、多因素模型、TM模型、HM型、CL模型、GII模型、条件业绩评价模型以及Fama业绩归属模型等；一类是采用传统外生基准的模型，包括业绩指数、效用指数、晨星评价、DEA方法、PC方法、DGTW方法等。这里介绍几种比较经典的投资基金业绩计量方法。

一、基金总体业绩评价方法

（一）特雷纳比率（Treynor's Measure）

1965年，特雷纳首先发展了一种考虑了基金风险的业绩计量方法，以单位系统风险收益作业基金业绩评估指标，其计算公式如下，即：

$$T_{i,t}=\frac{R_{i,t}-R_{f,t}}{\beta_i}$$

其中$T_{i,t}$表示基金i在t期间的特雷纳比例，$R_{i,t}$表示基金i在t期间的收益率，$R_{f,t}$表示t期间的无风险收益率，β_i表示基金i承担的系统性风险，具体根据$CAPM$模型计算得出。整个表达式表示组合承担单位风险取得的超额收益。由于风险变量贝塔衡量的是系统风险，并不涉及组合的分散化，很明显该计量方法的前提是组合是完全分散的，系统风险就是组合承担的主要风险。Treynor比率表示的是基金承受每单位系统风险所获取风险收益的大小，当$T_{i,t}$值愈大时，表明基金风险调整后业绩愈好；反之，则表明基金风险调整后业绩不好。

（二）夏普比率（Sharpe's Measure）

夏普比率用于测度基金收益总风险调整后的业绩。这种方法的思路与其他资本资产定价模型早期研究成果比较相近，是以资本市场线（CML）为基础的。具体是指在一定的样本期间内，基金投资组合的收益率（$R_{i,t}$）超过无风险收益率（$R_{f,t}$）部分与该基金的收益率的标准差$\sigma_{i,t}$之比。计算公式如下：

$$S_{i,t}=\frac{R_{i,t}-R_{f,t}}{\sigma_{i,t}}$$

该指标是以资本市场线（CML）为基准组合的风险调整业绩评价指标，其测度是相对于证券组合总风险（收益率的标准差表示）的回报率。如果基金的夏普比率大于市场基准组合的夏普比率，则该基金的证券组合就位于CML之上，表明其表现好于市场，反之，则表明其表现差于市场。推而广之，该比率可以用来在不同基金之间进行比较，评价各基金之间的相对业绩。

夏普比率的计算与特雷纳比率很相似，都是超额收益与风险量度的比率。与特雷纳比率不同的是，夏普比率将收益的标准差作为风险的量度，考虑了组合的总体风险，而特雷纳比率只是考虑以贝塔度量的系统风险。在一个完全分散化的投资组合中，由于非系统风险很低，投资组合的总风险基本上可以认为是其系统风险，这种情况下两种计量方法对基金的排序是一致的。如果基金组合的分散化程度不高，使用特雷纳比率和夏普比率对基金业绩进行排序，排序结果会有所不同，这并不矛盾，排序的差异直接源于分散程度的差异。实际上，这两种方法提供了互为补充但各具特色的信息。

（三）詹森业绩指标（Jensen's Measure）

詹森业绩指标又称詹森值、詹森指标、詹森α、事后α等，是詹森1968年在CAPM模型的基础上发展的一种业绩评价方法，该方法推出以后，为研究者广泛采用，是一种比较经典的业绩评价方法。这种方法的基本思路是，通过比较评价期间的实际收益和由CAPM模型推算出的预期收益，以评价基金的风险调整后业绩表现，即詹森α值等于基金的平均收益率与相应的市场基准组合推算的预期收益率之差。其计算公式如下：

$$\alpha_i=(R_{i,t}-R_{f,t})-\beta(R_{m,t}-R_{f,t})$$

其中$R_{m,t}$表示t期间市场基准组合的平均收益率，其他符号含义同前。在实际测算时，通常采用如下（詹森）回归模型进行计算：

$$(R_{i,t}-R_{f,t})=\alpha_i+\beta(R_{m,t}-R_{f,t})+\varepsilon$$

詹森指数为绝对绩效指标，表示投资组合收益率与相同系统风险水平下市场投资组合收益率的差异，如果α_i大于零，则表明基金的风险调整后业绩要好于基准收益率，即该基金取得了超额收益，基金的业绩表现良好；反之，则表明基金的业绩比较差。当投资组合之间进行业绩比较时，詹森指数越大越好。

（四）M^2业绩计量指标

M^2以现代财务理论为基础，意义清楚，计算简单，为收益和风险的分析提供了一种基本框架，它利用收益风险和财务杠杆运用（通过借贷方式）的市场机会成本，简单且准确地转变了组合收益的风险。M^2测度指标是由摩根斯坦利公司的利厄·莫迪利亚尼（Leah Modigliani）及其祖父、诺贝尔经济学获得主佛朗哥·莫迪利亚尼（Franco Modigliani）对夏普测度进行改进后引入的。

M^2 的关键在于，它将各组合的风险调整至无需管理的基准组合的风险水平，这样，在同一风险水平下，各基金的 M^2 就可进行比较，从而评价各基金经理业绩。同时，利用 M^2 也可以识别“最好”的基金，即那些在任何风险水平下都可以取得最高收益的基金。而那些以总收益为基础的基金业绩评价方法，其结果可能会产生极大的误导。M^2 对此提供了一个简单的答案“收益能够足以补偿投资者承担的风险”。利用 M^2 进行排序的结果与夏普比率是一致的，不过 M^2 是产生一个以基本点表述的得分，这对于一般投资者而言是更容易理解的。

M^2 的基本思路是，通过收益和风险的均衡，或者利用风险的市场机会成本，在投资组合中通过无风险资产的比例来调整组合的风险，使其等于市场指数的风险，将所有组合的风险水平调整至无需管理的市场基准的水平，以使组合的风险与市场的风险水平相匹配，然后计量与该风险配比的组合收益，则可将组合的 M^2 和同期市场的平均收益进行比较。具体计算的思路如下：假定存在基金 A，其标准差为市场指数的 1.5 倍，如果我们构建一个新的投资组合 B，其中包含 2/3 的基金 A，1/3 的国债，则投资组合 B 的标准差与市场指数相同。相反，如果基金 A 的标准差小于市场指数，则通过买空国债，然后投资于基金 A。由于基金 A 和市场指数的标准差相等，我们就可以通过比较它们之间的收益率来考察基金 A 的业绩。根据上述思路，将基金的风险调整至市场风险后业绩的计算公式为：

$$\mathrm{Rap}_{i,t}=(\sigma_{m,t}/\sigma_{i,t})(R_{i,t}-R_{f,t})+R_{f,t}$$

其中 $\mathrm{Rap}_{i,t}$ 表示基金 i 风险调整至市场风险后业绩，$\sigma_{m,t}$ 表示市场基准指数在 t 期间内收益率的标准差，$\sigma_{i,t}$ 表示基金 i 在 t 期间内收益率的标准差，其他符号含义同前。风险调整至市场风险后业绩减去市场收益率即为 M^2 业绩，即：

$$M^2=\mathrm{Rap}_{i,t}-R_{m,t}=(\sigma_{m,t}/\sigma_{i,t})(R_{i,t}-R_{f,t})-(R_{m,t}-R_{f,t})$$

二、基金选股与择时能力评价方法

（一）T—M 二次项模型

T—M 二次项模型是 Treynor 和 Mazuy 于 1966 年提出的，该模型通过在 CAPM 模型中添加一个二次项来分析基金经理的时机选择能力。模型的形式为：

$$r_p-r_f=a+b(r_m-r_f)+c(r_m-r_f)^2+\varepsilon_p$$

其中，r_p、r_m 和 r_f 分别是基金收益、市场收益和无风险收益。a 为证券选择能力指标，当 $a>0$ 时，表明基金经理有证券选择能力；c 为择时能力指标，当 $c>0$ 时，表明基金经理有择时能力。

（二）H—M 二项式模型

H—M 二项式模型是 Heriksson 和 Merton1981 年提出的，该模型通过在 CAPM 模型中引入一个随机变量来考察基金经理的市场时机选择能力。模型形式为：

$$r_p-r_f=a+b(r_m-r_f)+c(r_m-r_f)^2D+\varepsilon_p$$

其中，r_p、r_m 和 r_f 分别是基金收益、市场收益和无风险收益。D 是一个虚拟变量，

当 $r_m - r_f > 0$ 时，$D=1$，否则 $D=0$。c 为择时能力指标，当 $c>0$ 时，表明基金经理有择时能力。

三、基金业绩的持续性评价方法

（一）独立性检验

如果基金一段时期的业绩表现分成赢（Win）和输（Lose）两类，对于同一只基金前后两期的业绩变化可以分别用"赢—赢"WW、"赢—输"WL、"输—赢"LW、"输—输"LL来表示，则我们可以用 x^2 独立性检验来考察基金业绩的持续性，具体公式为：

$$x^2 = \sum_{ij} \frac{(n_{ij} - e_{ij})^2}{e_{ij}}$$

其中观察值个数为 n_{ij}，观察的期望值为 e_{ij}，x^2 统计量在大样本条件下，近似的服从自由度为 $(r-1)\times(c-1)$ 的 x^2 分布，r 和 c 分别是行数和列数。若基金业绩存在持续性，则"赢 — 赢"的概率将大于"赢 — 输"的概率，"输 — 输"概率将大于"输 — 赢"的概率。

（二）自相关系数检验

如果基金的业绩具有持续性，那么基金收益序列的一阶自相关系数应该显著地大于0。基于这样的思想，对于单个基金而言，进行回归：

$$r_{i,t} = \alpha_i + \beta_i r_{i,t-1} + \varepsilon_i$$

其中，$r_{i,t}$ 表示基金 i 第 t 期的风险调整收益，α_i 和 β_i 为系数。系数的 t 统计量使用的是异方差一致性标准差（HSCE）。

此外使用 Fama-MacBeth 回归的方法对基金整体上的业绩持续性进行检验。先对所有的基金或者基金组合进行横断面回归（Cross-sectional Regression），得到系数 β 的时间序列，然后计算出它们的时间序列均值、标准差、T—M 统计值。

【案例 17－1】 基金业绩评价方法的应用
——独立性检验、自相关系数检验的应用

（一）数据处理

1. 样本的选取

基于获得足够长的样本容量的原则，选择 1999 年底以前上市的 20 家新基金（由于基金上市之初的资产净值往往不稳定，剔除 1999 年 12 月 30 日上市的两家基金，基金景福和基金汉兴）。样本数据的期间从 2000 年 1 月 1 日到 2004 年 1 月 1 日。由于 1999 年底上市的基金全部为封闭式基金，故选取的样本数据可以说仅是部分封闭式基金的样本数据。

2. 基金单位资产净值

基金每周单位资产净值来源于《中国证券报》，对于基金的分红在不考虑现金再投资收益率的假设下作向后还权处理。为了考察股市发展不同阶段对基金业绩稳定性的影响，

划分了熊市和牛市两个时间段进行考察。以上证综合指数到达历史最高 2245.44 点的 2001 年 6 月 14 日为分界线，前半期代表牛市阶段，后半期代表熊市阶段。

3. 市场基准组合

基准组合选取前文所述权重基准，假设深沪两市股票投资比例各为 40%，投资于年收益率 4%国债的比例为 20%。

权重基准的周收益率为：

$$r_m = 0.4r_1 + 0.4r_2 + 0.2 \times \frac{0.04}{52}$$

4. 无风险收益率的确定

国债收益率作为无风险收益率，是用同期一年银行定期储蓄存款利率作为无风险收益率，按照 52 周折算周收益率，并按照复利的方法根据需要折算为周收益率、月收益率或者季度收益率。

（二）实证研究

1. 独立性检验

由于我国基金数量较少，使用一般的 x^2 统计量并不合适。因此，定义月度收益或季度收益大于整个基金收益分布中位数的基金为赢家，小于的为输家，按季度和月度分别进行独立性检验（这里仅列出按季度划分）。可以发现：在小样本的情况下，x^2 检验与经过调整的 Yates's 连续修正统计量及 Fisher 精确检验存在较大的区别（表 17－1）。实证表明，无论从月度还是季度进行考察，我国的基金基本上不存在业绩的持续性。

表 17－1 对基金收益的独立性检验

季度	WW	WL	LW	LL	CHI—SQ	P—value	YATES CONT. CORR	P—value	FISHER EXACT P—value
2Q2000	6	4	4	6	0.800	0.371	0.200	0.655	0.656
3Q2000	4	6	6	4	0.800	0.371	0.200	0.655	0.656
4Q2000	5	5	5	5	0.000	1.000	0.000	1.000	1.000
1Q2001	5	5	5	5	0.000	1.000	0.000	1.000	1.000
2Q2001	8	2	2	8	7.200	0.007	5.000	0.025	0.023
3Q2001	4	6	6	4	0.800	0.371	0.200	0.655	0.656
4Q2001	6	4	4	6	0.800	0.371	0.200	0.655	0.656
1Q2002	5	5	5	5	0.000	1.000	0.000	1.000	1.000
2Q2002	3	7	7	3	3.200	0.074	1.800	0.180	0.179
3Q2002	5	5	5	5	0.000	1.000	0.000	1.000	1.000
4Q2002	3	7	7	3	3.200	0.074	1.800	0.180	0.179
Total	54	56	56	54	0.073	0.787	0.018	0.893	0.893

2. 自相关系数检验

这里还使用 Fama-MacBeth 回归的方法对基金整体上的业绩持续性进行检验，同时对各个基金分别进行了自相关系数检验（表 17-2），分别使用了整个时期的周数据、前半期的周数据、后半期的周数据以及整个时期的月度数据进行检验。由于样本数量的关系，没有对前后时期的月度数据进行分析（这里仅列出基金等权组合和各基金的检验结果）。结果显示，基本上所有的基金都没有表现出业绩的持续性，前期表现较好的基金并不代表在后一期仍然有较好的表现，前期表现较差的基金也未必在后一期业绩仍然没有提升，而 Fama-MacBeth 回归也获得同样的分析结果。

表 17-2　对投资基金的自相关检验

业绩的持续性检验	自相关系数	T 统计量	显著大于 0	不显著
周数据总时期	0.095	0.81	2	18
周数据前半期	0.031	0.26	1	19
周数据后半期	0.104	0.90	2	18
月数据总时期	0.102	0.88	2	18

经过小样本调整的统计量研究表明，我国的封闭式基金没有明显的业绩持续性。这与国外成熟的研究结论：基金的历史表现和基金的未来表现是正相关的，选择过去表现好的基金总体上来说会更加合适相矛盾，“好手（Hot Hand）”现象并不存在。究其原因，可能有以下几点：一是样本期较短，研究数据带有明显的短期阶段性特征；二是我国证券投资基金的发展尚处于起步阶段，诞生也就不过区区十几年的历史，与发达国家百年历史相比还显稚嫩，一时的市场表现还不能表现其全貌；三是我国证券市场长期以来存在一些异常现象，如小公司效应、账面市值比效应、市盈率效应、成交量效应以及流通股比例效应等等，以价格扭曲，信用危机、目标迷失、行为失真等现象，昭示市场可能并非有效市场等。此外，基金经理人任期短、更换频繁也是一影响因素。据银河证券基金研究中心的研究报告显示，1/3 的基金经理管理基金的经验不足一年，一半以上的是 2 年以下，接近 3/4 的人管理基金经验不到 3 年。截至 2008 年 5 月 22 日，所有在任的基金经理平均任职时间仅仅为 485 天，尤其在 2007 年，30 家基金公司离任基金经理达 71 人次，相当于现任基金经理总数的 1/8。在有记录的 615 名基金经理中，有 232 名已不再担任任何基金经理职务。人才的频繁流动与流失，正日益成为中国基金业发展的硬伤，严重影响着基金业绩的持续性发展。

四、基金业绩综合定量评价方法

综合评价是指对多属性体系结构所描述的对象系统做出全局性、整体性的评价。常用的综合评价方法大致可以分为九大类，即定性评价方法（专家会议法、Delphi 法）、技术经济分析方法（经济分析法、技术评价法）、多属性和多目标决策方法（MODM）、运筹学方法（数据包络分析 C^2R、C^2GS^2 等）、统计分析方法（主成分分析、因子分析、聚类分析、判别分析）、系统工程方法（评分法、关联矩阵法、层次分析法）、模糊数学方法

（模糊综合评价、模糊积分、模糊模式识别）、对话式评价方法（逐步法 STEM、序贯解法 SEMOP、Geoffrion 法）、智能化评价方法（基于 BP 人工神经网络的评价）。其中，定性评价方法虽然简单方便、易于使用，但主观性太强。技术经济分析方法含义明确，但建立模型比较困难，只适用于评价因素少的对象。多属性和多目标决策方法、模糊数学方法、对话式评价方法和智能化评价方法由于专业性强，不易使用和操作，也不常使用，尤其对于基金评价更不合适。

比较而言，运筹学方法（数据包络分析）、统计方法（主成分分析和因子分析）、系统工程方法（评分法、关联矩阵法、层次分析法）含义明晰，易于操作，从而被广泛应用于经济分析的各个领域中，其中数据包络分析和主成分分析已被国内少数学者应用于基金业绩评价领域。

（一）灰色关联度分析

灰色关联度分析是一种通过估计各评价对象和评价标准之间的距离，利用样本数据的内在关系去评价样本的多因素统计分析方法。该方法能较好排除数据的“灰色”关系，而且评价标准并不固定，因此具有广泛实用性和可操作性，但该方法的缺点是无法科学确定各指标的权重。层次分析法能把复杂问题的各种因素通过划分相互联系的有序层次使之条理化，根据客观判断对各因素相对重要性给予定量表示，从而利用数学方法确定各因素的权重。两种方法相结合能使其综合评价结果更加全面、客观、符合实际。基金是一个复杂的灰色系统，而且基金各评价指标也具有不同的重要程度，因此层次分析和灰色关联度分析相结合的组合方法比较适合于基金业绩综合评价问题的研究。

（二）数据包络分析

数据包络分析是一种非参数的统计方法，主要采用数学规划方法，通过比较决策单元偏离 DEA 前沿面的程度来评价它们的相对有效性。DEA 方法不需要关于输入和输出间函数形式的假设，可以考察各种输入之间的相对重要性，鉴别无效率基金并估计无效率的程度，指出无效率基金达到有效率的途径。此外，可以克服因基准选择不同而带来的评价结果失真的问题，考察某些因素对基金业绩评价结果的影响程度，从而非常适合于基金业绩评价。

（三）主成分分析

主成分分析主要是通过在多个指标中寻找主成分，用主成分来充分反映原来的信息，并通过因子来确定权数，降维作用比较明显，且得到的结果客观性强。它不但可以排除评价中人为因素的干扰，还适宜于评价指标间相关性较大的对象系统，在减少分析指标的同时，尽量减少原指标包含信息的损失，因此能对各样本基金进行比较有效全面的分析与排序。考虑到基金评价指标间存在一定的相关关系，因此采用主成分分析进行基金业绩的综合评价也是比较合适的。

五、评价方法选取的原则

由于我国基金发展历史很短，对一些指标的评价为时尚早，我们也不应求全责备，但量体裁衣选择具有实用价值的一些指标，充实我国基金评价体系是完全必要而且可行的。结合证券市场的发展现状，我国的基金评价体系至少应该满足以下三个基本原则：

1. 现实性原则

我国证券市场波动较大，宏观经济晴雨表的作用不明显，市场配套措施不够完善，具有新兴资本市场的明显特征，处于“新兴+转轨”阶段，与发达国家的资本市场不可同日而语。证券投资基金在这种的市场环境当中，表现自然不会很完美，对它们还应以呵护为主，不要苛求太高。基金实际运作年限还较短，因此直接套用晨星评级等方法或模型来建立我国基金业绩评价体系是欠妥当的。

2. 适用性原则

评价方法并不是越先进就越好，这是很多经济学理论反复讨论过的。一些学者运用数学规划、模糊数学、灰色系统、神经网络、遗传算法、混沌理论等提出了许多全新的基金业绩评价方法，但是由于这些方法需要较深的数理知识，且评价结果较为抽象不易理解，难于为人们所接受。至今，传统的经典基金业绩评价指标由于简单实用、适用性强等特点，仍然是较为流行的。

3. 公正性原则

基金评价主要服务于基金投资者、社会公众和监管机构，这三者与基金在一些特定层面上均处于对立状态，客观公正的评价结果最符合他们的利益。但对基金而言，由于评价结果对自身利益影响巨大，会干扰评价的客观性和公正性，因此，基金的评价不但要考虑评价方法的公正而且还要确保评价机构的公正。如单纯地将债券基金与股票基金放在一起进行净值比较，已引起多家基金公司的不满；国内少数券商试图建立基金评价体系，但由于他们与基金多少有些裙带关系，并不是理想的评价人。

【专栏 17-2】 2007 年中国基金收入排名情况

截至 2007 年底，我国基金业的基金总数达到 368 只，基金份额达到 22334 亿份，基金资产净值为 32786.2 亿元。其中，开放式基金总数为 333 只，占比为 90.5%；资产净值为 30423.5 亿元，占比为 92.8%。封闭式基金数量为 35 只，占比为 9.5%；资产净值为 2362.6 亿元，占比为 7.2%。

截至最近 2007 年报统计，58 家基金公司 363 只证券投资基金 2007 年的总收入达到 11630.1 亿元，其中股票价差收入和股利收入分别是 8112.2 亿元和 78.7 亿元，合计超过基金总收入的 70%。债券利息收入和存款利息收入分别为 71.96 亿元和 29.3 亿元，合计占总收入的 0.9%。根据 wind 统计，基金业 2007 年的总收入超过 2006 年 7.35 倍，惊人的增长。

从基金管理公司看，根据年报 2007 年收入最高的是华夏、易方达、南方、博时和嘉实等基金管理有限公司；从个别基金看，收入最高的是嘉实策略增长、南方绩优成长、广发策略优选、博时精选、华夏优势增长和易方达价值成长等，见表 17-3 和表 17-4。

表 17-3 2007 年度总收入前 20 强的基金管理公司

	公司名称	2007 年总收入（万元）
1	华夏基金管理有限公司	8501280.03
2	易方达基金管理有限公司	8050583.74
3	南方基金管理有限公司	7938291.97
4	博时基金管理有限公司	6907511.52
5	嘉实基金管理有限公司	6756085.52
6	大成基金管理有限公司	4391537.08
7	广发基金管理有限公司	4030898.31
8	上投摩根基金管理有限公司	3805748.48
9	银华基金管理有限公司	3771169.27
10	华安基金管理有限公司	3539106.13
11	景顺长城基金管理有限公司	3532925.02
12	鹏华基金管理有限公司	3421677.14
13	富国基金管理有限公司	2978732.10
14	华宝兴业基金管理有限公司	2831710.33
15	融通基金管理有限公司	2731535.16
16	国泰基金管理有限公司	2543288.68
17	交银施罗德基金管理有限公司	2489627.74
18	工银瑞信基金管理有限公司	2376373.48
19	长盛基金管理有限公司	2274462.62
20	诺安基金管理有限公司	2221337.96

资料来源：张宇．基金研究．中投证券，2008.4

表 17-4 2007 年度收入排在前列的基金（单位：亿元）

证券简称	年度收入	股票差价收入	债券差价收入	股利收入	债券利息收入
嘉实策略增长	151.38	94.13	0.03	1.06	0.70
南方绩优成长	146.58	94.79	0.01	0.70	0.32
广发策略优选	140.31	96.44	—0.04	0.71	0.00
博时精选	137.96	82.63	0.00	0.89	0.21
华夏优势增长	137.88	98.44	0.24	0.65	0.18
易方达价值成长	137.06	25.87		1.81	0.00
南方稳健成长	132.51	100.18	—0.07	1.16	0.94
汇添富成长焦点	128.10	43.72	0.03	1.09	0.22
易方达积极成长	126.06	80.82	0.06	1.25	0.00
华夏蓝筹核心	125.18	64.58	0.08	0.84	0.25

第三节　影响投资基金业绩的因素

影响基金业绩的因素，主要是市场风险水平。市场风险水平是证券投资基金在某个时点或者时段所面临的资本市场的风险程度。这主要是与一个国家的资本市场的成熟度、GDP 水平密切相关。但影响基金业绩的因素，除了市场风险水平外，许多非市场风险往往在某个时候也起到决定性作用。非市场风险包括基金管理公司的治理结构、基金经理的羊群行为、投资风格类别及持续性、基准指数的选择、基金经理的选股与择势能力、基金业绩的持续性、基金业绩评价、基金费用、基金规模等。

一、市场风险因素

市场风险包括系统风险、非系统风险。详见本书前面关于证券投资的风险防范的叙述，这里不再赘述。

二、非市场风险因素

（一）基金管理公司的治理结构

2001 年初，我国证监会下文要求基金管理公司设立独立董事，到当年底，所有基金管理公司均已经按照证监会的要求在董事会中聘请了独立董事，独立董事制度在基金管理公司开始正式运行。但是这一在我国证券投资基金业的制度创新能否对我国契约型基金的治理的改善产生预期的作用，目前仍缺乏经验数据的检验。

从长远来看，基金管理公司把设立独立董事作为向外界市场传递自身治理良好、能够最大限度地为基金持有人的利益而工作的信号，从而使自己管理的基金获取较高的市场价格，也为下一只基金的发起赢得良好的市场声望；而要达到向市场传递基金管理公司治理良好信号的目的，就必须在董事会中聘请较高比例的、在业内具有较高声望的独立董事；而独立董事出于对自己社会声誉及业界名望的珍惜和对自身长期物质利益的考虑，也将激励监督并促使经理人员努力工作，并按基金持有人的利益行事，有助于对基金治理的改善。而在所有独立董事中，具备金融及证券投资专业知识与工作经验的独立董事的这一作用应更为明显。因此，基金管理公司独立董事中具有金融及证券投资知识与经验的职业董事对基金治理具有积极的正面影响，其在董事会中的比例越高，则基金业绩越好。

（二）基金经理的羊群行为

羊群行为是指投资者由于受其他投资者采取某种投资策略的影响而采取相同的策略，如果其他投资者不采取这样的策略，则他有可能不会采取这种策略。这种行为在机构投资者尤其是证券投资基金中最为常见，证券投资基金的羊群行为会对其业绩产生显著的影响，体现在对某些证券的超额需求，使证券价格波动加剧。证券投资基金的超额需求对股价变化具有重要影响，当基金净卖出股票时，将使这些股票的价格出现一定幅度的下跌；而当基金净买入股票时，则使这些股票在当季度出现大幅度上涨，并在下季度出现微幅上涨。从这些现象可以看出，在投资基金存在较严重的羊群行为的情况下，当某些先知先觉的基金率先买入某些股票导致资产净值大幅提升后，追逐净值提升的动机必然将越来越多的基金加入买入的行列，由于基金交易金额巨大，从而推动股价大幅上扬；反之亦然。

（三）投资风格类别及持续性

投资风格是指基金经理所采取的某种资产配置策略，具体到股票基金而言，基金经理对价值型和增长型股票、小盘股和大盘股的偏好，或者采取积极的或者消极的投资管理策略等，都是基金的投资风格的体现。采用不同的风格，可能会对基金业绩产生不同的影响。

晨星公司基金的风格分类根据市值大小及成长/价值特征分为以下九种风格类型：大市值成长型风格、中等市值成长型风格、小市值成长型风格、大市值价值型风格、中等市值价值型风格、小市值价值型风格、大市值平衡型风格、中等市值平衡型风格、小市值平衡型风格。晨星公司通过计算基金组合的平均市盈率和平均价格/有形资产账面价值，并以上述两种比率构造的复合比率与S&P500指数的平均水平进行比较以确定基金的成长型或价值型归属。

调查表明，许多基金并没有系统性地执行价值型/成长型或大市值/小市值的投资策略，而是倾向于经常性地在各种风格策略之间转换，或采取一种混合投资策略，即基金的投资风格类别的持续性不明显。

基金风格的持续性与否对基金的收益性影响颇大。市值和价值/成长两种类别风格都有所改变的基金经理业绩最差，两种风格仅改变其一者业绩最好，始终坚持风格的基金业绩居中。在各种始终坚持风格的基金业绩中业绩也有所不同，大市值成长型的基金业绩最差，中等市值或小市值成长型的业绩最好，但风险较大。大市值价值型基金是单位风险实现收益最大的基金。

可见，对基金投资风格的持续性及不同风格类型对基金业绩影响的研究表明，仅改变一种风格类别的基金业绩好于始终坚持同种风格的基金，同时基金的风格类型对基金的业绩有较重要的影响。

（四）基金管理人的经营能力和努力水平

基金管理人的经营能力是指管理人成功地完成某种活动所必需的知识、技能、技术和经验等，包括管理者对基金诚信度、道德水准、管理技能、专业知识等，可以通过过去的经历和业绩，根据历史数据观察得到。基金管理人努力水平就是指有限理性基金管理人为使基金投资者回报（基金业绩）最大化所付出的主观有效努力。包括努力程度和努力的方向两个方面，是指剔除客观基础条件优劣的影响，真正反映由于管理者主观努力而产生的经济效益的管理活动的行为特征。具体体现在管理人对基金经营管理活动所花费的时间、精力、工作态度、主动性等。

假设管理人的努力方向与委托人的期望方向一致，管理人的行为属于有效主观努力水平；假设管理人的努力方向与委托人的期望方向不一致，管理人的努力方向在委托人的期望方向上的投影才属于有效主观努力水平。由于努力水平随时都在变化，且不易观察与控制，前期的努力会通过能力的改变影响以后各期的业绩，即努力具有“时滞效应”。这恰恰也就是委托—代理理论中，合同与剩余索取权不能完全解决逆向选择与道德风险的根源所在。

【案例 17-2】 中国证监会市场禁入决定书

当事人：唐建，男，1974 年 4 月出生，时任上投摩根基金管理有限公司（以下简称上投摩根）研究员兼阿尔法基金经理助理，住址：上海市浦东新区金桥路 989 栋 38 号 202 室。

依据《中华人民共和国证券法》（以下简称《证券法》）的有关规定，我会对唐建违反证券法律法规一案进行了立案调查、审理，并依法向当事人告知了作出市场禁入的事实、理由、依据及当事人依法享有的权利。应当事人申请，我会举行了听证会，听取了当事人及其代理人的陈述与申辩意见，现已调查、审理终结。

经查明，唐建任职上投摩根期间，利用职务便利通过其所控制的证券账户交易“新疆众和（600888）”股票，为自己及他人非法获利 152.72 万元。具体情况如下：

2006 年 3 月，唐建任职上投摩根研究员兼阿尔法基金经理助理，在执行职务活动，向有关基金二级股票池和阿尔法基金推荐买入“新疆众和”股票的过程中，使用自己控制的中信建投证券上海福山路营业部（以下简称福山路营业部）“唐金龙”证券账户先于阿尔法基金买入“新疆众和”股票，并在其后连续买卖该股。期间，唐建还利用职务权限，多次查询上投摩根阿尔法基金投资“新疆众和”股票的信息，充分掌握了该基金的投资情况。截至 2006 年 4 月 6 日全部卖出前，“唐金龙”证券账户累计买入“新疆众和”股票 60903 股，累计买入金额 76.49 万元；全部卖出所得金额 105.45 万元，获利 28.96 万元。此外，2006 年 4 月至 5 月，唐建还利用福山路营业部“唐金龙”资金账户下挂的“李成军”证券账户、东方证券上海浦东南路营业部“李成军”证券账户连续买卖“新疆众和”股票的机会，为自己及他人非法获利 123.76 万元。

以上违法事实，有上投摩根情况说明，当事人询问笔录，营业部情况说明及有关人员询问笔录，“唐金龙”、“李成军”账户开户资料及交易流水，“唐金龙”账户网络交易 IP 地址，上投摩根出差记录及报销凭证，“新疆众和”公司 2006 年第一季度报告等证据在案证明。

唐建的上述行为违反了《中华人民共和国证券投资基金法》（以下简称《证券投资基金法》）第十八条有关禁止从事损害基金财产和基金份额持有人利益的证券交易及其他活动的规定，同时也违反了《证券法》第四十三条有关禁止有关人员参与股票交易的规定，构成了《证券投资基金法》第九十七条所述基金从业人员损害基金财产和基金份额持有人利益的行为以及《证券法》第一百九十九条所述违反法律规定参与股票交易的行为。我会依据《证券投资基金法》第九十七条、《证券法》第一百九十九条的规定对唐建作出了行政处罚。

同时，我会认为，鉴于唐建违反证券法律法规的行为性质恶劣，情节严重，根据《证券法》第二百三十三条和《证券市场禁入规定》第三条、第五条的规定，经研究决定：认定唐建为市场禁入者，自我会宣布决定之日起，终身不得从事证券业务或担任上市公司董事、监事、高级管理人员职务。

中国证券监督管理委员会

二〇〇八年四月八日

案例分析

唐建的做法是典型的“老鼠仓”行为，即在获知基金投资策略和投资品种的情况下，利用个人相关账户资金提前买入，并利用基金资金的拉抬，在股价达到高点时卖出获取非法的巨额利益。唐建绝非基金内幕交易的唯一一员，类似的情况，在国内基金业并不罕见。这种“道德风险”在国内证券行业，似乎已经见怪不怪。

证券投资基金是将大众手中的零散资金集中起来，委托具有专业知识和投资经验的专家进行管理和运作。这种运作形式使所有权和经营权分离，为道德风险的产生创造了条件。在此条件下，由于委托——代理问题的存在和所有者缺位引起了道德风险。前者是道德风险产生的根本原因，后者强化了道德风险的存在。

《证券投资基金暂行管理办法》规定基金契约必须声明“基金管理人不保证基金经营一定盈利，也不保证最低收益”，尽管这种规定在一定程度上避免了基金经营失败时的不必要麻烦，但它意味着基金管理人不必为基金亏损支付成本，不符合激励约束原则，它有可能降低经营者的努力程度，形成基金管理人的道德风险。具体来说，证券投资基金道德风险主要表现在：①操纵基金净资产值，谋图巨额管理费用；②信息披露严重滞后或不足，逃避基金投资人监管；③基金向关联企业输送利益；④基金分红侵占投资者利益；⑤利用信息优势和内幕交易获取非法利益；⑥基金运作保守，不思进取。

（五）费用

证券投资基金在运作过程中产生了很多费用，大致可分为两个方面，一是基金持有人所要支付的费用，即基金持有人为获取基金投资服务而支付给基金管理公司、基金托管机构、基金营销机构和投资顾问的费用等；另一方面是基金管理公司在将基金资产用于证券投资过程中发生的费用，如股票及债券的交易费用（交易佣金、印花税等），另外，还有定期要发生的费用如信息披露费、审计费等，还有投资者直接支付的申购与赎回费用。管理费用、托管费用及运营费用一般都是持续性费用，在整个基金存续期间都要支付，而申购与赎回费用则是一次性费用。

根据国外对共同基金的费用与业绩的关系研究，Jensen（1968）发现共同基金除去费用后的业绩实际上比随机抽取证券形成的组合要差。Ippolito（1989）发现积极型基金经过风险和费用调整后的收益要比消极型指数基金低。Malkiel（1995）认为积极型管理基金由于其交易频率高给投资者带来了更高的税收负担，并没有产生超额收益。Dellva 和 Olson（1998）发现，平均来说，费用率低的共同基金业绩要好，他们认为共同基金额外的费用并没有产生经济效益，投资者应当选取费用低的基金。Morey（2003）发现对于偏好收费基金提供服务的投资者来说，费用的大小对于将来基金的盈利能力几乎没有预测能力。

【专栏 17－3】　基金管理费用与基金业绩

根据晨星对美国基金的一个长期业绩的分析研究，费用水平确实在很大程度上影响着业绩，特别是投资者回报率。来自晨星的数据显示，目前美国指数型基金的平均管理费为 0.76%，主动管理型基金是 1.37%，而 ETF 基金是 0.49%。最近几年美国 ETF 基金规模迅速扩大就和它相对低廉的管理费有莫大的关系。

然而当前中国基金业的管理模式和激励机制已经成为基金业绩增长、健康发展的严重制约。2008年4月1日，中投证券发布题为《基金业发展难掩隐患》的研究报告指出，基金管理费（指基金投资者支付给实际运用基金资产、为基金提供专业化服务的基金管理人的费用）收入的超前增长，已达到了基金业绩不能承受之重。目前，投资者在购买一只基金时，需要支付四项费用，其中直接费用包括交易时产生的认购费（或申购费）和赎回费，这部分费用由投资者直接承担；间接费用从基金净值中直接扣除，包括管理费、托管费等。这意味着，基金管理费与基金的规模正向关联。截至2007年底，363只证券投资基金的总收入达到11630.1亿元，超过2006年7.35倍。其中管理费收入又创新高，达到281.6亿元，比2006年增长约4倍。中投证券报告认为，2004年以来，除了2006年基金管理费收入的增长速度低于基金业绩平均增长水平之外，其余几个年度基金管理费收入增长明显高于基金业绩的增长速度，例如2007年开放式基金的平均收益率为109%，而管理费收入增长率为399.43%。2008年第一季度58家基金旗下基金共亏损近6500亿元，然而，基金公司一季度收取的管理费仍然高达50亿元。

基金公司管理费的收取模式及激励约束机制的不健全饱受投资者质疑，业内人士表示，无论亏盈均按比例计提管理费，会导致管理人将精力放在扩大基金规模上，而对基金业绩关心程度下降。面对质疑，大部分基金公司的管理费仍雷打不动，但已有部分基金公司开始尝试与基金业绩挂钩收取管理费。2008年6月13日，博时价值增长基金的单位净值下跌达到了0.699元，2005年8月以来首次低于其设定的价值增长线，该基金因此开始停收管理费至今。根据2008年一季度末博时价值增长基金资产规模253.78亿元的数据来静态推算，博时基金公司将每天少收管理费超过100万元。早在2004年，国泰基金公司旗下的国泰金龙债券基金就曾经一度停收管理费，首开国内基金业暂停征收管理费的先例。

原全国人大财经委《基金法》起草工作组组长王连洲曾对媒体表示，修改《基金法》应对于完善基金管理的激励约束机制应有所涉及，推动基金业绩与管理报酬的正向关联性，以利于调动基金管理的主观能动性和积极性。没有建立好包括对基金管理人的激励约束机制在内的规范管理制度之前，助涨助跌的基金市场，发展的结果不仅是基金市值的损失和持有人的利益受损，而且最终损害的是基金业本身的健康发展。与业绩相关联的管理费收取模式一定程度上有利于保护投资者的利益。当基金经理和投资者的利益一致时可以激励基金经理努力提高基金业绩。但是，这种模式在某个角度看也存在加大基金经理“道德风险”和“逆向选择”的风险，也就是受托人有可能为追求业绩而选择风险偏高的投资品种。

本章小结

证券投资基金的业绩评价主要是针对基金的实际运作效果进行评价，以便对过去一段时间内的成绩进行总结，并为未来的投资决策提供参考依据，具体包括基金总体业绩、选股与择时能力、业绩持续性以及业绩综合评价四方面的内容。证券投资基金业绩评价研究不断发展起来，研究方法不断涌现，包括特雷纳指数、夏普比率、詹森指数估价比率、M^2测度、绍坦诺比率、双夏普比率、多因素模型、TM模型、HM型、CL模型、GII模型、晨星评价、DEA方法、PC方法、DGTW方法等。影响基金业绩的因素，主要是市场风险水平，除此之外，还包括基金管理公司的治理结构、基金经理的羊群行为、投资风格类别及持续性、基准指数的选择、基金经理的选股与择时能力、基金业绩的持续性、基金业绩评价、基金费用、基金规模等。

关键概念

证券投资基金业绩评价　基金业绩的持续性研究　羊群行为　特雷纳指数　夏普比率　詹森业绩指标　投资风格　羊群行为

本章思考题

1. 简述证券投资基金业绩评价的内容。
2. 证券投资基金业绩评价的方法有哪些？
3. 论述影响投资基金业绩的因素。

第七篇 市场监管篇

Part Seven

第十八章
证券市场监管

本章学习重点

证券市场监管的一般理论；证券市场监管的意义；证券监管体制。

第一节　证券市场监管的理论基础

一、证券市场监管的含义

在证券市场中，所谓监督管理（简称监管），指的是政府、政府授权的机构或依法设立的其他组织，从降低资本市场风险、保护社会公众利益、维护社会安定的目的出发，根据国家宪法和有关法律，制定相应的金融法律、法规、条例和政策，并依据它们对资本市场体系和活动进行监督、管理、控制与指导。

二、证券市场监管的理论基础

（一）金融监管理论的演化

众所周知，金融市场各功能的发挥依赖于一个完善而有效的市场环境，但现实中的市场包括金融市场在内却存在着大量的市场失灵问题，这就为政府对金融市场实施监管提供了理论基础与现实依据。

1. 古典经济学和新古典经济学的“自然秩序”说

20 世纪 30 年代以前，古典经济学和新古典经济学理论占主流地位。在早期的自由资本主义时期，重农学派的奠基人、法国经济学家魁奈接受了“自然秩序”、“自然法”的思想，论证了理想化的资本主义社会秩序，首次提出了“看不见的手”的“自然秩序”学说。亚当·斯密《国富论》的出版，标志着将自然秩序学说进行了完整的表述，其主要观点包括：

（1）市场机制是市场秩序创立和完善的核心力量。在市场机制这只“看不见的手”的作用下，市场交易主体“在自由安全地向前努力时，每个人改善着自己境遇的自然努力，是一个如此强大的力量，以致没有任何帮助，就能单独地使社会富裕繁荣，而且还能克服无数顽固的障碍，即妨害其作用的人为的愚蠢法律，而这些法律或多或少地侵害了这种努力的自由或减少了这种努力的安全”。①

(2) 政府在市场经济中仅仅起到一个“守夜人”的作用。市场秩序的创造与维护力量完全取决于市场机制与个人利益的协调作用，并对政府创造与维护市场秩序的必要性与可行性给予了猛烈的抨击。

(3) 作为市场经济中的每一个人，都是符合理性的经济人，其行为动机和愿望就是追求自我利益的最大化，而在价格机制和竞争机制的综合作用下，会自动地将多元的个人利益转化为公共利益。

2. 凯恩斯主义的“国家干预经济”

20世纪30～70年代，凯恩斯主义经济学被广泛接受，凯恩斯在1936年出版的《就业、利息和货币通论》中，主张国家干预经济以缓解经济危机。凯恩斯认为，资本主义通常是小于充分就业的。在资本主义社会经济发展中，新古典经济学派的充分就业前提只是一个特例。因此，尽管自由市场机制从整体上讲是有效的，它可以保证个人的自由并激发其创造性，但市场本身固有的缺陷只有靠政府扩大干预才能纠正，以保证市场经济的正常和高效运转。

3. 新自由主义的“自由放任”主张

20世纪70年代西方国家“滞胀”现象的出现表明国家干预经济的需求管理政策已不能稳定资本主义经济。从此，以哈耶克为代表的自由放任经济思潮开始回归。哈耶克主张取消政府干预，对“自然秩序”学说开始改进和复兴。哈耶克认为自由竞争既是市场经济区别于计划经济的主要特征，也是市场经济保持持续增长的源泉和动力。他提出在竞争过程中的不规范行为不仅不会造成市场秩序的混乱，相反，会带来市场秩序和制度的创造与改善。同时他还认为，计划体制和公共管制不会创造出完全和谐、高效与稳定化的社会经济运行，自然秩序应当主要借助于社会自愿力量来维护，尽可能减少国家强制力量的干预。

4. 罗纳德·麦金农和爱德华·肖的“金融抑制”理论

罗纳德·麦金农和爱德华·肖认为，发展中国家经济落后，人均国内生产总值较低、市场发育程度不高并具有政府催生的特点，存在不完全性，要使得本国经济在这种不利的环境下迅速增长，以金融抑制为核心的政府干预战略就应运而生了。即“一个丧失了边际相对价格灵活性的经济，必定要求助于人为地干预政策去平衡市场，但这是行政机构不可能胜任的任务，并且，还要为之付出高昂的低效率和贪污腐化的代价”。② 所以，对于发展中国家的政府来说，金融深化的核心是放松金融管制，开放金融市场，提高实际利率水平，减少对金融业的干预尤其应取消阻碍金融体系有效竞争的政府管制行为。

5. 斯蒂格利茨和伯克曼的“金融深化”理论

以斯蒂格利茨、伯克曼等人为代表的新凯恩斯主义学派在“金融压抑”理论的基础上对金融深化理论提出了新见解。他们强调有效需求和政府的作用，认为市场并不必然地在充分就业水平上自动趋于均衡，金融自由化后的投资水平将比压抑状态时更低。其基本理念是金融市场上的市场失灵比其他市场更为普遍，政府的适当干预能使市场功能更好地发

---

① ［英］亚当·斯密：《国富论》（下卷），北京：商务印书馆1997年版，第112页。

② ［美］爱德华·肖：《经济发展中的金融深化》，上海：上海三联出版社1998年，第11页。

挥，政府监管失灵问题的存在是因为这些监管没能被恰当地设计，而不应归咎于政府干预本身。

（二）证券市场监管的主要理论

一般来说，证券市场监管最根本的目的在于创造一个良好的市场环境，保护包括筹资者、投资者和其他金融机构在内的各类主体的利益，惩罚各种损害市场参与者利益的行为，减少系统风险，促进证券市场健康发展。那么，是什么原因使得人们必须通过监管的手段来达到这些目的呢？这里对证券市场监管的主要理论作一一介绍。

1. 不完全竞争市场论

主流经济学认为，完全竞争市场不需要管理，市场能够做到信息充分和自我调节并自动达到均衡。但是，完全竞争只是一种理想状态，现实中的市场基本上是不完全竞争市场。成熟的证券市场比较接近于完全竞争市场，但是仍然不可能达到绝对意义上的完全竞争，因而一定程度的管理与干预是必要的。

2. 证券市场的非有效性

根据有效市场理论，证券市场可分为弱势有效市场、半强势有效市场和强势有效市场，前两者符合证券市场的现实情况。也就是说，在现实中各种证券的价格不能充分反映所有可能获得的信息，价格作为证券市场中资本有效配置的内在机制失效了。那么，如果将投资者分为信息灵通的投资者和信息不灵通的投资者，他们的收益将有着明显不同。因而为了保证市场的公平性，必须加以监管。

3. 公共利益论

公共利益论认为监管是政府对公众要求纠正某些社会个体和社会组织的不公正、不公平和无效率或低效率的一种回应。由于市场上存在着信息不对称、市场无法提供公共品、垄断市场结构中市场机制作用受到阻碍等“市场失灵”的现实情况，要保证经济体系的高效运行和社会资源的有效配置，必然要求在某些方面加以某种程度的外部管制。

4. 经济监管论

经济监督论承认，在某些情况下，管制可以使生产者和消费者双方受益。其重要贡献是解释了为什么监管会向生产者倾斜的问题，并得出了三点结论：①即使监管有利于生产者，政策（尤其是价格）也不会设定在使产业利润最大化的水平，由于受消费集团的影响，价格将被置于达到利润最大化的水平之下；②监管最有可能发生在相对垄断的产业部门，因为正是在这些产业部门中，监管才会产生最大的影响；③市场失灵的存在使得监管更有可能，因为市场失灵领域的监管会增加社会福利，一些利益集团获得的收益相对而言比其他利益集团蒙受的损失要大。

5. 利益集团理论

与上述学派截然对立的学派认为监管的产生是为了满足利益集团的利益，而不是公众的福利。强调指出监管不仅仅是一个经济过程，更重要的是政治决策对经济资源重新分配的过程。认为监管的目标不是为了公共利益，而是取悦于特殊的利益集团。利益集团理论在国家控制资源、各利益主体具有自己最大化效用的理性的前提下，指出监管是因应利益集团最大化自己的收入的要求而产生的。由此得到监管的实证理论，在经济学中，这种理论常常被称为利益集团理论或俘获理论。

从理论上看，经济学中关于政府监管的理由有公共利益论和集团利益论的解释。证券市场作为市场体系的重要组成，同样适用这一理论。基于以上理论，政府管理理论在证券市场监管中得到了应用。

第二节 证券市场监管的意义和原则

一、证券市场监管的意义

证券监管以降低资本市场风险、保护社会公众利益、维护社会安定为目的，其意义如下：

1. 促使参与证券活动主体的利益合理化

证券监管是保护证券市场所有参与者正当权益的需要。证券市场活动的主体包括政府、企业、个人和证券经营机构。每一个经营主体又具有多重身份，它们既是证券供应者又是证券需求者，有的还是证券市场的中介人和管理者。他们之所以参与证券市场的发行、交易和投资活动，其目的是为了获得经济利益。如果证券市场因缺乏监管而混乱无序、投机过度、价格信号严重扭曲，广大投资者的正当权益就得不到保障。如果对证券发行、交易和投资行为缺乏必要的监管，不仅投资者的利益，而且发行公司及证券商的利益也得不到保障。例如，不加强对收购控股的监管，则发行公司的正常利益就得不到保障；没有一定的佣金制度和保证金制度，则证券商的利益就缺乏保障。因此，对证券市场进行系统规范的管理，是保障证券市场参与者正当权益的需要。

2. 维护证券发行的公正性

在没有明确的法律责任作为代价的情况下，一些证券发行单位会传播种种有利于自己的信息，制作虚假的财务报表和资产评估证明等资料，以达到利用较低的发行成本来获取较高的发行收益的目的，而这将使不知情的证券购买者遭受损失。由于股份公司面对几万乃至几十万的投资者（股东），其发行不公正引起的后果要比非股份制企业会计制度不健全产生的后果严重得多。为了确保证券发行的公正性，必须制定有关法律法规，对此加以规范。

3. 实现投资者之间的公平竞争

证券市场上有各种各样的投资者，这些不同类型的投资者对于活跃和发展证券市场都是不可缺少的。然而，必须有一个平等的竞争环境，才能使不同类型的投资者踊跃投资。否则，如果少数人操纵证券市场，大量中小投资者缺乏从事市场交易的基本保障，他们就会失去进入市场的信心。尤其是外国投资者，他们对证券市场的法律环境更为重视。另外，如果证券市场的法律法规不健全的证券管理者和证券从业人员就可能利用其职权直接或间接地参与市场牟取私利，证券中介机构也利用其地位垄断市场。

4. 保持证券市场的稳定性

证券市场的剧烈波动不仅会影响投资者的收益，而且会引起整个金融与社会的动荡。理论和实践都已证明，对证券市场放任自由，期望其自行调整来实现稳定是不可能的；而由政府单纯运用行政手段来实现这一目标也往往事与愿违，难以奏效。因此，要保证证券市场的稳定，必须要有健全的法律法规作保障。

5. 提高证券的流动性与融资效率

如果没有明确的法律法规，证券供给者、需求者和中介者缺乏统一的、比较稳定的行为标准，证券交易的不确定性与风险性很大，就容易出现囤积居奇或争相抛售的现象，影响证券的正常流动，降低证券的融资效率。这就要建立起公平合理的市场环境，为投资者提供平等的交易机会，使投资者能在理性的基础上，自主地决定交易行为。因此，建立和维护证券市场的公开、公平、公正原则，是保护投资者合法权益不受侵犯的基础，是证券市场监管的基本原则，也是证券市场规范化的基本要求。

保护投资者利益是证券市场监管的核心任务。在证券市场参与各方中，投资者是证券市场的基础和支柱。只有真正保护投资者利益的市场，才能给投资者以安全感和信心，证券市场才能得到长久发展。像我国这样处于发展初期的新兴证券市场，中小投资者占绝大多数，这一点就显得尤为重要。

二、证券市场监管的“三公”原则

保护投资者的利益，关键是要建立起公平合理的市场环境，因此，建立和维护证券市场的公开、公平、公正的“三公”原则，是维护投资者合法利益不受侵犯的基本原则，也是保护投资者利益的基础。“三公”原则是贯穿证券市场运行过程的基本原则。

1. 公开原则

公开原则又称信息公开原则，其核心要求是实现市场信息的公开化，即要求市场具有充分的透明度。公开原则通常包括两个方面，即证券信息的初期披露和持续披露。信息的初期披露，是指证券发行人在首次公开发行证券时，应充分披露有可能影响投资者做出是否购买证券决策的所有信息；信息的持续披露，指在证券发行后，发行人应定期向社会公众提供财务及经营状况的报告，以及不定期公告影响公司经营活动的重大事项等。信息公开原则要求信息披露应及时、完整、真实、准确。

2. 公平原则

公平原则要求证券发行、交易活动中的所有参与者都有平等的法律地位，各自的合法权益能够得到公平的保护。这里，公平是指机会均等、平等竞争，营造一个所有市场参与者进行公平竞争的环境。在证券市场中，无论是发行人，还是中介机构，或是投资者，他们之间相互平等的地位不应因各自的身份、职能及经济实力的不同而改变。

3. 公正原则

公正原则要求证券监管机构在公开、公平原则的基础上，对一切被监管对象给以公正待遇。公正原则是实现公开、公平原则的保障。根据公正原则，证券立法机构府应制定体现公平精神的法律、法规和政策。证券监管部门应当根据法律授予的权限公正地履行监管职责；要在法律的基础上，对一切证券市场参与者给予公正的待遇；对证券违法行为的处罚，对证券纠纷事件和争议的处理，都应当公平公正。

第三节　证券市场监管的基本要素

一、证券市场监管的主体

从证券监管的实践来看，实施证券监管活动的主体是多元化的，可以是国家，也可以是证券业协会或者证券交易商协会，还可以是证券交易所或者别的机构。选择什么样的机构作为证券监督主体，不完全是从经济角度考虑的结果，而是政治、经济、历史、传统等各个方面共同作用的产物，因此，各个国家都有自己的特色。几乎所有国家的证券监管活动都是由政府部门、行业协会和证券交易所共同完成的。其中在绝大多数国家，政府部门承担了较多的职责，行业协会和证券交易所承担了较少的职责。有些国家的政府部门承担的职责较少，大部分监管职责交证券业协会和证券交易所承担。

二、证券市场监管的目标

证券监管的目标取决于两个方面：首先是证券监管的原因，其次是产品和证券市场的特殊性。从证券监管的原因来看，之所以要对证券市场进行干预、施加某些限制，是因为如果不对其实施必要的限制和干预的话，证券市场自身的发展可能会偏离其预定的目标，从而带来人们所不愿意看到的结果。监管的目标就是要消除或者部分消除证券市场自身发展所带来的目标上的偏差，约束每个个体的行为，尽可能地消除或避免证券市场失灵所带来的资金配置不经济、不公平竞争以及由此带来的整个金融市场和宏观经济不稳定的后果，以确保市场机制能够在证券领域更好地发挥其应有的作用。

从证券产品和证券市场自身的特点来看，证券产品的虚拟性、价值确定过程的特殊性以及价格的预期性和波动性都表明证券产品是一项特殊的产品，再加上证券交易过程中普遍使用的信用手段和集中交易方式，使证券市场成为一个特殊的市场，具有特别强烈的信息决定性和内在的高投机性和高风险性，很容易出现信息不对称和价格操纵；同时，风险的形成、积累、扩散都非一般商品市场可比拟。证券产品和证券市场的这种特殊性要求在信息的公开披露方面和交易风险的控制方面对其采取特殊的监管，一方面消除信息不对称所造成的交易不公平，另一方面防止风险扩散超出市场所能承受的限度。

三、证券监管的对象与内容

证券监管的对象与内容是监管的核心，目前经济学界对此的认识还不完全一致。绝大多数经济学家认为政府应该对那些明显损害他人利益和公共利益的证券犯罪行为实施干预，但是对诸如某种证券产品或证券服务的供应量和价格实施政府控制，给某个证券产品或某种证服务提供补贴或者采取不同的税收政策，对证券中介的各种活动进行监督，给投资者或者相关团体提供必要的信息甚至规定证券商和证券交易所的营业时间等行为，经济学家们的看法往往很不一致。有人认为政府必须对此进行干预，有人认为这些应该留给证券市场本身决定。

笼统地说，证券监管的对象是证券市场，是证券市场的参与者以及他们在证券市场上的活动和行为。但是，在涉及证券市场的全部活动和行为中，有哪些是必须受到监管的活动和行为？它们应该包括哪些具体内容？它们的范围又如何确定？对这些问题的回答首先取决于证券监管对象本身，取决于证券监管对象的性质和特点。其次还取决于人们对证券监管目标的认识，取决于所使用的监督手段和收管工具，取决于证券监管所涉及的成本。对所有这些问题的回答，在不同的时间、不同的地点、不同的环境下都可能是不同的，这就是为什么经济学家对此会持有不同的看法。而各国的证券监管又是千差万别，这也是证券监管灵活性的体现。因此，在确定证券监管的对象和内容范围时，必须从市场机制本身的缺陷、证券产品和证券市场的特殊性、证券市场的发育程度以及监督者所面临的特殊环境和条件等各个方面进行具体的分析才能得到具体的、合理可行的结果。但是，必须注意，并不是证券领域的一切活动和行为都属于证券监管的内容，只有证券市场失灵的部分才有可能成为证券监管的内容。

从证券监管的实践来看，绝大多数国家把证券监管的直接对象定位在证券市场的参与者上，只是在监管的具体内容上有所差别。由于证券市场是由证券产品市场、证券服务市场和证券信用市场三个子市场组成。因此，一般说来，这三个子市场的参与者都将成为证券监管的对象，包括发行各种证券的筹资者（政府、企业）、投资各种证券的投资者（政府、企业、个人）、为证券发行和证券投资提供各种服务的中介机构（证券公司、证券交易所、证券登记结算公司、证券托管公司、证券投资咨询公司、证券律师、会计师和评估师等），以及为证券发行和证券投资提供各种融资、融券业务的机构和个人。而证券市场参与者在市场上的一切行为和活动，以及由这些行为和活动所产生的各种关系和后果，都有可能成为证券监管的内容。其中涉及证券的发行、承销、交易、代理、投资咨询、交易组织及场所提供、发行与交易过程中的信息披露、与发行相关的资产评估、审计、法律事务、证券商对发行者的融资、证券商对投资者的融资融券、其他金融机构和投资者对证券商的融资融券等活动以及由于这些活动而产生的发行者与投资者之间、投资者与投资者之间、中介机构与发行者之间、中介机构与投资者之间、中介机构与中介机构之间、发生证券信用行为的各方之间的关系。

四、证券监管的工具

证券监管的工具是实现证券监管目标的手段，是证券监管主体得以行使职责的工具。

虽然证券监管的权威也是来自国家的政治权力或者公众所认可的某种权力，因而从原则上说，证券监管的手段和工具几乎也是不受限制的。但是，如果考虑到证券监管的效果和成本，考虑到证券产品和证券市场的特殊性，考虑到各国证券市场的发展水平和具体的监管环境，就必然会涉及不同监管手段和工具的选择问题。因此，对于证券监管来说，在选择什么样的监管手段和监管工具时，除了要考虑一般市场监管所必须考虑的监管成本和效果的问题之外，更为重要的一点是要考虑到证券监管的特殊要求和每一个证券市场的监管条件和监管环境。从一般的市场管理手段来考虑，为了消除市场失灵的负面作用，政府可以采取法律、经济（金融信贷手段、税收政策）、行政等三方面的手段，并辅之以自律管理。

如果选择监管作为调控证券市场的手段，那么，原则上讲，证券监管主体就可以通过立法、行政和经济等手段对证券产品和证券服务的定价或利润水平、证券产品和证券服务的种类、产量或供应量、证券产品和证券服务的质量、证券产品和证券服务的交易过程以及从事证券产品发行和证券服务供应的企业的准入和退出等进行监督和调控。

从证券监管的特殊性来看，证券监管的特殊性主要来自证券产品特殊性质和证券市场的特殊结构。因为对于不同的产品类型和市场结构，导致市场机制失灵的原因和失灵的程度是有区别的。不同的产品、不同的市场结构，所引起的价格扭曲方式和程度都是不同的，对经济效益的影响程度也是不同的。因此，对于纠正价格扭曲，改善经济效益的要求、程度也是不同的。就证券监管而言，除了一般商品市场所具有的共性之外，还有其自己的特点。证券产品价值的信息决定性和虚拟性、证券交易的集中性和普遍采用的信用交易手段，造成证券市场比其他市场高得多的信息不对称性和风险性。因此，强制性的信息披露制度和各种风险控制措施必然就成为证券监管的主要手段。

再考虑到各国不同的监管条件和监管环境，对于证券监管手段和工具的选择就显得更加复杂。因而，在现实的经济监管中，对于证券监管工具和手段的选择，可以说，还没有形成一个统一的标准，总的倾向是对于同一个监管对象同时施以多种不同的监管手段和措施。但无论采取什么样的证券监管手段，都必须遵循“三公”原则。

第四节 证券监管体制的国际比较

由于各国的政治体制、经济体制、证券市场发育程度和历史传统习惯不同，随着证券市场监管实践的发展，各国证券市场监管体制形成了不同的模式，基本上可以分为三种类型。

一、集中型监管模式

集中型监管模式也称为立法型监管模式，是指政府通过制定专门的证券法规，并设立全国性的证券监督管理机构来统一管理全国证券市场的一种模式。在这种模式下，政府积极参与市场管理，并且在证券市场监管中占主导地位。而各种自律性的组织，如证券业协会等起协助政府监管的作用。集中型监管模式的代表是美国，此外，加拿大、巴西、日本、韩国、印度尼西亚等国家也实行集中型监管模式。

（一）集中型监管模式

1. 有一整套全国性的证券市场管理法规

以美国为例，除有《公司法》对组建公司的行为进行规范外，还有证券管理的专门立法《1933 年证券法》、《1934 年证券交易法》、《1940 年投资公司法》、《1940 年投资咨询法》、《1970 年证券投资保护法》等。此外，各州都有一些与证券管理有关的法律，这些法律大体可分为三类：州的《公司法》，用于规范公司的组建和经营；州的《证券法》（总称《蓝天法》），大多是重复联邦法律中的禁止条款；关于证券转让的法律，主要是联邦法律《统一商法典》第八篇的重复。

2. 设有全国性的管理机构负责管理、监督证券市场

这种管理机构有的是专职管理机构，有的是政府的一个职能部门，因此按管理者划分，集中型监管模式又可分为三类：

（1）以独立监管机构为主体。这一类型的典型代表是美国。美国根据《1934 年证券交易法》，设立了专门管理机构——证券交易委员会（SEC），它由总统任命、参议院批准的 5 名委员组成，对全国的证券发行、证券交易所、证券商、投资公司等实施全面管理监督的权力。SEC 下设全国市场咨询委员会、联邦证券交易所、全国证券商协会，SEC 本身的组织机构则包括公司管理局、司法执行局、市场管理局、投资银行管理局等 18 个部门和纽约、芝加哥、洛杉矶等 9 个地区证券交易委员会。SEC 有权制定为贯彻执行《1933 年证券法》和《1934 年证券交易法》所需要的各种行政法规，并监督其实施。这些行政法规，在某些场合，具有与法律同等的效力。SEC 的超脱地位和广泛的权力成为各国证券管理机构的楷模。大多数拉美国家都实行这种管理体制。这种管理体制的优点是证券市场

的监督者可以站在较超然的地位监督证券市场，避免部门本位主义，并可协调各部门的立场和目标，但它要求监督者有足够的权力，否则难以解决各部门的扯皮现象。

（2）以中央银行为主体。这种类型国家的证券监督机构就是该国中央银行体系的一部分，其代表是巴西。巴西证券市场的监督机构是证券委员会，它根据巴西国家货币委员会（巴西中央银行的最高决策机构）的决定，行使对证券市场的监管权力。这种体制使一国宏观金融的监督管理权高度集中于中央银行，便于决策和行动的协调和统一，有利于提高管理效率。不足之处是过分集权将导致过多的行政干预和“一刀切”现象，以致忽视不同意见的吸取和缺乏有针对性的管理。

（3）以财政部为主体。这类的管理体制是指由财政部为监管主体或完全由财政部直接建立监管机关，其代表有日本、韩国、印度尼西亚等。日本的证券管理机构是大藏省的证券局。日本的《证券交易法》规定：证券发行人在发行有价证券前必须向大藏省登记，证券交易的争端由大藏大臣调解。

（二）集中型管理模式的优缺点

集中型管理模式存在较多的优点：

（1）具有超脱于证券市场参与者之外的统一管理机构，能较公平、公正、客观、有效、严格地发挥其监督作用，并能起到协调全国各证券市场的作用，防止出现群龙无首、过度竞争的混乱局面；

（2）具有专门的证券法规，使证券行为有法可依，提高证券市场监管的权威性；

（3）由于管理者的超脱地位，比较注重保护投资者的利益；

（4）自律性作用能够得到较充分地发挥。

但集中型管理模式也存在不少问题，主要缺点有：

（1）容易产生对证券市场过多的行政干预；

（2）在监管证券市场的过程中，自律组织与政府主管机构的配合有时难以完全协调；

（3）当市场行为发生变化时，有时不能迅速做出反应并采取有效措施。

二、自律型监管模式

自律型监管模式是指政府除了一些必要的国家立法之外，很少干预证券市场，对证券市场的监管主要由证券交易所、证券商协会等自律性组织进行监管，强调证券业者自我约束、自我管理的作用，一般不设专门的证券市场监管机构。在很长一段时间内。自律型监管模式的典型代表是英国。此外，荷兰、爱尔兰、芬兰、挪威等国家也实行自律管理。

1. 自律型监管模式的特点

（1）通常没有制定单行的证券市场管理法规，而是通过一些间接的法规来制约证券市场的活动。以英国为例，它没有证券法或证券交易法，但有一些间接的法规，如《1958年防止欺诈（投资）法》、1976年《公平交易法》和《限制性交易实践法》、1984年《证券交易所（上市）条例》和1985年《公司法》等。

（2）没有设立全国性的证券管理机构，而是靠证券市场及其参与者进行自我管理。例如，英国的证券市场，没有单行法律，多以“君子协定”和“道义劝告”等方式进行管理，其自律管理体系由证券业理事会、证券交易所协会及企业收购和合并问题专门小组机构组成。证券业理事会是1978年根据英格兰银行的提议成立的自律管理机构，其主要职责是制订并执行有关证券交易的各项规章制度，如《证券交易商行动准则》、《基金经理个人交易准则》、《大规模收购股权准则》等。该理事会下设一个常设委员会，负责调查证券业内人士根据有关规章制度进行的投诉。证券交易所协会管理着伦敦及其他6个地方性证交所的业务，实际上管理着全国日常的证券交易活动，该协会制定的规章主要有“证券交易所管制条例和规则”、“关于批准证券上市及发行公司须进行连续陈述的规则”及“关于特殊情况下的行动规则”。企业收购和合并专门小组于1978年由参加“伦敦城工作小组”的9个专业协会发起组成，负责解释和执行“伦敦城关于收购和合并的准则”，并进行咨询和发布消息等活动。

2. 自律型管理模式的优缺点

自律型管理优点主要有：

(1) 它既可提供较充分的投资保护，又能充分发挥市场的创新和竞争意识，从而有利于市场的活跃；

(2) 它允许证券商参与制订证券市场管理条例，而且鼓励它们规范地遵守这些条例，从而使市场管理更切合实际；

(3) 由市场参与者制订和修订证券管理条例比由议会制定证券法具有更大的灵活性，效率更高；

(4) 自律组织对现场发生的违法行为能做出迅速而有效的反应。

自律型管理的缺点有：

(1) 自律型管理通常把重点放在市场的有效运转和保护证券交易所会员的利益上，对投资者提供的保障往往不充分。有鉴于此，实行自律型的国家通常都公布了投资保护法规以补不足。如英国颁布了《1958年防止欺诈（投资）法》、《1973年公正交易法》、《1976年限制性交易实践法》等；

(2) 管理者的非超脱性难以保证管理的公正；

(3) 由于没有专门的管理机构，难以协调全国证券市场的发展，容易造成混乱状态。由于自律型管理模式具有诸多缺陷，因此实行自律型管理的国家也纷纷仿效集中型监管模式的某些做法，朝着政府管制与市场自律相结合的方向发展。例如，1986年英国颁布了《金融服务法》，这是英国第一次以国家立法形式对证券业进行直接管理。该法案提出“立足业者，依靠法规”作为管理投资业务的新体制，将投资业的自我管理和法令制约结合起来，同时成立了证券和投资委员会，负责执行该法规，并掌管所有证券的投资业务。该法案的一个突出特点是既顾及自律组织的利益，又顾及投资者利益，从而使英国投资业管理得到相当程度地加强和完善。

三、中间型监管模式

中间型监管模式是指既强调集中立法管理又强调自律管理，可以说是集中型管理体制模式和自律型监管体制模式互相结合、相互渗透的产物。中间型监管模式又称分级管理型监管模式，它包括二级监督和三级监管两种子模式。二级监管是中央政府和自律型机构相结合的监管，三级监管是指中央、地方两级政府和自律机构相结合的监管。最早实行中间型监管的国家有德国、泰国等。目前，由于集中型和自律型两种监管体制模式都存在一定的缺陷，因此有些以前实行集中型或者自律型监管模式的国家开始逐渐向中间型监管模式过渡。

四、我国当前的证券市场监管体制

我国当前的证券市场监管体制属于集中立法型。我国证券市场监管体制经历了一个从地方监管到中央监管，由分散监管到集中监管的过程，大致可以分为三个阶段。

第一阶段从20世纪80年代中期到90年代初期，证券市场处于区域性试点阶段。这是我国证券市场的起步阶段，股票发行仅限于少数地区的试点企业。1990年，国务院决定分别成立上海、深圳证券交易所，两地的一些股份公司开始进行股票的公开发行和上市交易的试点。1992年，又开始选择少数上海、深圳以外的股份公司到上海、深圳两家证券交易所上市。这一时期证券市场的监管主要由地方政府负责。

第二阶段从1992年开始，国务院总结了区域性证券市场试点的经验教训，决定成立国务院证券委员会和中国证券监督管理委员会，负责对全国证券市场进行统一监管，同时，开始在全国范围内进行股票发行和上市试点。从此，证券市场开始成为全国性市场，证券市场的监管也由地方监管为主改为中央集中监管，并通过不断调整国务院各有关部门的监管职责，逐步走向证券市场集中统一的监管体制。

第三阶段从1998年开始，是年国务院决定撤销国务院证券委员会，工作改由中国证券监督管理委员会承担，并决定中国证券监督管理委员会对地方证管部门实行垂直领导。1999年7月1日，《证券法》开始实施。与此同时，中国证监会派出机构正式挂牌。这标志着中国集中统一的证券、期货监管体制正式形成。经过几年的工作，全国统一的证券市场三级监管体制基本建立，中国证监会负责全国证券市场的监管、区域内上市公司和证券经营服务机构由证监会派出机构——地方证管办和特派员办事处、证监会专员办事处根据授权和职责分别监管。地方证管办还负责涉及跨省区的重大案件的联合稽查的组织和重大事项的协调工作，从而逐步形成具有中国特色集中型证券监管体制。

中国选择集中型证券监管体制模式的主要原因在于：①中国在长期的经济管理实践中，积累了丰富的集中型组织、指导和管理的经验，对于在向社会主义市场经济体制转轨过程中建立起来的证券市场，选择采用以政府监管为主导的集中型监管体制模式，发挥我们已经具有的集中型管理经验的优势，提高市场监管的效率。②中国的证券市场还处在起步阶段，法律、法规建设和各项监管尚不完善。证券交易活动中经常出现投机过度、信息披露失真、机构操纵、内幕交易、欺诈等违规现象，如果没有一个集中统一的权威性证券监管机构，就难以有效地监管证券市场，保证证券市场健康、平稳、高效运行。③中国证券从业人员的素质较低，自我约束、自我管理的能力不强，自律意识比较淡薄。中国证券市场发展的时间较短，证券业缺乏行业自律监管的经验。

不过，在实行集中型监管体制基本模式的同时，必须结合中国幅员辽阔、证券市场发展不平衡的国情，注意与地方政府在证券市场监管中协调。

第五节 证券监管实践

证券市场监管的范围十分广泛，从证券的发行到证券的交易，从场内交易到场外交易，只要有证券交易活动，都要纳入监管的轨道。按照证券交易的过程和证券市场监管的对象，从实践上来看，可以把证券市场监管的主要内容分为证券发行市场的监管、证券交易的监管、证券交易市场的监管、证券经营机构的监管、证券从业人员的监管和证券投资者的监管。

一、证券发行监管

证券发行监管是指证券监管部门对证券发行的审查、核准和监控，对证券发行的管理是整个证券市场管理的基础。管好证券的发行市场对建立稳定的证券流通市场有着重要的意义。对证券发行进行监管，一方面可以尽可能消除因证券发行定价机制不能完全体现市场机制作用而造成的发行市场的各种缺陷，以及由此造成的证券发行市场的无效性或者低效性；另一方面可以修正证券发行市场上因证券产品各个方面的特殊性所引起的市场机制失灵以及带来的发行价格扭曲，由此促进资本市场从无效、低效向高效发展，加速有效资本市场的形成，使证券市场能够真正发挥其资本配置的功能。

从第一个方面来说，就是要在投资者缺位（投资者缺乏参与证券产品发行定价的权利、发行者单独或者与承销商一起垄断发行价格的决定权的情形）的前提下保证证券发行的定价尽可能地公平，尽量使投资者的利益不至于因其缺位而受到损失。为了做到这一点，必须对证券发行商、证券承销商、证券投资者的资格进行审核，对不同发行方式下的发行条件进行审核，对整个发行过程进行审核。从第二个方面来说，要尽可能保证投资者能够获得足够的和真实的关于所发行证券的信息，便于投资者做出相应的投资决策，尽可能避免因信息不对称和证券产品投资价值不确定、发行价格与投资价值严重背离等因素给投资者造成的利益损失。因此，证券发行审核制度和证券发行信息披露制度就成为证券发行监管的核心。证券发行申请注册制度的意义就在于信息分流，把真实的信息输入证券市场，把不真实的信息捞弃于证券市场之外，为筹资者和投资者提供一个公平竞技场，为证券市场机制的有效运转提供一个重要的外部条件。

（一）证券发行资格的审核制度

由于证券发行监管是整个证券市场监管的第一道闸门，对证券发行监管的好坏将直接影响到交易市场的发展和稳定，因而，世界上绝大多数国家对证券发行实施严格监管。按照证券发行时审核制度和信息披露制度的不同搭配划分，世界上各国证券发行监督主要可以分为两种制度，也就是核准制和注册制。

1. 注册制

注册制即所谓的“公开原则”，是指证券发行者在公开募集和发行证券前，需要向证券监管部门按照法定程序申请注册登记，同时依法提供与发行证券有关的一切资料，并对所提供的资料的真实性、可靠性承担法律责任。在注册制下，监管部门的权力仅限于保证发行人所提供的资料无任何虚假。如果发行者未违反上述原则，监管部门则应该准予注册。因而注册制是以信息披露制度为核心的一种证券发行监管制度。在注册制下，只要发行者提供正式、可靠、全面的资料，一些高风险、低质量的公司证券，同样可以上市，证券监管机关无权干涉。注册制一方面为投资者创造了一个高透明度的市场，另一方面又为投资者提供了一个公平竞争的场所，在竞争中实现优胜劣汰和资金的优化配置。但是，注册制也存在着明显的缺陷。它发挥良好作用的前提是信息披露的充分性，投资者能够根据所获得的信息做出理性的投资决策。从这一点来看，注册制比较适合于证券市场发展历史比较悠久且市场已经进入成熟阶段的国家。

2. 审批制

审批制是一种带有较强行政色彩的股票发行管理制度。这主要表现在：股票发行实行下达指标的办法，同时对各地区、各部门上报企业的家数也作出限制；掌握指标分配权的政府部门对希望发行股票的企业进行层层筛选和审批，然后做出行政推荐；监管机构对企业发行股票的规模、价格、发行方式、时间进行审查。

我国在证券市场初步形成时期曾采用了这一制度。实施这一制度，对于当时协调证券市场的供求关系，为国有企业改制上市、筹集资金和调整国民经济结构，起到了积极的作用。但其缺陷也逐步暴露出来。主要是用行政办法无法实现社会资源优化配置，不能适应社会主义市场经济发展的要求；政府部门和监管机构对发行事项高度集中管理，减少了发行人和承销商的自主权，制约了中介机构的发育；一些中介机构违反有关法律法规，帮助企业虚假“包装”，骗取发行上市资格，影响了市场的公正；发行额度计划管理方式，容易使股票发行审批中出现“寻租”现象。同时，在市场自律机制不完善的情况下，证券市场也积累了一定的风险。

近年来，随着中国证券市场不断规范发展，实行股票发行核准制的条件已基本成熟。中国《证券法》在借鉴国际证券市场有益经验的基础上，明确规定将股票发行审批制改为核准制。2000 年 3 月 16 日，中国证监会发布了《关于发布〈中国证监会股票发行核准程序〉的通知》，标志着中国股票发行体制开始由审批制向核准制转变。至此，实行长达近 10 年之久的审批制退出了历史的舞台。

3. 核准制

核准制即所谓的“实质管理原则”，是指证券发行者不仅必须公开有关所发行证券的真实情况，而且所发行的证券还必须符合公司法和证券法中规定的若干实质性条件，证券监管机关有权否决不符合实质条件证券的发行申请。虽然各国国情差别较大，具体情况也各不相同，但是实行核准制的国家在规定实质条件时都考虑了以下这些因素：①发行公司的营业性质，管理人员的资格能力；②公司的资本结构是否健全；③发行的所得是否合理；④各种证券的权力是否公平；⑤所有公开的资料是否充分、真实；⑥发行公司的发展前景及事业的成功机会等。核准制在信息公开的基础上，又附加了一些规定，因而它是证券发行审核制度与信息披露制度相结合的产物。在核准制下，可以把一些低质量、高风险的公司排除在证券市场门外，从而在一定程度上保护了投资者的利益，减少了投资的风险性，有助于新兴的证券市场的发展和稳定。但是，它很容易导致投资者产生完全依赖的安全感，而且监管机关的意见未必完全准确，尤其是它使一些高成长性、高技术和高风险并存的公司上市阻力加大，尽管这些公司的发展对国民经济的高速发展具有巨大的促进作用。

从理论上讲，核准制比较适合于证券市场历史不长、经验不多、投资者素质不高的国家和地区，也就是处于无效和弱市有效的资本市场。因为在一些新兴资本市场上，由于广大投资者缺乏对信息的实质性判断能力，而且市场上也缺乏足够的有相当业务水平和道德水平的投资服务机构。为了使市场能够健康发展，而不至于因上述问题引来很大的风险，政府就应当承担起对发行证券企业的实质性审查的责任。

根据《中华人民共和国证券法》的有关规定，我国公开发行股票实行“核准制”。

2001年3月17日，中国股票发行核准制正式启动，这标志着股票发行制度向市场化迈出了关键的一步，为我国证券市场发行制度最终向注册制过渡打下了坚实的基础。我国股票发行的审核制度具有如下特点：①在吸收注册制的信息公开和核准制的实质审核的优点基础上，实行两级审批体制；②实行“股票发行与上市”连续进行的体制，被批准公开发行的股票同时可以向上海或深圳证券交易所提出上市申请；③强调证券专业服务机构在证券发行中的作用。

（二）证券发行信息披露制度

信息披露制度，是指公开发行证券的公司，在证券的发行、上市、交易等一系列环节中按照法律、证券主管机关或股票交易所的规定，以一定的方式及时、准确、完整地向社会公众公布有关信息的行为惯例和活动准则。信息披露制度是维护证券市场的公开、公平、公正的重要保证。

我国的《证券法》、《公司法》、《股票发行与交易管理智行条例》、《公开发行股票公司信息披露实施细则（试行）》，以及《证券投资基金上市规则》等法律、法规以及规范性文件中，对证券发行和交易中的信息公开做出了详细的规定。证券发行和交易中应公开的信息包括招股说明书、上市公告书、定期报告和临时报告等。其中，前两者为公司上市前的信息披露内容，帮助投资者对股票发行人的经营状况和发展潜力进行细致评估；后两者为公司上市后的持续信息披露内容，以确保迅速披露可能对上市股票的价格动向产生实质性影响的信息。

二、证券交易信息披露监管

（一）上市公司的信息持续披露制度

上市公司的信息持续披露是指上市公司在其股票上市交易后按照规定对公司的经营业绩、重大变动、重要决策等相关内容进行定期报告和临时报告，信息持续披露制度是公开原则在证券市场的集中体现。信息持续披露文件，包括上市公司的年度报告书、半年度报告书等定期报告文件以及临时报告书和为执行证券交易所及时公开政策而公开的各类报告文件。

（二）证券交易所公开政策的披露

由于定期报告信息的滞后性与临时报告提交的特定事件的限定性无助于投资者判断，所以，以证券交易所的信息公开政策作为证券公开制度的必要补充手段，一方面可以提高证券交易市场的透明度，另一方面，也可以达到防止内幕交易的作用。我国《证券法》规定，依照法律、行政法规规定必须做出的公告，应当在国家有关部门规定的报刊上或者在专项出版的公报上刊登，同时将其置备于公司住所、证券交易所，供社会公众查问。

（三）对持续信息公开的监督

国务院证券监督管理机构对上市公司年度报告、中期报告、临时报告以及公告的情况进行监督，对上市公司分派或者配售新股的情况进行监督，对有重大违法行为或者不具备其他上市条件的上市公司取消其上市资格的，应当及时做出公告。证券交易所依照授权对有重大违法行为或者不具备其他上市条件的公司取消其上市资格时，也应及时做出公告，并报国务院证券监督管理机构备案。

证券监督管理机构、证券交易所、承销的证券公司及有关人员，对公司依照法律、行政法规规定必须做出的公告，在公告前不得泄漏其内容。

三、证券交易行为的监管

证券交易行为监管的中心内容是反对证券交易活动中的内幕交易、操纵市场、欺诈等行为，以规范证券交易行为、维护证券市场秩序，保护投资者的合法权益和社会公共利益。为此，在新《刑法》和《证券法》的基础上，我国先后制定和颁布了《禁止证券欺诈行为暂行办法》、《关于禁止股票交易中不正当行为的通知》、对我国证券交易的禁止行为及其相应的行政处罚措施和民事责任进行了规定。

（一）对内幕交易的监管

内幕交易是指证券交易内幕信息的知情人员利用内幕信息进行证券交易的行为。这种行为的主体是内幕知情人员，行为特征是利用自己掌握的内幕信息买卖证券，或者是建议他人买卖证券。内幕知情人员自己并未买卖证券，主观上也未建议他人买卖证券，但却把自己掌握的内幕信息泄漏给他人，接受内幕信息的人依此作出买卖证券的决断，这种行为也属内幕交易行为。内幕交易的主观愿望是要达到获取利润或避免损失的目的。如根据我国《证券法》的规定，内幕人员包括以下几种：①发行股票或者公司债券的公司董事、监事、经理、副经理以及有关的高级管理人员。这些人员都是公司的高级管理人员，他们承担着公司的管理职责，负责公司的经营业务活动，是公司经营活动的决策参与者或是公司商业秘密的知情者，是公司内幕信息的第一知情者。②持有公司5%以上股份的股东。③发行股票公司的控股公司的高级管理人员。④由于所任公司职务可以获取公司有关证券交易信息的人员。由于工作职务关系可以接触到公司内幕信息的人员，如秘书、工程师、会计师、打字员等。⑤证券监督管理机构工作人员以及由于法定职责对证券交易进行管理的其他人员，如证券监督管理机构的工作人员，其他证券审批、管理机构的人员。⑥出于法定职责而参与证券交易的社会中介机构或者证券登记结算机构、证券交易服务机构的有关人员。⑦国务院证券监督管理机构规定的其他人员。

内幕信息是指在证券交易活动中，涉及公司的经营、财务或者对该公司证券的市场价格有重大影响的尚未公开的信息。包括下列各项：可能对上市公司股票交易价格产生较大影响，而投资者尚未得知的重大事件，包括公司的经营方针和经营范围的重大变化，公司的重大投资行为和重大的购置财产的决定等；公司分配股利或者增资的计划；公司股权结构的重大变化、公司债务担保的重大变更；公司营业主要资产的抵押、出售或者报废一次超过该资产的30%；公司的董事、监事、经理、副经理或者其他高级管理人员的行为可能依法承担重大损害赔偿责任；上市公司收购的有关方案；国务院证券监督管理机构认定的对证券交易价格有显著影响的其他重要信息。

内幕交易在世界各国都受到法律明令禁止。如我国《证券法》第67条规定，禁止证券交易内幕信息的知情人员利用内幕信息进行证券交易活动，对实施内幕交易行为的个人或法人，依据《刑法》、《证券法》和相关行政法规的规定，根据情节的轻重分别处以行政处罚或进行诉讼。

（二）对操纵市场行为的监管

操纵市场是指单位或个人以获取利益或者减少损失为目的，利用其资金、信息等优势或者滥用职权影响证券市场价格，制造证券市场假象，诱导或者致使投资者在不了解事实真相的情况下做出买卖证券的决定，扰乱证券市场秩序的行为。实施这种行为的主观目的是为了获利或减少损失，行为特征是利用自己在资金、信息和股权上的优势，制造证券市场假象。操纵市场的行为包括：

(1) 通过单独或者合谋，集中资金优势、持股优势或者利用信息优势联合或者连续买卖证券，操纵证券交易价格。实施这种行为的有两种情况：一是两人以上合谋，利用其优势联合买卖证券，带动他人也参与这种股票的买卖，造成这种证券价格的上升或下降，然后他们再伺机卖出或买进，从中牟取利益；二是一人或是多人连续两次以上买进或卖出某种证券，造成价格的升降，然后伺机买进或卖出，从中牟取利益。

(2) 与他人串通，以事先约定的时间、价格和方式相互进行证券交易或者相互买卖并不持有的证券，影响证券交易价格或者证券交易量，以抬高或者压低某种证券的价格，从中获取不当利益或是转嫁风险。

(3) 以自己所持有的证券为交易对象、进行不转移所有权的自买自卖，以创造交易记录，影响证券交易价格或者证券交易量，诱使他人购买或卖出自己所持有的券种。

(4) 以其他方法操纵证券交易价格。

操纵市场行为，人为地扭曲了证券市场的正常价格，使价格与价值严重背离，造成虚假供求关系，误导资金流向，不能真实反映市场供求关系，损害了广大投资者的利益。因此，各国对操纵市场的行为都是明令禁止的，并均在证券立法中制定了严厉的制裁条款。操纵市场行为是我国《证券法》所禁止的违规行为之一。根据《刑法》、《证券法》和相关行政法规的规定，对实施操纵市场行为的个人或法人根据情节的轻重分别处以行政处罚或进行诉讼。

(三) 对欺诈行为的监管

对欺诈行为的监管强调的是禁止在证券发行、交易及相关活动中从事欺诈客户、虚假陈述等行为。

欺诈客户，是指证券经营机构、证券登记结算机构和发行人或者发行代理人，在证券发行、交易及相关活动中违背客户意志，损害客户利益的欺诈性行为。它包括：①违背客户的委托为客户买卖证券。根据规定，客户在委托证券公司买卖证券时，应详细说明证券的交易名称、种类、买进或卖出的数量、出价方式及价格幅度等。证券公司只能按客户的要求买卖证券。否则即构成对客户的欺诈行为；②不在规定时间内向客户提供交易的书面确认文件。③挪用客户所委托买卖的证券或者客户账户上的资金。④私自买卖客户账户上的证券，或者假借客户的名义买卖证券。⑤为牟取佣金收入，诱使客户进行不必要的证券买卖。⑥其他违背客户真实意思表示，损害客户利益的行为。对上述机构及其直接负责人，根据不同情况，单处或者并处警告、没收非法所得、罚款、撤销其证券经营业务许可、撤销其从事证券业务许可等。给投资者造成损失的，依法承担赔偿责任。

虚假陈述，是指对证券发行、交易及其相关活动的事实、性质、前景、法律等事项做出不实、严重误导或者含有重大遗漏、任何形式的虚假陈述或者诱导，致使投资者在不了解事实真相的情况下做出证券投资决定的行为。它包括发行人、证券经营机构在招股说明书、上市公告书、公司报告及其他文件中做出虚假陈述；律师事务所、会计师事务所、资产评估机构等专业性证券服务机构在其出具的法律意见书、审计报告及参与制作的其他文件中做出虚假陈述；证券交易所、证券业协会或者其他证券业自律性组织做出对证券市场产生影响的虚假陈述；发行人、证券经营机构、专业性服务机构、证券业自律性组织在向证券监管部门提交的各种文件、报告和说明中做出虚假陈述；在证券发行、交易及其相关活动中的其他虚假陈述。证券经营机构、专业性证券服务机构有虚假陈述行为的，根据不同情况单处或者并处警告、没收非法所得、罚款、暂停其证券经营业务、暂停其从事证券业务，或者撤销其证券经营业务许可、其从事证券业务许可。发行人有虚假陈述行为的，根据不同情况单处或者并处警告、责令退还非法所筹集资金、没收非法所得、罚款、暂停或取消其发行、上市资格。对与虚假陈述有关的直接责任人员根据不同情况，单处或者并处警告、3 万元以上 30 万元以下的罚款、撤销其从事证券业务许可或者资格。证券欺诈行为构成犯罪的要依法追究刑事责任。

四、证券交易市场的监管

证券交易市场是进行证券交易的场所，是由投资者转让证券所形成的交易关系的总和。证券交易分为场内交易和场外交易，证券交易市场也相应地分为证券交易所市场和场外市场。因此，证券交易市场的监管也被分为证券交易所监管和场外市场监管。

（一）证券交易所监管

证券交易所监管包括两方面的内容：一方面是国家证券主管机关依照相关法律和法规对证券交易所的设立、业务、组织和义务等方面的监管；另一方面是证券交易所按照既定的规则对证券的发行、上市与交易各方的相关活动进行监管，即证券交易所的自律监管。证券交易所的管理直接涉及正常有序的市场交易关系的确立，证券交易所的组织形式有会员制和公司制，都要受到证券交易主管机关和证券交易自律组织的双重管理。一般来说，会员制证券交易所比较强调自律监管，公司制证券交易所则重视政府行政管理。

1. 对证券交易所的监管

证券交易所的成立必须取得行政主管机关的批准。证券交易所主管机关有权审查证券交易所的各项文件及活动的合法性，尤其是采取特许制的国家，证券交易所的设立必须经政府主管机关的特许，证券交易的活动必须接受主管机关和自律组织的监管。行政主管机关虽然不得直接干预证券交易所的业务，但却有权对证券交易所进行定期和不定期的检查，并要求其定期汇报规定的营业和财务报告；自律组织也有权根据自律组织的规范来监督证券交易所的活动。

目前，我国现有的上海、深圳两家证券交易所均是采用会员制的法人，中国证监会对证券交易所进行直接管理。我国对证券交易所进行监管的基本法律依据是《证券法》、《股票发行与交易管理暂行规定》和《证券交易所管理办法》。

设立证券交易所由国务院证券监督管理机构审核，由国务院决定（其解散也由国务院决定）。申请设立证券交易所应提交申请书、章程和主要业务规则草案、拟加入会员名单、理事会候选人名单、场地、设备及资金情况说明和拟任用管理人员的情况说明等文件。设立证券交易所必须制定章程，章程的制定和修改，必须经国务院证券监督管理机构批准。

证券交易所章程应载明的法定事项，主要包括证券交易所的名称和设立目的，主要办公及交易场所和设施所在地，会员的资格和加入、退出程序，会员的权利、义务和对会员的纪律处分，组织机构及其职权，高级管理人员的产生、任免及其职责，资本和财务事项，解散条件和程序及其他需要在章程中规定的事项。

中国证监会任命证券交易所的总经理、副总经理、委派证券交易所非会员理事，提名证券交易所理事长、副理事长人选，中层干部的任免报中国证监会备案，财务、人事部门负责人的任免报中国证监会批准。证券交易所的总经理离任时要进行离任审计。证券交易所工作人员不得在会员公司兼职。

中国证监会对证券交易所章程、业务规则的修改进行审批，接受证券交易所报批、备案、报告事项，有权派人员监督检查证券交易所业务、财务状况及或者调查其他有关事项。证券交易所应当定期向中国证监会报告财务状况，业务状况及国家有关法律、法规、规章、政策的执行情况和中国证监会要求的其他事项。遇到重大事项，如有关人员严重违法或违规，某种原因导致停市，对证券市场有重大影响但国家有关法律、法规、规章、政策未作明确规定的重大事项等，应随时向中国证监会报告，必要时报证券交易所所在地人民政府。

中国证监会对证券交易所管理和监督主要有以下几方面的内容：对证券交易所人员兼职、泄露和利用内幕信息及利用职务之便牟取利益的行为做出限制，并对其人员在履行职责时，对其亲属及有利害关系人士的回避做出了规定；要求证券交易所建立符合证券监督管理和监控要求的系统，及时、准确提供真实的证券市场信息，按规定向主管机关提供会员和上市公司的有关材料；在规定的时间内，要求证券交易所编制由具有证券从业资格的会计师事务所审计的财务报告，并报主管机关，必要时，主管机关有权派人员检查证券交易所的各方面情况；证券交易所应按规定将其会员缴存的交易保证金存入银行专门账户，不能擅自动用。

2. 证券交易所的自律监管

证券交易所的自律监管是由证券交易所的性质和地位决定的。证券交易所为投资者提供证券交易场所以及与证券交易相关的各项服务，是证券市场的组织者。证券交易所是由会员组成的会员制组织，要从全体会员的共同利益出发，对会员进行自律性管理。因此，维护市场秩序，保护投资者利益，是证券交易所的应有职责。证券交易所作为证券行业的自律组织，同中国证监会和地方证券监管部门一起，构成了我国证券市场的监督管理体系，共同承担着保护投资者利益、维护市场正常秩序的监管职责。

证券交易所若要充分发挥自律监管职能，必须做好以下工作：

(1) 制定严格的自律制度，充实和加强证券交易所的自律监管力量。证券市场监管是一项艰巨而复杂的工作，要加强证券交易所履行监管职能的自觉性，在证券交易所日常工作中体现市场监督职能，需要配备相当的专业人员和有力的技术手段。一是要在证券交易所规则和各项制度中贯彻自律精神，制定严密的自律制度，实现自律工作的制度化和秩序化；二是要配备大量的专业自律管理人员，负责对会员业务、上市公司信息披露、证券交易活动的自律工作；三是要适应自律监管技术的现代化需要，开发出适合我国证券市场特点的计算机监督系统，提高市场监管能力。

(2) 加强对会员的监督。证券交易所应当制定具体的会员管理规则，其会员应当是有关部门批准设立并具有法人地位的境内证券经营机构。证券交易所通过会员管理规则对会员实行监管。监管内容主要包括：①制定会员公司业务管理标准，督促会员建立严格的内部自律制度，提高业务安全水平，预防和制止各种违法违规行为的发生。借鉴国外证券市场会员管理的成功经验，要求会员公司建立“防火墙”制度，使会员公司内部的自营、代理和资产管理等业务部门之间从人员、财务等方面严格隔离，防止发生欺诈客户、内幕交易等违法行为。对会员公司的财务管理、业务记录、技术设备管理等制定统一的行业准则，提高会员公司的业务规范化水平。②建立和完善对会员公司的常规审查和定期抽查制度，要求会员及时报送重要的业务报告、资料，加强对会员的业务指导和监督，及时有效地发现和查处会员的违法违规行为。国外的证券交易所都有专门人员负责对会员进行定期和不定期的业务稽查，以及时发现存在的问题和风险隐患，有效制止各种违法违规行为。③建立严格的会员处罚制度，对会员违规行为及时准确地予以处罚。

（3）强化对上市公司信息披露的监管。证券交易所应当根据有关法律、行政法规的规定，制定具体的上市规则，与上市公司签订上市协议，复核、审查并监督上市公司严格按照国家法律法规的要求，及时、全面、准确地履行信息披露义务。要建立全面、细致的监管机制和操作方案，严格审核上市公司披露的信息内容，全面监督各种媒介披露的上市公司信息，密切关注股票价格的异常变动，及时发现和查处信息披露中的各种违法违规行为，督促上市公司提高信息披露质量。

（4）加强对交易活动的监管。证券交易所应当制定具体的交易规则，公布即时行情，编制并向社会公布日报表、周报表、月报表和年报表。保证投资者有平等的机会获取证券市场的交易行情和其他公开披露的信息，并有平等的交易机会。证券交易所有权依照有关规定，暂停或者恢复上市证券的交易，并保证其业务规则得到切实执行，对违反业务规则的行为要及时处理。

（二）场外市场的监管

场外交易是一个非组织化、非制度化、非集中交易的市场，不像证券交易所那样对进场有严格的规定和限制，因此交易秩序较乱。对此，我国尚无成文的管理办法。

在我国，场外市场有 STAQ 系统和 NET。STAQ 系统全称为“全国证券交易自动报价系统”，是一个以电子计算机网络为媒介，遍及全国各大主要证券交易柜台，为国库券和法人股提供交易信息的场外市场。该系统的运行状况如何，直接影响到我国的国债市场和法人股市场的发展。我国对 STAQ 系统的监管主要以自律监管为主。它没有会员大会、理事会及执行委员会，其各自权力类似于证券交易所设立的会员大会、理事会及上市委员会、监察委员会。NET 在成立之初，名为“中国证券交易系统有限公司”，而自 1995 年 9 月财政部发行记账式国库券，财政部委托其提供总托管服务后，该公司则被改组为“中央国债登记结算有限责任公司”，形成全国统一的国债簿记结算系统，该公司为唯一卖方。系统内的各券商为买方，采取统一挂牌（而不是承销分别挂牌）；便于投资者认购，这样可以保证债券的及时交割和债券交易的真实性，有利于国债二级市场的发展。另外，该公司还承担银行间同业拆借市场的国债托管、结算业务。我国对 STAQ 系统和 NET 的监督、检查，尚无完善、明确的法律规定。因此，必须加强对它们的监管，尽快制定出有关管理条例。

场外交易比较简便、灵活，便利了一些中小企业筹集资金，但由于我国股票市场不健全、不成熟，目前发展场外交易也存在着不少问题，主要包括场外交易没有统一的法律法规，缺乏有效的监管，投资者利益难以得到保障；场外交易往往没有固定的集中统一的场所，组织性较差，在流动性和稳定性方面都不如交易所内交易，比较容易发生不正当交易行为；由于场外交易市场一般采取议价方式个别成交，或按挂牌价格成交，因此其价格只反映单一证券供需双方的价格情况，不能反映整体市场状况；股票在场外市场交易的公司，难以遵守有关上市公司信息披露规定，实施公开、公正和及时的信息披露。正因为如此，我国严厉禁止股票的场外交易。从我国的实际情况看，股票场外交易在我国这样一个股票市场还不够成熟的国家，尚不具备发展的条件，放开股票场外交易必然会造成管理的混乱，对维护正常的金融秩序和保护投资者的合法权益造成不利影响。因此，我国《股票发行与交易管理暂行条例》第 29 条规定，股票交易必须在经国家证券主管部门批准可以进行股票交易的证券交易所进行。但实际上场外交易并未能完全禁止。

五、对证券经营机构的监管

证券经营机构是指依法设立并具有法人资格的证券公司和信托投资公司。它是证券发行者和证券投资者、先行证券发行者和后继证券投资者的中介。因此，对证券经营机构的监管是一个涉及证券市场能否安全、高效运行，投资者利益能否得到切实保障的重要问题。对证券经营机构的监管主要包括对机构的设立进行审批、对机构高级经营管理人员的任职资格进行审查、对机构的经营业务进行日常监督检查、对机构及其从业人员的违法违规行为进行查处等。

（一）证券经营机构设立的监管

证券经营机构的设立监管主要有注册制和特许制。

1. 注册制

证券经营机构注册制以美国为代表。美国《1934 年证券交易法》规定，所有经营全国性证券业务的投资银行（包括证券承销商、经纪商、自营商等）都必须向证券交易委员会登记注册，取得证券交易委员会注册批准后，还必须向证券交易所申请会员注册，只有同时取得证券交易委员会的注册批准和证券交易所的会员资格后才能经营证券业务。在 1964 年以前，美国采取自由登记制，对新开业的证券商管理人员或其从业人员应具备的资历与最低资本限额不作规定，证券商经过登记就可以经营证券业务。1964 年，美国对证券商的营业许可增加了关于证券经营者资历与最低资本限额等方面的规定，符合条件者，方可自由申请经营证券业务。美国证券商登记注册的基本条件是：具有符合条件的最低资本金并缴纳所规定的保证金；证券商管理人员及其从业人员应具备从事证券业务的知识、经验，并通过一定的考试和审查；保证遵守证券交易委员会的证券法规和证券交易规则。证券商注册管理是美国证券制度的重要组成部分。

香港也采取注册登记制。香港《证券条例》第 48 条规定，任何人（不论是个人或法人团体，或者合伙经营的成员或法人团体的董事）只有根据该法的规定注册为证券商，才能在香港从事证券交易业务，或自称从事该业务。法人团体在香港从事证券交易业务，或自称从事该等业务，该法人团体必须至少有一名以上董事，该董事应当积极参与或直接负责监督法人团体的证券交易业务，并注册证券商。违反上述规定，则罚款 5 万港元。

2. 特许制

证券经营机构特许制以日本为代表。日本《证券交易法》规定，证券公司未经大藏大臣特许，不得经营证券业务，并从证券业务角度划分，将特许分为自营、经纪、承销以及募集和销售代理四种，每种特许应分别获得，或允许取得一项以上的业务特许。证券商申请特许，必须具备一定的条件，如拥有足够的资本，具有相当的经营证券业务的知识和经验，信誉良好等。欧洲国家中的德国、意大利、丹麦等国家由证券主管机关考虑市场需要及其他因素给予许可。如果作为证券交易所的会员，还需受证券交易所规则约束。

（二）证券经营机构行为的监督

1. 定期报告制度

设立证券商文件报告制度的目的，是通过证券主管机构对其所提供文件的审查、监管活动，全面掌握证券经营机构经营及财务状况，以确保证券经营机构安全营业，忠实履行业务。

通常，证券监管机构审查的主要事项包括：①证券经营机构有无欺诈或违反法定义务的行为。②公司财务状况。证券经营机构必须定期填写核心报告，核心报告包括财务与业务资料，这些核心报告不需经过审计；另外，证券经营机构在每个财政年度末，要填写经过审计的报告，包括资产负债表、损益表、财务状况变动表、股东权益变化表、从属债务变化表等，连同这些审计报告，证券经营机构还要填写补充报告，由会计师对任何重大的不充足的地方进行补充。③证券经营机构负债总额与净资产总额的比率。④从业人员资格。我国《证券法》规定，主要管理人员和业务人员必须具有证券从业资格；因违法行为或者违纪行为被解除职务的证券交易所、证券登记结算机构的负责人或者证券公司的董事、监事、经理，自被解除职务之日起未逾 5 年，以及因违法行为或者违纪行为被撤销资格的律师、注册会计师或者法定资产评估机构、验证机构的专业人员，自被撤销资格之日起未逾 5 年，不得担任证券公司的董事、监事或者经理；因违法行为或者违纪行为被开除的证券交易所、证券登记结算机构、证券公司的从业人员和被开除的国家机关工作人员，不得招聘为证券公司的从业人员；国家机关工作人员和法律、行政法规规定的禁止在公司中兼职的其他人员，不得在证券公司中兼任职务；证券公司的董事、监事、经理和业务人员不得在其他证券公司中兼任职务。⑤法定存档文件保存情况等。

2. 财务保证制度

建立财务保证制度的目的，是以财务的合法性和资产保证来维护证券经营机构的信誉，防止发生证券事故，损害投资者的利益，并使受损害的投资者得到损失赔偿。财务保证制度的主要内容有：

（1）最低资本额限制。最低资本额限制是指证券经营机构获得经营许可所必须拥有的法定自有资产的最低限额。我国《证券法》规定，经纪类证券公司注册资本最低限额为人民币 5000 万元，综合类证券公司注册资本最低限额为人民币 5 亿元。

（2）负债比率的限制。我国《证券法》规定，证券公司的对外负债总额不得超过其净资产额的规定倍数，其流动负债总额不得超过其流动资产总额的一定比例；其具体倍数、比例和管理办法，由国务院证券监督管理机构规定。

（3）客户保护规则。主要是保护证券经营机构所持有的顾客资金和证券。我国《证券法》规定，综合类证券公司必须将其经纪业务和自营业务分开办理，业务人员、财务账户均应分开，不得混合操作，客户的交易结算资金必须全额存入指定的商业银行，单独立户管理，严禁挪用客户交易结算资金；证券公司办理经纪业务，必须为客户分别开立证券和资金账户，并对客户交付的证券和资金按户分账管理，如实进行交易记录，不得作虚假记录。

3. 证券经营机构业务资料报送制度

我国的有关法律法规规定，证券经营机构应当建立和提交会计报表和统计报表报送制度，报表包括资产负债表、损益表以及其他要求提交的报表。同时还规定对证券经营机构实行年度检查制度，证券经营机构在接到年检通知书后，应当报送年检报告书、资产负债表、年度决算报告、《金融机构法人许可证》或《金融机构营业许可证》以及其他要求报送的资料。另外，具有股票承销业务资格的证券经营机构，应当于每年1月15日前向证监会报送上年承销情况的报告，详细说明承销协议、承销团协议和承销方案的执行情况，承销费用决算情况，并提供发行人前10名最大股东的名册及持股量、持股比例。

4. 行为规范与行为禁止制度

各国证券法大多规定，证券商在执行其业务时对客户应遵循诚信原则，不得有操纵市场的行为。我国有关法律、法规规定，严禁证券经营机构从事以下行为：将自营业务和代理业务混合操作；证券经营机构内部人员持有、买卖股票；未按规定的时间、程序、方式承销股票；未按规定发放证券认购申请表；将客户的股票借用他人或作为担保物，以客户的名义为本机构买卖股票；挪用客户保证金；为股票支票提供融资；在证券买卖代理业务中，与客户分享交易利润或分担交易损失，或向客户提供避免损失的保证；操纵市场的行为；欺诈客户的行为；虚假陈述的行为；内幕交易的行为。

5. 证券自营业务的监管

自营商是自行买卖证券、独立承担风险的证券商，法律一般对这类证券商进行比较严格的监管。我国《证券法》规定，只有综合类证券公司才能从事自营业务；自营业务和经纪业务要分业管理、分开办理，业务人员、财务账户均应分开，不得混合操作；自营业务必须使用自有资金和依法筹集的资金，证券公司自营业务必须以自己的名义进行，不得假借他人的名义或者以个人的名义进行；证券公司不得将自营账户借给他人使用。

（三）证券经营机构的自律管理制度

证券市场活动是复杂的经济行为和管理行为的综合体。在这一体系中，政府运用行政机制依法管理市场，使市场行为合法与非法的界限分明，管理手段具有刚性约束。但是，也有一些领域，政府的行为很难奏效，必须借助证券商的自律行为，予以行业或道德约束，以维护投资者利益，促进市场的公平、公正、公开秩序的建立。这种行业和道德约束的手段就是自律管理。

自律管理有其存在的合理性：①自律管理的自发性。没有秩序的市场，市场参与者不可能实现其利润最大化。因此证券市场的参与者在利益机制的驱动下，有自发维护市场秩序的内在动力；②自律管理的不可替代性。政府监管对于证券市场中的灰色领域难以奏效，证券从业者的信誉准则和同行之间的相互牵制可以对其进行自我约束，从而维护正常的市场秩序；③自律管理是一种内行管理；④自律管理的效率较高。自律管理没有繁琐的条条框框，操作起来简便易行。但是自律管理发挥作用需要一定的条件。从法律方面看，自律机构必须得到法律的承认与授权和对其规章制度的支持，才能对其规范对象产生约束力。从被约束者利益方面看，规范对象只有在接受自律规则能给其带来长远利益、违反自律规则会给其带来利益损失时才有自觉自律和相互监督的动力。总的来说，从长远看自律管理是成本低、效率高的管理方法，所以应强化我国证券监管的自律机制。

证券商的自律管理有两种形式：证券商协会的自律管理和由会员证券商组成的证券交

易所的自律管理。

我国的证券商协会的名称是中国证券业协会。中国证券业协会正式成立于1991年8月28日，是依法注册的具有独立社会法人资格的、由证券公司自愿组成的行业性自律组织。协会的设立是为了加强证券业之间的联系、协调、合作和自我控制，以利于证券市场的健康发展。

中国证券业协会的会员分为团体会员和个人会员，团体会员为证券公司。我国《证券法》规定，证券公司应当加入证券业协会，个人会员只适于证券市场管理部门有关领导以及从事证券研究及业务工作的专家，由协会根据需要吸收。证券业协会的权力机构为由全体会员组成的会员大会。会员大会每两年举行一次，必要时经常务理事会决议可临时召开。证券业协会设会长、副会长。证券业协会设理事会，理事会由会员大会选举产生，每届任期两年，可连选连任。

中国证券业协会履行以下职责：①协助证券监督管理机构教育和组织会员执行证券法律、行政法规；②依法维护会员的合法权益，向证券监督管理机构反映会员的建议和要求；③收集整理证券信息并为会员提供服务；④制定会员应遵守的规则，组织会员单位的从业人员的业务培训与业务交流；⑤对会员之间、会员与客户之间发生的纠纷进行调解；⑥组织会员就证券业的发展、运作及有关内容进行研究；⑦监督、检查会员行为，对违反法律、行政法规或者协会章程的，按照规定给予纪律处分；⑧国务院证券监督管理机构赋予的其他职责。

会员证券商组成的证券交易所的自律管理已经阐述过了，这里不再重复。

（四）证券经营机构的风险管理

对于证券商来说，证券交易中的风险主要来自于两个方面：一方面来自于自营业务活动，决策失误、操作失败必然会给大量投入的资金带来巨大的风险；另一方面来自于委托代理业务的信用风险。就证券市场而言，风险是永远存在的，关键在于如何强化风险的防范和管理，以降低和控制风险。

我国1996年颁布的《证券经营机构证券自营业务管理办法》对风险控制做出了如下规定：证券专营机构负债总额与净资产之比不得超过10，证券兼营机构从事证券业务发生的负债总额与证券营运资金之比不得超过10；证券经营机构从事证券自营业务，其流动性资产占净资产或证券营运资金的比例不得低于50%；证券经营机构证券自营业务账户上持有的权益类证券，按成本价计算的总金额，不得超过其净资产或证券营运资金的80%；证券经营机构从事证券自营业务，持有一种非国债类证券，按成本价计算的总金额不得超过净资产或证券营运资金的20%；证券经营机构买入任一上市公司股票按当日收盘价计算的总币值不得超过该上市公司已流通股总币值的20%；证券经营机构证券自营业务出现盈利时，该机构应按月就其盈利提取5%的自营买卖损失准备金，直至累计总额达到其净资本或净营运资金的5%为止，自营买卖损失准备金除用于弥补证券自营买卖损失之外，只能用于形成非股票类高流动性资产，不得用作其他用途，证券经营机构从事证券自营业务，应当保持风险意识，贯彻稳健经营方针，防范各种风险因素，制定证券自营风险控制和每日风险自查制度，在内部设立专门机构和人员对风险状况进行检查；证监会可根据有关情况的变化对规定的风险控制比例进行调整。

1996年6月颁布的《证券经营机构股票承销业务管理办法》的第4章“风险控制”中

又规定证券经营机构以包销方式承销股票，其每次包销总金额应当符合以下要求：上年末净资产为1亿元以下（不含本数，下同）的证券经营机构，包销金额不得超过5000万元；上年末净资产为1亿元以上、5亿元以下的证券经营机构，作为承销团中主承销商的，包销金额不得超过7500万元；上年末净资产为5亿元以上的证券经营机构，作为承销团中主承销商的，包销金额不得超过1亿元；证券经营机构不得同时承销四只或四只以上的股票，即与不同企业签订的承销协议规定的承销时间不能相互重合或交叉。证券经营机构从事股票承销业务，应当保持风险意识，贯彻稳健经营原则，制定和执行风险管理制度，严格监督和约束内部各职能部门和下属机构，加强内部风险控制。当发现风险超过有关要求时，应立即向证监会报告并提出调整办法。

2001年12月公布的《证券公司管理办法》的第四章"内部控制与风险管理"中规定，证券公司必须遵守下列财务风险监管指标：综合类证券公司的净资本不得低于两亿元，经纪类证券公司的净资本不得低于两千万元，证券公司净资本不得低于其对外负债的8%；证券公司流动资产余额不得低于流动负债余额（不包括客户存放的交易结算资金和受托投资管理的资金）；综合类证券公司的对外负债不得超过其净资产额的9倍；经纪类证券公司的对外负债（不包括客户存放的交易结算资金）不得超过其净资产额的3倍。

六、对证券从业人员的监管

加强对从业人员的监督管理，提高证券从业人员的素质，特别是风险防范意识的增强是证券市场风险防范的重要环节之一。对证券从业人员的监督管理离不开制度的建设。1995年4月8日，国务院证券委员会发布了《证券业从业人员资格管理暂行规定》，决定在我国建立证券从业人员资格考试制度，由中国证监会负责实施。《证券业从业人员资格管理暂行规定》对从业人员的界定、申请条件、资格培训和考试、申请程序、资格维持、违规处罚等作出了规定，从而使证券市场在规范化、法制化道路上迈出了重要一步。

（一）从业人员的分类

证券从业人员是指证券经营机构和中介机构（包括证券公司、信托投资公司、证券结算登记机构、证券投资咨询机构以及其他可经营证券相关业务的机构）中一些特定岗位的人员，可以大致分为两类：

（1）管理人员。包括证券中介机构的总经理及负责证券业务的副总经理，证券经营、清算、登记、投资咨询机构内设各证券业务部门的正、副经理，证券经营机构下设的证券营业部的正、副经理。

（2）专业人员。包括证券经营机构中从事证券代理发行、自营业务和投资咨询业务的人员、出市代表和各证券中介机构的电脑管理人员。中国证监会还可对认为有必要进行资格确认的人员提出要求。

（二）资格考试与注册制度

我国证券市场规范化建设的一项重要内容，就是通过职业化教育和专业资格考试培训，使我们的证券业从业人员具有较强的法律意识、规范的职业道德和良好的业务素质。根据国际通行的做法，对证券业从业人员进行资格考试和注册是提高证券业从业人员素质和加强管理的一项非常重要的制度。《证券业从业人员资格管理暂行规定》要求，从业人员必须取得证券从业人员资格证书方可从事相关证券业务。从业人员申请资格须同时具备：①基本条件。即具有中华人民共和国国籍，年满 21 岁且具有完全民事行为能力，品德良好，承诺遵守国家有关法规和行业规定，接受证监会监管；②必备条件。即最近 5 年内未受过刑事处罚或严重的行政处罚，具有规定的学历或工作经验，并通过了证监会统一组织的资格考试。条件具备后可按《证券业从业人员资格管理暂行规定》有关要求向证监会提出资格申请。

资格证书分为证券代理发行从业资格、证券经纪从业资格、投资顾问从业资格、证券中介机构电脑管理从业资格以及中国证监会认为需要认定的其他类别。前文所述的证券从业人员的管理人员中，正、副总经理需取得其中两类资格证书，业务部门正、副经理需取得相关资格证书；专业人员则需取得与所从事业务相对应的资格证书。

证券从业人员所在机构要及时向中国证监会报告所聘人员情况，如违规、任职变化等，中国证监会也会对已取得资格人员进行定期、不定期的检查。在资格申报过程中弄虚作假或取得资格后违反国家有关法律或法规的，中国证监会给予不同程度的处罚。证券中介机构不得聘用不具备相应资格证书的人员从事相关证券业务。

对于从事证券相关业务的律师事务所、会计师事务所、审计师事务所和资产评估机构从业人员的资格管理，中国证监会会同财政部、国家审计署、国有资产管理委员会等有关部门颁布了相应的规定。

七、对证券投资者的监管

证券投资者的投资行为直接影响证券市场的稳定，为正确引导和调节投资者的投资规模和投资方向，防止利用不正当手段操纵或影响证券市场，以形成一个公平合理、正常有序的投资环境，各国一般都对证券投资者进行管理。

（一）对个人投资者的监管

对个人投资者的监管，有利于保证证券市场的公平、公正，避免可能出现的内幕交易，同时有利于促进党政机关工作人员的廉政建设。

1. 审查个人投资者的资格

个人投资者购买证券必须符合国家有关规定，不符合规定的应加以解释和劝阻。目前以下几类人员不得直接或间接为自己买卖证券：党政机关干部、现役军人、证券主管机关中管理证券事务的有关人员、证券交易所管理人员、证券经营机构从业人员、与发行商有直接行政隶属关系或管理关系的工作人员、其他与股票发行或交易有关的知情人。

2. 对个人投资者买卖途径的监管

个人投资者在政府有关部门规定的范围内进行证券买卖。

3. 对个人投资者买卖操作的监管

这是证券经营机构结合业务开展对投资者在交易证券时所进行的管理，包括经营机构应核对投资者所转让证券的真实性、审查买入者是否符合买入证券的条件、审查买卖双方的交易行为是否真实、有无欺诈行为等。

（二）对机构投资者的监督

1. 对机构投资者买卖证券资格的监管

对机构投资者的证券买卖资格的监管主要有以下几方面的内容：

（1）审查机构投资者资金来源。目前，我国对机构投资者用于证券投资的资金来源有一定的限制，并不是所有的资金都可以用于证券投资。法人机构的下列资金不得用于证券投资：国家预算内的拨款不得用于证券投资，以保证专款专用；向银行贷款的资金不得进行证券投资；凡属于企事业单位的暂收资金、过路资金不得用于证券投资；作为金融机构的城乡信用社吸收的各类存款资金不得用于证券投资。因此，法人机构用于证券投资的资金必须是企业有权支配的各类资金，主要包括资本金、企业专用基金、基金会所筹集的捐款、社团法人所募集的入会基金以及所收取的会费等。

（2）审查机构投资者是否可以买入想要投资的证券。根据国家有关规定，各级党组织和国家机关、非独立核算的单位、外国组织和外商在华投资企业不得购买我国企业的股票。

（3）审查机构投资者用于购买证券的资金是否与其可以买入的证券一致。不同性质的投资资金应购买与其相对应的证券：企业、事业单位购买股票，只能使用按照国家有关规定有权自主支配的资金，而且所购买的股票只限于法人股，不能购买对公众发行的股票；各种较长期的自有资金可用于购买债券；企业短期暂时闲置资金可以购买企业短期融资券和银行的可转让大额存单等。

（4）审查机构投资者的投资手续是否完备，经办人是否具有单位投资证明，支付款项凭证填写是否准确，买入单位能否及时办实证券过户手续等。

2. 对机构投资者买卖行为的监管

根据有关规定，禁止机构投资者的以下投资行为：两个或两个以上单位或个人私下串通，或内外勾结，同时买卖一种证券，制造证券的虚假供求，扰乱市场价格；利用内幕消息从事证券买卖；以操纵市场为目的，连续抬价买入或压价卖出同一种证券，影响市场行情；为诱使他人参与交易，制造或散布虚假的容易使人误解的信息等。

第六节　开放条件下的中国证券市场监管

金融自由化、技术进步和金融创新使国际金融市场发生了巨大变化。政府放松外汇管制、放松资本流动管制和对国内金融业实行金融自由化改革，使金融发展的地域限制日益减少；技术进步使金融跨国交易和金融服务跨国提供的成本大大减少，促进了全球性金融市场和国际化金融机构的发展；金融创新使得金融工具层出不穷，创造了新的金融市场，金融衍生工具的交易量急剧增加，金融风险也日益增大。技术创新和自由化所导致的金融全球化使得金融主体在全球范围内进行资源配置，提高了资本配置的效率，促进了经济增长，同时，这种全球金融市场的增长和统一也向监管者发出了挑战。

一、中国证券市场的开放给中国证券监管带来的机遇

随着中国证监会《合格境外机构投资者境内证券投资管理暂行办法》于 2002 年元旦施行，QFII 作为一种资本市场渐进开放的制度安排正式进入中国。与此同时，作为调节证券市场规范运行的指挥棒，原有的一些管制方式将变得不合时宜，监管本身也应该更多依据有关法律规定，凭借市场化的手段，达到监管的目的。

一方面，伴随着管制必然的放松，更加有效的强调市场约束和自我负责的监管体制将

建立起来，更多的利用市场和社会审计力量来增加市场透明度，进而加强证券市场的监管。另一方面，随着外资中介机构进入中国证券市场，以及中国证券机构走出国门，同一机构在不同国家开展金融业务，使得监管对象发生新的变化。而交易场所的扩大，交易品种的创新和新技术手段的应用，也模糊了监管范围，也加大了单个国家监管的难度，必然要求监管机构提高业务素质的同时谋求有关国家的金融管理部门进行更为广泛的合作和联系，实施跨境监管。

更为关键的是，尽管 QFII 并不意味着证券市场的全面开放，但全球经济一体化的趋势，使各国证券市场互动更为明显，证券市场风险也扩展为全球范围的波动。与国外同行的合作深度也很大程度上影响了一国对其国内证券市场实施有效的监管的能力，这使得证券监管国际化，成为各国进行证券监管必须坚持的原则之一。

中国一贯重视与证监会国际组织成员机构之间的交流与合作。至 1993 年 6 月迄今，中国证监会已与香港特别行政区、美国、新加坡等 14 个证券监管机构签署了监管合作备忘录。中国证监会还于 1995 年 7 月 11 日加入了证监会国际组织（IOSCO），并于 1998 年当选为该组织的执行委员会成员，之后还相继同美国、新加坡、澳大利亚、英国、日本、马来西亚、巴西、乌克兰、法国、卢森堡、德国等国家和中国香港特别行政区的证券期货监管机构签署了监管合作谅解备忘录。通过交流、合作，吸收国外的监管机构较为成熟的经验和做法，加速了中国证券市场在监管范围、监管内容、监管体制等各方面的调整，确保了对市场的有效监管。与此同时，证监会积极履行相关义务，并引进了 IOSCO 的监管目标、原则和理念，用以规范中国的证券市场。

二、中国证券市场的开放给中国证券市场带来的挑战

尽管证券市场的开放有助于监管的完善，但同时也将使中国的证券监管至少面临以下三个方面的挑战。

1. *证券市场国际化的挑战*

证券市场国际化是一国融入全球化和国际化的世界经济体系的必然结果。证券市场国际化的本质就在于适应经济全球化的需要，将国内外的投资者和筹资者联系起来，在整个世界范围内进行资金的优化配置。伴随着越来越多的国外金融机构和证券投资者进入中国和中国证券市场的经营主体走向国际证券市场，中国的证券市场将在更大的范围和更深的程度上融入国际市场。在这种情况下，金融证券监管不善导致的金融混乱会增加系统风险，投资者和筹资者会面临他们无法控制的外国管辖风险，全球化市场与各国监管法规的不平衡的矛盾将会严重干扰各金融机构的公平竞争。因此，可以说证券市场国际化不仅是证券市场交易规模的扩张和跨境证券交易活动的增长，而且更重要的在于不同证券市场制度之间的融合与借鉴和监管行为的合作与同步，从这个意义上说，发展中的中国证券监管事业尤其面临重大的考验。

2. *银行和证券业的合作或职能一体化的调整*

伴随着中国金融市场的开放，中国整个金融体系将面临根本性的变革。在与国外混业经营较量的过程中，中国金融发展的速度将显著加快，金融结构，特别是金融业务结构和金融市场结构将发生深刻的变化。在这一背景之下，银行和证券业之间的沟壑将越来越浅，他们之间的合作将通过各种管道得以加强，综合性的金融集团也将随之出现。这种工

具的复杂和机构的庞杂，将给中国证券监管带来极大的挑战。

从监管体制上看，与分业经营相适应的是分业监管，与综合经营相对应的是统一监管。银证合作条件下的分业监管是综合经营大趋势的过渡阶段。在金融服务业从分业经营向综合经营过渡的时期，由于业务混合的发展要先于业务监管的发展，造成金融监管的滞后，容易在某些领域形成监管空白，引发金融风险。如在金融控股公司形式下，金融机构资本的充足率问题；金融机构的设立是否合法的问题；在综合金融条件下，金融机构的内部风险控制机制的建立问题；金融控股公司内部不同业务之间的"防火墙"的设置问题；金融机构之间相互投资的问题等。从西方发达国家的综合经营实践来看，其金融风险的控制无不依赖于完善的监管制度，金融监管逐步由原来的分机构监管向功能监管转化。从这一点上看，应当借鉴实行综合经营制度国家的监管经验，完善中国在过渡阶段的监管体制，为今后实行综合经营奠定良好的基础。

3. 金融创新的调整

金融创新是金融业为适应实体经济发展的要求，在制度安排、金融市场、金融产品等方面所进行的创新活动，是金融机构提升的主要方式和金融发展的主要推动力量，现代金融发展史实质上是金融不断创新的过程，但金融创新在促进金融发展的同时也会产生新的金融风险，使原来的金融监管制度与措施失效、增加金融监管的难度，并促使政府进行金融制度改革和制度创新。由于经济体制的影响、金融改革滞后的约束以及金融机构治理结构不完善、市场竞争不充分和技术进步不足等诸多历史与现实因素的制约，中国的金融创新相对落后，但入世后中国金融业的全面开放将为金融创新及金融发展带来新的机遇，激烈的竞争及由此带来的利润导向将使得金融创新进入新的高潮期。层出不穷的金融创新使金融衍生工具大量涌现，这些衍生工具在为交易主体提供风险转移和规避手段的同时也因其具有以小博大的杠杠效应，增加了市场风险，同时也使金融机构业务操作的复杂程度和投资组合调整的速度加剧。

人们普遍认为衍生交易涉及的信用风险与市场风险和其他的金融交易相似，原则上监管当局可以通过对衍生交易领域实行资本充足性要求来抵御风险暴露。然而，由于衍生交易改变全体最终用户与衍生交易商的风险结构的复杂性、速度与能力，衍生活动产生了全新的监管问题。这些特点意味着衍生交易将模糊市场参与者的真实财务状况，从而破坏金融市场自律的基础。处理衍生交易风险时必须在官方监管与行业自律之间取得适当平衡。就最终用户而言，任何不按照原则而进行的法律或监管干涉，都将引诱衍生产品购买者采取不负责任的行为，从而存在极大的风险，而对于长期封闭、缺乏衍生产品交易经验、缺乏自律精神并且自律机制不完善的中国证券市场来说，完全的行业自律又决不可行。因此如何处理好政府监管和行业自律的关系，促进衍生产品稳定持续快速的发展，是留给中国监管机构的新的研究课题。

三、中国证券监管调整的思路

为了应对中国证券市场开放所带来的一系列挑战，结合中国证券监管实践，应当建立以中国证券监督管理委员会为主体，包括自律机构、证券交易所在内的多层次证券期货监管体系。同时，强化业已实施的央行、保监会、证监会之间的高层定期会晤制度，进行在证券、银行、保险、信托、特别是外汇等不同管理部门之间的监管政策之间的协调和配合，这也是抵御金融风险、实施有效监管的重要保证。这就需要在以下几个方面做出调整。

1. 分业监管对综合经营的适应和调整

综合金融是中国金融业发展的必然趋势，在中国当前分业监管体制下，可先设立一个松散型的合作监管机构，待时机成熟了，再向统一监管的模式变革。同时要积极推动机构监管向功能监管转变。

2. 监管组织体系的调整

要加强中国证监会的独立性，充分有效监管所需的适当资源，同时要强化证券交易所和证券业协会的自律监管，提升交易所一线监管职能。此外还要加强和改善传媒的社会监管功能。

3. 一般监管行为的调整

对上市公司的监管要积极推动上市公司建立良好的公司治理结构，完善和改进上市公司的信息披露制度。对证券商的监管包括对证券商准入的监管、对证券商经营业务的监管、对证券商信息披露的监管以及对证券商违约和破产的监管。此外，还要加强对会计事务所、律师事务所、资产评估事务所、评级机构的监管，改善证券清算结算系统。

4. 监管的法律框架的调整和完善

首先要对《证券法》进行调整和完善，尤其要建立证券诉讼的辩方举证制度和投资者赔偿制度，充分保护投资者的利益。同时还要对其他的相关法律进行调整和完善，按WTO的要求，对一些法律进行相应的调整和充实。

5. 对监管者的监管

这个问题在中国基本上还是空白，为此要努力推动监管的法制化、市场化，减少行政性监管，从而减少监管者寻租的可能性。建立有效的权力制衡机制，包括内部制衡和外部制衡机制，强化社会舆论监督，加强舆论监督力量。

6. 加强网上证券业务监管

网上业务的安全始终要放在监管的首要位置。必须加强对网上欺诈行为的监管，强化网上信息披露，对网上业务的开展实行认可制，同时监管部门要将有关信息及时公告于众，提供在线查询。

7. 国际合作监管

可以实行国际通用的会计准则，便利监管机构的统一监管；建立信息共享机制，并确立信息保密标准；建立在涉及跨国欺诈行为时的调查协助机制；国际监管组织之间签订谅解备忘书，对跨国监管达成共识，减少监管摩擦。

本章小结

在证券市场中，所谓监督管理（即监管），指的是政府、政府授权的机构或依法设立的其他组织，从降低资本市场风险、保护社会公众利益、维护社会安定的目的出发，根据国家宪法和有关法律，制定相应的金融法律、法规、条例和政策，并依据它们对资本市场体系和活动进行的监督、管理、控制与指导。证券监管的对象与内容是监管的核心。证券监管的工具是实现证券监管目标的手段，是证券监管主体得以行使其职责的工具。从一般的市场管理手段来考虑，为了消除市场失灵的负面作用，政府可以采取法律、经济、行政等三方面的手段，并辅之以自律管理。本章重点介绍了证券监管的理论基础包括公共利益和集团利益等重要监管理论，证券监管的要素包括证券监管的主体、目标、原则、对象、内容和手段等，证券监管体制包括集中型、自律性和中间型监管体制，证券监管实践包括对证券发行、证券交易、证券商、证券从业人员以及证券交易所等方面的监管实践以及开放条件下的中国证券市场监管机遇、挑战和监管思路的调整等。

关键概念

证券市场监管　集团利益理论　注册制　审批制　核准制　集中型监管体制　自律型监管体制　中间型监管体制

本章思考题

1. 简述证券监管的主要理论基础。
2. 证券监管的目的和内容是什么？
3. 简述我国的证券监管实践。
4. 比较集中型、自律型和中间型监管体制的区别。
5. 开放条件下我国证券监管面临何种机遇和挑战？
6. 试述我国证券监管的调整思路。

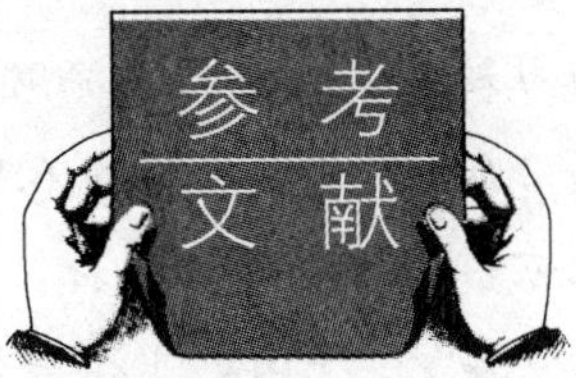

1. 张亦春．金融市场学．北京：高等教育出版社，1999.
2. 兹维·博迪，亚历克斯·凯恩，艾伦·J. 马科斯．投资学精要．北京：中国人民大学出版社，2007.
3. 吴晓求．证券投资学（第二版）．北京：中国人民大学出版社，2004.
4. 贝政新．证券投资学．上海：复旦大学出版社，2005.
5. 陈永新等．证券投资学．成都：四川大学出版社，2005.
6. 何伟等．证券期货投资理论与实务．上海：上海财经大学出版社，2007.
7. 高广阔等．证券投资理论与实务．上海：上海财经大学出版社，2007.
8. 杨德勇．证券投资学．北京：中国金融出版社，2006.
9. 黄本笑．证券投资学．北京：中国人民大学出版社，2004.
10. 谷有利．证券投资实务．北京：中国纺织出版社，2008.
11. 沈黎风．股市风险防范特别提醒．上海：学林出版社，2007.
12. 和讯网，证券投资风险管理与控制．
13. 王明涛．证券投资风险计量、预测与控制．上海：上海财经大学出版社，2003.
14. 孙可娜．证券投资学．北京：高等教育出版社，2002.
15. 杜书明．基金绩效衡量：理论与实证研究．北京：中国社会科学出版社，2003.
16. 何军耀．基于证券投资基金业绩的基金管理人行为评价研究．重庆大学博士学位论文，2007.
17. 汪光成．证券投资基金业绩计量与因素分析．上海财经大学博士学位论文，2002.
18. 张宇．基金研究．中投证券，2008（4）．
19. 霍文文．证券投资学．北京：高等教育出版社，2008.
20. 杨老金，邹照洪．证券投资分析/证券业从业资格考试辅导系列（2007）．北京：经济管理出版社，2007.
21. 李文军．美国股市50年投资理念变迁与启示．新财经，2002（3）．

22. 蔡俊．炒股三绝招．上海：上海人民出版社，2007.

23. 徐士敏，黄文胜，李世新，裴晓岩．联合证券．试析证券市场投资理念的变迁，涉外会计网．

24. 杨晔．证券投资学案例与习题集．上海：上海财经大学出版社，2007.

25. 陈志军．证券投资学（第 2 版）．济南：山东人民出版社，2007.

26. 张玉明．证券投资学．北京：清华大学出版社，2007.

27. 杨大楷．证券投资学（第 2 版）．上海：上海财经大学出版社，2007.

28. 任淮秀．证券投资学．北京：高等教育出版社，2003.

29. 证券投资风险．多吉证券图书馆，2008—02—17，http：//www. dzrmb. com/bbs/viewthread. php？ tid＝104109.

30. 魏立明．金融衍生工具风险的形态及其本质．http：//www. stdaily. com/gb/innovation/2005—09—05/content _ 429442. htm.

31. 中国人民银行网站．

32. 中国证监会网站．

33. 中登公司网站．

34. 各大财经网站．